全本全注全译丛书

中华经典名著

张建业◎译注

焚书 上

中华书局

图书在版编目(CIP)数据

焚书/张建业译注. —北京:中华书局,2018.7(2024.7重印)
(中华经典名著全本全注全译丛书)
ISBN 978-7-101-13255-7

Ⅰ.焚… Ⅱ.张… Ⅲ.①古典哲学-中国-明代
②《焚书》-译文③《焚书》-注释 Ⅳ.B248.91

中国版本图书馆 CIP 数据核字(2018)第 109856 号

书　　名	焚　书(全二册)
译 注 者	张建业
丛 书 名	中华经典名著全本全注全译丛书
责 任 编 辑	刘树林　胡香玉　王守青
装 帧 设 计	毛　淳
责 任 印 制	管　斌
出 版 发 行	中华书局
	(北京市丰台区太平桥西里 38 号　100073)
	http://www.zhbc.com.cn
	E-mail:zhbc@zhbc.com.cn
印　　刷	北京盛通印刷股份有限公司
版　　次	2018 年 7 月第 1 版
	2024 年 7 月第 5 次印刷
规　　格	开本/880×1230 毫米　1/32
	印张 47　字数 900 千字
印　　数	20001-22000 册
国 际 书 号	ISBN 978-7-101-13255-7
定　　价	106.00 元

目　录

上　册

卷六

四言长篇

五七言长篇

五言四句

五言八句

李贽论

——代前言

  中外不少思想家都把中庸视为一种完美的理论,完美的人格。中国的孔子说:"中庸之为德也,其至矣乎!"①古希腊的亚里士多德则提出,行道、为人要不偏不倚,过度与不及是恶行的特征,只有中庸才是美德的特征、道德的标准。但是,历史的印证、现实的昭示,却使人们认识到不偏不倚有时会滑为庸俗妥协,适度合宜有时会流为苟安折中。反之,那些不循常规、不蹈故习的反传统之士,热诚地执着于信念,充溢着鲜明的个性,不避偏颇、不安习俗地为探求人生真谛而一往直前,义无反顾。他们堂堂正正,大刚大勇,为强烈的渴望和理想所燃烧,所荡漾。他们的思想和行为虽为现存的社会、世俗观念所不容,却放射出照耀现实的光辉,展示着未来的希望。李贽就是这样一个历史人物。

  李贽是明代杰出的思想家、文学家、史学家,是具有国际影响力的学者。他提出的很多理论命题,如反对保守践迹,主张与时俱进;反对唯圣唯上,主张以人为本;反对迷信盲从,主张实践验证;反对假人假言,主张童心真心;反对官吏贪赃,主张廉洁治政;反对男尊女卑,主张男女平等,等等,就是在今天也具有强烈的现实意义。李贽具有开拓精

①语出《论语·雍也》。

神和进取精神,对明清两代以及"五四"时期的思想家、文学家都产生了深远的影响。

　　李贽对日本的明治维新产生过直接影响,日本幕末时期著名汉学家、明治维新运动的先驱吉田松阴,在思想上就深受李贽影响。日本现代著名汉学家铃木虎雄对李贽进行过深入研究,并著有《李贽年谱》;现代许多日本著名学者都在从事李贽的研究。李贽和意大利传教士利玛窦有过交往,并有深厚友谊;比利时人金尼阁神父当时协助利玛窦在华的传教工作,和李贽也有接触,这些在《利玛窦中国札记》中都有记载。德国汉学家福兰阁在其专著《十六世纪中国之思想斗争》中对李贽的思想、品格给以极高评价,还撰写了有关李贽的研究论文《李贽》《李贽与利玛窦》。在韩国、新加坡、美国、法国、英国、瑞士、意大利、俄罗斯等国也都有学者从事李贽的研究。特别是在东南亚诸国,居住着众多的李氏后人,很多学者都在从事李贽的研究,李贽的影响更为深远。这说明李贽在世界思想文化史上占有一定地位。

一　李贽探索、战斗与悲剧的一生

　　李贽,号卓吾,又号宏甫,福建泉州南安人。生于明嘉靖六年(1527),死于明万历三十年(1602),享年76岁。

　　李贽70岁那年在给朋友的信中说:

　　　　我性本柔顺,学贵忍辱,故欲杀则走就刀,欲打则走就拳,欲骂则走而就嘴,只知进就,不知退去……是以堂堂之阵,正正之旗,日与世交战而不败者,正兵在我故也。正兵法度森严,无隙可乘,谁敢邀堂堂而击正正,以取灭亡之祸欤!①

　　这一段文字,可以看作是李贽一生与封建传统势力作坚决斗争的一个总结,不仅表明了他在封建势力面前勇敢战斗的精神,而且反映了

---

　　①语出李贽《续焚书·与周友山》。

他对自己所进行的这场斗争的信心。他坚信自己是"堂堂之阵,正正之旗",是"正兵在我",所以充满勇气去进行斗争。我们综观李贽的一生,可以说,他的确终生都在探索,终生都在与封建压迫和封建传统思想作顽强的斗争。

李贽的远祖从事过商业活动,有的还远航海外,做过通事。其先世信仰也极为复杂,既有伊斯兰信徒,又有佛教徒。其家族中,还有不少与别的民族乃至外国人通婚之举。到李贽的父亲却以教书为业,家中生活并不宽裕,因此,李贽"自弱冠糊口四方,靡日不逐时事奔走"①。由于特殊的家世,广泛的社会接触,使他在青少年时期,就对一些问题产生了不同流俗的看法。他在12岁那年写的《老农老圃论》里,就对孔子反对樊迟学农表达了不满。后来,"稍长,复愦愦,读传注不省,不能契朱夫子深心"②。对孔子和朱熹的思想表示了反感。他还说:"余自幼倔强难化,不信学,不信道,不信仙、释。故见道人则恶,见僧则恶,见道学先生则尤恶。"③说明他的"异端"思想从青年时期就已经滋生萌芽了。

嘉靖三十一年(1552),他26岁时,考中了福建省乡试举人。通过这次考试,他看出了科举制度的虚伪,说:"此直戏耳!但剽窃得滥目足矣,上司岂一一能通孔圣精蕴者耶?因取时文尖新可爱玩者,日诵数篇,临场得五百。题旨下,但作缮写誊录生,即高中矣!"④李贽通过自己的亲身体验得出的这个结论,既是对科举制度的深刻揭露,也是对那些在科举路上往上爬的理学之徒的辛辣嘲讽。

嘉靖三十五年(1556),他30岁,开始做官。先任河南辉县教谕,共五年。34岁,升任南京国子监博士。不数月,他因父亲去世回家守孝。这时恰值倭寇骚扰我国东南沿海,泉州也受到倭寇的包围,他回到家里,顾不上守孝,就"墨衰率其弟若侄,昼夜登陴击柝,为城守备"⑤,参加

---

①语出李贽《续焚书·与焦弱侯》。
②④⑤语出李贽《焚书·卓吾论略》。
③语出李贽《阳明先生道学钞》附《阳明先生年谱后语》。

了保卫泉州的战斗。

　　三年服满后,他携眷到了北京,补北京国子监博士。不久他祖父死,为了奔丧,把家移至河南辉县,然后请假回籍,又是三年。他离辉县时,买了几亩地让妻女耕种度日。谁知又遇旱灾,加上当地官吏"假借河漕名色,尽撤泉源入漕,不许留半滴沟洫间"①。结果,造成了辉县的大荒,李贽买的几亩地,只收到几斛秕子,两个女儿因病饿相继死去。幸亏他的朋友邓石阳来赈济,拿出自己的俸银二两,并写信给朋友募得一些银两,给了李贽的妻子。李贽的妻子就用一半买米,一半买棉花,纺纱织布,度过了三年的灾荒。

　　嘉靖四十五年(1566),他40岁,由泉州回到辉县。同时,又把家从辉县迁回北京,补了个礼部司务。这是一个穷官,所谓"司务之穷,穷于国子"。但李贽认为"穷莫穷于不闻道","吾闻京师人士所都,盖将访而学焉"②。他抱着求学闻道的目的,在北京住了下来,一直到隆庆四年(1570),李贽44岁,前后共五年。这个时期,他接触了王阳明学派,并推重王阳明、王畿为"得道真人不死",说他们与"真佛、真仙同"③,表现出对二王学说的崇信。这时张居正已经是礼部尚书,兼武英殿大学士,为当时的三内阁之一(其余二人是徐阶和高拱)。李贽与张居正虽然没有直接来往与接触,但他对张居正是很崇拜的。他曾说:"江陵(指张居正)宰相之杰也。"④表现出对张居正政治改革的支持。

　　隆庆四年(1570),李贽改任南京刑部员外郎,直到万历五年(1577),共七年。李贽在南京时期,与学者焦竑朝夕过从,还与泰州学派的赵贞吉(大洲)、罗汝芳(近谿)、耿定理等相往来。这时他还认识了王畿,后来又拜王艮的儿子王襞为师。从他与这些人物的交往中,我们可以看到李贽思想是受到泰州学派影响的,他自己的思想体系也在这

---

①②语出李贽《焚书·卓吾论略》。
③语出李贽《阳明先生道学钞》附《阳明先生年谱后语》。
④语出李贽《焚书·答邓明府》。

一时期开始趋于成熟。这时他还认识了后来成为理学代表人物的耿定向,耿定向是耿定理的哥哥,焦竑的老师。但耿定理和焦竑一直是李贽的终生好友,思想比较一致,而耿定向却是后来李贽进行长期反传统思想、反理学教条的主要斗争对象之一。李贽研究佛经也是从这时期开始的,他说:"五十以后,大衰欲死,因得友朋劝诲,翻阅贝经。幸于生死之原,窥见斑点。"①李贽想从佛学探求人生之理,表现了他对儒学的疑惑,实际上,佛学也成了李贽后来批判儒学的一个武器。当然,佛学的唯心主义对李贽也产生了较深影响。

万历五年(1577),李贽51岁,出任云南姚安府知府。在任期间,法令清简,得到人民的好评。未到三年期满,他坚决辞官,从此结束了二十多年的官场生活。

李贽从30岁出任河南辉县教谕,到54岁辞去云南姚安府知府,二十余年的官场生涯,使李贽经受了不少磨难与波折,使他逐步认识到封建统治集团的腐败,认识到封建理学家的丑恶面目。他后来总结这一段生活说:

> 余唯以不受管束之故,受尽磨难,一生坎坷,将大地为墨,难尽写也。为县博士,即与县令、提学触;为太学博士,即与祭酒、司业触;如秦,如陈,如潘,如吕,不一而足矣。司礼曹务,即与高尚书、殷尚书、王侍郎、万侍郎尽触也。……最苦者,为员外郎不得尚书谢、大理卿董并汪意。……又最苦而遇尚书赵。赵于道学有名,孰知道学益有名而我之触益又甚也?最后为郡守,即与巡抚王触,与守道骆触。……此予平生之大略也。②

李贽二十多年来处处与上司抵触的事实,实质上反映了他一贯与封建压迫和封建传统思想以及理学家们斗争的情况。在这种长期斗争

---

①语出李贽《续焚书·圣教小引》。
②语出李贽《焚书·豫约·感慨平生》。

中，他体会到："大概读书食禄之家，意见皆同。以余所见质之，不以为狂，则以为可杀也。"①李贽与封建压迫、封建传统思想和理学家的这种斗争，愈到后来愈加激烈。

李贽在云南辞官后，并没有回故乡泉州，而是住在黄安耿定理家。李贽既辞官而又不回故乡的行动，也是贯穿着他反封建传统思想的斗争内容的。关于这一点，他自己说得十分清楚：

> 缘我平生不爱属人管。夫人生出世，此身便属人管了。幼时不必言；从训蒙师时又不必言；既长而入学，即属师父与提学宗师管矣；入官，即为官管矣。弃官回家，即属本府本县公祖父母管矣。来而迎，去而送；出分金，摆酒席；出轴金，贺寿旦。一毫不谨，失其欢心，则祸患立至。其为管束至入木埋下土未已也，管束得更苦矣。我是以宁飘流四外，不归家也。其访友朋求知己之心甚切，然已亮天下无有知我者；只以不愿属人管一节，既弃官，又不肯回家，乃其本心实意。特以世人难信，故一向不肯言之。然出家遨游，其所游之地亦自有父母公祖可以管摄得我。故我于邓鼎石初履县时，虽身不敢到县庭，然彼以礼帖来，我可无名帖答之乎？是以书名帖不敢曰侍生，侍生则太尊己；不敢曰治生，治生则自受缚。寻思四字回答之，曰"流寓客子"。……然既书流寓矣，又书客子，不已赘耶？盖流而寓矣，非筑室而居其地，则种地而食其毛，欲不受其管束又不可得也。故兼称客子，则知其为旅寓而非真寓，如司马公、邵康节之流也。去住时日久近，皆未可知，县公虽欲以父母临我，亦未可得。既未得以父母临我，则父母虽尊，其能管束得我乎？故兼书四字，而后作客之意与不属管束之情畅然明白。②

这一大段文字，说明了他流寓作客在外，是为了摆脱封建势力对他

---

①语出李贽《焚书·蜻蛉谣》。
②语出李贽《焚书·豫约·感慨平生》。

的束缚和压迫,是他的斗争方式之一。

　　李贽客居黄安不久,就开始了与耿定向的思想冲突。耿定向当时由都察院左佥都御史升任左副都御史协理院事,后来又升任刑部左侍郎。同时他又是当时理学的代表人物,平时喜欢讲学,以儒教正统自居,喜欢吹嘘自己的"不容已"精神。但是事实上他具有当时虚伪的假道学的特质。万历七年(1579),何心隐被杀,本来耿定向是有能力实施援救的,却因为怕得罪当权者,而坐视不顾。后来又因为李贽反对用虚伪的理学教条教育耿家子弟,与李贽发生了直接冲突。万历十二年(1584),耿定理死,李贽在耿家无法再住下去,就于第二年移居于麻城。万历十五年(1587),李贽将妻女送回福建。万历十六年(1888)秋徙居龙潭湖芝佛院。龙潭湖是一个十分幽僻的地方,平时除了几位至交外,很少有人来往。李贽在这里一直住了十多年,这十多年,是他的思想成熟,也是他反对封建压迫、反对封建传统思想和反对封建理学斗争的高潮时期。

　　李贽一离开黄安,就痛快淋漓地写信揭露了耿定向的假道学面孔,指出,耿定向之流"种种日用,皆为自己身家计虑,无一厘为人谋者。及乎开口谈学,便说尔为自己,我为他人;尔为自私,我欲利他;我怜东家之饥矣,又思西家之寒难可忍也;某等肯上门教人矣,是孔、孟之志也;某等不肯会人,是自私自利之徒也。……以此而观,所讲者未必公之所行,所行者又公之所不讲"。并揭露他们"实多恶也,而专谈志仁无恶;实偏私所好也,而专谈泛爱博爱;实执己见也,而专谈不可自是"①。李贽用匕首一样的语言,剥落了耿定向一类的假道学面孔,揭露了他们"言不顾行,行不顾言"的虚伪的两面派真面目。作为刑部侍郎的耿定向,掌有生杀之权。李贽面对这样的当权者,敢于反复与他论辩,多次揭露他的虚伪面目,而且言辞毫不假借,可见他确实有不怕死的战斗

───────────────

　　①语出李贽《焚书·答耿司寇》。

精神。

　　李贽流寓麻城时期，还落了发，以"异端"自居。李贽落发，是否真正皈依了佛教？事实并非如此。李贽自己曾多次讲到他落发的事，汪可受在《卓吾老子墓碑》中记载：

　　　　老子（指李贽）曰："吾宁有意剃落耶？去夏头热，吾手搔白发，中蒸蒸出死人气，秽不可当。偶见侍者方剃落，使试除之，除而快焉，遂以为常。"复以手拂须曰："此物不碍，故得存耳。"

　　这是他落发的第一个原因。落发的另一个原因，也如他自己所说：

　　　　其所以落发者，则因家中闲杂人等时时望我归去，又时时不远千里来迫我，以俗事强我，故我剃发以示不归，俗事亦决然不肯与理也。又此间无见识人多以异端目我，故我遂为异端以成彼竖子之名。兼此数者，陡然去发，非其心也。①

　　他的朋友刘东星也说李贽"虽弃发，盖有为也"②。综合上面这些材料，再结合李贽虽落发而又留胡须，虽出家而又食肉，身居佛堂而又挂孔子像，挂孔子像而又批孔批儒，从这种种思想与行径来看，李贽的落发，与其说是为了出世，皈依佛教，还不如说是为了入世，进行反封建理学的斗争。李贽何尝是谨守佛教戒律的虔诚僧徒，这不过是李贽探索人生的一种方式。实际上，李贽弃官以后隐居龙潭湖的十多年间，并不是出世的佛教徒或隐士，而是在进行紧张而艰苦的探索、著述和斗争。尤其是《焚书》和《藏书》的写作，更鲜明地反映了他的这种人生追求。

　　万历十八年（1590），李贽64岁，他的《焚书》在麻城刻成。他在《自序》中说："一曰《焚书》，则答知己书问，所言颇切近世学者膏肓，既中其痼疾，则必欲杀我矣，故欲焚之，言当焚而弃之，不可留也。"又说："夫欲

----

　　①语出李贽《焚书·与曾继泉》。
　　②语出刘东星《书〈道古录〉首》。

焚者,谓其逆人之耳也;欲刻者,谓其入人之心也。逆耳者必杀,是可惧也。然余年六十四矣,倘一入人之心,则知我者或庶几乎! 余幸其庶几也,故刻之。"这就表明,李贽已经预料到,《焚书》的出版,必将引起封建统治者对他的迫害,但他还是以无所畏惧的态度,将《焚书》刻印了。在《焚书》里,他公布了与耿定向论战的七封信,把耿定向的伪道学面目揭露无遗,同时还尖锐地揭露了当时那些讲理学者的丑恶嘴脸,并进一步把批判的矛头指向儒家学派的祖师孔子及其所谓"经典"。如《童心说》,指出"六经"、《论语》《孟子》,不但不是"万世之至论",而且是"道学之口实,假人之渊薮"。李贽对孔子及儒家"经典"的批判,在长期的封建社会中,可算是空前激烈的,不但在当时起到了振聋发聩的效果,对后来也产生了深远影响。

由于《焚书》具有对封建统治者强烈的揭露和批判性质,以耿定向为代表的封建理学家和黄、麻地区的官吏士绅,纠集了一批打手,趁李贽出游之机,对他进行辱骂驱逐,并用造谣诬蔑的手段,对他进行种种迫害。

万历二十四年(1596),李贽准备去山西,湖北巡道御史史旌贤却发出了要法治他的警告。面对反对势力的威胁,李贽从容镇静而坚强。他在给朋友的信中说:"窃谓史道欲以法治我则可,欲以此吓我他去则不可。夫有罪之人,坏法乱治,案法而究,诛之可也。我若告饶,即不成李卓老矣。若吓之去,是以坏法之人而移之使毒害于他方也,则其不仁甚矣! 他方之人士与麻城奚择焉? 故我可杀不可去,我头可断而我身不可辱,是为之论,非难明者。"[1]在李贽的斗争下,反对者的阴谋终于没有得逞。

此时,李贽应丁忧家居的吏部右侍郎刘东星之邀,到山西沁水作客。在这里他完成了《道古录》(又名《明灯道古录》)。万历二十五年

———————

①语出李贽《续焚书·与耿克念》。

（1597），他又应大同巡抚梅国桢之约，由沁水到了大同，在这里他完成了《孙子参同》。而后他又到了北京。万历二十六年（1598），李贽在焦竑的陪同下，由北京乘船顺运河南下，到了南京。在南京期间，李贽曾三次会见意大利人利玛窦，并写下了《赠利西泰》诗一首，成为中西交流史上一件有意义的事。

万历二十七年（1599），李贽的《藏书》在南京刻成。李贽自述他写作《藏书》时的情况说：

> 山中寂寞无侣，时时取史册披阅，得与其人会规，亦自快乐，非谓有志于博学宏词科也。尝谓载籍所称，不但赫然可纪述于后者是大圣人；纵遗臭万年，绝无足录，其精神巧思亦能令人心美。况真正圣贤，不免被人细摘；或以浮名传颂，而其实索然。自古至今多少冤屈，谁与辨雪！故读史时真如与百千万人作对敌，一经对垒，自然献俘授首，殊有绝致，未易告语。①

李贽正是抱着"与百千万人作对敌"，为古人辨雪的战斗精神，从事《藏书》著述的。李贽要和谁战斗？怎样为古人辨雪？他在《藏书·世纪列传总目前论》中，明确提出反对"以孔夫子之定本行罚赏"，并公开申明，要"颠倒千万世之是非"。李贽正是抱着反对"以孔子之是非为是非"的明确目的写《藏书》的。《藏书》是一部巨大的历史著作，它"起自春秋，迄于宋元"，"人更八百，简帙亦繁"。在这部"系千百年是非"的六十八卷巨著里，李贽以反封建统治阶级所提倡的儒家传统观点，为不少历史人物做了翻案文章。正如李贽自己所说：《藏书》"其是非堪为前人出气"②，"凡昔人之所忻艳以为贤者，予多以为假，多以为迂腐不才而不切于用。其所鄙者、弃者、唾且骂者，余皆的以为可托国、托家而托身

---

①语出李贽《续焚书·与焦弱侯》。
②语出李贽《焚书·答焦漪园》。

也。其是非大戾昔人如此"①。

万历二十八年(1600)，李贽又回到麻城龙潭湖，"著书谈道，听者日众"，以致"喧阗郡邑"②，引起极大反响。因此，也引起封建卫道士们的仇视，再一次对他进行迫害。他们以"异端惑世""宣淫"等罪名，拆毁了李贽居住的芝佛院。李贽不得已暂时避到商城黄蘗山中。

万历二十九年(1601)，李贽在曾任御史并因抗疏神宗而被削职为民的马经纶陪同下，到了通州(今北京通州)，住在马经纶家。在这里，他除了不时会见一些求学问道者外，就集中精力修改已经刻印的《易因》，并最后定名为《九正易因》。这是李贽的最后一部著作，其中有些地方表现了李贽的形而上学思想，甚至杂有占筮的神学谬论。但很多解释也阐明、发挥了《周易》的朴素唯物论和朴素辩证法因素，并多有反传统思想的论述。

万历三十年(1602)，李贽已经76岁，但是他的反对者仍在加紧对他的攻击与迫害。二月，礼科给事中张问达上书神宗，攻击李贽"壮岁为官，晚年削发，近又刻《藏书》《焚书》《卓吾大德》等书，流行海内，惑乱人心。……以秦始皇为千古一帝，以孔子之是非为不足据。狂诞悖戾，未易枚举。大都刺谬不经，不可不毁者也"，要求"檄行通州地方官，将李贽解发原籍治罪。仍檄行两畿各省，将贽刊行诸书，并搜检其家未刊者，尽行烧毁，毋令贻祸乱于后，世道幸甚"。张问达的书一上，神宗朱翊钧便亲自下令逮捕李贽："李贽敢倡乱道，惑世诬民，便令厂卫五城严拿治罪。其书籍已刊未刊者，令所在官司，尽搜烧毁，不许存留。如有徒党曲庇私藏，该科及各有司，访参奏来，并治罪。"③李贽就是在这种"敢倡乱道，惑世诬民"的罪名下，被逮捕入狱了。在狱中，李贽仍不屈于压迫，忍受着严重的疾病痛苦，读书作诗自如。最后，终因精神崩溃

①语出李贽《焚书·读书乐引》。
②语出《泉州府志·文苑传》。
③语出《明神宗实录》卷三六九。

自刎而死,表现出与卫道士斗争到底的精神,走完了他的悲剧人生。

　　李贽对于死,是早有准备的,也就是说对于卫道士对他的迫害是早有认识的。他曾对汪可受说:"得荣死诏狱(皇帝亲自下令逮捕审问的案件),可以成就此生。……那时名满天下,快活,快活!"①他在与焦竑的信中说:"闻有欲杀我者,得兄分剖乃止,此自感德。……与其不得朋友而死,则牢狱之死,战场之死,固甘如饴也,兄何必救我也?死犹闻侠骨之香,死犹有烈士之名,岂龙湖之死所可比耶!"②他在七十二岁那年写的《老人行叙》里说:"虽曰《老人行》,而实则穷途哭也。……百世之下,倘有见是书而出涕者,坚其志无忧群魔,强其骨无惧患害,始终不惑,圣域立跻,如肇法师所谓'将头临白刃,一似斩春风'。吾夫子所谓'有杀身以成仁'者,则所著之书犹能感通于百世之下,未可知也!"③

　　"坚其志无忧群魔,强其骨无惧患害",这是李贽一生的自我写照。尽管李贽的思想比较复杂,有主观唯心主义的东西,也有朴素唯物主义的思想;强烈地反对封建理学,思想里也仍然有儒家传统的影响,如此等等。但是,就他的思想行为的主要方面看,我们不能不承认,他确实是当时反对封建压迫、反对封建传统思想、反对封建理学的不屈斗士。李贽的一生,是探索的一生,是战斗的一生,正因为此,也构成了他悲剧的一生。

二　李贽反封建压迫、反传统思想的民主思想

　　李贽是一位反封建压迫、反传统思想的斗士,那么,李贽反封建压迫、反传统思想的民主思想具有哪些基本特征呢?

　　第一,反对封建束缚,要求自由发展人们的"自然之性"。

　　反对封建束缚,要求自由发展人们的"自然之性",是李贽民主思想

①语出汪可受《卓吾老子墓碑》,《畿辅通志》卷一六六。
②语出李贽《焚书·与焦弱侯》。
③语出李贽《续焚书·老人行叙》。

的一个重要特征。万历五年(1577),李贽出任云南姚安知府,他的政策是"一切持简易,任自然"①。因为在他看来,"边方杂夷,法难尽执,日过一日,与军与夷共享太平足矣"②。对待边境地区的少数民族,反对严酷的封建统治,任其自然发展,这是一种积极的进步主张。李贽主张一切"任自然",认为"法尽难执",实际上是不同意用封建教条刑法束缚人民。这一主张还鲜明地表现在他这时所作的《论政篇》中③。在这篇文章中,他提出"因乎人""因性牖民"的"至人之治",而反对"本诸身"的"君子之治"。李贽认为从政要"因乎人""因性牖民",即根据不同情况加以诱导。因为人的心性是不同的,只有"顺其性不拂其能""恒顺于民",才能把社会治理好。反之"君子之治"则"本诸身",即根据自身的标准去要求别人,做不到时就要用"条教之繁""刑法之施"去对人民群众进行束缚,这样则只能造成社会的动乱。李贽的这种思想包含着要冲破封建束缚的战斗精神。

　　反对封建统治阶级用"德礼政刑"对人民的束缚,在李贽后来的著作中得到更加鲜明的表现。李贽在著名的《答耿中丞》一文中,对道学家耿定向坚持要以孔子的思想为指导,要用"德礼政刑"维护封建统治的理论,进行了尖锐的批评。李贽指出:天下之人所以不得安生,就因为"贪暴者扰之,而'仁者'害之也。'仁者'以天下之失所也而忧之,而汲汲焉欲贻之以得所之域。于是有德礼以格其心,有政刑以絷其四体,而人始大失所矣"。④ 李贽把封建统治阶级及其理论家鼓吹为治国根本的"德礼政刑"指为祸国殃民的祸根,把披着"爱人""忧国忧民"面纱的"仁者"指为害人虫,这就不但揭露了他们虚伪的"仁义""德礼"的说教,而且揭露了他们用"政刑"实行其统治的残忍。

　　李贽在批判封建统治者用"德礼政刑"束缚人们思想手脚的同时,

---

①语出李贽《焚书·又书使通州诗后》附《顾冲老送行序》。
②语出李贽《焚书·豫约·感慨平生》。
③④见《焚书》。

还提出了"各从所好，各骋所长"的主张，要求冲破"德礼政刑"的桎梏，发展人们的"自然之性"，满足其"富贵利达"的要求。他说：

> 夫天下之民物众矣，若必欲其皆如吾之条理，则天地亦且不能。是故寒能折胶，而不能折朝市之人；热能伏金，而不能伏竞奔之子。何也？富贵利达所以厚吾天生之五官，其势然也。是故圣人顺之，顺之则安之矣。是故贪财者与之以禄，趋势者与之以爵，强有力者与之以权，能者称事而官，懦者夹持而使。有德者隆之虚位，但取具瞻；高才者处以重任，不问出入。各从所好，各骋所长，无一人不中用，何其事之易也！①

李贽把追求"富贵利达"说成是人的普遍本性，要求"强有力者与之以权"，"懦者夹持而使"，这在本质上都代表了剥削阶级的利益。他要求冲破封建束缚，也只是寄希望于封建的"圣人"和"高才者"实行自上而下的改革，这都是时代和阶级对他的局限。但是，李贽公开反对封建统治者用"德礼政刑"对人们的束缚，要求自由发展人们的"自然之性"，这在当时严密的封建统治下，确实起到了振聋发聩的启蒙效果。

李贽反对封建束缚，要求自由发展人们的"自然之性"的民主思想，在其专著《道古录》中得到更加系统的表达。例如李贽重新解释了被封建统治者神秘化了的"道"："道本不远于人，而远人以为道者，是故不可以语道。可知人即道也，道即人也，人外无道，而道外亦无人。故君子以人治人，更不敢以己治人者。以人本自治，人能自治，不待禁而止之也。若欲有以止之，而不能听其自治，是伐之也，是欲以彼柯易此柯也。虽近而实远，安能治之，安足为道也耶？"在李贽看来，"道"和人是紧密相连的，因此社会政治就要因人而治，以人治人，人人自治，而不能以己治人。只有这样，社会才能治理好，人人才能得安宁。否则，以己治人，那就是用自己的一套去禁锢别人，那就是"伐之"，那就根本不能把社会

---

① 语出李贽《焚书·答耿中丞》。

治理好。因此,李贽斥责用"德礼政刑"对人民进行统治,就是"齐人之所不齐以归于齐",就是"强使天下使从己,驱天下使从礼",是"俗吏之所为"。

李贽反对"齐人之所不齐以归于齐",即反对用"德礼政刑"强制束缚人们的个性发展,那么应该怎么办呢?他在《道古录》里提出"千万其人者,各得其千万人之心;千万其心者,各遂其千万人之欲。是谓物各付物,天地之所以因材而笃也,所谓万物并育而不相害也",从而达到"天下之民,各遂其生,各获其所愿有,不格心归化者,未之有也"。李贽的主张就是"物各付物""因材并育",任物性的自由发展。因为"物之不齐,物之情也",天下的事物千差万别,总是不会相同的。人们的才能、性情、喜好各有差别,总是不会一样的。只有任其自由发展,千万人才可以实现自己的心愿,千万种心愿才可能得到满足,这样,天下也就可以达到大治。反之,如果硬把这些差别整齐划一,约束在一个框子里,这就等于强迫天下的人服从我自己。这样,千差万别的人自然觉得是一种苦难而不服从,天下也就必然难得安宁。反对对人们进行束缚与限制,要求造成人人顺其本性、人人随心如愿的理想政治局面,这是李贽民主思想的可贵内容,在当时具有强烈的战斗意义,有力地冲击了封建地主阶级的专制主义统治。

第二,反对封建等级制,提出"侯王与庶人同等"的平等思想。

反对封建等级制,主张人与人之间要平等,这是李贽民主思想的又一可贵内容。

李贽曾著《老子解》二卷,积极发挥了《老子》的朴素辩证法思想,并以此为武器,对儒家学派的一些思想进行了批判。批判封建等级制,强调人与人之间的平等就是其中一个重要方面。

李贽从"同一之中"出发,批判了封建统治理论家"圣人仁万民"的理论。封建统治阶级理论家鼓吹"天地仁万物""圣人仁万民",要千千万万的广大人民都要感谢"圣人"的仁德。李贽针锋相对地驳斥说:"使天地而能仁万物,则天地将谁与仁? 使圣人而能仁万民,则圣人将谁与仁?""圣人"给万民以仁德,那么谁又给"圣人"以仁德呢? 这个质问确实有力而尖锐。李贽还进一步论证说:天地就像一个大鼓风炉,万物、圣人愚人全都生死其中而不自知。所以天地与万物"同一中",万物无所求于天地,天地也没有什么可施于万物;圣人与万民"同一中",圣人没有什么可给予万民,万民也没有什么可凭借于圣人,"各守吾之中以待其自定而已矣"。只要各自守住自己的本位,而等待着自然的发展成长就可以了。那么现实中万民"守定"的结果如何? 李贽答曰:"愚者得之,而智者昧焉;不仁者得之,而仁者反失之也。"这就彻底否定了"仁者""圣人""仁万民"的理论,而肯定了"愚者""不仁者"的本位,这是李贽具有平等观念的民主思想的鲜明表现。

　　李贽还从"致一之道",得出了"庶人非下,侯王非高"的平等观点,否定了封建统治阶级理论家"天生圣人"之类的谎言。封建统治阶级理论家为了鼓吹"圣人仁万民"的理论,说"圣人"是"天生"的,而且"惟上智与下愚不移",这种"天生圣人",永远都比"下愚"高贵。李贽则针锋相对地提出:

　　　　侯王不知致一之道与庶人同等,故不免以贵自高。高者必蹶,下其基也;贵者必蹶,贱其本也。何也? 致一之理,庶人非下,侯王非高,在庶人可言贵,在侯王可言贱,特未知之耳。……人见其有贵有贱,有高有下,而不知其致之一也。曷尝有所谓高下贵贱者哉? 彼贵而不能贱,贱而不能贵,据吾所见,而不能致之一也,则亦球球落落,如玉如石而已矣。

　　李贽所说的"致一之道",就是他所主张的"圣愚一律","天子庶人壹是无别",即圣愚都是一个样,天子庶人一切没有区别。侯王们不知道这个"致一之道",而以贵自高。其实下是高的基础,贱是贵的根本,从"致一之道"看来,都是相辅相成,互为条件的,哪里有什么高下贵贱之分? 显然,李贽的这种思想具有人人平等的精神,与当时等级森严的封建制度形成尖锐对立。

  这种平等思想在《道古录》中也得到鲜明表现。儒家著作《中庸》在论到"尊德性""道问学"一类理论时说:"故君子尊德性而道问学,致广大而尽精微,极高明而道中庸,温故而知新,敦厚以崇礼。是故居上不骄,为下不倍。"倍者,背也。很清楚,他们鼓吹"尊德性""道问学"的目的,就是要达到"居上不骄""居下不倍",各守其位,以维护封建统治的固有等级制。李贽则用自己的平等思想给以重新解释,他的结论是:"故圣人之意若曰:尔勿以尊德性之人为异人也,彼其所为,亦不过众人之所能为而已。人但率性而为,勿以过高视圣人之为可也。尧、舜与途人一,圣人与凡人一。""尊德性"并没有什么神秘可言,也不是什么神异的事,不过就是尊重众人之所能为而已,每个人只要按照自己的本性自由发展就可以。在"尊德性"上,圣人也没有什么过高之处,"尧、舜与途人一,圣人与凡人一",天下人人平等,哪有什么高低上下之别!很清楚,李贽从"尊德性"的神秘理论中,引出的却是反传统的崭新的平等思想。

  从这种德性上的平等,李贽还引出了圣人与凡人在能力上的平等。他说:"天下无不能之人,人无不能之事",因此,"圣人所能者,夫妇之不肖可以与能,勿下视世间之夫妇为也。……若说夫妇所不能者,则虽圣人亦必不能,勿高视一切圣人为也"。圣人做到的,愚夫愚妇也能做到;愚夫愚妇做不到的,圣人也一定做不到。所以不能低看愚夫愚妇,也不能高视所谓圣人。正因为如此,尧、舜一类圣人又有什么高贵之处?他们也不过像庄周所说,都是"尘垢秕糠"陶铸而成,极其平庸。李贽从德性的平等,引出圣贤凡人能力上的平等,否定了尧、舜的神圣地位,把他们拉到与常人一样的地位,这是他平等观念的突出表现。

  从平等思想出发,李贽还提出了"以百姓之迩言为善"的政治主张。《中庸》记载孔子的话:"舜其大知也与,舜好问而好察迩言。"李贽借此加以发挥说:

　　唯是街谈巷议，俚言野语，至鄙至俗，极浅极近，上人所不道，君子所不乐闻者，而舜独好察之。以故民隐无不闻，情伪无不烛，民之所好，民之所恶，皆晓然洞彻，是民之中，所谓善也。夫善言即在乎迩言之中，则迩言安可以不察乎？……夫唯以迩言为善，则凡非迩言者必不善。何者？以其非民之中，非民情之所欲，故以为不善，故以为恶耳。非真如今人所谓妨政蠹民之恶也。

　　宋明时期的理论家鼓吹"存天理，灭人欲"，说"天理"至善，"人欲"至恶，其内涵虽有一定可取之处，但主旨则是把封建伦理道德说成是永恒不变的"天理"，把人们的物质生活要求说成是"人欲"，其实质是妄图泯灭广大人民的生存权利。李贽却大胆提出"民之所欲"就是"善"，反之就是"不善"，而这种"善"就反映在"迩言"即普通民众的言论中。因此，李贽还进一步提出："天之立君，本以为民。"①要求君主尊重和顺从民欲，把"上人所不道，君子所不闻"的"迩言"作为考察民情和从政治国的依据。因为只有精心考察百姓的物质利益与要求，以民之善为善，以民之智为智，这才是真正的"大智"，才能把社会治理好，创造出理想的政治。这是他反对封建等级制、主张平等思想的进一步发展。李贽所说的"民欲"，虽然包括了没有特权的中下层地主阶级和工商业者以及广大下层群众共同要求生存发展的愿望，他所设想的使天下"无有失所欲者"的社会局面，在阶级社会中也根本不可能实现。但他要求从至鄙至俗、极浅极近的街谈巷议、俚言野语中考察民情，立政治国，这对地主阶级的专制统治和理学家的统治哲学，无疑是非常有批判力的，客观上也有利于当时广大人民群众反对封建统治的斗争。

　　第三，提出不以孔子之是非为是非，对封建理学进行了批判。

　　李贽反封建压迫、反传统思想的民主思想的一个重要方面，是对孔子及理学家的批判。

――――――――――

　　①语出李贽《藏书·世纪·田齐》。

　　在中国长期的封建社会中，以孔子为代表的儒家思想成了统治思想，一些进步思想家曾对孔子提出了异议，表现出不同程度的进步精神。但是李贽的批孔批理学却具有更加突出的积极意义，涉及儒学的某些本质方面。

　　首先，李贽提出了不以孔子的是非为是非的战斗口号，他说：

　　　人之是非，初无定质；人之是非人也，亦无定论。无定质，则此是彼非，并育而不相害；无定论，则是此非彼，亦并行而不相悖矣。然则今日之是非，谓予李卓吾一人之是非，可也；谓为千万世大贤大人之公是非，亦可也；谓予颠倒千万世之是非，而复非是予之所非是焉，亦可也。则予之是非，信乎其可矣。前三代，吾无论矣；后三代，汉、唐、宋是也。中间千百余年，而独无是非者，岂其人无是非哉？咸以孔子之是非为是非，故未尝有是非耳。然则予之是非人也，又安能已！夫是非之争也，如岁时然，昼夜更迭，不相一也。昨日是而今日非矣，今日非而后日又是矣。虽使孔夫子复生于今，又不知作如何非是也，而可遽以定本行罚赏哉！①

　　在这里李贽以"颠倒千万世之是非"的英勇气概，否定了被封建统治阶级定于一尊的孔学的是非标准，提出了自己的是非标准，向孔学的神圣权威挑战。李贽认为是非标准因人而异、因时而变，是和非并没有固定不变的标准，没有通行万世的"定论"。而千百年来，封建统治阶级"咸以孔子之是非为是非，故未尝有是非"，正因为这样，李贽才决心打破这种孔学的是非框框，以自己的是非为是非，重新评价历史人物，重新观察社会事物。李贽反对以孔子的是非为是非，反对以孔子的"定本行罚赏"，这在当时孔学严密统治的情况下，真如一声惊雷，促使人们进行思考，解放思想。

　　正是从不以孔子的是非为是非出发，李贽反对封建统治者把孔子

------

　　①语出李贽《藏书·世纪列传总目前论》。

树为"万世师长",他说:"夫天生一人,自有一人之用,不待取给于孔子而后足也。若必待取足于孔子,则千古以前无孔子,终不得为人乎?"①一个人生下来就有一个人的作用,不必从孔子那里学习成一个所谓的完人。如果一定要靠效法孔子才能使自己成为一个完善的人,那么千古以前没有孔子,那就终归做不成人了吗?李贽这种尖锐而深刻的立论,实际上把孔子这位神乎其神的偶像拉到了与一般人平等的地位。

李贽在很多著作中,还对尊孔派进行了辛辣的讽刺与嘲笑。在《圣教小引》中,李贽采用讽喻手法,把道学家们尊孔的大合唱比作黑夜中的"一犬吠影,众犬吠声",指出孔子这尊偶像,就是在众犬的狂吠声中被哄抬起来的。这在孔子被尊为"万世师表"的封建社会,具有强烈的战斗意义。

对于儒家的"经典"著作,李贽有时给以新的解释,借题发挥,以阐明自己的思想,如《道古录》;有时直接给以批判,剥掉其神圣的外衣,如《童心说》。在《童心说》中,李贽借谈文艺问题,一方面痛斥封建统治阶级及理论家是一伙"失却真心",专门说假话、做假事、写假文的"假人",指责他们把社会变成了"无所不假""满场是假"的欺诈场所。一方面又穷本追源地指出,一切虚假现象都来自"六经"、《论语》《孟子》之类的儒家"经典"。这些所谓"经典",其实不过是"史官过为褒崇之词""臣子极为赞美之语",是由孔孟的"迂阔门徒、懵懂弟子,记忆师说,有头无尾,得后遗前,随其所见,笔之于书"的残缺不全的笔记,是孔孟"因病发药,随时处方",以救此一等懵懂弟子、迂阔门徒的医方而已,根本不是"万世之至论"。而且由于道学家经常用它们来骗人和吓人,就成了"道学之口实,假人之渊薮",是藏污纳垢的所在,制造两面派、伪君子的总根子。对儒学"经典"进行如此猛烈的抨击,在封建社会中是极少见的。

其次,在反对以孔子的是非为是非,否定"六经"、《论语》《孟子》的

---

① 语出李贽《焚书·答耿中丞》。

"经典"地位的基础上,李贽进一步提出反对儒家的"践迹""执一"。儒家学派把孔子的一套学说定为评量一切事物的教条,作为区别是非的标准,要人们亦步亦趋,践迹而行,不准越出雷池一步。宋明时期的理学家,更是狂热鼓吹尊孔复古,反对社会的任何革新和进步。对此,李贽多次提出了尖锐批判。他斥责那种"践迹"的人是"效颦学步,徒慕前人之迹为也"①。他们专门踩着前人的脚印爬行,活像"东施效颦""燕人学步"一样愚蠢而可悲。李贽还指出孔子本身就是迹,但是孔子当时的所作所为已经随着他所处的时代和条件消失了,又怎么能遵循他的故迹呢? 那些想固守孔子的一套,因循守旧的人不是犯了时代的错误吗?因此李贽斥责他们是"虽名为学而实不知学。往往学步失故,践迹而不能造其域,卒为名臣所嗤笑"②。并坚决提出,对于过去的迹"不必践,不可践,不当践"③,他不但回击了宋明理学家掀起的尊孔复古逆流,而且启示人们认识封建教条的不合理。

再次,李贽反传统思想的战斗的民主思想,还表现在他对当时占统治地位的道学的批判上。宋明时期,以程、朱为代表的道学作为一个学派,自有其理论价值,但作为统治阶级的官方哲学,它也成了禁锢人民思想、泯灭人民斗争意志的精神枷锁。而一些道学家口头上讲的是"仁义道德""天理人伦",实际上却是极端利己的伪君子。李贽在很多著作中,都以泼辣而尖刻的笔锋,揭露了他们这种伪善面孔,斥责他们是"阳为道学,阴为富贵,被服儒雅,行若狗彘"④,"口谈道德而心存高官,志在巨富"的两面人⑤,是"实多恶也,而专谈志仁无恶;实偏私所好也,而专谈泛爱博爱;实执定己见也,而专谈不可自是"的伪君子⑥。而"道学"正

---

①③语出李贽《藏书·乐克传论》。
②语出李贽《藏书·世纪列传总目后论》。
④语出李贽《续焚书·三教归儒说》。
⑤语出李贽《焚书·又与焦弱侯》。
⑥语出李贽《焚书·答耿司寇》。

是他们达到欺世盗名的工具,"道学其名也,故世之好名者必讲道学,以道学之能起名也。无用者必讲道学,以道学之足以济用也。欺天罔人者必讲道学,以道学之足以售其欺罔之谋也"①。"夫唯无才无学,若不以讲圣人道学之名要之,则终身且贱矣,耻矣。此所以必讲道学以为取富贵之资也。然则今之无才无学,无为无识,而欲致大富贵者,断断乎不可以不讲道学矣"②。对道学及道学家伪善本质的深刻揭露,鲜明地表现出李贽与当时占统治地位的官方哲学相对立的战斗精神。

三　李贽民主思想的社会基础

生活在封建社会时期的李贽,为什么具有那么强烈的反封建压迫、反传统思想的民主思想？他的民主思想产生的社会基础是什么？

第一,李贽的民主思想是产生在封建社会后期资本主义萌芽的经济政治基础之上的。

李贽生活在明朝嘉靖、万历时期,这时中国的封建社会已进入了后期。随着封建地主阶级的日趋腐朽、没落,他们对广大农民的压迫与剥削也愈来愈残酷,农民阶级与地主阶级之间的矛盾愈来愈尖锐。同时,商品经济的发展,促进了资本主义的萌芽,特别是明中叶以后,这种萌芽有了明显的表现。明朝的海外贸易与国内商业都有了很大发展,自永乐、宣德以来,国内已形成有名的三十三个大工业商业城市,其中李贽的故乡泉州就是一个有名的对外贸易港口。景德镇的陶瓷当时远销中外,佛山镇的冶铸也非常有名。尤其是江浙一带,纺织业特别发达,不仅出现了苏州、杭州等丝织业大都市,而且有些小镇也发展为丝织业的专业市镇。值得注意的是,当时出现了雇佣的生产关系,很多织工丧失了生产资料,变成了出卖劳动力以维持生活的雇佣劳动者。例如万历时的苏州一带已经出现了劳动力市场。这种从封建社会内部滋生成

---

①语出李贽《初潭集·道学》。
②语出李贽《初潭集·释教》。

长起来的资本主义萌芽,与腐朽落后的生产关系是相矛盾的。封建统治者虽然也需要商品经济以满足其挥霍无度的荒淫生活,但对工商业往往采取掠夺的手段,并广设关卡,抬高税额,税监、矿监四出骚扰抢掠,这就严重阻碍了商品经济的发展,从而也必然引起市民的反封建斗争。明中叶以后,这种市民斗争,曾经遍及江南及其他地区的大城市,最有名的如1595年临清市民反马堂的斗争,1600年广东新会反李凤的斗争,1601年苏州反刘成的斗争,景德镇反潘相的斗争等,都曾轰动一时。资本主义的萌芽,市民阶层的兴起,使明王朝在阶级关系上除了农民阶级与地主阶级这一基本矛盾外,又出现了萌芽状态的资本主义生产关系与封建主义的矛盾,这些新的经济与政治因素,又必然要在思想领域中得到反映与表现。李贽在鼓吹自由,发展人们的"自然之性",要求人人平等的同时,不时流露出对商人的同情,公开为当时受歧视、受压迫的商人辩护,肯定商人经商的正当性,都鲜明地体现了时代特色。

第二,李贽的民主思想与他家世代经商的环境有一定关系。

有关李贽的世系及其职业情况,过去的研究者把其世系列为:林闾—林驽—林通衢—林易庵—林琛—林义方—林白斋—林载贽(李贽)。这一世系从林闾至林琛,都是通商海外的商人。一世祖林闾就"常俟家客舰,泛海外诸国"。二世祖林驽是兼营国内外贸易的大商人,"壮年航吴泛越,为泉巨商"。洪武十七年(1384)他曾奉命发航西洋忽鲁模斯(伊朗古代港口)。三世祖林通衢"凤有经营四方志",经常到广州等地为商,"竟以疾卒广州龙川县之为商处"①。四世祖林易庵和五世祖林琛父子,则经常往来于琉球、日本之间,并通晓琉球语,做过通事,曾引琉球、日本诸国入贡京城。林易庵因"奉简书使外国,能使其人输诚以献,不辱朝臣嘉命",被"钦赐冠带",并由其子林琛袭职,"非一世也"②。但由此就得出李贽出身于海商家庭的结论,是不确切的。

---

①语出《凤池林李宗谱》。
②语出《清源林李宗谱》。

1974 年从李贽裔孙李爱好(住福建南安胭脂巷村)处发现了一方《明故处士章田暨配丁氏、媵张氏合葬墓志铭》(以下简称《志铭》),对李贽的先代传世情况有着明确的记载。这一《志铭》中的李廷桂(号章田)是李贽的叔父,《志铭》的作者林奇材(嘉靖己未进士,官至广西平乐知府),是李贽的远房族兄,因此,《志铭》所记准确而可信。根据这一《志铭》,再参照 1949 年以来陆续发现的《凤池林李宗谱》《清源林李宗谱》等,我们知道李贽的确切世系应是:林闾—林驽—李允诚—林乾学—李端阳—李宗洁—李钟秀—林载贽(李贽)。林闾生二子,长房林驽(字景文,号东湖),二房李端(字景顺,号直斋)。林驽生五子,长子林信(字居诚,无嗣,故林奇材在《志铭》中径称其高祖居安为长,实际上居安是次子),次子林仙保(字居安),三子林信生(字允诚),四子林玉生(字廷贽),五子林福生(字通衢)。李贽是林允诚一支。李贽的二世祖林驽,虽是海航波斯的大贾,但与李贽已相隔五代。李贽的远房三世祖林通衢、四世祖林易庵和五世祖林琛,或从事于航海活动,或来往于琉球、日本之间,但和李贽直系祖先并没有很多经济关系。

李贽的直系近亲虽非海商大贾,却和商业有一定联系。据《志铭》所载,李贽的祖父竹轩在世时,是与四个儿子"同室共炊"的大家庭。由于人口多,住房小,收入微,竹轩"始命析箸分居"。其次子李章田在分居时,"乃侨南邑小郡,赁庑贾贸",到南安做小生意。由此可知,竹轩也应该有一定的小商业资本。同时,李贽的族人很多仍然从事商业。据新发现的《清源林李宗谱草创卷之三历年表》所载,林静野在嘉靖戊午年(1558)"排卖杂货",壬戌年(1562)"就南门外本家门首卖米营活",隆庆己巳年(1569)"与屿头林开纸店,又卖青靛",庚午年(1570)"与里人贩鲊福州蚀本,回仍卖米",万历壬辰年(1592)"开染房"。再如林肖静于万历乙未年(1595)"自营生理,与施舅载糖往苏",于万历庚子年(1600)"开棉行"。又,万历丙申年(1596)"我太高祖心静公亦载糖往苏","七月泉米昂,复与以慎叔合本,以慎遣可受叔同往"。由此可知,当时林静野、林肖静、林心静、林以慎、林可受等都是商人。在封建社会，商人的社会地位很低，居于"四民之末"，而且受到种种限制。因此，要求允许自由发展，要求给以平等待遇，要求突破封建教条束缚，就成为他们斗争的内容。李贽的民主思想，应该说与他这种商人家世有密切关联。

第三，李贽家族在信仰上的复杂化，对李贽反传统思想的形成也有一定影响。

李贽的故乡泉州就是一个宗教繁多、信仰广泛的地区。由于历史原因以及外商的到来，摩尼教、婆罗门教、基督教、天主教纷至沓来，一时庙宇林立，牌坊、塔幢、佛像、基碑、石刻、木雕，处处都放射着异样的思想光辉。如建于唐代的开元寺，号称闽南佛国，走廊西侧的那尊佛像，就是李贽的一世祖母所塑造。由阿拉伯人创建于 1109 年的著名的清净寺，处处都刻着古兰经，而李贽的二世祖林驽"行年卅，遂从其教，受戒清净寺教门，号顺天之民"①，成了地道的伊斯兰教徒。泉州东门外的灵山圣墓是伊斯兰教的著名遗物，而李贽远房三世祖林通衢之妻的墓就葬在离这里不远的仁风乡的伊斯兰教徒葬地。李贽家族中的老二房三世祖林广齐则是道教徒，并因修理东岳庙立下马碑，惹下了杀身之祸。至于李贽的父亲林白斋，虽然以教书为生，为人却豁达大方，没有那些冬烘先生们的道学气。李贽后来曾称他父亲说："虽至贫，辄时时脱吾董母太宜人簪珥以急朋友之婚。"②李贽十二岁时，作了一篇漂亮的文章，别人都祝贺他父亲得到了一个将来可以升官发财的好儿子，李贽则直斥这些人是以"世俗胸腹"来看待他父亲③。由此可见，林白斋和当时的世俗道学家是不一样的。

更为有趣的是，在李贽家族中，还有不少人和伊斯兰教徒通婚，甚至有和外国人通婚的。李贽二世祖林驽就是"娶色目女"④。在林氏宗

①④语出《凤池林李宗谱》。
②③语出李贽《焚书·卓吾论略》。

谱中还记载了很多李氏与蒲氏、丁氏、迭氏通婚的事。蒲氏是蒲寿庚的后代,《晋江县志》卷十五"纪兵"称蒲为"西域人",而且明代蒲氏又是被明太祖在政治上予以打击的家族;丁氏是赛典赤·瞻思丁之后代的汉姓;迭氏乃泉中巨族,与金、丁、马、夏并称"五大族,皆从妈氏异教",都是汉化的西域人。

李贽家族人信仰的复杂化以及与西域血统的泉州伊斯兰教家族屡通婚姻的现象,说明他们冲破了民族界限、宗教信仰的束缚,冲破了孔孟之道传统思想的束缚,这对李贽民主思想的形成都应有一定影响。

四　李贽在中国文化思想史上的地位

中国悠久的传统文化思想,发展到明代中叶,开始有了新的变化。这一变化的代表即著名思想家李贽及其先驱王阳明。张尔岐在《蒿庵闲话》中曾说:"明初,学者崇尚程、朱……自良知之说起,人于程、朱敢为异论,或以异教之言诠解'六经'。于是议论日新,文章日丽。"[①]这段话概括了明代思想文化发展的起承转变,在一定意义上说,也指明了中国传统文化思想开始新变的轨迹。由"议论日新"而导引出的"文章日丽",都是这一新变的表现。王阳明就是这"议论日新"的先驱,而李贽则是传统文化思想开始新变的代表。王阳明的"心学"动摇了以程、朱为代表的理学"天理"存在的基石,为人的主体意识的觉醒制造了舆论。他对圣贤绝对权威的否定,张扬在"良知"上的人人平等,更显示着近代人文主义启蒙思想的光辉。他的"知行合一"主张,包含着切实可行的实用精神。他倡导的"狂者的胸次"[②],更是和传统文化思想中的"中庸"论形成强烈对照。这一切都对传统文化思想形成了冲击,对李贽产生了深刻影响。李贽对王阳明极为尊崇,在思想上也多有继承。但是,这种继承呈现着极为复杂的形态,而且在一些方面有着实质的区别。正

①语出张尔岐《蒿庵闲话》卷一。
②语出王阳明《传习录》下。

如沈德符所指出的,王阳明之后,其弟子各立门户,几经师承,"最后李卓吾出,又独创特解,一切而空之"①。从而使中国文化思想的启蒙思潮发展到一个新时期,更强烈地显示出人文主义启蒙思想的特色。李贽与王阳明在中国文化思想启蒙思潮发展史上的作用与地位的基本区别,就在于王阳明所倡导的"心学",虽在客观上为反理学、反传统思想的斗争创造了舆论,打开了缺口,但其主观上仍是为理学补偏救弊,为传统思想修隙补漏。李贽则不然,李贽以"堂堂之阵,正正之旗"②,和"坚其志无忧群魔,强其骨无惧患害"的大无畏精神③,向封建压迫与传统思想展开了猛烈进攻。

李贽那种敢于反对封建压迫和传统思想的无畏斗志,敢于反对迷信和偶像的无畏斗志,以及由此而形成的进取开拓精神,使他在中国思想史上占有一个突出地位,就是在今天也具有借鉴意义。

中国文化源远流长,灿烂辉煌。在新的时代,如何继承发扬我们的民族文化遗产,使之为现代化服务,已成为人们极为关注的问题。研究中国文化的人们有一个共识,即中国传统文化是以儒家思想为主导,而又包容着儒、释、道互补的内涵。这样一种传统文化的产生、发展,都是以封建社会的经济、政治为其背景的。这种传统文化或文化传统有着许多精华,但也不可否认,作为一种统治意识形态,它又是为封建统治服务,充斥着时代与阶级的糟粕的。对这样一种传统文化或文化传统,我们应该经过批判继承,使之为今天的现实社会服务。我觉得应该强调的是,对传统文化中的启蒙思潮,我们还没有给予应有的重视和研究。我们的一些研究者,兴奋点与注意点更集中于博大的孔子及儒家学说,这当然有一定的道理;但传统文化中的启蒙思潮,既体现着中华文化传统的精华所在,又有在新的历史条件下对传统文化的扬弃,并与

---

①语出沈德符《万历野获编·紫柏评晦庵》。
②语出李贽《续焚书·与周友山》。
③语出李贽《续焚书·老人行叙》。

当今的时代精神有着一定程度上的内在的相通。因此,我认为,无论是从对传统文化的继承上讲,还是从以传统文化为当今的现实服务上讲,加强对传统文化中的启蒙思潮的研究,都是一项极为重要、极为迫切的任务。而李贽就是这一启蒙思潮的先驱与代表。

李贽生活的明代后期,已是封建社会走向衰落的时期,统治者为了维护其专制,从政治、思想、文化上都进一步强化其禁锢,普天下是严苛的封建教条,满社会是迂腐的道学君子,人生成了以假欺假的人生。但是,明代后期又是中国社会发展的重要转折期。在封建的重重压力下,新的经济幼芽在挣扎成长,由此思想意识领域中滋生了新的启蒙主义思潮,李贽就是这一思潮的代表。李贽在他的著作中,以超前的胆识与犀利的眼光,批判当时社会的腐败,抨击严苛的封建教条,审视人生的真谛,并在著作中自我完成理想的人格。其思想、哲理的深刻,在我国文化思想史上是相当罕见的。正是这种思想的超前性和深刻性,昭示了他光辉的历史价值。在当时虽日趋腐朽而仍层层叠叠的封建天幕下,李贽以自己的思想睿智和战斗精神,撕开了一道裂隙,使窒息的社会透进一丝阳光和清新空气,为中国的文化思想发展史铺展开新的一页。

李贽具有启蒙意义的民主思想,在中国文化思想史上具有重要的时代意义,反映了中国传统文化思想的一种走向。他反对封建束缚,要求自由发展人们的"自然之性"也好,反对封建等级制,提出"侯王与庶人同等"的平等思想也好,提出不以孔子之是非为是非,反对权威独断、反对官方哲学理学也好,都表现出不同世俗的见解,这种见解的内核就是要求人格的独立,个性的自由,心灵的自主,精神的解放。从中国封建社会的文化思想发展体意识长期被奴役、被禁锢的反抗,显示着主体意识从被奴役、被禁锢趋向觉醒的走向。

中国的文化思想史表明,长期在封建社会中占统治地位的儒家思想的价值观,是以"教化仁义"为其核心,并成为封建社会文化思想的价值准则的。这种价值准则被历代封建统治者采用、强化，从而形成封建社会的统治意识形态，支配着社会群体与个体的心理结构与行为方式。这种价值准则发展到宋明理学更为深化，更为普及，渗透到人们思想行为和生活方式的各个方面。这种以伦理为基础的价值准则，最终目的是要人们牺牲、丧失自己的主体意识，服从统治者的统治意识。而李贽具有启蒙意义的民主思想与统治者的这种以伦理为基础的价值准则相对立，强调的是人的个体生命价值，也就是要求人格的独立，个性的自由，心灵的自主，精神的解放，总之，是人的觉醒。这种人的觉醒的思想、哲学，从文化思想史上看，是一种价值准则的转换，标志着一种新的价值观念的产生。从其产生的基础看，是中国资本主义萌芽和市民阶层兴起的新的经济、政治的一种反映，因此，具有划时代意义。

李贽的具有启蒙精神的民主思想，像中国社会的资本主义萌芽一样，后来由于清兵入关而中断、夭折，但其启蒙意义却十分明显。作为反封建压迫、反传统思想的进步思想家，李贽终生都不愿受封建教条和礼俗的束缚，终生都与封建统治者格格不入，并最终被封建统治者迫害而死。也正因为如此，他提出的一些崭新命题，他那些惊世骇俗之论，在当时及其以后都起到了振聋发聩的启蒙作用，他那种反对迷信和偶像的大无畏精神，鼓舞着许多为真理献身的斗士去进取开拓。明朝末年的"公安三袁"、汤显祖等，以及后来的黄宗羲、顾炎武、戴震、王夫之、曹雪芹、谭嗣同、严复、章炳麟、吴虞等，其中虽然有人或受传统思想影响或受学派思想影响对李贽很有嫉恶之心，但他们在对孔学与理学进行批判时，在对封建专制主义予以揭露时，都不同程度地受到李贽的影响。

如黄宗羲愤怒指责封建帝王是"屠毒天下之肝脑，离散天下之子女"，以求一己的统治和淫乐，这种君主专制制度正是"天下之大害"，并提出"天子之所是未必是，天子之所非未必非"①。这正是李贽不以孔子

---

① 语出黄宗羲《明夷待访录》。

的是非为是非的进一步发展。

如在批判理学家"去欲存理"的说教时,王夫之提出"欲即天之理","饮食男女之欲,人人之大共"①。这和李贽"穿衣吃饭,即是人伦物理;除却穿衣吃饭,无伦物矣"的命题一脉相承②。

曹雪芹的《红楼梦》歌颂以贾宝玉、林黛玉为代表的贵族叛逆者,反对科举功名和纲常礼教,要求尊重个性,男女平等,在艺术上注重"自然之理""自然之趣",表现出他从思想到文艺主张都深受李贽的影响。

戊戌变法时期资产阶级改良派人物谭嗣同再次提出"天理即在人欲之中",并把秦朝以来的君主斥之为"独夫民贼",提出"废君统,倡民主,变不平等为平等"③。这当然是时代的产物,但从思想渊源上看,也受到李贽反封建压迫斗争精神的一定影响。直到"五四"时期,一些资产阶级的代表人物,在"打倒孔家店"的革命声浪里,还把李贽的著作作为向封建统治阶级及旧礼教进行斗争的武器,吴虞的《明李卓吾别传》就是典型代表。

也有不少人反对李贽,但正是从这种反对中我们也清楚地看到了李贽的价值。如纪昀在《四库全书总目提要》中激烈攻击李贽的著作"皆狂悖乖谬,非圣无法","排击孔子,别立褒贬,凡千古相传之善恶,无不颠倒易位,尤为罪不容诛",是"名教之罪人,诬民之邪说"。因此,他主持编撰的《四库全书》不收李贽的著作,而"特存其目,以深暴其罪焉"。但是,这不恰恰证明李贽的著作与思想确实对封建统治和传统思想起到了有力的冲击吗?

李贽的高尚人格也极值得称道。李贽对仕途本来就没有什么兴趣,但为了生存,青年李贽也只好走上这条道路。后来,他出任云南姚安知府,官至四品,且政绩为上司和下民所称道,三年秩满,不用跑官送

---

①语出王夫之《读四书大全说》。
②语出李贽《焚书·答邓石阳》。
③语出谭嗣同《仁学》。

礼,即可晋升三品之列。这时李贽完全可以青云直上,正如时任洱海道金事,后至兵部侍郎、总督蓟辽军务的顾养谦在李贽致仕的序文中所说:"少需之,得上其绩,且加恩或上迁。"①上迁升官是政界多少人孜孜以求的事,但是,李贽却置升迁于不顾,径自谢簿书,封府库,携其家属到巡按刘维那里上了辞呈。刘维以"姚安守,贤者也。贤者而去之,吾不忍,非所以为国,不可以为风,吾不敢以为言"②,故而不予批准。李贽干脆不辞而别,弃官而走,到大理的鸡足山阅《藏经》而不出。李贽的弃官不是不愿为"五斗米而折腰",更不是退而再进的"终南捷径",而是真正出自对于官场的厌恶。明中后期的官场,巧宦日众,吏病日多,士风日坏,他们以竞逐功利声名相高,而置人民日益困苦的现实于不顾。李贽的弃官,正是他看透了那个社会官场的必然抉择。正如他自己所说,为县博士,就与县令、提学触,为太学博士,就与祭酒、司业触,到礼部做个小职员,却又与礼部尚书、侍郎触,到南京为闲散官员刑部员外郎,又与刑部尚书和大理卿触。"触"就是矛盾,"触"就是斗争。可以想见,处处都与顶头上司相"触"的人,怎么还能在官场混下去,怎么还能为官场所容!李贽处处与顶头上司相"触",是他原本思想的必然表现,也是他最终与官场决裂的必然结果。还应指出,李贽虽然厌恶官场,但他为官一方,就尽自己的力量办好应该办的政事,而且绝不以权谋私,假公济私。嘉靖四十三年(1564),李贽奔丧回泉州,家属既不可能留居北京,又不便数千里随之回故乡,他决定把妻女留在曾做过县学教谕的辉县,并把同僚帮助办丧事的钱分出部分给她们置些田地,让她们耕作自食。没想到这年辉县大旱,一些官吏借漕河是运送公粮河道之名,把通向田间的水源全部引入漕河,切断百姓的田间用水,并乘机敲诈勒索。李贽竭力为老百姓请求放水,均遭拒绝。当时李贽若以京官的身份请为自己的几亩地放水,那是肯定会得到照顾的。但李贽没有这样做,他说:

①②语出顾养谦《焚书·赠姚安守温陵李先生致仕去滇序》。

"吾安忍坐视全邑万顷,而令余数亩灌溉丰收哉! 纵与必不受,肯求之!"①李贽是宁可自己的田地与老百姓的田地一起干旱,也不愿单独接受贪官的私情的。李贽怀着对贪官污吏的强烈不满,对妻女的无限牵挂,离开辉县南行。结果,在这场灾荒中,李贽的二女儿、三女儿都因病饿交加而死。李贽离姚安知府任时是"禄俸之外,了无长物"②,"囊中仅图书数卷",为此得到人民群众的无限敬仰,以致出现了"士民攀卧道旁,车不得发"的动人场景③。

总之,无论从其理论建树,还是从其精神情操,李贽都给我们留下了非常值得研究和张扬的价值和意义。近些年来,中外学术界对李贽的研究虽然日益深入,日益拓展,但我们对李贽价值的认识与研究,还没有达到其所应有的历史地位。四百年前,在封建统治者的迫害下,李贽自刎而死,以身殉道,谱写了一曲追求真理、追求人生理想的悲壮诗篇。今天,我们纪念、缅怀这位杰出的思想家,中国思想文化发展史上的启蒙先驱,更加感到他精神的可贵、人格的高尚,对于他在中国文化思想史上的价值和意义,应该给予更深入的认识与评价。

本书为译注全本。译注工作虽然尽心,并费精力多年,但学海无涯,难免纰漏或误解,敬请读者批评指正。

张建业
2017 年 11 月于首都师范大学

---

①语出李贽《焚书·卓吾论略》。
②语出袁中道《李温陵传》。
③语出《姚州志》卷四。

凡　例

一、本译注本以中华书局 1975 年《焚书·续焚书》合刊本为底本，并参照明万历二十八年（1600）苏州陈证圣序刊本，万历四十年（1612）陈大来（邦泰）《李卓吾先生遗书》（又名《李氏遗书》）、明末海虞顾大韶校刊本《李温陵集》（又名《李氏文集》）等刊本作了校勘。文字异同，以及明显的讹误，不单出校记，只在有关注文中说明。中华书局本在卷六后附有"增补一"十一篇，"增补二"两篇。"增补一"其三《与焦从吾》，系《续焚书》卷一《与焦弱侯太史》的节录，今删去。其余十篇编入卷二后。《增补二》中的两篇《复焦弱侯》《寄答京友》，与卷二中两篇同题同文，卷二中的两篇为节录，今删去，把《增补二》中的两篇补入卷二。中华书局本目录标题往往两文一题，如《与周友山书二首》。现依正文改为《与周友山书》《又与周友山书》，其他同此。

二、李贽思想出入儒、释、道，其著作涉及文、史、哲，并有军事、民俗之作，既庞博又不易解。而且，除少数篇目外，从来无人为之笺注，这就给注释工作带来极大困难。我们在注释工作中，根据经、史、子、集，以及各种方志、笔记、杂著等书，搜索勾稽，对李贽著作中有关儒、释、道思想、用语，对有关事件的历史时事背景，对有关人物的生平事迹及其朋辈交游，以及有关的典章制度、地理沿革、历史传说、难懂词语等等，都尽力予以注解。同时，对于所依之书，也细心考核与查对，以免以讹传讹。如《焚书》卷四《观音问》中《答明因》有几句，中华书局版是这样标点的："无明'实性即佛性'二句，亦未易会。夫既说实性，便不可说空身；既说空身，便不宜说实性矣。"把"无明"标为人名，"实性即佛性"二句，当然是无明所说了。查中国佛教史，僧人号"无明"者有三：一是宋僧慧性，有《无明慧性禅师语录》；二是元僧元长，有《千岩元长僧师语录》；三是明僧慧经，有《无明慧经僧师语录》。但三者"语录"中都没有"实性即佛性"以及与"空身"相关的论述。实际情况是唐代玄觉（真觉）禅僧在《永嘉证道歌》中所说："无明实性即佛性，幻化空身即法身。"（见《景德传灯录》卷三〇《永嘉真觉大师证道歌》）此处"无明"并非禅僧之号，而是佛教术语"十二缘"之一，即无智慧、愚痴或迷暗之意。正因为"二句"是指《永嘉证道歌》中的两句，才可以解通李贽下面的论述。因此，这几句话的正确标点应是："'无明实性即佛性'二句，亦未易会。夫既说'实性'，便不可说'空身'；既说'空身'，便不宜说'实性'矣。"又如《焚书》卷三《赞刘谐》中有"天不生仲尼，万古如长夜"之语，是儒家抬举孔子的最具代表性言论。经查阅，此语虽出自宋代唐庚《唐子西语录》，但朱熹在《朱子语类》卷九三中曾加以引用。从而使我们认识到，李贽在《赞刘谐》中借刘谐之口，对当时的尊孔思潮批判的同时，也对朱熹进行了讽刺。再如李贽的友人与学生有汪可受、汪本钶二人，很多学者与著作或把二人混而为一，或张冠李戴，一误再误。其实，汪可受，字以虚，号静峰，湖北黄梅人，官至山东右参政，写有《卓吾老子墓碑》。《明神宗实录》卷三五七、《明史》卷二二四、《明史稿》卷二七八、光绪《黄州府志》卷二〇、光绪《江西通志》卷一二"职官表"等都有他的事迹记载。而汪本钶，字鼎甫，安徽新安人，写有《哭李卓吾先师告文》。他只是一位普通的士子，但在《李氏遗书》基础上，继续收集李贽遗文，辨别真伪，编纂而成《续焚书》《说书》《言善篇》等，对李贽著作的整理与研究极有贡献。

　　三、对于应该注释的词条的详与略，我们遵循下列原则：读者不易理解的则详,如儒、释、道的术语、案例等,反之则略;对理解作品关系密切的则详,如历史事件、人物行迹等,反之则略;对理解李贽关系密切的则详,如学术的论辩、朋辈的交游等,反之则略;对读者陌生而不易知的则详,如人物的考证、作品的辨析等,反之则略;等等。有些人物与事件,李贽在不同作品中多次论述,对此尽力搜集,适当征引,依"以李注李"的原则,全面体现李贽的认识与评述。

四、为了方便读者,在注释人物时,尽力举出有关传记资料,并且注明卷数,以便读者查阅。并特别列出李贽所著《藏书》《续藏书》的传主卷数,以便了解李贽对传主的认识与评价。对于重出的词条,繁者以"详见"或"参见"出注,简短者则不避重复,以免读者翻检之劳。同时,对每篇作品都进行了系年(不能确知者存疑),对作品的内容从不同角度作了提要。

五、注文中征引与参考的有关著作,一般不署作者名。读者比较生疏的著作则加署作者名,以便读者查阅。连类相及,一个注中有多种著作,全署作者名,以免误解误读。

六、注释中,依照古籍整理的要求,对古地名加注了现代地名,对读者比较生僻的字和读音特殊的字加注了汉语拼音。对历史年代加注了公元纪年,并采取了不同的处理方式:行文中纪年前一律加"公元"二字,括号中的纪年一般不加"公元",若涉及"公元前"至"公元后"者则加以说明。李贽的有些著作,目录与正文不完全一致,此为古书中常见之形式,本注本皆依原貌予以保留。原著中明显的误书、漏书,则予以改正。

七、李贽的诗文有的明白如话,有的则艰深难解,特别是有关佛禅之作更为难读。这些难读诗文加以注释可以有助于理解,但有些还是不可全解,因此给译文留下不少困难。如若说注释遇到无法解决的问题时可以躲避或加以说明,这虽是不可取的学术态度,也只能塞责,而翻译则一句不可缺。而对李贽这样的思想家,其作品兼及儒释道、文史哲,还有军事、民俗之作,文中还杂有方言土语,更有众多的历史事件、人物事迹,这在《焚书》中都有体现,都给译作造成了不少困难。还需说明一点,对于诗文的译作,有直译、意译之分,本书译文以直译为主,间以意译,特别是有关历史事件极为复杂,只好概而述之。

自 序

【题解】

　　本文于万历十八年(1590)写于麻城。《焚书》,共六卷,收录书答、杂述、读史等文章及诗作。在该书中,李贽对儒家经典和假道学家进行了猛烈批评,表现出反封建压迫、反传统思想的斗争精神。其中也有一些在佛教思想影响下写出的谈佛论道之文,表现出作者思想的复杂性。该书出版后,历遭封建统治者的查禁焚毁。但禁者自禁,传者自传,《焚书》仍有多种版本传世。

　　自有书四种:一曰《藏书》①,上下数千年是非,未易肉眼视也,故欲藏之,言当藏于山中以待后世子云也②。一曰《焚书》,则答知己书问,所言颇切近世学者膏肓③,既中其痼疾④,则必欲杀我矣,故欲焚之,言当焚而弃之,不可留也。《焚书》之后又有别录,名为《老苦》⑤,虽同是《焚书》,而另为卷目,则欲焚者焚此矣。独《说书》四十四篇⑥,真为可喜,发圣言之精蕴,阐日用之平常⑦,可使读者一过目便知入圣之无难⑧,出世之非假也⑨。信如传注⑩,则是欲人而闭之门,非以诱人,实以绝人矣。乌乎可! 其为说,原于看朋友作时文⑪,故《说书》亦佑时文⑫,然不佑者故多也。

【注释】

①《藏书》:亦称《李氏藏书》,李贽的历史著作,共六十八卷,万历二十七年(1599)在南京第一次刊行。体裁采纪传体,论述战国至元历史人物约八百人。作者自称"此书但可自怡,不可示人"(《藏书·世纪列传总目前论》),"宜闭秘之"(《焚书》卷一《答焦漪园》),故名。在该书中,作者对历史人物作出了与封建传统见解不同的评价,并寓意着对现实的大胆批评。因此,被封建统治者列为禁书。

②"言当"句:源于《史记》卷一三〇《太史公自序》:"……藏之名山。副在京师,俟后世圣人君子。"子云,即扬雄(前53—18),字子云,西汉蜀郡成都(今四川成都)人。西汉后期辞赋家。少好学,其博通群籍,多识古文奇字。仿《周易》《论语》作《太玄》《法言》,又编字书《方言》。明张溥集其文为《扬子云集》。此处李贽以"后世子云"指后世淡于势力而专事读书的圣人君子,并引为知音。在《藏书》中,李贽列扬雄传入"德业儒臣"。

③膏肓(huāng):古代医学称心脏下部为膏,隔膜为肓。后谓病极严重,难以医治为膏肓之疾,或病入膏肓。此处指切入要害之处。

④痼疾:原指积久难治之病,此处喻为积习,难以改掉的恶习与陈腐的见解。

⑤《老苦》:有关佛学的文章。老苦,佛教用语,指"四苦"(生、老、病、死)与"八苦"("四苦"再加忧悲恼、求不得、怨憎会、爱别离。另有不同说法与排序)。

⑥《说书》:李贽的著作,内容是对"四书"(《论语》《孟子》《大学》《中庸》)的解说和评论。原书已失传,现存题名为李贽的《说书》,有

人认为是伪作。

⑦日用：日常生活。

⑧入圣：谓达到圣人的境界。

⑨出世：超脱人世。

⑩传注：解释古代典籍的文字。这里主要指儒家特别是朱熹对儒家经典的注释。李贽在《卓吾论略》中曾说："稍长，复愦愦，读传注不省，不能契朱夫子深心。"（《焚书》卷三）表示了对朱熹《四书集注》等的不满，所以下文说（如若信了传注），"则是欲入而闭之门，非以诱人，实以绝人矣"。

⑪时文：时下流行的文体，旧时对科举应试文的通称。这里特指明代科举应试的八股文。

⑫佑：帮助。

【译文】

我撰写的书有四种：一是《藏书》，上下几千年历史的是是非非，并不是轻易能被常人认识评说的，所以，我的这部史论著作必不能被常人接受，须藏匿起来，且宜藏在深山之中，以待后世能认识它价值的知音。一是《焚书》，是回答友人的书信，谈论的内容常击中世上道学先生们的要害，既然击中了他们的要害，他们必欲杀我而后快，所以，这部书应该一把火烧尽，不许它留在世上。《焚书》之后，我又有一别录，定名为《老苦》，虽然同《焚书》一样，但另外进行了编目，想烧的人就将它一起烧了吧。唯独《说书》四十四篇，实在值得庆贺，其内容是阐发圣人精辟的思想内涵和人们日常生活中的体验，可以使大家一看就明白达到圣人的境界并不难，超越世俗也很容易。假若只相信儒者对圣人经典的解说和注释，那就很难领会圣人经典的真正含义，那就不是诱导人，而是误导人们与典籍隔绝了。这怎么可以呢！该书中的解说，是由于看见一些友人为科举应试作时文的需要，让朋友们在训练科举应试时，从这本《说书》中能有所帮助，然而，爱莫能助的恐怕也不少。

今既刻《说书》，故再《焚书》亦刻，再《藏书》中一二论著亦刻，焚者不复焚，藏者不复藏矣。或曰："诚如是，不宜复名《焚书》也。不几于名之不可言①，言之不顾行乎？"噫噫！余安能知，子又安能知？夫欲焚者，谓其逆人之耳也；欲刻者，谓其入人之心也。逆耳者必杀，是可惧也。然余年六十四矣，倘一人人之心，则知我者或庶几乎②！余幸其庶几也，故刻之。

卓吾老子题湖上之聚佛楼③。

【注释】

①几于：近于，几乎。

②庶几：相近，差不多。

③卓吾老子：李贽自称。卓吾，李贽的号。《焚书》卷三《卓吾论略》："居士别号非一，卓吾特其一号耳。"湖：湖北麻城的龙潭湖。李贽于万历十三年（1585），从黄安迁居麻城，先住维摩庵。万历十六年（1588），又从维摩庵移居龙潭湖的芝佛院。

【译文】

现在已经出版了《说书》，《焚书》也将很快出版，接着《藏书》中的一些论著也将出版，那么，应该焚的没有焚，应该藏的也没有藏。或许有人要说："如果这样，就不应该再定名为《焚书》了。因为，再定此名，岂不是名不符实、言行不一了吗？"嘿嘿！我怎能知道，你又怎能知道我的书今后就一定不会惨遭焚毁呢？想将它烧尽的人，必然指责我的书大逆不道；而传抄出版它的人，又会认为它对人心大有裨益。敢于叛逆的人必遭杀戮，这是很可怕的。然而，我已经是六十四岁的人了，我的书阐发的思想一旦被人们接受，我的知音就更多了！我庆幸能通过刊刻我的著作觅得更多的知音，为此，我还是要把这些书刻印出版。

卓吾老子写于湖上之聚佛楼。

卷一　书答

答周西岩

【题解】

　　本文约写于寓居黄安或麻城之时。周西岩，生平未详。在这封信中，李贽以谈佛的方式，提出了"天下无一人不生知"的命题，反对在人的自然本性上划等级，并进而把"生知"与日常生活联系起来，把成佛同是否有益于事联系起来，这就不但具有反对儒家上智下愚传统思想的意义，而且体现了李贽讲求实用、积极用世的思想。

　　天下无一人不生知①，无一物不生知，亦无一刻不生知者，但自不知耳，然又未尝不可使之知也。惟是土木瓦石不可使知者，以其无情②，难告语也；贤智愚不肖不可使知者③，以其有情④，难告语也。除是二种，则虽牛马驴驼等，当其深愁痛苦之时，无不可告以生知，语以佛乘也。

【注释】

①生知：语出《论语》的"生而知之"，指先天就具有智慧觉性。联系李贽的"童心"说可以看出，它与孔子的"上智下愚"命题有所区别。

②以：因为。无情：指没有知觉。佛教把无知觉的生物及非生物称
　　为"非情"或"无情"，把有知觉的人等称为"有情众生"。《成唯识
　　论述记》卷一载："梵云萨埵（duǒ），此言有情，有情识故。今谈众
　　生：有此情识，故名有情。"
③不肖：不贤。
④有情：这里指受感情的牵累。袁宗道《白苏斋类集》卷二二"杂说
　　类"引此文作："贤智不可使知者，以其意见横胸中也。"

【译文】

　　天下所有的人没有一个不是生来就具有智慧觉性的，没有一样事
物不是人生来就能凭智慧觉知的，而且是没有一刻不是人能够凭智慧
觉知的，只是大家自己不知道罢了，然而又不是不能告诉他，使他明白。
只有土木瓦石不可以使其明白觉知，因为土木瓦石是无情众生，很难告
知明白；有情众生中那些所谓的或贤能或不肖、或聪明或愚笨的人，也难
以告知明白，因为他们被世间的情欲所累难以告知明白。除了这两种众
生，那么即使是牛马驴子骆驼等动物，当它们内心深处感到痛苦忧愁的
时候，都可以告知它们生来就具有智慧觉性，告知它们成佛的道理。

　　据渠见处①，恰似有人生知，又有人不生知。生知者便
是佛，非生知者未便是佛。我不识渠半生以前所作所为②，皆
是谁主张乎③？不几于日用而不知乎④？不知尚可，更自谓目
前不敢冒认作佛。既目前无佛，他日又安得有佛也？若他日
作佛时，佛方真有，则今日不作佛时，佛又何处去也？或有或
无，自是识心分别⑤，妄为有无，非汝佛有有有无也明矣⑥。

【注释】

①据渠见处：依据某人的见解。渠，他。指某人，该人不详。

②半生以前：指未学佛的前半生。

③主张：主宰，支配。

④几：几乎，相近。日用：指日常生活。佛教禅宗认为，生活中就有
佛性的体现。

⑤识心分别：主观地妄加分别。即下文"妄为有无"。识心，即《俱
舍论》卷四"心、意、识、体一"之意，识与心含义相同。

⑥"非汝佛"句：意为不是你认为有佛就有佛，你认为没有佛就没
有佛。

【译文】

依据某人的见解，好像有人有生来就具有的智慧觉性，而有人没有
似的。这个人认为，有生来就具有的智慧觉性的便是佛，没有的还不是
佛。我不知道他未学佛前做过些什么，到底是哪个在做主宰呢？这岂
不类似于每天在日常生活中应用而不能自知吗？不能自知还可以，更
认为现在不敢轻易认定可以做佛就不对了。既然现在没有佛，以后又
怎能有佛？如果以后成佛时，才真有佛，那么现在不做佛时，佛又到哪
里去了呢？有时有，有时无，这就是妄想心的分别作用，虚妄地认为或
者有或者无。但事实是，不是你认为有佛就有佛，认为无佛就无佛的。

　　且既自谓不能成佛矣，亦可自谓此生不能成人乎？吾
不知何以自立于天地之间也。既无以自立，则无以自安①。
无以自安，则在家无以安家，在乡无以安乡，在朝廷无以安
朝廷。吾又不知何以度日，何以面于人也。吾恐纵谦让，决
不肯自谓我不成人也审矣②。

【注释】

①"既无以"二句："自立"与"自安"，是李贽对"成人"的要求。李贽

反对"受庇于人"的"孩子"之见,《焚书》卷二《别刘肖川书》一文中有进一步的发挥,可参阅。

②审:详细,引申为明白、清楚。

【译文】

　　而且既然自认为不能成佛,也可以自认为此生不能成人了? 我不知道持这种观点的人,何以自立于天地之间。既然不能自立于天地之间,那么就无法安顿自心。不能安顿自心,那么在家就没法安顿家庭,在乡里就无法安顿乡里,在朝廷就无法安顿朝廷。我就不知道这样的人是怎样度日的,以什么方式面对别人。我恐怕再谦让,也决不肯自认为不能成人,这是很清楚的。

　　既成人矣,又何佛不成,而更等待他日乎? 天下宁有人外之佛,佛外之人乎①? 若必待仕宦婚嫁事毕然后学佛,则是成佛必待无事,是事有碍于佛也;有事未得作佛,是佛无益于事也。佛无益于事,成佛何为乎? 事有碍于佛,佛亦不中用矣,岂不深可笑哉? 才等待,便千万亿劫②,可畏也夫!

【注释】

①"天下"二句:李贽把成人、成佛看成是一致的,这就打破了"出世"与"入世"的界限,其目的在于希望人们不要脱离现实,这与佛教宣扬的消极出世思想不一样,李贽是把自己的理想人物称为佛的。宁,岂,难道。

②劫:佛教用语。指很长一段时间。佛教认为世界经历若干万年毁灭一次,再重新开始,这样一个周期称一"劫"。劫的时间长短,佛经有各种不同说法。

【译文】

既然能够成人，又为何不能成佛，而等待以后再成呢？普天之下，难道有人外之佛，佛外之人吗？如果一定要等做官成家这些事完成之后才学佛，那么意思是一定要等待无事时才能成佛，这就是做事妨碍成佛；如果有事就不能成佛，这意味着成佛无益于做事。既然成佛无益于做事，那么成佛干什么呢？如果做事妨碍成佛，佛也是没用的了，这样说来岂不很可笑吗？所以要把握眼前的光阴努力用功学佛，刚有等待懈怠的心思，时光已经过去了千万亿劫，可怕呀！

答周若庄

【题解】

本文于万历十四年（1586）写于麻城。周若庄，未详。这封信是就对《大学》第一章的理解而写的。《大学》原为《小戴礼记》中的一篇，是儒家系统论述治国修身学说的篇章。北宋程颢、程颐等将其从《小戴礼记》中抽出加以整理，与《中庸》《论语》《孟子》相配，合称"四书"。南宋朱熹作《四书章句集注》，将《大学》列为四书之首，使之成为儒家学说的重要代表著作之一。《大学》第一章的全文是"大学之道，在明明德，在亲民，在止于至善。知止而后有定，定而后能静，静而后能安，安而后能虑，虑而后能得。物有本末，事有终始，知所先后，则近道矣。古之欲明明德于天下者，先治其国；欲治其国者，先齐其家；欲齐其家者，先修其身；欲修其身者，先正其心；欲正其心者，先诚其意；欲诚其意者，先致其知。致知在格物。物格而后知至，知至而后意诚，意诚而后心正，心正而后身修，身修而后家齐，家齐而后国治，国治而后天下平。自天子以至于庶人，壹是皆以修身为本。其本乱而末治者，否矣。其所厚者薄，而其所薄者厚，未之有也。"李贽在这封信中强调他所说的"明德"是"吾之所本有"，而"明明德于天下者，亦非强人之所本无"，以及"无善无恶，是谓至善"的观点,与道学家的主张显然是有区别的。《续焚书》卷一《与马历山》也论及《大学》第一章诸问题,可参看。

　　明德本也①,亲民末也②。故曰"物有本末"③,又曰"自天子以至于庶人④,壹是皆以修身为本⑤"。苟不明德以修其身,是本乱而求末之治,胡可得也?人之至厚者莫如身⑥,苟不能明德以修身,则所厚者薄⑦,无所不薄,而谓所薄者厚,无是理也。故曰"未之有也"。今之谈者,乃舍明德而直言亲民,何哉?不几于舍本而图末⑧,薄所厚而欲厚所薄乎!意者亲民即明德事耶?吾之德既明,然后推其所有者以明明德于天下⑨,此大人成己、成物之道所当如是⑩,非谓亲民然后可以明吾之明德之谓也!

【注释】

①明德:光明美好的德性。

②亲民:亲爱民众。亲,另一解为"新",去旧继新之意。亲民就是经过教化,使民众能革旧布新,不断提高道德修养。李贽在此文中取的是"新"意。

③物:事物。本末:事物的根本和枝节。

④庶人:平民,老百姓。

⑤壹是:一切,一律。

⑥至厚:最为重视。厚,丰厚,引申为重视。

⑦薄:淡薄,引申为轻视。

⑧不几于:不是近于。几于,近于,几乎。

⑨明明德:发扬光辉的美德。前一"明"字为使动词,使……发扬的意思。

⑩成己、成物:语出《礼记·中庸》。原意是说至诚的人(即遵照"中庸之道"的人),不但自己修养人格取得成就,还要及于万物,行于他人,使万物都完成其自然禀性,使他人也都完善其人格。

【译文】

　　彰明光明美好的德性是根本,使民众革旧布新提高道德修养随其后。所以说"事物都有本末",又说"自天子以至平民百姓,都是要以不断提高自己的品德修养为根本"。如若不彰明光明美好的德性以提高自己的道德修养,那是离开了根本想去影响民众而求得品德修养,这怎么可能实现呢? 人们最重视的就是自身,如若不能以光明美好的德性来提高自身的道德修养,那就是把应该重视的却轻视了,该重视的却都轻视了,认为这也可以影响民众获得光明美好的德性,这是没道理的。所以说"这样的事情是不可能的"。而今的学者,离开彰明自己的光明美好的德性而只说提高民众的道德修养,为什么? 这不是舍本而求末,轻视应该重视的而重视的都是不重要的吗? 这些学者的意思是不是指提高了人们的道德修养就等于彰明了光明美好的德性? 只要具有了光明美好的德性,而后就把这光明美好的德性发扬于天下,这正是伟大之人不但自己修养人格而且及于他人和万物使之都完善其品格,并不是只要民众革旧布新而后就可以彰明光明美好的德性了。

　　且明德者吾之所本有,明明德于天下者,亦非强人之所本无①。故又示之曰"在止于至善"而已②。无善无恶③,是谓至善,于此而知所止④,则明明德之能事毕矣。由是而推其余者以及于人,于以亲民,不亦易易乎⑤! 故终篇更不言民如何亲,而但曰明德;更不言德如何明,而但曰止至善;不曰善如何止,而但曰知止⑥;不曰止如何知,而直曰格物以致其知而已⑦。所格者何物? 所致者何知? 盖格物则自无物,无物则自无知⑧。故既知所止,则所知亦止;苟所知未止,亦未为知止也⑨。故知止其所不知,斯致矣⑩。予观《大学》如此详悉开示,无非以德未易明,止未易知,故又赞之曰⑪:人能知止,则常寂而常定也,至静而无欲也,安安而不迁也,百虑而一致也⑫。今之谈者,切己自反⑬,果能常寂而常定乎?至静而无欲乎?安固而不摇乎?百虑而致之一乎?是未可知耳。奈之何遽以知止自许⑭,明德自任,而欲上同于大人亲民之学也?然则颜子终身以好学称⑮,曾子终身以守约名⑯,而竟不敢言及亲民事者,果皆非耶?果皆偏而不全之学耶?

【注释】

①本无:本来就没有,而外加的东西。

②在止于至善:在于使人们处于最完美的境界。止,处于,达到。至善,善的最高境界。至,极,最。

③无善无恶:这里指善恶未分之前的人的自然本性。李贽在本卷《又答京友》中对此有进一步的论述,可参看。

④知所止:知道、立志要达到"至善"的境界。止,这里作名词用,止境,境界。

⑤易易:简易,容易。

⑥知止:即上文所说"知所止"。

⑦格物:推究事物的原理。格,推究。物,事物。但李贽有时又把"格"解为排除之意,如《道古录》:"此物如何格去","故圣人格之"等。因此,才有下文的"格物则自无物"。又据《道古录》:"此身原无物也","其所以使人七颠八倒者,皆物也","立吾无物之体"等,可知李贽所说的"物",即上文所谓"强人之所本无"的外

加的东西。这实是对当时道学家们所鼓吹的伦理道德而言。

致其知：求得知识。致，达到，求得。

⑧无知：这里指除了人们"所本无"的"明德"之外，再也没有别的外加的知识了。这是针对当时道学家把格物致知归结为"存天理，灭人欲"的理论而言。

⑨"故既"四句：意为你知道了所要达到的所当止的最高境地，那么你要知道的也就掌握到了；如果你要知道的还没有掌握到，那就不能说已经懂得所要达到的最高境地了。

⑩"故知"二句：意为只要知道你还没有达到最高的境界，那就是得到了知识。致，达到。

⑪赞：阐明。

⑫"人能"五句：从前文"予观《大学》如此详悉开示……"当是李贽自己对《大学》中"知止而后有定，定而后能静，静而后能安，安而后能虑，虑而后能得"的解说。常定，常常安定志向。至静，极其安静，指心不浮躁、妄动。安安而不迁，遇事泰然安稳、志向确定，而不思虑迁移动摇。百虑而一致，经过种种考虑而归于一致。

⑬切己：深切紧密联系自己。自反：自我反省。

⑭遽（jù）：匆忙急迫。

⑮颜子：即颜回，字子渊，又称颜渊。春秋鲁国人。孔子弟子。好学乐道，贫居陋巷，箪食瓢饮，而不改其乐。早死，孔子极为悲痛。孔子称颜回为好学，《论语》中《先进》篇、《雍也》篇中都有记载。

⑯曾子：名参，字子舆，春秋末鲁国人。孔子弟子。以孝著称。提出"吾日三省吾身"（《论语·学而》）的简易的修养方法。认为"忠恕"是孔子"一以贯之"的思想。提出"慎终"（慎重地办理父母的丧事）"追远"（虔诚地追念祖先）"民德归厚""犯而不校（别人触犯自己也不计较）"等主张。《大戴礼记》中记载有他的言

行,相传《大学》是他所著。后被封建统治者尊为"宗圣"。《史记》卷六七有传。守约:语出《孟子·公孙丑上》。意为简易可行。

【译文】

美好的德性是人人都具备的,彰明这光明美好的德性于天下,并不是从外面强加于人的。所以又说"在于用这种德性去除旧布新使人们处于最完美的境界"。善恶未分之前的人的自然本性就是最完美的境界,立志要达到这一境界,那么也就可以彰明光明美好的德性了。由此而推及其他以及众人,使人们革旧布新提高道德修养,不是很容易的事吗?所以《大学》的第一章都不说怎样去使众人革旧布新,而只说彰明光明美好的德性;不说怎么彰明光明美好的德性,而只说使人们达到完美无缺的最高境界;不说怎样使人达到完美无缺的最高境界,而只说要立志知道达到完美无缺的最高境界;不说只是知道立志达到完美无缺的最高境界,而说要推究事物的原理而获得渊博的知识。要推究什么事物的原理?要获得什么渊博的知识?推究事物的原理并不是要去推究上面所说的"强人之所本无"即从外面强加于人的原理,没有这种从外面强加于人的原理自然也就不存在"强人之所本无"的外加的知识。所以你知道了所要达到的最高境界,那么你要知道的也就掌握了;如果你要知道的还没有掌握,那就不能说已经懂得要达到的最高境界了。只要你知道还没有达到最高的境界,那你就获得了知识。我看《大学》第一章如此详悉说明,无非是因为德性不容易彰明,应该达到的最高境界不容易认识,所以又阐明说:人们若能知道要达到最高的境界,然后就安祥闲静而有确定的志向,就能内心宁静而无欲望,遇事泰然安稳,思虑不会迁移动摇,经过多种考虑而归于一致。而今的谈学者,深刻的自我反省一下,是否能安祥闲静而有确定的志向?能否做到内心安静而无欲望?能否做到遇事泰然安稳思虑不迁移动摇?能否做到经过多种考虑而归于一致?都是不可知的。怎么能匆忙的以已经知道要达到最完美的境界而自许,自以为已经具有美好的德性,而想与使民众革旧布新提高道德修养的大人之学一样。然而像颜回一生都被称之为好学,曾子终身以奉行简易可行的修养方法而著称,但都不敢说及使民众革旧布新提高道德修养之事,难道他们都是不符合使民众革旧布新提高道德修养这一命题,都是偏而不全之学吗?

　世固有终其身觅良师友,亲近善知识①,而卒不得收宁止之功者②,亦多有之,况未尝一日亲近善知识而遂以善知识自任,可乎!

【注释】

①善知识:佛教用语。闻名为"知",见形为"识":即善友、好伴侣之意,后亦泛指高僧。这里指懂得"明德"道理的朋友。

②宁止:谓所当止。即上文寂静、安定而无欲不摇之意。

【译文】

世上总有一生都在找良师良友,并具有光明美德的好伴侣,但终于收不到寂静、安定而无欲不动摇之功的人,也多有之,何况一天也没有接触具有光明美德的人而却自认为自己已经具有了光明美德,这怎么可以呢!

与焦弱侯

【题解】

本文于万历十四年(1586)写于麻城。焦弱侯,即焦竑(1540—1620),字弱侯,又字从吾、叔度,号澹园,又号漪园,著文亦常署漪南生、澹园子、澹园居士、澹园老人、太史氏等,有时偶署龙洞山农。学者多称澹园先生。万历十七年(1589)以殿试第一为翰林院修撰,后因议论时政被劾,谪福宁州(治所在今福建霞浦)同知。焦竑本是耿定向的学生,但后来思想上深受李贽的影响,二人成为挚友。曾为李贽的《焚书》《续焚书》《藏书》《续藏书》等作序。著有《澹园集》《焦氏笔乘》《焦氏类林》等。该信表现了李贽造就豪杰的用人主张。在李贽看来,豪杰之士是指"决非乡人之所好"的"异人",而这种"异人"也绝不会生于"乡人"之中。这种用人标准具有明显的反传统精神,表现出对当时统治者任人唯亲、排斥异己的用人政策的不满。

　　人犹水也,豪杰犹巨鱼也。欲求巨鱼,必须异水①;欲求豪杰,必须异人②。此的然之理也③。今夫井,非不清洁也,味非不甘美也,日用饮食非不切切于人④,若不可缺以旦夕也。然持任公之钓者⑤,则未尝井焉之之矣⑥。何也?以井不生鱼也。欲求三寸之鱼,亦了不可得矣⑦。

【注释】

①异水:指大海。

②异人:不同于寻常的人。

③的然:明显。

④切切:十分密切。

⑤任公之钓:《庄子·外物》所载寓言,说春秋时任国(今山东济宁一带)的公子,用大钩巨绳和五十头犍牛的钓饵,蹲在会稽山上,投竿于东海钓鱼。一年后钓得一条大鱼,剖开腊干,使浙江以东、苍梧山以北的人,都饱食了一顿。

⑥"则未尝"句:意为就不曾到水井里去钓鱼。之之,第一个"之"为助词,第二个"之"为动词,往,到。

⑦了：完全。

【译文】

人如同水，豪杰如同大鱼。要想得到大鱼，必须到不同于一般水流的大海；要想得到豪杰，必须到不同于平常的人群之中寻找。这是明显的道理。井水不是不清洁，其味也不是不甘美，与人们的日用饮食非常密切，早晚都不可缺少。但是任公绝不会到井里去钓鱼。为什么呢？因为井里不会有鱼。就是想钓到三寸的小鱼，也完全不可能得到。

今夫海，未尝清洁也，未尝甘旨也①。然非万斛之舟不可入②，非生长于海者不可以履于海。盖能活人，亦能杀人，能富人，亦能贫人。其不可恃之以为安，倚之以为常也明矣。然而鲲鹏化焉③，蛟龙藏焉，万宝之都④，而吞舟之鱼所乐而游遨也。彼但一开口，而百丈风帆并流以入，曾无所于碍，则其腹中固已江、汉若矣⑤。此其为物，岂豫且之所能制⑥，网罟之所能牵耶⑦！自生自死，自去自来，水族千亿，惟有惊怪长太息而已，而况人未之见乎！

【注释】

①甘旨：美味，这里是甜美之意。

②斛(hú)：量器名。古代以十斗为一斛，南宋末改为五斗。

③鲲鹏化焉：《庄子·逍遥游》："北溟有鱼，其名为鲲。鲲之大，不知其几千里也。化而为鸟，其名为鹏。鹏之背，不知其几千里也；怒而飞，其翼若垂天之云。"意思是名为鲲的大鱼化作名为鹏的大鸟。鲲，用同"鲲"。

④万宝之都：指大海如同具有万宝的城市。都，大城市。

⑤"则其"句：意为吞舟之鱼其腹如同长江、汉水一样宽阔。

⑥豫且(jū)：亦作余且，传说是春秋时宋国的捕鱼人。《庄子·外物》《史记》卷一二八《龟策列传》，都载有神龟被余且捕获而托梦宋元君以求救的故事。

⑦罟(gǔ)：网的总称。

【译文】

大海之水并不清洁，其味也不甜美。但没有大船就难于入海，不是生长于海边者也难于在海里遨游。大海可以使人活，也可以使人死，可以使人富，也可以使人贫。很明显不能依靠它而得到平安，也不能依恃它作为永久靠山。但是像鲲这样的大鱼也可以化为鹏这样的大鸟，蛟龙可以藏于海中，大海就如同储有万宝的大城市，所以，可以吞掉舟船的大鱼很乐于在海中遨游。它一开口，百丈风帆的大船也会随着水流而被大鱼毫无障碍地吞噬，那么能吞舟之鱼的肚子真像长江、汉水一样宽阔了。这样的鱼，豫且哪能制服，渔网哪能捕获！它自生自死，自去自来，千亿种类的水族也只有惊怪叹息而已，何况很难见到它们的人们！

　　余家泉海①，海边人谓余言："有大鱼入港，潮去不得去②。呼集数十百人，持刀斧，直上鱼背，恣意砍割，连数十百石，是鱼犹恬然如故也。俄而潮至，复乘之而去矣。"然此犹其小者也。乘潮入港，港可容身，则兹鱼亦苦不大也。余有友莫姓者③，住雷海之滨，同官滇中④，亲为我言："有大鱼如山，初视，犹以为云若雾也。中午雾尽收，果见一山在海中，连亘若太行，自东徙西，直至半月日乃休。"则是鱼也，其长又奚啻三千余里者哉⑤！

【注释】

①泉海：李贽的故乡泉州，为滨海地区。

②不得去：指大鱼不能随去潮而去。

③莫姓者：当指莫天赋，海康（今广东雷州）人。明代海康属雷州府，故下文云"住雷海之滨"。

④同官滇中：李贽于万历五年（1577）至万历八年（1580）任云南姚安知府，期间莫天赋任云南大理知府。滇，云南的别称。

⑤奚啻(chì)：何但，何止。

【译文】

我家住泉州海边，海边人对我说："有大鱼随潮水进入海港，潮水退后它却没随潮水退去。这时集聚了数十上百人，拿着刀斧，到鱼背上随意砍割，一直割掉了数十上百石的鱼肉，但鱼却毫不在乎。等潮水又来，它又乘潮而去。"但这还是大鱼中的小的。这鱼能趁潮水入港，说明港中可以容身，表明这鱼并不很大。我有一个姓莫的朋友，住在雷州海边，我们曾经同在云南为官，他亲自对我说："有大鱼像山，刚一看好像云雾。等中午雾一散，果然见一山在海中，连绵不断像太行，自东到西，要走半个月才能到鱼尾。"这样的大鱼又何止三千多里长啊！

嗟乎！豪杰之士，亦若此焉尔矣。今若索豪士于乡人皆好之中①，是犹钓鱼于井也，胡可得也！则其人可谓智者欤！何也？豪杰之士决非乡人之所好，而乡人之中亦决不生豪杰。古今贤圣皆豪杰为之，非豪杰而能为圣贤者，自古无之矣。今日夜汲汲②，欲与天下之豪杰共为贤圣，而乃索豪杰于乡人，则非但失却豪杰，亦且失却贤圣之路矣。所谓北辕而南其辙③，亦又安可得也！吾见其人决非豪杰，亦决非有为圣贤之真志者。何也？若是真豪杰，决无有不识豪杰之人；若是真志要为圣贤，决无有不知贤圣之路者。尚安有坐井钓鱼之理也！

【注释】

①乡人皆好:语出《论语·子路》:"子贡问曰:乡人皆好之,何如?"
  意为同一乡的人都称赞。

②汲(jí)汲:心情急切的样子。

③北辕而南其辙:与"南辕北辙"同意,意谓背道而驰,适得其反。

【译文】

唉!豪杰之士也是这样。如今要在乡人都称赞的人中寻找豪杰之士,那就等于在井中钓鱼,是不可能得到的。那么这些在乡人都称赞的人中寻找豪杰之士的人能称得上智者吗?为什么呢?豪杰之士绝不是乡人都称赞之人,乡人之中也绝不会产生豪杰之士。古今贤圣都是豪杰之士,不是豪杰之士而能成圣贤者,自古没有。如今心情急切地想和天下豪杰共为贤圣,却在乡人中寻找豪杰,不但寻找不到豪杰,而且失去了成为贤圣之路。真是南辕北辙,背道而驰,又哪里能成为贤圣呢!我觉得这个人绝不是豪杰,也绝不是有成为圣贤的真志的人。为什么?若是真豪杰,就绝不会不识得豪杰之士;若是真立志成为圣贤,就绝不会不知道成为圣贤之路。这正像钓鱼一样,哪有在井中钓得鱼的道理!

答邓石阳

【题解】

本文于万历十三年(1585)写于麻城。邓石阳,名林材,字子培,号石阳,四川内江(今四川内江)人。嘉靖四十年(1561)举人,李贽友人。嘉靖四十三年(1564)任河南卫辉府推官时,曾到辉县(即共城,今河南辉县)赈灾,救济过李贽寄居于此的妻女(见本书卷三《卓吾论略》)。后曾任湖南新宁州知州,故李贽在别的信中称他为太守。邓氏主张程朱之学,从《焚书》所收李贽给他的信中可以看出,两人思想并不一致。李贽在此文中提出了"穿衣吃饭即是人伦物理"的命题,强调要从"百姓日用"上考察人伦,这就肯定了人的最基本的物质生活要求,在当时具有重要的现实意义。宋明理学家曾提出"存天理,灭人欲","饿死事小,失节事大"的理论,其内涵虽有一定的可取之处,但主旨则是把封建伦理道德说成是永恒不变的"天理",把人们的物质生活要求说成是"人欲",其实质是要人们遏制自己的合理生存要求,以服从封建统治者的统治需要。李贽提出了"穿衣吃饭即是人伦物理",敢于面对人们的自然欲求以说明天道运转的规律,而不是脱离实际的空讲仁义道德,这就否定了理学家们"天理"存在的合理性,肯定了人们争取生存的合理性,其进步意义是显而易见的。

穿衣吃饭,即是人伦物理①;除却穿衣吃饭,无伦物矣②。世间种种皆衣与饭类耳,故举衣与饭而世间种种自然在其中,非衣饭之外更有所谓种种绝与百姓不相同者也。学者只宜于伦物上识真空,不当于伦物上辨伦物③。故曰:"明于庶物,察于人伦。"④于伦物上加明察,则可以达本而识真源;否则,只在伦物上计较忖度⑤,终无自得之日矣⑥。支离、易简之辨⑦,正在于此。明察得真空,则为由仁义行⑧;不明察,则为行仁义⑨,入于支离而不自觉矣。可不慎乎!

【注释】

①人伦:封建礼教所规定的人与人之间的伦理道德原则。《孟子·滕文公上》:"人之有道也,饱食暖衣,逸居而无教,则近于禽兽。圣人有忧之,使契为司徒,教以人伦:父子有亲,君臣有义,夫妇有别,长幼有序,朋友有信。"物理:事物的道理。

②伦物:即人伦物理。

③"学者"二句:意为学者应当从人伦物理这些具体事事物物上去

认识真空,而不应当仅仅从人伦物理上辨识人伦物理。真空,佛教用语。佛教认为现实世界与万事万物都是虚幻不实的,都是由超出一切色相意识界限的"真空"派生出来的。因此。从事事物物中识得"真空"才算认识到世界的真正本源。

④"明于"二句:语见《孟子·离娄下》:"舜明于庶物,察于人伦,由仁义行,非行仁义也。"明,明白。庶物,万物。察,了解。

⑤忖度(cǔn duó):揣度,推测。

⑥自得:自己有心得体会。《孟子·离娄下》:"君子深造之以道,欲其自得之也。"

⑦支离、易简之辨:繁琐散乱和平易简捷的辨别。宋代理学家陆九渊主张"心即是理""万物皆备于我",自称这是简易工夫,并讽刺朱熹的"格物致知"是支离事业。

⑧由仁义行:按照仁义本心去行动。

⑨行仁义:不是出于仁义之心而是勉强地做仁义之事。

【译文】

穿衣吃饭就是人与人之间的道德原则,离开穿衣吃饭就谈不上有道德原则。人世间的一切事物和穿衣吃饭的道理都是相通的,因此以穿衣吃饭为例,人世间的一切都与此相同,在穿衣吃饭之外,再没有什么跟老百姓的道理相干的东西了。学习事理的人只应该在像穿衣吃饭这些具体事物上来认识真空,而不能从抽象的道德原则上辨识道德原则。所以说:"舜能明了万事万物,明察道德原则。"能从万事万物上明察道德原则,就可以抓住事物的本质,认识世界的本源;不然只在抽象的道德原则上思考、推测,最终还是一无所获。朱熹的繁琐散乱和陆九渊的平易简捷的区别就在这里。从事事物物上认识真空,就能依照仁义本身去行动;不从事事物物上认识真空,那是没有出于仁义之心而只是勉强地做仁义之事,那就陷入了繁琐散乱的理论中却毫不知觉。这怎么能不小心谨慎呀!

　　昨者复书"真空"十六字①，已说得无渗漏矣②。今复为注解以请正，何如？所谓"空不用空"者，谓是太虚空之性，本非人之所能空也③。若人能空之，则不得谓之太虚空矣，有何奇妙，而欲学者专以见性为极则也耶④！所谓"终不能空"者，谓若容得一毫人力，便是塞了一分真空，塞了一分真空，便是染了一点尘垢。此一点尘垢便是千劫系驴之橛⑤，永不能出离矣⑥，可不畏乎！世间荡平大路⑦，千人共由⑧，万人共履，我在此，兄亦在此，合邑上下俱在此⑨。若自生分别，则反不如百姓日用矣⑩，幸裁之⑪！

【注释】

①"真空"十六字：全文不详，下文提到的"空不用空"和"终不能空"，可能是其中两句。

②渗漏：遗漏。

③"所谓"三句：意为"空不用空"这句所说的是，太虚空的本性就是真空，不是人为造作才使之空。空不用空，佛教认为世界万物（包括人自身）的本性是无自身特性的虚幻不实的"真空"，排除妄念，真空自然显现，不用人为造作，是为"空不用空"。太虚空，佛教认为浩瀚的太空无形无相，虚空常寂，故谓之太虚空。

④见性：佛教用语。指彻见自家生命的本质、本性，即便成佛。《达摩悟性论》："直指人心，见性成佛。"《血脉论》："若欲见佛，须是见性，性即是佛。"这里即指悟得"真空"本性。极则：最高的准则。

⑤劫：佛教用语。指很长一段时间。佛教认为世界经历若干万年毁灭一次再重新开始，这样一个周期称一"劫"。劫的时间长短，佛经有各种不同说法。系驴之橛：佛教用语。原指拴驴马的木

桩,比喻束缚人心的羁绊、枷锁等。

⑥出离:佛教指超脱于迷妄尘世的痛苦、烦恼,而修行得道为出离。

⑦荡平大路:平坦广阔的大道。

⑧共由:都从此路而走。由,从。

⑨合邑:全县。

⑩百姓日用:指穿衣吃饭一类的日常生活。

⑪幸裁之:希望(您)判断它。

【译文】

昨天,我又写了"真空"十六字诀,已经阐说得天衣无缝了。今天再作些注解请您指正说明,怎么样?所谓"空不用空"的意思是说,太虚空的本性就是真空,不是人为造作才使之空。如果人能够造作使之空,那就不能称作太虚空了,还有什么奇特奥妙,而要求学者们专门以发现自家性命的本质为最高准则呢!所谓"终不能空"的意思是说,如果有一毫人力造作的作用,就填塞了一分真空,填塞了一分真空,就染了一点尘垢。这一点尘垢一经染上,就成为永远束缚身心、难逃苦境的羁绊与枷锁,永远难于超脱尘世的痛苦和烦恼而修行得道,这不是很可怕的嘛!人世间平坦广阔的大道,千人同走,万人同行,我在其中,您也在其中,全城的人都在其中。如果人为地加以区分,就反不如老百姓吃饭穿衣一样合乎人伦物理了。请您仔细思量,认真判定它!

弟老矣,作笔草草,甚非其意①。兄倘有志易简之理,不愿虚生此一番②,则弟虽吐肝胆之血以相究证③,亦所甚愿;如依旧横此见解④,不复以生死为念⑤,千万勿劳赐教也!

【注释】

①甚非其意:很不能表达我的心意。

②虚生:空度一生。

③究证：探求印证。

④横：存着。这里有固执之意。

⑤"不复"句：不再去考虑生死的道理。佛教认为生死轮回不息，如果学道修行，觉悟了生死道理，就可以超脱生死轮回的苦海。这里指邓石阳如若不再去觉悟人生的究竟，那就"千万勿劳赐教也"。

【译文】

我已是上了年纪的人了，草草写这封信，很难表达自己的思想。老兄倘若还有志追求返璞归真的学问，不愿虚度一生，我即使是倾吐肝胆之血来为你论证，也是情愿的；您如果依然固执己见，不再去考虑生死的道理、人生的究竟，那么，千万不要再写信了。

又答石阳太守

【题解】

本文于万历十三年(1585)写于麻城。石阳太守，即邓石阳。见前篇题解。这封信由对朱熹《中庸章句序》的批评，表明了李贽与邓石阳的思想分歧。李贽认为自己是"从容于礼法之外"，而邓石阳则"精切于人伦物理之间"。李贽还强调"迹则人人殊"，"一听其自千自万"，表现出反对封建伦理道德束缚的要求。

兄所教者正朱夫子之学①，非虞廷精一之学也②。精则一，一则不二，不二则平；一则精，精则不疏，不疏则实③。如渠老所见甚的确④，非虚也，正真实地位也⑤；所造甚平易⑥，非高也，正平等境界也⑦。盖亲得赵老之传者⑧。虽其东西南北，终身驰逐于外⑨，不免遗弃之病⑩，亦其迹耳⑪，独不有所以迹者乎⑫？迹则人人殊，有如面然。面则千万其人，亦千万其面矣。人果有千万者乎⑬？渠惟知其人之无千万也，是以谓之知本也⑭，是以谓之一也；又知其面之不容不千万而一听其自千自万也⑮，是以谓之至一也⑯，是以谓之大同也⑰。

【注释】

①朱夫子：即朱熹(1130—1200)，字元晦，一字仲晦，号晦庵，别号紫阳，卒后追谥文。徽州婺源(今江西婺源)人，后侨居建阳(今属福建南平)。南宋哲学家、教育家。绍兴进士。曾任秘阁修撰等职。在经学、史学、文学、乐律以至自然科学方面都有不同程度的贡献。特别是在哲学上，发展了程颢、程颐关于理学关系的学说，集理学之大成，建立了一个完整的客观唯心主义理学体系，世称程朱理学，在明清两代被提到儒学正宗地位。著有《四书章句集注》《周易本义》《诗集传》《楚辞集注》，及后人编纂的《朱子语类》《朱文公文集》等。《宋史》卷四二九，《宋元学案》卷四八、卷四九，《藏书》卷四五等有传。

②虞廷：虞舜的朝廷。精一：精心一意。这里指道德修养的精粹纯一。语本《尚书·大禹谟》："人心惟危，道心惟微，惟精惟一，允执厥中。"理学家把这四句说成是尧、舜、禹三代相传的道统真传，称之为"十六字心传"。朱熹在《中庸章句序》中作了如下解释：生于私欲的是"人心"，原于天理的是"道心"。而"人心"总是自私的，所以危殆而不安。"道心"难免受"人心"的蒙蔽，所以微妙而不易显现。因此，要加强封建道德修养，做到"不杂"("精")、"不离"("一")，"必使道心常为一身之主"，这样，"人心"就可由危转安，"道心"就可由隐而显。而后，言行均能合度，就

不会产生过与不及的偏差了。朱熹对"危微精一"的解释,源于他"革尽人欲,复尽天理"(见《朱子语类》卷一三)的理论。李贽不同意朱熹的这种理论,具有反理学的精神。

③"精则"六句:当是李贽对邓豁渠"精一"之学的概括与解释。一,这里指人人共同的自然本性。平,平易。疏,空疏。实,实在。

④渠老:指邓豁渠,初名鹤,又名蕫初,亦简作蕫,号太湖,内江(今四川内江)人。著有《南询录》,李贽曾为之作序。

⑤真实地位:指不是空虚之谈。

⑥所造:所达到的。

⑦平等境界:无高下之分,恰当的。

⑧赵老:指赵贞吉(1508—1576),字孟静,号大洲,卒谥文肃,内江(今四川内江)人。嘉靖十四年(1535)进士。官至礼部尚书兼文渊阁大学士。学博才高,最善王守仁之学,并具有以禅入儒的特点。著有《赵文肃公集》。隆庆初,李贽在礼部任职时,与赵贞吉有交往,并听过赵的讲学。邓豁渠曾是赵贞吉的弟子,所以说"盖亲得赵老之传者"。《续藏书》卷一二、《明史》卷一九三、《明书》卷一一四、《明儒学案》卷三三、《列朝诗集小传》丁集中、《罪惟录》卷一一等有传。

⑨"虽其"二句:据黄宗羲《明儒学案》卷三二、袁宗道《白苏斋类集》卷二二,邓豁渠曾师事赵贞吉,后离赵落发为僧,游历天下,遍访知名学者。十余年后,赵遇邓,斥邓思想"荒谬",要他回乡守父母之墓。邓拒绝,后至涿州(今河北涿州),死于野寺中。驰逐,奔走。

⑩遗弃:指出家为僧,抛弃功名与父母妻子。

⑪迹:这里指人各不相同的表现(行为、看法等)。

⑫所以迹:表现出这种形迹的缘由。

⑬"人果有"句:意为人果然有千万种的不同吗,意即人的自然本性

是相同的。

⑭知本：知道了根本的所在。

⑮面：人面。这里指人的表现的差异性。

⑯至一：语出《庄子·缮性》：“当是时也，阴阳和静，鬼神不扰，四时得节，万物不伤，群生不夭，人虽有知，无所用之，此之谓至一。当是时也，莫之为而常自然。”郭象注：“物皆自然，故至一也。”意指高度和谐一致的境界或局面。这里借来强调要顺应人们发展自然本性的共同要求。

⑰大同：语出《庄子·在宥》：“颂论（言谈）形躯（形态举动），合乎大同（大道），大同而无己（不再显示个体特性）。”郭象注：“其形容与天地无异。”意为与天地万物融合为一。这里也是指要顺应人们自然本性的发展。

【译文】

老兄教给我的正是朱夫子的学问，而不是虞舜主张专一而纯粹地修炼自身道德的学问。纯粹才能专一，专一才能不分散，不分散才能平易；专一才能纯粹，纯粹才能不疏离，不疏离才能实在。像渠老的见解就很真实，不是虚妄的，确实是真实可信的；他所达到的境界很平易，不是很高，而是恰当的。确实是得到了赵老的真传。虽然他东西南北，一生奔走在外，不免有抛弃家庭之嫌，但这也是他处世的一种行迹，难道他这种形迹是没有由来的吗？行迹是人人不一样的，就像人的相貌各不相同一样。千万种面孔就有千万个人，同样，千万个人就有千万副面孔。然而，人的本性真的有千万种吗？渠老正是知道人的本性没有千差万别，所以他是了解人的本性的，人的本性是一样的；他同时又清楚人的相貌不能不允许他千差万别，所以就听凭他千差万别，相貌千差万别的人却具有相同的本性，这就是庄子所称的至一和大同。

　　如其迹①，则渠老之不同于大老②，亦犹大老之不同于心老③，心老之不同于阳明老也④。若其人⑤，则安有数老之别哉？知数老之不容分别，此数老之学所以能继千圣之绝⑥，而同归于"一以贯之"之旨也⑦。若概其面之不同而遂疑其人之有异⑧，因疑其人之有异而遂疑其学之不同，则过矣⑨！渠正充然满腹也⑩，而我以画饼不充疑之⑪；渠正安稳在彼岸也⑫，而我以虚浮无归宿病之⑬。是急人之急而不自急其急，故弟亦愿兄之加三思也。

【注释】

①如其迹：就他们的表现来说。

②大老：即赵大洲。

③心老：指王艮(1483—1540)，初名银，王守仁为更名艮，字汝止，号心斋，泰州安丰场(今属江苏东台)人。明代哲学家，泰州学派的创立者。出身盐丁，壮年才读《大学》《论语》等书。后拜王守仁为师，以讲学终身，门徒中有樵夫、陶匠、农民等。提出"百姓日用即道"的命题，主张从日常生活中寻求真理。认为"格物之物，即物有本末之物"，吾身是"本"，家国天下是"末"，强调身为天下的根本，以"安身立本"作为封建伦理道德的出发点。后因有"淮南格物说"之称。他虽师承王守仁，但"时时不满其师说"(《明儒学案》卷三二《泰州学案》)，"多发明自得，不泥传注"(《王心斋先生遗集》卷二《年谱》)，终于形成了被称为王学左派的泰州学派。著有《王心斋先生遗集》。《续藏书》卷二二、《国朝献征录》卷一一四、《明史》卷二八三、《明史稿》卷一八五、《明书》卷一一四、《明儒学案》卷三二等有传。

④阳明老：即王守仁(1472—1529)，字伯安，号阳明，余姚(今浙江余姚)人。弘治十二年(1499)进士。因反对宦官刘瑾被贬谪贵州龙场(今贵州修文西)任驿丞(管理驿站的官吏)。后任太仆寺

少卿、南赣金都御史、都察院副都御史等职。曾平定宁王朱宸濠叛乱,镇压过农民起义。官至南京兵部尚书,封新建伯,卒谥文成。他发展了陆九渊的学说,认为"心外无物,心外无理",人心的"灵明"就是"良知",没有"良知"便没有天地万物。而良知为人人所固有,圣人不多,常人不少,所以人人都可以成为圣人。王守仁是宋明"心学"的集大成者,他的思想具有对抗朱熹和促进思想解放的积极因素,对李贽有直接影响。著作由门人辑成《王文成公全书》。《续藏书》卷一四、《国朝献征录》卷九、《明史》卷一九五、《明史稿》卷一八五、《明书》卷一〇〇、《明儒学案》卷一〇等有传。李贽撰写有《阳明先生年谱》。

⑤若其人:如就人的自然本性来说。

⑥绝:绝学,指已失传的学说。

⑦一以贯之:语出《论语·里仁》:"吾道一以贯之。"原指孔子的忠恕之道贯穿在一切事物中。后亦泛指用一个道理贯通许多事情的始终。

⑧概:概括,总括。

⑨过:错。

⑩充然满腹:比喻学问充实。充然,满足貌。

⑪画饼不充:画饼不能充饥。

⑫彼岸:佛教用语。佛教以有生有死的境界为"此岸",体会到了最高精神本体,就能超脱生死到达"彼岸"(即涅槃)。《大智度论》十二:"以生死为此岸,涅槃为彼岸。"这里用以比喻归宿地。

⑬病:这里作动词用,替……担忧。

【译文】

从为人处世的表现来看,渠老与大老不同,就像大老与心老不同,心老也与阳明老不同一样。但如果从人的自然本性来说,那这几老又哪有什么区别呢? 明白了对这几老不能区别对待,才能明白他们的学问是继承了各家圣人的绝学，并最终归结到孔夫子所谓"一以贯之"的宗旨之上的道理。如果从他们长相不同的结论出发，便怀疑他们是不同类的人，又因为怀疑他们是不同类的人，便怀疑他们的学问也不同，那就错了！渠老正满腹经纶，我却怀疑他画饼尚且不能充饥；渠老正安稳地到达了人生的彼岸，而我却担忧他漂泊无依。这是为别人着急却不知为自己着急，所以我也希望老兄三思。

使兄之学真以朱子者为是，而以精一之传为非是，则弟更何说乎？若犹有疑于朱子，而尚未究于精一之宗①，则兄于此当有不容以已者在②。今据我二人论之：兄精切于人伦物理之间③，一步不肯放过；我则从容于礼法之外④，务以老而自佚⑤。其不同者如此。兄试静听而细观之：我二人同乎，不同乎？一乎，不一乎？若以不同看我，以不一看我，误矣。

【注释】

①究：探求，穷尽。

②不容以已：不容许停止。意为还需要继续研究。

③精切：精当贴切。这里指严格遵守。

④从容：放任自得。礼法：指封建的礼仪法度。

⑤自佚：自逸，自图安逸。

【译文】

如果说，老兄确实认为朱子的学说正确，而虞舜纯粹专一的传统是错误的，那我还有什么可说的呢？如果说，老兄您对朱子的学说还有所怀疑，而对虞舜纯粹专一的主旨还没有研究透彻，那么老兄您对此还有继续研究的必要。现在我对我们两人发表一点评论：老兄您是严格地遵循人伦物理，一步也不肯放松；而我是不拘泥于礼仪法度的约束，因为年老，所以务必追求自由。我们的不同点就在于此。老兄您且静静地听，细细地看：我二人相同还是不相同呢？一样还是不一样呢？如果您用不相同、不一样看待我，那就错了。

　　但得一，万事毕①，更无有许多物事及虚实高下等见解也。到此则诚意为真诚意②，致知为真致知③，格物为真格物。说诚意亦可，说致知亦可，说格物亦可。何如？何如？我二人老矣，彼此同心，务共证盟千万古事业④，勿徒为泛泛会聚也！

【注释】

①“但得”二句：语本《庄子·天地》：“通于一而万事毕。”意为贯通于“一”的道理而万事可成。

②诚意：使心志真诚。与下文的“致知”“格物”，均见《礼记·大学》。

③致知：儒家哲学用语。历代儒家对此有不同的解释，一般理解为求得知识。致，达到，求得。知，知识。

④务共：务必共同。证盟：盟誓保证。

【译文】

　　只要归之于一，就万事可成，更不会有许多事物及虚实高下的见解。到这时，心志真诚就是真的心志真诚，求得知识就是真的求得知识，推究事物的原理就是推究事物的原理。说心志真诚也可以，说求得知识也可以，说推究事物的原理也可以。怎么样？怎么样？我二人老了，彼此同心，务必共同盟誓创造万古不灭的事业，不要只做些空泛无益的聚会！

答李见罗先生

【题解】

本文于万历十五年（1587）写于麻城。李见罗，即李材（1525—1599），字孟诚，号见罗，丰城（今江西丰城）人。王阳明的再传弟子，邹守益的学生。嘉靖四十一年（1562）进士。历官云南按察使、右佥都御史。因事被劾，囚系多年，后发戍闽中，久之赦还，终于林下。好讲学，《明史》本传："材所至，辄聚徒讲学，学者称见罗先生。系狱时，就问者不绝。至戍所，学徒益众。"著有《李见罗集》《正学堂稿》等。《明史》卷二二七、《明儒学案》卷三一等有传。在此信中，李贽对当时"惟务好名，不肯务实"的士风进行了批评，申明了自己"闭户却扫，怡然独坐"，以求学向道的人生追求。

　　昔在京师时，多承诸公接引，而承先生接引尤勤①。发蒙启蔽，时或未省，而退实沉思②，既久，稍通解耳。师友深恩，永矢不忘④，非敢佞也④。年来衰老非故矣⑤，每念才弱质单，独力难就，恐遂为门下鄙弃⑥，故往往极意参寻⑦，多方选胜⑧，冀或有以赞我者⑨，而讵意学者之病又尽与某相类耶⑩！但知为人，不知为己；惟务好名，不肯务实⑪。夫某既如此矣，又复与此人处⑫，是相随而入于陷阱也。

【注释】

①"昔在"三句：穆宗隆庆四年（1570），李贽在北京任礼部司务，当时李材任刑部主事，两人有过交往。同时的讲学朋友还有李逢阳、徐用检等人。李贽在《阳明先生年谱后语》谈到他在北京的情况时说："不幸年甫四十，为友人李逢阳、徐用检所诱，告我龙

黠先生语,示我阳明王先生书,乃知得道真人不死,实与真佛、真仙同,虽倔强,不得不信之矣。"接引,接待引进。

②退实沉思:回去后切实认真地深入思考。

③矢:通"誓"。

④佞(nìng):花言巧语奉承人。

⑤故:从前的样子。

⑥门下:谓在某人的门庭之下。这里指李见罗本人,不直称其名,以示尊敬。

⑦参寻:参拜寻求。

⑧选胜:选择胜景。这里比喻选访有学问的人。

⑨赞:帮助。

⑩讵意:岂料。

⑪"但知"四句:意为只知道哗众取宠,不知道充实提高自己;只顾博取名声,不肯增长实际才干。为人、为己,语出《论语·宪问》:"古之学者为己,今之学者为人。"

⑫此人:指上文所说的"学者"。

【译文】

过去在京师之时,多得诸公的接待引进,而得到先生您的接待引进更勤。启发蒙昧,有的当时并不理解,回去后切实认真地深入思考,慢慢地有了认识。这样的师友深恩,永远不会忘记,这并不是花言巧语的奉承。这些年我已衰老而不像早年的样子了,经常想到自己才力薄弱素质不足,一个人也难以有所成就,深恐为您轻视厌弃,所以常常努力寻求,多方选访学问造诣高的人,希望得到对我的帮助,没有想到学者之病又和我差不多!只知道哗众取宠,不知道充实提高自己;只顾博取虚名,不去努力增长实际才干。我既然这样,又和这样的所谓学人相处,那不就是一起误入陷阱了么。

"无名，天地之始"①，谁其能念之②！以故闭户却扫③，怡然独坐。或时饱后，散步凉天，箕踞行游④，出从二三年少，听彼俚歌⑤，聆此笑语⑥，谑弄片时⑦，亦足供醒脾之用⑧，可以省却枳木丸子矣⑨。及其饱闷已过，情景适可，则仍旧如前锁门独坐而读我书也。其纵迹如此，岂诚避人哉！若乐于避人，则山林而已矣，不城郭而居也，故土而可矣，不以他乡游也。公其以我为诚然否？然则此道也，非果有夕死之大惧，朝闻之真志⑩，聪明盖世，刚健笃生⑪，卓然不为千圣所摇夺者⑫，未可遽以与我共学此也。盖必其人至聪至明，至刚至健，而又逼之以夕死，急之以朝闻，乃能退就实地，不惊不震，安稳而踞坐之耳。区区世名⑬，且视为浼己也⑭，肯耽之乎⑮？

【注释】

①"无名"二句：语出《老子》第一章。意为"无名"是天地的原始。这是老子宣扬的"天下万物生于有，有生于无"（《老子》第四十章）的唯心主义观点。

②谁其能念之：谁还去考虑这话的道理。这里李贽借用老子的话，批评那些毫无真才实学，却又要沽名钓誉之徒。

③闭门却扫：关起门来，不再洒扫庭院，迎接客人。却，除，去掉。

④箕踞（jī jù）：坐时伸开两腿，形同簸箕。这是一种不拘礼节的坐法。

⑤俚歌：民间通俗歌谣。

⑥聆（líng）：听。

⑦谑（xuè）弄：戏谑，开玩笑。

⑧醒脾：健脾消食。这里是消遣解闷之意。

⑨枳(zhǐ)木丸子：丸药名。枳木，枳树，果实称枳实，果壳称枳壳，都可入药。

⑩"非果有"二句：夕死、朝闻，语出《论语·里仁》："子曰：'朝闻道，夕死可矣。'"李贽借此表示勇于追求真理的志向与精神。

⑪笃(dǔ)生：资质优异。

⑫卓然：高超，突出。千圣：指许多自称做"圣人"的人。摇夺：动摇，改变。

⑬世名：世俗名誉。

⑭浼(měi)：污染。

⑮耽(dān)：沉溺。

【译文】

老子说"无名是天地的原始"，谁能认真考虑这些话的道理！所以我也就闭门不再洒扫，欣喜独坐。有时饭饱之后，在凉爽的天气中散步，或者横躺竖卧和行游郊野，跟随着几个年少之人，听他们吟唱民间的歌谣，听听笑话故事，戏谑玩笑一会儿，可以消遣解闷，也省得再吃药丸子了。等待饱闷已解，情景适可，那就仍旧像以前一样锁门独坐读我的书了。我如此放纵行迹，不受拘束，哪里是有意避人呢！如若我为了避人，就应该遁入山林，不该在城郭居住，回故乡也可以，不必在他乡游走。您认为我这样的行动踪迹可否？我想这也是一种处世的主张吧，如果没有夕死的恐惧，朝闻的真志，聪明盖世，资质刚健优异，卓然自立不为众多自称圣人之人所动摇，那是不可以与我共学此的。能共学此之人必是至聪至明，至刚至健，而又用夕死逼他，用朝闻催促他，才能返归到实实在在的境界，不惊不震，安稳而随意居坐。小小的世俗名誉之求，实在是对自己的污染，怎么能沉溺其中呢？

向时尚有贱累，今皆发回原籍，独身在耳①。太和之游②，未便卜期③。年老力艰，非大得所不敢出门户④。且山水以人为重，未有人而千里寻山水者也。闲适之余，著述颇有，尝自谓当藏名山，以俟后世子云⑤。今者有公，则不啻玄晏先生也⑥。计即呈览，未便以覆酒瓮，其如无力缮写何⑦！

【注释】

①"向时"三句：万历十五年（1587），李贽将家眷送回原籍福建泉州，自己仍寓居麻城（今湖北麻城）维摩庵。贱累，指妻女。

②太和：指太和山，即武当山，在今湖北均县境内。

③卜：预料。

④大得所：指非常合适的地方。

⑤"尝自谓"二句：意为著作暂不发表，以待后世有见识的人给予正确评价。当藏名山，语本《史记》卷一三〇《太史公自序》，司马迁说他写的《史记》要"藏之名山（指手稿），副（副本）在京师；俟（sì）后世圣人君子"。子云，西汉文学家扬雄的字。扬雄曾称赞司马迁有"良史之材"，对《史记》评价较高（见《汉书》卷六二《司马迁传》）。

⑥不啻（chì）：不止，不异于。玄晏先生：指魏晋间学者皇甫谧（mì），号玄晏。他十分赞赏左思用十年工夫写的《三都赋》，并为之作序，使《三都赋》风行一时。这里，李贽把李见罗比为皇甫谧，意为他会像皇甫谧赏识左思的《三都赋》那样看待自己的著作。

⑦"计即"三句：意为打算把自己的著作即刻送您一阅，这些著作虽然只配盖酒坛子，只是我又无力气来抄写它们。覆酒瓮，语出《晋书》卷九二《左思传》："（陆机）与弟云书曰：'此间有伧父，欲作《三都赋》，须其成，当以覆酒瓮耳。'"此词是由"覆酱瓿（bù）"演化而来。《汉书》卷八七《扬雄传》："钜鹿侯芭常从雄居，受其《太玄》《法言》焉，刘歆亦尝观之，谓雄曰：'空自苦！今学者有禄利，然尚不能明《易》，又如《玄》何？吾恐后人用覆酱瓿也。'雄笑而不应。"极言著作无价值。后来又用以比喻无人理解，不被重

视,又转为自谦之辞。

【译文】

以前身边有妻子女儿的拖累,现今都将她们送回老家了,只有我独身一人在此。想到太和山一游,但还没定下行期。因为年老力衰,不是非常适合之地是不敢轻易去的。再说山水之地都是因为有人在而被看重,若没有人在何必不顾千里之遥而去寻游山水。闲适之余,著述颇有,曾经想应当藏之名山,以待后世有见识的人给予品评。现今有老兄,那一定会像玄晏先生欣赏左思的《三都赋》那样品评我的著述。因此打算把拙著送您一阅,我想这些作品还不至于只配用以盖酒坛子,只是我也没有气力来抄写它们了。

飘然一身,独往何难。从此东西南北,信无不可①,但不肯入公府耳。此一点名心②,终难脱却,然亦不须脱却也。世间人以此谓为学者不少矣③。由此观之,求一真好名者④,举世亦无,则某之闭户又宜矣。

【注释】

①信无不可:确实没什么地方不可去。

②名心:好名之心。这里指"不肯入公府"之事,李贽不愿和官僚权贵来往,实是一种反世俗的自尊心,和那些"惟为好名,不肯务实"之徒的行径截然不同。

③此:即上文所说的"名心"。

④真好名者:指上文提到的"有夕死之大惧,朝闻之真志,聪明盖世,刚健笃生,卓然不为千圣所摇夺者"。

【译文】

我漂泊无定一身,超脱万物独行己志有什么畏难的。从此东西南北,任何地方都可以去,但绝对不肯和那些官僚权贵们来往。这是我的一点名心,永远难以摆脱,然而也不须摆脱。人世间以此认为这样的学者不少。由此观之,想求得一个真正的好名之士,举世没有,那么我闭门独坐不是正合适么。

答焦漪园

【题解】

本文于万历十六年(1588)写于麻城。焦漪(yī)园,即焦竑,见《与焦弱侯》题解。李贽曾被指斥为"异端""妖人",说其著作"诬民惑世",从封建统治者正统思想出发,也是言之有据的。在这封信中,李贽就明确提出,其《焚书》"大抵多因缘语、忿激语,不比寻常套语","当焚而弃之";其《藏书》则是"以其是非堪为前人出气",是"吾精神心术所系,法家传爰之书";对于世俗子、假道学以异端相视的现实,则表示"不如遂为异端,免彼等以虚名加我"。这实是向封建统治者及传统思想的抗争。

承谕①,《李氏藏书》谨抄录一通②,专人呈览。年来有书三种,惟此一种系千百年是非③,人更八百④,简帙亦繁⑤,计不止二千叶矣⑥。更有一种,专与朋辈往来谈佛乘者⑦,名曰《李氏焚书》⑧,大抵多因缘语、忿激语⑨,不比寻常套语。恐览者或生怪憾⑩,故名曰《焚书》,言其当焚而弃之也。见在者百有余纸⑪,陆续则不可知,今姑未暇录上。又一种则因学士等不明题中大旨⑫,乘便写数句贻之,积久成帙,名曰《李氏说书》⑬,中间亦甚可观。如得数年未死,将《语》《孟》逐节发明⑭,亦快人也⑮。惟《藏书》宜闭秘之⑯,而喜其论著稍可⑰，亦欲与知音者一谈，是以呈去也。其中人数既多，不尽妥当，则《晋书》《唐书》《宋史》之罪⑱，非余责也。

【注释】

①承谕：承蒙吩咐。谕，告，吩咐之意。

②《李氏藏书》：亦称《藏书》，李贽的历史著作，共六十八卷，万历二十七年(1599)在南京第一次刊行。体裁为纪传体，论述战国至元历史人物约八百人。作者自称"此书但可自怡不可示人"(《藏书·世纪列传总目前论》)，"宜闭秘之"(见此文)，故名。在该书中，作者对历史人物作出了与封建传统见解不同的评价，并寓意着对现实的大胆批评。因此，被封建统治者列为禁书。

③系：关系。

④更(gēng)：更迭，先后出现。八百：《藏书》论述了从战国到元的历史人物约八百名。

⑤简帙(zhì)：卷册。简，古代写字用的竹片。这里泛指书写材料。帙，原指包书的布套，这里指成套、成册的书。

⑥叶：同"页"。

⑦佛乘(chéng)：佛教用语。这里指成佛的道理。乘，载运的意思，比喻佛法可以把修行的人载运到佛国。

⑧《李氏焚书》：即《焚书》，共六卷，收录书答、杂述、读史等文章及诗作。在该书中，李贽对儒家经典和假道学家进行了猛烈批评。其中也有一些在佛教思想影响下写出的谈佛论道之文，表现出作者思想的复杂性。该书曾历遭封建统治者禁毁。

⑨因缘语：论述因缘的话语。因缘，佛教用语。佛教谓使事物生起、变化和坏灭的主要条件为因，辅助条件为缘。忿激语：愤世嫉俗的话语。

⑩怪憾：责备和不满。

⑪见:"现"的古字。

⑫学士:这里指读书人。题中大旨:指"四书"(《大学》《中庸》《论语》《孟子》)中各章节的主要思想。

⑬《李氏说书》:即《说书》,内容是对"四书"(《论语》《孟子》《大学》《中庸》)的解说和评论。原书已失传,现存题名李贽的《说书》,有人认为是伪作。

⑭《语》《孟》:即《论语》《孟子》。发明:揭示,阐释。

⑮快人:令人痛快、快意。

⑯闭秘:密封隐藏。

⑰论著:指《藏书》中对历史人物、事件的评论(如叙论、按语、批语等部分)。

⑱《晋书》:唐代房玄龄等编撰的晋代史,共一百三十卷。《唐书》:一般指《旧唐书》,后晋刘昫(xù)等编撰的唐代史,共二百卷。另有《新唐书》,宋代欧阳修、宋祁等编撰,共二百二十五卷。《宋史》:元代脱脱等编撰的宋代史,共四百九十六卷。《新唐书》之外的三史,旧说认为其中舛误甚多,故李贽说它有罪责。

【译文】

承蒙告知,您索要《李氏藏书》,我特地抄了一遍,派人专程送去,请您看看。近年来著有三种书,唯独这一种关系到千百年历史的是非,书中先后共论述了约八百个历史人物,卷册也很繁多,算起来不止两千页了。还有一种,收录专门和朋友们谈论佛学的来往书信,题名为《李氏焚书》,里面大多是谈论因缘和愤世嫉俗的话,与寻常套语不一样。我怕有读者会对它产生责怪和不满,所以题名为《焚书》,是说应当烧毁它,抛弃它。目前已经收集了一百多页,陆续能补充多少就不知道了,目前没有空闲,暂不抄录给您。还有一种,由于读书人不明白"四书"中各章节的中心思想,顺便写些文章送给他们,积久成册,题名叫《李氏说书》,书中内容也很值得一看。如果我能再多活些年,我将把《论语》《孟子》逐段地加以剖析阐释，也是令人痛快的事啊。只有《藏书》宜封藏而不宜公之于世，但其中对历史人物和事件的评述也有独到之处，也想与我的知音们交流一下，因此抄送给您。书中论述的人物很多，不一定都十分妥当，那是《晋书》《唐书》《宋史》犯下的罪过，并非我的过错。

　　窃以魏晋诸人标致殊甚①，一经秽笔②，反不标致。真英雄子，画作疲软汉矣③；真风流名世者④，画作俗士；真啖名不济事客⑤，画作褒衣大冠⑤，以堂堂巍巍自负⑦。岂不真可笑！因知范晔尚为人杰⑧，《后汉》尚有可观⑨。今不敢谓此书诸传皆已妥当⑩，但以其是非堪为前人出气而已⑪，断断然不宜使俗士见之。望兄细阅一过，如以为无害，则题数句于前，发出编次本意可矣⑫，不愿他人作半句文字于其间也。何也？今世想未有知卓吾子者也⑬。然此亦惟兄斟酌行之。弟既处远，势难遥度⑭，但不至取怒于人，又不至污辱此书，即为爱我。中间差讹甚多⑮，须细细一番乃可。若论著则不可改易⑯，此吾精神心术所系⑰，法家传爱之书⑱，未易言也。

【注释】

①魏、晋：我国历史朝代名称。魏，从 220 至 265 年。晋，包括西晋（265—317）和东晋（317—420）。标致殊甚：风度非常出众。标致，本指容貌、姿态美丽，这里指风度、风韵。

②秽（huì）笔：指史学家污秽的记述。

③疲软汉：软弱无能之辈。

④风流：这里指不拘礼法的有才学之士。名世：闻名于世。

⑤啖（dàn）名：谋取名声。啖，吃。不济事：不能成事。

⑥褒（bāo）衣大冠：宽衣大帽。指儒者或显贵的装束。褒，衣襟

宽大。

⑦堂堂巍巍：仪表威武，形象高大。

⑧范晔（yè，398—445）：字蔚宗，南朝宋人，《后汉书》的作者。李贽认为《后汉书》对历史人物的评价还比较符合历史真实。

⑨《后汉》：即《后汉书》，是记载东汉历史的书。

⑩此书诸传：指《藏书》中的人物传记。

⑪"但以"句：意为只是对人物事件的褒贬，能为前辈历史人物伸张正义罢了。是非，指对历史人物事件的褒贬。

⑫发出：揭示，阐发。编次：编列次第。李贽在《藏书》中对历史人物的次序编列都寓意着褒贬态度。

⑬卓吾子：李贽号卓吾，自称卓吾子。

⑭遥度（duó）：从远处推测、忖度。

⑮差讹（é）：差错。讹，错误。

⑯论著：指《藏书》中的议论部分。

⑰心术：心意。系：联系，系挂。

⑱法家：这里指司法官吏。传爰（yuán）之书：即传爰书。语出《史记》卷一二二《酷吏列传·张汤传》："汤掘窟得盗鼠及余肉，劾鼠掠治，传爰书，讯鞫（jū）论报，并取鼠与肉，具狱磔（zhé）堂下。"爰书指经过传换而经别的官吏核实的记录囚犯供词的文书。爰，更换。

【译文】

　　我认为魏晋时代的许多人物是很有才华、风度的，但一经史家污秽的记述，反而失去了光彩。历史上真正的英雄人物，被勾画成软弱无能的人了；真正不拘礼法的有才学之士，却被勾画成庸俗之辈了；而那些只贪图名声成不了事的俗儒，却被宽袍大帽打扮起来，自以为是了不起的大人物。岂不是真可笑嘛！相比之下可知范晔还算得上是有识见才能的史学家，他写的《后汉书》还值得一读。现在不能说《藏书》各篇人物传记的评价都已经妥当了，只是觉得书中的褒贬很能为前人出气罢了，因此绝对不应当让庸俗之辈看到它。望兄仔细读过后，如果觉得无害，就请在前面题写数句为序，阐明编排的本意就行了，我不愿意别人在书中写半句评论的话。为什么？现在世上还没有一个能与我心相通的人。然而这题词作序一事也只能由您考虑着办理了。我既然与您相距很远，势必难以推测您的想法，只要您写的不至于激怒他人，又不至于曲解了这本书，就是尊重我了。书中差错之处很多，须仔细审阅一遍才行。至于论述部分请不要改动，因为这是我的思想和意志凝聚而成的，就像法官的传爱书，是我对历史人物的定案，这是不能改动的。

　　本欲与上人偕往①，面承指教，闻白下荒甚②，恐途次有警③，稍待麦熟，或可买舟来矣④。生平慕西湖佳胜，便于舟航，且去白下密迩⑤。又今世俗子与一切假道学，共以异端目我⑥，我谓不如遂为异端，免彼等以虚名加我，何如？夫我既已出家矣，特余此种种耳⑦，又何惜此种种而不以成此名耶！或一会兄而往，或不及会，皆不可知，第早晚有人往白下报曰⑧，"西湖上有一白须老而无发者"，必我也夫！必我也夫！从此未涅槃之日⑨，皆以阅藏为事⑩，不复以儒书为意也。

【注释】

①上人：旧时对和尚的尊称。

②白下：今江苏南京。

③途次：半路上，旅途中的住宿处。

④买舟：雇船。

⑤去：距离。密迩(ěr)：很近。

⑥异端：不合正统思想的学说、学派。目我：看待我。

⑦种种：语出《左传·昭公三年》："余发如此种种。"杜预注："种种，
　　短也。"形容头发短而少。

⑧第：只不过。

⑨涅槃(niè pán)：佛教用语。是佛教修习所要达到的理想。一般
　　指息灭虑念、消除烦恼、超脱生死的理想境界。后亦作死亡的
　　美称。

⑩藏(zàng)：指"藏经"，汉文佛教经典的总称。

【译文】

　　我原本想与和尚们一同到您那里，当面听您的指教，又听说南京一带闹饥荒，怕路途中有意外的情况，只好等待麦熟后，或许能雇船到您那儿去了。我生平最喜欢西湖的美景，乘船而去极为方便，而且离南京很近。另外，如今社会上一些庸俗的人和一切假道学，都把我看作异端，我以为倒不如就做个异端，免得他们给我加个虚名，您以为怎么样？我已经住进了佛寺，只是还留着稀疏的头发，我何必可惜它，而不剃了头来成就自己的异端之名呢！我也许和您会面后再去西湖，也许来不及相见就去那里，这都不能预知，只是早晚会有人到南京告诉您说，"西湖上有个白胡子又光着头的老人"，那一定就是我了！一定就是我了！从此以后，直到死时为止，我只把阅读佛经作为自己的事，不再把儒家的书挂在心上了。

　　前书所云邓和尚者果何似①？第一机即是第二机，月泉和尚以婢为夫人也。第一机不是第二机，豁渠和尚以为真有第二月在天上也②。此二老宿③，果致虚极而守静笃者乎④？何也？盖惟其知实之为虚，是以虚不极；惟其知动之即静，是以静不笃⑤。此是何等境界，而可以推测拟议之哉⑥！故曰："亿则屡中。"⑦非不屡中也，而亿焉则其害深

矣⑧。夫惟圣人不亿⑨，不亿故不中，不中则几焉⑩。何时聚首合并⑪，共证斯事。

【注释】

①邓和尚：即邓豁渠。初名鹤，又名蘥初，亦简作蘥，号太湖，内江（今四川内江）人。著有《南询录》，李贽曾为之作序。

②"第一"四句：意为说第一机就是第二机，这是月泉和尚把婢女当作了夫人；认为第一机不是第二机，这是豁渠和尚真以为天上有"第二月"了。第一机、第二机，佛教用语。机即根机，即众生信受佛法的智质、觉悟、能力，及内心萌动的念头。第一机即真心萌动的念头，第二机即妄心萌动的念头。月泉和尚，明代名僧。月泉和尚的话见黄宗羲《明儒学案》卷三二《泰州学案》。以婢为夫人，语出袁昂《古今书评》（《佩文斋书画谱》卷八引）。原文说，西晋羊欣摹仿别人的书法，"如大家婢为夫人，虽处其位，而举止羞涩，终不似真"。第二月，佛教用语。如同患翳眼症的人看到第二月，譬喻似有非有的东西。

③老宿：高僧。

④"果致"句：意为果然能达到心灵虚寂而又坚守清静无为吗？指月泉和尚和豁渠和尚难以达到这一境界。致虚极而守静笃，语出《老子》第十六章。

⑤"盖惟"四句：意为只有知道充实就是虚空，这虚空才不是极端的死寂；只有知道活动就是静止，这静止才不是绝对的无为。

⑥拟议：事先考虑。

⑦亿则屡中（zhòng）：语见《论语·先进》："赐不受命，而货殖焉，亿则屡中。"这是孔子评论子贡的话，意思是说他做生意猜测行情往往能猜中。亿，预料，猜测。

⑧"非不"二句：意为不是（子贡）不能每每猜中，而是这种猜测害处

很大。

⑨圣人：指孔子。

⑩几：庶几，接近，差不多。

⑪合并：聚会。

【译文】

我在前封信中所说的邓豁渠和尚怎么样？他和月泉和尚关于第一机、第二机的论述，把第一机说成就是第二机，这是月泉和尚把婢女当作了夫人。认为第一机不是第二机，这是邓豁渠和尚真以为天上有"第二月"了。这两位高僧，哪里能达到心灵虚寂而又坚守清静无为的境界呢？为什么？因为只有知道充实就是虚空，这虚空才不是极端的死寂；只有知道活动就是静止，这静止才不是绝对的无为。这样玄奥的境界，哪里可以用推测想象而知道啊！所以孔子评论子贡时说："他做生意猜测行情往往能猜中。"这不是说子贡不能每次都猜中，而是说这种猜测害处太大了。孔子这位圣人就不轻易猜测，不猜测所以也就无所谓中与不中，这样倒是可以接近应有的结果了。何时相会在一起，再共同探讨这一事理。

潘雪松闻已行取①，《三经解》刻在金华②，当必有相遗③。遗者多，则分我一二部。我于《南华》已无稿矣④，当时特为要删太繁⑤，故于隆寒病中不四五日涂抹之。《老子解》亦以九日成⑥，盖为苏注未惬⑦，故就原本添改数行。《心经提纲》则为友人写《心经》毕⑧，尚余一幅，遂续墨而填之，以还其人。皆草草了事，欲以自娱，不意遂成木灾也⑨！若《藏书》则真实可喜。潘新安何如人乎⑩？既已行取，便当居言路作诤臣矣⑪，不肖何以受知此老也⑫。其信我如是，岂真心以我为可信乎，抑亦从兄口头，便相随顺信我也？若不待取给他人口头便能自着眼睛⑬，索我于牝牡骊黄之外⑭，知卓吾子之为世外人也，则当今人才，必不能逃于潘氏藻鉴之外⑮，可以称具眼矣⑯。

【注释】

①潘雪松：即潘士藻（1537—1600），字去华，号雪松，徽州婺源（今江西婺源）人。婺源又称新安，故有时称潘士藻为潘新安。万历十一年（1583）进士。历官监察御史、尚宝司卿等。著有《闇然堂类纂》，用因果报应的观点，编纂"苦言"。企图给"眩迷"的"当局"作"鉴戒"，其中也揭露了道学官僚的贪婪、虚伪和残忍，得到李贽的赞赏，并为之作《引》（见本书卷五）。行取：旧指地方官有政绩者，经保举、考选，由上级行文提取为京官。潘雪松于万历十六年（1588）被征召为御史。

②《三经解》：不详，疑指李贽所著《庄子解》（《南华经解》）、《老子解》（《道德经解》）及《心经提纲》三种。金华：府名。治所在今浙江金华。

③遗（wèi）：赠与。

④《南华》：即《南华经》，《庄子》的别名。唐玄宗于天宝元年（742）诏号庄子为"南华真人"，称其所著书为"真经"（见《旧唐书》卷九）。稿：疑指李贽所著《庄子解》，大约写于万历十年（1582）。

⑤要删：撮要删定。

⑥《老子解》：李贽著，写于万历二年（1574）。今存于《卓吾先生李氏丛书》。在此书中，李贽发挥了《老子》的一些辩证思想，对儒家的观点有所非议。

⑦苏注：指苏辙的《道德经解》。未惬（qiè）：不能令人满意。《焚书》卷三有《子由〈解老〉序》一文，对苏辙的注解有较高评价。这时李贽对苏辙的注有所不满，特著《老子解》。这在《续焚书》的《与

焦弱侯》一文中有明确的说明。

⑧《心经提纲》：李贽为《心经》所写的提要，见本书卷三。《心经》，佛教经典之一，全称《般若波罗蜜多心经》。"般若波罗蜜多"，是梵语的音译。般若，或译为"波若"，意译为智慧。波罗蜜多，意为由此岸（生死岸）度人到彼岸（涅槃、寂灭而成佛）。心，喻为核心、纲要、精华，是佛教般若学说的核心。《心经》的要旨是"五蕴皆空"，说明以般若（智慧）观察宇宙万事万物自性本空的道理，而证悟无所得的境界。《心经》仅有二百余字，便于持诵，故在佛教中极为流行。有多种译本，而以玄奘译本传播最广。

⑨木灾：谓浪费木材以雕版印书，这里有自谦之意。

⑩潘新安：即潘士藻。潘氏籍源婺源，旧名新安，故称。

⑪言路：指谏官之职。诤（zhèng）臣：谏诤之臣。

⑫"不肖"句：意为不贤的我不知为何受到这位老先生的知遇。不肖，不贤，无能。

⑬自着眼睛：意谓凭自己的判断。

⑭"索我"句：意为从表面现象之外（即从实质）来看我。牝（pìn）牡（mǔ）骊（lí）黄，比喻非反映事物本质的表面现象。《列子·说符》载：古代善相马的伯乐年老，推荐九方皋为秦穆公访求骏马。三月后于沙丘得之。"穆公曰：'何马也？'对曰：'牡而黄。'使人往取之，牝而骊"。于是穆公责备伯乐。伯乐解释说，九方皋是"得其精而忘其粗，在其内而忘其外"，即看到了马的实质而忽视了其外表。此典又见《淮南子·道应训》《吕氏春秋·观表》，九方皋分别作九方堙（yīn）、九方歅（yīn）。牝牡，雌性的和雄性的。骊，纯黑色的马。

⑮藻鉴：审察鉴别。

⑯具眼：具有独到眼力。

【译文】

听说潘雪松提升为御史去做京官了,拙著《三经解》已被他在金华刻印,想来会赠送给您。若赠您书多,分一二部给我。我解读《南华》的书已无底稿,当时因为太繁而进行提要删定,在寒冬又病中用了四五天就改完了。《老子解》也只用九天写定,因为苏辙的《道德经解》不能令人满意,所以我就在原书上作了修补。《心经提纲》一文是为一位朋友书写《心经》后还余一幅纸,就写给友人的。都是草草了事,想以此自娱,没想到被雕版印书了!像《藏书》那是真实可喜的。雪松是怎样一个人?他既然已被提升为御史,既为谏官,就应该做一个真正的谏诤之臣,不贤的我不知为何受到此老的知遇。他这样诚信待我,是真心以为我可信赖呢,还是从老兄那里听到对我的美言,便依从您的话以我为可信赖呢?假若不是听从别人的话而是出于自己的判断,能从实质上看我,知道我卓吾子为世外之人,那么,当今社会上的人才,也就完全可以被潘雪松鉴别而重用了,潘雪松真可以被认为是具有伯乐的独到眼力。

复丘若泰

【题解】

本文于万历十三年(1585)写于麻城。丘若泰,当指丘齐云,字谦之,若泰可能是丘齐云的号。据《万一楼集》卷首陈性学《皇明万一楼居士墓表》,骆问礼为嘉靖四十四年(1565)乙丑科进士,又据《明清进士题名碑录索引》,这年中进士而其中姓丘的有二人,一为"丘云章,山东诸城",一为"丘齐云,湖北麻城"。此"丘若泰"当指后者。民国《麻城县志前编》卷九《耆旧·文学》载:"邱(同丘)齐云,号谦之(乾隆版、光绪版《麻城县志》同,康熙版《麻城县志》称'字谦之,号岳泰'。'若'写作'岳',当与麻城方音有关),以弱冠领乡荐,嘉靖乙丑进士。年方二十四,任四川富顺县,升户部郎。出为潮州(今广东潮州)知府。其致政时年仅三十八。宦情甚淡,惟寄兴诗酒,情耽游览。刻有《吾兼亭集》《粤中稿》《国雅中选集》。《麻城县志》康熙版卷七、乾隆版卷一九、光绪版卷二〇等有传。这封信从养病谈到佛教的"真空"观和"苦乐相乘"的因果观,表现出李贽受佛教影响的一个方面。

　　丘书云:"仆谓丹阳实病①。"柳塘云②:"何有于病? 且要反身默识③。识默耶? 识病耶? 此时若纤念不起④,方寸皆空⑤,当是丹阳,但不得及此境界耳。"

【注释】

①仆:古代男子对自己的谦称。丹阳:指道家北宗中的遇仙正宗派。其始祖为金代的马钰(1123—1183)。马钰,原名从义,字宜甫,后更名钰,字玄宝,号丹阳子。世称丹阳真人。山东宁海(今山东牟平)人。马钰于金贞元中被封为"丹阳抱一无为普化真君",故称此宗为丹阳。著有《神光璨》《洞玄金玉集》等。《古今图书集成》神异典卷二五五、《嘉靖重修一统志》卷一七三等有传。这里可能借指当时的某个道教徒。

②柳塘:即周思久,字柳塘。详见后《答周柳塘》题解。

③默识(zhì):语本《论语·述而》:"默而识之。"意为暗记而不忘。也是佛家所提倡的修养方法之一。

④纤念:细微的念头。

⑤方寸:指心、脑海。

【译文】

　　丘齐云信中说:"我认为丹阳之徒实在是有病。"周柳塘则说:"有什么病? 应该反过来要求自己把见闻默默地记在心里。是记住那些见闻呢,还是记住病呢? 如若能做到细微的念头都没有,心脑皆空,那就达到丹阳的修养境,但这种境界不是容易修养到的。"

苦海有八①,病其一也。既有此身,即有此海;既有此病,即有此苦。丹阳安得而与人异耶! 人知病之苦,不知乐之苦——乐者苦之因,乐极则苦生矣②。人知病之苦,不知病之乐——苦者乐之因,苦极则乐至矣③。苦乐相乘④,是轮回种⑤;因苦得乐,是因缘法⑥。丹阳虽上仙,安能弃轮回,舍因缘,自脱于人世苦海之外耶? 但未尝不与人同之中,而自然不与人同者,以行粮素具⑦,路头素明也⑧。此时正在病,只一心护病,岂容更有别念乎? 岂容一毫默识工夫参于其间乎? 是乃真第一念也⑨,是乃真无二念也;是乃真空也⑩,是乃真纤念不起,方寸皆空之实境也。非谓必如何空之而后可至丹阳境界也⑪。若要如何,便非实际,便不空矣。

【注释】

①苦海有八:苦海有八个方面。佛教把人世看作是充满烦恼和痛苦的现实,汪洋无涯,有如大海。佛教所说"八苦",见《自序》第一段注⑤。

②"乐者"二句:这是用佛教的因果观点阐述苦乐关系,带有禁欲主义的色彩。

③"苦者"二句:这是用佛教的因果观点对苦乐关系的另一面阐述,带有从忍受中求解脱的倾向。

④苦乐相乘:苦和乐循环转化。乘,接续,继承。

⑤轮回种:轮回的根源。轮回,佛教认为众生各依所做善恶的不同,在天道、人道、阿修罗道、地狱道、饿鬼道、畜生道六道(亦称六趣)中生死交替,互相转世,有如车轮般旋转不停,故称。

⑥因缘法:起因或依据的途径。佛教认为事物生起、变化和坏灭的主要条件为因,辅助条件为缘,称"因缘"。法,法门,途径。

⑦行粮素具:修行的资粮已具备。

⑧路头素明:修行的道路已明白。

⑨第一念:与下句"二念",俱为佛教用语。又称"第一机""第二机"。机即根机,即众生信受佛法的智质、觉悟、能力及内心萌动的念头。第一念(第一机)即真心萌动的毫无杂念的念头,第二念(第二机)即妄心萌动的含有杂念的念头。

⑩真空:佛教认为现实世界与万事万物都是虚幻不实的,都是由超出一切色相意识界限的"真空"派生出来的。因此从事事物物中识得"真空",才算认识到世界的真正本原。

⑪丹阳境界:指丹阳所达到的境界。即"纤念不起,方寸皆空"的"真空"境界。

【译文】

人生苦海有八,病只是其中之一。既然生在人世,就不可脱离苦海;既然生病,就难免病痛之苦。丹阳之徒怎能逃脱这种人生之苦! 人们都知道病的痛苦,却不知道乐中也有苦——乐是苦之因,乐极苦就相随而生。人们都知道有病的痛苦,却不知道病中之乐——苦是乐之因,苦极乐就相随而生。苦和乐循环转化,这是轮回的必然;因苦而得乐,这是起因或依据的途径。就是丹阳真人虽然升天成仙了,他怎能逃脱轮回的必然,离开起因或依据途径的因缘法则,自然脱离人世苦海之外呢? 但他也并不是与一般人完全不同,不与人相同之处,在于他修行的条件已具备,修行的道路已明白。如若此时正在病中,那就要全心养病,哪里还要产生其他杂念呢? 哪里需要一点点暗记而不忘的事情掺杂其间呢? 这时需要的是真心萌动的毫无杂念的念头,而不应该产生妄心萌动的含有杂念的念头;这才是对世界真正本原的认识,这才是没有细微杂念的干扰,心脑皆空的真实境界。并不是说非要归入佛门去求得虚幻不实之后才可以达到丹阳这一境界。如若一定要这样,那就不可能达到佛家所说的永恒存在真实不变的实际真相,也就不可能达到虚幻不实的丹阳境界。

复邓石阳

【题解】

邓石阳，见《答邓石阳》题解。文中有"年逼耳顺"一语，又有"二十余年倾盖之友，六七十岁皓皤之夫，万里相逢，聚首他县"之语，可推定此文写于万历十三年（1585），是年李贽五十九岁。李贽于嘉靖四十三年（1564）以前与邓石阳结为挚友，万历十三年邓石阳"游荆湘，遇李卓吾，上下古今多所参证"（《内江县志》卷四《邓林材传》）。可证此文写作于万历十三年李贽寓居黄安、麻城而邓石阳到此游历之时。此文是因李贽的《南询录叙》（《续焚书》卷二）而引发。《南询录》为邓豁渠所著，首编于嘉靖四十三年，后曾在通州刻行。邓豁渠死后，其遗著为邓石阳所访得。万历十一年（1583）至十三年间曾在黄安、麻城一带流行传抄或重刊过。李贽的《南询录叙》大概作于此时。邓豁渠曾师事赵贞吉（大洲），后弃儒归佛，受到耿定向等的攻击。但李贽在《南询录叙》中却极力称赞邓豁渠的归佛为真正的"得道"。邓石阳在邓豁渠弃儒归佛一事上与耿定向看法一致。李贽在《南询录叙》中曾引用了邓石阳的一段话，邓石阳看后，来信要李贽毁掉这篇叙文，说邓豁渠有累于其师赵贞吉，并说《南询录》和李贽的序文都是"欲使天下之人皆弃功名妻子而后从事于学"。针对邓石阳的这些言论，李贽写了这封答辩的信。李贽与邓石阳以及耿定向围绕邓豁渠弃儒归佛的论辩，实是对"世儒伪情"的一次揭露和批判。彭际清《居士传》卷四三《李卓吾传》，曾对这场论辩作了如下评述："（李贽）又与耿天台、邓石阳遗书辩难，反复万余言，抉摘世儒伪情，发明本心，剥肤见骨。"

昨承教言①，对使裁谢②，尚有未尽，谨复录而上之。盖老丈专为上上人说③,恐其过高,或有遗弃之病④;弟则真为下下人说⑤,恐其沉溺而不能出⑥。如今之所谓出家儿者,只知有持钵糊口事耳⑦。然世间惟下下人最多,所谓滔滔者天下皆是也⑧。若夫上上人,则举世绝少,非直少也,盖绝无之矣。如弟者,滔滔皆是人也。彼其绝无者⑨,举世既无之矣,又何说焉。

【注释】

①教言:教诲的话。这里指来信。

②使:来使,指送信的人。裁谢:作书致谢。

③老丈:旧时对年老男性的尊称。这里指邓石阳。上上人:指德行、智能最高的人。

④遗弃:指出家为僧,抛弃功名与父母妻子。

⑤下下人:指凡庸的人。李贽对"上上人"和"下下人"的看法,可参看本书卷四《三大士像议》。

⑥沉溺:沉迷,迷恋。

⑦钵(bō):梵语"钵多罗"的省称,和尚吃东西用的器具。

⑧滔滔者天下皆是也:语出《论语·微子》。意为像滔滔洪水,到处都是。这里借以形容"下下人最多"。

⑨彼:指上文所说的"上上人"。

【译文】

昨天承蒙您送来书信,对我指导,我已托信使带回书信,表示感谢,但还有些话没有说完,所以又写出来呈送给您。先生您是专门为培育上上等人说话的,就怕它过于高深,一般人理解不了,有人会因而产生弃家归佛的毛病;我却真的总是发表一些点拨下下等人的言论,又怕它太低俗,让人沉溺于平庸而不可自拔。而对于那些所谓的出家人来说,懂不了什么高深的理论，只晓得端着饭钵沿门讨生活罢了。可是，这世界上唯有下等人最多，那像洪水一样滔滔不绝的都是下等人。而您所要针对的那种举世绝少的上上等人，并不是绝少，简直是举世无一。像我这样的人，到处都是。您所说的那些举世绝无的上上等人，既然举世难找，那还有什么可说的呢。

　　年来每深叹憾，光阴去矣，而一官三十余年①，未尝分毫为国出力，徒窃俸余以自润②。既幸双亲归土，弟妹七人婚嫁各毕。各幸而不缺衣食，各生儿孙。独余连生四男三女，惟留一女在耳③。而年逼耳顺④，体素羸弱⑤，以为弟侄已满目，可以无歉矣，遂自安慰焉。盖所谓欲之而不能⑥，非能之而自不欲也。惟此一件人生大事未能明了⑦，心下时时烦懑，故遂弃官入楚⑧，事善知识以求少得⑨。盖皆陷溺之久，老而始觉，绝未曾自弃于人伦之外者⑩。

【注释】

①一官三十余年：李贽于嘉靖三十四年(1555)，出任河南辉县教谕，万历八年(1580)辞去姚安知府之职。李贽在《答耿司寇》(见本卷中)中也说："卓吾自二十九岁做官以至五十三岁乃休"，可证做官时间实有二十余年。"三十"疑为"二十"之误。

②俸余：俸禄所余。

③惟留一女：即李贽长女李恭懿，后嫁庄纯夫。

④逼：近。耳顺：指六十岁。《论语·为政》："六十而耳顺。"

⑤羸(léi)弱：瘦弱。

⑥欲之：指想要儿子。

⑦人生大事：指归信佛教，摆脱人生苦恼。

⑧弃官入楚：李贽于万历八年(1580)辞去姚安知府官职,寄寓湖北黄安(今红安)、麻城。李贽辞官的原因一则是这里所说的与他的不幸遭遇有关(即"四男三女惟留一女"),从而想去求得对"人生大事"的解脱。但更重要的一方面,则是憎恶官场与道学官僚的腐朽、虚伪,不愿受他们的管束,这一思想在本书卷四《豫约·感慨平生》中表达得十分清楚。湖北为古代楚国之地,所以说"入楚"。

⑨善知识：善友、好伴侣之意。少得：稍有所得。

⑩人伦：这里指父母兄弟妻子等社会关系。

【译文】

近年来,我常常感叹,光阴流逝,当官二十余年,不曾为国家出一点力,只是用多余的俸禄养活了自己。现在双亲都已入土,弟妹七人都已完成了婚嫁。幸而都不缺衣,不少食,都生育了儿子、孙子。只有我虽然连生了四男三女,但只有一个女儿活了下来。现在我接近耳顺之年,身体一直衰弱,自认为侄儿一大群,可以没有什么遗憾了,因而经常这样自我安慰。在生儿育女的问题上,这就是所谓心里想要却做不到,不是自己能做到却不想要。现在对我来说,只有皈依佛教这件人生大事还没有完全想清楚,因而心里时时烦闷,所以就放弃在云南的官职,来到楚地,追随好友,以求稍有所得。实在是陷于功名利禄太久了,到老了才开始觉悟,绝对不曾抛家弃子,违背人伦。

平生师友散在四方,不下十百,尽是仕宦忠烈丈夫,如兄辈等耳。弟初不敢以彼等为徇人①,彼等亦不以我为绝世②,各务以自得而已矣。故相期甚远,而形迹顿遗③。愿作圣者师圣,愿为佛者宗佛。不问在家出家,人知与否,随其资性④,一任进道⑤,故得相与共为学耳。然则所取于渠

者⑥，岂取其弃人伦哉？取其志道也。中间大略不过曰："其
为人倔强难化如此。始焉不肯低头，而终也遂尔禀服师
事。"⑦因其难化，故料其必能得道；又因其得道，而复喜其不
负倔强初志。如此而已。然天下之倔强而不得道者多矣，
若其不得道，则虽倔强何益，虽出家何用？虽至于断臂燃
身⑧，亦只为丧身失命之夫耳，竟何补也！故苟有志于道，则
在家可也，孔、孟不在家乎⑨？出家可也，释迦佛不出家乎⑩？
今之学佛者，非学其弃净饭王之位而苦行于雪山之中也⑪，
学其能成佛之道而已。今之学孔子者，非学其能在家也，学
其能成孔子之道而已。若以在家者为是，则今之在家学圣
者多矣，而成圣者其谁耶？若以出家为非，则今之非释氏者
亦不少矣，而终不敢谓其非佛，又何也？然则学佛者，要于
成佛尔矣。渠既学佛矣，又何说乎？

【注释】

①徇(xùn)人：依从他人，曲从他人。徇，顺从，曲从。

②绝世：与人世隔绝。

③"故相期"二句：意为所以互相的期望很远大，而对形迹的不同很
　快就忘掉了。顿，立刻。遗，忘掉。

④资性：资质天性。

⑤一任进道：全都任凭（自己的爱好）去学道。

⑥渠：指邓豁渠，详见《又答石阳太守》第一段注④。下文"渠"
　字同。

⑦"其为人"三句：指邓豁渠起初自负倔强，不佩服赵大洲，后来又
　心服而师事赵大洲的事。

⑧断臂燃身：指佛教徒修苦行的行为。断臂，谓僧人求法专诚。

《景德传灯录》卷三载：南北朝时，僧神光闻达摩在沙林，遂往。彼晨夕参承，莫闻诲励，乃断臂置师前。后达摩遂传衣钵与神光，是为禅宗二祖慧可。燃身，指燃肉身灯。用铁钩钩皮肤，钩上遍挂灯盏，贮油燃点。一种假借或误解佛教的"无义苦行"。《资治通鉴》卷二九二《后周世宗显德二年》："禁俗僧舍身、断手足、炼指、挂灯、带钳之类幻惑流俗者。"元代胡三省注："挂灯者，裸体，以小铁钩遍钩其肤，凡钩皆挂小灯，圈灯盏，贮油而燃之，俚俗谓之燃肉身灯。"

⑨孔：指孔子（前551—前479），名丘，字仲尼，鲁国陬邑（今山东曲阜东南）人。春秋末期思想家、政治家、教育家，儒家学说的创始人。自汉代以后，孔子学说成为两千余年封建文化的正统，影响极大。孔子本人则被封建统治者尊为圣人。现存《论语》一书，记有孔子的谈话以及孔子与门人的问答，是研究孔子学说的主要资料。《史记》卷四七有传。孟：指孟子（约前372—前289），名轲，字子舆，邹（今山东邹城）人。思想家、教育家。曾受业于孔子之孙子思的门人，并将其学说加以发挥，形成了"思孟学派"。提出"民贵君轻"说，并极力主张"法先王""行仁政"，还提出"不虑而知"的"良知"与"不学而能"的"良能"，和"劳心者治人，劳力者治于人"的理论。他还强调了人的主观精神作用，断言"万物皆备于我"（《孟子·尽心上》），倡导"至大至刚"的"浩然之气"（《孟子·公孙丑上》），在儒家哲学中形成一个唯心主义的理论体系，对后来的宋儒产生了重大影响。在儒学道统中，他被认为是孔子学说的继承者，有"亚圣"之称。著有《孟子》。《史记》卷七四、《藏书》卷三二等有传。

⑩释迦佛：即释迦牟尼（约前565—前486），佛教创始人。姓乔答摩，名悉达多，释迦族人（释迦牟尼意即"释迦族的圣人"）。是古印度北部迦毗罗卫国（今尼泊尔境内）净饭王的儿子。

⑪"非学"句：据佛经记载，释迦牟尼二十九岁（一说十九岁）时，舍弃王子之位，出家修道，辗转于雪山之麓，拜访名师。

【译文】

我平生的师长和朋友散处各地，不下数十上百人，都是些像兄长一样为官忠诚正直的大丈夫。我开始的时候并不敢把他们当作依从他人的人，他们也不把我看作与世隔绝的人，各人自有所得而已。所以相互间期望远大，而对彼此形迹方面的差异很快就忘记了。想做圣贤的就以圣贤为师，想做佛教徒的就尊崇佛祖。不问在家还是出家，也不问人家是否认识你，各人根据自己的天性，任凭自己的爱好去追求信仰，所以能做到在一起共同研讨学问。然而，我们从邓豁渠先生身上所汲取的难道是他抛弃人伦吗？当然不是，而是他追求道的志向。您在来信中也不过说："他为人倔强，如此难以改变。开始的时候他不肯向赵大洲低头，最终却突然衷心佩服，以赵大洲为师。"可是，正因为他难以改变，所以我料定他一定能够得道；又因为他得道，我又更喜欢他不辜负自己倔强地坚持最初的志向。如此而已。然而，天底下性格倔强但不能得道的人很多，如果他不得道，那么他即使性格倔强又有何益，即使出家又有何用呢？即使他虔诚到为佛祖砍断手臂、点燃身灯，也只能算是一个丧失身体和生命的普通人罢了，对他得道有什么益处！所以，只要有志于道，那么在家修炼也可以，孔子、孟子不就是在家里修炼吗？出家也可以，释迦牟尼不是出家的吗？现在学佛，不是说一定要像释迦牟尼那样放弃净饭王的王位而奔走于雪山之中，关键是要学习他成佛的方法。现在学孔子，也不是一定要学习他能够在家里修炼，而是要学习他之所以能够成为孔子的修炼方法。如果认为在家里修炼才是正确的，那如今在家里学圣人的人很多，可是有谁成了圣人呢？如果认为出家修炼是错误的，那么现在批判释迦牟尼的人应该不少，可是最终没有人敢说他不是佛，这又是为什么呢？这就是说，学佛的人关键要成佛。邓豁渠先生已经是学佛的人了，还有什么好说的呢？

　　承示云①，赵老与胡氏书②，极诋渠之非曰："云水瓢笠之中，作此乞墦登垄之态。"③览教至此，不觉泫然④！斯言毒害⑤，实刺我心，我与彼得无尽堕其中而不自知者乎？当时胡氏必以致仕为高品⑥，轻功名富贵为善学者，故此老痛责渠之非以晓之。所谓言不怒，则听者不入是也⑦。今夫人人尽知求富贵利达者之为乞墦矣，而孰知云水瓢笠之众，皆乞墦耶！使胡氏思之，得无知斯道之大⑧，而不专在于轻功名富贵之间乎？然使赵老而别与溺于富贵功名之人言之，则又不如此矣。所谓因病发药，因时治病，不得一概，此道之所以为大也。吾谓赵老真圣人也。渠当终身依归，而奈何其遽舍之而远去耶⑨！然要之各从所好，不可以我之意而必渠之同此意也。独念乞墦之辱，心实耻之，而卒不得免者何居⑩？意者或借闻见以为聪明，或藉耳目以为心腹欤！或凭册籍以为断案，或依孔、佛以为泰山欤⑪！有一于此，我乃齐人⑫，又安能笑彼渠也。此弟之所痛而苦也，兄其何以教之？

【注释】

①承示：接受您的教示。指邓石阳来信所言。承，接受，承受。

②赵老：即赵贞吉（1508—1576），字孟静，号大洲，内江（今四川内江）人。嘉靖十四年（1535）进士。官至礼部尚书兼文渊阁大学士。学博才高，最善王守仁之学，并具有以禅入儒的特点。卒谥文肃。著有《赵文肃公集》。隆庆初李贽在礼部任职时，与赵贞吉有交往，并听过赵的讲学。《续藏书》卷一二、《国朝献征录》卷一七、《明史》卷一九三、《明书》卷一一四、《明儒学案》卷三三、《列朝诗集小传》丁集中、《罪惟录》卷一一等有传。胡氏：即胡直

（1517—1585），字正甫，号庐山，泰和（今江西吉安）人。嘉靖三十五年（1556）进士。曾官广东按察使、福建按察使。是王阳明学派的信徒。著有《衡齐》等。《耿天台先生文集》卷一二、《明儒学案》卷二二、《列朝诗集小传》丁集等有传。

③"云水"二句：意为（邓豁渠既然出家做和尚）头戴竹笠，手持瓢儿，游于云水之间，却又做出向人乞食求利的丑态。这是赵贞吉斥责邓豁渠的话，语见《赵文肃公集》卷二二《答胡庐山督学书》，原文是："嗟嗟！云水瓢笠之中，何为作乞墦登垄之态耶？"乞墦（fán），语本《孟子·离娄下》："（齐人）之东郭墦间，之祭者乞其余。不足，又顾而之他。此其为餍足之道也。"谓向祭墓者乞求所余酒肉。后以"乞墦"指乞求施舍。墦，坟墓。登垄，语本《孟子·公孙丑下》："有贱丈夫焉，必求龙断而登之，以左右望而罔市利。"原指站在市集的高地上操纵贸易，后泛指操纵和独占市场，以牟取暴利。龙，通"垄"。

④泫然：流泪的样子。

⑤毒害：恶毒。

⑥致仕：辞官。

⑦不入：指听不进去。

⑧"得无"句：意为岂不知这个道理的内容大得很。

⑨"而奈何"句：指邓豁渠后来突然又离开赵贞吉而远走云南鸡足山白鹤寺落发为僧之事。其，指邓豁渠。之，指赵大洲。

⑩卒：终。不得免者：指不得免于受人诽谤的原因。何居：何在。

⑪"意者"四句：意为我猜想他们或者是借于所闻所见以显示其聪明，或者是依靠耳朵和眼睛作为其心腹，或者是凭借书本作为结论，或是依靠孔子、释迦两个圣佛作为靠山吧。这是李贽对赵贞吉等人以儒学为准则而责斥邓豁渠的批评。册籍，泛指书本、书籍。断案，论断，结论。泰山，在山东中部。这里是靠山的意思。

⑫我乃齐人：我也(和邓豁渠一样)是人们所责骂的"乞墦登垄"一
　流人物。这是李贽愤慨的话。齐人，即上引《孟子·离娄下》所
　指的"乞墦"的人。

【译文】

　承蒙赐教，您在信中说，赵老在写给胡直的信中极力指责邓豁渠的
过失，说他："已然持瓢戴笠，与僧人为伍，却还要做出乞食求利的丑
态。"看到这里，我不禁泫然下泪！如此恶毒的言辞，确实刺伤了我的
心，我和邓该不会都身处被责骂之列而自己却浑然不知吧？想来当时
胡直一定认为辞官是最高境界，轻视功名富贵是最好的学养，所以赵老
才极力批评邓豁渠出家的错误，以此来启迪胡直。所谓话说得不激愤，
听的人就听不进去，就是这个意思。现在人人都知道追求功名利禄等
同于乞讨，可是有谁知道那些持瓢戴笠、游于云水之间的出家人，也都
是乞讨啊！假使胡直认真思考，岂能不知道这其中的道理大得很，从而
不再只专注于轻视功名富贵么？然而，假使赵老是与别的沉溺于功名
富贵的人说这番话，那结果又不是这样的了。这就是所谓根据病情来
开药方，趁着时机来治病，不能一概而论，这就是我刚才说其中道理大
得很的原因。我认为赵老是真圣人。邓豁渠应该终身归依，奈何他却
突然放弃而远走了？但是，重要的还是要服从各人的喜好，不能因为我
这样想，就要求邓豁渠必须与我的意见一致。唯独对于被指为乞讨的
羞辱，我内心确实感到羞耻，我总不免于被人攻击，是什么原因呢？想
来他们要么是借自己的所见所闻来表明自己的聪明，要么是依靠耳朵
和眼睛来作为自己的心腹！要么是凭借书本来下结论，要么是靠着孔
子、释迦牟尼两个圣人作为自己的靠山吧！只要这其中有一条是成立
的，那么我就是像邓豁渠一样的乞讨者，又怎么能取笑他呢。这就是我
的痛苦之处，老兄将怎么教导我呢？

　　承谕欲弟便毁此文①，此实无不可，但不必耳。何也？

人各有心，不能皆合。喜者自喜，不喜者自然不喜；欲览者览，欲毁者毁，各不相碍，此学之所以为妙也。若以喜者为是，而必欲兄丈之同喜；兄又以毁者为是，而复责弟之不毁，则是各见其是，各私其学，学斯僻矣②。抑岂以此言为有累于赵老乎？夫赵老何人也，巍巍泰山，学贯千古，乃一和尚能累之③，则亦无贵于赵老矣。夫惟陈相倍师，而后陈良之学始显④；惟西河之人疑子夏于夫子，而后夫子之道益尊⑤。然则赵老固非人之所能累也。若曰吾为渠，惜其以倍师之故，顿为后世咦耳⑥；则渠已绝弃人世，逃儒归佛，陷于大戮而不自爱惜矣⑦，吾又何爱惜之有焉？吾以为渠之学若果非，则当以此暴其恶于天下后世⑧，而与天下后世共改之；若果是，则当以此显其教于天下后世，而与天下后世共为之。此仁人君子之用心，所以为大同也⑨。且观世之人，孰能不避名色而读异端之书者乎⑩？堂堂天朝行颁"四书""五经"于天下⑪，欲其幼而学，壮而行，以博高爵重禄，显荣家世。不然者，有黜有罚如此其详明也，然犹有束书而不肯读者⑫，况佛教乎？佛教且然，况邓和尚之语乎？况居士数句文字乎⑬？吾恐虽欲拱手以奉之，彼即置而弃之矣，而何必代之毁与弃也？弟谓兄圣人之资也，且又圣人之徒也；弟异端者流也，本无足道者也。自朱夫子以至今日⑭，以老、佛为异端，相袭而排摈之者，不知其几百年矣。弟非不知，而敢以直犯众怒者，不得已也，老而怕死也。且国家以"六经"取士⑮，而有"三藏"之收⑯；以"六艺"教人⑰，而又有戒坛之设⑱，则亦未尝以出家为禁矣。则如渠者，固国家之所不弃，而兄乃以为弃耶？

【注释】

①此文：指李贽的《南询录叙》。

②僻：偏颇，不正。

③一和尚：指邓豁渠。

④"夫惟"二句：事见《孟子·滕文公上》："陈良（战国时楚国儒家）之徒陈相……见许行（战国时农家学派代表人物）而大悦，尽弃其学而学焉。"倍，同"背"。

⑤"惟西河"二句：事见《礼记·檀弓上》。原意为，子夏在西河之上施教，聪明智慧，却言不称师，致使西河的人怀疑子夏的道德和孔子相似。西河，指今山西河津至陕西华阴一带。子夏（前507—?），姓卜名商，春秋末晋国温（今河南温县）人，一说魏国人。孔子弟子。孔子死后，到魏国西河讲学。

⑥咦（yí）：表示惊讶的叹词。

⑦大戮（lù）：大罪。

⑧暴其恶：暴露他的罪恶。

⑨大同：这里指天下人同此一心。即容许人们各自发展其自然本性。

⑩名色：佛教用语。五蕴（受、想、行、识四蕴为名，色蕴为色）的总称。这里是指佛学。异端之书：指不是儒家正统的书，如佛经。

⑪天朝：指明王朝。"四书"：《论语》《大学》《中庸》《孟子》的合称。"五经"：包括《易》《书》《诗》《礼》和《春秋》。

⑫束书：把书搁置一边。

⑬居士：对在家信佛修道者的一种称呼。这里是李贽自称。

⑭朱夫子：指朱熹。见《又答石阳太守》第一段注①。

⑮"六经"："五经"之外，再加上《乐经》（已失传）。

⑯"三藏(zàng)"：佛教经典的总称。分经、律、论三部分。经，总说根本教义；律，记述戒规威仪；论，阐明经义。通晓"三藏"的僧人，称三藏法师，如唐玄奘称唐三藏。

⑰"六艺"：古代教育学生的六种科目。据《周礼·地官·大司徒》，六艺包括礼(礼节、礼仪)、乐(音乐)、射(射箭)、御(驾车)、书(写字)、数(计算)六种才能和技艺。

⑱戒坛：僧徒传戒之坛。

【译文】

您让我销毁《南询录叙》这篇文章，这当然没什么不行，只是没有必要罢了。为什么呢？人心各异，对待事物不可能都相同。对一篇文章而言，喜欢的人自然喜欢，不喜欢的人自然不喜欢；想看的就看，想销毁的就销毁，彼此不影响，这就是做学问具有妙趣的原因。如果一定认为喜欢的人是对的，进而要求老兄也一定要同样喜欢，或者像老兄这样认为销毁是对的，进而指责我没有销毁，这样，各人都只看到自己的正确，各自偏袒自己的治学观点，那么，治学就会因此而失之偏颇。并且，难道说我那么一篇文章就会影响赵老吗？赵老是什么人呀，那是巍巍泰山，学贯千古，要是像邓豁渠那样一个和尚就可以影响他，那赵老就显不出可贵了。当陈相背叛了他的老师陈良以后，陈良的学说就开始风行；当西河人感觉子夏的德行与他的老师孔子相当以后，孔子的道德更加受人尊崇。这样看来，赵老绝不是别人所能影响的。如果说我是邓豁渠，人们可能因为我背叛老师而可惜，并招致后世的惊讶；至于邓豁渠，他已经抛弃人世，逃离儒教，皈依佛门，陷入大罪，毫不自惜，我对他又有什么可爱惜的呢？我认为，邓豁渠的学说如果确实是错误的，那就应当以此来向天下后世之人暴露他的错误，并与天下后世之人共同来改正它；如果他的学说确实是正确的，那就应当借此来向天下后世彰显他的学说，并与天下后世人共同来实践它。这才是仁人君子的情怀，是人心走向大同的途径。况且，纵观天下人，谁能不规避佛学、阅读异端书籍呢？我堂堂大明王朝在全国颁行"四书""五经"，希望人们幼年时照着学，壮年时照着做，以此来博得高官厚禄，光宗耀祖。否则，有革除，有处罚，各种规条很是详细而明白，然而还是有将"四书""五经"束之高阁不肯学习的人，更何况是佛教呢？佛教尚且如此，何况邓和尚所说的话呢？又何况我一介居士的几句文字呢？我担心即使双手捧着送给人家，人家也会放到一旁，或干脆丢弃掉，我又何必代人去销毁或丢弃呢？我认为老兄您有圣人的资质，同时又是圣人的门徒；而我就是异端一类的人物，本是不值得一说的。自从朱夫子以来一直到今日，就是以道教、佛教为异端，对它们予以排斥打击，沿袭到今天已经几百年了。我并非不知道这一现实，而面对这一现实还敢犯众怒，是因为万不得已，年纪大，而且怕死。更何况，国家将考试"六经"作为录用官员的手段，同时也有收集佛教"三藏"经典的要求；用"六艺"来教育人才，同时也设置了佛教的戒坛，这就说明国家也没有禁止出家。那么像邓豁渠，本是国家不曾抛弃的人，难道老兄您却要抛弃他吗？

　　屡承接引之勤①，苟非木石，能不动念。然谓弟欲使天下之人皆弃功名妻子而后从事于学，果若是，是为大蠹②，弟不如是之愚也。然斯言也，吾谓兄亦太早计矣，非但未卵而求时夜者也③。夫渠生长于内江矣，今观内江之人，更有一人效渠之为者乎？吾谓即使朝廷出令，前鼎镬而后白刃④，驱而之出家，彼宁有守其妻孥以死者耳，必不愿也。而谓一邓和尚能变易天下之人乎？一无紧要居士，能以几句闲言语，能使天下人尽弃妻子功名，以从事于佛学乎？盖千古绝无之事，千万勿烦杞虑也⑤。吾谓真正能接赵老之脉者，意者或有待于兄耳。异日者，必有端的同门⑥，能共推尊老丈，以为师门颜、闵⑦。区区异端之徒⑧，自救不暇，安能并驱争先也？则此鄙陋之语，勿毁之亦可。

【注释】

①接引：接待，招待。

②蠹（dù）：蛀虫。

③未卵而求时夜：语本《庄子·齐物论》："且汝亦大早计，见卵而求时夜。"意为未见到鸡蛋就想到报晓的公鸡，言操之过急。未卵，还没有生蛋。时夜，司夜，指鸡。

④鼎镬（huò）：古代两种烹饪器。这里指古代的一种酷刑，用鼎镬烹人。

⑤杞（qǐ）虑：杞天之虑，即"杞人忧天"之意，语本《列子·天瑞》："杞国有人，忧天地崩坠，身亡（无）所寄，废寝食者。"比喻不必要的忧虑。

⑥端的：真正，确实。同门：同师受业者，即同学。

⑦师门颜、闵：老师门下的颜回和闵子骞。师门，老师的门下。颜回和闵子骞都是孔子的得意弟子。颜回，见《答周若庄》第二段注⑮。闵子骞，名损，春秋时鲁国人。在孔门中以德行和颜回并称。这里是用颜回和闵子骞比喻邓石阳是赵大洲门下的得意弟子和继承人。

⑧区区：小，少，形容微不足道。异端之徒：李贽自指。

【译文】

　　多次承蒙您殷勤接待，只要不是心如木石，能不动感激之情么？然而，如果认为我是希望天下人都要先抛弃功名和家庭，然后才能研究学问，果真如此，我就是个大大的蛀虫，我还没有愚蠢到这地步。然而这个话，我认为老兄您说得太早了，还不仅仅是没见到鸡蛋就想到雄鸡报晓。那邓豁渠生长在内江，现在来看内江人，还有一个效仿邓豁渠行为的吗？我敢断言，即使朝廷下令，前面用大鼎烧着开水，后面架着明晃晃的刀子,驱赶人们出家,也一定有人宁可死守着妻子儿女,而不愿意出家。所以,能够说一个邓和尚就可以改变天下人的观念吗?至于我这么一个平凡的居士,凭着几句闲谈,就能使天下人都抛弃家庭和功名来从事佛学吗?这绝对是千古未有的事,千万不要杞人忧天。我认为今后真正能传承赵老衣钵的,人们也许更多地寄望于老兄。未来,一定会有真正的同门师兄弟,他能与您共同推崇赵老,共同成为赵老门下的颜回和闵子骞。至于我,区区异端之徒,拯救自己尚且还来不及,怎么能够与老兄并驾齐驱呢?只希望我这些鄙陋的话语,老兄您不销毁就可以了。

　　然我又尝推念之矣。夫黄面老瞿昙①,少而出家者也;李耳厌薄衰周②,亦遂西游不返,老而后出家者也;独孔子老在家耳,然终身周流,不暇暖席,则在家时亦无几矣。妻既卒矣,独一子耳,更不闻其再娶谁女也,又更不闻其复有几房妾媵也③,则于室家之情,亦太微矣。当时列国之主④,尽知礼遇夫子,然而夫子不仕也,最久者三月而已⑤,不曰"接淅而行"⑥,则曰"明日遂行"⑦,则于功名之念,亦太轻矣。居常不知叔梁纥葬处,乃葬其母于五父之衢,然后得合葬于防焉⑧,则于扫墓之礼,亦太简矣。岂三圣人于此⑨,顾为轻于功名妻子哉⑩?恐亦未免遗弃之病哉!然则渠上人之罪过⑪,亦未能遽定也⑫。

【注释】

①黄面老瞿昙:指释迦牟尼。瞿昙是释迦牟尼的姓(一译乔答摩)。据说释迦牟尼身现金色光辉,所以说"黄面"。

②李耳:即老子。一说老子即老聃(dān),字伯阳,春秋楚国苦县(今河南鹿邑)人。做过周朝管理藏书的史官,孔子曾向他问礼,

后隐退离去,至函谷关(一说散关),关令尹喜留下他所著的书《老子》,后不知所终。老子是我国历史上的思想家,道家学派的创始人。一说老子即太史儋,或老莱子。《老子》一书是否为老子所作历来有争议。一般认为书中所述,基本上反映了他的思想。《史记》卷六三有传。厌薄:厌恶鄙视。

③妾媵(yìng):小老婆。

④列国之主:(当时)各诸侯国的统治者。

⑤三月而已:孔子曾在鲁国代理过三个月的宰相。

⑥接淅(xī)而行:语出《孟子·万章下》:"孔子之去齐,接淅而行。"意为孔子要离开齐国,不等把米淘完、滤干就走,以示急忙离开之意。接,承受。淅,淘米。

⑦明日遂行:语出《论语·卫灵公》:"卫灵公问陈(阵)于孔子。孔子对曰:'俎豆之事(有关礼仪之事),则尝闻之矣;军旅之事,未之学也。'明日遂行。"意为孔子不愿回答卫灵公关于军队阵列的问题,第二天就离开了。

⑧"居常"三句:据《史记》卷四七《孔子世家》记载:孔子出生后,他的父亲叔梁纥(hé)就死了,葬于防山。但孔子不知他父亲的墓在哪里,等他母亲死了,就把棺木停放在五父之衢(即五父衢,道路名,故址在今山东曲阜),待他知道父亲的墓址后,才把母亲合葬于此。防,防山。

⑨三圣人:指上文提到的释迦牟尼、老子和孔子。

⑩顾为:难道只是因为。顾,岂,难道。

⑪渠上人:指邓豁渠。上人,旧时对和尚的尊称。

⑫遽定:匆促作出定论。

【译文】

然而,我也曾这样推想过。那释迦牟尼是从小就出家的;李耳是因厌弃衰落的周朝,于是游历西方,没有返回,老了以后再出家的;只有孔子是老死家中的,但他一生也是周游列国,在家的时候连席子都来不及坐热就忙于外出,这就是说,他在家的时间也很少。他的妻子死了,只有一个儿子,没听说他续娶了谁家的女子,也没听说他还娶了几房妾,这就是说,他对于家庭的温情也是很少的。当时列国的君主,都对孔夫子以礼相待,可是夫子不当官,当官时间最长的也就三个月而已,不是说"不等把米淘完就走",就是说"明天就走",这就是说,孔夫子对于功名是看得太轻了。孔夫子不知道死去的父亲叔梁纥埋葬的地方,等他母亲过世的时候,就将母亲埋葬在五父衢,直到后来打听到父亲是葬在防,才将母亲移到防与父亲合葬,这就是说,孔夫子从事扫墓的礼仪也太简单了。难道上面说的这三个圣人在这些方面的表现,只是因为轻视功名和家庭吗? 恐怕也是患有遗弃的毛病吧! 由此看来,也不能匆匆忙忙地给邓豁渠和尚定罪吧。

　　然以余断之,上人之罪不在于后日之不归家,而在于其初之轻于出家也。何也? 一出家即弃父母矣。所贵于有子者,谓其临老得力耳。盖人既老,便自有许多疾病。苟有子,则老来得力,病困时得力,卧床难移动时得力,奉侍汤药时得力,五内分割、痛苦难忍时得力①,临终呜咽、分付诀别、声气垂绝时得力。若此时不得力,则与无子等矣,又何在于奔丧守礼,以为他人之观乎②? 往往见今世学道圣人③,先觉士大夫④,或父母八十有余,犹闻拜疾趋⑤,全不念风中之烛⑥,灭在俄顷⑦。无他,急功名而忘其亲也。此之不责,而反责彼出家儿,是为大惑,足称颠倒见矣⑧。

【注释】

①五内:五脏,泛指内心。

②"以为"句：意为何必做出个样子给人家看。

③学道圣人：指道学家。

④先觉士大夫：指以先知先觉自命的官吏。

⑤犹：还，仍然。闻拜：听说任命了官职。疾趋：赶快跑去（赴任）。

⑥风中之烛：这里用以比喻随时可能死亡的父母。

⑦俄顷：很短时间。

⑧颠倒见：佛教用语。指颠倒是非的妄见。

【译文】

　　然而，根据我的判断，邓和尚的罪过不在于他今后不回家，而在于他开始的时候轻率地出家。为什么这样说？人一出家就是抛弃了父母。人为什么看重儿子，就是希望老了还有一种力量来扶持。人老了便不免有很多疾病。如果有儿子，就老来得扶持之力，被疾病困扰时得力，卧病在床难以移动时得力，病中侍奉汤药得力，内心痛苦难以忍受时得力，临终泣别、吩咐后事、奄奄一息时得力。如果这些时候不得力，那就跟没有儿子是一样的，哪里在于奔丧守灵、做给外人看的那些表面文章呢？我常常看到如今那些所谓学道的圣人、先知先觉的士大夫，有的父母已经八十多岁，一得到任命，就赶忙跑去赴任，完全不考虑父母已是风中残烛，马上就可能熄灭。这些人哪，没有别的，无非是急于得到功名而忘记了自己的亲人。这样的人不责备，却反过来责备那些出家人，是大糊涂，完全可以说是颠倒是非。

　　吁吁！二十余年倾盖之友①，六七十岁皓皤之夫②，万里相逢，聚首他县③，誓吐肝胆④，尽脱皮肤⑤。苟一毫衷赤不尽⑥，尚有纤芥为名作诳之语⑦，青霄白日，照耀我心。便当永堕无间⑧，万劫为驴⑧，与兄骑乘。此今日所以报答百泉上知己之感也⑩。纵兄有憾，我终不敢有怨。

【注释】

①倾盖：朋友相遇车盖倾斜靠近以便于交谈，比喻相互间的倾心亲密。

②皓皤（pó）之夫：白发老人。皓、皤，都是白色的意思。

③他县：当指湖北黄安（今红安）、麻城，当时李贽寓居于此。

④吐肝胆：即吐肝露胆。喻赤诚相待，说出心里话。

⑤尽脱皮肤：意为把表面客套的都撇开。皮肤，借喻表面的东西。

⑥衷赤：衷心，赤诚的心。

⑦纤（xiān）芥：细小，细微。为名作诳：为求名而说谎。诳，欺骗。

⑧无间：佛教用语。一种地狱的名称。据《俱舍论》卷一一称，造"十不善业"的重罪者堕入之，受无间断之苦，故名无间地狱。

⑨劫：佛教用语。指很长一段时间。佛教认为世界经历若干万年毁灭一次，再重新开始，这样一个周期称一"劫"。劫的时间长短，佛经有各种不同说法。

⑩"此今日"句：嘉靖四十三年（1564），李贽在北京国子监博士任上，接到祖父竹轩逝世的消息，决定奔丧南归。考虑到家属同行的不便，就将妻女留在他曾任过教谕的河南辉县。不料辉县大闹饥荒，李贽的二女、三女相继饿死。这时，邓石阳以卫辉府推官（专门管理一府中刑事）的身份到辉县发粟赈灾，并拨俸救济处于困境的李贽的妻子和大女儿，使之勉强度过了艰辛的日子。百泉，即河南辉县的百泉山。

【译文】

唉唉！二十余年的密友，六七十岁的白发老人，相逢在离家万里的他县，决心撇开客套，一吐衷肠。假使还有一点赤诚之言没有说尽，还有一丝为求虚名而说的谎言，那么让青天白日作证。让我永堕地狱，变为驴子，让老兄骑坐。这些话，就作为我今天对曾在百泉山给予我救助之恩的老朋友的感激。纵然老兄还有所不满，我也不敢有任何怨言。

复周南士

【题解】

本文于万历十六年(1588)写于麻城。周南士,据《李氏文集》卷一,篇目作《复周三鲁》,内容与此篇基本相同。其中凡"公"字皆作"三鲁",据此,周南士当指周三鲁。依王世贞《周鲁山先生墓志铭》(《弇州续稿》卷九三),周三鲁当是周宏禴(jiá)。其父名钺(yì),号鲁山,有三子:长子宏祖,号少鲁;次子宏禴(yuè),号二鲁;三子即宏禴,南士是他的字。在这封信中,李贽提出了"才"的问题。他赞赏那种能顺应历史发展、时代要求的人为"最高"的"大有用之才",而批评那些"操一己之绳墨,持前王规矩"的人为"以方枘欲入圆凿"的迂腐之徒。这样的取才标准,表现出李贽坚持进步、改革的政治思想,也是对封建统治者以儒家伦理道德为准绳的用人标准的批评。

公壮年雄才,抱璞未试者也①。如仆本无才可用,故自不宜于用,岂诚与云与鹤相类者哉②?感愧甚矣!夫世间惟才不易得,故曰"才难"③。若无其才而虚有其名,如殷中军以竹马之好④,欲与大司马抗衡⑤,以自附于王、谢⑥,是为不自忖度⑦,则仆无是矣。仆惟早自揣量,故毅然告退⑧。又性刚不能委蛇⑨,性疏稍好静僻⑩,以此日就鹿豕⑪,群无赖⑫,盖适所宜。如公大才,际明世⑬,正宜藏蓄待时⑭,为时出力也。

【注释】

①抱璞:比喻怀有真才实学而不被赏识或重用。璞,含有玉的石头或未雕琢过的玉石。

②"岂诚"句：意为岂敢与有才德而又不见用的隐者相类比。云、鹤，闲云野鹤。以喻有才德而又来去自如的隐者。

③才难：语出《论语·泰伯》："才难，不其然乎？"意为人才很难得。

④殷中军：指殷浩（？—356），字渊源，东晋陈郡长平（今河南西华）人。善玄言，曾任中军将军。竹马之好：殷浩少时与桓温齐名，两人曾共骑竹马，而桓温轻视殷浩。后来桓温对人说："少时吾与浩共骑竹马，我弃去，浩辄取之，故当出我下也。"（见《晋书》卷七七《殷浩传》）

⑤大司马：官名。这里指桓温（312—373），字元子，谯国龙亢（今安徽怀远）人。豪门世族出身，东晋明帝婿，哀帝司马丕、海西公司马奕（yì）、简文帝司马昱（yù）时，专擅朝政，并企图篡夺帝位。抗衡：对抗。指东晋皇室引用殷浩与桓温对抗，后以殷浩失败告终。

⑥王、谢：指王坦之、谢安。王坦之（330—375），字文度，东晋太原晋阳（今山西太原）人。初为桓温长史，后累官中书令。《晋书》卷七五本传称："坦之有风格，尤非时俗放荡，不敦儒教，颇尚刑名学。"谢安（320—385），字安石，陈郡阳夏（今河南太康）人。出身士族，年四十余始出仕，孝武帝时位至宰相。东晋政治家。他曾与其弟谢石、侄谢玄共同抗击前秦的侵犯，获得淝水之战的胜利。王坦之、谢安二人曾有效抵制了桓温的篡权野心，使东晋转危为安。

⑦忖度（cǔn duó）：思量，考虑。

⑧告退：李贽于万历八年（1580）辞去姚安知府。

⑨委蛇（yí）：随意应付。

⑩性疏：性情粗疏。疏，粗疏。

⑪日就鹿豕（shǐ）：整日与山野的鹿、猪相近。这里是退隐山林之意。

⑫群无赖：同无赖为群。无赖，这里是指没有才能的人。

⑬际明世：遇上圣明的时代。际，当，遇上。

⑭藏蓄待时：积蓄才力，等待时机。

【译文】

　　您正值壮年，又富有才华，是有真才实学而不被赏识重用的人。像我这样本来没什么才能可用，所以自己也认为不应该被起用，岂敢与有才德而又不见用的隐者相类比？太感慨惭愧了！人世间只有才能不容易得到，所以《论语》说"才难"。如果没有那种才能而徒有虚名，像东晋时期的殷浩以"竹马之好"，与大司马桓温相抗衡，最终以失败告终；又好比把自己比附于王坦之、谢安一样，就是不自量力，我是不会这样的。我只是提前思量自己的能力，所以毅然决然辞去姚安知府的职务。又加上我的性格刚强、不懂得应付世情，性情粗疏，喜欢清静孤僻的生活，每天和山野的鹿、猪接近，和一些没有才能的人为伍，所以辞官归去正是我所适宜的。您与我不一样，像您这样有大才能，又遇上圣明的时代，正适宜积蓄才力，等待时机，为这个时代出力。

　　古有之矣：有大才而不见用于世者。世既不能用，而亦不求用，退而与无才者等①，不使无才者疑，有才者忌。所谓容貌若愚，深藏若虚，老聃是也②。今观渭滨之叟③，年八十矣，犹把钓持竿不顾也。使八十而死④，或不死而不遇西伯猎于渭⑤，纵遇西伯而西伯不尊以为师，敬养之以为老，有子若发不武⑥，不能善承父志，太公虽百万韬略⑦，不用也。此皆所谓善藏其用者也。

【注释】

①等：等同，一样。

②"所谓"三句:《史记》卷六三《老子韩非列传》载老子的话:"吾闻之,良贾深藏若虚,君子盛德,容貌若愚。"意为善于经商的人把好货物隐藏起来,君子有好德行,其容貌谦逊像愚笨的人。老聃(dān),即老子,一说姓李名耳,字伯阳,春秋楚国苦县(今河南鹿邑)人。做过周朝管理藏书的史官,孔子曾向他问礼,后隐退离去,至函谷关(一说散关),关令尹喜留下他所著的《老子》,后不知所终。老子是我国历史上的思想家,道家学派的创始人。一说老子即太史儋,或老莱子。《老子》一书是否为老子所作历来有争议。一般认为书中所述,基本上反映了他的思想。

③渭滨之叟:指姜尚,姜姓,吕氏,名望,字子牙,俗称姜太公。传说他八十岁时还在渭水岸边钓鱼,为周文王访得,拜为丞相。后又助武王起兵伐纣,完成兴周大业。

④使:假使。

⑤西伯:指周文王姬昌,商末周族首领。殷纣时封为伯,亦称伯昌。曾被纣囚禁于羑(yǒu)里(今河南汤阴)。周族在他统治期间,国势日益强盛,为后来武王灭商奠定了基础。

⑥若:像。发:周武王姬发的名,西周王朝的开国君主。不武:不能建立武功。

⑦韬略:谋略。

【译文】

古代也有才能很大而不被世间所用的人。一个人既然不能为世间所用,也就不追求被起用,应该退隐归去,与没有才能的人一样,不使没有才能的人怀疑,不使有才能者忌惮。所谓深藏自己的道德学问,容貌谦虚像很愚昧一样,老子就是这样的人物。比如姜子牙,年龄八十岁了,还在渭水边钓鱼,不求闻达。假使他八十岁死去,或者没死但没有遇到周文王去渭水打猎,或者即使遇到周文王,但文王不尊他为师,敬养以为国老,或者文王有儿子,但不能像周武王那样有武略,不能够妥善继承父亲的志向,那么姜子牙即使胸中有多少韬略,也没有用。这都是所谓的善于隐藏自己才能的人。

　　若夫严子陵、陈希夷①,汲汲欲用之矣②,而有必用之心,无必用之形,故被裘堕驴,终名隐士。虽不遁心,而能遁迹③;虽不见用才,亦见隐才矣。黄、老而下④,可多见耶! 又若有大用之才,而能委曲以求其必用⑤,时不必明良,道不论泰否⑥,与世浮沉,因时升降,而用常在我,卒亦舍我不用而不可得,则管夷吾辈是也⑦。此其最高矣乎!

【注释】

①严子陵:即严光(前37—43),一名遵,字子陵,东汉会稽余姚(今浙江余姚)人。少时曾与刘秀同学。刘秀当了皇帝后,他改名换姓,披着羊裘,垂钓于富春江泽中。后被召到京师洛阳,任为谏议大夫,他不肯受,归隐于富春山。陈希夷:即陈抟(tuán,? —989),字图南,自号扶摇子。五代宋初亳(bó)州真源(今河南鹿邑)人。据《藏书》卷六七《陈抟传》,他"有大志,游四方",尝骑白骡,想入汴州,中途听到赵匡胤当了皇帝,大笑坠骡,说:"天下于是定矣。"于是入华山为道士。北宋太平兴国年间,至京师,甚得太宗宠信,赐号"希夷先生"。这里李贽误记为"堕驴"。著有《指玄篇》《高阳集》等。

②汲汲:心情急切的样子。

③"虽不"二句:意为虽然内心不逃避(以求仕用),但形迹上却逃避现实。遁(dùn),逃避。

④黄、老:黄帝(即轩辕氏)和老子(即李耳)。

⑤委曲:勉强迁就。这里有能顺应客观情势变化的意思。

⑥泰否(pǐ)：好坏。原是《周易》中的两个卦名，"泰"是好卦，"否"是坏卦。《周易·泰》："象曰：天地交，泰。"《周易·否》："象曰：天地不交，否。"

⑦管夷吾：即管仲(？—前645)，名夷吾，字仲，齐国颍上(颍水之滨)人。春秋初期政治家，曾辅助齐桓公，以"尊王攘夷"相号召，使之成为春秋时第一个霸主。其言论见《国语·齐语》。《汉书》卷三〇《艺文志》道家著录有《管子》八十六篇。

【译文】

历史上像严子陵、陈希夷这样的，都是心情急切想为世所用的人。但是有必为世用的心意，没有必为世用的行动，所以严子陵披着羊裘垂钓于富春江畔，陈希夷从骡子上掉下后回转华山，最终被称为隐士。虽然内心不逃避以求仕用，但行迹上却逃避现实；后人即使没有见到他们的治世之才，也看到了他们隐居的才能。这种人，在黄帝和老子之后，可以见到很多！还有一种情况，如果有大用之才，而能够顺应客观情势变化，以求必然为世所用，那么时代不必圣明，机运不论好坏，顺应客观情势的变化而浮沉升降，如何发挥才能全然在于自己，即使是自我舍弃不用也是不可能的，这就是管夷吾之类的人。这种人是最高级的人才。

若乃切切焉以求用①，又不能委曲以济其用，操一己之绳墨②，持前王之规矩③，以方枘欲入圆凿④，此岂用世才哉！徒负却切切欲用本心矣。吾儒是也。幸而见几明决⑤，不俟终日⑥，得勇退之道焉⑦。然削迹伐木，饿陈畏匡⑧，其得免者亦幸耳，非胜算也⑨。公今亲遭明时，抱和璧⑩，如前数子，皆所熟厌⑪，当必有契诣者⑫，仆特崖略之以俟择耳⑬。不然，欲用而不能委曲以济其用，此儒之所以卒为天下后世非笑也⑭。

【注释】

①切切：迫切。

②绳墨：木匠打直线的工具，比喻规矩或法度。这里指条条框框。

③前王：古代帝王。规矩：校正圆形、方形的工具。这里指规章制度。

④方柄(ruì)：方的榫(sǔn)。圆凿：圆的孔。

⑤见几明决：观察时机，明确决断。几，时机，机会。

⑥俟(sì)：等待。

⑦勇退：勇于告退。

⑧"然削迹"二句：语见《庄子·渔父》，孔子说："丘再逐于鲁，削迹于卫，伐树于宋，围于陈、蔡。丘不知所失，而离此四谤者何也？"意为丘(孔子自称)两次被驱逐出鲁国，在卫国被禁止居留，在宋国遭到伐树暗害，被围困在陈、蔡。我不知犯了什么过失，为什么会遭受到这四种毁辱？削迹，削除车迹。指公元前496年孔子到卫国时不被任用，以致削除其车迹。伐木，砍树。指公元前492年孔子在宋国演习礼仪时，宋司马桓魋(tuí)伐树欲害孔子之事。《史记》卷四七《孔子世家》："孔子去曹适宋，与弟子习礼大树下。宋司马桓魋欲杀孔子，拔其树。孔子去。""拔树"后皆作"伐树"。饿陈，指公元前489年孔子及其弟子从陈(今河南淮阳及安徽亳州一带)去蔡的途中，被围困于野，"不得行，绝粮。从者病，莫能兴。"(《史记·孔子世家》)畏匡，指公元前496年孔子经过匡地(今河南长垣)时被围困一事。《论语·子罕》："子畏于匡。"畏，通"围"。

⑨胜算：取得胜利的计谋。

⑩抱和璧：比喻怀有真才实学而不被赏识和重用。和璧，"和氏璧"的简称。据《韩非子·和氏》记载：春秋时楚人卞和在楚山中得到一块璞玉，先后献给楚厉王、武王，都被相玉之人说成是石头，

　　而被砍去两足。到楚文王即位，卞和抱璞玉大哭而献之，文王使
　　玉工把璞玉剖开，果然是宝玉，于是就命名为"和氏璧"。

⑪熟厌：熟悉。

⑫契诣：意气投合。

⑬崖略：大概，大略。这里作动词用，说个大略的意思。

⑭非笑：讥笑。

【译文】

　　如果急切地追求用世，又不能顺应客观情势的变化以发挥自己的
才能，拿着个人私心的条框，抱持前代帝王的死规矩，硬要把方形的榫
子放到圆形的孔中，这岂是用世的才能！只是辜负了急切要用世的本
心了。我是儒生，幸亏观察时机，明确决断，没有终日等待，才能够急流
勇退。如果像孔子周游列国那样，先被清除其车迹表明不被卫国信任，
又在宋国被桓魋砍树想害他，而后又在陈地绝粮挨饿，在匡地被围困嘲
弄，先后遭受种种屈辱，最终能够幸免于难，那也是万幸，没有一定胜利
的把握。您现在亲遇圣明的时代，怀有真才实学而不被赏识和重用，像
前面我所说的那些人，都是您所熟悉的，一定有和自己契合、和自己相
像的，我特地说个大概以供您选择。若不如此，想要用世却不能顺应客
观情势以实现自己用世的理想，这就是儒生最终被后世天下人嘲笑的
原因。

答邓明府

【题解】

　　本文于万历十六年（1588）写于麻城。邓明府，即邓应祁，字永清，
号鼎石，四川内江（今四川内江）人。李贽早年朋友邓石阳的长子。万
历十四年（1586）进士。同年授麻城（今湖北麻城）知县。唐宋以后，多
尊称知县为明府，故称邓明府。万历十六年，张居正死后被抄家不久，

统治阶级内部的一些顽固派向张居正展开了猛烈攻击,以致"终万历世无敢白居正者"(《明史》卷二一三《张居正传》)。同时,也有一些士人因何心隐被杀之事,指责张居正。本年夏间,邓鼎石将论何心隐的文章带给李贽,李贽认为该文"所论甚见中蕴,可为何公出气",但"恐犹未察江陵初心"。并结合当时形势,于此信中在指出张居正"必欲杀吉安人为尤错"的同时,又明确指出"何公死,不关江陵事",并称张居正为"宰相之杰",与"布衣之杰"的何心隐一样,"皆吾师也",这在当时实为大胆之言。而对于在何心隐遇难之际,有力营救而又坐视不理的耿定向,则进行了严厉的批评。

　　何公死①,不关江陵事②。江陵为司业时③,何公只与朋辈同往一会言耳④。言虽不中⑤,而杀之之心无有也。及何公出而独向朋辈道"此人有欲飞不得"之云⑥,盖直不满之耳。何公闻之,遂有"此人必当国,当国必杀我"等语⑦。则以何公平生自许太过,不意精神反为江陵所摄⑧,于是怃然便有惧色⑨,盖皆英雄莫肯相下之实⑩,所谓两雄不并立于世者,此等心肠是也。自后江陵亦记不得何公,而何公终日有江陵在念。

【注释】

①何公:指何心隐(1517—1579),原名梁汝元,字柱乾,号夫山,吉州永丰(今江西永丰)人。曾从学颜山农,为泰州学派的代表人物之一。早年放弃科举道路,在家乡组织"萃和堂",进行社会改良的试验。后因反对严嵩的斗争,遭严党疾视,改名何心隐,四处讲学。其言行颇具"异端"色彩,后被湖广巡抚王之垣以"妖逆""大盗犯"的罪名捕杀于武昌。后人整理有《何心隐集》。李

贽在《何心隐论》(见本书卷三)中曾给以极高推崇。在《为黄安二上人三首·大孝一首》(《焚书》卷二)、《与焦漪园太史》《寄焦弱侯》(《续焚书》卷一)中也多有论述,可参看。

②江陵:即张居正(1525—1582),字叔大,号太岳,江陵(今湖北江陵)人。明代政治家,当时人称为张江陵。嘉靖二十六年(1547)进士。万历年间,连续十年担任内阁首辅,进行政治改革,朝政为之一新。死后受到顽固派的弹劾,一家遭削籍抄没。著有《张文忠公全集》。李贽在《何心隐论》中指出,张居正默许杀害何心隐是错误的。他说:"非惟得罪于张相(指张居正)者有所憾于张相而云然,虽其深相信以为大有功于社稷者,亦犹然以此举为非是,而咸谓杀公以媚张相者之为非人也。"

③司业:官名。国子监(太学)的副长官,协助祭酒(国子监长官)掌管教育行政。嘉靖年间,张居正曾"领国子司业事"(《明史·张居正传》)。

④朋辈:指耿定向兄弟。嘉靖三十九年(1560),何心隐经耿定向荐引,在北京曾与张居正晤谈。

⑤不中(zhòng):不合。

⑥此人有欲飞不得:这是张居正的话。解文炯《梁夫山先生遗集序》记载:"江陵谓先生(指何心隐):'本飞鸟,但飞不起耳!'"

⑦此人必当国,当国必杀我:这是何心隐的话。《梁夫山先生遗集序》记载:何心隐语人曰:"张公必柄国,他日杀我者此人也。"

⑧不意:没料到。摄(shè):通"慑",震慑、恐惧的意思。

⑨怃(wǔ)然:失望的样子。

⑩相下:互相谦让。

【译文】

何公之死,与张江陵没有关系。张江陵任国子监司业时,何公在耿定向兄弟荐引下曾与张江陵见面晤谈。虽二人言语有所不合,但张江陵并没有想要杀害何公。等到何公离开张江陵的官所后,张江陵曾独自向耿定向兄弟说:"此人不守本分,想折腾但恐怕也折腾不起来。"这也只是表现出张江陵对何公的不满罢了。后来何公听到了这些话,就说:"此人必然会掌握国家大权,掌握了国家大权必然会杀我。"因为何公从来都自高自大,没想到却被张江陵所震慑,所以很失望地产生了一种恐惧,这都是英雄之人不肯互相谦让的表现,也就是人们常说的两雄不能同时并立于世之意。从此以后,张江陵并不再记挂何公,而何公却终日在想着张江陵对他的威胁。

　　偶攻江陵者,首吉安人①,江陵遂怨吉安,日与吉安缙绅为仇②。然亦未尝仇何公者,以何公不足仇也,特何公自为仇耳。何也?以何公"必为首相,必杀我"之语,已传播于吉安及四方久矣。至是欲承奉江陵者,憾无有缘,闻是,谁不甘心何公者乎③?杀一布衣,本无难事,而可以取快江陵之胸腹,则又何惮而不敢为也④?故巡抚缉访之于前⑤,而继者踵其步⑥。方其缉解至湖广也⑦,湖广密进揭帖于江陵⑧。江陵曰:"此事何须来问,轻则决罚⑨,重则发遣已矣⑩。"及差人出阁门⑪,应城李义河遂授以意曰⑫:"此江陵本意也,特不欲自发之耳。"吁吁!江陵何人也,胆如天大,而肯姑息此哉⑬!应城之情状可知矣⑭。应城于何公,素有论学之忤,其杀之之心自有。又其时势焰薰灼⑮,人之事应城者如事江陵,则何公虽欲不死,又安可得耶!

【注释】

①"偶攻"二句:指御史傅应祯、刘台等万历初年先后上疏展开对张

居正的弹劾(参看《明史》卷二二九《刘台傅应祯传》),傅、刘都是
江西安福人,安福旧属吉安府,故称。偶攻,结伙攻击。

②缙(jìn)绅:插笏于绅带间,旧时官宦的装束。这里指傅应祯、刘
台等官吏。

③甘心:愿意。这里指愿意与何心隐为仇。

④惮(dàn):怕。

⑤巡抚缉访:指万历四年(1576)湖广巡抚陈瑞派人缉拿何心隐。
巡抚,官名。与总督同为地方最高长官,负责管理一省或几省的
军事、吏治、刑教等。

⑥继者踵其步:指继陈瑞任湖广巡抚的王之垣继续追缉何心隐
一事。

⑦缉解至湖广:万历七年(1579),何心隐在祁门(今安徽祁门)被
捕,辗转经江西、湖南而押解到武昌。

⑧揭帖:公文的一种。

⑨决罚:判决处罚。

⑩发遣:遣送,流放。

⑪差人:当差的人。

⑫应城李义河:即李幼滋,字元树,号义河,应城(今湖北应城)人。
嘉靖二十六年(1547)进士。当时任工部尚书。

⑬而肯姑息此哉:意思是(如果要想杀何心隐),岂肯宽容他。

⑭应城之情状:指李义河借刀杀人的心思与做法。

⑮势焰薰灼:指李义河权势凌人。

【译文】

结伙攻击张江陵的是江西吉安人,因此张江陵对吉安人产生了怨
恨,与吉安籍的官吏结下了仇恨。但他并没有仇恨何公,因为与何公没
什么原因可以结仇,只是何公自己心中存有张江陵对他有仇恨之心。
为什么?因为何公说的"张江陵必然会掌握国家大权,掌握了国家大权

必然会杀我"的话,早已经传遍吉安与全国。以致那些想拍张江陵马屁的人,遗憾找不到机会,听到何公之事,谁不愿意以何公为箭靶而取悦于张江陵呢?杀一个平民百姓,极为容易,又能使张江陵高兴,有什么可怕而不敢做的?因此,先是湖广巡抚陈瑞派人缉拿何公而不得,而后有接陈瑞之任的王之垣对何公的继续追捕。后来何公被捕,经江西、湖南而被押解到武昌,湖广官员又送秘密公文给张江陵。张江陵说:"此事有什么可请示的,轻则判决处罚,重则流放罢了。"等到当差的人到官署门外时,应城人李义河却授意差人说:"杀何心隐,这是张江陵的本意,只是不愿自己处置罢了。"哎呀!张江陵是什么人?胆如天大,他如果想杀何公,岂肯宽容他。李义河借刀杀人的心思与做法明明白白。李义河与何公,平常在论学上意见不一致,他本来就有杀何公的心。当时他任工部尚书,又权势凌人,下边的官吏拍他的马屁如同拍张江陵的马屁,所以何公虽然不想死,那也是不可能的。

　　江陵此事甚错,其原起于憾吉安人,而必欲杀吉安人为尤错。今日俱为谈往事矣!然何公布衣之杰也,故有杀身之祸,江陵宰相之杰也,故有身后之辱①。不论其败而论其成②,不追其迹而原其心③,不责其过而赏其功,则二老者皆吾师也。非与世之局琐取容,埋头顾影,窃取圣人之名以自盖其贪位固宠之私者比也④。是以复并论之,以裁正于大方焉⑤。所论甚见中蕴⑥,可为何公出气,恐犹未察江陵初心,故尔赘及⑦。

【注释】

①身后之辱:张居正死后,曾被神宗下诏抄家夺谥(shì)。

②成:成就。

③原其心：考察其本心。

④"非与"三句：暗指耿定向不救何心隐一事。据黄宗羲《明儒学案》卷三五："乃卓吾之所以恨先生（指耿定向）者，何心隐之狱，唯先生与江陵厚善，且主杀心隐之李义河又先生之讲学友也，斯时救之固不难，先生不敢沾手，恐以此犯江陵不说（悦）学之忌。"局琐取容，指猥琐谄媚的行为。局琐，局促猥琐。埋头顾影，畏缩不前之态。

⑤大方：谓识见广博、深懂道理的人。这里指邓鼎石。

⑥所论：指邓鼎石论何心隐的文章。中蕴：内情。

⑦赘及：多余地涉及。

【译文】

张江陵在何公一事上也非常错误，其原因在于他痛恨吉安人，而想杀吉安人就更错。今天说的这些都是以前的事了。但是何公不愧为布衣之杰，因此引来了杀身之祸，张江陵也不愧为宰相之杰，因此死后被抄家夺谥。不说他们的失败而说他们的成就，不追究他们的所为而考察其本心，不责备他们的过失而赞赏他们各自取得的功效，那么，这二位老先生都可以成为我的老师。这不是那些猥琐谄媚，见死不救，打着圣人的旗号而贪图高官私利之流所可比拟的。所以我把何公与张江陵一起加以评述，请见识广博的您给以指正。您的大作对何公的评论很合情理，可以说是为何公伸张了正义，但对张江陵的最初想法却不了解，所以我不怕累赘地说了这么多。

答耿中丞

【题解】

本文于万历十二年(1584)写于黄安。耿中丞，即耿定向(1524—1596)，字在伦，号楚侗，又号天台，湖北黄安(今湖北红安)人。嘉靖三十五年(1556)进士。历官御史、侍郎、户部尚书等职,是明代理学代表人物之一,著有《耿天台先生全书》《耿天台先生文集》等。李贽在南京刑部任职时,与耿定向之弟耿定理相识,结成莫逆之交。万历九年(1581),李贽从云南来到耿定理家中,一边读书著述,一边教授耿家子弟。万历十二年(1584),耿定理病逝,其兄耿定向与李贽也有深交,但由于他是理学的忠实信徒,与李贽的矛盾日益公开而尖锐。袁中道《李温陵传》记载:"子庸(耿定理)死,子庸之兄天台公(耿定向)惜其(指李贽)超脱,恐子侄效之,有遗弃之病,数致箴切。"(《珂雪斋近集文钞》卷八)这就是说,耿定向要李贽改变其思想与教学内容,以免使他的子侄"效之",走上"异端"之路。由此开始,两人展开了一场大辩论,成为明代思想学术史上的一件要事。这封信就是这场辩论中的一篇代表之作。中丞,汉代设御史中丞一职,与明代都察院的都御史相当,明代对金都御史、副都御史和都御史俗称中丞。当时耿定向正升任都察院(监察机关)左副都御史,故称他为耿中丞。耿定向一贯以礼教正脉自居,说孔子是"万世师",孔、孟之道是"万世宪","天下遵之则治,违之则乱"。与此相对,李贽则提出:"夫天生一人,自有一人之用,不特取给于孔子而后足也。若必待取足于孔子,则千古以前无孔子,终不得为人乎?"这里,李贽肯定了孔子"自有一人之用"的同时,把他置于一般人的平等地位,显然是对耿定向的反驳,也体现了李贽对封建时代最高思想偶像的平视。耿定向在鼓吹尊孔的同时,还提出了"慎术""择术"的理论,即谨慎地选择内容,谨慎地选用方法。而孟子就是"善择术"的代表,因为他说过"乃所愿,则学孔子也"。针对这一理论,李贽则表示,做学问当然要重内容重方法,但你耿定向所主张的不过是孔子一家的说教而已。你可以当作家法深信不疑,我则不一定如此。至于孟子的"愿学孔子",我正"痛憾其非夫",更不愿以他为准的了。这就不但否定了耿定向"慎术""择术"之说,也否定了孟子的"亚圣"偶像。在此信中,李贽还特别对儒学的理论核心"仁"及封建统治者进行统治的"德礼政刑"

提出了批判,这也是有针对性的。耿定向曾说以"仁"为核心的学说,就是"垂万古""参天地"的绝对真理,君君臣臣父父子子的伦礼纲常就是"弥六合贯千古""范围天下""曲成万物"的"天则""心矩"。李贽则针锋相对提出,"仁者"害人,他们用德礼禁锢人们的思想,用政刑束缚人们的行动,从而造成人们的"大失所"而不得安宁。为了反对这种统治,李贽提出了"各从所好,各骋所长"的主张,要求自由发展人们的"自然之性",满足其"富贵利达"的要求。

　　昨承教言,深中狂愚之病①。夫以率性之真,推而扩之,与天下为公,乃谓之道②。既欲与斯世斯民共由之③,则其范围曲成之功大矣④。"学其可无术欤"⑤,此公至言也,此公所得于孔子而深信之以为家法者也⑥。仆又何言之哉!然此乃孔氏之言也,非我也。夫天生一人,自有一人之用,不待取给于孔子而后足也⑦。若必待取足于孔子,则千古以前无孔子,终不得为人乎?故为愿学孔子之说者,乃孟子之所以止于孟子⑧,仆方痛憾其非夫⑨,而公谓我愿之欤?

【注释】

①狂愚:狂放愚昧。这里是反话,含有对耿定向以封建正统自居的讽刺和蔑视之意。

②"夫以"四句:意为顺着人类自然本性的真心,使之推广开来,达到"与天下为公",这才是"道"。率性,语出《中庸》:"天命之谓性,率性之谓道,修道之谓教。"率,遵循,沿着。天下为公,语出《礼记·礼运》:"大道之行也,天下为公。"

③斯:这。之:指上述的"道"。

④范围曲成:语出《周易·系辞上》:"范围天地之化而不过,曲成万

物而不遗。"范围,效法。曲成,委曲成全,多方设法使之成功。

⑤学其可无术欤:耿定向在维护传统思想时,特别注重"慎术""择术"的理论,就是在做学问求知识时,要谨慎地选择内容,谨慎地选用方法。在内容上要分清什么是"大人之事",什么是"小人之事",如说:"顾有大人之事,有小人之事。学为大人乎?抑为小人乎?心剖判于此,事亦剖判于此;事剖判于此,人亦剖判于此矣。孔子十五志学,学大人之事也。"(《耿天台先生全书》卷一《慎术解》)同时,耿定向还把君臣父子的封建伦理说成是"弥六合贯千古""范围天下""曲成万物"的"天则""心矩",是"千古不容改易的模样","非特不可不依仿,亦自不能不依仿,不容不依仿"(《耿天台先生全书》卷三《与李公书》)。在方法上,耿定向提出要用"道"去"率性",否则,目之于色,口之于味,任情发展,而无统率,就会像"溃兵乱卒,四出掳掠,其害可胜言哉"(《耿天台先生全书》卷三《又与周柳塘》第二十一书)。

⑥家法:汉初儒学传授经学,都由口授,数传之后,互有歧异,乃分为各家。师所传授,弟子一字不能改变,界限甚严,称为"家法"。以后宋明理学家把道统当作家法。这里指儒家学派世代相传的理论原则。

⑦取给(jǐ):取得供给、补充。

⑧"故为"二句:孟轲曾说:"乃所愿,则学孔子也。"(《孟子·公孙丑上》)耿定向曾据此极力推崇孟轲"善择术"(《耿天台先生全书》卷一《慎术解》),说孟轲"神明乎孔子学脉,统承群圣,而一归于仁。又精审于择术,而智及学孔子之路径,特异于群圣,而巧于行仁。故虽不斤斤然模拟孔子之陈迹,而其言论交际,出处去就,与诸是非取舍,亦自合于孔子之遗轨矣"(《耿定向先生全书》卷二《学象》)。

⑨非夫:不是大丈夫。

【译文】

　　昨天承蒙您的教导，深深地击中了我狂愚的毛病。把人纯真的本性加以推广，使大家都能与天下为公，这就是道。既然您也希望和世上的人共同遵循这个道，并能设法使这个道得以推广成功，那么您的功德就一定很大了。"做学问怎么能没有一定的路子呢"，这是您坚守的信条，是您从孔子那里学来的东西，而且是深信不疑的理论原则。对此我又有什么好说的呢！但这些都是孔氏一家的说教，不是我的看法。我认为一个人生下来就有一个人的作用，不必非得从孔子那里学来一套才成为完美的人。如果一定要靠效法孔子来补足自己，那么千万年前没有孔子，那时的人就不是人了吗？所以，孟轲立志学孔子，孟子也只能成为孟子，我正十分遗憾孟子算不得大丈夫呢，您说我会愿意去学他吗？

　　且孔子未尝教人之学孔子也。使孔子而教人以学孔子，何以颜渊问仁，而曰"为仁由己"而不由人也欤哉①！何以曰"古之学者为己"②，又曰"君子求诸己"也欤哉③！惟其由己，故诸子自不必问仁于孔子④；惟其为己，故孔子自无学术以授门人。是无人无己之学也⑤。无己，故学莫先于克己⑥；无人，故教惟在于因人⑦。试举一二言之。如仲弓⑧，居敬行简人也⑨，而问仁焉，夫子直指之曰敬恕而已⑩。雍也聪明，故悟焉而请事⑪。司马牛遭兄弟之难⑫，常怀忧惧，是谨言慎行人也，而问仁焉⑬，夫子亦直指之曰"其言也讱"而已⑭。牛也不聪，故疑焉而反以为未足⑮。由此观之，孔子亦何尝教人之学孔子也哉！夫孔子未尝教人之学孔子，而学孔子者务舍己而必以孔子为学⑯，虽公亦必以为真可笑矣。

【注释】

①“何以”二句：颜渊问仁见《论语·颜渊》："颜渊问仁。子曰：'克己复礼为仁，一日克己复礼，天下归仁焉。为仁由己，而由人乎哉!'"颜渊，孔子的弟子。为仁由己，实行仁德全靠自己。

②古之学者为己：语出《论语·宪问》："子曰：'古之学者为己，今之学者为人（装饰自己给别人看）。'"意为古代的人学习的目的是为了提高自己。

③君子求诸己：语出《论语·卫灵公》："子曰：'君子求诸己，小人求诸人（小人则严格要求别人）。'"意为君子严格要求自己。诸，"之于"的合音。以上几句，都是借用孔子的话，来说明认识事物要靠自己，每人都可以独立做人，用不着取法别人。

④诸子：指孔子的弟子。

⑤无人无己之学：不需要别人约束自己，也不需要把自己的意见强加于他人。这一词语是从佛学演化而来。无人，指不顺从他人，不受他人约束。无己，指不固执己见，不要强加于人。李贽在《寄答耿大中丞》（见后）中，对"无人无己"之说进行了详细的论述，并给以极力推崇，其核心就是对个性的尊重。

⑥克己：语出《论语·颜渊》，见上引。意为克制、约束自己，即不要固执己见。孔子的原意是"克己"为"复礼"，即克服自己不符合礼制的言行。

⑦因人：根据每人的个性特点（而施教）。李贽一贯主张因人而治、因人而教。他在《焚书》卷三《论政篇》中说："至人之治，因乎人者也。……因乎人者恒顺于民。"在《道古录》中说："君子以人治人，更不敢以己治人者，以人本自治；人能自治，不待禁而止之也。"又说："千万其人者，各得其千万人之心，千万其心者，各遂其千万人之欲，是谓物各付物，天地之所以因材而笃也，所谓万物并育而不相害也。"其意思基本相同。

⑧仲弓：姓冉，名雍，字仲弓，孔子弟子。

⑨居敬行简：语本《论语·雍也》："仲弓曰：'居敬而行简，以临其民，不亦可乎！'"原意是为人、办事都要符合儒家"礼"的标准。这里指为人严肃认真，办事简要得宜。

⑩"而问仁"二句：仲弓问仁一事，见《论语·颜渊》："仲弓问仁。子曰：'出门如见大宾，使民如承大祭。己所不欲，勿施于人。'"意思是做事要像接待贵宾，用人要像承当重大的祭典，都要严肃认真（即所谓"敬"）；自己所不希望的，也不要强加给他人（即所谓"恕"）。这里的"敬恕"，是李贽对孔子回答仲弓问仁的话的概括。

⑪"雍也"二句：《论语·颜渊》记载，仲弓听了孔子关于"仁"的答话后，说："雍虽不敏，请事斯语矣。"悟焉而请事，意思是领会了孔子的意思，请求照着去做。

⑫司马牛：即司马耕，字子牛，孔子弟子，相传是宋国司马桓魋（tuí）的弟弟。遭兄弟之难：桓魋向宋景公夺权失败后，全家被迫逃亡。司马牛逃往鲁国，为他哥哥的事常担惊受怕。事见《左传·哀公十四年》和《史记》卷四七《孔子世家》。

⑬问仁：即司马牛问仁，见《论语·颜渊》。

⑭其言也讱（rèn）：说话谨慎。讱，言语迟钝，引申为说话慎重、谨慎。

⑮"牛也"二句：司马牛听了孔子的话后，不理解，并有所疑惑，又追问道："其言也讱，斯谓之仁已乎？"（见《论语·颜渊》）

⑯舍己：抛弃自己的见解，否定自己的能力。

【译文】

　　况且，孔子不曾让别人学自己。如果孔子让别人学他，为什么颜渊请教他怎样才能做到有仁德时，孔子回答说"要实行仁德完全靠自己"，而不说靠别人呢？为什么孔子说"古代学者学习的目的是为了修养自己",又说"君子要严格要求自己"呢？正因为实行仁德靠自己,所以弟子们自然不必向孔子去问关于仁的道理;正因为求学仅仅是为了提高自己,所以孔子自然没有什么学与术来教给学生。由此可见,孔子的学术是这样的:不需要别人约束自己,也不要把自己的意见强加于别人。既然不强加于人,所以学习首先是靠努力进行自我修养;既然不受他人约束,因此教育者就只是根据每个人的特点去引导。举一两个例子说吧。比如仲弓,为人严肃认真,办事简要得宜。他问怎样才能施行仁德,孔子就依照他的特点,直截了当地告诉他,只要做到恭敬和宽恕就够了。仲弓是个聪明人,因而心领神会,请求照着去做。司马牛因为他哥哥的事,常常忧愁害怕,是个少言寡语行为谨慎的人。他问关于仁的道理时,孔子也是顺着他固有的特点,说"仁德的人说话要谨慎"罢了。司马牛不聪明,听了孔子的话后不理解,并产生疑惑,反而认为这种回答不够充分。由此看来,孔子又何曾教人去学孔子呢！孔子没有让别人学他,可是学孔子的人一定要丢弃自己的观点,否定自己的能力,顽固地把孔子当作学习的榜样,即使是您,也一定觉得这种做法真是可笑吧！

　　夫惟孔子未尝以孔子教人学,故其得志也,必不以身为教于天下[1]。是故圣人在上,万物得所,有由然也[2]。夫天下之人得所也久矣,所以不得所者,贪暴者扰之,而"仁者"害之也。"仁者"天下之失所也而忧之,而汲汲焉欲贻之以得所之域[3]。于是有德礼以格其心,有政刑以絷其四体[4],而人始大失所矣。

【注释】
　①"必不"句:意为一定不以自身当作教育天下人的榜样。

②有由然：是有原因的。

③汲汲焉：急迫的样子。贻：赠给。

④"于是"二句：语本《论语·为政》："子曰：'道（导）之以政，齐之以刑，民免而无耻。道之以德，齐之以礼，有耻且格。'"德礼，指德化和礼治。格，纠正，匡正。政刑，指政令、刑罚。絷（zhí），束缚，捆绑。

【译文】

　　正因为孔子从来不让人家学自己，当他得志以后，也一定不以自身当作教化天下人的榜样。因此，圣人处在高位，万物都各得其所，这是有缘由的。人们各得其所地安居乐业已经很久了，之所以不能安生，是因为贪暴者的骚扰，所谓的"仁者"大肆祸害的结果。所谓的"仁者"因为忧虑天下人不得其所，而急急忙忙地要给他们个安生的境地，于是用德化、礼治禁锢他们的思想，用政令、刑罚约束他们的行动。这样一来，天下的人才真的大失其所了。

　　夫天下之民物众矣，若必欲其皆如吾之条理①，则天地亦且不能。是故寒能折胶，而不能折朝市之人②；热能伏金③，而不能伏竞奔之子④。何也？富贵利达所以厚吾天生之五官⑤，其势然也。是故圣人顺之，顺之则安之矣。是故贪财者与之以禄，趋势者与之以爵，强有力者与之以权，能者称事而官⑥，懦者夹持而使⑦。有德者隆之虚位⑧，但取具瞻⑨；高才者处以重任，不问出入⑩。各从所好，各骋所长⑪，无一人之不中用。何其事之易也？虽欲饰诈以投其好⑫，我自无好之可投；虽欲掩丑以著其美⑬，我自无丑之可掩，何其说之难也⑭？是非真能明明德于天下，而坐致太平者欤⑮！是非真能不见一丝作为之迹⑯，而自享心逸日休之效者欤⑰！

然则孔氏之学术亦妙矣,则虽谓孔子有学有术以教人亦可也⑱。然则无学无术者,其兹孔子之学术欤⑲!

【注释】

①条理:条条框框,理论原则。

②朝市之人:争名于朝、争利于市的人。

③伏金:熔化金属。伏,通"服",制伏。

④竞奔之子:争名逐利之人。

⑤利达:顺利、显达,指官运亨通。厚:满足。

⑥称(chèn)事而官:衡量才能而授给相应的官职。官,动词,授官之意。

⑦愞(nuò)者:软弱无能的人。愞,同"懦",能力差。夹持而使:从旁扶助而使用。

⑧"有德"句:意为对品德好的人,让他高居于只有盛名而无实权的位置上。隆,尊。

⑨但取具瞻:以供大家敬仰。具瞻,语本《诗经·小雅·节南山》:"赫赫师尹,民具尔瞻。"毛传:"具,俱。瞻,视。"意思是尹氏身居高位,人们都望着他。

⑩不问出入:语出《史记》卷五六《陈丞相世家》:"(刘邦)乃出黄金(铜)四万斤与陈平,恣所为,不问其出入。"原意是不过问支出和收入情况,这里是不加干涉限制的意思。

⑪骋:施展,发挥。

⑫饰诈:以伪饰欺诈的手段。投:投合。好:爱好。

⑬著:著名,显著。

⑭说(shuì):劝说。

⑮"是非"两句:意为这岂不是真正能够发扬光辉的美德于天下,毫不费力地就导致太平了吗? 明明德,语出《大学》,发扬光辉美

德，第一个"明"字为使动词，要发扬的意思。坐致，极容易得到。

⑯见(xiàn)：后作"现"。作为(wěi)：即"作伪"。

⑰心逸日休：语出《尚书·周官》："作德心逸日休，作伪心劳日拙（日益窘困）。"意为心情舒畅，一天比一天幸福。

⑱有学有术：即上文所说的"由己""为己""求诸己"和"无人无己之学"。

⑲"然则"二句：意为孔子教授弟子没有固定的内容和方法，那么无学无术也就是孔子学术的特点了。

【译文】

天下的人和事物太多了，如果一定要把他们都纳入某些人自己规定的条条框框，就是天地神灵也办不到。因此，严寒能使胶折断，却无法阻止争名于朝、争利于市的人；炎热可以熔化金属，却不能降伏追名逐利者的心。为什么呢？因为发财富贵、官运亨通可以满足人们本能的生理要求，人们追求它是必然的趋势。所以，圣人就顺从这种趋势，于是人们就相安无事了。因此，对贪财的人给他利禄，对追求权势的给他爵位，对强有力的给他权力，对有能力的给适当的官做，对能力差的人要能带领他干事。对德高望重的人，给他安排在有盛名而无实权的位置上，以供大家敬仰；对于真正有才干之人，要给以重任，放手使用，不加干涉。这样，就可以使人们都顺着各自的喜好去做，各自发挥自己的特长，没有一个人用得不恰当。这样治理天下是多么容易啊！即使有人想用欺诈伪装的手段迎合大家的喜好，因为大家都各有所得，也没有什么可以迎合的；如若想掩盖其丑恶而尽说好话，也没什么用，因为大家都坦坦荡荡，没什么丑恶可以掩盖，由此可见，那种想用欺诈伪装、掩丑扬美的不正当手段以达其目的的做法是很难行得通的。因此，只有遵循着"各从所好，各骋所长，无一人不中用"的原则，才能真正发扬光辉的美德于天下，毫不费力地就把国家治理好了。社会上才能禁绝弄虚作假的不良风气，使人们真诚相待，心情舒畅，天天幸福。由此看来,孔氏的学术也真是高妙了,从这个意义上说,认为孔子有学有术来教人也是可以的。但是,若从"由己""为己""无人无己之学"的特点看,孔子教授弟子没有固定的内容和方法,认为无学无术是孔子学术的特点,也是很有道理的。

公既深信而笃行之①,则虽谓公自己之学术亦可也,但不必人人皆如公耳。故凡公之所为自善,所用自广,所学自当。仆自敬公,不必仆之似公也。公自当爱仆,不必公之贤于仆也。则公此行②,人人有弹冠之庆矣③;否则同者少而异者多④,贤者少而愚不肖者多⑤,天下果何时而太平乎哉⑥!

【注释】

①"公既"句:指耿定向自己深信不疑孔、孟之学。笃行,忠实奉行。

②此行:指这年秋天耿定向赴京师任都察院左佥(qiān)都御史和左副都御史一事。

③弹冠:语出《汉书》卷七二《王吉传》。原意是弹去帽子上的尘土,准备做官。这里是形容共同高兴、以示庆贺之意。

④同者:赞同你的人。异者:不赞同你的人。

⑤不肖(xiào):不贤。

⑥果:究竟。

【译文】

您既然对您理解的那套孔、孟之学深信不疑,并且忠实奉行,那就算作您自己的学术也可以,只是不必要求别人都跟您一样。所以我认为您把自己的理论和做法都看成是完美无缺的,都可以加以宣传和推广,都可以学而自得。我自当敬佩您,但不一定非得像您那样学孔子。您自然也爱护关心我,可您未必就比我高明。如果您能这样想,您这次去京赴任,大家都会感到高兴,并为之庆贺;否则,赞同您的人少,不赞成您的人多;您心目中的贤者少,不贤者多,这样您必然把自己的一套强制推行,天下究竟什么时候才能太平呢!

又答耿中丞

【题解】

本文约写于前文之后,次年四月耿定向升任刑部左侍郎之前。据耿定向《观生纪》,他于万历十三年(1585)四月初五升任刑部左侍郎,而刑部左侍郎俗称司寇,可知此信当写于耿任司寇之前。此信是对耿定向来信中就邓豁渠的行事的非难而发。耿信现已不存,但从耿给吴少虞的信中可窥见一斑。耿在《与吴少虞》中说:邓豁渠是"以残忍秽丑之行,为是诐淫邪遁之语",而且"渠父老不养,死不奔丧,有祖丧不葬,有女逾笄不嫁,髡首而游四方"(《耿天台先生全书》卷三)。与耿定向的这种非难针锋相对,李贽在此信中赞扬邓豁渠是"直行而无讳",是"未尝以世人之是非为一己之是非",并对耿定向迎合世俗、心口不一的行为进行了批判。

心之所欲为者,耳更不必闻于人之言,非不欲闻,自不闻也。若欲不闻,孰若不为。此两者从公决之而已①。且世间好事甚多,又安能一一尽为之耶?

【注释】

①公:指耿定向。

【译文】

心里想干什么就干什么,耳朵也没必要去听人家怎么说,并不是不想去听,事实上是不可能都听到的。如若不想听别人议论,倒不如不干算了。这两种情况由您自己决定罢了。而且世间好事甚多,又哪能都做到呢?

　　且夫吾身之所系于天下者大也①。古之君子,平居暇日,非但不能过人,亦且无以及人。一旦有大故②,平居暇日表表焉欲以自见者③,举千亿莫敢当前④,独此君子焉⑤,稍出其绪余者以整顿之⑥,功成而众不知,则其过于人也远矣。譬之龙泉、太阿⑦,非斩蛟断犀⑧,不轻试也。盖小试则无味,小用则无余,他日所就,皆可知矣。

【注释】

①系:关系到。

②大故:大的事故,重大事件。

③表表焉:形容想表现得突出的样子。表表,卓异,特出。自见:自我表现,显露自己。

④“举千亿”句:意为所有的人(指“平居暇日表表焉欲以自见者”)都不敢当前应对“大故”。举,全,所有。千亿,千千万万(的人)。

⑤君子:指“平居暇日,非但不能过人,亦且无以及人”的“古之君子”。

⑥绪余:抽丝后留在茧上的残丝。这里比喻剩余的力量。整顿:这里指处理、办理。

⑦龙泉、太阿:都是古代宝剑的名称。

⑧斩蛟断犀:斩杀蛟龙,劈断犀革。

【译文】

况且我们每个人生于世上都与天下之事关系极大。古时的君子,平常闲暇的日子,不但不能超过他人,而且还比不上他人。但是一旦有重大事故,平常时日总想表现自己的卓异的人,却都不敢上前应对,只有平常闲居不但不能超过他人而且还不及他人的古之君子,稍稍用力就可以把大事处理好,取得了成功而众人却不知道,这才是大大超过一般人了。这就像古代的宝剑龙泉、太阿,如若不是斩杀蛟龙劈断犀革,那是不会轻易的试一试的。因为小试没有意味,小用则用不尽,他日有所成就,都是可以知道的。

阿世之语①,市井之谈耳②,何足复道之哉!然渠之所以知公者③,其责望亦自颇厚④。渠以人之相知,贵于知心⑤,苟四海之内有知我者,则一锺子足矣⑥,不在多也。以今观公,实未足为渠之知己。夫渠欲与公相从于形骸之外⑦,而公乃索之于形骸之内,哓哓焉欲以口舌辩说渠之是非⑧,以为足以厚相知,而答责望于我者之深意,则大谬矣!

【注释】

①阿(ē)世:迎合世俗。

②市井之谈:街道上无聊的话。市井,古代城邑中集中买卖货物的场所。

③渠:他。这里疑指邓豁渠。

④责望:要求和期望。

⑤知心:思想一致。

⑥锺子:即锺子期。春秋时楚国人,最善于欣赏和理解音乐家伯牙的琴意,古代用来代表最知己的朋友。事见《列子·汤问》:"伯牙善鼓琴,锺子期善听。伯牙鼓琴,志在登高山。锺子期曰:'善哉!峨峨兮若泰山!'志在流水。锺子期曰:'善哉!洋洋兮若

江河！'"

⑦形骸之外：与下文"形骸之内"，均见《庄子·德充符》："今子与我
游于'形骸之内'，而子索我于'形骸之外'，不亦过乎！"意为现在我和
你游于"形骸之内"以德相交，但你却在"形骸之外"用外貌来衡
量我，岂不太过分了。形骸，人的躯体。李贽在《答刘方伯书》中
曾说："夫功名富贵，大地众生所以奉此七尺之身者也，是形骸以
内物也。"（本书卷二）则形骸之外，当指功名富贵以外的事情。

⑧哓（xiāo）哓：争辩不休的样子。

【译文】

迎合世俗的语言，都不过是街道上无聊的话，不值得再说了！然而
邓豁渠以您为相知，因此对您的要求和期望也就多了。邓豁渠认为人
与人的相知，可贵的是思想一致，四海之内能思想一致，有一个像锺子
期那样理解伯牙琴意的人也就足够了，并不在其多。从现在的情况看，
您真不是邓豁渠相知之人。邓豁渠想和您相知于功名富贵的形骸之
外，而您却索取于功名富贵的形骸之内，争论不休地辩说邓豁渠的是
非，以为这样就足以表现出你们相知之深，而又以此要求和期望于我，
那是太荒谬了。

夫世人之是非，其不足为渠之轻重也审矣①。且渠初未
尝以世人之是非为一己之是非也。若以是非为是非，渠之
行事，断必不如此矣。此尤其至易明焉者也。盖渠之学主
乎出世②，故每每直行而无讳③；今公之学既主于用世④，则
尤宜韬藏固闭而深居⑤。迹相反而意相成⑥，以此厚之⑦，不
亦可乎？因公言之，故尔及之⑧。然是亦哓哓者⑨，知其无
益也。

【注释】

①审:清楚,明白。

②出世:佛教用语。指出家修行求道。这里指超脱于功名富贵之外,即上文所说的"形骸之外"。

③直行而无讳:按自己的意志行事而无所顾忌。

④用世:为世所用。这里指热衷于功名富贵,即上文所说的"形骸之内"。

⑤韬藏固闭:不炫耀自己,不出头露面。韬藏,隐藏,包藏。

⑥迹相反而意相成:意为形迹上表现不同(即形骸内外有异),本意则相辅相成(指都是为了实现自己的人生愿望)。

⑦以此厚之:用这种态度来厚待他。

⑧故尔及之:所以才这样提起它。

⑨是:此,指上述意见。

【译文】

现世人的是非,不被邓豁渠看重是很清楚的。邓豁渠也从不把世人的是非看作自己的是非标准。如若他以世人的是非为是非,他的行事,一定不会这样。这是非常明白的事。邓豁渠之学在于超脱于功名富贵之外的出家修行求道,所以常常依自己的意志行事而无所顾忌;而今您的学理主张在于热衷于功名富贵的为世所用,那就更应该不炫耀自己,不出头露面。您和邓豁渠形迹上表现不同,本意则相辅相成,都是为了实现自己的人生愿望,您用这种态度对待邓豁渠,不也可以吗?因为您的来信所说,所以我就这样说了。然而这些话也是无谓的争辩,我也知道不会有什么益处。

与杨定见

【题解】

本文约于万历十六年(1588)写于麻城。杨定见,号凤里,麻城(今湖北麻城)人。李贽在麻城龙潭湖居住时往来论道的僧人之一,也是李贽的学生,深得李贽赞赏。他在《八物》中说:"如杨定见,如刘近城,非至今相随不舍,吾犹未敢信也。直至今日患难如一,利害如一,毁谤如一,然后知其终不肯畔我以去。"(本书卷四)在《豫约·早晚守塔》中说:"刘近城是信爱我者,与杨凤里实等。"(本书卷四)万历二十八年(1600),湖广按察司佥事冯应京烧毁了龙潭湖的芝佛院,并驱逐李贽。杨定见为李贽设法先行藏匿,然后进入河南商城的黄蘖山中避祸。李贽寓居麻城时因落发而受到一些人的攻击,杨定见可能想为李贽辩诬,李贽写此信劝阻。这是一篇正话反说的短文。在当时是非不分、黑白颠倒的社会风气下,李贽劝杨定见不要去争辩是非,不要去责人背信背义,一切以"一笑"置之,这实是一种在本书《自序》中所称的"忿激语"。

此事大不可①。世间是非纷然,人在是非场中,安能免也。于是非上加起买好远怨等事②,此亦细人常态③,不足怪也。古人以真情与人,卒至自陷者④,不知多少,只有一笑为无事耳。

【注释】

①此事:所言事不详,从下文看,疑指杨定见准备参与某种论争的事。

②买好远怨:讨好别人以避免结怨。

③细人:见识短浅的人。

④自陷:自己给自己招致不幸。

【译文】

你想与别人辩论是非完全没有必要。人间的是非太多了,人生活在是非之中,又怎么能逃出是非之外呢。有了是非之争而讨好别人以避免结怨，这是一般见识短浅之人的常态，不必奇怪。古人以诚信待人，却遭到他人的诬陷，真不知有多少，所以对于是非之争姑且一笑了之，像没事一样才好。

　　今彼讲是非，而我又与之讲是非，讲之不已，至于争辩。人之听者，反不以其初之讲是非者为可厌，而反厌彼争辩是非者矣。此事昭然，但迷在其中而不觉耳。既恶人讲是非矣，吾又自讲是非。讲之不已，至于争，争不已，至于失声①，失声不已，至于为仇。失声则损气，多讲则损身，为仇则失亲②，其不便宜甚矣③。人生世间，一点便宜亦自不知求，岂得为智乎？

【注释】

①失声：这里指因争辩激烈而说不出话来。

②失亲：影响友情关系。

③便宜：合算，好处。

【译文】

　　现在别人来搬弄是非，而我们立即与他理论起来，不停地理论，以至于争辩起来。别人听了，不认为那最初生是非的人讨厌，却反倒讨厌起后来争辩是非的人来了。这事情本来很清楚，只是迷在是非之中没有察觉罢了。已经很厌恶别人搬弄是非了，我却又主动生起是非来。并且不停地讲，以至于争论起来，不停地争，以至于声嘶力竭，声嘶力竭还不停，以至于结怨成仇。失声就有损元气，多次无味的争辩就有损健康，结怨成仇更有损和气，确实不值得闹到这地步了。人生在世，连这点便宜也不知道捡，难道能说是很理智的吗？

　　且我以信义与人交，已是不智矣，而又责人之背信背义，是不智上更加不智，愚上加愚，虽稍知爱身者不为①，而我可为之乎？虽稍知便宜者必笑，而可坐令人笑我乎②？此等去处③，我素犯之④，但能时时自反而克之⑤，不肯让便宜以与人也。千万一笑，则当下安妥⑥，精神复完，胸次复旧开爽⑦。且不论读书作举业事⑧，只一场安稳睡觉，便属自己受用矣⑨。此大可叹事，大可耻事，彼所争与诬者，反不见可叹可耻也⑩。

【注释】

①爱身者：爱惜自己的人。

②坐令：致使，空使。

③此等去处：这样的一些方面或这些事情。

④我素犯之：我以往也贸然去干。素，向来，一向。

⑤自反：自我反省。克：克制。

⑥当下：立即。

⑦胸次：胸中。

⑧举业：指科举时代的应试文字。

⑨受用：享用，享受。

⑩"此大可叹"四句：意为别人无端搬弄是非，这是最可叹的事，是最可耻的事，如果你竟与他们去论理争辩，反而不觉得他们可叹与可耻，这反倒模糊了是非界限。

【译文】

　　再说，我历来以诚信与人交往，这已经就够不理智了，却又去责备人家背信弃义，这是不理智上更加不理智，愚蠢上更加愚蠢了，稍微知道自爱的人，就不会去干这种事，我怎么可以去干呢？稍微知道得失的人定会讥笑，我又怎么能让人家来讥笑我呢？这样的事情，以往我也贸然干过，但能时时反思并加以克服，不能让别人占尽这方面的便宜了。对别人的颠倒是非，只可付之一笑，这样马上就安妥，就能使精神恢复常态，胸襟依然开朗。暂且不说读书科举之事，先大睡一场好觉便满足了。别人无端搬弄是非，这是最可叹的事，是最可耻的事，如果你竟与他们去论理争辩，反而不觉得他们可叹与可耻，这反倒模糊了是非界限。

复京中友朋

【题解】

本文于万历十五年(1587)写于麻城。京中友朋，当指李世达。《耿天台先生全书》卷一《耿子庸言》的附录《辑闻》中，收有李世达的两段言论，内容与本信开头所引大致相同，据此，可知此信是写给李世达的。李世达(1533—1599)，字子成，号渐菴，晚年更号廓菴，泾阳(今陕西泾阳)人。嘉靖三十五年(1556)进士。历官户部主事、南京太仆卿、山东巡抚、右佥都御史、右副都御史、刑部尚书、左都御史等，卒谥敏肃。《续藏书》卷一八、《澹园集》卷三四、《续澹园集》卷一〇、《明史》卷二二〇、《明史稿》卷二〇四、《明书》卷一三三等有传。据《明神宗实录》卷一七一载，万历十四年(1586)李世达升为南京吏部尚书；又卷一八六载，万历十五年转为南京兵部尚书；卷一八七载，万历十五年召为刑部尚书。耿定向在《辑闻》中称李世达为"太宰"，太宰是古代官名，后世一般用以通称吏部尚书，由此可知李世达给李贽写信当是在他任南京吏部尚书之时。而李贽的这封回信称其为"京中友朋"，则应在李世达改任刑部尚书抵达北京之后的万历十五年。这时正是李贽与耿定向论战之际，李贽针对李世达来信中所涉及问题，又一次给以论辩与驳斥。特别是"圣人不曾高，众人不曾低"的命题，显示着李贽独特的反封建压迫，反传统思想,富于民主思想的启蒙色彩。

　　来教云①:"'无求饱'②,'无求安'。此心无所系著③,即便是学。注云④:'心有在而不暇及。'⑤若别有学在,非也。就有道则精神相感,此心自正,若谓别出所知见相正⑥,浅矣。"又云:"'苟志于仁矣,无恶也。'⑦恶当作去声,即侯明挞记⑧,第欲并生⑨;谗说殄行⑩,犹不愤疾于顽⑪。可见自古圣贤,原无恶也。曰'举直错诸枉'⑫,错非舍弃之,盖错置之错也。即诸枉者亦要错置之,使之得所,未忍终弃也。又曰:'大学之道,在明明德,在亲民。'⑬只此一亲字,便是孔门学脉⑭。能亲便是生机⑮。些子意思⑯,人人俱有,但知体取⑰,就是保任之扩充之耳⑱。"来示如此,敢以实对⑲。

【注释】

①来教:对他人来信的敬称。

②无求饱:与下句"无求安",语出《论语·学而》,原文是:"子曰:君子食无求饱,居无求安,敏于事而慎于言,就有道而正焉,可谓好学也已!"这里是要说明"此心无所系著,即便是学"的道理。

③系著:牵挂,依恋。

④注:指朱熹的《四书章句集注》。

⑤"心有"句:意为心有所在而无暇顾及其他。朱熹的《论语集注·学而》原文是"志有在而不暇及也"。

⑥"若谓"句:意为若说另外提出见解相请教。知见,见解,见识。

⑦"苟志"二句:语出《论语·里仁》,意为假如立志实行仁德,就能做到没有什么可被憎恶的。苟,真心实意。恶(wù),憎恶,讨厌。

⑧侯明挞记:语本《尚书·益稷》,原文是:"侯以明之,挞以记之。"

意为用射侯之礼明确地教训他们,用棍棒鞭打他们,从而警戒他们使之牢记不忘。古代统治者以射侯之礼区分善恶,不贤的不能参加射侯。射侯,用箭射靶。侯,箭靶。明,显明,表明。挞,打。记,记住。

⑨弟欲并生:语本《尚书·益稷》,原文是:"欲并生哉。"意为只是让他们改悔上进。弟,但,只管。生,《说文》:"进也。"这里是上进的意思。

⑩谗说殄(tiǎn)行:语出《尚书·舜典》,意为谗毁的言论和贪残的行为。殄,贪残。

⑪犹不愤疾于顽:意为(贤者)对于这种愚蠢的人还是不会愤怒、憎恶的。顽,愚蠢。这里指愚蠢的人。

⑫举直错诸枉:语出《论语·为政》,意为把正直的人提拔起来,放在邪曲的人之上。举,提拔,选拔。错,通"措"(cù),放置,安置。枉,邪曲,不正派。

⑬"大学"三句:语出《大学》。意为大学的根本宗旨,在于彰明光明、完美的德性,在于用这种德性去除旧布新,使人民成为新人。明明德,见《答周若庄》第一段注⑨。亲民,见《答周若庄》第一段注②。

⑭学脉:指某学派的真传。

⑮生机:生命力,活力。

⑯些子意思:这一点意思。指上文"能亲便是生机"。

⑰体取:体认,体会。

⑱保任:保持,依靠。

⑲敢:谦辞,冒昧之意。实对:如实对答。

【译文】

您来信说:"《论语·学而》说'食不要求饱','住不要求舒适'。这样心中没有什么依恋,就是学理了。朱熹注说:'心有所在而无暇顾及其他。'如若还有别的所在,那就是不正常了。亲近有道精神就会有感应,这样心就自正,如若说另外提出见解相请教,那就浅薄了。"来信又说:"《论语·里仁》说:'真心实意立志实行仁德,就能做到没有什么可被憎恶的。'恶当作去声,即《尚书·益稷》所说的用射侯之礼明确地教训他们,用棍棒鞭打他们,从而警戒他们使之牢记不忘,让他们改悔上进;又像《尚书·舜典》所说:有人有谗毁的言论和贪残的行为,贤者对于这种愚蠢的人也是不会愤怒憎恶的。由此可见自古圣贤,原来是没有什么憎恶的。正像《论语·为政》所说'把正直的人提拔起来安置在邪曲的人之上',安置并不是舍弃,那只是安置在不同的地方罢了。这就是说那些邪曲之人也要对他们安置,使他们也有所得,而不忍心抛弃他们。《大学》又说:'大学的根本宗旨,在于彰明光明、完美的德性,在于用这种德性去除旧布新,使人民成为新人。'这里的'亲'字,便是孔门学派的真传。所以能'亲'便是有了生命力。这一层意思,人人都有,但要有所体会,就是既保持了它又扩充了它。"您的来信讲的就是这些,我就冒昧地如实对答。

夫曰安饱不求①,非其性与人殊也。人生世间,惟有学问一事,故时敏以求之②,自不知安饱耳,非有心于不求也。若无时敏之学,而徒用心于安饱之间③,则伪矣。既时敏于学,则自不得不慎于言。何也?吾之学未曾到手,则何敢言?亦非有意慎密其间④,而故谨言以要誉于人也⑤。今之敢为大言,便偃然高坐其上⑥,必欲为人之师者,皆不敏事之故耳⑦。

【注释】

①安饱不求:不求安逸与饱食。

②时敏：时刻勤奋。敏，努力，奋勉。

③"而徒"句：意为专在不求安饱的问题上用功夫。

④慎密其间：在语言上谨慎周密。

⑤要（yāo）誉：猎取名誉。

⑥偃然：骄傲自得的样子。

⑦不敏事：不勤奋努力地求学问。

【译文】

　　如若说不求安逸与饱食，并不是这样的人本性与他人不同。人生世间，只有学问一事，时刻勤奋地去追求，自然不知道去求安逸与饱食，这并不是存心不去求得安逸与饱食。如若不是时刻勤奋地去求学，而只知道用心于不求安逸与饱食，那就可能失去真正的本性了。既然时刻勤奋于求学，那就自然要谨慎于言。为什么？如若自己的学问还没有得到，那怎么敢发言论呢？这并不是有意在语言上谨慎周密，而是故意以语言的谨慎周密猎取名誉。而今敢于说大话，而且骄傲自得地高坐其上，自认为可以为人师者，都是不勤奋努力地求学问的缘故。

　　夫惟真实敏事之人，岂但言不敢出，食不知饱，居不知安而已，自然奔走四方，求有道以就正。有道者，好学而自有得，大事到手之人也①。此事虽大，而路径万千，有顿入者②，有渐入者③。渐者虽迂远费力，犹可望以深造；若北行而南其辙④，入海而上太行⑤，则何益矣！此事犹可⑥，但无益耳，未有害也。苟一入邪途，岂非求益反损，所谓"非徒无益而又害之"者乎⑦？是以不敢不就正也。如此就正，方谓好学，方能得道，方是大事到手，方谓不负时敏之勤矣。

【注释】

①大事：指所追求的"道"。

②顿入：即顿悟，佛教用语。指不须长期修行，而靠灵性豁然领悟
　　禅理，把握佛旨。顿，立刻，马上。

③渐入：即渐悟，佛教用语。指通过长期不懈的修习，逐渐领悟佛旨。

④北行而南其辙：即南辕北辙之意。

⑤太行：太行山，在山西高原与河北平原之间。

⑥此事：指上述北行南辙的情况。

⑦非徒无益而又害之：语出《孟子·公孙丑上》。

【译文】

　　只有真实勤奋求学问的人，不但不敢轻易言论，也不注意食饱居住
安逸，自然会奔走四方，以求得有道者辨别是非。有道之人，好学而自
然有所得，那是把道追求到手之人。求道之事虽大，而求得的路径却多
种多样，有不须长期修行而靠灵性豁然领悟，有通过长期不懈的修习逐
渐领悟。渐悟虽然迂远费力，还可以由此而深造；若南辕北辙，想看大
海却上了太行山，这有何益处？南辕北辙也行，这样虽然无益，但也没
有害。如若一入邪途，那不就是想求得益处反而受到损害，正如《孟
子·公孙丑上》所说的"非徒无益而又害之"吗？所以不敢不辨别是非。
只有辨别是非，才可称为好学，才可以得道，才是把大道掌握在手，才可
以称之为做到了时刻勤奋努力上进。

　　如此，则我能明明德。既能明德，则自然亲民。如向日
四方有道①，为我所就正者，我既真切向道，彼决无有厌恶之
理，决无不相亲爱之事，决无不吐肝露胆与我共证明之意②。
何者？明明德者，自然之用固如是也。非认此为题目，为学
脉，而作意以为之也③。今无明明德之功，而遽曰亲民，是未

立而欲行，未走而欲飞，且使圣人"明明德"吃紧一言④，全为虚说矣。故苟志于仁，则自无厌恶。何者？天下之人，本与仁者一般，圣人不曾高，众人不曾低⑤，自不容有恶耳。所以有恶者，恶乡愿之乱德⑥，恶久假之不归⑦，名为好学而实不好学者耳。若世间之人，圣人与仁人胡为而恶之哉！盖已至于仁，则自然无厌恶；已能明德，则自能亲民。皆自然而然，不容思勉⑧，此圣学之所以为妙也。故曰："学不厌，知也；教不倦，仁也。"⑨"性之德也，合内外之道也，故时措之宜也。"⑩何等自然，何等不容已⑪。今人把"不厌""不倦"做题目，在手里做，安能做得成？安能真不厌不倦也？

【注释】

①向日：往日，从前。

②吐肝露胆：喻赤诚相待，说出心里话。证明：参悟。

③作意：故意，特意。

④吃紧：重要，要紧。

⑤"圣人"二句：李贽在《道古录》中曾说："人但率性而为，勿以过高视圣人之为可也。尧、舜与途人一，圣人与凡人一。"可参看。

⑥乡愿之乱德：《论语·阳货》："子曰：'乡愿（一作原），德之贼也。'"《孟子·尽心下》："恶乡愿，恐其乱德也。"乡愿，指乡里中貌似谨厚，而实与流俗合污的伪善者。

⑦久假之不归：语本《孟子·尽心上》："尧、舜，性之也；汤、武，身之也；五霸，假之也，久假而不归，恶知其非有也。"意为尧、舜实行的仁义，是习于本性；商汤和周武王便是亲身体验而努力推行；五霸则是借来运用以谋利，借得久了又不归还，你怎么知道他不是（弄假成真）终于变成自己的了呢？

⑧不容思勉：语本《中庸》，原文是："诚者，不勉而中，不思而得，从容中道，圣人也。"意为具有诚这种上天本然天性的人，不用努力就能符合诚，不用思虑就能得到诚，从容达到天道，这样的人就是圣人。本句意思为不需要经过考虑、努力而自然做到。

⑨"学不"四句：语出《孟子·公孙丑上》，意为学习不知满足，这是智；教人不嫌疲劳，这是仁。

⑩"性之"三句：语出《中庸》，是论"诚"的话。意为诚是天性的仁德，是体用一致，符合内外一致的规律，任何时候施行都是适宜的。合，符合。措，措置，施行。

⑪不容已：不能自止。

【译文】

　　只有这样，才能做到发扬光辉的美德。既然能发扬光辉的美德，也自然会用这种美德去除旧布新，教化民众使他们成为新人。如以前四方有道之士，为我所辩证是非者，我既然真切仰慕大道，他人绝不会有厌恶之理，绝不会产生不相亲爱之事，绝不会不赤诚相待与我共参悟大道。为什么？发扬光辉的美德，天然的非人为的作用应该就是这样。并不是把它作名义或借口，把它作为学脉，而故意如此。而今没有发扬光辉美德的功夫，而就说除旧布新使民众成为新人，那是还不会站立却想走，不会走却想飞，那就把圣人发扬光辉的美德的重要教导，全都变成空话了。因此如真心有志于仁，那就不会有厌恶。为什么？天下所有的人，都与仁者一样，圣人不曾高，众人也不低，自然不应有所厌恶。要有所厌恶，就要厌恶貌似谨厚而实则伪善乱德的乡愿之徒，厌恶像五霸那样假借仁义以谋利的行为，他们打着好学的旗号实际上根本不好学。若是世间之人，圣人与仁人为什么会有厌恶呢？如若已经做到仁，那么自然就不会产生厌恶；如若已能发扬光辉的美德，那么自然就会除旧布新使民众成为新人。这都是自然而然的事，不需要经过思考努力，这正是圣学的微妙之处。所以《孟子·公孙丑上》说："学习不知满足，这是智；教人不嫌疲劳，这是仁。"又如《中庸》所说："诚是天性的仁德，是体用一致，符合内外一致的规律，任何时候施行都是适宜的。"这是多么的自然，多么的不能自止。今日的人们把"学习不知满足的智，教人不嫌疲劳的仁"作为借口和名义，只在手里做却不见行动，怎么能做得成呢？怎么能真的做到"学习不知满足的智，教人不嫌疲劳的仁"呢？

　　圣人只教人为学耳，实能好学，则自然到此。若不肯学，而但言"不厌""不倦"，则孔门诸子，当尽能学之矣，何以独称颜子为好学也耶①？既称颜子为好学不厌，而不曾说颜子为教不倦者，可知明德亲民，教立而道行，独有孔子能任之，虽颜子不敢当乎此矣。今人未明德而便亲民，未能不厌而先学不倦，未能慎言以敏于事，而自谓得道，肆口妄言之不耻；未能一日就有道以求正，而便以有道自居，欲以引正于人人②。吾诚不知其何说也。

【注释】

①颜子：即颜回。见《答周若庄》第二段注⑮。孔子独称颜回为好学，《论语》中《先进》篇、《雍也》篇都有记载。

②引正于人人：把人人引向正道。

【译文】

　　圣人只是教人要好好学习，如若能实实在在的好学，那自然还可以达到"学习不知满足的智，教人不嫌疲倦的仁"的境地。如若不实实在在的好学，而只是口头上说"学习不知满足为智，教人不嫌疲倦为仁"，那么孔子的诸位弟子，都达到了能学的境地，为什么孔子只称赞颜回为好学呢？孔子既然称颜回有学习不知满足的智，但并没说颜回能做到教人不嫌疲倦的仁，可知发扬光辉的美德，并用这种美德去除旧布新使民众成为新人，教化建立及道德品德的实现，只有孔子能胜任，虽然像颜回那样好学也做不到。今人没有发扬光辉的美德却要除旧布新使民众成为新人，没有做到学习不知满足就先学"教人不嫌疲倦"，没有做到不要轻易言论而要勤奋于行事，却自认为已经得道，这真是不知羞耻的信口胡说；一天也没有得到有道之人辨别是非，就自己以得道者自居，并想把人人都引向正道。我真不知道这种人说的是什么。

　　故未明德者，便不可说亲民；未能至仁者，便不可说无厌恶。故曰："毋友不如己者。"①以此慎交，犹恐有便辟之友②，善柔之友，故曰"赐也日损"③，以其悦与不若己者友耳。如之何其可以妄亲而自处于不闻过之地也乎④？故欲敏事而自明己德，须如颜子终身以孔子为依归，庶无失身之悔⑤，而得好学之实。若其他弟子，则不免学夫子之不厌而已，学夫子之不倦而已，毕竟不知夫子之所学为何物，自己之所当有事者为何事⑥。虽同师圣人，而卒无得焉者，岂非以此之故欤！吁！当夫子时，而其及门之徒⑦，已如此矣。何怪于今！何怪于今！吁！是亦余之过望也⑧，深可恶也。

【注释】

①毋友不如己者：语见《论语·学而》。毋，原作"无"，不要。友，这
　里作动词用，结交。

②便辟之友：与下文"善柔之友"，均见《论语·季氏》。原文是："益
　者三友，损者三友。友直，友谅，友多闻，益矣。友便辟，友善柔，
　友便佞，损矣。"便辟，谄媚逢迎。善柔，阿谀奉承。

③赐也日损：语出《孔子家语》："孔子曰：'吾死之后，则商也日益，
　赐也日损。'曾子曰：'何谓也。'子曰：'商也好与贤己者处，赐也

好说不若己者。'"赐,姓端木,名赐,字子贡。卫国人。孔子弟子,善于辞令。损,损害,这里作退步解。

④妄亲:随便亲近(那些朋友)。不闻过:听不到自己的过错。

⑤庶:差不多,大约。

⑥有事:这里有从事之意。

⑦及门:语出《论语·先进》:"子曰:'从我于陈、蔡者,皆不及门也。'"本谓现时不在门下,后以"及门"指受业弟子。

⑧过望:奢望,过高的要求。

【译文】

所以,没有发扬光辉的美德,就不要说用这种美德去除旧布新使民众成为新人;没有达到仁,就不要说没有厌恶。所以《论语·学而》说:"不要跟不如自己的人交朋友。"这样谨慎交友,还怕交上谄媚奉承之人,怕交上当面恭维背面毁谤之人,所以端木赐一天天地退步了,因为他喜欢与不如自己的人交往。怎么能随便亲近不如己之人而处于没有友人指出过错的地步呢?所以要想勤奋于事而修养到发扬光辉的美德,必须像颜回那样终身以孔子为依归,这样也许不会有失去节操的悔恨,而得到像颜回那样好学的成果。像其他那些弟子,只是学到了老师孔子学习不知满足的"不厌",学到了老师孔子教人不嫌疲倦的"不倦"而已,实际上并不知道孔子之学为何物,自己应当做的事为何事。虽然都以孔子为师,而有的却无所得,不就是这个原因吗?唉!孔子在时,他的受业弟子,已经这样了。今日又有什么可怪的!今日又有什么可怪的!唉!这是我要求过高了,真正是很可恶的。

又答京友

【题解】

本文于万历十七年(1589)写于麻城。京友,《续焚书》卷一有李贽

《与陶石篑》一信，内容与此信"甚矣，世人之迷也"之前部分完全相同。据此，"京友"应指陶望龄。陶望龄（1554—1608），字周望，号石篑，会稽（今浙江绍兴）人。万历十七年进士。南京礼部尚书陶承学之子。历官翰林院编修、正史纂修官、翰林院侍讲等。著有《歇庵集》《天水阁集》等。《明臣言行录》卷七三、《明史》卷二一六、《明儒学案》卷三六等有传。万历十七年三月，陶望龄任翰林院编修，此信当写于陶在京任编修之时。在这封信中，李贽以人们的名、字、号及其"犯讳"为例证，对儒家特别是宋明理学热衷的"志仁无恶"这一命题提出了批判。李贽就此命题曾与耿定向、李世达进行过论战，在这封信中则提出了"有两则有对"的观点，认识到事物的对立统一关系，带有朴素辩证法的因素。

　　善与恶对，犹阴与阳对①，柔与刚对，男与女对。盖有两则有对②。既有两矣，其势不得不立虚假之名以分别之③，如张三、李四之类是也。若谓张三是人，而李四非人，可欤？

【注释】

①阴与阳：与下文的"柔与刚"，同为中国古代用来说明自然现象和事物特征的哲学范畴。

②"盖有两"句：意为事物有相应对立的两个方面。

③虚假之名：虚拟假设的名称。

【译文】

　　善与恶相对，正如阴与阳相对，柔与刚相对，男与女相对。这就是说，事物凡有两个方面，就有相对。事物既有两个方面，就不能不虚拟一个名目来对它加以区别，就像张三、李四之类。如果说张三是人，而李四不是人，可以吗？

不但是也，均此一人也，初生则有乳名，稍长则有正名，既冠而字①，又有别号，是一人而三四名称之矣。然称其名则以为犯讳②，故长者咸讳其名而称字，同辈则以字为嫌而称号③，是以号为非名也。若以为非名，则不特号为非名，字亦非名，讳亦非名。自此人初生，未尝有名字夹带将来矣④，胡为乎而有许多名？又胡为乎而有可名与不可名之别也⑤？若直曰名而已⑥，则讳固名也，字亦名也，号亦名也，与此人原不相干也，又胡为而讳，胡为而不讳也乎？

【注释】

①既冠而字：古代男子到成年（一般在二十岁）则举行加冠礼，叫作"冠"；并给以表字，以示成人。《礼记·曲礼上》："男子二十冠而字。"郑玄注："成人矣，敬其名。"

②犯讳：触犯了所避忌的名字。封建时代对于君主和尊长的名字，不能直接说出或写出，称"避讳"。

③嫌：避忌。

④将：助词。

⑤"又胡"句：意为（在名、字、号中）又为什么存在着有的可以称呼，有的不可以称呼的区别呢？

⑥"若直曰"句：意为如果说（那些）只不过是名称而已。直，只不过。

【译文】

不仅仅如此，同一个人，刚出生的时候有乳名，长大点以后有正式的名，成年行冠礼以后又有字，有别号，这就是说，同一个人却有三四个名称。可是对一个人，如果直呼其名便被认为是犯讳，所以对长者都忌讳直呼其名，而用字来称呼他，同辈之间又忌讳称字，而用号来称呼他，这是认为号不是名。但如果认为号不是名，那么不仅号不是名，字也不是名，名讳也不是名。人在刚出生的时候不曾有与生俱来的名字，为什么却又有这许多名，又为什么这些名有可称呼、有不可称呼的区别呢？如果说，所有这些只不过就是名字而已，那么名讳原本就是个名号，字也是个名号，号也是个名号，与这个人本身是不相干的，又有什么是需要避讳、什么是不需要避讳的呢？

　　甚矣，世人之迷也。然犹可委曰号之称美①，而名或不美焉耳。然朱晦翁之号不美矣②，朱熹之名美矣。熹者光明之称，而晦者晦昧不明之象，朱子自谦之号也。今者称晦庵则学者皆喜，若称之曰朱熹，则必甚怒而按剑矣。是称其至美者则以为讳，而举其不美者反以为喜。是不欲朱子美而欲朱子不美也，岂不亦颠倒之甚欤！

【注释】

①委：推诿，借口。

②朱晦翁：即朱熹，见《又答石阳太守》第一段注①。

【译文】

世人对这一问题认识不清已经很严重了。可是还在那里借口说：称号是美的，称名也许是不美的。可是，朱晦翁这个号不美，朱熹这个名美。熹是光明的意思，而晦是晦昧不明的样子，这是朱子自谦的号。可现在那些钻研理学的人，你称晦庵他们都高兴，你若称朱熹，他们一定按剑大怒。这就是，你用最美的名来称呼，他们却认为应该避讳，你用不美的号来称呼，他们反而很高兴。这是不希望朱子美，而希望朱子不美，这难道不是非常颠倒错乱的么！

近世又且以号为讳,而直称曰翁曰老矣。夫使翁而可以尊人①,则曰爷曰爹,亦可以尊人也。若以为爷者奴隶之称②,则今之子称爹,孙称爷者,非奴隶也。爷之极为翁,爹之极为老,称翁称老者,非奴隶事,独非儿孙事乎③?又胡为而举世皆与我为儿孙也耶?近世稍知反古者④,至或同侪相与呼字,以为不俗。吁!若真不俗,称字固不俗,称号亦未尝俗也,盖直曰名之而已,又何为乎独不可同于俗也?吾以谓称爹与爷亦无不可也。

【注释】

①翁:作动词用,称翁之意。

②奴隶之称:奴仆对主人的称呼。奴隶,婢仆,奴仆。

③独:岂,难道。

④反古:恢复过去的传统习惯。反,复,恢复。

【译文】

近年来,又有人将号也列为需要避讳的,而直接称人为翁、为老。如果说称翁可以尊重人,那么称爷称爹也是可以尊重人的。如果认为爷是奴仆对主人的称呼,那现在称爹、称爷的是儿子、孙子,不是奴仆。爷到了顶就是翁,爹到了顶就是老,称翁称老,不是奴仆的事,难道不是儿孙的事吗?为什么要让全世界的人都为我做儿孙呢?近些年,那些略知恢复古代传统习惯的人,同辈之间有时以字相称,认为这样称呼不俗气。唉!如果说真的不俗气,称字固然不俗气,称号也未必俗气,不过直接说出一个人的名,又为何偏偏认定不可与习俗同呢?我因此认为称爹与爷也没有什么不行。

由是观之,则所谓善与恶之名,率若此矣①。盖惟志于仁者,然后无恶之可名②,此盖自善恶未分之前言之耳。此时善且无有,何有于恶也耶! 噫! 非苟志于仁者③,其孰能知之? 苟者诚也,仁者生之理也④。学者欲知无恶乎? 其如志仁之学,吾未之见也欤哉⑤!

【注释】

①率若此矣:大概也就像这样了。

②"盖惟"二句:语意出自《论语·里仁》:"苟志于仁矣,无恶也。"详见《复京中友朋》第一段注⑦。

③苟:真心实意。

④生之理:万物生成的道理。

⑤"其如"二句:意为做到这种"志于仁"的学问(的人),我还没有见过呢!

【译文】

　　由此看来,所谓善名与恶名,大概也就像这样了。那种只有有志于仁的人才无恶名的说法,只是在善恶这两种概念还没有区分开来之前的说法。那时善尚且没有,有什么恶呢? 唉! 不是真心实意立志实行仁德的人,谁会懂得这个道理呢? 真能诚心诚意,那就会实行仁德。那些钻研理学的人想要知道怎样才能无恶吗? 他们在立志实行仁德这门学问上,我还没有见到能做到的人!

复宋太守

【题解】

　　本文于万历十五年(1587)写于麻城。宋太守,可能指顺天府丞宋任。《明神宗实录》卷一八三载:"万历十五年二月壬申朔,升浙江道御史宋任为顺天府丞。"该信所论，可能是针对耿定向而发。耿定向在《与程心泉年丈》中说："中夜每每感叹人心蛊散已极，吾辈只凭一日剽窃陈言以为进退取舍之据。既已簧惑人矣，而又欲空张高谈，欲引人于道，诚戞乎难也！自非命世豪杰自立脚跟者，孰能挺拔于风尘俦伍中耶！……兄学孔、孟之学，则宜亦心孔、孟之心矣。"（《耿天台先生全书》卷四）李贽在信中，一则肯定"纸上陈言"的"相证""考验"的作用与价值，一则提出"千圣同心，至言无二"的命题，要做"心志颇大"的"上士"，而不做人云亦云、抱残守旧的"下士"，与耿定向所说"剽窃陈言以为进退取舍之据"，要人们只"学孔、孟之学""心孔、孟之心"，都是针锋相对的。

　　千圣同心，至言无二①。纸上陈语皆千圣苦心苦口，为后贤后人。但随机说法②，有大小二乘③，以待上下二根④。苟是上士⑤，则当究明圣人上语⑥；若甘为下士，只作世间完人⑦，则不但孔圣以及上古经籍为当服膺不失⑧，虽近世有识名士一言一句，皆有切于身心，皆不可以陈语目之也。且无征不信久矣⑨，苟不取陈语以相证，恐听者益以骇愕，故凡论说，必据经引传，亦不得已焉耳。今据经则以为陈语，漫出胸臆则以为无当，则言者亦难矣。凡言者，言乎其不得不言者也。为自己本分上事未见亲切⑩，故取陈语以自考验，庶几合符⑪，非有闲心事、闲工夫，欲替古人担忧也。古人往矣，自无忧可担，所以有忧者，谓于古人上乘之谈⑫，未见有契合处，是以日夜焦心，见朋友则共讨论。若只作一世完人⑬，则千古格言尽足受用，半字无得说矣。所以但相见便相订证者，以心志颇大，不甘为一世人士也。兄若恕其罪而取其心，则弟犹得免于罪责；如以为大言不惭，贡高矜己^⑭，则终将缄默，亦容易耳。

【注释】

①"千圣"二句：意为圣人的心性体悟是相同的，至言是没有两样的。李贽在《三教品序》中也曾说："天下无二道，圣贤无二心。"这种思想，在一定程度上贬低了孔子和儒教的独尊地位。至言，深切中肯的言论。

②随机说法：佛教指根据众生根机的不同，而教以相应的修行法门。机，根机，谓众生信受佛法的觉悟、能力。

③大小二乘：即大乘和小乘，佛教的两大流派。大乘强调利他，普度一切众生；小乘注重修行、持戒，以求得"自我解脱"。

④上下二根：佛教认为人的根性分上中下三等，根性敏锐、对佛法领悟程度高的称上根；反之，根性钝迟、对佛法领悟程度低的称下根。

⑤上士：指根基好、才德高的人，即下文所说的"心志颇大"，不甘做一世完人的人。下文的"下士"，意思相反，即根基差、才德低的人。

⑥"则当"句：意为就应当参究体悟圣人的上等教义。究明，参究体悟，探讨明白。上语，指为"上根"的人而发的"陈语"。

⑦完人：完全符合儒家道德规范的人。

⑧服膺：牢记心中。

⑨无征不信：没有征引，就不能使人相信。

⑩本分上事：自己本来应做的事。

⑪合符：相符合。

⑫上乘之谈：高妙的言论。

⑬一世完人：与上文"世间完人"意思相近。

⑭贡高矜己：骄傲自大，夸耀自己。

【译文】

圣人的心性体悟是相同的，深切中肯的议论是没有两样的。纸上的陈言都是众多圣人苦心苦口，为后贤后人留下来的。但像佛学所说的要根据众生根机的不同，而教以相应的修行法门，所以有大小二乘两派，并分别对待根性敏锐对佛法领悟程度高的上根，与根性迟钝对佛法领悟程度低的下根。若是根基好才德高的上士，就应当参究体悟圣人的上等教义；若乐意为根基差才德低的下士，做一个完全符合儒家道德规范的人，那就不但应该把孔子和上古经籍的话牢记心中，就是近世有识名士的一言一句，都是符合身心的，都不可以看成是陈旧之语。而且没有征引就不能使人相信已经很久了，如若没有前人的陈语作为依证，恐怕听者更加惊讶，所以凡是论说，必要引用经典和传记，这也是不得不如此的。而今依据经典就认为是陈语，随意说出心中的话又被认为是不恰当，那么言论也太难了。一切言论，都是不得不说的。因为自己本来应该做的事没能表现得贴切，所以就用前人的陈语自相考证，差不多相符合就可，并不是有闲心事闲工夫，想替古人担忧。古人已不在，没有必要替他们担忧，所以会有忧虑，那是因为古人高妙的言论，没有与自己的思想言论相符合的，所以日夜焦心，见了朋友就会讨论一番。如若只想做一个完全符合儒家道德规范的人，那么千古以来的格言完全够用了，不必再说半句话。所以只要见面便互相订证研讨，那是因为志愿颇大，不甘于做一个完全符合儒学道德规范的人。老兄若宽恕我这些话的不当而听取心中的好意，那我还能免罪；如若认为我这些话是大言不惭，骄傲自大，夸耀自己，那我就永不再说，这是很容易的。

答耿中丞论淡

【题解】

本文于万历十三年(1585)写于麻城。淡，原指味、色的稀薄，与浓、深相对。这里有淡然之意。这是一封针对耿定向《纪梦》(《耿天台先生全书》卷一六)而写的具有论战性的通信。《纪梦》写于"万历乙酉(1585)",可知李贽此信也作于本年。耿定向在《纪梦》中,把王守仁的"良知"与《中庸》的"淡"相联系,要人们通过"湔磨刷涤"的修养功夫,达到"淡"的境界,这是理学家"存天理,灭人欲"理论的说教。李贽反对这一说教,并对理学家表面上讲"湔磨刷涤",其实是"有所忻羡"的行为进行了讽刺。信中,李贽提出要"放开眼目","见大故心泰",以达到"不期淡而自淡",这和他一贯主张的顺从人性的自然发展相一致,与理学家以伦理道德去"湔磨刷涤"人们的天性相反对。

世人白昼寐语①,公独于寐中作白昼语,可谓常惺惺矣②。"周子礼于此净业,亦见得分数明,但不知湔磨刷涤"之云,果何所指也③。

【注释】

①寐(mèi)语:说梦话。寐,睡着。

②常惺惺:佛教用语。意为在禅定中还能保持清醒状态。这里是讽刺语。

③"周子礼"四句:意为周子礼对于道业,也是认识得很清楚的,可不知"湔磨刷涤"之说究竟指什么。周子礼即周思静(见后《答周友山》题解)。净业,佛教用语。清净的善业,一般指笃修净土宗之业,这里泛指道业。分数,法度,规范。湔(jiān)磨刷涤,洗刷,消磨,清除。

【译文】

世人往往大白天说梦话,只有先生您是在梦中说大白天的话,这真如佛教所说的在禅定中还能经常保持清醒的状态呀。您所说的,"周子礼对于道业也是认识得很清楚的,只是对湔磨刷涤的真正含义还不甚了然", 这些话, 到底是指什么呢?

　　夫古之圣人, 盖尝用湔刷之功矣。但所谓湔磨者, 乃湔磨其意识①; 所谓刷涤者, 乃刷涤其闻见②。若当下意识不行, 闻见不立③, 则此皆为寐语④, 但有纤毫⑤, 便不是淡, 非常惺惺法也⑥。盖必不厌⑦, 然后可以语淡。故曰"君子之道, 淡而不厌"⑧。若苟有所忻羡⑨, 则必有所厌舍⑩, 非淡也。又惟淡则自然不厌, 故曰"我学不厌"⑪。若以不厌为学的⑫, 而务学之以至于不厌, 则终不免有厌时矣, 非淡也, 非虞廷精一之旨也⑬。盖精则一, 一则纯; 不精则不一, 不一则杂, 杂则不淡矣。

【注释】

①意识: 这里指世俗观念。

②闻见: 这里指外界的影响。

③"若当下"二句: 意为如果这些世俗观念、外界影响不发生作用。当下, 即时, 眼前。

④此: 指上言"湔磨刷涤"之功。

⑤纤毫: 一点点。这里指极少的杂念。

⑥法: 这里指求得真理的途径。

⑦不厌: 指不厌于所求之道。

⑧君子之道, 淡而不厌: 语出《中庸》。这里借以讥讽道学家那种口谈"不厌"而实"有所忻羡"的行为。

⑨忻(xīn)羡: 羡慕。

⑩厌舍: 厌恶舍弃。

⑪我学不厌: 语出《孟子·公孙丑上》。厌, 厌烦。

⑫学的：求学问道的目的、宗旨。

⑬虞廷：虞舜之廷。精一：是对伪古文《尚书·大禹谟》里"人心惟危，道心惟微。惟精惟一，允执厥中"的概括说法。朱熹、程颐等理学家把这四句说成是尧、舜、禹三代相传的道统真传，后人又称之为"十六字心传"，成为一个重要的理论命题。朱熹在《中庸章句序》中曾解释说：生于私欲的是"人心"，原于天理的是"道心"；"人心"总是自私的，所以"危殆"而不安，"道心"难免受到"人心"的蒙蔽，所以"微妙"而不易显现。因此，要加强道德修养，做到"不杂"（"精"）、"不离"（"一"），使"人心"服从"道心"，使"人心"由危转安，使"道心"由隐而显。这样，人们的言行就不会产生过与不及的偏差。显然，朱熹的这种解说，与他主张的"革尽人欲，复尽天理"（见《朱子语类》卷一三）的理论相一致。李贽对朱熹的这一说法曾表示过不同意见，在《又答石阳太守》一文中说："兄所教者正朱夫子之学，非虞廷精一之学也。精则一，一则不二，不二则平（平易平等之意）；一则精，精则不疏（空疏空虚之意），不疏则实（实在实际之意）。"与这里所说的"精则一，一则纯；不精则不一，不一则杂，杂则不淡矣"，可互为参照。

【译文】

古代的圣人都是下过一番湔磨刷涤的功夫的。只是他们的所谓湔磨，乃是洗刷他们头脑中的世俗观念；他们的所谓刷涤，乃是洗刷外界带给他们的不良影响。如果眼下那些世俗观念和外界影响没有起作用，那所谓湔磨刷涤全是梦呓，哪怕只是心存一点点杂念，就算不得淡泊，就不是经常保持清醒状态的正确途径。因此，一定要对所追求的道业不厌倦，然后才可以谈论淡泊。所以《中庸》说"君子追求道业，淡泊而不厌倦"。如果内心有所美慕，也就必然有所厌恶和舍弃，那也不是淡泊。同时也只有淡泊，才自然会不厌倦，所以孟子说"我学习不知道满足"。如果将不厌倦作为求学的目标，并且一心一意要通过学习来做到不厌倦，那最终不免有厌倦的时候，这不是淡泊，也不符合虞舜纯粹专一的要求。所以说，精粹才是专一，专一才能精粹；不精粹就不专一，不专一就杂乱，杂乱就不淡了。

由此观之，淡岂可以易言乎？是以古之圣人，终其身于问学之场焉，讲习讨论，心解力行，以至于寝食俱废者，为淡也。淡又非可以智力求，淡又非可以有心得①，而其所以不得者有故矣。盖世之君子，厌常者必喜新，而恶异者则又不乐语怪②。不知人能放开眼目，固无寻常而不奇怪，亦无奇怪而不寻常也③。经世之外④，宁别有出世之方乎⑤？出世之旨，岂复有外于经世之事乎？故达人宏识，一见虞廷揖让，便与三杯酒齐观⑥；巍巍尧、舜事业，便与太虚空浮云并寿⑦。无他故也，其见大也。见大故心泰⑧，心泰故无不足。既无不足矣，而又何羡耶。若只以平日之所饫闻习见者为平常⑨，而以其罕闻骤见者为怪异，则怪异平常便是两事，经世出世便是两心。勋、华之盛，揖逊之隆⑩，比之三家村里瓮牖酒人⑪，真不啻几千万里矣⑫。虽欲淡，得欤？虽欲"无然歆羡"⑬，又将能欤？此无他，其见小也。

【注释】

①有心得：有意追求。

②恶异：憎恶怪异。语怪：谈论怪异之事。

③"不知"三句：意为人们如能扩大视野观察，那么奇怪和寻常，也是相对的。李贽的这种见解，可参看本书卷二《复耿侗老书》一文。

④经世：指参与现实活动。

⑤出世：指出家求道。

⑥"故达人"三句：这几句语本邵雍《首尾吟》："唐虞揖让三杯酒，汤武征诛一局棋。"（《击壤集》卷二〇）意为在通达事理、具有远大见识的人看来，唐尧、虞舜的禅让，也不过与敬几杯酒一样。虞廷揖让，指传说中唐尧、虞舜相继主动让位之事。

⑦"巍巍"二句：本于程颐语，原文为"虽尧、舜之事，亦只是如太虚中一点浮云过目"（见《二程集》《程氏遗书》卷三）。尧，即唐尧，名放勋，初封于陶，又封于唐，号陶唐氏。谥号尧，故称唐尧。传说中父系氏族社会后期部落联盟领袖。舜，即虞舜，名重华，因其先国于虞，谥号舜，故称虞舜。原为尧时大臣，尧去世后继位，成为部落联盟领袖。尧、舜为儒家理想的圣君，其功业为儒家极力尊崇。与太虚空浮云并寿，意为与浩空飘动的浮云一样"长寿"，意即都是一瞬间之事。太虚空，浩渺的天空。

⑧心泰：心地安然。

⑨饫（yù）闻：饱闻，谓所闻已多。饫，饱。

⑩揖逊：即禅让。

⑪三家村：偏僻的小乡村。瓮牖（yǒu）：以破瓮为窗，指贫寒之家。酒人：好酒的人。

⑫不啻（chì）：不止，不异于。

⑬无然歆羡：语出《诗经·大雅·皇矣》。意为不要这样羡慕人家。

【译文】

由此看来，淡泊岂是可以轻易说的？所以古代的圣人，他们一生身处学问场中，研习讨论，用心领会，亲身实践，以至于废寝忘食，这才是真正的淡泊。淡泊既不能靠智力追求来获得，又不能靠刻意追求来获得，而它不能因追求而获得是有缘由的。世间君子，厌倦平常事物的人必定喜欢新奇，而厌恶怪异的人又不喜欢别人谈论怪事。可是他们不知道,人只要放开眼来观察,则这世上的事,没有平常而不怪异的,也没有怪异而不平常的。所以,人除了经世之外,难道还有什么别的出世的方法么? 出世的宗旨,难道还有经世之外的事么? 因此,在通达事理的高士眼中,尧、舜禅让这样的壮举就和朋友之间敬几杯酒一样;尧、舜伟大的事业就和天上的浮云一样。他们之所以能这样看,没有别的原因,在于他们的眼界大。眼界大所以心安,心安所以没有不满足的地方。既然没有不足的地方,那还有什么可羡慕的呢? 如果只以自己平日经常看到听到的事情为平常,而以自己平日偶然见到听到的事情为怪异,那么怪异与平常就是两种事,经世出世就是两种心。用这样的眼光来看世界,那么,尧、舜功业之伟大,禅让礼仪之隆重,与乡村寒门中好酒的人比起来,那无异于相差几千万里了。这种人,即使想淡泊,可能吗? 即使想"不要这样羡慕别人",又可能吗? 造成这样的结果,没有别的原因,在于他们的眼界小。

　　愿公更不必论湔磨刷涤之功,而惟直言问学开大之益[①];更不必虑虚见积习之深[②],而惟切究师友渊源之自[③]。则康节所谓"玄酒味方淡,大音声正希"者[④],当自得之,不期淡而自淡矣[⑤],不亦庶乎契公作人之微旨[⑥],而不谬为"常惺惺"语也耶!

【注释】

①开大:开拓,开展,不为传统所囿。

②虚见积习:见耿定向《纪梦》一文。耿定向认为离开"湔磨刷涤"而谈性命道理,是"虚见";长期"潜伏隐微"的人欲之蔽,是"积习"。

③切究:深究,进一步研究考察。

④康节:邵雍(1011—1077)的谥号。雍字尧夫,自号安乐先生、伊
川翁等。其先范阳(今河北涿州)人。幼随父迁共城(今河南辉
县),在城西北的苏门山百泉建"安乐窝",刻苦自学。出游河、
汾、淮、汉,从学于李之才,传其《河图》《洛书》象数之书。后迁居
洛阳天津桥南。北宋哲学家。著有《皇极经世》《伊川击壤集》
等。《宋史》卷四二七,《藏书》卷三二,《宋元学案》卷九、卷一〇
等有传。玄酒味方淡,大音声正希:见邵雍《伊川击壤集·冬至
吟》。玄酒,古代祭礼中当酒用的清水。大音声正希,语本《老
子》第四十一章:"大音希声。"王弼注:"听之不闻名曰希。"意为
大的声音正是听不到的声音。
⑤不期淡而自淡:不期求淡而自然会淡,意即淡不是有意追求所能
达到的。
⑥庶乎:差不多。契:符合。微旨:微妙的用意。

【译文】

　　希望先生您不要再议论湔磨刷涤的功夫,只直接说开辟研讨学问
新境界的好处;不要枉自担心别人有太多的虚见和积习,只管进一步研
究探讨为师为友的渊源。这样,邵康节先生所说的"玄酒味方淡,大音
声正希"的境界就能自然获得,淡泊也就不期而至,那不也接近您为人
处世的微妙旨意,不至于错误地说出"在禅定中仍保持清醒"的话么!

答刘宪长

【题解】

　　本文于万历十八年(1590)写于麻城。刘宪长,据《李氏六书·焚书
书答·与刘晋川论为人师》篇,内容与此文大致相同,可知刘宪长当即
刘东星。刘东星(1538—1601),字子明,号晋川,山西沁水(今山西沁
水)人。隆庆二年(1568)进士。历官兵科给事中、礼科给事中、山东按

察使、湖广布政使等。万历二十六年（1598），以工部侍郎总理河漕。当时黄河决口。刘东星因治河有功，升为工部尚书兼右副都御史。性俭约，为官颇有政绩。李贽在《书晋川翁寿卷后》曾称赞他说："居中制外，选贤择才，使布列有位，以辅主安民，则居中为便。"（本书卷二）以宰相之才称之。李贽好友。曾为《藏书》《道古录》作序。著有《晋川集》，今佚。"宪长"是明代对都御史的称呼，刘东星于万历二十年（1592）"擢右佥都御史，巡抚保定"（《明史·刘东星传》）。但此信不是写于此年，因此时周友山早已出任太仆寺少卿，并于当年改任太常寺少卿，提督四夷馆（见《明神宗实录》卷二五五），与信中所说"友山见在西川"不符。由此可知此文标题可能是后来所改或后人所加。在此信中，李贽批评了那种"未曾一日为人弟子，便去终身为人之师"的态度与作风，明确表示自己"情愿终身为人弟子，不肯一日为人师父"，从一个方面表现出李贽与世俗观念的背离。信中就刘东星遣其子出家问道一事，李贽提出落发与否，在家出家，亦自不妨，这也是李贽一贯的生活态度，李贽并不是迷于极乐世界的信徒，而是依现实需要而出入于儒、释、道之间。

　　自孔子后，学孔子者便以师道自任，未曾一日为人弟子，便去终身为人之师，以为此乃孔子家法①，不如是不成孔子也。不知一为人师，便只有我教人，无人肯来教我矣。且孔子而前，岂无圣人，要皆遭际明时②，得位行志？其不遇者，如太公八十已前、傅说版筑之先③，使不遇文王、高宗，终身渭滨老叟、岩穴胥靡之徒而已④，夫谁知之。彼盖亦不求人知也。直至孔子而始有师生之名，非孔子乐为人之师也，亦以逼迫不过。如关令尹之遇老子，拦住当关，不肯放出，不得已而后授以五千言文字耳⑤。但老子毕竟西游，不知去向。惟孔子随顺世间，周游既广，及门渐多⑥，又得天生聪明颜子与之辩论⑦。东西遨游既无好兴⑧,有贤弟子亦足畅怀,遂成师弟名目,亦偶然也。然颜子没而好学遂亡⑨,则虽有弟子之名,亦无有弟子之实矣。

【注释】

①家法:见《答耿中丞》第一段注⑥。

②遭际:遭遇,遇到。明时:政治清明之时。

③太公:指姜尚(吕尚),名牙,字子牙,俗称姜太公。传说他八十岁时在渭水岸边钓鱼,为周文王访得,与语大悦,曰:"吾太公望子久矣。"故又称太公望。即拜为相。后又助武王起兵伐纣,完成兴周大业。其事迹见《史记》卷三二《齐太公世家》。傅说(yuè):相传是商代在傅岩(今山西平陆)从事版筑的奴隶,后被国王高宗(名武丁)访贤所得,任为大臣,治理国政。版筑:两种筑土墙的工具,即夹板与捣土的杵。这里指筑墙。

④胥靡:古代服劳役的奴隶或刑徒。胥,通"婿",绳索之类。靡,羁縻,引申为捆绑。《吕氏春秋·求人》:"傅说,殷之胥靡也。"

⑤"如关令"四句:据《史记》卷六三《老子韩非列传》,老聃曾任周王朝管理藏书的官,后离去,至函谷关(一说散关),关令尹喜说:"子将隐矣,强为我著书。"于是老聃乃著书上下篇,五千余言,后不知其所终。关令尹,指函谷关令尹喜,相传为春秋时的道家。老子,即老聃(dān),见《复周南士》第二段注②。

⑥及门:指登门受业的弟子。

⑦颜子:即颜回,字子渊,又称颜渊。孔子弟子。好学乐道,贫居陋巷,箪食瓢饮,而不改其乐。孔子称颜回为好学。

⑧好兴:美好的情趣。

⑨"然颜子"句:《论语·雍也》:"哀公问弟子孰为好学,孔子对曰:'有颜回者好学,不迁怒,不贰过,不幸短命死矣。今也则亡,未

闻好学者也。"没(mò)，通"殁"，死亡。

【译文】

　　自孔子之后，学习孔子的人就以弘扬孔子学说、教化天下为己任，未曾有一天把自己当成别人的学生，就去终生做别人的老师，以此为孔子学派的祖制，似乎不这样就不能成为孔子那样的圣人。不知道一旦成为别人的老师，就只有我教育别人，没有人肯来教育我。况且孔子之前，难道就没有圣人，希望能遇到政治清明的时代，得到合适的社会地位，实现自己的抱负吗？那些怀才不遇的人，如姜子牙八十岁以前、傅说从事版筑之前，假若没有遇到周文王、商高宗，也不过一辈子都是河边的钓鱼叟、乡间服劳役的奴隶而已，谁又能知道他们呢？他们也不求人们知道自己。直到孔子出世，才有了师生的名分，这不是孔子乐于做人的老师，只是迫不得已罢了。就像关尹子遇到老子，就拦住他，不让他出关，老子在不得已的情况下，传授给关尹子五千言的《道德经》。但老子毕竟西游而去，不知所终。只有孔子随顺世间，周游列国，交结广泛，于是渐渐门徒众多，又得到天生聪明的颜回和他辩论。虽然东西遨游没有什么好兴致，但毕竟有贤能的弟子，也足以高兴畅怀了，于是就成为师徒的名分，这也不过是偶然罢了。然而颜回死后，好学者也就没有了，即使有弟子的名分，也没有弟子的实意了。

　　弟每笑此等辈，是以情愿终身为人弟子，不肯一日为人师父。兹承远使童子前来出家①，弟谓剃发未易，且令观政数时②，果发愿心③，然后落发未晚。纵不落发，亦自不妨。在彼在此，可以任意，不必立定跟脚也④。盖生死事大⑤，非办铁石心肠⑥，未易轻造。如果真怕生死，在家出家等，无有异。目今巍冠博带⑦，多少肉身菩萨在于世上⑧，何有弃家去发，然后成佛事乎？如弟不才，资质鲁钝，又性僻懒⑨，倦于应酬,故托此以逃,非为真实究竟当如是也。如丈朴实英发,非再来菩萨而何⑩?若果必待功成名遂,乃去整顿手脚⑪,晚矣。今不必论他人,即今友山见在西川⑫,他何曾以做官做佛为两事哉?得则顿同诸佛⑬,不理会则当面错过,但不宜以空谈为事耳。

【注释】

①“兹承”一句:《李氏说书·孟子下离娄篇·人之患在好为人师》一文,与此文同,但开头有“刘宪长遣童子前来求师,卓吾以书与之曰”之语;又据《李氏六书·焚书书答·与刘晋川论为人师》,文中有“兹蒙远使童子前来出家”一语,可知当时刘东星曾派其子刘用相到龙潭湖出家,向李贽求学问道。承,承蒙,蒙受。敬辞。童子,未成年的人。

②观政:察知社会政情。

③愿心:成佛的心愿。

④跟脚:指立足点。

⑤生死事大:佛教把超脱生死轮回看作是大事。

⑥办:具有,抱有。

⑦巍冠博带:显贵或士人的礼服。巍冠,高冠。博带,宽大的衣带。

⑧肉身菩萨:佛教用语。指修行已达到菩萨境界的人。菩萨,原为释迦牟尼修行而未成佛时的称谓,后也用于对佛教徒的称号。

⑨僻懒:孤僻懒惰。

⑩再来菩萨:意为无异于菩萨再世。

⑪整顿手脚:整饬心力、修行同道之意。手脚,这里指心力。

⑫友山:即周思敬,见后《答周友山》题解。周友山于万历十五年(1587)升为四川副使,十六年(1588)又升为该省参政(《明神宗

实录》卷二〇六）。西川：今四川成都一带。

⑬得：指学道所得。

【译文】

　　我经常觉得这些人可笑，所以情愿一生做人家的学生，不肯一日做人家的老师。这次承蒙您从远方派遣孩子前来这里出家学习，我认为落发出家不是容易的事，而且应使他观察社会政情，果真发起成佛的大愿，那么再落发为僧不晚。即使不落发出家，也不妨碍学佛。在家出家，可以随自己的意愿，不一定非要执着一种方式。因为超脱生死、涅槃成佛是很大的事，除非具有坚定的信念，不容易做到。如果真的是畏惧生死而学佛，那么在家出家学佛是一样的，没有什么差别。况且现在身份显贵的人士中，也有很多肉身菩萨在世，哪里有一定要落发出家，然后才能成佛的道理呢？就像我这样没有才干，天性愚钝，又性格孤僻的人，因厌倦应酬，所以寄托于僧门，逃避世俗，并不是真正彻底的学佛者都应当这样。像您这样质朴真诚又英气勃发的人，不是菩萨再世又是什么呢？如果一定要等到功成名就之后，才去整饬心力，学佛求道，就晚了。现在不必谈别人，就说现在周思敬在四川成都一带，他何曾把做官、成佛分为两件事？学有所得、明悟本来，则顷刻之间等同诸佛，不能理会就当面错过，只是不应以空谈作为自家本分事罢了。

答周友山

【题解】

　　本文于万历十九年（1591）写于麻城。《李温陵集》卷二此文开头有："刘玉屏回，颇有夔府面得以甘口，但无多耳。"周友山，即周思敬（？—1597），字子礼，号友山，麻城（今湖北麻城）人。周思久（柳塘）之弟。隆庆二年（1568）进士。曾官工部主事、户部侍郎等。李贽好友，与耿定向也有交往。著有《周友山集》。《湖北通志》卷一三六，《黄州府志》卷一四、卷二〇,《麻城县志》康熙版卷七、乾隆版卷一六、光绪版卷一九、民国版《前编》卷九等有传。耿定向于万历十八年(1590)春三月回到黄安,六月,看到李贽公开印行的《焚书》,极为恼火,说是"闻谤",即将此前与李贽论战的信捡出,并写了一封《求儆》的公开信,同时,让其弟子蔡毅中(字弘甫)作序,向李贽展开攻击。而后,又勾结官府,驱逐李贽。耿、李之间的学术论战,至此发展到政治迫害。据本信"叔台想必过家,过家必到旧县,则得相聚也",可知此信应写于万历十九年耿定力将回黄安之时。信中李贽表示了"专以良友为生"的人生志趣,以至"有之则乐,舍之则忧,甚者驰神于数千里之外",其情实为感人。正是在这一思想的影响下,他觉到耿定向的态度有所转变时,也不由地产生了对过去二人之交的怀念。

　　所谕岂不是①,第各人各自有过活物件。以酒为乐者,以酒为生,如某是也②。以色为乐者,以色为命,如某是也。至如种种,或以博弈③,或以妻子,或以功业,或以文章,或以富贵,随其一件,皆可度日。独余不知何说,专以良友为生。故有之则乐,舍之则忧,甚者驰神于数千里之外④。明知不可必得,而神思奔逸⑤,不可得而制也⑥。此岂非天之所独苦耶!

【注释】

①所谕:指来信所讲的道理。

②某:某人,因回避而不直书其名。下文"某"同。

③博弈(yì):下棋。博,局戏(弈棋之类的游戏),一方六棋,双方共十二棋的一种下棋游戏。弈,围棋。

④神:心神。

⑤神思奔逸：心神奔驰。

⑥制：控制。

【译文】

　　来信所说的道理没有什么不当之处，只是各人有各自过活的物件。以酒为乐之人，以酒为生，如某人就是这个样子。以色为乐之人，以色为命，如某人就是这个样子。至于其他种种，有的乐于下棋，有的乐于妻子，有的乐于功业，有的乐于文章，有的乐于富贵，乐于任何一件，都可度日。我则不知什么原因，专以结交良友为生。所以有了好朋友就高兴，离开好朋友就忧愁，甚至思念良友的心神飞驰于数千里之外。有时明明知道不一定能得到真正的良友，但心神仍然奔驰寻觅，难以控制。这岂不是上天所给我的劳苦么！

　　无念已往南京①，庵中甚清气②。楚侗回③，虽不曾相会，然觉有动移处④，所憾不得细细商榷一番。彼此俱老矣，县中一月间报赴阎王之召者遂至四五人⑤，年皆未满五十，令我惊忧，又不免重为楚侗老子忧也⑥。盖今之道学，亦未有胜似楚侗老者。叔台想必过家⑦，过家必到旧县，则得相聚也。

【注释】

①无念（1544—1627）：名深有，俗姓熊，麻城（今湖北麻城）人。龙潭湖芝佛院守院僧，僧号无念，曾为周思久礼请李贽居芝佛院。后入黄蘖山（在河南商城），建法眼寺。著有《醒昏录》《黄蘖无念复问》等。《麻城县志》康熙版卷八、光绪版卷二五、民国版《前编》卷一五，《五灯严统》卷一六，《五灯全书》卷一二〇等有传。

②庵中：指芝佛院。清气：清静之意。

③楚侗：即耿定向，见《答耿中丞》题解。耿定向于万历十七年
　　(1589)告老获准，万历十八年回到故里黄安。

④动移处：变动之处，指耿定向态度有所改变。

⑤县中：指麻城县中。

⑥重：甚，深。

⑦叔台：即耿定力(1541—?)，字子健，号叔台，又叫叔子，耿定向之
　　弟。隆庆五年(1571)进士。后官至右金都御史、南京兵部侍郎，
　　卒赠户部尚书。《澹园集》卷三三，《明史》卷二二一，《明史稿》卷
　　二○七，《黄州府志》卷一四、卷一九，《麻城县志》康熙版卷七、乾
　　隆版卷一五、民国版《前编》卷九等有传。万历十九年，耿定力升
　　任河南布政司左参政，分守河北道(《河南通志》卷三一《职官》
　　二)，回过黄安。

【译文】

　　无念已去南京，芝佛院非常清静。楚侗已告老回乡，我们虽然还没
有相见，但感觉到他的态度有所改变，遗憾的是我们还没来得及细细地
交换一下想法。我们都老了，麻城县里一月之内被阎王召走的就有四
五人，他们又都不满五十岁，真令我惊心忧虑，更深深为楚侗老子忧虑。
大概今日的道学修养，没有超过楚侗老的。我想叔台最近一定会回老
家，回老家也一定会来麻城，我们就又可以相聚了。

答周柳塘

【题解】

　　本文于万历十七年(1589)写于麻城。周柳塘，即周思久(1527—
1592)，字子征，号柳塘，麻城(今湖北麻城)人。周思敬之兄。嘉靖三十
二年(1553)进士。曾任琼州(今海南)知府。晚年筑室龙潭湖，自号石
潭居士。工诗，善书。与李贽、耿定向都有交往，著有《石潭集》《求友

录》《柳塘遗书》等。《黄州府志》卷一九,《湖北通志》卷一五一,《麻城县志》康熙版卷七、乾隆版卷一五、光绪版卷一八、民国版《前编》卷九等有传。万历十七年,湖广大旱,麻、黄大饥疫,农民暴乱不断发生。李贽在信中反映了当时的情况,并表示了自己对救灾的态度。可参看本书卷二《复邓鼎石》一文。

伏中微泄①,秋候自当清泰②。弟苦不小泄,是以火盛,无之奈何。楼下仅容喘息,念上天降虐③,只为大地人作恶,故重谴之④,若不勉受酷责⑤,是愈重上帝之怒。有饭吃而受热,比空腹受热者何如? 以此思之,故虽热不觉热也。且天灾时行,人亦难逃,人人亦自有过活良法。所谓君子用智,小人用力,强者有搬运之能,弱者有就食之策,自然生出许多计智。最下者无力无策,又自有身任父母之忧者大为设法区处⑥,非我辈并生并育之民所能与谋也⑦。盖自有受命治水之禹⑧,承命教稼之稷⑨,自然当任己饥己溺之事⑩,救焚拯溺之忧⑪,我辈安能代大匠斫哉⑫! 我辈惟是各亲其亲⑬,各友其友。各自有亲友,各自相告诉,各各尽心量力相救助。若非吾亲友,非吾所能谋,亦非吾所宜谋也。何也? 愿外之思⑭,出位之诮也⑮。

【注释】

①伏中:伏天的日子里。泄:指腹泻。

②秋候:秋季。清泰:平安,健康。

③虐:灾害。

④谴:责罚。

⑤勉:尽力。

⑥身任父母之忧者:封建时代称州县官为父母官,这里指麻城知县邓鼎石。邓鼎石,见《答邓明府》题解。区处:分别安置。

⑦并生并育之民:《中庸》:"万物并育,而不相害。"意为万物共同生长而不相妨害。这里的"并生并育之民",则指寻常的人。

⑧禹:鲧(gǔn)之子,又称大禹、夏禹。原为夏后氏部落领袖,奉舜之命治理洪水,疏通江河,兴修沟渠。后被选为舜的继承人,舜死后即位,建立夏代。其事迹见于《尚书》的《舜典》《大禹谟》《皋陶谟》《益稷》《禹贡》等。

⑨稷:后稷,相传是尧、舜时代的农官,教民种植,播种百谷,被周族认为是始祖。

⑩己饥己溺:亦作"己溺己饥"。语出《孟子·离娄下》:"禹思天下有溺者,由己溺之也;稷思天下有饥者,由己饥之也,是以如是其急也。"后因以"己溺己饥"或"己饥己溺"谓视人民的疾苦是由自己造成的,因此,解除他们的痛苦是自己不可推卸的责任。

⑪救焚拯溺:犹言救人于水火之中。焚,指火灾。溺,指落水者。

⑫大匠:语出《老子》第七十四章:"夫代大匠斫者,希有不伤其手矣。"意为技艺高超的木工。斫(zhuó):砍,削。

⑬各亲其亲:第一个"亲"字为动词,亲爱之意;第二个"亲"字为名词,指亲人。下句两个"友"字用法同此。

⑭愿外之思:语本《中庸》:"君子素其位而行,不愿乎其外。"意为超出自己本分之外的所想。

⑮出位之诮(qiào):超越职权而受到责备。出位,语本《周易·艮》:"君子以思不出其位。"意为越位,超越本分。诮,责备。

【译文】

在暑伏热天我有些腹泻,到秋季自当会康复。只是苦于微泄不断,可能是火气太盛的缘故,也无可奈何。楼下热得仅容喘气,想是上天降下的责罚，因为世人作恶太多，上天才给以责罚，如若不接受这种严厉的责罚，那就会惹得上天更加愤怒。天气虽热但有饭吃，比那些无饭可吃而又受着热天的折磨的人怎么样呢？这样想一想，天气虽热也就不觉得热了。况且天灾流行，人人难逃，每个人都会有自己的活法。这就是所说的聪明人用智慧，一般人用体力，强有力者有搬运的能力，柔弱者有外出谋生的计划，人人都会想出生存的计谋。对于那些既没有智谋又没有能力的生活贫困之人，自然会有父母官为之忧虑而设法安置，我们这些寻常的普通人是没有办法的。自古就有奉舜之命而治水的大禹，奉尧、舜之命而教民种植百谷的后稷，他们救人民于灾难之中，我们这些人怎么能担起这样的重任。我们这些人只能尽力帮助自己的亲人，帮助自己的朋友。对自己的亲友告知说明，尽心量力给以救助。如若不是自己的亲友，自己难以为之谋助，也不合适为之谋助。为什么？这是超出了自己本分之外的事情，容易受到超越职权的指责。

与耿司寇告别

【题解】

本文于万历十五年(1587)写于麻城。耿司寇，即耿定向。司寇，原是周代掌管司法的官，后代沿用以称呼刑部尚书、侍郎等主要官员(称尚书时常加"大"字)。据耿定向《观生纪》，耿定向于万历十三年(1585)四月初五升刑部左侍郎，故称"司寇"。《观生纪》又载，万历十五年十一月，耿定向升任南京都察院右副都御史(俗称大中丞)。本文中有"贱眷思归，不得不遣"之语，据耿定力《诰封宜人黄氏墓表》："万历丁亥岁(1587)，宜人率其女若婿自楚归，而卓吾尚留楚。"则知此文当写于万历十五年秋李贽遣眷之后，耿定向升任南京都察院右副都御史的十一月之前。此时，李贽与耿定向的论争日趋激烈，在这封信中，李贽赞扬"狂者"的"不蹈故袭，不践往迹"精神，赞扬"狷者"的"行一不义、杀一不幸而得天下不为"的节操，鄙薄"乡愿"的"行似廉洁"而实为"德之贼"，都表现出对道学家的厌恶。

　　新邑明睿①，唯公家二三子侄②，可以语上③。可与言而不与之言，失人④，此则不肖之罪也⑤。其余诸年少或聪明未启，或志向未专，所谓不可与言而与之言则为失言，此则仆无是矣⑥。虽然，宁可失言，不可失人。失言犹可，失人岂可乎哉！盖人才自古为难也。夫以人才难得如此，苟幸一得焉，而又失之，岂不憾哉？

【注释】

①新邑：指黄安（今湖北红安），是嘉靖末年新设的县。明睿(ruì)：聪明睿智。睿，通达，明智。

②二三子侄：指耿定向之子耿汝愚（字克明）、耿定理之子耿汝念（字克念）等。耿汝愚，光绪八年重修同治《黄安县志》卷八《儒林》载："耿汝愚，字克明，号古愚，恭简公（耿定向）冢子也……屡踬场屋（科举考试多次不顺），遂绝意仕进，闭户著书……恭简殁，家益困……乃废著述，修计然之策（泛指生财致富之道）。不二十年，竟至十万。年七十卒。"李贽在《答耿司寇》中曾称赞耿汝愚"筋骨如铁"，不是"效颦学步从人脚跟走"的"超类绝伦"之人（见本卷）。李贽在与耿汝念的通信中，曾表示"可以知我之不畏死矣，可以知我之不怕人矣，可以知我之不靠势矣"，"我可杀不可去，我头可断而我身不可辱"（见《续焚书》卷一），表示出二人之间的深厚友情。

③语上：语出《论语·雍也》："中人以上，可以语上也；中人以下，不可以语上也。"意为告诉以高深的学问。

　④"可与言"二句：与下文"不可与言而与之言，则为失言"，语出《论
　　语·卫灵公》。失人，错过人才。失言，浪费语言。
　⑤不肖：不贤，旧时自称的谦辞。
　⑥无是：没有这种情况。

【译文】

　　黄安的青年才俊，唯有您家的几个子侄，可以告诉他们高深的学
问。可以与他交谈却不与他交谈，错失人才，这就是我的过错。其余的
那些年轻人，有的聪明未开，有的志向未定。孔子说的不可与他交谈的
人却与他交谈是浪费语言，我没有这种情形。即使这样，我宁可浪费语
言，也不肯错失人才。浪费语言还可以，错失人才怎么行呢！因为人才
自古难得。人才如此难得，如果很庆幸得到一位，却又失去了，岂不太
遗憾了吗？

　　嗟夫！颜子没而未闻好学①。在夫子时，固已苦于人之
难得矣，况今日乎？是以求之七十子之中而不得，乃求之于
三千之众②；求之三千而不得，乃不得已焉周流四方以求
之③。既而求之上下四方而卒无得也，于是动归予之叹曰④：
"归欤归欤！吾党小子，亦有可裁者。"⑤其切切焉唯恐失人
如此，以是知中行真不可以必得也⑥。狂者不蹈故袭，不践
往迹⑦，见识高矣。所谓如凤凰翔于千仞之上⑧，谁能当之？
而不信凡鸟之平常，与己均同于物类。是以见虽高而不
实⑨，不实则不中行矣。狷者行一不义、杀一不辜而得天下
不为⑩，如夷、齐之伦⑪，其守定矣⑫。所谓虎豹在山，百兽震
恐⑬，谁敢犯之？而不信凡走之皆兽。是以守虽定而不虚⑭，
不虚则不中行矣。是故曾点终于狂而不实⑮，而曾参信道之
后⑯，遂能以中虚而不易终身之定守者⑰，则夫子来归而后得

斯人也。不然，岂不以失此人为憾乎哉！

【注释】

①"颜子"句：见《答刘宪长》第一段注⑨。

②"是以"二句：《史记》卷四七《孔子世家》记载："孔子以诗书礼乐教，弟子盖三千焉，身通六艺者七十有二人。"

③周流四方：孔子曾周游卫、宋、蔡、楚、陈等国。

④归予：当作"归欤"。

⑤"归欤"三句：语本《论语·公冶长》："归与（与、欤相通）！归与！吾党之小子狂简（志向高大而处事疏阔），斐然成章（文采可观），不知所以裁之！"裁，剪裁，引申为造就、指导。

⑥中行：语出《论语·子路》："子曰：'不得中行而与之，必也狂狷乎！'"指言行合乎中庸。

⑦"狂者"二句：意为狂者不愿抄袭陈旧的教条，不肯蹈着前人的脚印走路。狂者，指志向高远的人。

⑧凤凰翔于千仞之上：语出贾谊《吊屈原赋》。仞，古代长度单位，七尺为一仞（一说八尺为一仞）。

⑨不实：不能脚踏实地。

⑩狷者：指能坚持操守的人。行一不义、杀一不辜而得天下不为：语本《孟子·公孙丑上》："行一不义，杀一不辜，而得天下，皆不为也。"

⑪夷、齐：伯夷、叔齐，商末孤竹国君的儿子。据《史记》卷六一《伯夷列传》，伯夷、叔齐为孤竹国君的长子与三子。孤竹君要传位给叔齐，孤竹君死后，叔齐要让位于伯夷。伯夷以为不应违背父命而逃走，叔齐也不肯就位而出走。后二人听说周文王贤，同奔周。周文王死后，武王发兵讨伐商纣，伯夷、叔齐叩马而谏。武王灭商后，二人逃避到首阳山（今山西永济），不食周粟而死。

　　　伦:类。

⑫守:操守。

⑬"所谓"二句:语本司马迁《报任安书》:"虎处深山,百兽震恐。"意
　　为它的威严,使人凛然生畏。

⑭不虚:不够谦虚。

⑮曾点:字皙(xī),孔子弟子。据《孟子·尽心下》:"如琴张、曾皙、
　　牧皮者,孔子之所谓狂矣。"相传鲁国季武子死时,大夫们都往吊
　　丧,曾点则靠在门上,唱起歌来。

⑯曾参:字子舆。曾点之子,孔子弟子。

⑰中虚:内心谦虚。不易:不改变。定守:操守坚定。

【译文】

　　唉! 颜子死后没再听说谁像他那样好学。在孔夫子的时候已经苦
于人才难得,更何况现在呢? 所以孔子在七十二贤人中没找到,便到三
千弟子中找;三千弟子中找不到,不得已,便通过周游四方来寻找。后
来,他上下四方地寻找,最后都无所收获,这时他发出了归乡的感叹,他
说:"归去吧! 归去吧! 我乡里的年轻人,也有可以造就的。"他唯恐错
失人才的心情是如此的诚挚而迫切,并因此明白中庸之道不是一定能
够做到的。狂者不遵循教条,不走老路,见识确实高出凡人。这种人正
如贾谊所说的"凤凰翱翔于千仞之上",谁能与之匹敌? 但它们不相信
一般的鸟与自己属于同类。所以,他们见识虽然高,但不求实,不求实
就不能做到中庸。狷者不会为了得到天下而做一件不仁义的事、杀一
个不该杀的人,正如伯夷、叔齐一类的人,做人的操守是坚定的。这就
是司马迁所说的虎豹在山,百兽震恐,谁还敢侵犯它呢? 但它们不相信
所有在地上跑的都是兽。所以他们操守虽然坚定,但为人不谦虚,不谦
虚就不能做到中庸。所以曾点最终的结局是狂放而不落实,而曾参在
崇信儒教之后,便能够凭着内心的谦虚而终身不改变自己坚定的操守,
而孔夫子也在他回到故乡以后得到了这个真正的传人。如果孔夫子不

及时回归,岂不要因为失去这个人而遗憾么!

　　若夫贼德之乡愿①,则虽过门而不欲其入室②,盖拒绝之深矣,而肯遽以人类视之哉③!而今事不得已,亦且与乡愿为侣,方且尽忠告之诚,欲以纳之于道,其为所仇疾,无足怪也④,失言故耳。虽然,失言亦何害乎?所患惟恐失人耳。苟万分一有失人之悔,则终身抱痛,死且不瞑目矣。盖论好人极好相处,则乡愿为第一;论载道而承千圣绝学⑤,则舍狂狷将何之乎⑥?

【注释】

①贼德之乡愿:语本《论语·阳货》:"乡愿,德之贼(败坏者)也。"后来,"乡愿"成为伪君子的代称。

②"则虽"句:语本《孟子·尽心下》:"孔子曰:'过我门而不入我室,我不憾焉者,其惟乡原(愿)乎!'"

③遽(jù):竟,就。

④"而今"六句:均系针对耿定向而言。仇疾,仇恨,憎恨。

⑤载道:担负传道任务。承:继承。绝学:谓造诣独到之学。

⑥何之:何往,哪儿找。

【译文】

　　至于乡里的那些伪君子,即使从门前经过,也不希望他进我家门,因为我从内心十分地拒绝他,哪里把他当人看呢!如今万不得已,与这样的伪君子做了伙伴,并且诚心诚意地向他进忠告,想将他纳入正道,因此被他忌恨,是不值得奇怪的,是失言造成的。虽然如此,失言又有什么害处呢?唯一害怕的是错失人才。如果有万分之一的可能造成我错失人才的悔恨,那我也将终身痛苦,死不瞑目。这是因为,要论最好相处的好人，那些伪君子们排第一；要论担负传道的使命，传承圣人独到的学问，除了那些狂者、狷者，我还能找谁呢？

　　公今宦游半天下矣①，两京又人物之渊②，左顾右盼，招提接引③，亦曾得斯人乎④？抑求之而未得也？抑亦未尝求之者欤？抑求而得者皆非狂狷之士，纵有狂者，终以不实见弃⑤；而清如伯夷，反以行之似廉洁者当之也⑥？审如此⑦，则公终不免有失人之悔矣。

【注释】

①宦游：在外做官。

②两京：指北京和南京。人物之渊：人物聚集的地方。

③"左顾"二句：意为四方浏览，交游接待（人才）。

④斯人：指狂狷之士。

⑤见弃：被抛弃。

⑥"而清如"二句：意为把清高的伯夷，竟当作貌似廉洁的乡愿对待。清如伯夷，语本《孟子·万章下》："伯夷，圣之清者也。"

⑦审：确实，果真。

【译文】

　　先生您现在在官场行遍半个天下，南、北京又是人才聚集的地方，您四方浏览，交游接待，可曾获得了这种人才吗？是寻觅过却没有得到呢，还是根本不曾寻觅过呢？或者是寻觅而得到的都不是狂狷之士，即使有狂者，最终又因他不实在而被舍弃；而像伯夷这样的清高之士，却反而被当作貌似廉洁的伪君子来对待吗？果真如此的话，先生您最终免不了错失人才的悔恨。

　　夫夷、齐就养于西伯，而不忍幸生于武王①。父为西伯，则千里就食，而甘为门下之客，以其能服事殷也。子为周王，则宁饿死而不肯一食其土之薇，为其以暴易暴也②。曾元之告曾之曰③："夫子之病亟矣④，幸而至于旦⑤，更易之⑥！"曾子曰："君子之爱人以德，世人之爱人也以姑息⑦。吾何求哉？吾得正而毙焉，斯已矣⑧。"元起易簀⑨，反席未安而没⑩。此与伯夷饿死何异，而可遂以乡愿之廉洁当之也？故学道而非此辈，终不可以得道；传道而非此辈，终不可以语道。有狂狷而不闻道者有之，未有非狂狷而能闻道者也。

【注释】

①"夫夷、齐"二句：意为伯夷、叔齐愿意接受西伯（周文王）的供养，但不肯在西伯儿子——武王的统治下苟活。西伯，特指周文王，殷商之时，商纣王命他为西方诸侯之长，故称。幸生，侥幸偷生。

②"则宁"二句：《史记·伯夷列传》载："武王已平殷乱，天下宗周，而伯夷、叔齐耻之，义不食周粟，隐于首阳山，采薇而食之。及饿且死，作歌。其辞曰：'登彼西山兮，采其薇矣。以暴易暴兮，不知其非矣。……'"遂饿死于首阳山。以暴易暴，用残暴者代替残暴者。

③曾元之告曾子曰：从这句开始，到下文"反席未安而没"，其典故出自《礼记·檀弓》。大意是：鲁大夫季孙赠给曾参一条竹席，曾参病危之际，感到躺在那条竹席上是一种违礼的行为，要把它换下来。他的儿子曾元看他病情危急，提出等天亮时再换。曾参坚持立即换席，以"得正而毙"。结果，还来不及安放在另换的席子上，曾参就断气了。曾元，曾参之子。曾子，指曾参。

④夫子：曾元对其父的敬称。病亟(jí)：病情危急。

⑤幸而至于旦：侥幸能够挨到天亮的话。

⑥更易之：指换席子。

⑦世人：《礼记·檀弓》原作"细人"，即小人。姑息：无原则的宽容。

⑧"吾得"二句：意为我能够得正道正名定分而死，那就算了。

⑨簀(zé)：一种作为床垫的竹席。

⑩反席未安而没：还没来得及安放在另换的席子上就断气了。

【译文】

伯夷、叔齐愿意接受西伯的供养，却不肯在周武王的统治下苟且偷生。做父亲的封为西伯，他俩便千里迢迢地前往投奔，甘心充当门客，因为他们看到西伯能忠心侍奉商朝。做儿子的做了周王，他俩宁愿饿死也不愿意吃一片周朝土地上生长的薇菜，因为他们反对周武王用暴力来推翻暴力。曾子认为死在竹席上是违礼的行为，临终时要求更换席子。他的儿子曾元告诉他："您已病危，有幸挨到天亮，再与您换。"曾子说："君子用高尚的道德来爱人，一般人用姑息的方式来爱人。我还求什么呢？我能够按照礼数名正言顺地死去，这就可以了。"曾元就起身为曾子更换席子，曾子在更换后的席子上还没安放好身体便断气了。这与伯夷饿死有什么区别？岂能用伪君子们的廉洁与这种行为相提并论？所以学道如果不是这类人，最终不可能得道；传道如果不是这类人，也终究不能够讲道。世上有狂狷却不懂得道的，但没有不狂狷却懂得道的。

仆今将告别矣，复致意于狂狷与失人、失言之轻重者，亦谓惟此可以少答万一尔。贱眷思归，不得不遣①；仆则行游四方，效古人之求友。盖孔子求友之胜己者②，欲以传道，所谓智过于师，方堪传授是也③。吾辈求友之胜己者，欲以证道④，所谓三上洞山，九到投子是也⑤。

【注释】

①"贱眷"二句：李贽于万历十五年（1587）将妻女和女婿遣送回福
建泉州。

②孔子求友之胜己者：语本《论语·学而》："无（不）友（结交）不如
己者。"

③"所谓"二句：语本明人瞿汝稷《指月录·怀海禅师章》。怀海曾
对黄檗和尚说："见与师齐，减师半德（比师父要差一半）；见过于
师，方堪传授。"意为青出于蓝而胜于蓝。

④证道：佛教用语。指互相参证学道的心得。

⑤"所谓"二句：事见《指月录·宗杲（gǎo）语要》："昔雪峰真觉禅师
为此事（指如何破当时士大夫以'有所得心'求'无所得法'的做
法）之切，三度到投子，九度上洞山。"意为不辞艰辛，虚心访师求
友，反复请求教益。三上、九到，形容多次前往的零指用法。洞
山，即洞山寺，在江西宜丰。投子，即投子山，在安徽潜山。

【译文】

我将要与您告别了，还向您解释狂狷之士与错失人才、说错话等问
题的轻重关系，也是我认为只有这样才可以报答您给我好处的万分之
一。我的家眷想回老家，不得不送他们走；我却要仿效古人求友的方
法，巡游四方。孔子寻求超过自己的人为朋友，想借此传承儒道，有人
说智力胜过师傅的徒弟才可以传授，说的就是这个道理。我们寻求超
过自己的人交友，是为了相互学习和交流，这与雪峰真觉禅师三上洞山
寺、九上投子山，是一样的道理。

答耿司寇

【题解】

本文于万历十四年（1586）写于麻城。文中有"近谿（罗汝芳的号）

先生从幼闻道，一第十年乃官，至今七十二岁"。据李贽《续藏书》卷二二《参政罗公传》，罗汝芳"正德乙亥（十年，1515）生"，"万历戊子（十六年，1588）九月二日卒，年七十有四"，可知此信写于罗汝芳死前二年，即万历十四年。此文长达一万多字，是李贽与耿定向论战的代表之作。万历十二年（1584），耿定理病逝，耿定向与李贽的矛盾日渐尖锐。袁中道《李温陵传》说："子庸（耿定理的字）死，子庸之兄天台公惜其（指李贽）超脱，恐子侄效之，有遗弃（指抛弃功名妻子）之病，数至箴切。"李、耿论战由此开始。万历十三年（1585），李贽离开黄安，徙居麻城。万历十四年，李、耿论战日益激化，并形成对立阵线。沈铁《李卓吾传》载："两家门徒标榜角立，而耿、李分敌国。"《答耿司寇》就是这场论战中的代表作，也是批判道学家的战斗檄文。在此文中，李贽以耿定向为典型，无情揭露了道学家的伪善面目。他们满口"泛爱众""出孝入弟""利他""为人"，实际上是贪得无厌、自私透顶、惯于说谎的伪君子。不仅如此，李贽还进一步批判了儒家的仁德说教，把封建道德的最高准则"文死谏，武死战"斥之为不过是博取名利的手段。正是在揭露和批判道学家和封建统治者的伦理道德基础上，李贽提出了"何必专学孔子而后为正脉"的"异端"口号，提出了"人人皆可以为圣"的思想命题，在当时及以后都产生了重大影响。钱谦益曾说："（李贽）与耿天台往复书，累累万言，胥天下之为伪学者，莫不胆张心动，恶其害己，于是咸以为妖为幻，噪而逐之。"（《列朝诗集小传》闰集《卓吾先生李贽》）就是一个明证。

　　此来一番承教^①，方可称真讲学，方可称真朋友。公不知何故而必欲教我，我亦不知何故而必欲求教于公，方可称是不容已真机^②，自有莫知其然而然者矣^③。嗟夫！朋友道绝久矣^④。余尝谬谓千古有君臣，无朋友，岂过论欤！夫君犹龙也，下有逆鳞^⑤，犯者必死，然而以死谏者相踵也^⑥。何也？死而博死谏之名，则志士亦愿为之，况未必死而遂有巨福耶？避害之心不足以胜其名利之心，以故犯害而不顾[7]，况无其害而且有大利乎！若夫朋友则不然：幸而入[8]，则分毫无我益；不幸而不相入，则小者必争，大者为仇。何心老至以此杀身[9]，身杀而名又不成，此其昭昭可鉴也[10]。故余谓千古无朋友者，谓无利也。是以犯颜敢谏之士[11]，恒见于君臣之际，而绝不闻之朋友之间。今者何幸而见仆之于公耶！是可贵也。又何幸而得公之教仆耶！真可羡也。快哉怡哉！居然复见惺惺切切景象矣[12]。然则岂惟公爱依仿孔子，仆亦未尝不愿依仿之也。

【注释】

①承教(jiào)：接受教令。后用作谦辞，表示接受教诲。

②不容已：不容自止，不可间断，有非这样办不行之意。已，停止。耿定向提出，君君臣臣父父子子的封建伦理，是"弥六合贯千古""范围天下""曲成万物"的"天则""心矩"，是"千古不容改易的模样"，"非特不可不依仿，亦自不能不依仿，不容不依仿"(《耿天台先生全书》卷三《与李公书》)。他反复强调，个人作为纲常名教中的一个角色，就要在其中尽伦尽职，这就叫作"不容已"。正如他所说的："余所谓不容已者，即子臣弟友，便有许多不尽分处。"(同上)对此，李贽在此文及其他文中给以批驳。真机：玄妙之理，相当于真义或真理。

③莫知其然而然者：意为不知道为什么这样做却这样做的缘故。

④朋友道绝：这是李贽对当时道学官僚表面上讲"朋友"，实际上钩心斗角的现象表示的愤慨。也暗指何心隐被害时耿定向坐视不救之事。黄宗羲《明儒学案》卷三五："乃卓吾之所以恨先生(指

耿定向)者,何心隐之狱,唯先生与江陵(指张居正)厚善,且主杀
心隐之李义河又先生之讲学友也,斯时救之固不难,先生不敢沾
手,恐以此犯江陵不说(悦)学之忌。"

⑤逆鳞:倒生的鳞片。传说龙喉下有倒生鳞片,触犯了它,就会杀
　人。封建时代把君主的不可触犯性,比喻为逆鳞,臣子犯人主或
　强权之怒,如同触逆鳞,有致的死危险。《韩非子·说难》:"夫龙
　之为虫也,柔可狎而骑也。然其喉下有逆鳞径尺,若人有婴(触
　犯)之者,则必杀人。人主亦有逆鳞,说者能无婴人主之逆鳞则
　几(很少)矣。"

⑥相踵:相接。

⑦犯害:敢于做于己有害之事。

⑧入:采纳,接受。

⑨何心老:即何心隐。何心隐及其被杀,详见前《答邓明府》第一段
　注①。

⑩昭昭:很明显的样子。

⑪犯颜敢谏:不怕冒犯君王或尊长的威严而敢于直言进谏。颜,
　脸色。

⑫偲(sī)偲切切:语本《论语·子路》:"切切偲偲。"意为朋友间互相
　批评,严格要求。偲,同"偲"。

【译文】

　　近来不断听到您的教诲,使我感到您是真正在讲学,您是真正的好
朋友。但使我不解的是您为什么一定要教诲我,我为什么必须听从您
的教诲。而且,只有这样才可以称为懂得了"不容已"的真理,懂得了不
知道为什么这样做而必须这样做的缘故。啊!朋友之道早已不存。我
曾经说,千古以来只有君臣而无朋友,这并不是过分的议说。君主就像
龙,喉下有倒生鳞片,触犯了它必遭死罪,但是不怕死而进谏之人却一
个接一个。为什么?虽遭死罪却可以博得谏臣之名,所以志士也都愿

意,何况这样做未必会死还能获得巨福呢?追求名利之心胜过避害之心,所以就敢于冒犯君主,做对自己有危险之事而不顾了,何况没什么害处而且有很大的好处呢?朋友之间就不是这样了:幸而相处融洽,志同道合,对自己也不会有分毫好处;不幸相处疏远,意见不合,则轻者相争不下,重者就互生怨恨。何心老就是因此而遭杀身之祸,丧了命而名又不成,其中的道理昭然若揭。所以我认为千古无朋友,就是因为无利可图。那些不怕冒犯而敢于直言进谏的人,只能常见于君臣之间,而绝对不见于朋友之间。现在我有幸得到您这样的直谏之友,真是太可贵了。又幸运地能得到您的教诲,那更是使人羡慕了。真是使人高兴啊!没想到今日从您身上得以见到孔子所说的朋友间这样互相勉励督促、严格批评的景象了。但是,难道只有您愿意仿效孔子吗?我也不是不愿意仿效孔子啊。

惟公之所不容已者,在于泛爱人①,而不欲其择人②;我之所不容已者,在于为吾道得人③,而不欲轻以与人④:微觉不同耳。公之所不容已者,乃人生十五岁以前《弟子职》诸篇入孝出弟等事⑤;我之所不容已者,乃十五成人以后为大人明《大学》⑥,欲去明明德于天下等事⑦。公之所不容已者博,而惟在于痛痒之末⑧;我之所不容已者专,而惟直收吾开眼之功⑨。公之所不容已者,多雨露之滋润⑩,是故不请而自至,如村学训蒙师然⑪,以故取效寡而用力艰;我之所不容已者,多霜雪之凛冽⑫,是故必待价而后沽⑬,又如大将用兵,直先擒王⑭,以故用力少而奏功大⑮。虽各各手段不同,然其为不容已之本心一也⑯。心苟一矣,则公不容已之论,固可以相忘于无言矣⑰。若谓公之不容已者为是,我之不容已者为非;公之不容已者是圣学⑱,我之不容已者是异学⑲:则吾不能知之矣。公之不容已者是知其不可以已，而必欲其不已者，为真不容已；我之不容已者是不知其不容已，而自然不容已者，非孔圣人之不容已：则吾又不能知之矣。恐公于此，尚有执己自是之病在⑳。恐未可遽以人皆悦之㉑，而遂自以为是，而遽非人之不是也。恐未可遽以在邦必闻㉒，而遂居之不疑㉓，而遂以人尽异学，通非孔、孟之正脉笑之也㉔。我谓公之不容已处若果是，则世人之不容已处总皆是㉕；若世人之不容已处诚未是，则公之不容已处亦未必是也。此又我之真不容已处耳。未知是否，幸一教焉！

【注释】

①泛爱人：语本《论语·学而》："泛爱众而亲仁。"意为博爱大众，亲近有仁德的人。

②择人：选择其谈道对象。

③得人：指得到可以传授的人。

④轻以与人：轻易地把道传给别人。

⑤《弟子职》：一篇记弟子事师礼节（受业、应客、坐作、进退、洒扫、馈馈等）的文章。见《管子·杂篇》，《汉书》卷三〇《艺文志》附在《孝经》之后。注本有清人洪亮吉《弟子职笺释》、庄述祖《弟子职集解》等。入孝出弟：语本《论语·学而》："入则孝，出则弟。"意为在家孝敬父母，出外敬爱兄长。弟，通"悌（tì）"，顺从和敬爱兄长。

⑥为大人：做一个大人。指能自立，"不待取给""不求庇荫"于人的人。明《大学》：明了《大学》的道理。《大学》，见《答周若庄》题解。

⑦明明德：语出《大学》。发扬光辉的美德。前一"明"字为使动词，

　　要发扬的意思。

⑧痛痒之末：指细枝末节。

⑨开眼：开阔眼界，增长见识。

⑩雨露：这里指点点滴滴的细小知识和恩惠。

⑪村学训蒙师：乡村私塾里教授初学儿童的启蒙老师。训蒙，教育
　　儿童。多指旧时学塾对儿童进行启蒙教育。

⑫霜雪之凛冽：比喻节操高洁，凛然不可侵犯。凛冽，极为寒冷。

⑬待价而后沽：语本《论语·子罕》。意为等好价钱才卖出去。

⑭擒王：语本杜甫《前出塞》："擒贼先擒王。"比喻抓住要害。

⑮奏功：收效，成功。

⑯本心：这里指动机、出发点。

⑰相忘于无言：在无言之中，彼此忘记。意为各行其是，不必多讲，
　　你没有必要把你的意见强加于他人。

⑱圣学：指孔子之学。

⑲异学：指儒家以外的其他学派、学说。

⑳执己自是之病：固执己见自以为是的毛病。

㉑遽：就，竟。

㉒在邦必闻：语出《论语·颜渊》。意为做国家的官时一定有名望。

㉓居之不疑：以（"圣学"）自居认为毫无疑问。居之，任之，当之。

㉔正脉：正统，正宗。

㉕世人：世间的人，一般的人。

【译文】

　　您所说的不容已之道，意在博爱大众，而并不考虑谈道的对象；我
所说的不容已之道，意在要得可以传授之人，而不是轻易地传道给他
人；所以咱俩的不容已之道有着细微的差异。您所说的不容已，是人生
十五岁以前所应学习的《弟子职》中所要求的入孝出弟之事；我所说的
不容已，是人生十五岁成年之后能自立而不求庇荫于人、能明了《大学》

的道理,并能把光辉的美德发扬于天下之事。所以,您的不容已虽博,却是细枝末节;我的不容已则专,能收到开阔眼界、增长知识的功能。您的不容已像雨露的滋润,自然而至,但只能点点滴滴,像乡村私塾的启蒙老师教授儿童,收效少而用力多;我的不容已,像寒冷的霜雪,节操高洁,凛然不可侵犯,并等待相应时机才出手,又像大将用兵,擒贼先擒王,抓住要害,所以用力小而收效大。虽然我们两人关于达到不容已的方法和措施有所不同,但为不容已之道的出发点应该是一样的。既然出发点一样,那么就不必把您的不容已之论强加于他人。如若说您的不容已之论是正确的,我的不容已之论是错误的;您的不容已之论是圣学,我的不容已之论是异学:那我真是不能理解了。如若说您的不容已是知其不可以停止,而且必须想方设法使其不停止,非得这样办不行,这样才是真不容已;我的不容已是不知道怎样使其停止,那就任其自然发展,自然使其不停止,就不是孔子圣学的不容已之道:那我又不能理解了。我想您在不容已这个问题上,存在着固执己见自以为是的毛病吧。因此,不能因为人们赞扬您的说法,就自认为自己完全正确,而他人就完全错误。恐怕也不能因为自己做官有声望,就以圣学自居不疑,而把他人都看成异学,都不是孔、孟圣学的正统而加以嘲笑。我认为,如若说您的不容已之论是正确的,那么其他人的不容已之论也都是正确的;如若说其他人的不容已之论不正确,那么您的不容已之论也同样是不正确的。这就是我对不容已之论的理解。这样的理解是否正确,还望您指教。

　　试观公之行事,殊无甚异于人者①。人尽如此,我亦如此,公亦如此。自朝至暮,自有知识以至今日,均之耕田而求食②,买地而求种,架屋而求安,读书而求科第③,居官而求尊显,博求风水以求福荫子孙。种种日用,皆为自己身家计虑，无一厘为人谋者。及乎开口谈学，便说尔为自己，我为他人；尔为自私，我欲利他。我怜东家之饥矣，又思西家之寒难可忍也。某等肯上门教人矣，是孔、孟之志也；某等不肯会人，是自私自利之徒也。某行虽不谨，而肯与人为善；某等行虽端谨，而好以佛法害人。以此而观，所讲者未必公之所行，所行者又公之所不讲，其与言顾行、行顾言何异乎④？以是谓为孔圣之训可乎？翻思此等，反不如市井小夫⑤，身履是事⑥，口便说是事，作生意者但说生意，力田作者但说力田⑦，凿凿有味⑧，真有德之言，令人听之忘厌倦矣。

【注释】

①殊：甚，极。

②均之：都是这样。均，都，皆。

③科第：登科及第，即考上举人进士。

④言顾行、行顾言：语出《中庸》。意为口里讲的话，要顾及自己所行之事；自己所行之事，要顾及口里讲的话。即言行一致。

⑤市井小夫：街巷居民。这里泛指一般老百姓。

⑥履：做。

⑦力田作者：种庄稼的。力田，致力耕田。

⑧凿凿：确实，鲜明。

【译文】

　　试看您的所作所为，和别人没有一点不同。他人这样，我也这样，您也这样。每个人一天到晚，从懂事儿开始到现在，都是种田为了吃饭，买地为了耕种，盖房子为了安身，读书为了做官，做官为了取得尊贵显赫的地位，到处找好风水居住修坟，为了给子孙造福。种种日常生活，全是替自己和家庭考虑，没有一点儿是替别人打算的。可是，等到一张口讲学论道,就说别人都是为自己,我则是为他人;别人专门利己,我专门利人。我可怜东家挨饿,又担忧西家受冻。某某人愿意上门去教育别人,那是在实现孔、孟的志向;某某人不愿与任何人来往,是自私自利之徒。某某人虽然做事不严谨,却乐于助人行善;某某人做事虽然端正严谨,却喜欢用佛家邪说害人。由此看来,您所讲的不一定是您所做的,您所做的又与您所讲的不一致,这和圣人所说的"言顾行、行顾言"是多么不一样啊! 把您这种表现说成是合乎孔圣人的教导,行吗? 我反复思考您的言行,觉得还不如一般小老百姓呢。他们做什么,口里就说什么,做生意的就说做生意,种田的就说种田,真实有味,是有德之言,叫人越听越爱听。

夫孔子所云言顾行者,何也? 彼自谓于子臣弟友之道有未能①,盖真未之能,非假谦也。人生世间,惟是此四者终身用之,安有尽期。若谓我能,则自止而不复有进矣。圣人知此最难尽,故自谓未能。己实未能,则说我不能,是言顾其行也;说我未能,实是不能,是行顾其言也。故为慥慥②,故为有恒③,故为主忠信④,故为毋自欺⑤,故为真圣人耳。不似今人全不知己之未能,而务以此四者责人教人⑥。所求于人者重,而所自任者轻⑦,人其肯信之乎?

【注释】

①"夫孔子"三句:事见《中庸》。孔子说:"君子之道四,丘未能一焉:所求(要求)乎子以事父(尽孝道),未能也;所求乎臣以事君(尽忠心),未能也;所求乎弟以事兄(恭敬兄长),未能也;所求乎朋友先施之(给以信实),未能也。庸德之行(平常的道德要着力实行),庸言之谨(平常的语言要谨慎地说),有所不足,不敢不勉

（不敢不尽力奋勉），有余不敢尽（言行尚有余力，也不敢说尽做
绝）。言顾行，行顾言，君子胡不慥慥尔！”

②慥慥：忠厚笃实，言行一致。

③有恒：语出《论语·述而》。指有恒心保持好的品德。

④主忠信：语出《论述·学而》。意为要以忠和信两种德操为主。

⑤毋自欺：语出《大学》。意为不要自己欺骗自己。

⑥责：要求。

⑦“所求”二句：语出《孟子·尽心下》。自任，自己负担。

【译文】

孔子所说的“言语要顾及行动”，是什么意思呢？他自称在子、臣、
弟、友这四种道德方面有的没做到，那是真的没做到，并不是假谦虚。
人生在世，只有这四种道德是要终身奉行的，哪有完全做到的时候。如
果说我做到了，那么就会停滞不前了。圣人知道这四种道德最难完全
做到，所以就自己说没能做到。自己实际没能做到，就说不能做到，这
是“言顾行”；说自己没能完全做到，实际上也不可能完全做到，这是“行
顾言”。这就是忠厚老实、言行一致，这就是有恒心保持好品德，这就是
重视忠信的德操，这就是不要自己欺骗自己，这就是真圣人。不像现在
有的人，根本不知道自己能否都做到，却要用这四种道德要求别人，教
训别人。要求别人严，而要求自己宽，别人怎么肯相信他那一套呢？

圣人不责人之必能，是以人人皆可以为圣。故阳明先
生曰①：“满街皆圣人。”②佛氏亦曰③：“即心即佛，人人是
佛。”④夫惟人人之皆圣人也，是以圣人无别不容已道理可以
示人也，故曰：“予欲无言。”⑤夫惟人人之皆佛也，是以佛未
尝度众生也⑥。无众生相，安有人相；无道理相，安有我相⑦。
无我相，故能舍己；无人相，故能从人⑧。非强之也⑨，以亲见

人人之皆佛而善与人同故也⑩。善既与人同,何独于我而有善乎? 人与我既同此善,何有一人之善而不可取乎? 故曰:"自耕稼陶渔以至为帝,无非取诸人者。"⑪后人推而诵之曰⑫:即此取人为善,便自与人为善矣⑬。舜初未尝有欲与人为善之心也,使舜先存与善之心以取人,则其取善也必不诚。人心至神,亦遂不之与,舜亦必不能以与之矣⑭。舜惟终身知善之在人,吾惟取之而已。耕稼陶渔之人既无不可取,则千圣万贤之善,独不可取乎? 又何必专学孔子而后为正脉也⑮。

【注释】

①阳明:即王守仁(1472—1529),字伯安,号阳明,余姚(今浙江余姚)人。弘治十二年(1499)进士。因反对宦官刘瑾被贬谪贵州龙场(今贵州修文)任驿丞(管理驿站的官吏)。后任太仆寺少卿,南赣佥都御史,都察院副都御史等职。曾平定宁王叛乱,镇压过农民起义。官至南京兵部尚书,封新建伯。卒谥文成。他发展了陆九渊的学说,认为"心外无物,心外无理",人心的"灵明"就是"良知",没有"良知"便没有天地万物。而良知为人人所固有,圣人不多,常人不少,所以人人都可以成为圣人。王守仁思想是宋明"心学"的集大成者,具有对抗朱熹和促进思想解放的积极因素,对李贽有直接影响。著作由门人辑成《王文成公全书》。

②满街皆圣人:见王守仁《王文成公全书》卷三《传习录》下。

③佛氏:指佛教。

④"即心"二句:佛教禅宗认为,只要人顿然觉悟到自心本来清净,本自具足(具备充分),这心就是佛,人人就是佛。

⑤予欲无言:语出《论语·阳货》。意为我想不说话了。这是借用孔子的话表明自己的心态。

⑥佛未尝度众生:佛教认为众生能见性自成佛,就用不着佛的接引(度)以脱离烦恼和生死。众生,佛教指称一切有情识的生物。

⑦"无众生"四句:意为"众生相"本来就是虚幻的,哪里还有什么"人相";"道理相"本来也是不存在的,哪里还有什么"我相"。佛教认为"凡所有'相',皆是虚妄",一切存在都是幻象。这当然是一种唯心主义说法。李贽则常常以此而否定"圣人"的存在,这里也是此意。相,佛教用语。指一切事物外现的形式、形态,如火之焰相,水之流相等。人相,指一切众生外观的形象、形态。我相,指把轮回六道的自体当作真实的存在,佛教认为是烦恼之源。

⑧"无我相"四句:意为不固执"我相",所以能够丢开个人的妄见;不存在"人相",所以能够听从他人的善见。

⑨强:勉强。

⑩善与人同:语出《孟子·公孙丑上》。行善(他)和别人没有区别。

⑪"自耕"二句:语见《孟子·公孙丑上》:"子路,人告之以有过,则喜。禹闻善言,则拜。大舜有大焉(伟大的舜更是了不得),善与人同,舍己从人,乐取于人以为善(快乐地吸取别人的优点来自己行善)。自耕稼陶渔以至为帝,无非取于人者。取诸人以为善,是与人(偕同别人)为善者也。故君子莫大乎与人为善。"意为(舜)从种庄稼、制陶器、做渔夫一直到做天子,从来没有不吸取别人优点的。

⑫推而诵之:推崇他(舜),称赞他。推,赞许。

⑬"即此"二句:意为就这样吸取他人的优点来自己行善,也就是偕同他人行善。

⑭"人心"三句:意为人心是极为神妙的,(若见到舜作伪)就不会把

善言告诉他,舜也一定不能和大家一道行善了。

⑮正脉:正统,正宗。

【译文】

圣人从来不要求人为全人,因此人人都可以成为圣人。所以王阳明先生说:"满街都是圣人。"佛教也认为:"只要自己心清净,自心就是佛,人人都可以成佛。"正因为人人都可以成圣人,因此,圣人就不会用"不容已"的道理去教导别人,所以孔子说:"我不想说话了。"因为人人都可以成佛,所以佛祖也用不着去接引众生了。一切事物都是虚幻的,众生都无相,哪里还有人相? 道理相本来就不存在,哪里还有我相? 不固执我相,所以能够丢开个人的妄见;不存在人相,所以能够听从他人的善见。这是很自然的事,而非出于强迫,因为人人都是佛,在行善上人人都无区别。行善既然人人相同,怎么能认为只有我在行善? 他人既然与我一样行善,为什么他人的行善就不可取呢? 所以说:"舜所以伟大,因为他从种庄稼、制陶器、做渔夫,一直到做天子,都善于吸取别人的优点,和大家一样行善。"因此,后人称赞舜能以吸取他人的优点来自己行善,也就是偕同他人行善。实际上舜在开始行善时并没有要与他人一起行善的想法,假使舜事先就存有一起行善之心,那么他的行善就不真诚了。人心是极为神妙真诚的,他人若是见到舜有作伪之心,就不会把善言告诉他,舜也就不可能同大家一起行善了。因为舜一生都知道在每一个人身心中都存有善行,自己只是从他们那里吸取这些优点而已。既然从耕稼陶渔这些普通人那里都有善行可吸取,那么千圣万贤之善行不是也可以吸取吗? 既然如此,又何必要把独尊孔子看成是正统呢?

夫人既无不可取之善,则我自无善可与,无道可言矣。然则子礼不许讲学之谈①,亦太苦心矣。安在其为挫抑柳老②,而必欲为柳老伸屈,为柳老遮护至此乎③? 又安见其为子礼之口过④，而又欲为子礼掩盖之耶？公之用心，亦太琐细矣！既已长篇大篇书行世间⑤，又令别人勿传，是何背戾也⑥？反覆详玩⑦，公之用心，亦太不直矣！且子礼未尝自认以为己过，纵有过，渠亦不自盖覆⑧，而公乃反为之覆，此诚何心也？古之君子，其过也如日月之食，人皆见而又皆仰；今之君子，岂徒顺之，而又为之辞⑨。公其以为何如乎？柳老平生正坐，冥然寂然⑩，不以介怀⑪，故不长进，公独以为柳老夸⑫，又何也？岂公有所憾于柳老而不欲其长进耶？然则子礼之爱柳老者心髓⑬，公之爱柳老者皮肤⑭，又不言可知矣。柳老于子礼为兄，渠之兄弟尚多也，而独注意于柳老；柳老又不在仕途，又不与之邻舍与田⑮，无可争者。其不为毁柳老以成其私，又可知矣。既无半点私意，则所云者纯是一片赤心。公固聪明，何独昧此乎⑯？纵子礼之言不是，则当为子礼惜，而不当为柳老忧。若子礼之言是，则当为柳老惜，固宜将此平日自负孔圣正脉，不容已真机，直为柳老委曲开导。柳老惟知敬信公者也，所言未必不入也。今若此，则何益于柳老，柳老又何贵于与公相知哉！然则子礼口过之称，亦为无可奈何，姑为是言以诮责耳⑰。设使柳老之所造已深，未易窥见，则公当大为柳老喜，而又不必患其介意矣。何也？遁世不见知而不悔⑱，此学的也⑲。众人不知我之学，则吾为贤人矣，此可喜也。贤人不知我之学，则我为圣人矣，又不愈可喜乎？圣人不知我之学，则吾为神人矣，尤不愈可喜乎？当时知孔子者唯颜子⑳，虽子贡之徒亦不之知㉑，此真所以为孔子耳。又安在乎必于子礼之知之也？又安见其为挫抑柳老,使刘金吾诸公辈轻视我等也耶^⑫？我谓不患人之轻视我等,我等正自轻视耳。区区护名,何时遮盖得完耶?

【注释】

①子礼不许讲学:万历初,张居正议禁讲学,周思敬倾向张居正的政治改革,反对其从兄周思久讲学。子礼,即周思敬。见《答周友山》题解。

②挫抑柳老:周思久曾在麻城创建辅仁书院,"与耿定向以理学相切劘",并说:"孔子之学,所谓物并育而不害,道并行而不悖者也。"(杨起元《杨太史家藏文集》卷三《学孔编序》引)在麻城聚徒讲学时,又说:"无此道理(指孔、孟之道),难过日子。"周思敬不同意周思久的这种理论,反驳说:"有此道理,难过日子。"(见《耿天台先生全书》卷三《与周柳塘》引)柳老,即周思久。见《答周柳塘》题解。

③"而必"二句:这是针对耿定向而言。他在《与周柳塘》中说,周思久说"无此道理,难过日子","此当指恣肆于情欲者道",而周思敬说"有此道理,难过日子","此可与捆缚于道理者道"。而周思敬并未"恣肆于情欲",周思久也并未"捆缚于道理",那么就应该"皆受用之"。耿定向当时企图调和周氏兄弟之间的矛盾,于"有道理时观其窍,无道理时观其妙",而为周思久"伸屈"。

④口过:失言的错误。

⑤长篇大篇:指耿定向近一二年撰写的攻击李贽、邓豁渠等文章书信。

⑥背戾(lì):悖谬,相反。

⑦详玩:揣摩,玩味。

⑧渠:他。

⑨"古之"六句:语本《孟子·公孙丑下》:"古之君子,其过也如日月之食,民皆见之;及其更(改正)也,民皆仰之。今之君子,岂徒顺之,又从为之辞。"食,蚀。仰,仰望。顺之,将错就错,迁就他。为之辞,替他的错误辩护。

⑩冥然寂然:冥思寂想的状态。

⑪不以介怀:不以求道治学为意。介怀,介意,把事情存于心中。介,搁,置。

⑫独:却。夸:夸饰,夸耀。

⑬心髓:比喻爱得深。

⑭皮肤:比喻爱得浅。

⑮"又不"句:意为又没有跟他的房屋、田地连接在一起。指没有什么财产关系。

⑯昧:不明白。

⑰逭(huàn)责:逃避责任。

⑱"遁世"句:意为隐居不出,虽然不被人家所了解,也不感到懊悔。

⑲学的:为学的准则。的,标准,准绳。

⑳颜子:即颜回。

㉑子贡(公元前520—?):复姓端木,名赐。春秋时卫国人。孔子弟子,善于辞令。

㉒刘金吾:指刘守有,号思云,麻城人。袭祖庄襄公荫,官锦衣卫。《麻城县志》康熙版卷七、乾隆版卷一五、民国版《前编》卷六等有传。金吾,本武器名,汉唐武官执以侍卫皇帝,就叫执金吾,简称"金吾"。刘守有当时是锦衣卫指挥,故称他为金吾。

【译文】

既然人人都有善行可取,那我就没必要施什么善行与他们,也没有必要向他们讲什么善行之道了。但是子礼反对其兄柳老讲学,那也用心太苦了。您认为他这是挫抑其兄柳老,所以您就想为柳老伸屈,为柳老遮护吗?您又怎么就认为子礼的言论是不当的,又要为子礼掩盖其不当呢?您这样的用心也太琐碎了!您既然长篇大论的著文攻击我和邓豁渠,却又嘱他人不必传阅,这是多么的自相矛盾,违背情理。我反复揣摩思考,您的用心,也太隐曲而不直率了!况且子礼也并不认为自己对柳老的批评有错,就是有错,他也不会遮掩,而您却表现出为他遮掩之态,真不知您存的什么心思!古时的君子,有过错就像日蚀月蚀,人人都能看到,改错后人人都敬仰;今天的所谓君子,见到他人之错不但将错就错,迁就他,而且还要替他辩护。您认为这样的行为怎么样?柳老平生正身端坐,冥思寂想,不以求道治学为意,所以没有长进,而您却夸耀他,又是为什么?难道您对他有所遗憾而不希望他有所长进吗?由此看来,子礼对其兄柳老是发自深心的真爱,而您对柳老不过是浅爱,这是不言而可知的了。柳老是子礼的兄长,他们的兄弟还有很多,而他却独独关怀柳老;柳老又不为官,又和他没有什么财产关系,两人之间实在是没有什么可争的。子礼并不是为了自己的私心毁谤柳老,是可知的。子礼既然没有半点私意,那么他对柳老的批评完全是出于赤诚之心。您很聪明,为什么不明白此中道理?就算子礼的话有错,那应当为子礼惋惜,而不该替柳老忧虑。若是子礼的话正确,那就应当替柳老惋惜,而且更应该用您平日自认为已承继的孔圣正脉,不容已之道,率真婉转地对柳老开导。柳老对您非常敬重信任,您的话他一定接纳。您现在这样子,对柳老有什么帮助?柳老与您相知又有什么可贵的呢!如若说子礼的话有不当之处,那也是没办法的事,只好认为是逃避责任罢了。如若说柳老的修养已深,不能轻易了解,那么您就应当大为柳老高兴,不必担心他有什么不高兴。为什么?因为真正修炼到家的人,虽然不被他人了解,也不会有什么懊恼,这才是学习的准则。一般人不知道我的修炼,那我就是贤人了,这是可喜的。贤人不知道我的修炼,那我就是圣人了,那不更可喜么?圣人也不知道我的修炼,那我就是神人了，那不是愈加的可喜么？当时真正了解孔子的只有颜回，就是子贡也不了解孔子，这才真是孔子为孔子的原因。又何必在乎子礼的不知呢？又怎么能认为子礼对其兄柳老的批评就是挫抑他呢？就是使刘金吾等人轻视我们呢？我认为不应怕他人轻视自己，怕的是自己轻视自己。维护名声的心思，何时才能遮掩得完？

且吾闻金吾亦人杰也，公切切焉欲其讲学①，是何主意？岂以公之行履②，有加于金吾耶③？若有加，幸一一示我，我亦看得见也。若不能有加，而欲彼就我讲此无益之虚谈，是又何说也？吾恐不足以诳三尺之童子，而可以诳豪杰之士哉？然则孔子之讲学非欤？孔子直谓圣愚一律④，不容加损⑤，所谓麒麟与凡兽并走，凡鸟与凤凰齐飞，皆同类也⑥。所谓万物皆吾同体是也⑦。而独有出类之学，唯孔子知之，故孟子言之有味耳⑧。然究其所以出类者，则在于巧中焉，巧处又不可容力⑨。今不于不可用力处参究⑩，而唯欲于致力处着脚⑪，则已失孔、孟不传之秘矣。此为何等事，而又可轻以与人谈耶？

【注释】

①欲其讲学：当时（万历十四年）耿定向护其妻彭淑人的棺材自京师归里，曾有意让刘守有出来讲学。

②行履：行为。

③加：超过。

④一律：这里是相同、一类的意思。

⑤加损：增减，褒贬。

⑥"所谓"三句：语本《孟子·公孙丑上》："麒麟之于走兽，凤凰之于

飞鸟,太山之于丘垤(dié,土堆),河海之于行潦(lǎo,小溪),
类也。"

⑦同体:同一形体,一致而无区别。

⑧"而独有"三句:语本《孟子·公孙丑上》:"圣人之于民,亦类也。
出于其类,拔乎其萃,自生民以来,未有盛于孔子也。"出类,出类
拔萃。

⑨"则在于"二句:语见《孟子·万章下》:"智,譬则巧也;圣,譬则力
也。由(犹)射于百步之外也,其至,尔力也;其中,非尔力也。"意
为智好比技巧,圣好比气力。犹如在百步以外射箭,射到,是你
的力量;射中,却不是你的力量(是技巧)。巧中(zhòng),靠技巧
命中(目标)。容力,用力,需要力。

⑩参究:体会,研究。

⑪致力:尽力。着脚:置足,落脚。

【译文】

　　我听说刘金吾也是人杰,您急迫的想让他讲学,不知是什么主意?
难道是因为您真认为自己的行为,超过了刘金吾吗?若是如此,请一一
告示于我,使我得以看见。若不是如此,您想让他讲一些无益的虚谈,
又是为什么?我想这样就是三尺儿童都骗不了,怎么能骗豪杰之士呢?
那么说孔子讲学也是错的吗?孔子说圣愚一样,不可褒贬,所谓麒麟与
一般兽类并走,平常的鸟儿与凤凰齐飞,都是一样。这就是说万物一样
而无区别。至于出类拔萃之学,只有孔子才可以称知之,所以孟子之说
深有意味。但是探究其出类拔萃之所在,是智慧技巧,而不在于气力。
如果不在智慧技巧上研究探索,而只想在气力处探究,那就失去了孔、
孟不传的真谛。这是多么重要的事理,怎么可以轻易与人相谈论呢?

　　公闻此言,必以为异端人只宜以训蒙为事①,而但借"明
明德"以为题目可矣,何必说此虚无寂灭之教②,以眩惑人

耶③？夫所谓仙、佛与儒，皆其名耳④。孔子知人之好名也，故以名教诱之⑤；大雄氏知人之怕死⑥，故以死惧之⑦；老氏知人之贪生也⑧，故以长生引之⑨。皆不得已权立名色以化诱后人⑩，非真实也。唯颜子知之，故曰夫子善诱⑪。今某之行事，有一不与公同者乎？亦好做官，亦好富贵，亦有妻孥，亦有庐舍，亦有朋友，亦会宾客，公岂能胜我乎？何为乎公独有学可讲，独有许多不容已处也？我既与公一同，则一切弃人伦、离妻室、削发披缁等语⑫，公亦可以相忘于无言矣。何也？仆未尝有一件不与公同也，但公为大官耳。学问岂因大官长乎？学问如因大官长，则孔、孟当不敢开口矣。

【注释】

①训蒙：对儿童的启蒙教育。

②虚无寂灭之教：指道教与佛教。道教用"虚无"比喻道的本体，意思是实而若虚，有而若无。寂灭，是"涅槃"的意译，佛教指超脱生死的理想境界。

③眩惑：迷惑。

④名：名目，名教。

⑤名教：指以正名定分（如"子臣弟友"）为主的封建礼教。

⑥大雄氏：印度佛教徒对佛主释迦牟尼的尊称。大雄，佛的德号。因佛具有非凡的智力，雄大无比，故称。

⑦以死惧之：佛教鼓吹善有善报、恶有恶报的轮回说，在地狱道、饿鬼道、畜生道、阿修罗道、人道、天道六道中轮回，要"备受诸苦毒"（《法华经·方便品》）。

⑧老氏：指老子，道教创始人。

⑨以长生引之：用长生不老的道理来引导他们。

⑩权立名色：暂且立个名目。名色，名目，名称。化诱：教化诱导。

⑪"唯颜子"二句：事见《论语·子罕》："颜渊喟然叹曰：'（老师孔子之道）仰之弥高，钻之弥坚。瞻之在前，忽焉在后。夫子循循然善诱人，博我以文，约我以礼，欲罢不能。'"善诱，善于诱导。

⑫削发披缁（zī）：剃去头发，披上黑色袈裟。指出家当和尚。缁，黑色。

【译文】

　　您听了我这些话，一定认为对于这样的异端之人用对儿童启蒙教育的方法，讲一讲发扬光辉美德就可以了，何必要用道教虚无和佛教寂灭之说，去迷惑人呢？实际上仙、佛与儒，都不过是一名目。孔子知道人们喜欢子臣弟友之名分，所以就以名教诱惑；佛主释迦牟尼知道人们怕死，就以生死轮回恐吓；老子知道人们希望长生不死，就用长生不老的理论来引导。都是不得已暂且立个名目诱导人们罢了，都是不真实之事。只有颜渊懂得这个道理，所以他说夫子善于诱导。现今我的作为，有哪一点不与您一样？也好做官，也好富贵，也有妻子和儿女，也有房屋住宅，也有朋友，也会宾客，您在哪一点上胜过我了？为什么您有学可讲，有许多不容已的道理？我与您既然没有什么不同，那您指责我有背人伦，抛离妻室，剃发为僧之论，都实在是不值得一说了。为什么？我的作为没有一样和您不同，不同之处只在您是大官。但学问能因为官大就比他人强么？如若说官大学问就大，那么孔子、孟子也就不敢说话了。

　　且东廓先生①，非公所得而拟也②。东廓先生专发挥阳明先生"良知"之旨③，以继往开来为己任，其妙处全在不避恶名以救同类之急④，公其能此乎⑤？我知公详矣，公其再勿说谎也⑥！须如东廓先生，方可说是真不容已。近时唯龙谿

先生足以继之⑦，近谿先生稍能继之⑧。公继东廓先生，终不
得也。何也？名心太重也，回护太多也⑨。实多恶也，而专
谈志仁无恶⑩；实偏私所好也，而专谈泛爱博爱；实执定己见
也，而专谈不可自是。公看近谿有此乎？龙谿有此乎？况
东廓哉！此非强为尔也⑪，诸老皆实实见得善与人同，不容
分别故耳。既无分别，又何恶乎？公今种种分别如此，举世
道学无有当公心者，虽以心斋先生亦在杂种不入公觳率
矣⑫，况其他乎！其同时所喜者，仅仅胡庐山耳⑬。麻城周柳
塘、新邑吴少虞⑭，只此二公为特出，则公之取善亦太狭矣，
何以能明明德于天下也？

【注释】

①东廓先生：即邹守益（1491—1562），字谦之，号东廓，江西安福
（今江西安福）人。正德六年（1511）会试第一。官至侍读学士、
南京国子监祭酒。学宗王阳明。著有《东廓语录》。《续藏书》卷
二二、《国朝献征录》卷七四、《耿天台先生文集》卷一四、《明史》
卷二八三、《明儒学案》卷一六等有传。

②拟：相比。

③"东廓"句：邹守益笃信王阳明的"良知"说，并主张"修己以敬"
"戒惧""慎独"为致"良知"的修养方法。良知，儒家谓人类先天
具有的道德意识。最早为孟子所提出，后来王阳明加以发挥。
他说："若鄙人所谓致知格物者，致吾心之良知于事事物物也。
吾心之良知，即所谓天理也。致吾心良知之天理于事事物物，则
事事物物皆得其理矣。"（《传习录》卷中）

④"其妙处"句：明武宗朱厚照无子，世宗朱厚熜（cōng）由藩王继从
兄朱厚照的帝位。即位后，使礼臣议本生父兴献王的尊号，要求

追崇本生父母为"帝""后",从而在统治集团内部引发了皇统继承与家系继承的争吵。张璁等迎合世宗之意,议尊其父为皇考。杨廷和等认为不合礼法,主张称孝宗(武宗父)为皇考,兴献王为皇叔父。争论三年,终于追尊兴献王为皇考恭穆献皇帝。群臣哭阙力争,因此下狱的达一百三十四人,廷杖致死的十余人,还有多人被谪戍和致仕而去。此事史称"大礼议"。在"大礼议"事件中,邹守益曾上书为被害群臣辩护,并进行营救。因此,也被下狱受刑,后谪为广德州(州治在今安徽广德)州判。这里所说的"不避恶名以救同类之急",可能即指此事。

⑤公其能此乎:暗指耿定向对何心隐之狱,能救而不救事。见本文第一段注④。

⑥说谎:张居正死后,受到顽固派的弹劾,一家遭削籍抄没,何心隐案也成为顽固派攻击张的一个借口。当何心隐被害时见死不救的耿定向,此时也写起了吊何心隐的"哀辞"。见《耿天台先生全书》卷一二,又《梁夫山遗集·附录》。"说谎"当暗指此事。

⑦龙谿先生:即王畿(1498—1583),字汝中,号龙谿,山阴(今浙江绍兴)人。嘉靖十一年(1532)进士。王守仁的学生,官至兵部侍郎。他与钱德洪曾两次放弃科举机会,专心王学。当时,四方学人士子向王学习者,往往先由他们辅导,而后卒业于王守仁,因此被称为"教授师"。主张"良知"即是佛性,为学以"致知见性"为主,把王守仁的"良知"说进一步引向禅学。著有《困知记》《龙谿集》等。《续藏书》卷二二、《明史》卷二八三、《明史稿》卷一八五、《明书》卷一一四、《明儒学案》卷一二等有传。李贽对王畿极为推崇,本书卷三有《王龙谿先生告文》可参看。

⑧近谿先生:即罗汝芳(1515—1588),字惟德,号近谿,江西南城(今江西南城)人。嘉靖三十二年(1553)进士。除太湖知县,召诸生论学。终官云南布政司参政。泰州学派代表人物之一。先

学于颜钧,后又为王畿再传弟子,学主良知。死后门人私谥明德。著有《近谿子明道录》《近谿子文集》等。《续藏书》卷二二、《明史》卷二八三、《明史稿》卷一八五、《明儒学案》卷三四等有传。李贽对罗汝芳极为推崇,本书卷三有《罗近谿先生告文》可参看。

⑨回护:(为自己的错误)曲为辩护、遮掩。

⑩志仁无恶:语本《论语·里仁》:"苟志于仁矣,无恶也。"意为真能立志实行仁德,就能做到没有什么可被憎恶的。

⑪非强为尔:不是勉强这样做的。

⑫"虽以"句:意为即使像心斋先生(这样有道行的人),也被放在非纯种(即非正统)之列,而不合乎你的标准了。心斋先生,即王艮,见《又答石阳太守》第二段注③。杂种,比喻混杂而成之物。这里是非正统之意。彀率(gòu lǜ),把弓拉到可以发箭的幅度。比喻衡量人物事理的标准、要求。

⑬胡庐山:即胡直(1517—1585),字正甫,号庐山,泰和(今江西吉安)人。嘉靖三十五年(1556)进士。历官广西参政、广东和福建按察使等。笃信王阳明之学,认为心是天地万物的创造者。著有《衡齐》。《明儒学案》卷二二、《列朝诗集小传》丁集有传。

⑭周柳塘:见《答周柳塘》题解。新邑:指黄安(今湖北红安),是嘉靖末年新设的县。吴少虞:名心学,号少虞,黄安人。曾在黄安似马山创洞龙书院,因自称"洞龙"。与李贽有过亲密交往,李贽与耿定向矛盾激化后,吴站在耿一边,曾对李贽进行攻击。李贽曾称之"大头巾",即迂腐之甚的儒生(本书卷四《因记往事》)。《黄州府志》卷一九《儒林》说他"一意孔、孟之学","教人以下学上达为宗"。著有《洞龙集》。《黄安县志》卷一〇有传。

【译文】

至于东廓先生,您是不可与他相比的。东廓先生专发挥王阳明先生"良知"之说,以继往开来为己任,其高妙处全在不避恶名而勇于救朋友于危难,您能这么么?我对您非常了解,您不要再说谎了!要知道只有像东廓先生那样敢于为朋友而不避恶名,才可以称得上是真的不容已。近时只有龙谿先生有此品德,近谿先生也有这种精神。至于您要继承东廓先生这种精神,那是不可能的。为什么?因为您名心太重,对自己的错误遮掩太多了。您心中恶念太多,却专谈"志仁无恶";实际上私心太重,却专谈泛爱博爱;实际上固执己见,却专谈不可自以为是。您看近谿是这样么?龙谿是这样么?何况东廓先生呢!这并不是有意勉强这样做,那是因为诸位老先生确实真诚地认为善与人同,不应该有分别的缘故。既然没有分别,那又有什么可恶呢?您如今指责别人这也不是那也不对,举世道学界没有符合您心意的人,即使像心斋先生这样道行高尚之人也不合乎您的标准,其他就更是不值得说了。您所喜欢的,仅仅胡庐山一人罢了。麻城周柳塘、新邑吴少虞,也只有这二位被您认为特别出众,那么您取善的标准和范围也太狭窄了,这样怎么能发扬光辉的美德于天下呢?

　　我非不知敬顺公之为美也,以"齐人莫如我敬王"也①。亦非不知顺公则公必爱我,公既爱我,则合县士民俱礼敬我,吴少虞亦必敬我,官吏师生人等俱来敬我,何等好过日子,何等快活!但以众人俱来敬我,终不如公一人独知敬我;公一人敬我,终不如公之自敬也。

【注释】

①齐人莫如我敬王:语出《孟子·公孙丑下》。意为齐国人中没有一个比得上我这样尊敬王的。是孟子表示对齐王尊敬之意,这里是借引。

【译文】

我并不是不知道恭敬顺从您就可以得到好处,如同孟子所说的应该"齐人莫如我敬王"。也不是不知道顺从您您必然会爱我,您既爱我,那全县士民也一定尊敬我,吴少虞也必然尊敬我,官吏师生等也必然尊敬我,这样是多么好的日子,多么快活!但是要众人都来尊敬我,终不如您一人懂得尊敬我;您一人尊敬我,终不如您要多多自敬。

吁!公果能自敬,则余何说乎!自敬伊何①?戒谨不睹,恐惧不闻②,毋自欺,求自慊,慎其独③。孔圣人之自敬者盖如此。若不能自敬,而能敬人,未之有也。所谓本乱而求末之治④,无是理也。故曰:"壹是皆以修身为本。"⑤此正脉也,此至易至简之学,守约施博之道⑥,故曰:"君子之守,修其身而天下平。"⑦又曰:"人人亲其亲、长其长而天下平。"⑧又曰:"上老老而民兴孝。"⑨更不言如何去平天下,但只道修身二字而已。孔门之教,如此而已,吾不知何处更有不容已之说也。

【注释】

①伊何:如何,怎样。

②"戒谨"二句:语本《中庸》:"道也者,不可须臾离也,可离非道也。是故君子戒慎乎其所不睹,恐惧乎其所不闻。"意为君子在人们看不到的地方,行为也应谨慎检点;在人们听不到的地方,讲话也要警惕畏惧。

③"毋自"三句:语本《大学》:"所谓诚其意者,毋自欺也。如恶恶臭,如好好色,此之谓自谦。故君子必慎其独也。"意为要使自己的意念诚实,就不要自己欺骗自己。好像厌恶臭气那样厌恶邪

恶,好像喜爱美色那样喜爱善良,这样才叫作意念诚实,自我满足。所以君子在独处无人时,也一丝不苟地谨慎自己的行为。慊(qiè),满足,欢快。独,独处,处在单独无人之处。

④"所谓"句:语本《大学》:"其本乱而末治者,否矣。"本,指"修身",即自身的品德修养。末,指"齐家""治国""平天下"。

⑤"壹是"句:语出《大学》。壹是,一概,一律。

⑥"守约"句:语本《孟子·尽心下》:"言近而指远者,善言也;守约而施博者,善道也。"意为所操持的简单,效果却广大,这是"善道"。

⑦"君子"二句:语出《孟子·尽心下》。意为君子的操守,从修养自己开始,(然后去影响别人),从而使天下太平。

⑧"人人"二句:语出《孟子·离娄上》。意为人人只要亲爱自己的双亲,尊敬自己的长辈,天下就太平了。第一个"亲"字和"长"字都用作动词。

⑨"上老"句:语出《大学》。意为君主能尊敬孝养老人,老百姓就会兴起孝心。

【译文】

唉!您真正能自敬,我还有什么可说的呢!自敬是什么意思?那就是《中庸》所说的"在人们看不到的地方,行为也应谨慎检点;在人们听不到的地方,讲话也要警惕畏惧",也就是《大学》所说的"不自欺",求"自我满足","在独处无人时,也一丝不苟地谨慎自己的行为"。孔圣人的自敬就是如此。若不能自敬,而能敬人,那是没有的事。《大学》又说,自身道德修养很差,而想"齐家""治国""平天下",那是不可能的。所以《大学》说:"一概以修身为本。"这才是一脉相承的正统,也是极为容易极为简单之学,是操持简单效果却显著的善道,所以孟子说:"君子的操守从修养自己开始,然后影响别人,从而使天下太平。"又说:"每个人只要亲爱自己的双亲,尊敬长辈,天下就太平了。"《大学》也说:"君主能尊敬孝养老人，老百姓就会兴起孝心。"都不说如何去平天下，都只是强调修身二字而已。孔门之教，如此而已，我不知道何处还有不容已之说。

　　公勿以修身为易，明明德为不难，恐人便不肯用工夫也①。实实欲明明德者，工夫正好艰难，在埋头二三十年，尚未得到手，如何可说无工夫也？龙谿先生年至九十②，自二十岁为学，又得明师③，所探讨者尽天下书，所求正者尽四方人，到末年方得实诣④，可谓无工夫乎？公但用自己工夫，勿愁人无工夫用也。有志者自然来共学，无志者虽与之谈何益。近谿先生从幼闻道，一第十年乃官⑤，至今七十二岁，犹历涉江湖各处访人，岂专为传法计欤⑥！盖亦有不容已者。彼其一生好名，近来稍知藏名之法，历江右、两浙、姑苏以至秣陵⑦，无一道学不去参访。虽弟子之求师，未有若彼之切者，可谓致了良知⑧，更无工夫乎？然则公第用起工夫耳⑨，儒家书尽足参详⑩，不必别观释典也⑪。解释文字，终难契入⑫；执定己见，终难空空⑬；耘人之田，终荒家穑⑭。愿公无以刍荛陶渔之见而弃忽之也⑮。古人甚好察此言耳⑯。

【注释】

①工夫：理学家指积功累行、涵养心性为工夫。

②年至九十：王龙谿实际上活了八十六岁，这里是举其整数。

③明师：指王守仁。

④末年：晚年。实诣：真实的造诣。

⑤一第十年乃官：及第（科举应试考中进士）后十年才去当官。

⑥传法：佛教用语。指传播佛法或以佛法传后人。这里指传播学问。

⑦江右：江西的别称。古人以东为左，以西为右，自江北视之，江西为江右。两浙：浙东与浙西的合称，约当今之浙江及江苏东南部。姑苏：苏州的别称，也泛指旧苏州府。秣陵：古县名。约当今江苏南京一带。这里代指南京。

⑧致了：求得。

⑨第：如果。

⑩参详：参酌详审，深入研究。

⑪释典：佛经。

⑫契入：契合、深入人心。

⑬空空：佛教用语。佛教宣扬一切事物都无实体，叫作"空"。但"空"也是加给事物的假名，认识假名也同样是空。所以一切皆空而又不执着于空名（虚名）与空见（谓凭空之见），就叫"空空"。这里指对佛教真谛的认识。

⑭"耘人"二句：语本《孟子·尽心下》："人病（有些人的毛病）舍其田而芸人之田——所求于人者重，而所以自任（自己负担）者轻。"李贽借用此意，用"耘人之田，终荒家穰"（替别人田里除草，终于失去了自己的丰收），喻指耿定向要求他人很重，而对自己要求却很轻。

⑮刍（chú）荛（ráo）陶渔：比喻普通人。刍荛，割草打柴的人。陶，制瓦器的人。渔，打鱼的人。

⑯"古人"句：《中庸》说："舜好问而好察迩言。"古人，指舜。察，考察，采纳。迩言，浅近之言，常人之语。

【译文】

您不要因为修身是很容易的事，发扬光辉的美德并不难，就担心人们在这方面不肯用工夫。实实在在想要发扬光辉美德的人，要养成积功累行、涵养心性的工夫是很艰难的，埋头努力二三十年，也不一定得到手，怎么可以说不必进行这种工夫呢？龙谿先生活到九十，自二十岁就开始为学，又得明师指导，对天下之书都进行了探讨，到处向人请教求指正，到晚年才得到真实的造诣，能说没有下工夫么？您只用自己的工夫，不要愁他人无工夫可用。有志者自然愿意一起学习，无志者虽与之谈论也不会有什么益处。近谿先生从幼年就开始领会一些道理，科举应试中进士十年后才去当官，至今已七十二岁，还经常远涉江湖各处访人，并不是专门为传播学问，也有着不容自止勇往直前的原因。他一生好名，近来稍知隐藏名声之法，走遍江右、两浙、姑苏以至秣陵，所有的道学先生都去参访。虽弟子之求师，也没有他这样的恳切急迫，可以说他真正致得了良知，难道能说他没下工夫么？您若也想用其工夫，儒家之书尽可以参酌研究，不必再参看佛典。因为佛典的解说，很难契合您的心思；您顽固地执定己见，也难以对佛教有真正的认知；替别人田里除草，那会失去自己的收获，不要对人严苛，对己则宽松。愿您不要轻视打鱼砍柴一类普通人的见解就好了。《中庸》中说舜喜欢考察常人的浅近之言就是这样。

　　名乃锢身之锁①，闻近老一路无一人相知信者②。柳塘初在家时③，读其书便十分相信，到南昌则七分，至建昌又减二分④，则得五分耳。及乎到南京，虽求一分相信，亦无有矣。柳塘之徒曾子⑤，虽有一二分相信，大概亦多惊讶。焦弱侯自谓聪明特达⑥，方子及亦以豪杰自负⑦，皆弃置大法师不理会之矣⑧。乃知真具只眼者⑨，举世绝少，而坐令近老受遁世不见知之妙用也⑩。至矣⑪，近老之善藏其用也⑫。曾子回，对我言曰："近老无知者，唯先生一人知之。"吁！我若不知近老,则近老有何用乎! 惟我一人知之足矣,何用多知乎! 多知即不中用,犹是近名之累⑬,曷足贵欤! 故曰:"知我者希,则我贵矣。"⑭吾不甘近老之太尊贵也。近老于生⑮,岂同调乎? 正尔似公举动耳。乃生深信之,何也? 五台与生稍相似⑯,公又谓五台公心热,仆心太冷。吁! 何其相马于牝牡骊黄之间也⑰!

【注释】

①锢身:禁锢人身。

②近老:即罗近谿(汝芳)。

③柳塘:即周柳塘(思久)。

④建昌:江西南城。罗近谿的老家。

⑤曾子:可能指曾中野,周思久的学生、女婿。万历十三年(1585),李贽离开黄安,徙居麻城,周思久为东道主,曾中野"舍大屋"给李贽居往(见《续焚书》卷一《与弱侯焦太史》)。

⑥焦弱侯:即焦竑。见《与焦弱侯》题解。特达:特出,卓异。

⑦方子及:即方沆(hàng,1542—1608),字子及,号讱(rèn)庵,莆田(今福建莆田)人。隆庆二年(1568)进士。历官南京户部郎、刑部郎、云南提学、湖广佥事等。著有《漪兰堂集》。明代李维桢《大泌山房集》卷八一,《莆田县志》卷一三、卷二二,《姚安县志》卷六五,民国《新纂云南通志》卷一七九等有传。

⑧大法师:指罗近谿。法师,佛教用语。精通佛经并能讲解佛法的高僧。

⑨具只眼:具有敏锐的眼光和独到的见解。

⑩坐令:致使。受:获得。遁(dùn)世不见知:避世而不为人知。

⑪至矣:到极点了。至,极,极点。

⑫善藏其用：善于隐藏他的功用。

⑬近名：好名，追求名誉。累：拖累。

⑭"知我"二句：语见《老子》第七十章，原文是："知我者希，则我者贵。"意为了解我的人越少，取法我的人就越难得。则，法则。这里是效法的意思。贵，难得。

⑮生：作者自谦之称。

⑯五台：即陆光祖，字与绳，号五台，平湖（今浙江平湖）人。嘉靖二十六年（1547）进士。曾官工部右侍郎，因忤张居正而引疾归。后再起，官至刑部尚书、吏部尚书。张居正改革政治遭到保守派攻击，陆又为张辩解。为政时能广引人材，不念旧恶，人服其量。谥庄简。著有《庄简公存稿》。《续藏书》卷一八、《国朝献征录》卷二五、《明史》卷二二四、《明书》卷一三三、《明史稿》卷二〇八、《居士传》卷四〇等有传。

⑰"何其"句：意为单从雌雄和颜色上鉴别马匹的优劣，比喻对事物只看表面不问实质。典出《列子·说符》：古代善相马的伯乐年老，推荐九方皋为秦穆公访求骏马。三月后于沙丘得之。"穆公曰：'何马也？'对曰：'牡而黄。'使人往取之，牝而骊"。于是穆公责备伯乐。伯乐解释说，九方皋是"得其精而忘其粗，在其内而忘其外"，即看到了马的实质而忽略了其外表。此典又见《淮南子·道应训》《吕氏春秋·观表》，九方皋分别作九方堙、九方歅。牝（pìn）牡（mǔ），雌性的和雄性的。骊（lí），纯墨色的马。万历二十八年（1600）苏州陈证圣序刊本《李氏焚书》到此全文结束。明刊本《李温陵集》有以下文字。

【译文】

追求名誉是禁锢人身的一把锁，听说近谿老在同类学界中没有一个人真正与他相知相契。柳塘初在家时，读了近谿老的书便十分相信，到南昌后就减到七分，到了建昌又减去二分，就剩五分了。后来到了南京,连一分的相信也没有了。柳塘的学生曾中野,虽然有一二分相信,大概也多惊讶。焦弱侯自认为聪明卓异,方子及也以豪杰自负,但他们都把近谿弃置一边不予理会。由此可知真正具有敏锐眼光的人,世上极少,从而使近谿老获得避世而不为人知的妙用。这真是妙极了,近谿老多么善于隐藏他的功用。曾中野回来后,曾对我说:"人们都不了解近谿老,只有先生一人了解他。"唉! 我要是不了解近谿老,近谿老还能起到什么作用? 只要有我一人能对近谿老有了解就够了,用不着很多人对他了解。很多人了解没什么好处,那只能受到追求名誉的拖累,有什么值得看重的。所以老子说:"了解我的人越少,取法我的人就越难得。"我不想让近谿老太尊贵。近谿老和我,是不是志趣和主张一致呢? 正像您的举止行动一样。我非常相信这一点,为什么? 五台与我多少也有相似之处,您却认为五台公心热,我心太冷。唉! 您怎么只看事物的表面而不看本质呢!

展转千百言①,略不识忌讳,又家贫无代书者,执笔草草,绝不成句。又不敢纵笔作大字,恐重取怒于公②。书完,遂封上。极知当重病数十日矣,盖贱体尚未甚平③,此劳遂难当。但得公一二相信,即刻死填沟壑④,亦甚甘愿。公思仆此等何心也? 仆佛学也,岂欲与公争名乎? 抑争官乎? 皆无之矣。公傥不信仆⑤,试以仆此意质之五台⑥,以为何如? 以五台公所信也⑦。若以五台亦佛学,试以问之近谿老,何如?

【注释】
①展转:亦作"辗转",反复的意思。
②重:一再,更加。

③平：平复，即痊愈。

④死填沟壑(hè)：死了埋身溪谷，指草草埋葬。

⑤傥：倘若，如果。

⑥质：询问。

⑦以：因为。

【译文】

反反复复写了这么长，一点也不顾及忌讳，又家贫无资请人代书，只好自己执笔草草，难以成句。又不敢放开笔写大字，恐怕更加使您发怒。书信写完，立即封上。我深知自己已重病数十日，贱体还没有痊愈，这样的劳累实难承受。但若能得到您一二分相信，即使立即死去草草埋葬，也心甘情愿。您想一想我这是何等心情？我是佛学之徒，怎么会想和您争名声？或者争官位？这都是没有的事。您如若不信任我，可将我这个意思问一问五台，看看是不是如此？因为您对五台公是相信的。如若您认为五台也是佛学之徒，也不妨问问近谿老，怎么样？

公又云："前者《二鸟赋》原为子礼而发①，不为公也。"夫《二鸟赋》若专为子礼而发，是何待子礼之厚，而视不肖之薄也②！生非护惜人也③，但能攻发吾之过恶④，便是吾之师。吾求公施大炉锤久矣⑤。物不经锻炼，终难成器；人不得切琢⑥，终不成人。吾来求友，非求名也；吾来求道，非求声称也⑦。公其勿重为我盖覆可焉！我不喜吾之无过而喜吾过之在人⑧，我不患吾之有过而患吾过之不显。此佛说也，非魔说也；此确论也，非戏论也。公试虚其心以观之，何如？

【注释】

①《二鸟赋》：耿定向此作未见。疑指《春鸟秋虫解嘲》赋，见《耿天

台先生全书》卷一四。在该赋中,耿定向对李贽有所讥讽。李贽在《续焚书》卷一《与焦弱侯太史》中说:"楚侗令师近有《二鸟赋》,兄曾见否?弟实感此老不忘我针砭也。当时遂妄肆批题,缴而还之。"

②不肖:不贤,李贽自指。

③护惜:爱护珍惜。自护其短(过失),吝惜错误(不改)。

④攻发:指责,揭发。过恶:错误,罪恶。

⑤炉锤:锤炼。比喻严厉批判。

⑥切琢:切磋琢磨。比喻道德学问方面相互研讨勉励。

⑦声称:名声,声誉。

⑧喜吾过之在人:意为喜欢我的过错能被别人指出来。

【译文】

您又说:"先前所著《二鸟赋》原来是为子礼而发,不是为你。"如若《二鸟赋》专为子礼而发,那么您待他是多么的深情厚意,而待我却如此之轻薄。我并不是自护其短有错不改的人,不管是谁能揭发我的错误,那就是我的老师。我很久以来就希望您对我进行严厉的批判。物不经过锻炼,很难成器;人不经过相互的切磋研讨,也很难成长为人。我来麻城的目的就是为了寻找朋友,并不是为了什么名誉;我来这里是为了求道,也并不是为了什么名声。您不要为我遮遮掩掩就好了。我并不喜欢我不会犯错误而喜欢我有了错误能被别人指出来,我不害怕我有错误而害怕我有错误却被遮遮掩掩。这是佛理的正论,不是邪魔的谬说;是确切的论断,不是玩笑的戏论。您试着虚心想一想,我这些话怎么样?

　　每思公之所以执迷不返者,其病在多欲。古人无他巧妙,直以寡欲为养心之功①,诚有味也②。公今既宗孔子矣,又欲兼通诸圣之长:又欲清,又欲任,又欲和③。既于圣人之所以继往开来者④，无日夜而不发挥，又于世人之所以光前裕后者⑤，无时刻而不系念⑥。又以世人之念为俗念，又欲时时盖覆，只单显出继往开来不容已本心以示于人。分明贪高位厚禄之足以尊显也，三品二品之足以褒宠父祖二亲也⑦，此公之真不容已处也，是正念也⑧。却回护之曰："我为尧、舜君民而出也⑨，吾以先知先觉自任而出也。"是又欲盖覆此欲也，非公不容已之真本心也。且此又是伊尹志⑩，非孔子志也⑪。孔、孟之志，公岂不闻之乎！孔、孟之志曰："故将大有为之君，必有所不召之臣，欲有谋焉则就之，其尊德乐道不如是，不足与有为也。"⑫是以鲁缪公无人乎子思之侧，则不能安子思⑬。孔、孟之家法，其自重如此，其重道也又如此。公法仲尼者⑭，何独于此而不法，而必以法伊尹为也？岂以此非孔圣人之真不容已处乎？吾谓孔、孟当此时若徒随行逐队⑮，旅进旅退⑯，以恋崇阶⑰，则宁终身空室陋巷穷饿而不悔矣⑱。此颜子之善学孔子处也。

【注释】

①寡欲为养心之功：语本《孟子·尽心下》："养心莫善于寡欲。"意为减少物质欲望作为修养心性的功夫。

②味：体会。

③"又欲"四句：语本《孟子·万章下》："伯夷，圣之清者也；伊尹，圣之任者也；柳下惠，圣之和者也。"诸圣，指伯夷、伊尹、柳下惠。伯夷，见《与耿司寇告别》第4段注⑥、第5段注①。伊尹，名挚，曾耕于有莘氏之野，原为有莘氏的陪嫁之臣，后帮助汤灭了夏桀

成为商代开国大臣。《史记》卷三有传。柳下惠,即展禽。姓展,名获,字禽。春秋时鲁国大夫,任士师(掌管刑狱的官)。食邑在柳下,谥惠,因称柳下惠。以善于讲究贵族礼节著称。其事迹见《论语·微子》《左传》僖公二十六年等。清,清高。任,负责。和,随和。

④继往开来:这里指继往圣,开来学。即继承儒学"道统"。

⑤光前裕后:指显祖荣宗,福荫子孙。

⑥系念:挂念。

⑦三品二品:三品官二品官。耿定向当时任刑部左侍郎,是正三品官。封建时代官阶一般分九品,各品再分正、从(副)。褒宠父祖:封建时代儿孙当了高官,其父母和祖父母可以按例得到皇帝的封(生时)赠(死后)。褒宠,褒奖宠幸。

⑧正念:真正的心念。

⑨我为尧、舜君民而出:意为为了帮助像尧、舜一样的皇帝统治老百姓才出来做官的。君,治理、统治的意思。

⑩伊尹志:《孟子·公孙丑上》说:"非其君不事,非其民不使;治则进,乱则退,伯夷也。何事非君(任何君主都可以去服事),何使非民(任何百姓都可以去役使);治亦进(太平时也做官),乱亦进(乱世也做官),伊尹也。"又据《孟子·告子下》:"五就汤(五次往商汤那里去),五就桀者(又五次往夏桀那里去),伊尹也。"意为伊尹的主张。

⑪孔子志:据《孟子·公孙丑上》:"可以仕(做官)则仕,可以止(辞官)则止。可以久(继续做官)则久,可以速(马上走开)则速,孔子也。"

⑫"故将"五句:语出《孟子·公孙丑下》。意为所以大有作为的君主一定有他的不能召唤的臣子。若有什么事要商量,就亲自到臣子那里去。如果君主不是这样尊尚道德和乐行仁政,就不值

得和他有所作为。

⑬"是以"二句：见《孟子·公孙丑下》。意为鲁缪公如果没有派人伺
　候在子思身边，就不能够使子思安心。鲁缪公，一作鲁穆公，名
　显，战国时鲁国国君。公元前407—公元前375年在位。子思，名
　伋(jí)，孔子之孙。曾受业于曾参，相传《中庸》是他编写的。

⑭法：取法。

⑮随行逐队：随波逐流之意。

⑯旅进旅退：(与众人)共进共退。旅，俱，一起。

⑰崇阶：高官。阶，指官阶。

⑱宁：岂，怎能。空室陋巷穷饿：见《论语·雍也》："贤哉，回也！一
　箪(dān，古代盛饭的竹器)食，一瓢饮，在陋巷，人不堪其忧(别人
　都受不了那穷苦的忧愁)，回也不改其乐。贤哉，回也！"指孔子
　对颜渊"安贫乐道"的称赞。

【译文】

我常想您之所以固守己见执迷不返的原因，其病根就在过多追求
物质的欲望。克服这种多欲之病，古人也没有什么特别巧妙之方，做到
孟子所说的"寡欲养心"就可以了，这是从深切体验中得出的可贵结论。
您今日既然效法孔子，又想兼有诸位圣贤的优长：有伯夷的清高，伊尹
的负责，柳下惠的随和。既想继承圣人之学开创未来，日日夜夜都在努
力，又像世人那样追求显祖荣宗福荫子孙，时时刻刻都在挂念。却又以
世人之念为俗念，想时时遮掩，只表现出自己要继承圣人之学并开创未
来的奋进不已而给人看。分明是贪图高位厚禄以显示自己的尊贵显
要，以取得三品二品的官职来为父祖二亲邀得褒奖宠幸，这就是您真正
的不容已理论，真正的心念。但您却辩护说："我是为了帮助像尧、舜一
样的皇帝统治百姓才出来做官的，我是把先知先觉当作自身应尽的职
责而做的。"这又是想掩盖您多欲的内心，不是您所标榜的不容已的真
正含义。您这样的心思是伊尹的主张，不是孔子的主张。孔、孟的主

张,您能不知道么? 孔、孟的主张正如孟子所说的:"大有作为的君主一定有他的不能召唤的臣子,若有什么事情要商量,就亲自到臣子那里去。如果君主不是这样尊尚道德和乐行仁政,就不值得和他有所作为。"所以鲁缪公如果没有派人伺候在子思身边,就不能够使子思安心。孔、孟的家法,是这样的自重,又是这样的尊重道义。您既然效法孔子,为什么不效法他这些方面,而却去效法伊尹呢? 难道说这些都不是孔圣人真的不容已之处? 我想孔、孟当时若随波逐流,与众人共进共退,留恋高官厚禄,那他就不会称赞颜回终生身居陋巷,穷饿而不改其志。颜回才是真正善于学习领会孔子精神之人。

　　不特是也①。分明憾克明好超脱不肯注意生孙②,却回护之曰:"吾家子侄好超脱,不以嗣续为念③。"乃又错怪李卓老曰:"因他超脱④,不以嗣续为重,故儿效之耳。"吁吁! 生子生孙何事也,乃亦效人乎! 且超脱又不当生子乎! 即儿好超脱,故未有孙,而公不超脱者也,何故不见多男子乎? 我连生四子俱不育⑤,老来无力,故以命自安,实未尝超脱也。公何诬我之甚乎!

【注释】

①不特是:不仅如此。

②克明:即耿汝愚,见前《与耿司寇告别》第一段注②。

③嗣续:指后嗣,子孙。

④他:指李贽。

⑤不育:夭折,没有成年而死。

【译文】

不仅如此。您分明不满意克明喜好高超脱俗不肯注意生育子孙,却辩护说:"我家子侄喜好高超脱俗,并不怎么重视生儿育女。"却又错怪李卓老说:"因李卓老高超脱俗,不看重生儿育女,所以我的孩子也就效法他了。"唉唉! 生子生孙这是什么事,怎么也能效法他人。而且高超脱俗就不应当生儿育女么? 即使您的孩子喜欢高超脱俗不看重生儿育女,所以您没有孙子,而您并不高超脱俗,为什么也不多生孩子呢? 我连生四个孩子都夭折了,老来已无力气,所以顺从命运以求得自安,并不高超脱俗。您对我的诬陷也太过分了!

又不特是也。分明憾克明好超脱,不肯注意举子业①,却回护之曰:"吾家子侄好超脱,不肯著实尽平常分内事。"乃又错怪李卓老曰:"因他超脱,不以功名为重,故害我家儿子。"吁吁! 卓吾自二十九岁做官以至五十三岁乃休②,何曾有半点超脱也! 克明年年去北京进场③,功名何曾轻乎? 时运未至,渠亦未尝不坚忍以俟④。而翁性急⑤,乃归咎于举业之不工⑥,是而翁欲心太急也。世间工此者何限,必皆一一中选,一一早中,则李、杜文章不当见遗⑦,而我与公亦不可以侥幸目之矣⑧。

【注释】

①举子业:科举时代称为科举考试准备的学业,又称举业。举子,科举考试的应试人。

②"卓吾"句:李贽从二十九岁至五十三岁,先后做过河南辉县教谕、南京国子监博士、北京国子监博士、礼部司务、南京刑部员外郎、云南姚安知府等官。

③进场:进入科场。指克明以"荫监"(三品以上官员子弟的特权)身份到京应试。

④渠：他。坚忍以俟（sì）：坚毅不拔地等待。俟，等待。

⑤而翁：意为你这个做父亲的人。

⑥工：巧，善。

⑦李、杜：指唐代诗人李白、杜甫。李白（701—762），字太白，号青莲居士。祖籍陇西成纪（今甘肃秦安），出生于碎叶城（今吉尔吉斯托克马克城附近），幼随父迁居绵阳州昌明（今四川江油）青莲乡。著有《李太白集》。《旧唐书》卷一九〇下、《新唐书》卷二〇二、《藏书》卷三八等有传。杜甫（712—770），字子美，巩县（今河南巩义）人。著有《杜工部集》。《旧唐书》卷一九〇下、《新唐书》卷二〇一、《藏书》卷三九等有传。见遗：被遗弃。指李、杜诗文虽好，（却被主考官遗弃）都没有考上进士。

⑧以侥幸目之：把自己的成功看成是侥幸。目，作动词用，看待。

【译文】

又不仅如此。您分明不满意克明的喜好高超脱俗，不肯注意科举考试之事，却又辩护说："我们家的子侄喜好高超脱俗，不肯踏实认真地办理平常分内的事。"而又错怪李卓老说："因李卓老高超脱俗，不以功名为重，所以害了我们家的孩子。"唉唉！卓吾自二十九岁做官至五十三岁辞官，哪里有半点高超脱俗！克明年年去北京参加科考，他对功名一点也不轻视。只是时运未至，他也不是不坚毅的等待。只是您这个做父亲的求取功名之心太急，却归咎于克明对举子业不工，实是您这个做父亲的求取功名之心太急了。世间攻举子业的很多都极有功力，如若个个都能中举，而且个个都能早中，那么李白、杜甫的文章就不应该被主考官遗弃而落选，而我与您的仕途成功也不能以侥幸看待了。

夫所谓超脱者，如渊明之徒①，官既懒做，家事又懒治，乃可耳。今公自谓不超脱者固能理家，而克明之超脱者亦未尝弃家不理也，又何可以超脱憾之也！即能超脱足追陶公,我能为公致贺,不必憾也。此皆多欲之故,故致背戾②,故致错乱,故致昏蔽如此耳。且克明何如人也,筋骨如铁,而肯效颦学步从人脚跟走乎③！即依人便是优人④,亦不得谓之克明矣。故使克明即不中举,即不中进士,即不作大官,亦当为天地间有数奇品⑤,超类绝伦⑥,而可以公眼前蹊径限之欤⑦?

【注释】

①渊明:即陶潜(365—427),字渊明,一字元亮,私谥靖节,浔阳柴桑(今江西九江)人。东晋诗人。曾任江州祭酒、彭泽(今江西湖口)令等职。因不满当时政治黑暗,和"不能为五斗米折腰向乡里小人(指郡里派来的督邮小官)"——而弃官归隐(《宋书》卷九三《隐逸传》)。嗜酒好文,以田园诗称,亦讽喻时政,阐"形尽神灭""乐天安命"的观点。后人辑有《陶渊明集》。《晋书》卷九四、《宋书》卷九三、《南史》卷七五、《藏书》卷六七等有传。

②背戾(lì):悖谬,相反。

③效颦(pín):即"东施效颦"。典出《庄子·天运》。大意是,美女西施有心病,在村里皱着眉头,邻里的丑女看到觉得很美,也仿效西施皱眉头的姿势,反而出了洋相,显得更丑。以致村里的富人看见,紧闭着门不出来,穷人看见,则带着妻子走开。学步:即"邯郸学步"。典出《庄子·秋水》。大意是,战国时燕国有一个少年到赵国国都邯郸去,看到赵国人走路的姿势很美,就跟着学起来。结果不但没有学会,连自己原来的步法也给忘了,只好爬着回去。后来以"东施效颦""邯郸学步"比喻盲目效仿他人,一味跟着别人走的模仿作为。

④依人:依仿他人。优人:旧时指演戏的人。

⑤奇品：比喻特出的罕见人才。

⑥超类绝伦：超越同类，无与伦比。

⑦蹊径：小路。

【译文】

　　所谓高超脱俗之人，像陶渊明这样才是，官懒得做，家事懒得管，这才真是高超脱俗了。您认为不高超脱俗之人固然能理家，而克明高超脱俗却也没有弃家不管，又有什么必要因为他高超脱俗就感到遗憾呢！如若真能高超脱俗可以与陶渊明相比肩，我应该向您表示祝贺，没必要遗憾。有所遗憾的话，那都是由于多欲的缘故，由此而引起背理荒谬，错乱昏蔽。况且克明是什么样的人，他筋骨如铁，哪里肯像东施效颦、邯郸学步那样盲目地模仿他人。依仿他人那就成了舞台上的演员了，那就不是克明了。所以即使克明不中举，不中进士，不做大官，也是天地间特出的罕见人才，超越同类，无与伦比，怎么可以用您眼前那小路来要求限制他呢？

　　吴少虞曾对我言曰："楚倥放肆无忌惮①，皆尔教之。"我曰："安得此无天理之谈乎？"吴曰："虽然，非尔亦由尔，故放肆方稳妥也。"吁吁！楚倥何曾放肆乎？且彼乃吾师，吾惟知师之而已。渠眼空四海，而又肯随人脚跟走乎？苟如此，亦不得谓之楚倥矣。大抵吴之一言一动，皆自公来，若出自公意，公亦太乖张矣②。纵不具只眼，独可无眼乎③！吾谓公且虚心以听贱子一言，勿蹉跎误了一生也。如欲专为光前裕后事，吾知公必不甘，吾知公决兼为继往开来之事者也。一身而二任④，虽孔圣必不能。故鲤死则死矣，颜死则恸焉⑤，妻出更不复再娶⑥，鲤死更不闻再买妾以求复生子。无他，为重道也。为道既重，则其他自不入念矣。公于此亦可

遽以超脱病之乎！

【注释】

①楚倥(kōng)：即耿定理(1534—1584)，字子庸，号楚倥，人称八先
生。耿定向的仲弟，因此也叫仲子。对耿定向极力鼓吹儒家的
伦理道德有不同看法，而与李贽的思想则比较接近。《明儒学
案》卷三五载："卓吾寓周柳塘湖上。一日论学，柳塘谓：'天台
(耿定向)重名教，卓吾识真机。'楚倥诮柳塘曰：'拆篱放犬！'"耿
定理病逝后，李贽曾作《哭耿子庸》诗四首(本书卷六)以悼之，并
作《耿楚倥先生传》(本书卷四)。《明史》卷二二一、《明儒学案》
卷三五、《湖北通志》卷一五一、《黄安府志》卷一九、民国《麻城县
志前编》卷九等有传。

②乖张：违背情理。

③"纵不"二句：意为即使不具有敏锐独到的眼力，难道也没有一般
人的见识？

④二任：指既要想"继往开来"当"圣人"以"徇名"，又要想"光前裕
后"做"俗人"以"徇利"。

⑤"故鲤死"二句：意为鲤死就死了，颜渊死时则非常痛苦。鲤，字
伯鱼，孔子的儿子。颜，颜回，孔子弟子，死时年三十。据《论语》
记载，孔鲤死时，孔子没有深切哀念的表示，颜回死时，则很是悲
伤，以致发出"天丧予(老天爷要我的命呀)！天丧予！"(《论语·
先进》)的哀叹。

⑥妻出：即"出妻"，休弃妻子。

【译文】

吴少虞曾对我说："楚倥放肆无忌惮，都是你教的。"我说："怎么
会有这样没有天理的胡说呢？"吴又说："虽然不是你直接教的，也是
受你影响的结果，所以放肆才稳妥。"唉唉！楚倥何曾放肆？况且他是

我的老师，我只知道以师待之而已。他眼空四海，怎么会踩着别人的脚印走？如若这样，那也就不是楚倥了。大抵吴少虞的一言一动，都是从您那里来的，他的话若出自您的心意，您也太违背情理了。即使您不具有敏锐独到的眼力，难道也没有一般人的见识么？我希望您暂且虚心听我一言，不要让时光空空过去误了一生。如果只是为了显宗耀祖福荫子孙之事，我知道您并不甘心于此，我知道您更注重的是要继承儒学道统并使之发扬光大。您要一身二任，既要"继往开来"以圣道继承者自居，又要想"光前裕后"做俗人以徇利，这是孔圣人都做不到的。所以孔子的儿子鲤死时，孔子并没有哀念的表示，而他的学生颜回死时则极为悲伤，孔子休妻以后也没有再娶，鲤死后也没听说再买妾以求再生子。没有其他原因，就是因为看重道义。因为重视道义，其他事自然不会放在心上了。您能把这也看成是高超脱俗的病么？

　　然吾观公，实未尝有传道之意，实未尝有重道之念。自公倡道以来，谁是接公道柄者乎①？他处我不知，新邑是谁继公之真脉者乎②？面从而背违，身教自相与遵守③，言教则半句不曾奉行之矣④。以故，我绝不欲与此间人相接⑤，他亦自不与我接。何者？我无可趋之势故耳。吁吁！为师者忘其奔走承奉而来也⑥，乃直任之而不辞曰⑦："吾道德之所感召也。"为弟子者亦忘其为趋势附热而至也，乃久假而不归曰⑧："吾师道也。"⑨"吾友德也。"⑩吁！以此为学道，即稍稍有志向者，亦不愿与之交，况如仆哉！其杜门不出，非简亢也⑪，非绝人逃世也⑫；若欲逃世，则入山之深矣。

【注释】

①道柄：道统。

②新邑:指耿定向的故乡黄安(今湖北红安),为嘉靖末年新设置的
　县。真脉:真正传统。

③"身教"句:意为你实际做的(为自身谋利)事情,人们都效法
　而行。

④"言教"句:意为你口里讲的(冠冕堂皇的大道理),人们连半句也
　不曾听。

⑤接:接触,交接。

⑥承奉:奉承讨好。

⑦"乃直"句:意为却一径听其巴结讨好的话而不加以推辞、拒绝。

⑧久假而不归:语出《孟子·尽心上》:"尧、舜,性之也;汤、武,身之
　也;五霸,假之也。久假而不归,恶知其非有也。"尧、舜实行仁
　义,是习于本性,因其自然;商汤和周武王便是亲身体验,努力推
　行;五霸便是借来运用,以此谋利。但是,借得长久了,总不归
　还,又怎能知道他不(弄假成真)终于变成他自己的呢? 这里指
　假道学家借孔、孟的学说装饰自己的门面。假,借。归,还。

⑨吾师道也:语出韩愈《师说》。意为我以有道者为师。

⑩吾友德也:语出《孟子·尽心下》。意为我以有品德者为朋友。

⑪简亢:怠慢,高傲。

⑫绝人:与人隔绝。逃世:避世。

【译文】

　　然而从我对您的观察,您并没有传承道统之意,也没有重视道义之
念。自您倡道以来,谁是承接您的道统之人? 他处我不知道,在您的故
乡又有谁继承了您倡导的真正道统? 表面依从着您背后再各行其是,
您为自身谋利之事大家都效法而行,您说的那些大道理大家却半句也
不听。正因为这个原因,我绝对不和这类人相交接,他们当然也不会与
我相来往。为什么? 因为我不愿意和他们迎合追逐。唉唉! 做老师的
忘记了那些人奔走其间都是为了奉承讨好而来,却听其奉承讨好而不

拒绝，还说："这是我的道德修养对他们感召的结果。"做弟子的早已忘记他们是为了奉承讨好阿附权势而来，长期假借孔、孟学说装饰自己的门面，说："我是以有道者为师。""我是以有品德者为友。"唉！如果认为这样就是学道，即使稍稍有志向者，都不愿与之相交往，何况像我这样的人呢！我所以闭门不出，并不是因为高傲，也不是逃避人世；若想逃避人世，那早就隐居到深山中去了。

麻城去公稍远①，人又颇多，公之言教亦颇未及，故其中亦自有真人稍可相与处耳②。虽上智之资未可即得，然个个与语，自然不俗。黄陂祝先生旧曾屡会之于白下③，生初谓此人质实可与共学④，特气骨太弱耳⑤。近会方知其能不昧自心，虽非肝胆尽露者⑥，亦可谓能吐肝胆者矣。使其稍加健猛，亦足承载此事⑦，愿公加意培植之也。

【注释】

① 去公：离开你。

② 真人：这里指能真诚相见的人。

③ 黄陂(pí)：县名。今武汉黄陂。祝先生：即祝世禄(1539—1611)，字无功，号石林(据焦竑《南京尚宝司卿石林祝公墓志铭》，见《澹园集》卷一五。《明儒学案》卷三五《给事祝无功先生世禄》称"字延之，号无功")。万历十七年(1589)进士。曾官安徽休宁(今安徽休宁)县令、南科给事中等。曾为李贽《藏书》作序。著有《环碧斋集》。《明儒学案》卷三五、《明诗纪事》庚一六等有传。白下：今江苏南京。

④ 质实：质朴诚实。

⑤ 气骨：气概，骨气。这里指刚健之气。

⑥肝胆：比喻真心诚意。

⑦承载：承受，担负。此事：指学道、传道之事。

【译文】

　　麻城离您稍远，人又颇多，您说的那些大道理影响不大，所以其中自有能真诚相见的人相处。虽然上等智慧之人不易得到，但是人人坦诚的相互交谈，也很自然不俗。黄陂祝世禄先生以前曾与我多次在南京相会，我起初认为这个人质朴诚实可以与他共同学习，只是缺乏一些刚健之气。近来相见才知道他能不忘自己的心志，虽然没有完全表现出真心诚意之态，但也是可以赤诚相见之人。若使他增加一些健猛之气，也是可以担负起学道传道之事的，希望您能用心培养扶植他。

　　闻麻城新选邑侯初到①，柳塘因之欲议立会②，请父母为会主③。余谓父母爱民，自有本分事，日夜不得闲空，何必另标门户，使合县分党也？与会者为贤④，则不与会者为不肖矣。使人人有不肖之嫌，是我辈起之也。且父母在，谁不愿入会乎？既愿入会，则入会者必多不肖；既多不肖，则贤者必不肯来：是此会专为会不肖也⑤。岂为会之初意则然哉，其势不得不至此耳。况为会何益于父母，徒使小人乘此纷扰县公。县公贤则处置自妙，然犹未免分费精神，使之不得专理民事；设使聪明未必过人，则此会即为断性命之刀斧矣⑥，有仁心者肯为此乎！盖县公若果以性命为重，则能自求师寻友，不必我代之劳苦矣。何也？我思我学道时，正是高阁老、杨吏部、高礼部诸公禁忌之时⑦，此时绝无有会，亦绝无有开口说此件者⑧。我时欲此件切⑨，自然寻得朋友，自能会了许多不言之师，安在必立会而后为学乎？此事易晓，乃柳塘亦不知，何也⑩？若谓柳塘之道，举县门生无有一个接得者，今欲趁此传与县公，则宜自将此道指点县公，亦不宜将此不得悟入者尽数招集以乱聪听也⑪。若谓县公得道，柳塘欲闻，则柳塘自与之商证可矣⑫。且县公有道，县公自不容已，自能取人会人，亦不必我代之主赤帜也⑬。反覆思惟，总是名心牵引，不得不颠倒耳。

【注释】

①新选邑侯：新选派来的知县。指邓应祈，见《答邓明府》题解。邓于万历十四年（1586）中进士后被"授麻城令"（见《内江县志》《麻城县志》）。邑侯即知县的尊称。下文"县公"义同。

②"柳塘"句：当时耿定向要周思久（柳塘）倡议成立一个讲学会。他在《与周柳塘》第一书中说："丈倡率结一会社，中间默寓变俗之意，何如？勿谓迂阔，事贤友仁，孔门为仁如是。此意当默识而身验之也。"（《耿天台先生文集》卷三）立会，成立讲学会。

③父母：父母官。封建时代对州、县地方官的称谓。这里指麻城知县邓应祈。

④与会者：参加讲学会的人。

⑤会：第一个"会"字为名词，指讲学会；第二个"会"字为动词，聚会之意。

⑥性命：指讲究"性命"之学。在中国古代哲学范畴中，指万物的天赋与禀受，也包涵着对人生价值的探讨。《周易·乾》："乾道变化，各正性命。"孔颖达疏："性者，天生之质，若刚柔迟速之别；命者，人所禀受，若贵贱夭寿之属是也。"宋明时期理学家专意研究性命之学，因此也指理学，或称道学。

⑦高阁老：即高拱（1512—1578），字肃卿，谥文襄，新郑（今河南新

郑)人。嘉靖二十年(1541)进士。穆宗为裕王时,任侍讲学士。嘉靖末官礼部尚书,后入阁。隆庆及万历初,为首辅(主持内阁大政)。后为张居正排挤去官。明代称入阁处理政事者为阁老,故称他高阁老。著有《高文襄公集》《边防纪事》等。《嘉靖以来内阁首辅传》卷六、《国朝献征录》卷一七、《明史》卷二一三、《明书》卷一三五、《明史稿》卷一九七等有传。杨吏部:即杨博(1509—1574),字惟约,号虞坡,蒲州(今山西永济)人。嘉靖八年(1529)进士。历官兵部尚书、吏部尚书。著有《兵部疏议》。《国朝献征录》卷二五、《明史》卷二一四有传。高礼部:即高仪(1517—1572),字子象,号南宇,谥文端,钱塘(今浙江杭州)人。嘉靖二十年(1541)进士。官礼部尚书。隆庆时,官文渊阁大学士。著有《高文端奏议》等。《国朝献征录》卷一七、《明史》卷一九三等有传。禁忌:指禁止、厌恶讲学活动。如嘉靖十六年(1537)禁故兵部尚书王守仁及南京吏部尚书湛若水所著书,并毁门人所创书院(《明世宗实录》卷一九九)。又诏罢各处私创书院(《明通鉴》卷五七)。万历七年(1579),"诏毁天下书院"(《明史》卷二〇《神宗本纪一》)。尽改各省书院为公廨,先后毁应天府书院六十四处(《明通鉴》卷六七)。

⑧此件:指"性命"之学。

⑨切:迫切,紧切。

⑩"乃柳塘"二句:指周柳塘建辅仁书院讲学之事。万历七年禁毁书院时,该书院也在禁毁之列。

⑪悟入:省悟入道。以乱聪听:以致扰乱闻听。聪听,明于听取,明于辨察。

⑫商证:商量论证。

⑬主赤帜:掌赤旗,比喻主持者。这里暗用韩信攻赵时"拔赵帜,立汉赤帜"的典故(见《史记》卷九二《淮阴侯列传》)。

【译文】

听说麻城新任命的知县邓应祈刚到，周柳塘想借此成立一个讲学会，请邓应祈为会主。我认为父母官爱护民众，自有他应做的本分之事，日夜不得闲空，没必要另外新立门户，使全县分成不同的党团派别。如若参加讲学会的是贤良之人，那么没参加讲学会的人就被认为是不贤良之人。这样使很多人有不贤良的嫌疑，就是由我辈造成的。而且既然父母官邓应祈是会主，谁不愿意入会呢？既然大家都愿入会，那么入会人中也必然有很多不贤良之徒；既然很多不贤肖之徒在会中，那么贤良之人必不肯入会：如若这样讲学会就成了不贤肖之徒的讲学会了。这并不是成立讲学会的初衷，但是发展的结果不得不如此。况且成立一个讲学会对于父母官邓应祈也没有什么用，只会让小人乘此机会给县令邓应祈增加负担。邓应祈很贤能自然会把这些事处置好，但必然要分散他的精力，使他难以专心一意地处理民事；再者如若不是聪明过人，那么这个讲学会就可能成为断送研究性命之学的刀斧，有仁心之人能这样做么？如若县令邓应祈很重视性命之学，那就能自己求师寻友，不必由我代受操作讲学会的劳苦。为什么？我回忆我学道之时，正是高拱阁老、杨博吏部、高仪礼部诸位厌恶并禁止讲学之时，当时没有任何讲学之会，也没有什么人讲说性命之学。我当时想这是一件很紧切之事，就自己主动寻找朋友，不经他人推荐而结识了许多不用言语而心灵相通之师，为什么必须立一个会而后才可以进行学习研讨呢？立讲学会之事的麻烦极为明白，柳塘并不是不知道，为什么还要去做？如若说柳塘的主张与道统，全县门生中没有一个人可以继承，如今想趁立讲学会的机会传与县令邓应祈，那就应该亲自将这主张与道统内容指点给县令邓应祈，而不应该将这些主张与道统传授给那些不省悟此中含义而又聚集在讲学会之内的人以致扰乱闻听。如若说县令邓应祈得道，柳塘想听取，那么柳塘自己与邓应祈商讨论证就可以了。而且县令邓应祈有他的道统主张，他自然不会固步自封，而会不停止传道授业之事,他也会自己取人会人,用不着我代他主持。我前思后想,要办讲学会之说,总是名心牵引的结果,那样必然会引起错乱。

答邓明府

【题解】

本文于万历十六年(1588)写于麻城。邓明府,即麻城县令邓应祈,见本卷《答邓明府》题解。这封信是李贽与耿定向论战的重要代表作之一。当时邓应祈前来探望李贽,李贽写此信表示感谢,并论述了自己和耿定向关于"迩言"问题的分歧。李贽认为"百姓日用"的"一切治生产业等事"都是"真迩言"。在此基础上,李贽提出:"本来无我,故本来无圣,本来无圣,又安得见己之为圣人,而天下人之非圣人耶?"鲜明表现出李贽一贯的平等启蒙思想。而耿定向则把这视为"毒药利刃",说李贽鼓吹这种理论是"害人",是"诳诱他后生小子"。信中还对耿定向口头上"专志道德,无求功名,不可贪位慕禄也,不可患得患失也,不可贪货贪色,多买宠妾田宅为子孙业也",实际上则追逐利禄功名的两面派虚伪本性进行了揭露与批判。李贽希望邓应祈把此信"转致"耿定向一览。耿定向看后写信给邓应祈,说:"父子有亲,君臣有义","夫妇有别,长幼有序",才是"迩言"。并说:"一归宗孔、孟","世上真有一人开眼,的的确确寻着孔、孟血脉,明明白白走着孔、孟路径,诸种种邪见罔谈,直如枭鸣狐号,它敢纷纷呶呶横逞如此哉!"(《耿天台先生全书》卷四《与邓令君》)可见其卫道士的面目。

某偶尔游方之外①,略示形骸虚幻于人世如此②,且因以逃名避谴于一时所谓贤圣大人者③。兹承过辱④,勤恳慰谕⑤,虽真肉骨不啻矣⑥,何能谢⑦?第日者奉教⑧,尚有未尽请益者^⑨,谨略陈之^⑩。

【注释】

①某:李贽自称。游方之外:语出《庄子·大宗师》:"孔子曰:'彼,游方之外者也;而丘,游方之内者也。'"意为游于世外,指出家为僧。方之外,方域之外,原意为形容超脱礼教之外。

②"略示"句:意为略以显示人生世上形体是如此虚幻。形骸(hài),形体。

③因:凭借。逃名避谴:逃避恶名,免遭谴责。一时所谓贤圣大人:指耿定向等盛极一时的道学家。

④过辱:过分屈辱自己。指前来探望。

⑤慰谕:安慰教导。

⑥真肉骨:比喻至亲,指父母兄弟子女等亲人。不啻(chì):不只,无异于,没有不同。

⑦何能谢:哪能感谢得了呢?

⑧第:但,只。日者:前日,往日。奉教:接到你来信的教导。

⑨请益:请求教益。

⑩略陈:粗略陈述。

【译文】

我偶尔出家为僧,一来向世人略微显示一下人的形体在这世上是如此虚幻,二来借此逃避那些名盛一时的所谓圣贤大人们强加于我的恶名和谴责。这次承蒙您屈尊来访,给予我殷勤而恳切的安慰和教导,即便是骨肉至亲也不过如此,哪里感谢得了!只是近日接到您的来信,看到您的教言,还有些事要向您请教,现简单陈述如下。

夫舜之好察迩言者^①,余以为非至圣则不能察^②,非不自圣则亦不能察也^③。已至于圣,则自能知众言之非迩,无一迩言而非真圣人之言者。无一迩言而非真圣人之言，则天下无一人而不是真圣人之人，明矣。非强为也，彼盖曾实用知人之功，而真见本来面目无人故也；实从事为我之学，而亲见本来面目无我故也④。本来无我，故本来无圣，本来无圣，又安得见己之为圣人，而天下之人之非圣人耶⑤？本来无人，则本来无迩，本来无迩，又安见迩言之不可察，而更有圣人之言之可以察也耶⑥？故曰："自耕稼陶渔，无非取诸人者。"⑦居深山之中，木石居而鹿豕游，而所闻皆善言，所见皆善行也⑧。此岂强为⑨，法如是故⑩。今试就生一人论之⑪。

【注释】

①舜之好察迩言：语本《中庸》："子曰：舜其大知也与！舜好问，而好察迩言。"舜，即虞舜，名重华，传说中父系氏族社会后期部落联盟领袖。察，考察。迩言，浅近之言，常人之语。

②至圣：大圣人。

③自圣：自认为圣人的人。

④"非强为"五句：意为圣人不是勉强做出来的，这是因为他曾经确实做过了解人们的功夫，真正看到在人的本性中没有别人（区别）的缘故；他确实从事过研究为己的学问，而真切看到人的本性中没有我的缘故（即与他人没有区别）。

⑤"本来无我"五句：这里否认凡人与圣人的区别，表现出李贽一贯的平等启蒙思想。

⑥"本来无人"五句：意为本来没有人的本性的区别，所以也就无所谓浅近不浅近，本来没有浅近之分，又怎么能说普通人浅近的话不可以考察，而另外有什么圣人的话可以考察的呢？

⑦"自耕"二句：语本《孟子·公孙丑上》："自耕稼陶渔以至为帝，无

非取于人者。"意为从种庄稼、制陶器、做渔夫以至做帝王,从来没有不吸取别人优点的。

⑧"居深山"四句:语本《孟子·尽心上》:"舜之居深山之中,与木石居,与鹿豕游,其所以异于深山之野人者几希;及其闻一善言,见一善行,若决江河,沛然莫之能御也。"意为舜住在深山的时候,在家只有树和石,出外只见鹿和猪,跟深山中的一般人不同的地方极少;等到他听到一句好的言语,看到一件好的作为,(便采用推行)这种力量,好像决了口的江河,浩浩荡荡没有人能阻止得了。

⑨此岂强为:这哪里是勉强而为。

⑩法如是故:是理当如此。法,佛教用语。道的意思。故,缘故。

⑪生:李贽自称。

【译文】

舜喜欢考察浅近的语言,我认为,不是大圣人就不能考察,不是自认为是圣人的人也不能考察。达到了圣人的程度,就自然能知道众人的语言不浅近,而没有一句浅近的语言不是真正圣人的语言。正因为没有一句浅近的语言不是真正圣人的语言,所以天下没有一个人不是真正的圣人,这道理很清楚了。圣人不是勉强做出来的,乃是他曾经确实做过了解他人的功夫,真正看到在人的本性中没有别人的缘故;他确实研究过为己的学问,而真切看到人的本性中没有我的缘故。本来就没有我,所以本来就没有圣人,本来就没有圣人,又哪里能看到自己是圣人,而天下人不是圣人呢? 本来就没有他人,所以本来就没有浅近,本来就没有浅近,又哪里能看出浅近的语言不可考察,而另有圣人的语言可以考察呢? 所以孟子说:"从种庄稼、制陶器、捕鱼至当帝王,没有不吸取别人优点的。"舜住在深山的时候,身处树木和石头之间,与鹿和猪为伍,听到的都是好话,看到的都是善行。这哪里是勉强而为,是理当如此。现就我个人来说说。

生猖隘人也①，所相与处，至无几也。间或见一二同参从入无门②，不免生菩提心③，就此百姓日用处提撕一番④。如好货，如好色，如勤学，如进取⑤，如多积金宝，如多买田宅为子孙谋，博求风水为儿孙福荫，凡世间一切治生产业等事，皆其所共好而共习，共知而共言者，是真迩言也。于此果能反而求之，顿得此心，顿见一切贤圣佛祖大机大用，识得本来面目，则无始旷劫未明大事，当下了毕⑥。此余之实证实得处也⑦，而皆自于好察迩言得之。故不识讳忌，时时提唱此语⑧。而令师反以我为害人⑨，诳诱他后生小子⑩，深痛恶我。不知他之所谓后生小子，即我之后生小子也，我又安忍害之？但我之所好察者，百姓日用之迩言也。则我亦与百姓同其迩言者，而奈何令师之不好察也？

【注释】

①猖隘：偏急而狭隘。这里含有耿直而不肯同流合污的意思。

②同参：指共同研究禅学的人。参，参禅。从入无门：即无从入门的意思。

③菩提心：帮助开悟别人的心愿。菩提，佛教用语。意译为"觉"，觉察、觉悟之意。

④提撕：教导，警觉。

⑤进取：指求取功名。

⑥"于此"六句：意为在这个问题（指世间一切治生产业等事）上，果真能从本人身上来探求，立即能悟得本人的真心，立即能悟见一切圣贤佛祖的最大机用，认识了万物的本来自然本性，那么从无始以来经历久远年代而不明白的大事，也会立即了解清楚。顿，立即。此心，真心，李贽指的是自然本性。机、用，都是佛教用

语。机,在佛道修行或求道上的心灵能力,精神力量,即随机证悟的意思。用,对世间所引起的教化、转化的作用,即用心教人使之得到教化的意思。无始旷劫,比喻历时久远。无始,没有起点之意。旷劫,久远之劫,过去的极长时间。当下了毕,立即明白。

⑦实证:实际印证。

⑧提唱:提倡。唱,后作"倡"。

⑨令师:指耿定向。

⑩"诳诱"句:理定理死后,耿定向与李贽矛盾日益激化,其原因之一,就在对耿氏子弟的教育上。袁中道《李温陵传》说:"子庸死,子庸之兄台公惜其(指李贽)超脱,恐子侄效之,有遗弃(指抛弃功名妻子)之病,数至箴切。"(《珂雪斋近集文钞》卷一七)耿定向在《又与周柳塘》第十九书中也说:"卓吾之学只图自了,原不管人,任其纵横可也。兄兹为一邑弟子宗者,作此等榜样,宁不杀人子弟耶?……惟兄仅一子,孤注耳,血气尚未宁也,兄若以此导之,忍耶?"(《耿天台先生文集》卷三)李贽在《答耿司寇》中对此也有翔实的论辩,可参阅。后生小子,指耿家子弟。

【译文】

　　我是个偏急而狭隘的人,与我相处的人没有几个。有时看见一两个共同参禅的人无从入门,我不免产生菩提心肠,就这些老百姓平常用得着的地方对他教导一番。如好财,如好色,如勤学,如进取,如多积累金银珠宝,如多买田地房产为儿孙作长远打算,遍访风水宝地为儿孙积福,世上所有能维持生计、增加产业的事物,都是我们共同爱好、共同研究、共同了解、共同讨论的,这是真正浅近的话语。在这个问题上,如果真的能回过头来从自己身上来探求,立即能悟到本人的真心,立即能悟见一切圣贤佛祖的精神力量和教化功效,认识了万物的自然本性,那么从天地万物起始以来所不明白的大事,也会立即了解清楚。这就是我的实际印证所得,都是从喜欢考察浅近语言中得来的。所以我不知忌讳,时时提倡这种观点。可是您的老师反而认为我这是害人,是引诱欺骗他们耽家的晚辈,因而深深地痛恨我。可是他不明白,他的晚辈就是我的晚辈,我又怎么忍心加害呢? 只是我喜欢考察的是老百姓日常所说的浅近言语。所以我也与老百姓说同样浅近的话,奈何您的老师不喜欢考察啊。

　　生言及此,非自当于大舜也,亦以不自见圣①,而能见人人之皆圣人者与舜同也②;不知其言之为迩,而能好察此迩言者与舜同也③。今试就正于门下④:门下果以与舜同其好察者是乎? 不与舜同其好察者是乎? 自然好察者是乎? 强以为迩言之中必有至理,然后从而加意以察之者为是乎? 愚以为强而好察者⑤,或可强于一时,必不免败缺于终身⑥;可勉强于众人之前,必不免败露于余一人之后也。此岂余好求胜而务欲令师之必余察也哉⑦! 盖此正舜、跖之分⑧,利与善之间,至甚可畏而至甚不可以不察也。既系友朋性命,真切甚于肉骨,容能自已而一任其不知察乎⑨? 俗人不知,谬谓生于令师有所言说⑩,非公聪明,孰能遽信余之衷赤也哉⑪!

【注释】

①亦以不自见圣:意为也不是所见都与圣人相同。

②"而能"句:意为而是能够看见人人都是圣人,这跟舜是相同的。

③"不知"二句:意为不知道百姓的话是浅近的,但能够喜欢考察浅近的言语,这跟舜是相同的。其言,指百姓的话。

④就正:请求指正。门下:犹阁下,对对方的尊称,表示不敢直称

其名。

⑤愚：李贽自称。

⑥缺：缺憾，遗憾。

⑦"此岂"句：意为这哪里是我争强好胜而一定要你的老师必须像我那样注重考察浅近的话呢！

⑧舜、跖(zhí)之分：舜即虞舜，儒家心目中的圣人。详见《答耿中丞论淡》第三段注⑦。跖，人名。曾住在柳下(今山东西部)，也称柳下跖。儒家常用"舜、跖之分"，表示善与恶、义与利之别。《孟子·尽心上》："鸡鸣而起，孳孳为善者，舜之徒也；鸡鸣而起，孳孳为利者，跖之徒也。欲知舜与跖之分，无他，利与善之间也。"李贽沿袭了这种说法。

⑨"既系"三句：意为既然和朋友的性命之学有关系，比起自身骨肉来还要真诚亲切，哪能容得自己袖手旁观而任凭他不知好察呢？容，允许。自已，自己停止。

⑩谬谓：错误地认为。言说：指议论批评。

⑪孰：谁。遽(jù)：就，遂。衷赤：内心的赤诚。

【译文】

　　我这么说，不是自比大舜，也不是见解都与圣人相同，但是我能看到人人都是圣人，这一点是与舜相同的；我不知道哪些语言是浅近的，可是我喜欢考察浅近的语言，这一点也是与舜相同的。现在请您指教：先生您真与舜一样喜欢考察浅近的语言吗？不与舜一样喜欢考察浅近的语言吗？是天然喜欢考察浅近的语言吗？是勉强认为浅近的语言中一定包含着真理，从而特意加以考察吗？我认为勉强认同进而强迫自己喜欢考察浅近语言的人，或许可以勉强一时，但一定避免不了本相败露，遗憾终身；可以在众人面前勉强，一定避免不了在我一人之后败露。这难道是我争强好胜，一定要您的老师必须像我那样注重考察浅近的语言吗？这是因为这正是虞舜与盗跖的区别所在，利害与善恶之间，是非常可畏的,是尤其不能不考察清楚的。这件事既然关系到朋友的性命之学,比起自身骨肉来还要真诚亲切,哪能容得自己袖手旁观,而任凭他不知考察呢?一般的俗人不了解真相,错误地认为我对您老师有所批评议论,如果不是您明白事理,谁能一下子就相信我的一片赤诚呢!

　　然此好察迩言,原是要紧之事,亦原是最难之事。何者?能好察则得本心①,然非实得本心者决必不能好察。故愚每每大言曰:"如今海内无人。"正谓此也。所以无人者,以世之学者但知欲做无我无人工夫,而不知原来无我无人,自不容做也②。若有做作,即有安排,便不能久,不免流入欺己欺人不能诚意之病。欲其自得,终无日矣。然愚虽以此好察日望于令师③,亦岂敢遂以此好察迩言取必于令师也哉④!但念令师于此,未可遽以为害人,使人反笑令师耳。何也?若以为害人,则孔子"仁者,人也"之说⑤,孟氏"仁,人心也"之说⑥,达磨西来单传直指诸说⑦,皆为欺世诬人,作诳语以惑乱天下后世矣⑧。尚安得有周、程⑨,尚安得有阳明、心斋、大洲诸先生及六祖、马祖、临济诸佛祖事耶⑩?是以不得不为法辩耳⑪。千语万语,只是一语;千辩万辩,不出一辩。恐令师或未能察,故因此附发于大智之前⑫,冀有方便或为我转致之耳。

【注释】

　　①本心:心之本然。即前文所说"百姓日用"的人人"所共好而共习"的心愿。

②自不容做：本来就不必做。

③日望：天天盼望。

④取必：必定采取并加以实行。

⑤仁者，人也：语出《中庸》。哀公问政，孔子答以为政之道。意为仁就是爱人。

⑥仁，人心也：语出《孟子·告子上》。意为仁是人的本心。

⑦达磨(？—536)：亦作达摩，菩提达摩的简称。天竺(今印度)高僧。中国佛教禅宗的创始者。于南朝宋末航海到广州，梁武帝曾迎至建康(今江苏南京)。后渡江往北魏，住嵩山少林寺。传说达磨在此面壁打坐九年。后遇慧可，授以《楞伽经》四卷，于是禅宗得以流传。《唐高僧传》卷一九、《景德传灯录》卷三、《六学僧传》卷三、《五灯严统》卷一等有传。西来：由西方来。单传直指：佛教禅宗传授禅法的一种方法，即，不立文字，见性成佛，单传心印(即佛法)，直接人心。

⑧诳语：谎言。

⑨周、程：指周敦颐和程颢、程颐兄弟。周敦颐(1017—1073)，字茂叔，道州营道(今湖南道州)人。北宋哲学家。因筑室庐山莲花峰下的小溪上，取营道故居濂溪以名之，后人遂称为濂溪先生。他继承《易传》和部分道教思想，提出一个简单而有系统的宇宙构成论，说"无极而太极"，"太极"一动一静，产生阴阳万物。圣人又模仿"太极"建立"人极"(《周子全书》卷一《太极图说》)。"人极"即"诚"，是"五常之本，百行之源"(《周子全书》卷七《通书》)，是道德的最高境界。他的学说对以后的理学发展有很大影响。著有《太极图说》等。后人编为《周子全书》。《宋史》卷四二七、《宋元学案》卷一一、卷一二、《藏书》卷三二等有传。程颢(1032—1085)，字伯淳，学者称明道先生，洛阳(今河南洛阳)人。程颐(1033—1107)，字正叔，学者称伊川先生。程氏兄弟学于周

敦颐，均为北宋哲学家、教育家，是北宋理学的奠基者，世称二程。其学说为后来的朱熹所继承和发展，世称程朱学派。其著作后人编为《二程全书》。《宋史》卷四二七，《宋元学案》卷一三、卷一四、卷一五、卷一六，《藏书》卷三二、卷四三等有传。

⑩阳明：即王守仁，见《又答石阳太守》第二段注④。心斋：即王艮，见《又答石阳太守》第二段注③。大洲：即赵贞吉，见《又答石阳太守》第一段注⑧。六祖：即禅宗六祖慧能（638—713），亦作惠能。俗姓卢。唐代高僧。世居范阳（郡治在今北京）。因父被贬，徙南海新兴（今广东新兴），遂生于此。禅宗南宗的开创者。据说原是一个不识字的樵夫，听人诵《金刚般若经》，乃发心学佛，北赴黄梅（今湖北黄梅）双峰山，投禅宗五祖弘忍门下，充当行者，为碓房舂米小僧。弘忍禅师选法嗣时，上座神秀有偈语云："身是菩提树，心如明镜台。时时勤拂拭，勿使惹尘埃。"针对神秀这种渐悟主张，慧能请人代笔作偈曰："菩提本无树，明镜亦非台。本来无一物，何处惹尘埃？"表明对佛理的体会。弘忍便把禅法秘授予他，并付与法衣。成语"继承衣钵"之典即出于此。后来他在韶州（今广东韶关）曹溪宝林寺大倡顿悟法门，宣传"见性成佛"，与神秀在北方宣扬的渐悟说相对抗，成为南宗之祖。世人有"南顿北渐""南能北秀"之说。卒谥大鉴禅师。其顿悟之说，不仅对佛教，而且对后来的哲学、文学艺术创作等，都有较深的影响。他死后，弟子们所编集的语录，称为《六祖法宝坛经》（亦称《坛经》）。《旧唐书》卷一九一、《宋高僧传》卷八、《景德传灯录》卷五、《天圣广灯录》卷七、《嘉泰普灯录》卷一、《六学僧传》卷四等有传。马祖（709—788）：号道一，俗姓马，时称"马祖"或"马祖道一"。汉州什邡（fāng，今四川什邡）人。唐代僧人。怀让弟子，洪州禅的创立者。入室弟子众多，其中最著名者为百丈怀海、西堂智藏、南泉普愿"三大士"。官僚士大夫也亲受宗旨。

卒后,唐宪宗敕谥大寂禅师。其禅学特点为突出《楞伽经》的地位,将其中如来藏佛学思想结合老庄道家学说,运用于禅的实践。提倡即心即佛,认为"平常心是道","触类是道而任心",主张行住坐卧、应机接物的一切处所"直会其道"。故极力否定坐禅和语言文字的作用,而重视日常生活举止行为的自然发挥。在禅的实践上,抛弃传戒、忏悔、诵经、礼佛等传统形式,表现为"天真自然"的姿态,使禅宗修行朝活泼、形象、乐天、幽默的方向发展。有《马祖道一禅师广录》及《语录》各一卷传世。《宋高僧传》卷一○、《景德传灯录》卷六、《天圣广灯录》卷八、《续传灯录》卷三、《五灯会元》卷三、《古尊宿语录》卷一等有传。临济:即临济宗,佛教"禅宗南宗五家七宗"之一,唐代和尚义玄所创。义玄(?—867),俗姓邢,曹州(今山东曹县)人。晚年居于真定府(今河北正定)的临济院,因称其所创宗派为临济宗。卒后,敕谥慧照禅师。该派以"四宾主""四料简""四照用""三玄三要"为传教方法。在接引学人时,单刀直入,机锋峻烈。自义玄使用"棒喝",至宗杲(gǎo)提倡"看话",皆以迅猛激烈方式令弟子直下悟入。该派是禅宗南宗中最大的流派,并有两个分支:黄龙派和杨岐派。有《临济慧照禅师语录》一卷行世。《宋高僧传》卷一二、《景德传灯录》卷一二、《天圣广灯录》卷一○、《五灯会元》卷四等有传。

⑪为法辨:即为道而辨。辨,明辨。

⑫附发:附带发表议论。大智:大智慧的人,此指邓应祈。

【译文】

　　然而,喜欢考察浅近的语言,本是重要的事,也是最难做的事。为什么?喜欢考察就能发现人心的本原,不是真正发现了人心本原的人就一定不喜欢考察。所以我常常说大话:"如今天下没有真正的人才。"这话说的就是上面的意思。我之所以说天下无人才,因为世上的学者只知道在没有自我、没有他人方面下功夫,却不明白,如果这世上本来就没有自我,也没有他人,这功夫就没有必要去做了。如果去做,就有刻意安排,就不能持久,就不免流于没有诚意、自欺欺人的毛病。如此,希望他有所收获,终究不会有那一天。我虽然天天希望您的老师喜欢考察浅近的语言,但我岂敢指望他一定这么做! 只希望您的老师不要仓促地认定喜欢考察浅近的语言是害人,反而使人笑话他。为什么这样说呢? 因为如果认为喜欢考察浅近的语言是害人,那么孔子"仁者,仁也"的说法,孟子"仁,人心也"的说法,达磨从西方来单传佛法等说法,都是欺骗世人,用假话来困惑、迷乱天下后世。还哪能有周敦颐、程颢、程颐,哪能有王阳明、王心斋、赵大洲诸先生以及六祖慧能、马祖道一、临济宗各位佛祖的事迹? 因此,我不得不为了道而明辨此理。千言万语,只是一语;千辩万辨,不出一辨。因担心您的老师或许不能理解,所以借此机会在您这儿附带发表了这些议论,希望您方便的时候或许能为我向他转达。

　　且愚之所好察者,迩言也。而吾身之所履者①,则不贪财也,不好色也,不居权势也,不患失得也,不遗居积于后人也②,不求风水以图福荫也。言虽迩而所为复不迩者何居③? 愚以为此特世之人不知学问者以为不迩耳,自大道观之,则皆迩也;未曾问学者以为迩耳,自大道视之,则皆不迩也。然则人人各自有一种方便法门④,既不俟取法于余矣⑤;况万物并育⑥,原不相害者,而谓余能害之,可欤?

【注释】

①所履者:所做的。履,实行。

②不遗居积:不留遗产。居积,指所经营积蓄的财物。

③复:《论语·学而》:"有子曰:'信近于义,言可复也。'"朱熹集注:

"复,践言也。"谓实践诺言。何居(jī):为什么? 居,表示疑问语
气,同"乎"。

④法门:佛教用语。指修行的门径,引申为方法。

⑤不俟:不等待。取法:效法。

⑥并育:并生。

【译文】

　　况且我喜欢考察的只是浅近的语言。而我自身的行为,则不贪财,不好色,不居权势,不患得失,不为后人留遗产,不求风水宝地来为后人图保佑。说的话虽然浅近,但所做的似乎并不浅近,为什么? 我认为,这只是世上不知学问的人认为不浅近罢了,如果从大道上来观察,那就都是浅近的;只是那些不曾研究过学问的人认为浅近罢了,如果从大道上来看待,那就都不浅近。这就是说,人们各自都有一种方便的修行方法,不需要等着向我学;何况万物同时生长,本是互不加害的,却认为我能害人,可能吗?

　　吾且以迩言证之:凡今之人,自生至老,自一家以至万家,自一国以至天下,凡迩言中事,孰待教而后行乎? 趋利避害,人人同心。是谓天成①,是谓众巧②,迩言之所以为妙也。大舜之所以好察而为古今之大智也。今令师之所以自为者③,未尝有一厘自背于迩言;而所以诏学者④,则必曰专志道德⑤,无求功名,不可贪位慕禄也,不可患得患失也,不可贪货贪色,多买宠妾田宅为子孙业也。视一切迩言,皆如毒药利刃,非但不好察之矣。审如是⑥,其谁听之? 若曰:"我亦知世之人惟迩言是耽⑦,必不我听也;但为人宗师⑧,不得不如此立论以教人耳。"果如此自不妨,古昔皆然,皆以此教导愚人,免使法堂草加深三尺耳矣⑨。但不应昧却此心⑩,

便说我害人也。世间未有以大舜望人①，而乃以为害人者也。以大舜事令师⑫，而乃以为慢令师者也⑬。此皆至迩至浅至易晓之言，想令师必然听察，第此时作恶已深，未便翻然若江河决耳⑭。故敢直望门下，惟门下大力，自能握此旋转机权也⑮。若曰："居士向日儒服而强谈佛⑯，今居佛国矣⑰，又强谈儒。"则于令师当绝望矣⑱。

【注释】

①天成：天然生成。

②众巧：众人的智慧。巧，工巧，有智慧之意。

③所以自为者：所做的一切事情。

④所以诏学者：所教导学生的。诏，告，教导。

⑤专志道德：专心致志于道德修养。

⑥审：果真，确实。

⑦惟迩言是耽：即惟耽迩言，意为只沉迷于迩言。耽，沉迷。

⑧宗师：指为人们所崇仰，可以奉为师表的人。

⑨法堂：原指禅家说法之堂，此处泛指讲堂。草加深三尺：比喻荒芜。

⑩昧却此心：欺骗这颗本心。昧却，蒙蔽，欺骗。

⑪以大舜望人：希望人们能以大舜为榜样。

⑫以大舜事令师：把您的老师当作大舜来侍奉。

⑬慢：侮慢，轻视。

⑭"第此时"二句：意为只是您的老师这时对我讨厌已极，不便一下改变过来从善如流罢了。恶(wù)，厌恶。翻然，很快的样子。若江河决，好像江河决了口，比喻悔改迅速。

⑮握此旋转机权：把握住这个旋转的枢纽。机权，比喻关键之处。

⑯居士：在家信佛修道者。儒服：意即儒生。

⑰今居佛国：意为现在出家为僧，入佛境界。佛国，佛所居的国土。

⑱"则于"句：意为那么对于您的老师(悔悟)不再抱希望了。

【译文】

　　我且用浅近的话来证明：所有人，从出生到老，从一家到万家，从一国到普天下，凡是浅近语所说的事，谁是要等着受教以后才去做的呢？趋利避害，人同此心。这是天然生成，这是众人的智慧，这是浅近语言的奥妙。这是大舜喜欢考察浅近的语言并成为古今大智的原因。现在您老师成就自身的一切事情，没有一点是违背浅近语言的；而他用来教导学生的，却说一定要专心致志于道德修养，不要追求功名，不能贪求职位美慕俸禄，不能患得患失，不能贪财好色，不能多买姬妾、田地、房产作为子孙的基业。他将一切浅近的语言都看作是毒药利刃，不仅仅是不喜欢考察。果真如此，还有谁听呢？如果说："我也知道世上的人沉迷于浅近的语言，一定不会听从我；但作为受人敬重的师长，不得不这样立论来教导人。"果真如此自然无妨，古代都是用这样的方式教导愚蠢的人，以免无人听讲，使讲堂生三尺野草。但不应该欺骗本心，说我害人。世上没有希望人们以大舜为榜样，却被认为是害人的人。我把您的老师当作大舜来侍奉，却被认为是轻视您的老师。这些都是最近最浅最容易懂的话，想来您的老师一定能听明白，只是他这时对我厌恶已极，不便一下子改变过来，如江河决口，幡然悔改罢了。所以我只敢寄希望于阁下，只要阁下下大力，自然能够掌握转变的关键。如果说："居士先前为儒生，却要勉强谈论佛学，现在出家为僧，身居佛国，却又勉强谈论儒学。"照这样看，那对于您老师悔悟一事应该绝望了。

复周柳塘

【题解】

　　本文于万历十六年(1588)写于麻城。周柳塘，即周思久。见本卷

《答周柳塘》题解。当时，以耿定向为代表的麻、黄士绅，对李贽进行了诽谤与攻击。李贽在此信中，一方面对耿定向以"扶纲常，立人极，继往古，开群蒙"自任的维护封建纲常的行为进行了讽刺，一方面表示了宁愿违背"不可则止"的孔子教导，也要与之论辩到底的决心。信中对周思久追随耿定向也进行了忠告与儆诫。

　　弟早知兄不敢以此忠告进耿老也①。弟向自通劄②，此直试兄耳。乃知平生聚友讲学之举，迁善去恶之训③，亦太欺人矣。欺人即自欺，更何说乎！夫彼专谈无善无恶之学④，我则以无善无恶待之⑤；若于彼前而又谈迁善去恶事，则我为无眼人矣⑥。彼专谈迁善去恶之学者，我则以迁善去恶望之⑦；若于彼前而不责以迁善去恶事，则我亦为无眼人矣。世间学者原有此二种，弟安得不以此二种应之也耶！惟是一等无紧要人⑧，一言之失不过自失，一行之差不过自差，于世无与⑨，可勿论也。若特地出来，要扶纲常⑩，立人极⑪，继往古⑫，开群蒙⑬，有如许担荷⑭，则一言之失，乃四海之所观听⑮，一行之谬，乃后生小子辈之所效尤⑯，岂易放过乎？

【注释】

①"弟早知"句：万历十六年初，李贽曾托周思久向耿定向进"迁善去恶"的"忠告"，周未予转达。耿老：即耿定向，见《答耿中丞》题解。

②向：以前。通劄：通信。劄，同"札"，书信。

③迁善去恶：向善而去除邪恶。迁善，语本《周易·益》："君子以见善则迁，有过则改。"

④无善无恶之学：王守仁曾提出"无善无恶是心之体"（《传习录》）的理论，把"无善无恶"视为至善的道德。并要人们恢复这种"心之体"，而"为善去恶"，以达到"存天理，灭人欲"的目的。

⑤"我则"句：李贽认为人的自然本性是最完美的，无所谓"天理"的"善"与"人欲"的"恶"，虽也是唯心的认识论，但与王守仁的"无善无恶"理论并不相同。

⑥无眼人：比喻没有见识的人。

⑦望：责望，要求。

⑧一等：一类，一种。无紧要人：没有地位和影响的一般人。

⑨于世无与（yù）：与世无关。与，干预，参预。

⑩扶纲常：维护封建的三纲五常。

⑪立人极：树立做人的社会准则。人极，纲纪，社会准则。

⑫继往古：继承从前的事业。往古，从前，古昔。

⑬开群蒙：使众人摆脱愚昧。

⑭担荷：担负的责任。

⑮观听：看到和听到。这里指听到。

⑯效尤：仿效坏的行为。

【译文】

　　我早就知道您不敢把我托您向耿老进的忠告转达给他。我从前给您写信谈及此意，不过是试一试您而已。由此使我认识到平生聚友讲学的举措，向善除恶的训诫，都太欺骗人了。欺骗他人也就是欺骗自己，还有什么可说的。耿老专谈无善无恶之学，我则以无善无恶的理论对待他；如若我与他再谈论这种向善除恶之事，那我实在是没有见识了。他专注于要人们向善去恶之说，我就以此要求他；如若我不以向善去恶要求他，那我也真是没有见识了。世间的学者原来只有这两种主张，我怎么能不对这两种主张有所回答呢！只有那些没有地位和影响的人，说错一句话不过是自己的过失，做错一件事也只是自己的过错，都与世无关,可以不必说它。如若是特地立足当世,要维护封建的三纲五常,要树立做人的社会准则,要立志继承往古的事业,要使众人摆脱愚昧,有这样多要承担的重任,那么说错一句话,那四海之内的人都会听到,做错一件事,后生小子辈就会仿效而做,能轻易放过?

如弟岂特于世上为无要紧人[①],息焉游焉[②],直与草木同腐,故自视其身亦遂为朽败不堪复用之器,任狂恣意,诚不足责也。若如二老[③],自负何如,关系何如[④],而可轻耶!弟是以效孔门之忠告[⑤],窃前贤之善道,卑善柔之贱态[⑥],附直谅之后列,直欲以完名全节付二老,故遂不自知其犯于不可则止之科耳[⑦]。虽然,二老何如人耶,夫以我一无要紧之人,我二老犹时时以迁善改过望之,况如耿老,而犹不可以迁善去恶之说进乎?而安敢以不可则止之戒事二老也[⑧]。

【注释】

①岂特:何止,难道只是。

②息焉游焉:生活安定、悠闲。

③二老:指周柳塘与耿定向。

④关系:对事物和社会的作用和影响。

⑤忠告:与下句的"善道",语出《论语·颜渊》:"子贡问友。子曰:'忠告而善道之,不可则止,毋自辱焉。'"这里借用来表示对朋友要坚持劝告之意。善道,善于引导。

⑥善柔:与下句的"直谅",语出《论语·季氏》:"孔子曰:'益者三友,损者三友。友直,友谅,友多闻,益矣。友便辟,友善柔,友便佞,损矣。'"卑,鄙视。善柔,善于谄媚奉承。直谅,正直诚实。

⑦"直欲"二句:意为只是想让您二老维持声誉、保全节操,因此不

觉地违背了孔子所说的"不可则止"的教导了。

⑧"而安敢"句：意为怎么敢以"不可则止"的戒条来对待你俩呢。

【译文】

像我这样在世上无关紧要的人，生活悠闲，也只能与草木同样腐烂，所以我很清楚自己就像那朽败之器物没什么用处了，因此随心所欲，狂放任意，也是不必责备的。像您和耿老，自负责任重大，对社会的作用和影响重大，是不可轻视的。我因此学习孔老夫子的"对朋友要忠告而善于引导"的教导，实践前贤的善于引导，鄙视善于谄媚奉承的丑态，附在正直诚实者的后列，只是想使二老完名全节保全声誉，因此不觉地违背了孔老夫子所说的不可则止的教导了。虽然如此，您与耿老是怎样的人呢，对我这个无关紧要的人，您二老还常常以向善改过来劝告我，何况像耿老，怎么可以不向他进行向善去恶的劝说呢？又怎么敢以不可则止的戒条来对待您二老呢。

偶有匡庐之兴①，且小楼不堪热毒，亦可因以避暑。秋凉归来，与兄当大讲，务欲成就世间要紧汉矣②。

【注释】

①匡庐：即庐山。传说殷周间有匡姓兄弟七人结庐隐居于此，故称。兴：游兴。

②"务欲"句：可能指本年秋，李贽应周思久早先的邀请移居龙潭湖芝佛院一事。要紧汉，重要人物。

【译文】

偶然生出想到庐山旅游的兴趣，而且难以忍受这里的小楼热毒，到庐山也可以避避苦暑。等到秋凉归来，与兄大讲一番，一定要努力成为世间的重要人物。

寄答耿大中丞

【题解】

本文于万历十六年（1588）写于麻城。耿大中丞，即耿定向。当时耿定向官南京都察院右副都御史，大中丞是对都御史的习惯称呼。此信是针对耿定向给刘元卿的一封信所发。刘元卿（1544—1609），字调甫（一作父），江西安福（今江西安福）人。耿定向的学生，国子监博士，当时新任礼部主事。著有《山居草》《还山续草》《诸儒学案》等。《国朝献征录》卷三五、《明史》卷二八三、《明儒学案》卷二一等有传。耿定向在与刘调甫的通信中，曾议论到学与舍己从人的关系，其中说："'大舜善与人同'一章，更须理会。学惟舍己从人，乐取诸人，便是与人为善处。此等才是虚无妙用，大开眼孔、彻无上法者。"（《耿天台先生文集》卷四《又与刘调甫》第六书）李贽看了这些议论，特写此信予以辩驳。李贽嘲笑了耿定向"言舍己从人以欺人"的言行不一的虚伪行径，揭露了他们以"扶世立教"而自诩的狂妄态度。

　　观二公论学①，一者说得好听，而未必皆其所能行②；一者说得未见好听，而皆其所能行，非但己能行，亦众人之所能行也③。己能行而后言，是谓先行其言；己未能行而先言，则谓言不顾行。吾从其能行者而已，吾从众人之所能行者而已④。

【注释】

①二公：指周思久和杨起元。周思久见《答周柳塘》题解。杨起元（1547—1599），字贞复，号复所，广东归善（今广东惠州）人。罗汝芳、周思久的学生。万历五年（1577）进士。历官翰林院修撰、

国子监祭酒、南京礼部侍郎、南京吏部左侍郎兼侍读学士等。与耿定向和李贽都有交往。他对李贽极为推崇，并让他的学生佘永宁、吴世常向李贽问学，佘永宁在《永庆答问》中有详细记载。著有《证学编》《杨子学解》《杨子格言》《白沙语录》《证道书义》等。《续藏书》卷二二、《国朝献征录》卷六、《明史》卷二八三、《明史稿》卷一八五、《明书》卷一一四、《明儒学案》卷三四等有传。论学：指围绕着周思久所提出的"性念之谈"而展开的辩论。详见下注。

② "一者"二句：这是指周思久而言。周说："不诱于欲（不为物欲所诱），不滞于见（不固执妄见）"，"念（指不好的念头）之所自起，由于欲与见"，"念之不动者为性"（意为不动"性"才能去"欲念"）。这是对人们正常物欲的否定。耿定向赞同此说，并替周思久多方辩解（参见《耿天台先生全书》卷三《与内翰杨复所》）。

③ "一者"四句：这是指杨复所而言。杨主张"以耳目口鼻四肢之欲言性"，认为"凡人终日举心动念，无一而非欲也，皆明德之呈露显发也……吾人一身视听言动，无一而非气禀也，皆明德之洋溢充满也"。因此，"明德不离自身，自身不离目视、耳听、手持、足行，此是天生来真正明德"（《明儒学案》卷三四）。这种主张即要根据人们的生活要求来谈"性念"和"明德"，显然与李贽一贯主张的从"当下自然"和"百姓日用"上考察人性是一致的。

④ "吾从"二句：表明李贽是赞成杨复所的主张的。

【译文】

考察一下两位先生的论学之言，一位说得好听，但未必能做得到；一位说得并不好听，但都能做得到，不但自己做得到，众人也都能做得到。自己能做得到，而后才说，这是言行一致；自己做不到而只是说一说，那就是言行不一。我赞成和欣赏言行一致的行为，我赞成和欣赏众人能言行一致的行为。

　　夫知己之可能,又知人之皆可能,是己之善与人同也,是无己而非人也①,而何己之不能舍?既知人之可能,又知己之皆可能,是人之善与己同也,是无人而非己也②,而何人之不可从?此无人无己之学③,参赞位育之实④,扶世立教之原⑤,盖真有见于善与人同之极故也。今不知善与人同之学,而徒慕舍己从人之名,是有意于舍己也。有意舍己,即是有己;有意从人,即是有人。况未能舍己而徒言舍己以教人乎?若真能舍己,则二公皆当舍矣。今皆不能舍己以相从,又何日夜切切以舍己言也?教人以舍己,而自不能舍,则所云舍己从人者妄也,非大舜舍己从人之谓也⑥。言舍己者,可以反而思矣。

【注释】

①无己而非人:即"己与人同"。意为没有自己有而别人没有的东西。

②无人而非己:即"人与己同"。意为没有别人有而自己没有的东西。

③无人无己:即"无人而非己"和"无己而非人"两语的概括。这里指在"善与人同"的基础上既不抹杀自己,也不强加于人。这是针对耿定向"扶世立教"、要人们"舍己从人"的说教而发。关于"无人无己之学",可参阅《答耿中丞》《答耿司寇》等文。

④参赞位育:语本《中庸》:"惟天下至诚(只有天下至诚的圣人),为能尽其性(能够极尽天赋的本性)。能尽其性,则能尽人之性(极尽众人之性)。能尽人之性,则能尽物之性。能尽物之性,则可以赞天地之化育(就可赞助天地生成万物)。可以赞天地之化育,则可以与天地参矣(至诚的功用可以同天地并列成三了)。"

"致中和(能达到尽善尽美的中和境界),天地位焉(天地安于其位运行不息),万物育焉(万物生生不已)。"意为参与、赞助天地生成万物,可以使人得其所,物遂其生。实:实质,实际内容。

⑤扶世立教:扶助世道,立论教人。"扶世立教"是耿定向等道学家所标榜的口号,李贽在这里用此口号论证"无人无己"之学,与道学家有着本质之别。原:本原,根本。

⑥大舜舍己从人:语见《孟子·公孙丑上》:"大舜有大焉,善与人同,舍己从人,乐取于人以为善。"意为伟大的舜非常了不得,他对于行善,没有别人和自己的区分,能抛弃自己的不是,接受人家的是,非常快乐地吸取别人的优点来自己行善。

【译文】

知道自己可以做到,又知道他人都可以做到,那就是自己的行善和他人一样,就是没有自己有而别人没有的事,那还有什么自己不能舍弃的呢?既然知道他人可以做到,又知道自己也都能做到,那就是他人的行善和自己一样了,就不存在别人有而自己没有的事,那么什么人的意见不可以听从呢?这才是无人无己之学的原意,这才是赞助天地生成万物,使人得其所使物遂其生的实质内含,是扶助世道立论教人的根本原意,是真正懂得行善与人同的正确道理。而今不懂得行善与人同的道理,只是向往放弃自己成全别人的虚名,那是有意表现自己能够从善之意。有意表现自己能够从善之意,还是在显示自己;有意表现能听从他人的意见,那是显示自己不强加于人。何况并不能舍弃成见而只是用舍弃成见来教育他人呢?如若真能舍弃成见,那么您两位就应当去掉那种强加于人的毛病。现今您两位相互都不能做到舍弃成见,又何必日日夜夜不停地说什么要能舍弃成见呢?您两位教他人要舍弃成见能听从他人的意见而自己却不能做到,那所说的舍弃成见、听从他人的意见只是一种随意的荒谬之言了,这就不是大舜所说的"舍弃己见听从他人意见"的意思了。表示能舍弃成见的人,可以思考思考了。

真舍己者，不见有己①。不见有己，则无己可舍。无己可舍，故曰舍己。所以然者②，学先知己故也。真从人者，不见有人③。不见有人，则无人可从。无人可从，故曰从人。所以然者，学先知人故也。今不知己而但言舍己，不知人而但言从人，毋怪其执吝不舍④，坚拒不从⑤，而又日夜言舍己从人以欺人也。人其可欺乎？徒自欺耳。毋他，扶世立教之念为之祟也。扶世立教之念，先知先觉之任为之先也⑥。先知先觉之任，好臣所教之心为之驱也⑦。以故终日言扶世，而未尝扶得一时，其与未尝以扶世为己任者等耳⑧。终日言立教，未尝教得一人，其与未尝以立教为己任者均焉⑨。此可耻之大者，所谓"耻其言而过其行"者非耶⑩？所谓"不耻不若人何若人有"者又非耶⑪？

【注释】

①不见有己：意为善既然与别人相同，那就没有自己独有的善，即"无己"。

②所以然者：这样的原因。

③不见有人：意为别人既然与我同善，没有一个人的善有什么特殊的，即"无人"。

④执吝不舍：吝啬而不肯舍弃。执吝，悭吝、吝啬之意，这里则指固执错误。

⑤坚拒不从：坚持拒绝的态度，不肯从人之善。

⑥先知先觉之任：语本《孟子·万章下》："伊尹曰：……'天之生斯民也，使先知觉（启发）后知，使先觉（觉悟早于常人的人）觉后觉。予，天民之先觉者也。予将以此道（尧、舜之道）觉此民也。'……其自任以天下之重也（这便是他把天下的重担自己挑起来的态

度）。"

⑦好（hào）臣所教：语本《孟子·公孙丑下》："好臣其所教，而不好臣其所受教。"意为只喜欢以听话的人为臣，却不喜欢以能够教导他的人为臣。为之驱：被它所驱使。

⑧等：相同。

⑨均：等同。

⑩耻其言而过其行：语出《论语·宪问》，意为说得多，做得少，君子以为耻。

⑪不耻不若人何若人有：语出《孟子·尽心上》，意为不以赶不上别人为羞耻，怎么能赶上别人呢？

【译文】

真正为善与别人相同的人，那就不会另有自己独有的善。自己没有不同于他人的独有的善，那也就没有成见不可舍弃。没有什么成见不可舍弃，所以说也就不会固执己见。这样的原因，就在于学问之道在于对自己有所认识。真正能与别人同善，也就不会有什么个人特殊的善。没有什么个人特殊的善，那么大家一样也就没什么可以依从的。没有可依从的，所以说都是一样依从。这样的原因，就在于学问之道在于对他人有所认识。而今对自己没有认识却说不会固执己见，对他人没有认识却说依从他人，这真是固执错误而不肯舍弃，以坚持拒绝的态度不肯从人之善，却又日夜地说自己是舍己从人用以欺骗人们。人们怎么会随意被欺骗呢？这是自欺罢了。没有别的原因，就在于总想用自己那一套去扶助世道立论教人。扶助世道立论教人的理念，像《孟子·万章下》所说，上天生育了百姓，就是要先知先觉的人来引导后知后觉的人，并要自己承担起先知先觉之任。这种先知先觉之任，却被只喜欢听话的不喜欢教导他的人所驱使。因此，整日说扶助世道，却没有一时的结果，这不是和那并不把扶助世道当作自己责任的人一样吗？整日说立论教人，却没有教得一人，这不是和那并不把立论教人当作自己责任的人相同吗？这是非常可耻的,这不正如《论语·宪问》所说的那样,是说得多做得少,君子以为耻吗？也正如《孟子·尽心上》所说的,不以赶不上别人为羞耻,怎么能赶上别人呢？

　　吾谓欲得扶世,须如海刚峰之悯世①,方可称真扶世人矣。欲得立教,须如严寅所之宅身②,方可称真立教人矣。然二老有扶世立教之实,而绝口不道扶世立教之言;虽绝口不道扶世立教之言,人亦未尝不以扶世立教之实归之。今无其实,而自高其名,可乎？

【注释】

①海刚峰:即海瑞(1514—1587),字汝贤,号刚峰,广东琼山(今海南海口)人。嘉靖二十八年(1549)举人。嘉靖四十五年(1566)任户部主事时,因上疏批评世宗迷信道教,不理朝政等,被捕入狱。世宗死后获释。隆庆三年(1569)任应天巡抚,疏浚吴淞江,推行一条鞭法,曾令徐阶等官宦豪强退田。后因被张居正、高拱排挤,革职闲居十六年。万历时再起,先后任南京吏部右侍郎和南京右佥都御史。死后谥忠介。为学以刚为主,故以刚峰自号。在任期间,力主严惩贪污,并平反一些冤狱,被人们赞为清官。民间因而有《海忠介公居官公案》《大红袍》等传说。后人整理有《海瑞集》。《续藏书》卷二三、《耿天台先生文集》卷一六、《国朝献征录》卷六四、《明史》卷二二六、《明史稿》卷二一〇等有传。

②严寅所:即严清(1524—1590),字公直(《续藏书》作"直甫"),号寅所,云南后卫(今云南昆明)人。嘉靖三十二年(1553)进士。历官陕西参政、四川按察使、右佥都御史、四川巡抚、刑部侍郎、吏部侍郎、刑部尚书等。死后谥恭肃。《续藏书》卷二〇、《国朝

献征录》卷二五、《明史》卷二二四、《明书》卷一一三、《明纲鉴目》卷一二等有传。宅身：立身。指能严格要求自己。《续藏书·尚书严恭肃公》称其"所居官，身自与僮仆食粗衣敝，萧然也"。《明史》本传称其"中外师其廉俭，书问几绝"。

【译文】

我以为想要扶助世道，那就要有海瑞的为时世而忧虑的精神，这才可以称为扶助世道之人。想要立论教人，那就要像严寅所那样能严格要求自己，这才可以称为立论教人的作为。然而这二老虽实行着扶助世道立论教人的做法，却一句也不说扶助世道立论教人的话；虽然他们不说扶助世道立论教人的话，人们却认为他们就是在扶助世道立论教人。而今没有扶助世道立论教人的实质，只是以此抬高自己的声誉，这样可以吗？

且所谓扶世立教，参赞位育者，虽聋瞽侏跛亦能之[1]，则仲子之言[2]，既已契于心矣，纵能扶得世教，成得参赞位育，亦不过能侏跛聋瞽之所共能者，有何奇巧而必欲以为天下之重而任之耶？若不信侏跛聋瞽之能参赞位育，而别求所谓参赞位育以胜之，以为今之学道者皆自私自利而不知此，则亦不得谓之参赞位育矣。是一己之位育参赞也，圣人不如是也。

【注释】

[1] 聋瞽侏跛：即失聪之人、失明之人、侏儒、跛腿之人。

[2] 仲子之言：指耿定向的弟弟耿定理所说的："夫赞天地之化育者，非独上之君相贤圣，即下之农工商贾，细之聋瞽侏跛，凡寓形宇内而含灵者，皆有以赞天地之化育而不自识也。"（《明儒学案》卷

三五）

【译文】

　　况且所谓扶助世道立论教人，赞助天地生成万物使人得其所使物各遂其生，这是失聪之人、失明之人、侏儒、跛腿之人都能做到的，这是耿定理所说过的，领悟了耿定理的话，也就懂得纵能扶助世道立论教人，做到赞助天地生成万物使人各得其所使物各遂其生，这不过是失聪之人、失明之人、侏儒、跛腿之人也都能做到的，有什么巧妙之处而一定要把它说成是负起天下的重任呢？如若不相信失聪之人、失明之人、侏儒、跛腿之人也能做到赞助天地生成万物使人各得其所使物各遂其生，而另外寻找能胜任赞助天地生成万物使人各得其所使物各遂其生的重任的人，可今日的学道之人都是自私自利而不知这一重任的意义，他们也是不能胜任这一重任的。他们不过是为了一己的利益而各得其所各遂其生罢了，圣人是不会这样的。

卷二　书答

与庄纯夫

【题解】

本文于万历十七年(1589)写于麻城。庄纯夫(1554—1606),名凤文,字纯夫(又作纯甫),泉州(今福建泉州)人,李贽的女婿。万历十五年(1587),李贽遣眷属回泉州,自留麻城。次年,其妻黄宜人逝世。万历十七年,庄纯夫堂兄弟日在到麻城报告黄宜人葬事毕,李贽写了这封信。在这封信中,李贽表达了对黄氏深情的哀悼,盛赞她的"孝友忠信,损己利人"精神。文中虽不免带有封建女德的观念,与佛教教义的述说,但字里行间那种对妻子的真挚情意,十分感人。同时,在悼念的悲痛之中,李贽还抨击了"徒有名而无实"的"学道者",表现出他对虚伪道学家的深恶痛绝。

日在到①,知葬事毕②,可喜可喜! 人生一世,如此而已。相聚四十余年,情境甚熟,亦犹作客并州既多时,自同故乡,难遽离割也③。夫妇之际,恩情尤甚,非但枕席之私,亦以辛勤拮据④,有内助之益。若平日有如宾之敬,齐眉之诚⑤,孝友忠信,损己利人,胜似今世称学道者,徒有名而无实,则临别尤难割舍也。何也? 情爱之中兼有妇行妇功妇言妇德,更令人思念耳,尔岳母黄宜人是矣⑥。独有讲学一事不信人言,稍稍可憾,余则皆今人所未有也。我虽铁石作肝,能不慨然！况临老各天⑦,不及永决耶！已矣！已矣！

【注释】

①日在:晋江(今福建晋江)青阳人,庄纯夫的堂兄弟。

②葬事:指李贽妻黄宜人的葬事。据耿定力《诰封宜人黄氏墓表》:"庄生(指庄纯夫)以是年(万历十六年)季冬(十二月)十八日葬宜人于城南之张园。"

③"亦犹"三句:这里是用唐代贾岛《渡桑乾》诗意,谓夫妻感情难以离割,犹如久客并州,离开它就像离开故乡一样难以分舍。贾岛原诗是:"客舍并州已十霜,归心日夜忆咸阳。无端更渡桑乾水,却望并州是故乡。"并州,古州名。汉唐时期的并州州治均在今山西太原。

④拮据(jié jū):劳苦操作。

⑤齐眉:即"举案齐眉"。《后汉书》卷八三《逸民传·梁鸿》:"每归,妻(孟光)为具食,不敢于鸿前仰视,举案齐眉。"后以此泛指夫妻间的相敬爱。案,有脚的托盘。

⑥黄宜人:即李贽妻黄氏。明清时官五品者,其母或妻封宜人。

⑦各天:即"天各一方"。当时黄氏逝于泉州(今福建泉州),李贽寓于麻城(今湖北麻城)。

【译文】

日在已到麻城,知道你岳母的葬事已完,可喜可喜！人生一世,如此而已。我与你岳母相聚四十多年,相处情景甚为深知,夫妻感情难以离割,犹如贾岛久客并州,把它当作故乡,难以割舍一样。夫妇之间,恩情尤甚,这不只是男女之间的私情,还在于她辛勤劳苦,是极其得力的内助。至于平日更是待如宾客之礼,举案齐眉般的敬爱,而且孝友忠信，损己利人，胜过现今自称学道之人，他们徒有名而无实，所以和你岳母的离别更为难舍。为什么？在情爱之中她还兼有妇行妇功妇言妇德，更加令人思念，你岳母黄宜人正是如此。唯独有讲学一事她不信人言，稍稍有所遗憾，其他方面那是现今之人都难以做到的。我虽然心肠如铁石，能不感慨叹息！何况到老又天各一方，来不及与她作最后的告别！罢了！罢了！

　　自闻讣后，无一夜不入梦，但俱不知是死。岂真到此乎？抑吾念之，魂自相招也？想他平生谨慎，必不轻履僧堂。然僧堂一到亦有何妨。要之皆未脱洒耳。既单有魂灵①，何男何女，何远何近，何拘何碍！若犹如旧日拘碍不通，则终无出头之期矣。即此魂灵犹在，便知此身不死，自然无所拘碍，而更自作拘碍，可乎？即此无拘无碍，便是西方净土②，极乐世界，更无别有西方世界也。

【注释】

①单：通"殚"，全部。

②西方净土：佛教虚构的西方极乐佛国，多指西方佛教主阿弥陀佛净土。净土，无尘世污染的清净世界。

【译文】

　　自从听到你岳母逝世的消息后，夜夜梦见她，但都不知道是死。难道她是真的到此了吗？或者是我思念她，两人的魂灵互相打招呼？想她平生谨慎，一定不会轻易到僧堂。然而到僧堂又有什么妨碍。总之还是没有超脱的缘故。既然都有魂灵，分什么男分什么女，分什么远分什么近，有什么束缚，有什么障碍！如果还像以前那样束缚阻碍，那就永远没有出头之日了。有此魂灵还在，便知此身不死，自然没有什么可以束缚阻碍的，却另外自己加以束缚阻碍，可以吗？如若做到没有束缚阻碍，就是西方净土，就是极乐世界，再没有别的西方世界了。

　　纯夫可以此书焚告尔岳母之灵，俾知此意①。勿贪托生之乐②，一处胎中，便有隔阴之昏③；勿贪人天之供④，一生天上，便受供养，顿忘却前生自由自在夙念。报尽业现⑤，还来六趣⑥，无有穷时矣。

【注释】

①俾：使。

②托生：指人死后灵魂投胎再世。这是迷信说法。

③隔阴之昏：指人投胎之后忘记前世。

④人天之供：人死后升天所得到的供奉。这是迷信说法。

⑤报：报应。业：佛教用语。把产生后果的前因叫做"业"。通常指身、口、意三方面的活动，故称"三业"。三者都有善恶之分，并决定在六道中的生死轮回。

⑥六趣，佛教用语。一称"六道"，即六种轮回境地——地狱、饿鬼、畜生、修罗、人、天。佛教认为，众生身、口、意的活动，善有善报，恶有恶报，报应完结，新的业也随之出现，不停地在六道中轮回转生。直至证悟、解脱，修行成佛，而后才能出离。

【译文】

　　纯夫可以把这篇文章在你岳母的灵位前焚烧，使她知道我的意思。告诉她不要贪图托生之乐，一旦处于胎中，便会忘记前世；也不要贪图死后升天所得的供奉，一旦升到天上，就会受到这种供养，那就会很快忘掉前生自由自在的原有念头。报应完了以后善恶的"三业"就会出现，还有六种轮回境地，永远没有完了。

尔岳母平日为人如此，决生天上无疑。须记吾语，莫忘却，虽在天上，时时不忘记取，等我寿终之时，一来迎接，则转转相依，可以无错矣。或暂寄念佛场中，尤妙。或见我平生交游，我平日所敬爱者，与相归依，以待我至亦可。幸勿贪受胎，再托生也。纯夫千万焚香化纸钱，苦读三五遍，对灵叮嘱，明白诵说，则宜人自能知之。

【译文】

你岳母平日为人如此，一定会升天无疑。但也要记住我说的话，不要忘记，虽然在天上，也要时时记住不要忘掉，等我寿终之时，来接我一趟，就渐渐地互为依靠，那就很好了。或者暂时寄居在念佛场中，更妙。或者见到我平生交游之友，我平日所敬爱之人，与他们相互依靠，等待我逝世后相聚亦可。希望她不要贪图投胎，再次托生人世。纯夫千万要焚香和烧纸钱，要把我的话认真地读上三五遍，对你岳母之灵叮嘱，明白诵说，那么你岳母宜人自然能知道其中之意。

复焦弱侯

【题解】

本文于万历十七年（1589）写于麻城。焦弱侯，即焦竑（1540—1620），字弱侯，号澹园，又号漪园，著文亦常署漪南生、澹园子、澹园居士、澹园老人、太史氏等，有时偶署龙洞山农。学者多称澹园先生。其籍贯为南京应天府旗手卫，但他的上世是山东日照人，因此，焦竑自称乡贯，有时言金陵、江宁、上元（皆南京异称），有时言琅琊（山名。在今山东日照、诸城东南海滨，因秦始皇在此建有琅琊台并刻石而著名，这里代指日照）。万历十七年以殿试第一为翰林院修撰。后因议论时政被劾，谪福宁州（治所在今福建霞浦）同知。焦竑本是耿定向的学生，但后来在思想上深受李贽的影响。曾为李贽的《焚书》《续焚书》《藏书》《续藏书》等作序。著有《澹园集》《焦氏笔乘》《焦氏类林》等。《明史》卷二八八、《明史稿》卷二六九、《明儒学案》卷三五、《罪惟录》卷一八、《列朝诗集小传》丁集下、《居士传》卷四四、《江南通志》卷一六五等有传。该信写于万历十七年，这从信中"弟今年六十三矣"可证。又据《明史·焦竑传》："万历十七年，始以殿试第一人官翰林修撰。"故信中有"既只官身……所望兄长尽心供职业"和"莫以状元恐赫人也"之语。在该信中，李贽谈到他对为人为学的想法，同时对"言不顾行"的道学家，以及借学以起名，借名以起官的士人行径进行了批判。中华书局1975年版《焚书》卷二和增补二所载同题两文，文字稍有出入，实为一文。现据该书增补二（据明刊本《李温陵集》卷四题为《复焦弱侯》增补）校补。

　　无念回①，甚悉近况。我之所以立计就兄者，以我年老，恐不能待也。既兄官身②，日夜无闲空，则虽欲早晚不离左右请教，安能得？官身不妨，我能蓄发屈己相从，纵日间不闲，独无长夜乎？但闻兄身心俱不得闲，则我决不可往也无疑也。至于冲庵③，方履南京任④，当用才之时，值大用之人，南北中外尚未知税驾之处⑤，而约我于焦山⑥，尤为大谬。舍稳便，就跋涉，株守空山，为侍郎守院⑦，则亦安用李卓老为哉？计且住此，与无念、凤里、近城数公朝夕龙湖之上⑧，虽主人以我为臭秽不洁⑨，不恤也⑩。所望兄长尽心供职业！

【注释】

①无念：名深有（1544—1627），俗姓熊，麻城（今湖北麻城）人。龙潭湖芝佛院守院僧，僧号无念。曾为周思久（柳塘）礼请李贽居

芝佛院。后入黄蘖山（在河南商城），建法眼寺。著有《醒昏录》《黄蘖无念复问》等。《麻城县志》康熙版卷八、光绪版卷二五、民国版《前编》卷一五，《五灯严统》卷一六，《五灯全书》卷一二〇等有传。万历十七年(1589)，无念受李贽的委派入京，会见了李贽友人焦竑、顾养谦、邹汝光、杨起元、袁宗道等，其中有人给李贽写信或赠俸。夏秋间，无念回到龙潭湖。

②官身：有官职在身。

③冲庵：即顾养谦(1537—1604)，字益卿，号冲庵，南直隶通州(今江苏南通)人。嘉靖四十四年(1565)进士。官至兵部侍郎，总督蓟辽军务，卒赠兵部尚书。李贽任姚安知府期间，顾任云南佥都御史分巡洱海道，交往相得，情谊颇深。李贽在本书卷二《复顾冲庵翁书》《又书使通州诗后》、本书卷四《豫约·感慨平生》等文中，都提到他和顾养谦之间的友谊。李贽辞去姚安太守后，顾养谦写《赠姚安守温陵李先生致仕去滇序》(《又书使通州诗后》附)，对李贽的政绩及辞官情况有详细记述。著有《冲庵抚辽奏议》《督抚奏议》等。《澹园续集》卷一一、徐乾学《明史列传》卷八五、《明史纪事本末》卷六二、《列朝诗集小传》丁集中、《河南通志》卷三一等有传。

④方履南京任：本年顾养谦任南京户部侍郎(据焦竑《资德大夫都察院右都御史兼兵部左侍郎赠兵部尚书冲庵顾公暨配淑人李氏神道碑》，《澹园续集》卷一一)。

⑤中外：指中央和地方。税(tuō)驾：犹解驾，停车。谓休息或归宿。税，通"挩""脱"。《史记》卷八七《李斯列传》："物极则衰，吾未知所税驾也。"司马贞索隐："税驾，犹解驾，言休息也。"

⑥焦山：亦作樵山，在江苏镇江，相传因东汉末处士焦光隐居于此而得名。

⑦侍郎：指顾冲庵。

⑧凤里：即杨定见，号凤里，李贽的学生。见后《与杨定见》题解。近城：即刘近城，麻城人，曾跟随李贽多年。李贽对杨凤里、刘近城都曾给以赞赏。在《八物》中说："如杨定见，如刘近城，非至今相随不舍，吾犹未敢信也。直至今日患难如一，利害如一，毁谤如一，然后知其终不肯畔我以去。"（本书卷四）在《豫约·早晚守塔》中说："刘近城是信爱我者，与杨凤里实等。"（本书卷四）万历二十八年（1600），湖广按察司金事冯应京烧毁了龙潭湖的芝佛院，并驱逐李贽。杨定见为李贽设法先行藏匿，然后避入河南商城的黄蘖山中。

⑨"虽主人"句：万历十二年（1584）耿定理去世，李贽与耿定向的矛盾日益激化，并展开了论战。万历十三年（1585），李贽离开黄安，徙居麻城。这时，道学家与官僚"人人骇异，谤声四起，郡守与兵宪谓其左道惑众"（《泉州府志·文苑传》）。这里说的"主人以我为臭秽不洁"，当指此。

⑩不恤：不顾。

【译文】

无念已回来，兄等的近况我都很清楚了。我之所以决心要搬到兄长那里去住，因为我已年老，怕不能等待。既然兄长有官职在身，白天黑夜都没有空闲，那么我虽然想早晚在兄长身边，向兄长请教，又怎么能做到？但有官职在身也不妨事，我能够违背自己的意愿，蓄起头发还俗，跟从着兄长，纵然白天没有时间，还没有长夜吗？只是听说兄长身心都不得闲，那我一定不能前往，这是无疑的了。至于顾冲庵，刚到南京户部任侍郎，正当国家重用人才的时候，遇上这么个能担当大任的人，还不知他任职四方，最终会在哪里安身，却约我去焦山，这尤其谬误。放弃眼下的安稳方便，去长途跋涉，然后株守空山，为顾侍郎守院子，这样的事哪里用得着我李卓老？我想还是暂且住这里，与无念、杨凤里、刘近城等人朝夕相处于龙湖之上，即便主人把我当作污秽不堪的人，我也不在乎。希望兄长尽心履职。

弟尝谓世间有三等作怪人，致使世间不得太平，皆由于两头照管。第一等，怕居官束缚，而心中又舍不得官。既苦其外，又苦其内。此其人颇高，而其心最苦，直至舍了官方得自在，弟等是也。又有一等，本为富贵，而外矫词以为不愿①，实欲托此以为荣身之梯，又兼采道德仁义之事以自盖②。此其人身心俱劳，无足言者。独有一等，怕作官便舍官，喜作官便作官；喜讲学便讲学，不喜讲学便不肯讲学。此一等人，心身俱泰，手足轻安，既无两头照顾之患，又无掩盖表扬之丑③，故可称也。赵文肃先生云④："我这个嘴，张子这个脸⑤，也做了阁老⑥，始信万事有前定。只得心闲一日，便是便宜一日。"世间功名富贵，与夫道德性命，何曾束缚人，人自束缚耳。狂言如此，有可采不？

【注释】

①矫词：诡言，说假话。

②自盖：自我遮盖。

③掩盖表扬：掩盖求富贵之实，却表彰自己是为了道德仁义。

④赵文肃：即赵贞吉（1508—1576），字孟静，号大洲，内江（今四川内江）人。嘉靖十四年（1535）进士。官至礼部尚书兼文渊阁大学士。学博才高，最善王守仁之学，并具有以禅入儒的特点。卒谥文肃。著有《赵文肃公集》。隆庆初，李贽在礼部任职时，与赵贞吉有交往，并听过赵的讲学。《续藏书》卷一二、《国朝献征录》卷一七、《明史》卷一九三、《明书》卷一一四、《明儒学案》卷三三、《列朝诗集小传》丁集中、《罪惟录》卷一一等有传。

⑤张子：指张居正（1525—1582），字叔大，号太岳，江陵（今湖北江
　　陵）人。明代政治家。嘉靖二十六年（1547）进士。万历年间，连
　　续十年担任内阁首辅，进行政治改革，朝政为之一新。死后受到
　　顽固派的弹劾，一家遭削籍抄没。著有《张文忠公全集》。《国朝
　　献征录》卷一七、《嘉靖以来内阁首辅传》卷七、《明史》卷二一三、
　　《明史稿》卷一九七、《明书》卷一五○、《列朝诗集小传》丁集中、
　　《罪惟录》卷一一等有传。

⑥阁老：指内阁大臣。

【译文】

　　我曾经认为，这世上有三类作怪的人，致使世间不得太平，就是因
为他们两头都要照管。第一类人，怕做官受束缚，但心中又舍不得官。
既身体受苦，又内心受苦。这种人很清高，但他的内心最痛苦，一直到
辞了官才自在，我就是这样的人。另有一类人，本是追求富贵的，而表
面上却说不想富贵，实际上是想借这种言行不一作为追求荣华富贵的
阶梯，同时又用一些仁义道德的行为来遮掩自己的本来面目。这种人
身心都很劳苦，没有什么好说的。更有一种人，怕做官就辞官，喜欢做
官就做官了；爱讲学就讲学，不爱讲学就不讲学。这种人，身心、四肢都
安逸，既没有两头都要照顾的难处，又没有边掩盖边表白的丑态，所以
是值得称道的。赵文肃先生说："我这么一张嘴，张居正先生那样一张
脸，也都做了内阁大臣，才相信万事都是上天预定的。所以只要内心得
到一天轻闲，就是占了一天的便宜。"可见世上的功名富贵与道德性命
哪里束缚过人，不过是人自己束缚自己罢了。我这样的狂言，有可取之
处么？

　　无念得会顾冲庵，甚奇，而不得一会李渐庵①，亦甚可
憾！邹公有教赐我②，杨公有俸及我③，皆当谢之。然我老
矣，伏枕待死，笔墨久废，且以衰朽田野之老，通刺上国④，恐

以我为不祥也。罢罢！自告免状⑤，知不我怪。向邹公过古亭时⑥，弟偶外出，不得抠趋侍从⑦，悔者数日。夫金马玉堂⑧，所至蓬荜生光⑨，既过三日，余香犹在，孰不争先快睹邪？鄙人独不得与，何缘之寡薄也！

【注释】

①李渐庵：即李世达（1532—1599），字子成，号渐庵，晚年更号廓菴，泾阳（今陕西泾阳）人。嘉靖三十五年（1556）进士。历官户部主事、南京太仆卿、山东巡抚、右佥都御史、右副都御史、吏部尚书、刑部尚书、左都御史等。卒谥敏肃。李贽好友。《续藏书》卷一八、《澹园集》卷三四、《续澹园集》卷一〇、《明史》卷二二〇、《明史稿》卷二〇四、《明书》卷一三三等有传。

②邹公：当指邹德溥，字汝光，号四山，安福（今江西安福）人。著名学者邹守益之子。万历十一年（1583）进士。曾官翰林院编修、太子洗马。著有《易会》《春秋匡解》《邹太史全集》等。《明史》卷二八三、《明史稿》卷一六二、《明儒学案》卷一六等有传。

③杨公：指杨起元（1547—1599），字贞复，号复所，广东归善（今广东惠州）人。万历五年（1577）进士。历官翰林院修撰、国子监祭酒、南京礼部侍郎、南京吏部右侍郎兼侍读学士等。与耿定向和李贽都有交往。他对李贽极为推崇，并让他的学生佘（shé）永宁、吴世常向李贽问学，佘永宁在《永庆答问》中有详细记载。著有《证学编》《杨子学解》《杨子格言》《白沙语录》《证道书义》等。《续藏书》卷二二、《明史》卷二八三、《明史稿》卷一八五、《明书》卷一一四、《明儒学案》卷三四等有传。

④通刺上国：给京城里的达官贵人通信。刺，名片。上国，京都。

⑤自告免状：自己告知都可以免了（指免去了写信答谢邹公的赐教和杨公的赐俸一事）。

⑥古亭：指麻城（今湖北麻城）和黄安（今湖北红安）。北周时，麻城称古亭，黄安是明代嘉靖年间从麻城分出的新县。

⑦抠趋：即抠衣趋谒。抠衣是古人迎趋时的动作，即提起衣服前襟，碎步前行，表示恭敬。趋，古代的一种礼节，以碎步疾行表示敬意。

⑧金马玉堂：即金马门和玉堂署。汉时学士待诏之处，后因以称翰林院或翰林学士。邹德溥任翰林院编修，故称。

⑨蓬荜(bì)："蓬门荜户"的略语。意为用草、树枝等做成的门户，以形容穷苦人家所住的简陋房屋。

【译文】

无念能够见到顾冲庵，很神奇，可是没能见李渐庵一面，又很遗憾。邹公有教言要赐给我，杨公有金钱要赠给我，这都应该表示感谢。可是我老了，匍匐在枕头上等死，很久没动笔墨，并且我一个身体衰弱、栖身田野的老人，给京城大官通信，恐怕他们会把我当作不吉祥的人。算了算了！都免了，我知道他们不会怪罪我的。此前邹公经过古亭时，我偶然外出，没能趋奉侍从，悔恨了好多天。邹公身为翰林院编修，平日居金马门玉堂署，所到之处，蓬荜生辉，过了几天还有余香，谁不想抢先看一眼呢？惟有我不能参与其中，缘分多么浅薄呀！

　　有《出门如见大宾篇》（《说书》）①，附往请教。尚有《精一》题、《圣贤所以尽其性》题，未写出，容后录奉。大抵圣言最切实，最有用，不是空头语。若如说者注解，则安用圣言为邪！世间讲学诸书，明快透髓，自古至今未有如龙谿先生者②。弟旧收得颇全，今俱为人取去，无一存者。诸朋友中读经既难，读大慧《法语》及中峰《广录》又难③，惟读龙谿先生书，无不喜者。以此知先生之功在天下后世不浅矣。闻有《水浒传》，无念欲之，幸寄与之，虽非原本亦可；然非原本，真不中用矣。方切庵至今在滇④，何耶？安得与他一会面也！无念甚得意此行，以谓得遇诸老。闻山东李先生向往甚切⑤，有绝类离群之意。审此，则令我寤寐尔思，展转反侧，曷其已耶！袁公果能枉驾过龙湖⑥，明年夏初当扫馆烹茶以俟之，幸勿爽约也⑦！杨复所憾与兄居住稍远⑧，弟向与柳老处⑨，见其《心如谷种论》及《惠迪从逆》⑩作，是大作家。论首三五翻，透彻明甚，可惜末后作道理议论，稍不称耳。然今世要未能作此者，所谓学从信门入是也⑪。自此有路径可行，有大门可启，堂堂正正，日以深造，近谿先生之望不孤⑫，而兄等亦得良侣矣。弟虽衰朽，不堪雕琢，敢自外于法席之下耶⑬？闻此老求友不止，决非肯以小成自安者，喜何如也！

【注释】

①《出门如见大宾篇》：是李贽就《论语·颜渊》"出门如见大宾"（出门干事好像去接待贵宾）这句话所作的一篇文章，收在他所著的《说书》里。《说书》：又名《李氏说书》，内容是对"四书"（《论语》《孟子》《大学》《中庸》）的解说和评论。原书已失传，现存题名为李贽的《说书》，主要是从林兆恩的《四书正义》抄录而成，有人认为是伪作。

②龙谿：即王畿（1498—1583），字汝中，号龙谿，山阴（今浙江绍兴）人。嘉靖十一年（1532）进士。王守仁的学生，官至兵部侍郎。他与钱德洪曾两次放弃科举机会，专心王学。当时，四方学人士子向王学习者，往往先由他们辅导，而后卒业于王守仁，因此，被称为"教授师"。主张"良知"即是佛性，为学以"致知见性"为主，

把玉守仁的"良知"说进一步引向禅学。著有《困学记》《龙谿集》
等。《续藏书》卷二二、《明史》卷二八三、《明史稿》卷一八五、《明
书》卷一一四、《明儒学案》卷一二等有传。李贽对王畿极为推
崇，王畿逝世后，李贽撰写《王龙谿先生告文》（见本书卷三），以
悼念缅怀。

③大慧(1089—1163)：南宋禅宗临济宗杨岐派僧人，俗姓奚，名宗
杲(gǎo)，宁国（今安徽宣城）人。谥号普觉。"看话禅"的创立
者。高宗时诏使往杭州。孝宗居藩邸时师事之，及即位，赐号大
慧禅师。曾因议及朝政而遭秦桧迫害。有《大慧普觉禅师语录》
三〇卷、《宗门武库》一卷、《正当眼藏》六卷等传世。《统要续集》
卷二二、《联灯录》卷一七、《嘉泰普灯录》卷一五、《五灯会元》卷
一九、《续传灯录》卷二七等有传。《法语》：当指《大慧普觉禅师
语录》。中峰(1263—1323)：宋元间僧人。名明本，自号幻住，钱
塘（今浙江杭州）人。有《中峰和尚广录》传世。《佛祖通载》卷三
六、《增集续传灯录》卷六、《新续高僧传》卷一七等有传。

④方切(rèn)庵：即方沆(hàng)，字子及，号切庵，莆田（今福建莆
田）人。隆庆二年(1568)进士。历官南京户部郎、刑部郎、云南
提学、湖广佥事等。著有《漪兰堂集》。明代李维桢《大泌山房
集》卷八一、《莆田县志》卷一三、《姚安县志》卷六五、民国《新纂
云南通志》卷一七九有传。

⑤李先生：不详。向往：指"求道"。

⑥袁公：指袁宗道(1560—1600)，字伯修，号石浦，湖广公安（今湖
北公安）人。万历十四年(1586)进士。官翰林院庶吉士。与其
弟宏道（字中郎）、中道（字小修）齐名，并称"三袁"。他们受李贽
思想的影响，反对前、后"七子""文必秦汉，诗必盛唐"的复古、摹
拟的文学主张，崇尚本色，强调独写"性灵"，世称"公安派"。袁
宗道于白居易、苏轼尤为推崇。著有《白苏斋集》。《珂雪斋集》

（钱伯城点校）卷一七、《明史》卷二八八、《明史稿》卷二六九、《列朝诗集小传》丁集中、《居士传》卷四六等有传。

⑦爽约：失约。

⑧杨复所：即杨起元，见本篇第三段注③。

⑨与：当是"于"字之误。柳老：指周思久（1527—1592），字子征，号柳塘，麻城（今湖北麻城）人。周恩敬之兄。嘉靖三十二年（1553）进士。曾任琼州（今海南）知府。晚年筑室龙潭湖，自号石潭居士。工诗，善书。与李贽、耿定向都有来往。著有《石潭集》《求友录》《柳塘遗书》等。《黄州府志》卷一九，《湖北通志》卷一五一，《麻城县志》康熙版卷七、乾隆版卷一五、光绪版卷一八、民国版《前编》卷九等有传。

⑩《心如谷种论》：见杨起元《证学编·证学论》。《惠迪从逆》：今未见。

⑪学从信门入：研求学问应从诚信而入。

⑫近谿：即罗汝芳（1515—1588），字惟德，号近谿，南城（今江西南城）人。嘉靖三十二年（1553）进士。除太湖知县，召诸生论学。终官云南布政司参政。泰州学派代表人物之一。先学于颜钧，后又为王畿再传弟子，学主良知。死后门人私谥明德。著有《近谿子明道录》《近谿子文集》等。《续藏书》卷二二、《明史》卷二八三、《明史稿》卷一八五、《明儒学案》卷三四等有传。李贽对罗汝芳极为推崇，罗汝芳逝世后，李贽撰写《罗近谿先生告文》（本书卷三），以悼念缅怀。不孤：不孤单，有所寄托的意思。

⑬法席：佛教用语。指讲解佛法的坐席，亦泛指讲解佛法的场所。这里指讲席。

【译文】

我写了篇《出门如见大宾篇》的稿子（《说书》之一），与信一同带给兄长，请兄长指教。还有《精一》《圣贤所以尽其性》两个选题，没有写出来，等写出来后再送给兄长请您指教。总的来说，圣人的话最实在，最有用，不是空头话。如果像解说的人那样注解，那还要圣人的话做什么？世上众多的讲学书籍，自古至今，没有谁像龙谿先生那样明快得仿佛要穿透人的骨髓。他的著作，我原来收集得很完整，现在都被人拿去了，一部不剩。我的这些朋友，读经感到困难，读大慧禅师的《法语》和中峰和尚的《广录》也感到困难，只有读龙谿先生的书，都感到欢喜。我因此明白，先生对于天下后世具有不小的功绩。听说兄长有《水浒传》，无念想要，希望您寄给他，即便不是原本也可以；但是说实话，不是原本真不管用。方订庵至今还在云南，为什么？怎样才能与他见一面呢？无念对于这次出行很得意，因为得以认识诸位大老。听说山东有位李先生对求道心情很迫切，有脱离人群皈依佛门的意思。果真如此，则令我梦寐而思，展转反侧，如何能够停止呀！袁公如果真能屈尊来龙湖，明年初夏时节，我定会打扫好房子，煮好茶，等待他的到来，只希望他不要失约！杨复所因住地距离兄长有点远而遗憾，我先前与柳塘老先生相处，在那里看到了他的《心如谷种论》及《惠迪从逆》等作品，是大作家。开头的三五段，透彻明了，可惜后面的说理议论，与前面有点不相称。然而关键是世人做不到这样，所谓研究学问从诚信开始，说的就是这个意思。从此，就有路径可以走，有大门可以开，堂堂正正，一天天地深造，这样，罗近谿先生的希望才有所寄托，兄长等人也能获得好友。我虽老朽，不堪雕琢，但岂敢自己跑到讲席外面去呢？听说这个老先生在不停地寻访同道好友，所以绝不是小有所成就心安理得的人，我是多么高兴啊！

　　我已主意在湖上，只欠五十金修理一小塔，冬尽即搬其中。祝无功过此一会[①]，虽过此，亦不过使人道他好学，孳孳求友如此耳[②]。大抵今之学道者，官重于名，名又重于学。以学起名，以名起官。使学不足以起名，名不足以起官，则视弃名如敝帚矣。无怪乎有志者多不肯学，多以我辈为真光棍也。于此有耻，则羞恶之心自在。今于言不顾行处不知羞恶，而恶人作耍游戏③，所谓不能三年丧而小功是察也④，悲夫！

【注释】

①祝无功：即祝世禄（1539—1611），字无功，号石林（据焦竑《南京尚宝司卿石林祝公墓志铭》，见《澹园集》卷一五。《明儒学案》卷三五《给事祝无功先生世禄》称"字延之，号无功"）。万历十七年（1589）进士。曾官休宁（今安徽休宁）县令、南科给事中等。曾为李贽《藏书》作序。著有《环碧斋集》。《明儒学案》卷三五、《明诗纪事》卷一六等有传。

②孳（zī）孳：努力不倦。亦作"孜孜"。

③恶（wù）：讨厌，憎恶。作耍游戏：指道学家指责不以讲学猎取功名富贵的人是对人生的玩笑游戏。作耍，玩笑。

④"所谓"句：意为舍去大的不管，而却苛求小的。不能三年丧而小功是察，语本《孟子·尽心上》："不能三年之丧，而缌、小功之察。"意为不能够实行三年的丧礼，却对缌麻三月、小功五月的丧礼仔细讲求。古时丧服分五种——斩衰（cuī）、齐衰、大功、小功、缌（sī）麻。三年之丧的衣服，用粗麻制成，是丧服中最重的。小功服丧五个月，较轻；缌麻服丧三个月，最轻。

【译文】

我已决定住在龙潭湖上，只差五十两银子修一座小塔，冬天过去以后就搬进去。祝无功经过这里，见了一面，也不过是让别人说他虚心好学，孜孜不倦地寻访学友，如此罢了。大约现在学道的人，官比名重要，名又比学重要。用学来获得名，用名来获得官。如果学不能获得名，名不能获得官，那么他们就会将抛弃名看作是抛弃一把破扫帚一样。难怪有志向的人多数不愿意求学,大多把我们这样的人看作是真光棍。对这种行为有羞耻感的,那说明他的羞耻之心还在。于今,对言行不一的人和事不知道羞耻憎恶,却指责那些不以讲学猎取功名富贵的人是对人生的玩笑游戏,这正如孟子说的,三年的大丧礼不能坚守,却对缌麻三月、小功五月的小丧礼讲究得挺认真,可悲呀!

　　近有《不患人之不己知患不知人》(《说书》一篇)①。世间人谁不说我能知人,然夫子独以为患,而帝尧独以为难②,则世间自说能知人者,皆妄也。于问学上亲切③,则能知人;能知人则能自知。是知人为自知之要务,故曰"我知言"④,又曰"不知言,无以知人"也⑤。于用世上亲切不虚⑥,则自能知人;能知人由于能自知。是自知为知人之要务,故曰"知人则哲,能官人"⑦,"尧、舜之知而不徧物,急先务也"⑧。先务者,亲贤之谓也。亲贤者,知觉之谓也。自古明君贤相,孰不欲得贤而亲之,而卒所亲者皆不贤,则以不知其人之为不贤而妄以为贤而亲之也。故又曰:"不知其人,可乎?"⑨知人则不失人,不失人则天下安矣。此尧之所难,夫子大圣人之所深患者,而世人乃易视之。呜呼!亦何其猖狂不思之甚也!况乎以一时之喜怒,以一人之爱憎,而欲视天下高蹈远引之士⑩,混俗和光之徒⑪,皮毛臭秽之夫⑫,如周、丘其人者哉⑬!故得位非难,立位最难⑭。若但取一概顺己之侣,尊己之辈,则天下之士不来矣。今诵诗读书者有矣,果知人论世否也?平日视孟轲若不足心服,及至临时,恐未如彼"尚论"切实可用也⑮。极知世之学者以我此言为妄诞逆耳,然逆耳不受,将未免复蹈同心商证故辙矣⑯,则亦安用此大官以诳朝廷,欺天下士为哉？毒药利病,刮骨刺血^⑰,非大勇如关云长者不能受也^⑱。不可以自负孔子、孟轲者而顾不如关义勇武安王者也^⑲。只此一书耳,终身之交在此,半路绝交亦在此,莫以状元恐赫人也。世间友朋如我者绝无矣。

【注释】

①不患人之不己知患不知人:语出《论语·学而》,意为不怕别人不了解自己,就怕自己不了解别人。李贽用这句话作了一篇文章,收在《说书》里。

②帝尧独以为难:《尚书·皋陶谟》记载,皋陶与禹讨论如何实行以德治理国家的问题,皋陶提出要"知人""安民"。禹说:"这是连帝尧都将会认为是困难的。"

③亲切:亲近贴切,指结合实际。

④我知言:语出《孟子·公孙丑上》:"我知言,我善养吾浩然之气。"意为我善于分析别人的言辞,也善于培养我的浩然之气。

⑤不知言,无以知人:语出《论语·尧曰》,意为不懂得分辨人家的言语,就不可能正确认识人。

⑥用世:见用于世,为世所用。这里指与人交往。

⑦知人则哲,能官人:语出《尚书·皋陶谟》,意为知人则明智,明智则能选择人才来做官。官,这里做动词用。

⑧"尧、舜"二句:意为尧、舜的智慧也不能知道一切事物,因为他们急于知道首要的事物。偏,"遍"的古字。

⑨不知其人,可乎:语出《孟子·万章下》:"以友天下之善士为未足,又尚论古之人。颂其诗,读其书,不知其人,可乎?"意为与具有天下性代表的优秀人物交朋友还不够,又追论古代的人物。

吟咏他们的诗歌，研究他们的著作，不了解他的为人，可以吗？

⑩高蹈远引：隐居避世。

⑪混俗和光：语本《老子》第五十六章："和其光，同其尘。"原指人格形态的一种境界，后泛指随俗而处，不露锋芒。这里有混同世俗之中的意思。

⑫皮毛臭秽：浅薄污浊。

⑬周、丘：疑指庄周、孔丘。

⑭立位：保住权位。

⑮尚论：即前注⑨所引。

⑯同心商证：指只与跟自己意见相同的人商量考证，即喜听顺耳之言。

⑰刮骨刺血：《三国志》卷三六《关羽传》记载：关羽为流矢中左臂，医生给他刮去臂骨上的箭毒，刮得鲜血淋漓，关羽却"言笑自若"。

⑱关云长：即关羽（？—219），字云长，河东解县（今山西临猗）人。三国蜀汉大将。其事迹被神化，尊称为"关公""关帝""关圣"等。《三国志》卷三六、《藏书》卷五六等有传。

⑲"不可"句：意为以孔子、孟子自居的人反而不如关羽（不怕良药）。自负，自许。顾，却，反而。关义勇武安王，指关羽。

【译文】

我最近写了一篇《不患人之不己知患不知人》（《说书》之一）。世上的人谁不说我能够认识他人，然而，只有孔夫子认为这件事值得忧虑，只有尧帝认为这件事很困难，这样看来，世上那些说自己能够认识他人的人，都是虚妄的。在研究学问时贴近实际，才能够认识他人；能认识他人才能认识自己。这就是说，认识他人是认识自我的关键，所以《孟子·公孙丑上》说"我善于分析别人的言词"，《论语·尧曰》说"不懂得分辨别人的言词，就不可能正确认识别人"。在与人交往上贴近实际，不做假,就自然能够认识他人;能够认识他人缘于能够认识自我。这就是说,认识自我是认识他人的关键,所以《尚书》里面说"能认识他人才称得上明智,明智才能选择官员","尧、舜的智慧也不能知道一切事物,因为他们急于知道首要的事物"。首要的就是亲近贤人。亲近贤人就是知觉。自古以来,那些圣明的君主、贤能的宰相,谁不想获得贤才并且亲近他,可是最终亲近的都不是贤才,这是因为他们不知道那些人不是贤才,却错误地将那些人当作贤才来亲近。所以《孟子·万章下》又说:"不了解他的为人,可以吗?"认识人就不会失去人才,不失去人才就天下安定。这是尧都感到困难的,也是孔夫子作为大圣人都深感忧虑的,可是世人却将这件事看得很容易。唉!多么狂妄!太不动脑筋了!更何况凭一时的喜怒,凭一个人的爱憎,怎么能清楚地认识远处江湖的高人逸士、世俗中的平庸之人和那些浅薄污浊之徒,更不要说庄周、孔丘之类的圣人了!所以说,获得权位不难,保住权位最难。如果一律只选取顺从自己、尊崇自己的人,那天下真正的人才就不来了。如今有了读书吟诗的人,但他们真的是能够认识人才、议论世事的人才吗?平日看孟轲好像不足以让人心服,等到关键时候,怕不能像他"追论古代人物"那样务实管用。我很清楚,世上的学者会认为我这些话荒诞逆耳,可是如果因为逆耳就不听,将会走上只喜欢听顺耳之言,只与自己意见相同的人商量考证的错误的老路上去,那又何必用这些大官来欺骗朝廷、欺骗世人呢?苦药对治病有利,刮骨出血,不是像关云长这样大勇的人不能忍受。以孔子、孟轲自居的人,不应该连义勇武安王关羽都不如。只是这一封信,终身之交在这里,半路绝交也在这里,莫用状元吓唬人。世上像我这样的朋友找不出第二个。

苏长公何如人①,故其文章自然惊天动地。世人不知,只以文章称之,不知文章直彼余事耳。世未有其人不能卓立而能文章垂不朽者②。弟于全刻抄出作四册,俱世人所未

尝取者。世人所取者,世人所知耳,亦长公俯就世人而作者
也。至其真洪钟大吕③,大扣大鸣,小扣小应,俱系彼精神髓
骨所在,弟今尽数录出,间时一披阅④,平生心事宛然如见⑤,
如对长公披襟面语,朝夕共游也。憾不得再写一部,呈去请
教耳。倘印出,令学生子置在案头,初场二场三场毕具矣⑥。
龙谿先生全刻,千万记心遗我!若近谿先生刻,不足观也。
盖《近谿语录》须领悟者乃能观于言语之外,不然未免反加
绳束。非如王先生字字皆解脱门⑦,得者读之⑧,足以印
心⑨,未得者读之,足以证入也⑩。

【注释】

①苏长公:即苏轼(1037—1101),字子瞻,自号东坡居士,因排行第
　一,人称苏长公。眉山(今四川眉山)人。嘉祐进士。神宗时,历
　官祠部员外郎,知密州、徐州、朔州。因反对王安石新法,以作诗
　"谤讪朝廷"罪贬黄州。哲宗时任翰林学士,官至礼部尚书。后
　又屡遭贬谪,最后北还,病死常州(今江苏常州)。追谥文忠。宋
　代文学家、书画家。与父洵、弟辙合称"三苏"。其文明白畅达,
　为"唐宋八大家"之一。其诗清新豪健,善用夸张比喻,具有独特
　风格。其书法取诸晋、宋诸名家,而又能自创新意。论画主张神
　似,并善画竹,亦喜作枯木怪石。著有《东坡七集》,及存世书画
　作品。《宋史》卷三三八、《藏书》卷三九、《宋元学案》卷九九、《琅
　琊代醉编》卷一六等有传。

②卓立:特立,耸立,指出类拔萃。垂:流传。

③洪钟大吕:形容苏轼作品的豪迈之气。洪钟,大钟。大吕,周代
　宗庙中的大钟。

④披阅:打开阅读。

⑤宛然:真切,清晰。

⑥"初场"句:意为应付科举考试的参阅文章都具备了。明清时代的乡试(在各省省会举行,中式者为举人)、会试(在京都举行,中式者为贡士、进士),均分三场进行,每场相隔三天。

⑦王先生:即王龙谿。解脱门:摆脱苦恼、困境而进入自在无碍的门径。解脱,佛教用语。指用禅定的方法摆脱烦恼业障的束缚而复归于自在。

⑧得者:已得到佛性(即解脱)的人。

⑨印心:佛家谓印证于心而顿悟。

⑩证入:佛家谓觉悟真理而得到入佛境地的途径。证,佛教用语。指参悟,修行得道。

【译文】

　　苏长公是何等人才,所以他的文章自然惊天动地。世人不了解他,只用他的文章来称道他,却不知道文章只是他正事之外的小事罢了。世上没有其人不出类拔萃而文章却能流传后世永垂不朽的人。我从他全部的刻本中选抄了一部分,分为四册,都是世人不曾选录过的。世人选录的,是世人所了解的,也是长公为迎合世人而写的。至于他真正像洪钟大吕那样大扣大响小扣小响的作品,都是体现他精神品格的杰作,我现在全部录出来,隔些时打开看一下,他平生的心事仿佛都清晰地呈现在我的眼前,我有如与他敞开衣襟面谈,早早晚晚地相处在一起。遗憾的是不能多抄一部送给您向您请教。倘若刻印出来,让学生们放在案头,则应付科举考试的参阅文章都有了。龙谿先生文集的全刻本,千万记住要送给我!至于近谿先生的刻本是不值得看的。因为《近谿语录》只有已经领悟的人能够看到言语之外的东西,否则反而成为束缚。不如王龙谿先生字字都是解脱人生的门径,已经得到佛性的人读到它,足以印证于心而顿悟,没有得到佛性的人读到它,足以印证进入佛家境界的路径。

弟今年六十三矣，病又多，在世日少矣，故所言者皆直致不委曲①。虽若倚恃年老无赖②，然于相知之前，亦安用委曲为也！若说相知而又须委曲，则不得谓之相知矣。然则弟终无一相知乎？以今观之，当终吾身无一相知也。

【注释】

①直致：直率表达。委曲：隐晦曲折。

②无赖：这里是无聊之意。

【译文】

我今年六十三岁了，又多病，活在世上的日子一天天地少了，所以说的都是直话，不拐弯。虽然说好像是仗着年老无所谓，但在知心朋友面前，哪里用得着隐晦！如果说彼此知心却还隐晦，那就不能说是知心了。如此说来，我一直都不会有一个知心的朋友吗？从眼前的情形看，应该是终身都不会有一个知心的朋友。

又与焦弱侯

【题解】

本文于万历十七年(1589)写于麻城。信中表现了李贽对道学家两面行为的深恶痛绝。文从郑子玄耻于讲学谈起，进而对耻于讲学的原因加以评述，尖锐指出，那些道学家"皆口谈道德而心存高官，志在巨富；既已得高官巨富矣，仍讲道德，说仁义自若也"，甚至发出"今之讲周、程、张、朱者可诛也"的呼声，实是对当时统治思想的大胆挑战与批判。文章进一步对黄克晦一类"山人"的言行心理进行了剖析，从而证明所谓"圣人"与"山人"都是欺世盗名的两面派，更加深切地揭示了道学家的伪善面孔。李贽在揭露"圣人""山人"名为圣人、山人而心同商贾的同时,对靠自己的辛劳而获利的商人则表示了同情。

　　郑子玄者①,丘长孺父子之文会友也②。文虽不如其父子,而质实有耻③,不肯讲学,亦可喜,故喜之。盖彼全不曾亲见颜、曾、思、孟④,又不曾亲见周、程、张、朱⑤,但见今之讲周、程、张、朱者,以为周、程、张、朱实实如是尔也,故耻而不肯讲。不讲虽是过,然使学者耻而不讲,以为周、程、张、朱卒如是而止,则今之讲周、程、张、朱者可诛也。彼以为讲周、程、张、朱者皆口谈道德而心存高官,志在巨富;既已得高官巨富矣,仍讲道德,说仁义自若也;又从而哓哓然语人曰⑥:"我欲厉俗而风世⑦。"彼谓败俗伤世者,莫甚于讲周、程、张、朱者也,是以益不信。不信故不讲。然则不讲亦未为过矣。

【注释】

①郑子玄:生平不详。李贽寓居麻城时的友人。《焚书》卷六有《送郑子玄兼寄弱侯》一诗,其中云:"我乃无归处,君胡为远游? 穷途须痛哭,得意勿淹留!"又有《慰郑子玄》三首,可参看。

②丘长孺父子:丘长孺,即丘坦,字坦之,号长孺,麻城(今湖北麻城)人。万历三十四年(1606),武乡试第一。官至海州(今江苏东海)参将。善诗,工书。其父丘齐云,字谦之。嘉靖四十四年(1565)进士。官至潮州(今广东潮州)知府。丘氏父子后均辞官家居,是李贽寓居麻城时的朋友。著有《南北游草》等。文会友:以诗文结交的朋友。

③质实有耻:质朴诚实而知羞耻。

④颜、曾、思、孟:即颜渊、曾参(shēn)、子思、孟轲。颜、曾为孔子弟

子。子思为孔子之孙,相传曾受业于曾参,以"中庸"为其学说的核心。孟轲(约前372—前289),字子舆,邹(今山东邹城)人。思想家、教育家。曾受业于子思的门人,并将其学说加以发挥,形成了"思孟学派"。曾提出"民贵君轻"说,并极力主张"法先王""行仁政",还提出"不虑而知"的"良知"与"不学而能"的"良能",和"劳心者治人,劳力者治于人"的理论。他还强调了人的主观精神作用,断言"万物皆备于我"(《孟子·尽心上》),倡导"至大至刚"的"浩然之气"(《孟子·公孙丑上》),在儒家哲学中形成一个唯心主义的理论体系,对后来的宋儒产生了重大影响。在儒学道统中,他被认为是孔子学说的继承者,有"亚圣"之称。门人辑有《孟子》。

⑤周:即周敦颐(1017—1073),字茂叔,道州营道(今湖南道州)人。北宋哲学家。因筑室庐山莲花峰下的小溪旁,取营道故居濂溪以名之,后人遂称为濂溪先生。他继承《易传》和部分道教思想,提出一个简单而有系统的宇宙构成论,说"无极而太极","太极"一动一静,产生阴阳万物。圣人又模仿"太极"建立"人极"(《周子全书》卷一《太极图说》)。"人极"即"诚",是"五常之本,百行之源"(《周子全书》卷七《通书》),是道德的最高境界。他的学说对以后的理学发展有很大影响。著有《太极图说》等,后人编为《周子全书》。程:指程颢(1032—1085)、程颐(1033—1107)兄弟。程颢,字伯淳,学者称明道先生,洛阳(今河南洛阳)人。程颐,字正叔,学者称伊川先生。程氏兄弟学于周敦颐,均为北宋哲学家、教育家。是北宋理学的奠基者,世称二程。其学说为后来的朱熹所继承与发展,世称程朱学派。其著作后人编入《二程全书》。张:即张载(1020—1077),字子厚,号横渠,凤翔郿县(今陕西眉县)横渠镇人,人称横渠先生。北宋哲学家。曾讲学关中,故其学派被称为"关学"。著有《张子全书》。过去常以周、

程、张、朱并称,实际上张载哲学思想中具有唯物主义成分,与周、程、朱不完全相同。朱:即朱熹(1130—1200),字元晦,一字仲晦,号晦庵,别号紫阳。卒后追谥文。徽州婺源(今江西婺源)人,后侨居建阳(今福建建阳)。绍兴进士,曾任秘阁修撰等职。南宋哲学家、教育家。在经学、史学、文学、乐律以至自然科学方面都有不同程度的贡献。特别是在哲学上,发展了程颢、程颐关于理学关系的学说,集理学之大成,建立了一个完整的客观唯心主义理学体系,世称程朱理学,在明清两代被提到儒学正宗地位。著有《四书章句集注》《周易本义》《诗集传》《楚辞集注》,及后人编纂的《朱子语类》《朱文公文集》等。

⑥哓(xiāo)哓:乱吵乱嚷。

⑦厉俗:激励世俗。厉,激励,劝勉。风世:感化世人。风,感化,教育。

【译文】

郑子玄这个人,是丘长孺父子的诗文友。他的文章虽不及丘长孺父子,但质朴诚实而且知羞耻,他不愿讲学,也很可爱,所以我喜欢他。郑子玄根本没有亲见过颜渊、曾参、子思、孟轲,也没有见过周敦颐、程颐、程颢、张载、朱熹,只是见到了现在讲周、程、张、朱理学的人,他认为周、程、张、朱也不过同现在讲理学的人一样,因而感到讲理学是羞耻的事,不肯去讲。不讲虽然不对,但是使学者感到羞耻而不讲,认为周、程、张、朱都是这个样子,那么,这都是今日讲周、程、张、朱人所造成的后果,这些人真是罪该万死。郑子玄认为,讲周、程、张、朱的人都是满口仁义道德而心想升官发财的家伙,他们得到高官厚禄之后,仍然大言不惭地讲道德,说仁义;还装腔作势地对人们说:“我要改良风俗,感化世人。”郑子玄觉得,论起败坏社会风气,没有比这些讲周、程、张、朱理学的人更厉害的了,因此他越发不相信理学了。不相信也就不肯讲,那么不讲也就不算什么过错了。

　　黄生过此①,闻其自京师往长芦抽丰②,复跟长芦长官别赴新任。至九江③,遇一显者④,乃舍旧从新,随转而北,冲风冒寒,不顾年老生死。既到麻城,见我言曰:"我欲游嵩、少⑤,彼显者亦欲游嵩、少,拉我同行,是以至此。然显者俟我于城中⑥,势不能一宿。回日当复道此⑦,道此则多聚三五日而别,兹卒卒诚难割舍云⑧。"其言如此,其情何如?我揣其中实为林汝宁好一口食难割舍耳⑨。然林汝宁向者三任,彼无一任不往,往必满载而归,兹尚未厌足,如饿狗思想隔日屎,乃敢欺我以为游嵩、少。夫以游嵩、少藏林汝宁之抽丰来嗛我⑩,又恐林汝宁之疑其为再寻己也,复以舍不得李卓老,当再来访李卓老,以嗛林汝宁:名利两得,身行俱全⑪。我与林汝宁几皆在其术中而不悟矣,可不谓巧乎!今之道学,何以异此!

【注释】

①黄生:即黄克晦,字孔昭,号吾野,惠安(今福建惠安)人。著有《吾野诗集》。《泉州府志》《列朝诗集小传》丁集中等有传。黄与李贽早年有交往,《吾野诗集》中有几首赠李贽的诗,可证。

②长芦:在今河北沧县附近。抽丰:亦作"打抽丰""打秋风",旧时指利用各种关系和借口向人索取财物。

③九江:今江西九江。

④显者:有显赫地位之人,这里指苏濬,曾任贵州按察使、浙江学政,与黄克晦在九江相识。

⑤嵩:指嵩山,在河南登封北,五岳之一。少:指少室山,在河南登封西北。

⑥俟:等候。

⑦道：经过。

⑧卒(cù)卒：匆匆忙忙。

⑨林汝宁：即林云程，字登卿，晋江人。嘉靖四十四年(1565)进士。万历十四年(1586)任汝宁知府。据《泉州府志》载，黄克晦与林有交往。好一口食：好一批财物。

⑩藏林汝宁之抽丰：掩盖到林汝宁处打秋风。藏，掩盖。嗺(zhuàn)：泉州方言，欺骗之意。

⑪身：指物质享受。行：指品行、名誉。

【译文】

黄生路过麻城，听说他是从京都往长芦去打秋风，而后再跟随长芦的长官另赴新任。经过九江时，遇到另一高官，于是就又随这位高官转而北上，不顾严寒风霜，不顾年老生死之险。他到麻城后，见了我说："我想去游嵩山、少室山，那位高官也想去，便拉我同行，因此来到这里。可是又因那位高官在城里等我，我就不能在你这里过夜了。从嵩山、少室山回来的时候还经过这里，到那时我就可以和你多呆几天了，现在匆匆忙忙的，心里的确舍不得离开你。"他的话是这么说的，他心里又是怎么想的呢？我猜他实际是贪图林汝宁的一笔钱财。以前林汝宁三任为官时，他每任必往，而且每次都满载而归，从不满足，像饿狗想吃隔日屎一样，却用游嵩山、少室山来欺骗我。他用游历嵩山、少室山掩盖他到林汝宁那里捞油水的真面目而欺骗我，又怕林汝宁怀疑他是为了打秋风，就又用舍不得李卓老、要再来拜访李卓老作借口，来骗林汝宁：真是名利双收，两得其便。我和林汝宁差点都上了他圈套而不醒悟，这手段真是太奸诈了！现在的道学家和他有什么两样！

由此观之，今之所谓圣人者，其与今之所谓山人者一也①，特有幸不幸之异耳。幸而能诗，则自称曰山人；不幸而不能诗，则辞却山人而以圣人名。幸而能讲良知②，则自称

曰圣人；不幸而不能讲良知，则谢却圣人而以山人称。展转
反覆，以欺世获利，名为山人而心同商贾，口谈道德而志在
穿窬③。夫名山人而心商贾，既已可鄙矣，乃反掩抽丰而显
嵩、少，谓人可得而欺焉，尤可鄙也！今之讲道德性命者④，
皆游嵩、少者也；今之患得患失，志于高官重禄，好田宅，美
风水，以为子孙荫者，皆其托名于林汝宁，以为舍不得李卓
老者也⑤。然则郑子玄之不肯讲学，信乎其不足怪矣。

【注释】

①山人：隐居山中的士人，其身份各有不同。这里指自标清高而又
　热衷于奔走权贵之门的读书人。

②良知：儒家谓人类先天具有的道德意识。最早为孟子所提出：
　"所不虑而知者，其良知也。"（《孟子·尽心上》）后来王守仁加以
　发挥，认为"良知"即天理，存在于人的本体中。人们只要推良知
　于客观事物，则一切行动就自然合乎理，即自然合乎封建伦理道
　德的标准。王守仁还将这种"致良知"的功夫叫作"致知格物"，
　并提出了"致良知"的道德修养方法。他说："若鄙人所谓致知格
　物者，致吾心之良知于事事物物也。吾心之良知，即所谓天理
　也。致吾心良知之天理于事事物物，则事事物物皆得其理矣。"
　（《王阳明全集》卷二《传习录》中）

③穿窬（yú）：亦作"穿逾"。挖墙洞和爬墙头，指偷窃行为。窬，通
　"逾"，翻越。

④"今之"句：指理学家。性命，中国古代哲学范畴，指万物的天赋
　和禀受，也包涵着对人生价值的探讨。《周易·乾》："乾道变化，
　各正性命。"孔颖达疏："性者，天生之质，若刚柔迟速之别；命者，
　人所禀受，若贵贱夭寿之属也。"

⑤"皆其"二句：意为都像黄生，假托舍不得李卓老以欺骗林汝宁那样去欺骗世人。

【译文】

从这里可以看出，现在所说的圣人与现在所说的山人都是一路货色，他们的区别只在有幸和不幸而已。幸而能作诗的，就自称山人；不幸而不能作诗的，就不称山人而以圣人自许。幸而能讲良知的，就自称圣人；不幸而不能讲良知的，就不称圣人而自称山人。无论自称山人，还是自称圣人，反反复复，见机行事，都是为了欺骗世人而从中获利，名为山人而心思却同商人一样，口里谈的是道德而心里想的却是偷盗。自称山人的人而心思却同商人一样，本来已经够卑鄙的了，竟然又以游嵩山、少室山来掩盖捞取钱财的行为，还把别人看成是可以欺骗的，就更加卑鄙了。现在讲道德性命的人，都如同黄生假托游嵩山、少室山一样，真正的目的是为了捞取财物；现在那些患得患失，一心想升官发财，捞得好田宅、美风水，而又给子孙留得好处的人，都像黄生用舍不得李卓老来欺骗林汝宁一样去欺骗世人。那么，郑子玄不肯讲学，实在是不值得奇怪了。

　　且商贾亦何可鄙之有？挟数万之赀，经风涛之险，受辱于关吏，忍诟于市易，辛勤万状，所挟者重，所得者末。然必交结于卿大夫之门，然后可以收其利而远其害，安能傲然而坐于公卿大夫之上哉！今山人者，名之为商贾，则其实不持一文；称之为山人，则非公卿之门不履，故可贱耳。虽然，我宁无有是乎？然安知我无商贾之行之心，而释迦其衣以欺世而盗名也耶①？有则幸为我加诛，我不护痛也。虽然，若其患得而又患失，买田宅、求风水等事，决知免矣②。

【注释】

①释迦：即释迦牟尼，佛教创始人。这里借指佛教。

②决知免矣：肯定是没有的。

【译文】

再说，商人又有什么鄙贱的呢？他们带着数万资财，经历风涛的危险，受尽关卡官吏的欺辱，忍受着市上交易时人们的辱骂，万般辛苦，投入的资财很多，获得的收入却很少。而且还必须交结高官，走当权者的后门，然后才能得到好处，避免迫害，他们与那些高官交往中怎么能不提心吊胆、战战兢兢，而傲然地坐在他们上位呢！现在自称山人的人，说他是商人吧，他却不携带一点资本；说他是隐士吧，他却专门奔走于高官当权者之门，真是卑贱啊！我虽然这样骂他们，难道自己就没有这样的思想和行为吗？怎么知道我没有商人的行为和思想，不是穿着佛教徒的衣服来欺世盗名呢？如果有，就请惩罚我，我决不庇护自己的短处。不过，像那样患得患失，买田宅、求风水一类的事，我是绝对没有的。

复邓鼎石

【题解】

本文于万历十四年（1586）写于麻城。邓鼎石，名应祁，字永清，内江（今四川内江）人。李贽早年朋友邓石阳的长子。万历十四年进士。同年授麻城（今湖北麻城）知县。万历十四年夏秋间，"湖广大水，永州（州治在今湖南零陵）大有年（丰收）"。当时麻城发生严重灾荒，新任县令邓鼎石写信向李贽请教救荒办法，李贽特回此信。在信中，李贽根据当时长沙、衡阳、襄阳一带粮食丰收的情况，为邓鼎石拟订了救灾的具体办法，并特意嘱其要手续简便，防止奸商从中牟利，表现出对人民疾苦的深切关注。信中还针对朱熹"救荒无奇策"的观点，提出了"何事不可处，何时不可救"的积极主张，并斥责俗儒之流"为天下虐"的行径，从一个方面戳穿了他们口头上说的是"仁政""爱民"，实际上却置人民生死于不顾的真面目。

　　杜甫非耒阳之贤，则不免于大水之厄①；相如非临邛②，则程郑、卓王孙辈当以粪壤视之矣。势到逼迫时③，一粒一金一青目④，便高增十倍价，理势然也⑤，第此时此际大难为区处耳⑥。谨谢！谨谢！

【注释】

①"杜甫"二句：杜甫寓居耒（lěi）阳（今湖南耒阳）时，曾为大水所困，五天得不到食物。幸亏耒阳县令聂某前来救济。杜甫（712—770），字子美，巩县（今河南巩义）人。唐代诗人，著有《杜工部集》。厄，困厄，灾难。

②相如（前179—前117）：即司马相如，字长卿，蜀郡成都（今四川成都）人。汉代辞赋家。因家贫曾投奔当时蜀郡临邛（qióng，今四川邛崃一带）县令王吉，并结识临邛县富豪程郑、卓王孙。后守寡在家的卓王孙之女卓文君爱慕相如，私奔成亲。其著作明人辑有《司马文园集》。

③逼迫：困迫之意。

④一粒一金：指少量财物。青目：即青眼。语本《世说新语·简傲》："（阮）籍能为青白眼，见凡俗之士，以白眼对之。"后因以"青眼""白眼"表示对人的看重与轻视。

⑤理势然也：道理事势必然如此。

⑥第：只是。此时此际大难：指当时的严重灾荒。区处：处理，安排。这里指邓鼎石的救济。

【译文】

杜甫要不是得到耒阳县令的搭救,就有死于水灾的危险;司马相如要不是受到临邛县令的敬重,程郑和卓王孙等一帮富豪就会把他看作粪土。一个人临到危急时,哪怕是一粒米、一点钱、一个好眼色,在他都会感到比平时可贵十倍,这是一切事理的必然,正如目前麻城闹灾荒,您及时想办法救济。我非常感谢!

　焦心劳思,虽知情不容已[1],然亦无可如何,祇得尽吾力之所能为者[2]。闻长沙、衡、永间大熟[3],襄、汉亦好[4]。但得官为籴本[5],付托得人,不拘上流下流[6],或麦或米,令惯籴上户各赍银两[7],前去出产地面籴买,流水不绝[8],运到水次[9]。官复定为平价,贫民来籴者,不拘银数多少,少者虽至二钱三钱亦与方便。但有银到,即流水收银给票[10],令其自赴水次搬取。出籴者有利则乐于趋事[11],而籴本自然不失;贫民来转籴者既有粮有米,有谷有麦,亦自然不慌矣。至于给票发谷之间,简便周至,使人不阻不滞,则自有仁慈父母在[12]。且当此际,便一分,实受一分赐,其感戴父母,又自不同也[13]。

【注释】

①不容已:不能自止。

②祇:同"祇",只,仅。

③衡、永:衡阳与永州,今属湖南。

④襄、汉:襄阳与汉阳,今属湖北。

⑤官为籴(dí)本:官府垫出买粮的本钱。

⑥上流下流:即上游下游。

⑦惯籴上户:有经验的粮商。上户,富裕之家。赍(jī):带着。

⑧流水不绝：源源不断。

⑨水次：水边，码头。

⑩流水：依次、顺序之意。收银给票：收取银钱，发给米票。

⑪出籴者：指经手承办的米商。

⑫父母：旧时称县官为父母官。这里指邓鼎石。

⑬又自不同：指更甚于平时。

【译文】

您希望我帮助谋划救灾的事，我很费了些心思，虽然知道在情理上不能不管，但也没什么好办法，只得尽力而为。听说长沙、衡阳、永州一带今年获得大丰收，襄阳、汉阳年景也不错。只要官府拿出买粮的本钱来，托付给得力可靠的人，不论是到江河的上游下游，也不论是麦子还是大米，让有经验的粮商带着银两，到那丰产之地购粮，而后，川流不息地把粮食运到灾区一带的码头。然后由官方定出合理的价格，贫民来买米，不管拿多少钱，少的哪怕只有两三钱银子也要卖给。只要拿银子来，就依次上账收钱发给票据，让他们自己到码头去取。粮商有利可图愿意干，官家也不赔本；贫民来买，有米有粮，有谷和麦子，自然也就不慌乱了。至于怎样做到开票买米的手续简便周到，不产生拥挤和窝工，那自有您这个仁慈精明的父母官安排。在遭受灾难的时候，官吏如果给老百姓一分便利，老百姓就实受一分恩赐，他们对您感恩戴德之情，自然不同寻常了。

仆谓在今日，其所当为，与所得为，所急急为者，不过如此。若曰"救荒无奇策"①，此则俗儒之妄谈，何可听哉！世间何事不可处，何时不可救乎？尧无九年水②，以有救水之奇策也。汤无七年旱③，以有救旱之奇策也。彼谓蓄积多而备先具者，特言其豫备之一事耳④，非临时救之之策也。惟是世人无才无术，或有才术矣，又恐利害及身，百般趋避，故亦遂因循不理⑤，安坐待毙。然虽自谓不能，而未敢遽谓人皆不能也⑥。独有一等俗儒，己所不能为者，便谓人决不能为，而又敢倡为大言曰："救荒无奇策。"呜呼！斯言出而阻天下之救荒者，必此人也。然则俗儒之为天下虐，其毒岂不甚哉！

【注释】

①救荒无奇策：据潘去华《复马瑞符侍御》："紫阳（即朱熹）先生言救荒无奇策，其本惟君臣感召和气，使水旱以时。"可知李贽批判的"俗儒"，当指朱熹及持相同观点的儒士。

②尧无九年水：传说尧时九年大水不成灾。尧，传说中古帝陶唐氏之号。

③汤无七年旱：传说汤时七年大旱不成灾。汤，又称商汤、成汤等，商朝的开国之君。

④特：只。

⑤因循不理：死守旧章而不能治理公务。

⑥遽（jù）：就。

【译文】

我以为当前应该做的，能够做的，并且必须抓紧做的，不外是这些。如果说"救荒无奇策"，那是庸腐儒生的胡言乱语，怎么能听信呢？世上有什么事情不能办理，有什么急事不能解救？尧时连发九年大水，却没有造成灾荒，因为有救水灾的好办法。汤时连旱七年，也没有造成灾荒，是因为有救旱灾的好办法。有些人说，要救灾就应多储备，早预防，但这只是就事前要有准备而言的，和灾害已经发生而需要采取救急措施不是一回事。只是现今有一些无才无术的人，或者即便是有才有术，却又怕有害于己,遇事百般逃避,结果都只能是听其自然,坐着等死。可是这类人虽然自己干不了,却还不敢就说别人也不能做。惟独那班俗儒,自己不行,就一口咬定他人也绝对做不了,还竟然带头大言不惭地喊什么"救荒无奇策"。唉!散布奇谈怪论阻碍救荒的正是这种人。这样看来,俗儒对于国家的毒害,岂不是太严重了吗?

寄答京友

【题解】

本文写作年代不详。京友,不详。信中发出的才虽难得而时时有之,"而惜才者则千古未见其人"的感慨,实是对当时统治者压抑人才的不满。中华书局 1975 年版《焚书》卷二所载本文有删节,现据该书底本增补,并据明刊本《李温陵集》卷四校补。

"才难,不其然乎!"①今人尽知才难,尽能言才难,然竟不知才之难,才到面前竟不知爱,幸而知爱,竟不见有若己有者,不啻若自其己出者②,如孔北海之荐祢正平③,跣足救杨彪也④。何也? 以其非真惜才也;虽惜才,亦以惜才之名好,以名好故而惜之耳。则又安望其能若己有,不啻若口出如孔北海然也? 呜呼! 吾无望之矣!

【注释】

①"才难"二句:语出《论语·泰伯》。意为人才很难得,难道不是这样吗?

②不啻(chì):不止,不异于。

③孔北海:即孔融(153—208),字文举,东汉末鲁国(治今山东曲阜)人。孔子后裔。曾做过北海相,故称孔北海。又任少府、大

中大夫等职。为人恃才负气,终以触怒曹操被杀。能文善诗,为"建安七子"之一。原有集,已散佚,明人辑有《孔北海集》。

祢(mí)正平:即祢衡(173—198),字正平,平原郡(今山东临邑)人。汉末文学家。少有才辩,长于笔札。性刚傲物,人皆憎之。而孔融深爱其才,时孔融年四十,祢衡年二十四,二人成为忘年交。孔融并上书荐之,"数称述于曹操"(《后汉书·祢衡传》)。曹操欲见之,衡自称狂病,不肯往。后操召衡为鼓史,大会宾客,使衡击鼓,欲当众辱之,反为衡所辱。曹操怒,遣送荆州刘表。不合,刘表又转送江夏太守黄祖,终被杀。作有《鹦鹉赋》,借物抒怀,辞气慷慨,表现出才智之士生于乱世的不幸遭遇,为咏物小赋中的优秀之作。原有集,已失传。

④跣(xiǎn)足救杨彪:事见《三国志》卷一二《魏书》注引《续汉书》。东汉末年,杨彪与袁术联姻,袁术僭称号,曹操因与杨彪有隙而借此捕之入狱,欲杀之。孔融闻讯,连朝服也来不及穿,就去见曹操,为杨说情。杨彪(142—225),字文先,东汉末华阴(今陕西渭南)人。献帝时拜太尉。郭汜、李傕之乱,尽节卫主,曹操忌之。魏文帝时,欲拜太尉,固辞。跣足,赤脚。

【译文】

孔子曾感叹说:"人才难得,难道不是这样吗?"现在的人都知道人才难得,都说人才难得,然而竟都不知道有才能的人不被人知之难,人才站到面前了都不知道爱惜,有时有才之人幸而被选用,也不曾看到选用者能像爱惜自己的珍宝那样爱惜人才,也不曾看到对人才的称颂赞扬诚心实意,发自肺腑,就像孔北海推荐祢正平,打着赤脚去营救杨彪那样。为什么呢?因为他们不是真心爱才;虽貌似爱才,也只不过是为了猎取惜才的美名而已。那又怎能希望他们像爱惜自己拥有的珍宝那样真心爱才,那又怎么能要他们能诚心实意地称颂赞扬人才,像孔北海那样实实在在地做呢?唉!我真感到失望啊!

举春秋之天下①,无有一人能惜圣人之才者②,故圣人特发此叹,而深羡于唐、虞之隆也③。然则才固难矣,犹时时有之;而惜才者则千古未见其人焉。孔子惜才矣,又知人之才矣,而不当其位④。入齐而知晏平仲⑤,居郑而知公孙子产⑥,闻吴有季子,直往观其葬⑦,其惜才也如此,使其得志,肯使之湮灭而不见哉⑧!然则孔子之叹才难,非直叹才难也,直叹惜才者之难也;以为生才甚难,甚不可不爱惜也。

【注释】

①春秋:时代名。因鲁国编年史《春秋》得名。起止年代说法不一,一般指公元前770—公元前476年这一历史时期。

②圣人:指孔子。

③唐、虞之隆:唐、虞时代人才兴盛。唐即唐尧,名放勋,初封于陶,又封于唐,号陶唐氏。谥号尧,故称唐尧。以其子丹朱不肖,传位于舜。虞即虞舜,名重华,因其先国于虞,谥号舜,故称虞舜。唐尧与虞舜,均为我国历史上父系氏族社会后期部落联盟领袖,传说中的圣君。

④不当其位:指没有当权。

⑤晏平仲:即晏婴(? —前500),字平仲,夷维(今山东高密)人。春秋时齐国贤大夫。有传世《晏子春秋》,是战国时人搜集有关他的言行编辑而成。《论语·公冶长》载:"子曰:'晏平仲善与人交,久而敬之(相交越久别人越恭敬他)。'"

⑥公孙子产:姓公孙,名侨,字子产,春秋时郑国的贤相,在郑简公、郑定公之时执政二十二年。当时晋国与楚国争强,战争不息。郑国地位冲要,而公孙子产周旋于这两大强国之间,使国家得到尊重和安全。《论语·公冶长》记载,孔子评论子产说:"有君子

之道四焉:其行已也恭,其事上也敬,其养民也惠,其使民也义。"
意为他有四种行为合于君子之道:自己的行为态度庄严恭谨,对
待君上负责认真,教养人民有恩惠,役使人民合于道理。

⑦"闻吴"二句:《礼记·檀弓下》载:熟悉周礼的吴国大夫季札到了
齐国,等他要返回时,长子死了,只好葬于嬴博之间(今山东泰山
附近)。孔子听到此事,便前往观季札长子的葬礼。季子,即季札,
春秋时吴国贵族,吴王诸樊之弟,封于延陵(今江苏常州),称延陵季
子。后又封于州来(今安徽凤台),称州来季子。简称季子。

⑧湮(yān)灭:埋没。

【译文】

　　纵观春秋那个时代,没有一个执政者能爱惜选用像孔子那样的圣
人,所以孔夫子才发出那样的慨叹,而深深羡慕唐、虞之时人才都能得
到重用的盛况。人才固然难得,却还常常有之;然而,真正能惜才爱才
的人却是千年所罕见的。孔子可算得上是惜才的了,又具有识才的眼
力,可惜又没处在用才的位置上。他到齐国便知道晏婴是个有才能的
人,到郑国便知公孙侨是个有才能的人,听说吴国有个叫季札的人很有
才能,就去参观季札长子在齐地的葬礼。他惜才到了这地步,如果他掌
有用才的权力,他哪里还会让人才埋没而不被重用呢!然而,孔子感叹
"人才难得",不是叹没有人才,而是在感叹能真正惜才用才的人太难得
了呀;因为产生人才太困难,真不能不爱惜呀。

　　夫才有巨细。巨才方可称才也。有巨才矣,而肯任事
者为尤难①。既有大才,又能不避祸害,身当其任,勇以行
之,而不得一第②,则无凭③,虽惜才,其如之何!幸而登上
第,有凭据④,可藉手以荐之矣,而年已过时,则虽才如张襄
阳⑤,亦安知听者不以过时而遂弃,其受荐者又安知其不以

既老而自懈乎^⑥！

【注释】

①任事：委以职事。

②第：科第，科举时代考试合格列入的等第。也指取得的功名。

③凭：依托，依仗。

④凭据：依恃，倚仗。

⑤张襄阳：即张柬之（625—706），字孟将，唐襄州襄阳（今湖北襄阳）人。中进士后任清源（据《新唐书》本传，《旧唐书》本传为"青城"）丞。后以贤良征试，擢为监察御史。先后出为合州、蜀州刺史。武则天称帝改国号为周后期任宰相，时年已八十多岁。神龙元年（705），武则天病，他与桓彦范、敬晖等乘机发动政变，恢复中宗帝位，擢天官尚书，封汉阳郡公，旋改郡王。

⑥自懈：自己懈怠轻忽。

【译文】

　　人才有大小之分。大才方能称其为才。面对大才，识才者肯委任他相应的职务就更难了。那些有巨大才干，又不怕招灾惹祸，敢承担责任，却科举考试不第，没有功名，因此，也就没有什么可以依仗，识才者虽然惜才爱才，又能怎么样呢！或好不容易考取了功名，可以凭借手中的权力推荐人才了，可是年纪已经大了。这样，虽然竭力推荐像张柬之那样的人才，又哪里能确保听的人不会因时过境迁等理由而弃之一旁，而被推荐的人又不因自己上了年纪而松懈下来呢？

　　夫凡有大才者，其可以小知处必寡^①，其瑕疵处必多^②，非真具眼者与之言必不信^③。当此数者^④，则虽有大才又安所施乎^⑤？故非自己德望过人，才学冠世，为当事者所倚信，未易使人信而用之也。然非委曲竭忠⑥，真若自己有，真不啻若口出，纵人信我，亦未必能信我所信之人。憾不得与之并时，朝闻而夕用之也。呜呼！可叹也夫！

【注释】

①小知：语出《论语·卫灵公》："君子不可小知，而可大受（接受重大任务）也；小人不可大受，而可小知也。"意为从细事上察知。

②瑕疵：微小的缺点。瑕，玉上的斑点。疵，小毛病。

③具眼者：具有独到眼力的人。

④当此数者：碰到这种命运的人。数，运数，命运。

⑤施：施展才能。

⑥竭忠：竭尽自己的心意。

【译文】

凡是有大才之人，很少能从小事上察知，身上的毛病也必然很多，不是真正有特殊眼力的人并同他交谈那是很难认识他的。在这种情况下，你就是有大才，又哪里有施展才华的机会呢？所以不是自己德望过人，才学盖世，为当权者所器重信用，就也未必能得到真正的信任和重用。然而如果不是委曲求全，竭尽心意，真正像珍爱自己的珍宝那样爱才，真正是诚心实意推荐人才，纵然人们能相信我，也未必能相信我所相信的人。很遗憾不能生活在孔子感叹的唐尧虞舜的时代，如果同时，早晨听到大名，傍晚就能得到重用。唉！真是可叹啊！

与曾中野

【题解】

本文于万历十八年（1590）写于麻城。曾中野，周思久（柳塘）的女婿。万历十三年(1585)，李贽离开黄安，徙居麻城，周思久为东道主，曾中野"舍大屋"给李贽居住(见《续焚书》卷一《与弱侯焦太史》)。李贽与周思久是老友，后因思想不合而疏离。在曾中野的调解下，李贽在此信中表示了与周和好的意愿，但也重申了自己交友的原则，即反对"口蜜腹剑"的"面交"，而要为正义"拔刀相助"。与他在《与周贵卿》(《续焚书》卷一)信中所说的"以正道与人交，以正言与友朋相告"的精神一致。

　　昨见公，令我两个月心事顿然冰消冻解也。乃知向之劝我者，祇为我添油炽薪耳①。而公绝无一语，勤渠之意愈觉有加②，故我不觉心醉矣。已矣已矣，自今以往，不复与柳老为怨矣③。

【注释】

①添油炽(chì)薪：犹言火上加油。比喻人为地激化矛盾。

②勤渠：犹殷勤。

③柳老：即周思久，字柳塘，见本卷《复焦弱侯》第四段注⑨。

【译文】

　　昨天见到您，使我两个月的心事顿时冰消冻解了。才知道以前劝我之人，都是火上加油罢了。而您却不说一句那样的话，殷勤之意更使我感到深切，使我不觉心醉了。算了算了，自今以后，不会再和柳塘老结怨了。

　　夫世间是与不是，亦何常之有①，乃群公劝我者不曾于是非之外有所发明，而欲我藏其宿怒②，以外为好合③，是以险侧小人事我也④。苟得面交⑤，即口蜜腹剑，皆不顾之矣，以故，所是愈坚而愈不可解耳⑥。善乎朱仲晦之言曰⑦："隐者多是带性负气之人⑧。"仆隐者也，负气人也。路见不平，尚欲拔刀相助，况亲当其事哉！然其实乃痴人也，皆为鬼所迷者也，苟不遇良朋胜友，其迷何时返乎？以此思胜己之友一日不可离也。

【注释】

①何常之有：有什么经常不变的（标准）。

②宿怒：旧日的怨恨。

③以外为好合：表面上情意友好。

④"是以"句：意为这是把我当成险恶邪僻的小人来看待了。险侧，险恶邪僻。事，对待，侍奉。

⑤面交：只是表面友好，并非真心相交的朋友。

⑥所是：自认为正确的。

⑦朱仲晦：即朱熹，见本卷《又与焦弱侯》第一段注⑤。

⑧性：脾气。负气：倚仗意气，不肯屈居人下。

【译文】

人世间的是非，不会有永远不变的标准，那些劝我之人不曾于是非之外有所说明，只是想让我藏其旧日的怨恨，表面上表示友好，这是把我当成险恶邪僻的小人看待了。假如只是表面友好，就是口蜜腹剑，都不管它，所以自认为是正确的那就会更加坚持而不会解脱了。朱仲晦说得好："隐者多是有脾气而又倚仗意气之人。"我就是隐者，就是倚仗意气之人。路见不平，还想拔刀相助，何况自己就身在其中呢！但其实这是愚傻人的表现，都是被鬼迷了心窍，如若遇不到良朋好友，何时才能迷途知返呢？所以整日思念胜己之友能在自己身边。

嗟乎！楚倥既逝①，而切骨之谈罔闻②；友山日疏③，而苦口之言不至。仆之迷久矣，何特今日也耶。自今已矣，不复与柳老为怨矣。且两人皆六十四岁矣，纵多寿考④，决不复有六十四年在人世上明矣⑤。如仆者，非但月化⑥，亦且日衰，其能久乎！死期已逼，而豪气尚在，可笑也已！

【注释】

①楚倥：即耿定理(1534—1584)，字子庸，号楚倥，人称八先生。耿定向的仲弟，因此，也叫仲子。他对耿定向极力鼓吹儒家的伦理道德有不同看法，而与李贽思想则比较接近。《明儒学案》卷三五载："卓吾寓周柳塘湖上。一日论学，柳塘谓：'天台(耿定向)重名教，卓吾识真机。'楚倥诮柳塘曰：'拆篱放犬！'"耿定理病逝后，李贽曾作《哭耿子庸》诗四首(本书卷六)以悼之，并作《耿楚倥先生传》(本书卷四)。《明史》卷二二一、《明儒学案》卷三五、《湖北通志》卷一五一、《黄安府志》卷一九、民国《麻城县志前编》卷九等有传。

②罔(wǎng)闻：听不到。

③友山：即周思敬，见前《答周友山》题解。

④寿考：高寿。

⑤"决不"句：本年四月二十日，周思久(柳塘)逝世，年六十四岁。

⑥月化：指身体一月一月的衰老变化。

【译文】

唉！楚倥已逝世，刻骨之深的谈话听不到了；友山也日益疏远，苦口婆心的规劝之言也没有了。我已经迷失很久了，不只是今日才有。从今以后，不再与柳老结怨了。况且两人都已六十四岁，纵然高寿，也不可能再活六十四年。像我这样，身体不但一月比一月衰老，而且一天比一天衰老，还能久于人世吗？死期已逼近，而豪气尚在，可笑而已！

与曾继泉

【题解】

本文于万历十六年(1588)写于麻城。曾继泉,李贽的学生,曾在龙潭湖芝佛院从李贽学。在该信中,李贽劝曾继泉"在家修行",言之情真意切,理在其中,十分感人。自己"陡然去发""遂为异端"的表白,则是对那些以正统自居的"无见识人"的公开对抗。

　　闻公欲薙发①,此甚不可。公有妻妾田宅,且未有子。未有子,则妻妾田宅何所寄托;有妻妾田宅,则无故割弃,非但不仁,亦甚不义也。果生死道念真切②,在家方便,尤胜出家万倍。今试问公果能持钵沿门丐食乎③?果能穷饿数日,不求一餐于人乎?若皆不能,而犹靠田作过活,则在家修行④,不更方便乎?

【注释】

①薙(tì)发:剃发为僧。薙,同"剃"。

②果:果真。生死道念:佛教用语。指摆脱生死轮回的心愿。

③钵(bō):僧徒食用器具。梵语"钵多罗"的省称。

④修行:佛教用语。指佛教徒依佛规进行修习。

【译文】

　　听说您要剃发为僧,这是非常不应该的。您有妻妾田宅,而且还没生子。没有生子,那么妻妾田宅又托付给谁呢?您既有妻妾田宅,却无故割弃,不但不仁,也很不义。您若果真有摆脱生死轮回的心愿,在家修行就很方便,胜过出家万倍。我问问您您真的能手执钵器沿门去乞讨吗?真能饥饿数日,不去求人给一口饭吃吗?如若都做不到,而就要靠种田过日子，那么在家修行，不是更方便吗？

　　我当初学道，非但有妻室，亦且为宰官^①，奔走四方，往来数万里，但觉学问日日得力耳。后因寓楚^②，欲亲就良师友，而贱眷苦不肯留，故令小婿小女送之归。然有亲女外甥等朝夕伏侍，居官俸余又以尽数交与，只留我一身在外，则我黄宜人虽然回归^③，我实不用牵挂，以故我得安心寓此，与朋友嬉游也。其所以落发者，则因家中闲杂人等时时望我归去，又时时不远千里来迫我，以俗事强我^④，故我剃发以示不归，俗事亦决然不肯与理也。又此间无见识人多以异端目我，故我遂为异端以成彼竖子之名^⑤。兼此数者，陡然去发^⑥，非其心也。实则以年纪老大，不多时居人世故耳。

【注释】

①"我当初"三句：李贽五十岁以后开始研究佛经。五十岁时，正任南京刑部员外郎，五十一岁至五十四岁，出任云南姚安知府。其时，李妻均随身边。

②寓楚：李贽姚安弃官后，曾寓居湖北的黄安（今红安）与麻城，这里是春秋战国时的楚国故地。

③黄宜人：即李贽妻黄氏。明清时官五品者，其母或妻封宜人。

④强我：强加于我。

⑤竖子：与"小子"意思相同，卑贱的称谓。

⑥陡然：突然。

【译文】

　　我当初学道时，不但有妻室，而且还任着官职，奔走四方，往来数万里，但仍觉着学问天天得到助力而受益。后来弃官而寓居楚地，想亲近结交良师益友,而妻子坚决不愿留下,所以才命小婿小女送她回了老家。但有亲生子女与外甥等早晚服侍她,我的官薪节余又尽数交她,只留我一身在外,所以黄宜人虽然回老家去了,我也不必牵挂,我可以安心寓居这里,与朋友们嬉戏游乐。我所以剃发的原因,是因为家中闲杂人等时时希望我回去,又时时不远千里来逼迫我,用俗事来强迫我,所以我剃发表示不会回去,俗事也坚决不去理会。还有这里没有见识的人都把我看成异端,所以我就剃发为异端以成全那些没见识的小人之名。由于以上种种原因,我突然剃了头发,并不是还有其他想法。实际是因为我已衰老,活不了多少年了。

　　如公壮年,正好生子,正好做人,正好向上。且田地不多,家业不大,又正好过日子,不似大富贵人,家计满目①,无半点闲空也。何必落发出家,然后学道乎?我非落发出家始学道也。千万记取!

【注释】

①家计:家庭生计,家产。

【译文】

　　像您正在壮年,也该生子,也该懂得处世,也该努力上进了。而且田地并不多,家业也不大,也正好过日子,不像大富贵人家,家产丰厚,没有半点闲空。为什么一定要剃发出家,然后才学道呢?我并不是剃发出家后才开始学道的。千万要记住!

答刘方伯书

【题解】

　　本文于万历十九年(1591)写于武昌。刘方伯,即刘东星(1538—

1601)，字子明，号晋川，沁水（今山西沁水）人。隆庆二年（1568）进士。历官兵科给事中、礼科给事中、山东按察使、湖广布政使、右佥都御史巡抚保定等。万历二十六年（1598），以工部侍郎总理河漕。当时黄河决口，刘东星因治河有功，升为工部尚书兼右副都御史。性俭约，为官颇有政绩。李贽在《书晋川翁寿卷后》曾称赞他说："居中制外，选贤择才，使布列有位，以辅主安民，则居中为便。"（本书卷二）以宰相之才称之。李贽好友，曾为《藏书》《道古录》作序。著有《晋川集》，今佚。《国朝献征录》卷五九、《明史》卷二二三、《明史稿》卷二〇六等有传。方伯，原指商周时代一方诸侯之长，后泛指地方长官。明代对布政使（一省的最高行政长官）的一种称呼，刘东星曾任湖广左布政使，故称。乾隆《泉州府志》卷五四《文苑·李贽传》载："过武昌，藩司刘东星抠延（提着衣服前襟迎接，以示恭敬）入会城馆之。士翕然争拜门墙。江夏潘广文延（请）主讲席，勉赴席，不交一言。"此信即当写于此时。信中李贽一则说"况如生者，方外托身，离群逃世，而敢呶呶哓哓，不知自止"；二则说"然则生孔子之后者，讲学终无益矣"，"求方外之友以为伴侣，又可得耶！"都表现出对"讲席"的不满。信中对"好利""好名"的剖析，层层驳论，步步深入，极富感染力。其所导引出的不务虚名而务实际的思想，更具有深切的意义。

　　此事如饥渴然[①]：饥定思食，渴定思饮。夫天下曷尝有不思食饮之人哉！其所以不思食饮者有故矣：病在杂食也[②]。今观大地众生，谁不犯是杂食病者。杂食谓何？见小而欲速也[③]，所见在形骸之内，而形骸之外则不见也[④]；所欲在数十世之久，而万亿世数则不欲也[⑤]。

【注释】

①此事：指对学问的研讨。

②杂食：饮食上多种食品搀杂着吃，这里借指一种思想认识，如下
　　边所说。后面所说"食饮"也都是此意。

③见小而欲速：只见小利而求其速成。

④"所见"二句：《庄子·德充符》："今子与我游于形骸之内，而子索
　　我于形骸之外，不亦过乎！"意为现在我和你游于"形骸之内"以
　　德相交，但你却在"形骸之外"用外貌来衡量我，岂不太过分了。
　　形骸，人的身躯。李贽在本文中则指"功名富贵""是形骸以内物
　　也"，形骸以外当指功名富贵以外的事情。

⑤万亿世数：言其时间的长久。世数，世系的辈数。

【译文】

　　对学问的研讨和饥渴一样：饥了一定想吃饭，渴了一定想喝水。天
下哪有不想吃饭饮水的人！如果不想吃饭不想喝水那一定有原因：那
是因为多种食品搀杂着吃的结果，学问的研讨也是这样，那就是思想认
识不清的结果。而今看一看大地众生，谁不犯这种杂食病呢。这种杂
食之病表现在哪里？只见小利而求其速成，只看到形骸之内的功名富
贵，而看不到形骸之外即功名富贵之外的事情；欲望只在数十辈家族世
代相传，却没有万亿辈家族世代相传的欲望。

　　夫功名富贵，大地众生所以奉此七尺之身者也，是形骸
以内物也，其急宜也。是故终其身役役焉劳此心以奉此
身①，直至百岁而后止②。是百岁之食饮也，凡在百岁之内者
所共饥渴而求也。而不知止者犹笑之曰："是奚足哉！男儿
须为子孙立不拔之基，安可以身死而遂止乎？"于是卜宅而
求诸阳，卜地而求诸阴③，务图吉地以覆荫后人，是又数十世
之食饮也。凡贪此数十世之食饮者所共饥渴而求也。故或
积德于冥冥④，或施报于昭昭⑤，其用心至繁至密，其为类至

赜至众⑥。然皆贪此一口无穷茶饭以贻后人耳。而贤者又笑之曰:"此安能久! 此又安足云! 且夫形骸外矣。劳其心以事形骸,智者不为也,况复劳其形骸,以为儿孙作牛马乎? 男儿生世,要当立不朽之名。"是啖名者也⑦。名既其所食啖之物,则饥渴以求之,亦自无所不至矣。不知名虽长久,要与天壤相敝者也⑧,天地有尽,则此名亦尽,安得久乎? 而达者又笑之曰⑨:"名与身孰亲? 夫役此心以奉此身,已谓之愚矣,况役此心以求身外之名乎?"然则名不亲于身审矣⑩,而乃谓"疾没世而名不称"者⑪,又何说也? 盖众人之病病在好利,贤者之病病在好名,苟不以名诱之,则其言不入。夫惟渐次导之⑫,使令归实⑬,归实之后,名亦无有,故曰:"夫子善诱。"⑭然颜氏没而能知夫子之善诱者亡矣⑮,故颜子没而夫子善诱之术遂穷。

【注释】

①役役:劳苦不息的样子。

②百岁:死的讳称。

③"于是"二句:意为依照阴阳风水这种方法来选择盖房屋、造坟墓的地点。卜,占卜,卜卦。

④积德于冥冥:暗积阴德。冥冥,昏暗貌。

⑤施报于昭昭:明显得报。昭昭,明亮,显著。

⑥赜(zé):精微。

⑦啖(dàn)名:好名,贪求虚名。

⑧"要与"句:意为总要与天地一同毁坏。敝,毁坏,损害。

⑨达者:通达事理之人。

⑩审:明白,清楚。

⑪疾没世而名不称：语出《论语·卫灵公》。意为担忧到死而名声不被人称述。疾，担忧，忧虑。

⑫渐次导之：逐渐引导。

⑬归实：归于实际而不务虚名。

⑭夫子善诱：语本《论语·子罕》："夫子循循然善诱人。"是颜渊对孔子的赞语。

⑮颜氏：即孔子弟子颜渊。

【译文】

功名富贵是用以供养大地众生七尺之身之物，是身躯之内需要之物，是应该重视的。因此很多人一辈子都为此而劳苦不息，直到死亡而停止。是这一生的食饮，凡是活着的人都饥渴而求的。而不知道停止的人则笑着说："这是不够的！男儿必须为子子孙孙建立不可动摇的宅基，怎么可以因为死亡停止呢？"于是依照阴阳风水占卜的方法选择盖房屋、造坟墓的地点，尽力选择吉祥之地以为后人庇护求福，这是为了数十辈家族世代相传的食饮。凡为了求得这数十辈家族世代相传的食饮者都在饥渴而求。所以有的暗积阴德，有的就明显得报，为此用心极其复杂而细密，花样极为精微而多样。然而这都是想把永远吃不完的茶饭遗留给后代子孙罢了。对此贤者又笑着说："这怎么能长久！这怎么能满足！而且这都是为了形骸之外的事。极费心力以为形骸之事，智者不会做的，何况一再费力，去为子子孙孙做牛马？男儿生在世间，应当立不朽之名。"这是贪求虚名之人的认识。虚名既然成为了像食物一样贪求之物，那就会饥渴以求了，那就会无所不至了。但这种人不懂得虚名虽可长一时，但总要与天地一同毁坏，天地都毁坏了，那么虚名也必然毁坏，怎么能长久呢？通达事理的人又笑着说："虚名与身躯谁最亲爱重要？用尽心力以侍奉身躯，已经很愚蠢了，何况用尽心力去索求身外之名呢？"虚名不如身躯亲爱重要很明白了，那么有人说担忧到死而名声不被人称述，那又怎么解说呢？要知道众人之病病在好利，贤者之病病在好名，如若不用名引诱他，那么说什么他也听不进去。只有逐渐引导，使之归于实际而不务虚名，归于实际之后，虚名也不存在了，所以《论语·子罕》说："老师善于有步骤地诱导学生。"然而颜渊死后而能认识到孔夫子善于诱导的人已经没有了，所以颜渊死后孔子善于诱导的方法也就无处可用了。

　　吁！大地众生惟其见小而欲速，故其所食饮者尽若此止矣，而达者其谁乎？而欲其思孔、颜之食饮者①，不亦难乎？故愚谓千载而下，虽有孔子出而善诱之，亦必不能易其所饥渴，以就吾之食饮也。计惟有自饱自歌，自饮自舞而已。况如生者，方外托身②，离群逃世，而敢呶呶哓哓③，不知自止，以犯非徒无益而且有祸之戒乎！然则今之自以为孔子而欲诱人使从我者，可笑也。何也？孔子已不能得之于颜子之外也，其谁兴饥渴之怀，以与我共食饮乎此也耶！纵满盘堆积，极山海之羞④，尽龙凤之髓⑤，跪而献纳，必遭怒遣而诃斥矣。纵或假相承奉，聊一举箸，即吐哕随之矣⑥。何者？原非其所饮食之物，自不宜招呼而求以与之共也。然则生孔子之后者，讲学终无益矣，虽欲不落发出家，求方外之友以为伴侣，又可得耶！然则生乎今之世，果终莫与共食饮也软？诚终莫与共食饮也已！

【注释】

①孔、颜之食饮：孔子、颜渊的理论主张。

②方外托身：指出家为僧。方外，世俗之外。

③呶（náo）呶哓（xiāo）哓：指说话唠叨，争辩不休。

④山海之羞：山珍海味。羞，精美食品。

⑤龙凤之髓：古代认为极珍贵的食品。

⑥吐哕(yuě)：呕吐。

【译文】

　　唉！大地众生只见小利而求其速成，所以追求的也不过如此，而通达事理的人又是谁呢？而想让他思考孔子、颜渊的理论主张，不是很难吗？所以我认为千载之下，虽然有孔子再出而善于诱导人，也一定不会使他人忘掉自己所追求的事理，而接受我所说的主张。我想只有自饱自歌，自饮自舞，自己依自己的主张行事罢了。况且像我这样的人，出家为僧到世俗之外，脱离群体逃避世事，哪里敢唠唠叨叨争辩不休，不知道控制言语，以触犯不但无益而且有祸的警戒呢！然则今日若自认为像孔子诱导颜渊那样而想诱导他人以从我，是很可笑的。为什么？孔子除颜渊以外已经找不到可以诱导之人，又有谁会兴起饥渴之念，与我有共同的理论主张呢！纵然满盘堆积的都是最好的山珍海味，最为珍贵的龙凤骨髓，而且跪着奉献，也一定会遭到愤怒的谴责和呵斥。即使假装奉承，姑且一举筷子，就会呕吐而出。为什么？这本来就不是他要的饮食之物，本来就不应该招呼他要求他共食。那么生在孔子之后的人，讲学是没有什么益处了，虽想不落发出家，寻求世俗之外的友人为伴侣，又怎么可以得到呢！那么生在今日之世，果然没有可以一起共食饮之人吗？真是没有可以一起共食饮的人了！

答庄纯夫书

【题解】

　　本文写作时间不详。庄纯夫，见本卷《与庄纯夫》题解。这封短笺所谈的"时时拈掇"的治学态度与方法，颇具启发意义。只有如此，才能"日讲则日新"，使对学业的探求不断达到新的境界。

学问须时时拈掇①,乃时时受用,纵无人讲,亦须去寻人讲。盖日讲则日新,非为人也,乃专专为己也。龙谿、近谿二大老可以观矣②。渠岂不知此事无巧法耶!佛祖真仙,大率没身于此不衰也③。今人不知,皆以好度人目之④,即差却题目矣⑤。

【注释】

①拈掇(diān duō):用手估量轻重。这里是斟酌、揣摩、研究之意。

②龙谿:即王畿,见本卷《复焦弱侯》第四段注②。近谿:即罗汝芳,见本卷《复焦弱侯》第四段注⑫。

③大率:大抵。没身:终生。

④好度人:指喜欢教导别人。

⑤差却题目:文不对题之意。差却,差错。

【译文】

对于学问要常常揣摩研究,这样才能常常获得教益,即使没有人讲谈,也要主动地去找人讲谈。这样就会经常在讲谈中得到新的收获,这并不是为了他人,而完全是为了自己能取得教益。这从龙谿、近谿二位德高望重的老人身上都可以得到证明。他们难道不知道学问之事是没有什么巧法的吗?就是佛祖真仙,大抵终生也都是在相互揣摩研讨中不停地获得真知。今人不懂这个道理,都是好为人师,喜欢教导别人,这样去求学问那真是南辕北辙了。

与周友山书

【题解】

本文于万历十九年(1591)写于武昌。周友山,即周思敬(?—1593),号友山,麻城(今湖北麻城)人。周思久(柳塘)之弟。隆庆二年

(1568)进士。曾官工部主事、户部侍郎等。李贽好友,与耿定向也有交往。著有《周友山集》。这是李贽游黄鹤楼而遭一些人驱逐之后写给周友山的一封信。在此信中,李贽含蓄地指出,这次事件的幕后主使者就是高唱孔门"亲民学术"的耿定向。在与此信同时写给杨定见的信中,李贽更直接点明了这一内幕:"侗老原是长者,但未免偏听。故一切饮食耿氏之门者,不欲侗老与我如初,犹朝夕在武昌倡为无根之言,本欲甚我之过,而不知反以彰我之名……而令侗老坐受主使之名。"(见后《与杨定见》)

　　不肖株守黄、麻一十二年矣[1],近日方得一览黄鹤之胜[2],尚未眺晴川、游九峰也[3],即蒙忧世者有左道惑众之逐[4]。弟反覆思之,平生实未曾会得一人,不知所惑何人也。然左道之称,弟实不能逃焉。何也? 孤居日久,善言罔闻,兼以衰朽,怖死念深[5],或恐犯此耳。不意忧世者乃肯垂大慈悲教我如此也[6]!

【注释】

①不肖(xiào):不贤,旧时自称的谦辞。株守:滞留。黄、麻:即黄安(今湖北红安)、麻城(今湖北麻城)。一十二年:李贽于万历八年(1580)到黄安,后又徙居麻城,到写此信的万历十九年(1591)之间。

②黄鹤:指黄鹤楼,位于武汉蛇山之上,楼临长江,为游览胜地。

③晴川:晴川阁,故址在武汉的龟山上,与蛇山的黄鹤楼相对峙。
　九峰:九峰寺,故址在今武汉九峰山上。

④"即蒙"句:指万历十九年(1591)李贽游黄鹤楼时,被一些人诬为"左道惑众"而遭到驱逐之事。左道,邪门旁道。这里指李贽的

离经叛道思想。

⑤怖死念深：因恐怖死亡而探究佛理。佛教认为人都怕死，所以佛
教总是以如何出离生死进行说教。

⑥垂：降。

【译文】

不贤的我滞留在黄安、麻城已经十二年，近日才得空游览久已闻名的黄鹤楼，没想到还没有眺望晴川阁和九峰寺，却遭到一些"忧世"的道学之徒诬我为左道惑众，对我进行围攻和驱逐。我反复思考，自己一生很少会人，不知我惑了谁？当然，说我是左道，那真是我不可逃避的。为什么？正因为我一个人独居时间长了，也就听不到有益的劝诫，加之年老体弱思想僵化，因恐怖死亡而迷于探究佛理，也许这正是犯错误的原因。没想到那些道学之徒却能大发慈悲之心，教我应该怎么做。

即日加冠畜发①，复完本来面目，二三侍者②，人与圆帽一顶，全不见有僧相矣。如此服善从教，不知可逭左道之诛否③？想仲尼不为已甚④，诸公遵守孔门家法，决知从宽发落，许其改过自新无疑。然事势难料，情理不常，若守其禁约⑤，不肯轻恕，务欲穷之于其所往⑥，则大地皆其禁域⑦，又安所逃死乎！弟于此进退维谷⑧，将欲"明日遂行"⑨，则故旧难舍；将遂"微服过宋"⑩，则司城贞子未生⑪。兄高明为我商之如何？

【注释】

①加冠：戴上帽子。李贽"加冠畜发"之举，并非向迫害者的妥协。他在与杨定见的信中曾说："我不可杀，则我自当受天不杀之祐，杀我者不亦劳乎！然则我之加冠，非虑人之杀和尚而冠之也！"

（见后《与杨定见》）。

②二三侍者：指当时跟随李贽身边的小和尚怀林、常闻等人。

③逭（huàn）：逃避。

④仲尼：即孔子。不为已甚：语出《孟子·离娄下》。意为不做太过分之事。

⑤禁约：禁止某事物的条规。

⑥穷：深究。其：这里指李贽自己。

⑦禁域：禁止通行的区域。

⑧进退维谷：进退两难。谷，山谷，比喻困难之境。

⑨明日遂行：语出《论语·卫灵公》。意为明日就走。

⑩微服过宋：语出《孟子·万章上》。意为改换服装而逃离宋国。孔子到宋国时，宋司马桓魋（tuí）要杀他，所以"微服而过宋"。

⑪司城贞子未生：见《孟子·万章上》。意为没有像司城贞子那样的人可以投靠。司城贞子，春秋时陈国人，孔子逃出宋国后，曾在他家寄居。司城是官名，贞子是谥号。

【译文】

　　为此，当天我就戴上了帽子，留起了头发，完全恢复到以前的本来面目。而且，让跟随我的怀林、常闻等小和尚也人人戴上一项圆帽，全没有僧人之相。我这样虚心接受别人的教诲，不知可否逃避左道惑众的指责？我想圣人孔子都不做太过分的事，那些道学之徒都是遵守孔门家法之人，一定会对我从宽饶恕，允许我改过自新。但是有些事很难预料，有些人处理事情并不会合于情理，那些道学之徒如果严守他们的一些条规，不肯对人宽恕，想要查究我的行踪和作为，那么，所有地方都是禁止通行的区域，我又怎么能逃避开迫害呢！我现在真是进退两难，想学孔子明天就走，可是亲朋老友难以分手；想学孔子改换服装而逃离宋国，可是却没有像司城贞子那样的人可以投靠。高明的老兄，您是否可以帮我想想办法？

　　然弟之改过实出本心。盖一向以贪佛之故，不自知其陷于左道，非明知故犯者比也。既系误犯，则情理可恕；既肯速改，则更宜加奖，供其馈食①，又不但直赦其过误已也。倘肯如此，弟当托兄先容②，纳拜大宗师门下③，从头指示孔门"亲民"学术④，庶几行年六十有五⑤，犹知六十四岁之非乎！

【注释】

①馈(kuì)食：指所赠送的饮食。

②先容：本谓先加修饰，后引申为事先说情、疏通。容，雕饰。

③纳拜：低头拜见。大宗师：指耿定向。

④孔门"亲民"学术：这里是讽刺话。

⑤庶几：也许可以。行年：经历的年岁，指当时年龄。

【译文】

　　然而我想改过确实出于本心。只是因为一向迷恋佛理，不自觉就陷入了邪门旁道，这并不是明知故犯。既然我是一时误犯，那么，从情理上说是可以宽恕的；我既然愿意快快改掉错误，那就更应该给以奖励，供应饮食，不仅仅是宽恕犯过的错误而已。如能这样，我就托您去说情疏通，致礼拜见耿定向先生，请他从头指示孔教有关"亲民"的学术，也许可以使我在六十五岁时，犹能知道六十四岁所犯的过错。

又与周友山书

【题解】

　　本文于万历二十年(1592)写于武昌。此信是李贽对周友山劝阻修建塔屋一事的回答。李贽在"茕然孤独"的情况下，想建一塔屋"厝骸"

"娱老",也是一种心理的寄托。信中所引发出的事物发展变化之理,国家更迭兴亡之论,颇具认识价值,也隐喻着对当时腐败政治的不满。

承教塔事甚是①,但念我既无眷属之乐②,又无朋友之乐,茕然孤独③,无与晤语④,只有一塔墓室可以厝骸⑤,可以娱老,幸随我意,勿见阻也! 至于转身之后⑥,或遂为登临之会⑦,或遂为读书之所,或遂为瓦砾之场⑧,则非智者所能逆为之图矣⑨。

【注释】

①承教塔事甚是:指周友山劝阻李贽修建塔屋一事。

②"但念"句:李贽于万历十五年(1587)将妻女送回福建泉州,单身寓居麻城维摩庵。万历十六年(1588)秋徙居龙潭湖芝佛院。

③茕(qióng)然:孤独无靠的样子。

④无与晤语:没有人谈心。

⑤厝(cuò)骸:安放尸体。

⑥转身:指死去。

⑦登临之会:游览之地。

⑧瓦砾之场:指变成废墟。

⑨逆为之图:预先谋划。逆,预测,揣度。

【译文】

您劝我不要修建塔屋很好,但应该想到我既无眷属之乐,又无朋友之乐,孤独无靠,没有人交谈,只有建一塔屋为逝世后安放尸体,以此得以安慰年老孤独之心,希望满足我这一心意,不要劝阻! 等我逝世以后,这里或许会成为游览之地,或者成为读书之所,或者成为废墟,那也是智者没法预测的。

古人所见至高，只是合下见得甚近①，不能为子子孙孙万年图谋也。汾阳之宅为寺②，马燧之第为园③，可遂谓二老无见识乎？以禹之神智如此，八年勤劳如此④，功德在民如此，而不能料其孙太康遂为羿所篡而失天下⑤，则虽智之大且神者，亦只如此已矣。

【注释】

①合下：当时，当下。宋元时口语。

②汾阳之宅为寺：郭子仪的宏丽府第后来变为寺庙。汾阳，指唐朝名将郭子仪，因功封汾阳郡王。

③马燧之第为园：唐朝名将马燧，府第华美，后被改为奉诚园亭观。

④八年勤劳：传说大禹治水时，"八年于外，三过其门而不入"（《孟子·滕文公上》）。

⑤"而不能"句：太康为禹之孙，启之子。他继启即位后，因兄弟五人都荒唐，不理政事，被东夷族后羿夺去王位。

【译文】

古人所见非常高明，只是当下之见很浅近，不能为子孙后代作万年的谋划。郭子仪的宏丽府第后来成了寺庙，马燧华美的府第后来成了园亭观，能说此二老没有见识吗？神圣智慧的夏禹，治水八年极其勤劳，为民的功德如此伟大，却想不到他的孙子太康却被东夷族后羿夺去了王位，那么虽智慧大且神像夏禹，也只能如此而已。

元世祖初平江南①，问刘秉忠曰②："自古无不败之家，无不亡之国。朕之天下后当何人得之？"秉忠对曰："西方之人得之。"及后定都燕京③，筑城掘地，得一石匣，开视，乃一匣红头虫④，复诏问秉忠。秉忠对曰："异日得陛下天下者，即此物也。”

【注释】

①元世祖：即忽必烈（1215—1294），元朝建立者，公元 1260—1294
　年在位。《元史》卷四、《藏书》卷八等有传。初平江南：指公元
　1279 年灭南宋，统一中国。

②刘秉忠（1216—1274）：邢州（今河北邢台）人。少时为僧，后辅佐
　忽必烈统一中国。《元史》卷一五七、《藏书》卷一四等有传。

③定都燕京：公元 1271 年，忽必烈正式改蒙古国号为“元”，1272 年
　迁都元大都（今北京）。

④红头虫：暗喻以后元朝为朱（红）姓所取代。这是一种谶纬迷信说法。

【译文】

元世祖忽必烈统一中国后，问刘秉忠：“自古没有不败之家，没有不
亡之国。我的天下以后会被什么人取代？”刘秉忠答道：“为西方之人取
代。”后来定都燕京时，修建都城掘地，得一石匣，打开一看，却是一匣红
头虫，又诏问刘秉忠。刘秉忠回答说：“以后得陛下天下者，就是此物。”

　　由此观之，世祖方得天下，而即问失天下之日；秉忠亦
不以失天下为不祥，侃然致对①。视亡若存，真英雄豪杰，诚
不同于时哉！秉忠自幼为僧，世祖至大都见之，乃以释服相
从军旅间，末年始就冠服，为元朝开国元老，非偶然也。

【注释】

①侃然致对：从容不迫地对答。

【译文】

　　由此看来，元世祖刚刚得到天下，就问失天下之日；刘秉忠也不以

失天下为不祥，从容不迫地对答。把失天下看作如得天下一样，真是英雄豪杰，确实不同于一般人啊！刘秉忠自幼为僧，元世祖到大都见到他，就让他穿着僧人服装相随于军旅之间，到晚年才穿上官吏的服饰，为元朝开国元老，不是偶然的事。

　　我塔事无经营之苦，又无抄化之劳①，听其自至，任其同力，只依我规制耳。想兄闻此，必无疑矣。

【注释】

①抄化：募化，化缘。

【译文】

　　我建塔屋之事没有经营之苦，也没有化缘之劳，听其自觉处置，任凭他们共同出力，只是依着我的规模形制罢了。想吾兄听到我的想法，也就不会有什么疑问了。

与焦漪园

【题解】

　　本文于万历二十年（1592）写于武昌。焦漪园即焦竑。万历十九年（1591），袁宏道到麻城拜访李贽，二人相处甚欢，同至武昌，李贽寓居洪山寺。李贽游武昌黄鹤楼时，被一些人以"左道惑众"之名而驱逐。当时任湖广布政使的刘东星相信李贽是"有道"之人，特地到洪山寺拜访，并把李贽迎回武昌会城加以保护。万历二十年，刘东星升都察院右佥都御史并巡抚保定而离武昌赴任。李贽在信中吐露了"当归何所"之叹，表现出对刘东星友情的怀念与感激。

弟今又居武昌矣。江、汉之上①，独自遨游，道之难行，已可知也；"归欤"之叹②，岂得已耶！然老人无归，以朋友为归，不知今者当归何所欤！汉阳城中尚有论说到此者，若武昌则往来绝迹③，而况谭学④！写至此，一字一泪，不知当向何人道，当与何人读，想当照旧薙发归山去矣⑤！

【注释】

①江、汉：长江、汉水。

②归欤：语出《论语·公冶长》。意为回去吧。

③往来绝迹：李贽于上一年曾到过汉阳，可能在这一年春夏间又回武昌，此时刘东星等已调走，故有"往来绝迹"之叹。

④谭学：谈论学问。谭，通"谈"。

⑤"想当"句：李贽在武昌游黄鹤楼受到驱逐后，曾"即日加冠蓄发，复完本来面目"（见前《与周友山书》），此句当系针对这一情况而言。薙(tì)，同"剃"。

【译文】

我又来武昌了。长江、汉水之上，独自遨游，论道之难行，是可以知道的；孔子发出"归欤"的感叹，那也是不得已了。然而像我这样的老人却无处可归，我是以朋友为归宿的，但不知今日应当归于何处！汉阳城中还有论学之人，武昌则往来绝迹，何况谈论学问。写至此，一字一泪，不知应该向何人说，应该与何人读，想一想只有照旧剃发归山去罢了！

与刘晋川书

【题解】

本文于万历十九年(1591)写于武昌。刘晋川，即刘东星，见本卷

《答刘方伯书》题解。万历十九年,李贽游武昌黄鹤楼被一些人驱逐,刘东星把李贽迎回武昌会城。从此,刘东星常邀李贽入衙商讨学问,"朝夕谈吐,始恨相识之晚"(刘东星《书〈道古录〉首》)。李贽则必得刘东星当堂遣人迎接才赴会,以防诽谤者的无事生非。此信即是这一意向的表白,所言事虽小,却可从一个方面窥见当时的世俗人情。

　　昨约其人来接,其人竟不来,是以不敢独自闯入衙门,恐人疑我无因自至,必有所干与也①。今日暇否?暇则当堂遣人迎我②,使衙门中人,尽知彼我相求,只有性命一事可矣③。缘我平生素履未能取信于人④,不得不谨防其谤我者,非尊贵相也⑤。

【注释】

①干与(yù):干预,参与。

②当堂:在公堂上。

③性命:中国古代哲学范畴,指万物的天赋与禀受。宋明时理学家专意研究性命之学,因以指理学。

④素履:语出《周易·履》:"素履往,无咎。"高亨注:"素,白色无文彩。履,鞋也。'素履往'比喻人以朴素坦白之态度行事,此自无咎。"后用以比喻质朴无华、洁白自守的处世态度。

⑤非尊贵相:并不是要摆达官贵人的架子。

【译文】

　　昨日约定来人接我,却无人来,我也不敢独自闯入您的衙门,恐怕有人怀疑我没有原因而至,一定是有什么事参与其中了。今日有空否?有空的话就在公堂上派人来迎接我,使衙门中的人,都知道我们是互相寻求来往,只是为了研讨性命之学一事罢了。因为我平生没能以质朴无华、洁白自守的处世态度取信于人,不得不谨防诽谤我的人,并不是要摆达官贵人的架子。

与友朋书

【题解】

本文写作时间不详。友朋亦不详。这封信通过对顾养谦与周思敬的评析,不但写出了他们各自的独特面貌,也体现出李贽对人才的看重。

顾虎头虽不通问学①,而具只眼②,是以可嘉;周公瑾既通学问③,又具只眼,是以尤可嘉也。二公皆盛有识见,有才料④,有胆气,智仁勇三事皆备。周善藏⑤,非万全不发⑥,故人但见其巧于善刀⑦,而不见其能于游刃⑧。顾善发,然发而人不见,故人但见其能于游刃,而不见其巧于善刀。周收敛之意多⑨,平生唯知为己,以故相知少而其情似寡⑩,然一相知而胶漆难并矣⑪。顾发扬意多⑫,平生惟不私己,以故相爱甚博而其情似不专。然情之所专,爱固不能分也。何也?以皆具只眼也。

【注释】

①顾虎头:即东晋著名画家顾恺之(约345—406),字长康,小字虎头。这里借指顾养谦。见本卷《复焦弱侯》第一段注③。问学:学问。

②只眼:比喻独特的见解。

③周公瑾:三国时期吴名将周瑜(175—210),字公瑾。这里借指周

思敬。见本卷《与周友山书》题解。

④才料：指才能。

⑤善藏：指识、才、胆不外露。关于周"善藏"及下文"得老子之体"，李贽在《豫约·早晚守塔》中曾说："友山（周思敬的号）实是我师，匪但知我已也。彼其退藏之密，实老子之后一人，我自望之若跂（qǐ，用脚尖着地站立），尤不欲归也。"（本书卷四）

⑥非万全不发：不到极为安全周到之时不表露出来。

⑦善刀：语出《庄子·养生主》："善刀而藏之。"陆德明释文："善，犹拭也。"后用以指善于做好事前的准备，而等待时机。

⑧游刃：语出《庄子·养生主》。形容观察事物透彻，技艺精熟，运用自如。

⑨收敛：谨慎，约束身心。

⑩其情似寡：表面看与人交情淡薄。

⑪胶漆难并：比喻情谊极深，亲密无间。难并，难以比并。

⑫发扬：指豪放、奋发。

【译文】

顾养谦虽然学问不深，但有独特的见解，所以应该给以赞美；周思敬既有学问，又有独特的见解，那就更应该给以赞美。二公都很有识见，有才能，有胆气，智仁勇三事皆备。但周思敬不外露，不到极为周到之时不会表露出来，所以人们只看见他事前的善于准备，却看不到他对事物的透彻观察而运用自如。顾养谦能够发出独到的见解，然而人们缺乏关注，只注意他对事物的透彻观察，而提出的独到见解，却看不到他事前的深思熟虑。周思敬非常谨慎，看起来总像是多为自己，所以朋友少，表面看起来与人交情淡薄，但是真正与他成为知己之后那就情谊极深，亲密无间。顾养谦则豪放奋发，平生表现很少考虑自己，所以他的朋友极多但情意好像不那么深厚专一。但是情感如若专一，那就难以相交多了。为什么？因为每人都有独特的见解。

　　吾谓二公者,皆能知人而不为知所眩[①],能爱人而不为爱所蔽[②],能用人而不为人所用者也[③]。周装聋作哑,得老子之体,是故与之语清净宁一之化[④],无为自然之用,如以石投水,不相逆也[⑤]。所谓不动声色而措天下于泰山之安者[⑥],此等是也,最上一乘之人也[⑦],何可得也!顾托孤寄命[⑧],有君子之风,是故半夜叩门,必不肯以亲为解[⑨],而况肩钜任大[⑩],扶危持颠,肯相辜负哉!是国家大可倚仗人也,抑又何可得也!

【注释】

①不为知所眩:不被现象所迷惑。

②不为爱所蔽:不被感情所蒙蔽。

③不为人所用:不被人所利用。

④清净宁一:语本《老子》三十九章:"天得一以清,地得一以宁。"指安静治平。后《史记》卷五四《曹相国世家》:"载其清净,民以宁一。"下句"无为自然"也是老子的思想,意为要顺乎自然。

⑤"如以石"二句:语本三国魏李康《运命论》:"张良受黄石之符,诵《三略》之说,以游于群雄。其言也如以水投石,莫之受也;及其遭汉祖,其言也,如以石投水,莫之逆也。"意为互相投合,没有排斥。逆,排斥,违背。

⑥措:安置。这里是治理之意。

⑦最上一乘(shèng):指最上等。

⑧托孤寄命:语本《论语·泰伯》:"可以托六尺之孤,可以寄百里之命。"意为可以把幼少的孤儿和国家的命脉托付给他。后以"托孤寄命"指受遗命托付辅助幼君;或君主居丧时,受命摄理朝政。这里指付托以非常之重任。

⑨"是故"二句:意为有人半夜敲门求救急难,绝不会以父母在为借

口而推辞。

⑩钜:同"巨"。

【译文】

　　我认为顾养谦与周思敬二位,都能知人但又不被现象所迷惑,都能爱人而又不被感情所蒙蔽,都能用人而又不被人所利用。周思敬不外露,如同装聋作哑,深得老子的精神,所以与他谈论安静治平的教化,顺乎自然功用,如同以石投水,相互投合。这就是不动声色而治理天下像泰山一样的安定,这样的人,可以称之为是最上等之人,这是很不容易得到的。顾养谦可以托以重任,有君子之风,所以有人半夜敲门求助,他绝不会以父母在为借口而推辞,何况若有巨大的重任,在国家危难将倾覆之时扶持使之安定,那是不会辜负所望的! 这是国家大可倚仗的人才,也是很难得到的。

　　　顾通州人①,周麻城人②。

【注释】

①通州:南通州,今江苏南通。

②麻城:今湖北麻城。

【译文】

顾养谦是南通州人,周思敬是麻城人。

答刘晋川书

【题解】

　　本文于万历十九年(1591)写于武昌。刘晋川,即刘东星,见本卷《答刘方伯书》题解。明年刘东星的湖广左布政使(据《明史》卷二二三与《明神宗实录》卷三六三,《明神宗实录》卷二一四则为右布政使)任期届满，即将别转他去，一些友人为李贽在武昌的处境担心。河南巡抚吴自新写信给刘东星，叫他劝李贽速离武昌，而李贽则想筑一禅室于武昌城下。此信就是看了吴自新给刘东星的信后所写。信中讲述了"年近古稀，单身行游"的缘由，那就是与朋友共同证道。同时表达了只要有朋友在，便当安心度日、不必奔驰的意愿。从中流露着李贽一贯的对友情极为看重的思想。

　　弟年近古稀矣①，单身行游，只为死期日逼，阎君铁棒难支②，且生世之苦目击又已如此，使我学道之念转转急迫也。既学道不得不资先觉③，资先觉不得不游四方，游四方不得不独自而受孤苦。何者？眷属徒有家乡之念④，童仆俱有妻儿之思，与我不同志也。志不同则难留，是以尽遣之归，非我不愿有亲随，乐于独自孤苦也。为道日急⑤，虽孤苦亦自甘之，盖孤苦日短而极乐世界日长矣。

【注释】

①古稀：杜甫《曲江》诗之二："酒债寻常行处有，人生七十古来稀。"后因用"古稀"为七十岁的代称。

②阎君：即阎罗王，佛教称主管地狱的神。铁棒难支：（阎罗王的）铁棒难以抗拒，比喻人的死亡。

③资：凭借，依靠。先觉：比常人先觉悟的人。这里指先学道而有所领悟的人。

④徒：只，仅。

⑤为道：学道。

【译文】

我已年近古稀，单身行游，只是因为死期日近，阎罗王的命令难以抗拒,而且人生在世之苦又经受了这样多,从而使我学道之念渐渐的愈来愈急迫。既然想学道就不得不向先觉悟之人学习,要向先觉悟之人学习就要游走四方去寻找,游走四方就必然独自受孤独之苦。为什么?眷属只有家乡之念,童仆都有妻儿之思,和我想法不一样。想法不同那就难留,所以都让他们走了,这并不是我不愿有亲属相随,而愿意独自一人孤苦。因为学道一日比一日急迫,虽然独自一人孤苦也心甘情愿,因为孤苦之日毕竟短,而修道成功到极乐世界那就长久无限了。

　　久已欲往南、北二都为有道之就①,二都朋友亦日望我。近闻二都朋友又胜矣②。承示吴中丞札③,知其爱我甚。然顾通州虽爱我④,人品亦我所师,但通州实未尝以生死为念也。此间又有友山⑤,又有公家父子⑥,则舍此何之乎?今须友山北上⑦,公别转⑧,乃往南都一游。七十之年⑨,有友我者,便当安心度日,以与之友,似又不必奔驰而自投苦海矣。吴中丞虽好意,弟谓不如分我俸资,使我盖得一所禅室于武昌城下。草草奉笑,可即以此转致之。

【注释】

①南、北二都:指北京、南京。明太祖朱元璋于公元 1368 年建都南京,后明成祖朱棣于公元 1421 年迁都北京,以南京为留都。为有道之就:语本《论语·学而》:“就有道而正焉,可谓好学也已。”意为为了接近有道的人。就,接近。

②胜:进步。

③吴中丞:即吴自新(1541—1593),字伯恒,号韫(yùn)菴,自号中山和人,徽州祁门(今安徽祁门)人。隆庆二年(1568)进士。著有《大受录集》。茅坤《茅鹿门先生集》卷一四、余孟麟《余学士

集》卷二九、焦竑《澹园集》卷三五等有传。并参看《杭州府志》卷二四、《明神宗实录》卷二二四、二五〇等。万历十八年(1590)至万历二十年(1592)任右副都御史,巡抚河南。当时,吴曾写信给刘东星,劝李贽速离武昌,刘东星把此信转给李贽看(见本卷《与河南吴中丞书》)

④顾通州:即顾养谦,见本卷《复焦弱侯》第一段注③。顾是南通州(今江苏南通)人,故称。

⑤友山:即周思敬,号友山。见本卷《与周友山书》题解。

⑥公:这里是对刘东星的尊称。

⑦须:等待。这一年,周思敬由四川参政升任太常寺少卿,夏秋间入京。

⑧别转:调任。刘东星于万历二十年擢右佥都御史,巡抚保定。

⑨七十之年:这里是举其整数,并非实际年龄,本文第一句"年近古稀"可证。

【译文】

早就想去南京、北京二都会去接近有道之人,二都的朋友也日日盼望与我相聚。近来听说二都的朋友又进步了。看到吴中丞的信札,知他对我的厚爱。然而顾通州虽爱我,人品也是我之师,但也并不以生死为出发点。这里还有周友山,又有刘公你们父子,我离开这里又能去哪里呢?如今我想等待周友山北上,您调任巡抚保定,那时再往南京一游。我已年近七十,有友好待我者,就该安心度日,与他们友好相处,似乎不必费神劳力地奔驰而自投苦海。吴中丞虽好意,我想还不如分我些薪金,使我能够盖一所禅室在武昌城下。草草敬告笑答,就以此转告好了。

别刘肖川书

【题解】

本文于万历二十八年(1600)写于北通州潞河。刘肖川,名用相,字肖川,又称肖甫,刘东星之子,李贽的学生。当时李贽在潞河,准备南返麻城,刘肖川千里前来送行,此信即是临别时的赠言。信中要刘肖川以"大"字作为应病良药,而不要"庇荫"于人,这不仅对刘肖川个人及青年人的成长具有指导意义,而且是李贽"平生不愿属人管"(本书卷四《豫约·感慨平生》)的叛逆性格及反传统思想的体现。

　　"大"字,公要药也①。不大则自身不能庇而能庇人乎②?且未有丈夫汉不能庇人而终身受庇于人者也。大人者③,庇人者也;小人者,庇于人者也。凡大人见识力量与众不同者,皆从庇人而生,日充日长④,日长日昌⑤。若徒荫于人⑥,则终其身无有见识力量之日矣。

【注释】

①"'大'字"二句:意为"大"字是您最要紧的应病良药。"大"即下文所说的能够自立,自庇庇人。

②庇:庇护。

③大人:这里指德行高尚、志趣高远的人。

④日充日长:一天比一天充实、增长。

⑤昌:兴盛。

⑥徒:只,仅。

【译文】

　　"大"字,是您要牢记的主药。一个人如果不大则就连自身也不能庇护好,又怎能去庇护别人呢?况且从来没有一个大丈夫不能庇护别人,竟终身能被别人庇护的。所谓大人,就是能庇护别人的人;所谓小人,就是被别人庇护的人。大人的与众不同的思想见解与才智能力,都在庇护人中产生,而且一天比一天充实,一天比一天兴盛。如果只被人庇护，就一生没有独立的思想见解和才智能力了。

　　今之人皆受庇于人者也，初不知有庇人事也①。居家则庇荫于父母，居官则庇荫于官长，立朝则求庇荫于宰臣②，为边帅则求庇荫于中官③，为圣贤则求庇荫于孔、孟，为文章则求庇荫于班、马④，种种自视，莫不皆自以为男儿，而其实则皆孩子而不知也。

【注释】

①初：从来，本来。

②立朝：指在朝廷当官。宰臣：辅助帝王主管朝政的大臣，如宰相等。

③中官：宦官。

④班：指班固（32—92），字孟坚，扶风安陵（今陕西咸阳）人。曾任兰台令史。东汉史学家、文学家。著有《汉书》，整齐了纪传体史书的形式，并开创了"包举一代"的断代史体例。《汉书》卷一〇〇上、《后汉书》卷四〇上、《藏书》卷四〇等有传。马：指司马迁（约公元前145—？），字子长，夏阳（今陕西韩城）人。西汉史学家、文学家。著有《史记》，是我国最早的通史，开创了纪传体史书的形式。书中不少传记形象鲜明，语言生动，成为史传文学的代表，对后世史学与文学都有深远影响。《汉书》卷六二、《藏书》卷四〇等有传。

【译文】

　　现在的人，都习惯于别人的庇护了，从来不知道有庇人之事。在家被父母所庇护，在官场就被长官所庇护，在朝廷就乞求宰相大臣的庇护，当了边关统帅就乞求太监的庇护，想做圣贤就乞求孔子、孟子的庇护,著书立说就乞求班固、司马迁文章的庇护,仔细思考这种现象,都自认为是有思想的男子汉,其实却都像懵懂无知的小孩而不自知。

豪杰凡民之分,只从庇人与庇于人处识取。

【译文】

英雄豪杰与凡夫俗子的区别,只从是庇护别人还是被别人所庇护来判别就一目了然了。

答友人书

【题解】

本文于万历十九年(1591)写于武昌。友人,不详。这篇短书信是有为而发。万历十八年(1590),耿定向告老归乡,看到李贽公开刻行的《焚书》,十分恼火,说是"闻谤",立即将以前与李贽论战的书信检出,并特写《求儆书》,由其徒蔡毅中作序,向李贽展开攻击。万历十九年,蔡毅中又写《焚书辨》,耿定向写《求儆书后》,再次向李贽围攻。在《求儆书后》,耿定向造出李贽曾说"暴怒性也"的谎言,同时又有人称李贽倡言"暴怒是学",并加以嘲讽。这封信就是对这些谎言的驳斥。在驳斥这些谎言的同时,李贽更明白宣言:"每见世人欺天罔人之徒,便欲手刃直取其首,岂特暴哉!"表现出与封建道学家势不两立的斗争精神。

或曰:"李卓吾谓暴怒是学,不亦异乎!"有友答曰:"卓老断不说暴怒是学,当说暴怒是性也。"或曰:"发而皆中节方是性①,岂有暴怒是性之理!"曰:"怒亦是未发中有的。"吁吁! 夫谓暴怒是性,是诬性也;谓暴怒是学,是诬学也。既不是学，又不是性，吾真不知从何处而来也，或待因缘而来乎②？每见世人欺天罔人之徒③，便欲手刃直取其首，岂特暴哉！纵遭反噬④，亦所甘心，虽死不悔，暴何足云！然使其复见光明正大之夫，言行相顾之士⑤，怒又不知向何处去，喜又不知从何处来矣。则虽谓吾暴怒可也，谓吾不迁怒亦可也⑥。

【注释】

①发而皆中（zhòng）节：与下文的"未发"均出自《中庸》，原文是："喜怒哀乐之未发，谓之中。发而皆中节，谓之和。"意为喜怒哀乐之情未发时都是性情的本然，无所偏倚，所以叫"中"；这种性情发出时，要无所乖戾，要符合礼制的要求，所以叫"和"。中节，指符合儒家规定的礼制。

②因缘：佛教用语。指起因或依据。佛教认为事物生起、变化和坏灭的主要条件为因，辅助条件为缘。

③欺天罔人之徒：这里指道学家。李贽在《初潭集》中说："欺天罔人者必讲道学，以道学之足以售其欺罔之谋也。"（卷二〇《道学》）罔，蒙蔽。

④反噬（shì）：反咬。

⑤言行相顾：言行一致，不互相矛盾。

⑥不迁怒：语出《论语·雍也》。意为不拿别人出气。迁，转移。

【译文】

有人说："李卓吾认为暴怒的感情是学来的，不也太奇怪了吗！"有个朋友回答说："李卓吾绝对不会说暴怒是学来的这样的话，一定说它是人性所固有的。"有人说："表现出来的种种感情都能合乎礼义法度，这才是人性，哪有暴怒也算人性的道理！"那位朋友反驳说："怒这种感情也是人性中所固有的。"哎呀！说暴怒是性吧，是歪曲了性；说暴怒是学吧，又歪曲了学。既不是学来的，又不是人性所固有的，我真不知道是从哪里来的了，也许是由于某种原因才产生的吗？每当我见到那些欺天害人之徒，就想拿刀砍下他们的脑袋，岂只是暴怒呢！即使因此遭到他们的报复、迫害，也心甘情愿，即使被迫害而死也不后悔，对他们只是暴怒一下又有什么可指责的呢！可是，如果我见到光明正大、言行一致的人，怒气又不知到哪里去了，喜悦的感情又不知从哪里产生出来。那么，即使说我这个人喜好暴怒也可以，说我不随便拿别人出气也可以。

答以女人学道为见短书

【题解】

本文于万历二十一年(1593)写于麻城。李贽寓居麻城龙潭湖芝佛院时，其"异端"行为之一，就是讲学传道中敢于和女子来往，收一些女子做弟子，当时寡居在家的梅国桢之女梅澹然即是其一，还有自信、明因、善因等。他们之间常以通信的方式探讨佛理，研究学问。结果，引起封建卫道士及理学家的攻击，一方面对女弟子们进行非难，对李贽进行诬蔑，称其"宣淫败俗""左道惑众"；一方面又从理论上制造舆论，宣称"妇人见短，不堪学道"。这封信就是借对一位友人的答复，对理学家的谬论给以批驳。在信中，李贽反对以性别作为区分见识长短的标志，提出了女子和男子在才智上没有差别的观点，并以历史事例说明女子一样能参政治国、写诗作文。李贽还进一步指出，如若说妇女见短的话，那也是由于把她们禁锢在"闺阁之间"，不让她们走出家门所造成的，其根源还在于封建礼教。李贽这种立论的前提虽然是在"学道""出世"，但对男尊女卑的封建观念不能不说是有力的批判，体现出一定的男女平等的民主思想。

昨闻大教,谓妇人见短,不堪学道。诚然哉!诚然哉!夫妇人不出阃域①,而男子则桑弧蓬矢以射四方②,见有长短,不待言也。但所谓短见者,谓所见不出闺阁之间③;而远见者则深察乎昭旷之原也④。短见者只见得百年之内,或近而子孙,又近而一身而已;远见则超于形骸之外,出乎死生之表,极于百千万亿劫不可算数譬喻之域是已⑤。短见者祇听得街谈巷议、市井小儿之语⑥;而远见则能深畏乎大人,不敢侮于圣言⑦,更不惑于流俗憎爱之口也⑧。余窃谓欲论见之长短者当如此,不可止以妇人之见为见短也。故谓人有男女则可,谓见有男女岂可乎?谓见有长短则可,谓男子之见尽长,女人之见尽短,又岂可乎?设使女人其身而男子其见,乐闻正论而知俗语之不足听,乐学出世而知浮世之不足恋⑨,则恐当世男子视之,皆当羞愧流汗,不敢出声矣。此盖孔圣人所以周流天下,欲庶几一遇而不可得者⑩,今反视之为短见之人,不亦冤乎!冤不冤与此人何与,但恐傍观者丑耳⑪。

【注释】

①阃(kǔn)域:指旧时妇女居住的内室。

②桑弧蓬矢以射四方:语本《礼记·内则》:"国君世子生……射人以桑弧蓬矢六,射天地四方。"指男子活动范围广阔,以象征志在四方。桑弧,桑木做的弓。蓬矢,蓬梗做的箭。据说桑是万木之本,蓬是御乱之草,国君生子后,举行射天地四方的仪式,象征国君之子将志能治邦安国。

③闺阁:古代妇女的卧室。

④昭旷之原：明朗广阔的原野。

⑤极：穷尽。百千万亿劫：无法计算的极长时间。劫，佛教用语。佛教认为世界经历若干万年毁灭一次，再重新开始，这样一个周期称一"劫"。劫的时间长短，佛经有各种不同说法。

⑥市井小儿：指老百姓。市井，古代指做买卖的地方。小儿，是对普通百姓的卑称。

⑦"而远见"二句：语本《论语·季氏》："子曰：'君子有三畏：畏天命，畏大人，畏圣人之言。'"意为有远见的人，却能对大人深怀敬畏，对圣人的话不敢侮慢。

⑧"更不"句：意为更不会被世俗之人的爱憎褒贬所迷惑。

⑨出世：指超脱人世。浮世：人世。佛教认为现实世界是沉浮不定、虚幻不实的，所以称人世为浮世。

⑩欲庶几一遇：希望遇见。

⑪"冤不冤"二句：意为冤不冤对她们来说倒无所谓，只怕旁观之人会觉得这种看不起妇女的偏见太不高明了。何与，有什么相干。

【译文】

　　昨天从来信中得知您的高见，说是妇女见识短浅，不能学道。果真如此吗！果真如此吗！妇女不出内室，男子则可以随便奔走四方，见识有长短的区别，自不必说。但所谓见识短浅，指的是见闻不超出闺房内室之间；所说的远见，是指视线能达到广阔的原野。见识短的人只能看到百年之内的事，或者近的看到子孙，更近的只能看到自己一个人而已；有远见的，则超出于身体之外，超出生死之外，以至达到百千万亿劫不能计算和譬喻的领域。见识短的人听到的无非是街谈巷议、市井小儿的话；而有远见的却能对高贵的人深怀敬畏，不敢说轻侮圣人的话，更不会被世俗之人的爱憎褒贬所迷惑。我认为，要想评论见识的长短应当看这些方面，不能把妇女见到的世面少当作见识短。所以，说人有男女之分是可以的，说见识有男女之分怎么行呢？说见识有长短是可以的，说男人的见识都高，女人的见识都短，又怎么行呢？假使一个女人具有男人的见识，喜欢听正确的道理，不信世俗的言说，看透了人世间的生活不值得留恋，而愿意学道出家，那恐怕世上的男人看到都会羞惭流汗，不敢出声了。这是孔圣人周游天下，希望遇见而没有遇见的人，现在却把这些人看成是见识短浅的人，不也太冤枉了吗！当然，冤枉不冤枉对她们来说倒无所谓，只怕旁观的人会觉得这种看不起妇女的偏见太不高明了。

　　自今观之，邑姜以一妇人而足九人之数①，不妨其与周、召、太公之流并列为十乱②；文母以一圣女而正"二南"之风③，不嫌其与散宜生、太颠之辈并称为四友④。彼区区者特世间法⑤，一时太平之业耳，犹然不敢以男女分别，短长异视，而况学出世道，欲为释迦老佛、孔圣人朝闻夕死之人乎⑥？此等若使间巷小人闻之⑦，尽当责以窥观之见，索以利女之贞⑧，而以文母、邑姜为罪人矣，岂不冤甚也哉！故凡自负远见之士，须不为大人君子所笑，而莫汲汲欲为市井小儿所喜可也⑨。若欲为市井小儿所喜，则亦市井小儿而已矣。其为远见乎，短见乎，当自辨也。余谓此等远见女子，正人家吉祥善瑞⑩，非数百年积德未易生也。

【注释】

①邑姜：周武王的王后。足（jù）：补足。

②周：即周公旦，姬姓，亦称叔旦，周武王之弟。因采邑在周（今陕西岐山），世称周公。曾助武王灭商。西周初年政治家。武王死后成王年幼，由他摄政。平定叛乱，分封诸侯，制礼作乐，建立典章制度，做出了诸多贡献。《尚书》中的《大诰》《康诰》《多士》《无

逸》《立政》等篇都载有他的言论。《史记》卷三三有传。召:即召
公奭(shì),一作邵公,因采邑在召(今陕西岐山),被称召公。曾
助武王灭商。成王时任太保,与周公旦分陕而治,陕以西由他治
理。太公:即姜尚,字子牙,俗称姜太公,又称太公望。十乱:指
周武王的十个治理国家的大臣,即周公旦、召公奭、太公望、毕
公、荣公、太颠、闳夭、散宜生、南宫适(kuò)和邑姜。乱,治理之
意。《尚书·泰誓》:"予(周武王)有乱臣十人。同心同德。"

③文母:周文王的后妃太姒(sì)的尊称。正"二南"之风:使周南、召
南两地的民歌诗风淳正。"二南",指《诗经》中的《周南》《召南》
诗歌。风,指地方音乐。

④四友:据《尚书大传·西伯戡(kān)耆(qí)》记载:"文王以闳夭、太
公望、南宫适、散宜生为四友。"这里李贽把文母、太颠列入"四
友"。与《尚书大传》记载不同。

⑤彼区区者:指"十乱""四友"所做的事情。区区,小小,微不足道。
特:只。世间法:佛教用语。指现实人世间的事物。

⑥朝闻夕死:语见《论语·里仁》:"子曰:'朝闻道,夕死可矣。'"这
里借以表示对真理的追求。

⑦闾巷小人:意同"市井小儿",指普通百姓。闾巷,街巷。

⑧"尽当"二句:意为那必将会以"柔顺寡见""妇女正道"之类来责
求她们。窥观之见、利女之贞,见《周易·观卦·六二爻(yáo)
辞》:"窥观,利女贞。"意思是见识狭窄,这是妇人的正道。窥观,
从狭缝中看。谓所见狭小。利,适宜。贞,正。

⑨汲汲:急迫的样子。

⑩吉祥善瑞:吉祥的征兆。

【译文】

　　现在看来,邑姜虽然是个妇女,却补足九人之数,并不妨碍她与周、
召、太公等人并列为"十乱";文母虽然是个妇女,却有至高的德行,因而

使《周南》《召南》的诗风归于淳正，并不影响她与散宜生、太颠等人并称为"四友"。"十乱""四友"所做的事情，只是世间的一些俗事俗务，不过是使天下暂时太平的功业罢了。对他们这些人尚且不敢用男女性别来区分见识长短，另眼来看待文母和邑姜，何况对学习出世之道，想成为释迦牟尼和孔圣人那样的求道之人呢？邑姜、文母被列为"十乱""四友"这样的事例，如果让世俗小人听见，都会用"柔顺寡见""妇人正道"之类来责求她们，认为文母、邑姜应该遵循见识狭窄的妇人之道，而现在却是被列为"十乱""四友"，这真该成罪人了，这岂不是太冤枉了吗？所以，凡是自认为有远见的人，应当做到不被大人君子所耻笑，而不要急急忙忙地想求得世俗小人的喜欢。如果想取得世俗小人的喜欢，那他自己也不过是个世俗小人罢了。这是远见呢？还是短见呢？应当自己辨别清楚。我认为像邑姜、文母这样具有远见的女子，正是他们家吉祥的征兆，如果不是她们家几百年积德，是不容易出现这样的女子的。

　　夫薛涛蜀产也①，元微之闻之②，故求出使西川③，与之相见。涛因走笔作《四友赞》以答其意④，微之果大服。夫微之，贞元杰匠也⑤，岂易服人者哉！吁！一文才如涛者，犹能使人倾千里慕之⑥，况持黄面老子之道以行游斯世⑦，苟得出世之人，有不心服者乎？未之有也。不闻庞公之事乎⑧？庞公，尔楚之衡阳人也⑨，与其妇庞婆、女灵照同师马祖⑩，求出世道，卒致先后化去⑪，作出世人，为今古快事。愿公师其远见可也。若曰"待吾与市井小儿辈商之"，则吾不能知矣。

【注释】

①薛涛：字洪度。唐代女诗人。原籍长安（今陕西西安），随父到四川，后流落为官妓。后人辑录她和李冶的诗合为《薛涛李冶诗

集》二卷。

②元微之：即元稹（779—831），字微之，洛阳（今河南洛阳）人。唐代诗人，和白居易共同提倡“新乐府运动”，常相唱和，世称元白。著有《元氏长庆集》。

③求出使西川：元稹曾以监察御史身份出使东川（今四川东部）。“求出使西川”，是根据唐末范摅（shū）的《云溪友议》的误记。西川，今四川西部。

④《四友赞》：见沈刻《四妇人诗·薛涛诗》。四友，指纸墨笔砚。

⑤贞元：唐德宗年号（785—805）。杰匠：这里指杰出的诗人。

⑥倾千里慕之：在千里之外倾心仰慕她。

⑦黄面老子：指释迦牟尼。据说释迦牟尼身现金色光辉，故称。

⑧庞公：即庞蕴（？—808），字道元，襄阳（今湖北襄阳）人。居士。曾寓居衡阳（今湖南衡阳）城南。世业儒，独慕真谛。贞元初谒石头和尚希迁，会旨忘言。后至江西参马祖道一，领悟玄机。元和中，北游襄阳乐其风土，沉资财于江。举家修行。世称庞居士。有《语录》、诗偈行世。

⑨楚：今湖南、湖北一带。

⑩马祖（709—788）：号道一，俗姓马，时称“马祖”，或“马祖道一”，汉州什邡（fāng，今四川什邡）人。唐代僧人。怀让弟子，洪州禅的创立者。入室弟子众多，其中最著名者为百丈怀海、西堂智藏、南泉普愿“三大士”。官僚士大夫也亲受宗旨。卒后，唐宪宗敕谥“大寂禅师”。其禅学特点为突出《楞伽经》的地位，将其中如来藏佛学思想结合老庄道家学说，运用于禅的实践。提倡即心即佛，认为“平常心是道”“触类是道而任心”，主张行住坐卧、应机接物的一切处所“直会其道”。故极力否定坐禅和语言文字的作用，而重视日常生活举止行为的自然发挥。在禅的实践上，抛弃传戒、忏悔、诵经、礼佛等传统形式，表现为“天真自然”的姿

态,使禅宗修行朝活泼、形象、乐天、幽默的方向发展。有《马祖
道一禅师广录》及《语录》各一卷传世。庞蕴妻庞婆与其女灵照
听庞蕴说法后一时顿悟,且机锋迅捷。事见《景德传灯录》卷八、
《善女人传》上。

⑪化去:佛教用语。即死去,而得到超脱。佛教认为灵魂不灭,修
佛得道的人死后可以进入无烦恼的极乐世界。

【译文】

薛涛是生活在四川的人,元微之听说她很有文才,就向朝廷要求出
使到西川,和她相见。为此,薛涛挥笔写了以笔墨纸砚为题的《四友赞》
诗,来答谢元微之的敬慕之意,元微之看后果然非常佩服她。元微之是
唐朝贞元年间杰出诗人,哪里是轻易佩服人的人呢!唉!一个像薛涛
那样具有文才的人,能让人从千里之外倾心敬慕她,何况是信奉佛道而
行游世上的人,如果遇到一个热心佛法出家修行的女子,能不真心佩服
吗?肯定没有这样的事。没听说过庞公的事吗?庞公是你们楚地衡阳
人,和他妻子庞婆、女儿灵照同拜马祖为师,寻求研究佛法、出家修行之
道,终于先后得到超脱,脱离了尘世,这是古往今来被人们称快的事。
希望您学习他们的远见才对。如果您说"等我与世俗小人们商议一
下",那我就不能理解了。

复耿侗老书

【题解】

本文写作时间不详。耿侗老,即耿定向(1524—1596),字在伦,号
楚侗,因称侗老,又号天台,湖北黄安(今湖北红安)人。嘉靖三十五年
(1556)进士。历官御史、侍郎、户部尚书等职,是明代重要理学代表人
物之一。著有《耿天台先生全书》《耿天台先生文集》等。《明史》卷二二
一,《明史稿》卷二〇七,《明儒学案》卷三五,《湖北通志》卷八六、卷一二

六,《黄安府志》卷一四、卷一九,《罪惟录》卷一〇,《麻城县志》康熙版卷七、乾隆版卷一五、光绪版卷一八、民国版《前编》卷八及卷九等有传。这封信论述了"平常"与"新奇"的关系,对耿定向及世人"厌于平常""惑于新奇"进行了批评,对"新奇正在于平常"的道理进行了论证,从一个方面表现了李贽重实际、重平凡的思想。文中以日月、布帛、菽粟为据,不但切合论题所需,而且寓论辩于平常,更具有说服力。

世人厌平常而喜新奇,不知言天下之至新奇,莫过于平常也。日月常而千古常新,布帛菽粟常而寒能暖①,饥能饱,又何其奇也!是新奇正在于平常,世人不察②,反于平常之外觅新奇,是岂得谓之新奇乎?蜀之仙姑是已③。众人咸谓其能知未来过去事,争神怪之。夫过去则余已知之矣,何待他说;未来则不必知,又何用他说耶!故曰"智者不惑"④。不惑于新奇,以其不忧于未来之祸害也。故又曰"仁者不忧"。不忧祸于未来,则自不求先知于幻说而为新奇所惑矣⑤。此非真能见利不趋⑥,见害不避,如夫子所云"志士不忘在沟壑,勇士不忘丧其元⑦,志士仁人无求生以害仁,有杀身以成仁⑧",孰能当之。故又曰"勇者不惧"。夫合智仁勇三德而后能不厌于平常,不惑于新奇,则世人之欲知未来,而以蜀仙为奇且新,又何足怪也。何也?不智故也。不智故不仁,故无勇,而智实为之先矣。

【注释】

①布帛菽(shū)粟:指人们最基本的生活资料。布,棉麻织品。帛,丝织品。菽,豆类。粟,谷物。

②不察：不去考察。

③蜀之仙姑：当时传说四川有"奇而又奇"的下神占卜的女子。

④智者不惑：与下文的"仁者不忧""勇者不惧"，均出自《论语·子罕》。

⑤幻说：虚幻无稽的说法。

⑥趋：向往，追求。

⑦志士不忘在沟壑，勇士不忘丧其元：语出《孟子·滕文公下》。意为志士为信义，弃尸沟壑而无恨；勇士为战斗，置生死于不顾。元，元首，即头颅。

⑧"志士"二句：语出《论语·卫灵公》。意为志士仁人不因贪生怕死而损害仁德，又勇于牺牲去成全仁德。

【译文】

世人总是讨厌平常而喜欢新奇，不知道天下的最新奇，莫过于平常。日月很平常而千古常新，布帛菽粟很平常却寒冷时使你温暖，饥饿时使你吃饱，这又是多么的新奇！由此可知新奇正在于平常，世人不去考察，反而到平常之外去寻找新奇，怎么能说是新奇呢？传说中蜀地的仙姑就是这样。众人都说她能知未来过去的事，争着把她看成神怪。过去的事我已经知道得很清楚，用不着她说；未来之事不必知道，又何必用她说。所以孔子说："聪明的人不会被迷惑。"不被新奇迷惑，那就不会担忧未来的祸害。所以孔子又说："仁德之人不担忧。"不担忧未来的祸害，那就不会听从所谓先知的虚幻无稽之说而被新奇所迷惑。这并不是真正能见利不追求，见害不躲避，如孔夫子所说："志士为信义，弃尸沟壑而无恨；勇士为战斗，置生死于不顾；志士仁人不因贪生怕死而损害仁德，又勇于牺牲去成全仁德。"谁能达到这种境界。所以孔子又说："勇敢的人无所畏惧。"具有智仁勇三种品德而后就能不讨厌平常，不被新奇所迷惑，那么世人想知未来之事，就把蜀仙看成又奇又新，有什么可奇怪的。为什么？因为没智慧的缘故。没有智慧所以也就没有仁德,也就没有勇气,智慧实在是根本。

与李惟清

【题解】

　　本文于万历二十五年(1597)写于山西大同。李惟清,名时辉,字惟清,益都(今山东青州)人。万历十七年(1589)进士。授西安府推官,后任兵部主事。被劾,调大同府推官(据咸丰《青州府志》卷四五《人物传》)。万历二十五年,李贽应大同巡抚梅国桢之邀,离开山西沁水刘东星家,仲夏五月到大同,住云中精舍。大同府推官李惟清曾拜访李贽,并相与讨论佛学。还劝谕李贽"同皈西方"和"禁杀生"等。李贽此信即是对李惟清的回答。在信中,李贽明确表示西方也并非平等极乐世界,"上上品"者固然是佛家"至亲儿孙",而"上中品""上下品"则与佛已疏远矣,何况"中品""下品"呢! 李贽还明确表示,他也并不愿意专一求生西方,因为在他看来,"但有世界,即便有佛;但有佛,即便是我行游之处,为客之场"。所以,他要与世界一切佛共语,以至"天堂有佛,即赴天堂;地狱有佛,即赴地狱"。信中还表示,他也不愿全戒杀生。这一切都表现出李贽特有的思想信仰与精神面貌,即不愿受任何羁绊,而要独辟蹊径的反传统精神。不少人都认为李贽是以佛反儒,这只能界定在用佛家思想反对儒家思想这一范围之内,若把李贽看成一个真正的佛教徒,那就失误了,这封信就是一个明证。

　　昨领教,深觉有益,因知公之所造已到声闻佛矣①。青州夫子之乡②,居常未曾闻有佛号③,陡然剧谈至此④,真令人欢悦无量。

　　蒙劝谕同皈西方⑤,甚善。但仆以西方是阿弥陀佛道场⑥,是他一佛世界,若愿生彼世界者,即是他家儿孙。既是他家儿孙,即得暂免轮回⑦,不为一切天堂地狱诸趣所摄是的⑧。彼上上品化生者⑨,便是他家至亲儿孙,得近佛光,得闻佛语,至美矣。若上品之中,离佛稍远,上品之下,见面亦难,况中品与下品乎。是以虽生彼,亦有退堕者⑩,以佛又难见,世间俗念又易起,一起世间念即堕矣。是以不患不生彼,正患生彼而不肯住彼耳。此又欲生西方者之所当知也。若仆则到处为客,不愿为主,随处生发⑪,无定生处。既为客,即无常住之理,是以但可行游西方,而以西方佛为暂时主人足矣,非若公等发愿生彼,甘为彼家儿孙之比也。

【注释】

①所造:指造诣所达到的境界。声闻:佛教用语。原指释迦牟尼在世时听其说法的弟子,后泛指闻听佛的教诲而觉悟者。佛教把闻道而觉悟分为三种,一为"声闻乘"(小乘),二为"缘觉乘"(中乘),三为"菩萨乘"(大乘),三者均为浅深不同的觉悟之道。"声闻乘"者,依佛的言教、遗教而观四谛之理,经过三生六十劫的修行,而成阿罗汉。这是佛教的圣者,只关心自己的觉悟问题,故是小乘人品。通常和"缘觉"合称为"二乘",被视为小乘的代表。因只关心个人的解脱,被大乘讥为"自了汉"。

②青州:明代府名。府治在今山东青州。夫子:指孔子。

③"居常"句:意为平时不曾听到有口诵佛的名号,即信佛者不多。居常,平时,日常。佛号,佛的名号,如世尊、如来等。

④剧谈:畅谈。

⑤皈(guī):皈依,指信奉佛教。

⑥阿弥陀佛道场:指佛教礼拜、诵经、传道的场所。阿弥陀佛,佛

名。意译为无量寿佛,亦省称无量佛。西方净土极乐世界的教
主,佛教净土宗的信仰对象,与释迦、药师并称三尊。道场,指寺
宇或法会、礼佛之所、学佛之所等。

⑦轮回:佛教用语。佛教认为众生各依所做善恶的不同,在天道、
人道、阿修罗道、地狱道、饿鬼道、畜生道等六道(亦称"六趣")中
生死交替,互相转世,有如车轮般旋转不停,故称轮回。

⑧诸趣:即上述所指"六趣"(亦称"六道")。摄:摄取。

⑨上上品:佛教把西方极乐世界分为九等,叫做九品。即在上、中、
下三品位中,每品位再分上、中、下三等。上上品是第一等,是极
乐九等级的最高位。化生:佛教所谓"四生"之一,指无须依托,
借业力(谓不可抗拒的善恶报应之力)而忽然出现者,如诸天神、
饿鬼及地狱中的受苦者。

⑩退堕:佛教用语。指失去佛性而堕入恶道。

⑪生发:犹言孳生、生长。

【译文】

　　昨天承蒙指教,深有体会,觉得非常得益,由此知道您的造诣,已经
到了佛教声闻乘的境界。青州乃是孔老夫子的家乡,念佛者不多,能意
外地遇到您,与您畅谈佛法,真让人感到无比欢喜欣悦。

　　承蒙您劝导我一同皈依西方极乐世界,这非常好。只是我认为,西
方是阿弥陀佛的道场,是阿弥陀佛一佛的世界,如果愿意往生到那个世
界,就是阿弥陀佛的儿孙。既然是阿弥陀佛的儿孙,就可以暂时免除轮
回,跳出天堂、地狱等六道各趣。那些上上品化生的,就是阿弥陀佛最
亲近的儿孙,能够亲近佛光,听闻佛语,是最好的。假若是上品中,则离
佛稍微远了,若是上品下,则连见面都难,何况往生到中品或下品呢。
所以即使是往生到西方极乐世界的众生,也会有退堕的,因为一是难见
到佛,二是世间俗念又容易出现,一起世间俗念就又堕落了。所以人不
担心不能往生西方,只是担心往生到西方极乐世界,却不肯安住在那

里。这又是那些要往生到西方极乐世界的人应当明白的。如果是我，则到处做客，不愿安住一地，随处而生，没有一定要往生到哪个具体的地方。既然人生在世，犹如过客，也就没有长久安住的道理，所以只可以短暂地行脚游化到西方，以阿弥陀佛为暂时的主人，也就够了，并不像你们发愿往生西方极乐世界，甘心做阿弥陀佛家的儿孙可比。

　　且佛之世界亦甚多。但有世界，即便有佛；但有佛，即便是我行游之处，为客之场。佛常为主，而我常为客，此又吾因果之最著者也[1]。故欲知仆千万亿劫之果者[2]，观仆今日之因即可知也。是故或时与西方佛坐谈[3]，或时与十方佛共语[4]，或客维摩净土[5]，或客祇洹精舍[6]，或游方丈、蓬莱[7]，或到龙宫海藏[8]。天堂有佛，即赴天堂；地狱有佛，即赴地狱。何必拘拘如白乐天之专往兜率内院[9]，天台智者、永明寿禅师之专一求生西方乎[10]？此不肖之志也[11]。非薄西方而不生也[12]，以西方特可以当吾今日之大同耳[13]。若公自当生彼，何必相拘。

【注释】

[1]因果：即佛教所说的因果报应。因指因缘，果指果报。佛教依轮回之说，认为有起因必有结果，做善做恶，必各有报应。

[2]劫：佛教用语。指很长一段时间。佛教认为世界经历若干万年毁灭一次，再重新开始，这样一个周期称一"劫"。劫的时间长短，佛经有各种不同说法。

[3]西方佛：即指西方极乐世界的教主阿弥陀佛。

[4]十方佛：指一切方位中的佛。佛教把东、西、南、北、东南、西南、西北、东北、上、下称为十方，以显示整个宇宙。

⑤维摩净土：维摩居士所生活的世界。维摩，维摩诘的省称。《维摩诘经》中说他和释迦牟尼同时，是毗耶离城中的一位大乘居士。尝以称病为由，向释迦遣来问讯的舍利弗和文殊师利等宣扬教义。为佛典中现身说法、辩才无碍的代表人物。净土，无尘世污染的清净世界。

⑥祇洹(qí huán)精舍：亦作"祇园精舍"，"祇树给孤独园"的简称，印度佛教圣地之一。相传释迦牟尼曾在此开示佛法，传教达二十年之久。精舍，即寺院。

⑦方丈、蓬莱：都是神话传说中的海上神山名。《史记》卷六《秦始皇本纪》："齐人徐市(fú)等上书，言海中有三神山，名曰蓬莱、方丈、瀛洲，仙人居之。"

⑧龙宫海藏：佛教所谓在海底的龙王宫殿。

⑨白乐天：即白居易(772—846)，字乐天，晚年号香山居士，又称醉吟先生。祖籍太原(今山西太原)，后迁居下邽(今陕西渭南)。童年避战乱，曾居越中。贞元进士，历官秘书省校书郎、刑部尚书等职。元和间任左拾遗及左赞善大夫，后因得罪权贵被贬为江州司马。唐代诗人。在文学上积极倡导新乐府运动。著有《白氏长庆集》。白居易晚年闲居洛阳，信奉佛教，宣称自己愿意往生兜率内院，即想到佛国天堂。他在《祭中书韦相公文》中说："灵鹫山中，既同前会；兜率天上，岂无后期？"兜率内院：佛教把天分许多层，第四层叫兜率天，它的内院是弥勒菩萨的住所。

⑩天台智者：指天台宗的智顗(yǐ，538—597)和尚。天台宗为中国佛教四大宗派之一，隋代和尚智顗所创，因智顗长居浙江天台山，故世称天台宗，亦名法华宗。有《法华玄义》《法华文句》《摩诃止观》传世。永明寿禅师：即五代、宋之际的和尚延寿(904—975)，曾居永明寺主法席，世称永明法师。后入天台山。有《宗镜录》《万善同归集》等传世。

⑪不肖：不贤，谦辞，李贽自称。

⑫薄：鄙薄，轻视。

⑬大同：今山西大同。当时李贽寓居大同云中精舍。

【译文】

　　而且佛的世界也很多。只要有世界，也就有佛；只要有佛，也就是我行游的地方，做客的地方。佛常常做主人，而我常常做客人，这又是因缘果报之理最显著的地方。所以要知道我千万亿劫之后的果报，只要看看我今天所造之因就可以知道了。所以有时与西方佛共坐谈论佛法，有时与十方诸佛共坐谈论佛法，有时做客到维摩诘居士的净土，有时做客到释迦牟尼的祇园精舍，有时云游于方丈、蓬莱等仙山，有时到龙宫宝殿。天堂有佛，我就奔赴天堂；地狱有佛，我就奔赴地狱。何必像白居易一样，只拘泥于专心往生兜率天内院弥勒菩萨净土；像天台智者大师、永明延寿禅师一样，只专心求生西方阿弥陀佛极乐世界呢？这是在下的志向。不是我轻视西方极乐世界不愿往生，而是因为西方净土只可以与我现在的大同云中精舍相当。如果您自己应当往生西方，咱们又何必相互拘束呢？

　　所谕禁杀生事①，即当如命戒杀。又谓仆性气重者②，此则仆膏肓之疾③，从今闻教，即有瘳矣④。第亦未可全戒，未可全瘳。若全戒全瘳，即不得入阿修罗之域⑤，与毒龙魔王等为侣矣⑥。

【注释】

①禁杀生：佛教戒律之一，即禁止杀害有生命的生灵，如牲畜等一切动物。

②性气重：这里指性情倔强。

③膏肓(huāng)之疾：无法治疗的疾病。这里指李贽倔强的性情无
　法改变。膏肓，古代医学以心尖脂肪为膏，心脏与隔膜之间为
　肓，都是药力达不到之处，后遂以称难治之病症。

④瘳(chōu)：病愈。

⑤阿修罗：即前文注中所说的六道中的"阿修罗道"。

⑥毒龙：来自佛教故事，相传释迦牟尼佛本身曾做大力毒龙，众生
　受害。但受戒以后，忍受猎人剥皮，小虫食身，以致身干命终，后
　卒成佛。见《大智度论》卷一四。

【译文】

　　所说的禁绝杀生一事，则应当遵命戒绝杀生。又谈到我性情倔强，
这确实是我秉性难改，痼疾难消，从今天听闻教诲，就可以痊愈了。然
而也不可完全戒绝，不可完全治愈。如果完全戒绝、完全治愈，也就不
能够入阿修罗的城池，与毒龙魔王等恶道众生为伴侣了。

与明因

【题解】

　　本文于万历二十一年(1593)写于麻城。明因，梅国桢之女。当时，
在梅澹然的"倡导"下，明因、善因、自信等人也对佛道"向往俱切"（见《焚
书》卷四《观音问·答澹然师》），常向李贽请教佛法，却遭到一些人的非难
与诽谤。李贽在此信中：一方面指出，对于这些诽谤，明因等人没有必要
与之辩论；一方面表示，他将"出头作魔王"对之进行"驱逐"，显示出李贽
的学佛也是与世俗对抗的一种行为。

　　世上人总无甚差别，唯学出世法①，非出格丈夫不能②。
今我等既为出格丈夫之事，而欲世人知我信我，不亦惑乎！

既不知我,不信我,又与之辩,其为惑益甚。若我则直为无可奈何,只为汝等欲学出世法者或为魔所挠乱③,不得自在,故不得不出头作魔王以驱逐之,若汝等何足与辩耶④! 况此等皆非同住同食饮之辈。我为出世人,光彩不到他头上;我不为出世人,羞辱不到他头上,如何敢来与我理论! 对面唾出,亦自不妨,愿始终坚心此件大事。释迦佛出家时,净饭王是其亲爷⑤,亦自不理,况他人哉! 成佛是何事,作佛是何等人,而可以世间情量为之⑥?

【注释】

①出世法:佛教谓达到超脱生死境界之法。这里指出家修行。

②出格丈夫:才智超出世人的大丈夫。

③魔:魔鬼。这里指对明因等学佛进行诽谤的道学家们。

④"若汝"句:意为像你等人没必要与他们辩说。

⑤净饭王:相传为释迦牟尼之父,公元前六世纪至公元前五世纪古印度迦毗罗卫国(今尼泊尔境内)国王。爷:父。

⑥情量:指个人标准。

【译文】

世上人与人是没有多大差别的,只有出家修行研究佛法,不是超越常规俗理的人是不能做到的。现在我们已经出家修行,成为超越常理的人,却企望世上那些因循常理的人都理解并信任我们,那是办不到的! 既然我们与他们没有共识,当然也就得不到他们的信任,又去与他们进行无谓的争辩,那就更是自找烦恼了。此事若只是涉及我自己也就不必理他们,现今因为你们都想出家修行,研究佛法,却遭到道学家们的诽谤攻击,使人不得清净,因此我不得不出头做魔王,以驱逐他们,你们则没有必要与他们去争辩! 更何况他们与我们不是同路人。我们出家修行，研究佛法，超凡脱俗，他们到不了我们这种境界；我们不出家修行超凡脱俗，与他们也没有关系，他们有什么理由敢来与我辩论！即便有闲言碎语，也不用管它，希望你们牢记念佛修行以求超脱生死这一大事。释迦牟尼出家的时候，净饭王虽是他的生身父亲，佛祖也不去理睬他，更何况是别人呢！成佛是怎样的境界，做佛又是怎样的人，怎能以世间个人的俗世情理来衡量呢？

与焦弱侯

【题解】

本文写于万历二十五年（1597）。当时李贽应刘东星之邀，正在刘东星之故居山西沁水坪上村做客，并准备应梅国桢之邀而赴大同。这时麻城、黄安一带有人扬言"欲杀"李贽，经焦竑"分剖乃止"。焦竑闻知李贽将转赴大同，特来信劝其返回龙潭湖，此信即是对焦竑的答复。在信中，李贽明确表示不愿再回龙潭湖及其原因，并表示了对迫害者的强烈愤慨。"与其不得朋友而死，则牢狱之死、战场之死，固甘如饴也"。"死犹闻侠骨之香，死犹有烈士之名"。表现出铮铮铁骨的豪侠之气。立论之雄辩，言辞之犀利，历史与现实人物的引证，都有力地表现了心中愤激之情，显示着李贽独特的人格精神。

兄所见者向年之卓吾耳，不知今日之卓吾固天渊之悬也[1]。兄所喜者亦向日之卓吾耳，不知向日之卓吾甚是卑弱，若果以向日之卓吾为可喜，则必以今日之卓吾为可悲矣。夫向之卓吾且如彼，今日之卓吾又何以卒能如此也，此其故可知矣。人但知古亭之人时时憎我[2]，而不知实时时成我。古人比之美疢药石[3]，弟今实亲领之矣。

【注释】

①天渊之悬：指差别极大。悬，差别大，距离远。

②古亭：即湖北麻城、黄安。北周时，麻城称古亭，黄安是明代嘉靖
　　年间从麻城分出的新县。

③美疢(chèn)药石：语出《左传·襄公二十三年》："季孙之爱我，疾
　　疢也；孟孙之恶我，药石也。美疢不如恶石。夫石，犹生我；疢之
　　美，其毒滋多。"意为季孙表面上爱我，实际上是害我；孟孙表面
　　上憎我，实际上是爱我。后把姑息称为"美疢"，把规诫称为"药
　　石"。疢，病。石，砭(biān)石，古代用以刺穴治病的石针。李贽
　　这里说的是反话。

【译文】

　　兄所了解的卓吾，是以前的卓吾，您不知道今天的卓吾与从前的卓
吾有天壤之别。您所喜欢的是从前的卓吾，而不知从前的卓吾是多么
懦弱，如果您认为以前的卓吾值得肯定的话，那么，一定会认为今天的
卓吾为可悲了。从前的卓吾为什么那样，今天的卓吾又为什么这样，这
其中的缘由是很清楚的。人们只知道古亭的人时时攻击我，却不知道
这实在是在时时成全我。古人将这比作可以给人治病的药石，我现在
算是亲身体会到了。

　　闻有欲杀我者，得兄分剖乃止①。此自感德，然弟则以
为生在中国而不得中国半个知我之人，反不如出塞行行，死
为胡地之白骨也②。兄胡必劝我复反龙湖乎③？龙湖未是我
死所，有胜我之友，又真能知我者，乃我死所也。嗟嗟！以
邓豁渠八十之老，尚能忍死于保定慵夫之手，而不肯一食赵
大洲之禾④，况卓吾子哉！与其不得朋友而死，则牢狱之死、
战场之死，固甘如饴也⑤。兄何必救我也？死犹闻侠骨之

香,死犹有烈士之名,岂龙湖之死所可比耶!大抵不肯死于妻孥之手者,必其决志欲死于朋友之手者也,此情理之易见者也。唯世无朋友,是以虽易见而卒不见耳。我岂贪风水之人耶!我岂坐枯禅⑥,图寂灭⑦,专一为守尸之鬼之人耶⑧!何必龙湖而后可死,认定龙湖以为冢舍也⑨!

【注释】

①分剖:分析,辩白。

②胡地:古代泛称我国北方和西方各族居住的地方。

③龙湖:又名龙潭、龙潭湖,位于麻城,湖畔有芝佛院,李贽于万历十六年(1588)寓居于此。万历二十四年(1596),李贽离开龙湖,往山西沁水。

④"以邓"三句:据黄宗羲《明儒学案》卷三二、袁宗道《白苏斋类集》卷二二载:邓豁渠曾师事赵贞吉,后离赵落发为僧,游历天下,遍访知名学者。十余年后,赵遇邓,斥邓思想"荒谬",要他回乡守父母之墓,并让邓到赵家年取"田租百石",以供生活之需。邓拒绝,后至涿州(今河北涿州),死于野寺中。邓豁渠,初名鹤,又名鹱初,亦简作鹱,号太湖,内江(今四川内江)人。著有《南询录》,李贽曾为之作序。赵大洲,即赵贞吉(1508—1576),字孟静,号大洲,内江(今四川内江)人。嘉靖十四年(1535)进士。官至礼部尚书兼文渊阁大学士。学博才高,最善王守仁之学。卒谥文肃。著有《赵文肃公集》。隆庆初,李贽在礼部任职时,与赵贞吉有交往,并听过赵的讲学。

⑤饴(yí):饴糖。

⑥坐枯禅:放下一切,专心坐禅。

⑦寂灭:佛教用语。涅槃的意译。是佛教修习所要达到的理想,一

般指熄灭虑念、消失烦恼、超脱生死的理想境界。

⑧守尸之鬼：守护自己尸体的幽灵。这是一种迷信说法。

⑨冢（zhǒng）舍：葬身之地，坟墓。

【译文】

我听说有些人想杀我，幸得老兄在其中调停辩说，才使他们改变了图谋。对此，我非常感谢，然而弟却认为生活在中原却得不到半个理解我的人，倒还不如远走边塞，将白骨埋在胡地。老兄何必劝我再返回麻城龙湖呢？龙湖并不一定是我最后的归宿，哪里有我可以为师的朋友，又有我可以倾心相诉的知己，那才是我的安葬之地。唉！以邓豁渠八十高龄，宁愿死于保定庸人之手，而不愿吃赵大洲的嗟来之食，更何况我李卓吾呢！如果我不能死在朋友之中，那么，死在牢狱之中，死在战场之上，我都会感到死得其所，像吃糖一样的甘甜。兄又何必救我呢？死能闻到侠骨的芳香，死能享到烈士的美名，哪是死在龙湖可以比拟的呢！凡是不愿死在妻儿身边的人，一定会发誓死在朋友之中，这其中的道理是很清楚明白的。只是世上没有真正能理解我的人，因此死所的选择还难以确定。我哪是个贪恋风水的人呢！我哪里是专心坐禅、超脱生死、专一守护自己尸体的人！何必一定要死在龙湖，一定要把龙湖作为我的安魂之所！

　　更可笑者：一生学孔子，不知孔夫子道德之重自然足以庇荫后人，乃谓孔林风水之好足以庇荫孔子①，则是孔子反不如孔林矣。不知孔子教泽之远自然遍及三千七十②，以至万万世之同守斯文一脉者③，乃学其讲道学，聚徒众，收门生，以博名高，图富贵，不知孔子何尝为求富贵而聚徒党乎？贫贱如此，患难如此，至不得已又欲浮海，又欲居九夷④，而弟子欢然从之，不但饿陈、蔡，被匡围⑤，乃见相随不舍也。

若如今人，一日无官则弟子离矣，一日无财则弟子散矣，心悦诚服其谁乎？非无心悦诚服之人也，无可以使人心悦诚服之师也。若果有之，我愿为之死，莫劝我回龙湖也！

【注释】

①孔林：山东曲阜孔子墓地周围的树林。

②教泽：教育的恩泽。三千七十：指孔子的弟子。据《史记》卷四七《孔子世家》记载，孔子有弟子三千人，其中身通六艺者七十二人。

③守斯文一脉者：坚守孔子学说的一派。

④"至不"二句：孔子曾感叹说："道不行，乘桴（小木筏）浮于海。"（《论语·公冶长》）并有"欲居九夷"（《论语·子罕》）的想法。

⑤"不但"二句：孔子被饿于陈、蔡与被围于匡之事，见于《庄子·渔父》《论语·子罕》和《史记·孔子世家》。公元前489年孔子及其弟子从陈（今河南淮阳及安徽亳州一带）去蔡的途中，被围困于野，"不得行，绝粮。从者病莫能兴"（《史记·孔子世家》）。公元前496年孔子经过匡（今河南长垣）地时曾被围困。《论语·子罕》："子畏于匡。"畏，通"围"。

【译文】

更为可笑的是：有人一生学孔子之学，却不知道孔夫子的道德追求足以为后人造福，而认为是孔林的风水好，保佑了孔氏的兴旺发达，这么说，倒是孔子不如孔林了。这种不明白是孔子教育恩泽影响的深远自然遍及三千弟子和七十二贤人，以至千秋万代共同遵循坚守其学说的人，而只学他讲道学，聚徒众，收门生，以此博得虚名，捞取富贵，哪里知道孔子根本不是图富贵而收徒讲学的呢？当时，孔子贫贱至极，危难至极，以致道不得行的时候曾想乘小船到海外去，又想搬到荒僻的九夷去住。而他的弟子仍然欣然紧跟他，虽在陈、蔡饥寒交迫，在匡地遭围攻,而弟子们仍然相随其后不愿离去。现在的人就不一样了,你一天没有官职弟子就会立刻离去,一天没有钱财弟子们就纷纷走开了,谁能真对你心悦诚服呢? 不是没有心悦诚服的人,是没有能够使人心悦诚服的老师罢了。如若有这样的老师,我愿为他去牺牲一切,您就不要再劝我回龙湖了!

与弱侯

【题解】

本文于万历二十五年(1597)写于北京。时焦竑任顺天乡试副主考,给事中项应祥、曹大咸劾举子曹蕃等九人"文多险诞语",焦竑被贬为行人,继被谪为福宁州同知(见《明神宗实录》卷三一六)。当时正在北京西山极乐寺的李贽,闻讯后写了这封信。在信中李贽以自己过去对事"太认真"为鉴戒,以老子祸福相倚伏为立论,对焦竑进行劝慰,言简意深,寓情于理,表现出挚友间以心相交的真诚。

客生曾对我言①:"我与公大略相同,但我事过便过,公则认真耳。"余时甚愧其言,以谓"世间戏场耳②,戏文演得好和歹,一时总散,何必太认真乎。然性气带得来是个不知讨便宜的人③,可奈何! 时时得近左右④,时时得闻此言,庶可渐消此不自爱重之积习也⑤。"余时之答客生者如此。今兄之认真,未免与仆同病,故敢遂以此说进。

【注释】

①客生:即梅国桢,见后《与梅衡湘》题解。

②以谓:因此说。

③性气：性格和气质。

④左右：旧时书信中常用的谦辞，表示不敢直称对方，而称其左右的侍者，以示尊敬。

⑤庶可：也许可以。积习：长期形成的习惯。

【译文】

客生曾对我说："我和你处事大概相同，但我事过便完，你则处事认真。"我当时甚为惭愧，因此说"世间就像戏场，戏文演得好和坏，一会儿就散，何必太认真。然而性格和气质使我成为一个不知道顺应自然因利乘便的人，又有什么办法！常常能在您身旁，常常能听到您上面的话，也许可以慢慢改掉不自爱重的积习。"我当时就是这样答复客生的。而今老兄的认真，真是和我一样的毛病，所以才敢于把这样的意见说给您听。

苏长公云①："世俗俚语亦有可取之处②：处贫贱易，处富贵难；安劳苦易，安闲散难；忍痛易，忍痒难。"余又见乩笔亦有甚说得好者③："乐中有忧，忧中有乐。"夫当乐时，众人方以为乐，而至人独以为忧④；正当忧时，众人皆以为忧，而至人乃以为乐。此非反人情之常也，盖祸福常相倚伏⑤，惟至人真见倚伏之机⑥，故宁处忧而不肯处乐。人见以为愚，而不知至人得此微权⑦，是以终身常乐而不忧耳，所谓落便宜处得便宜是也⑧。又乩笔云："乐时方乐，忧时方忧。"此世间一切庸俗人态耳，非大贤事也。仆以谓"乐时方乐，忧时方忧"，此八个字，说透世人心髓矣。世人所以敢相侮者⑨，以我正乐此乐也，若知我正忧此乐，则彼亦悔矣。此自古至人所以独操上人之柄⑩，不使权柄落在他人手者，兄倘以为然否？

【注释】

①苏长公:即苏轼,见本卷《复焦弱侯》第七段注①。

②俚语:俗语,谚语。

③乩(jī)笔:旧时迷信者求神问卜,由二人扶一丁字木架,下面放沙盘,谓神降时执木架划字,为人决疑治病,预示吉凶,通称扶乩。乩笔则指扶乩时在沙盘上写字的木锥,亦指扶乩中假托神灵书写的字迹。

④至人:这里指道家所说的超凡脱俗、达到无我境界的人。

⑤祸福常相倚伏:语本《老子》,原文是:"祸兮福之所倚,福兮祸之所伏。"意为祸紧靠着福,福埋藏着祸。这里有朴素的辩证思想。

⑥倚伏之机:祸福互相依存和转化的可能。机,事物变化之所由。

⑦微权:指微妙的权谋,机变本领。

⑧落:得到。

⑨相侮:欺侮我。相,表示一方对另一方有所施为。

⑩上人:语出《左传·桓公五年》:"君子不欲多上人,况敢凌天子乎?"这里指凌驾于他人之上。柄:即权柄,所掌握的权力。

【译文】

苏长公曾说:"世俗谚语也有可取之处:处于贫贱容易,处于富贵则难;处于劳苦时容易,处于闲散时难;忍痛容易,忍痒则难。"我还见到扶乩时也有说得很好的:"乐中有忧,忧中有乐。"正当快乐之时,众人都以为是乐,而超凡脱俗的人却以为是忧;正当忧愁之时,众人都以为是忧,而超凡脱俗的人却以为是乐。这并不是违反人之常情,这是祸福互相依藏之理,只有超凡脱俗的人才能认识到这种祸福互相依存和转化之理,所以宁愿处于忧而不肯处于乐。人们以为这是愚蠢,却不懂得这是超凡脱俗之人得到的微妙的机谋,所以才终身常乐而不忧,这正是能顺应自然因利乘便的结果。扶乩时还说:"乐时就知道乐,忧时就知道忧。"这是世间一切庸俗人的处世态度,不是才德超群的人的处世态度。

我认为"乐时方乐,忧时方忧"这八个字,把一般世人的心理深处说得透极了。世人所以敢于欺侮我,就是因为看到我遇到快乐就快乐,如若知道我遇到快乐时却想到忧愁,那他也就该悔过了。这是自古以来才德超群的人所以能掌握凌驾他人之上的权力,不使权力落入他人之手的原因,老兄是否同意我这一说法?

仆何如人,敢吐舌于兄之傍乎①?聊有一管之窥②,是以不觉潦倒如许③。

【注释】

①吐舌:说话,发言。

②一管之窥(kuī):语本《庄子·秋水》的"用管窥天"。意为从一根管子中观察事物,比喻片面的一得之见。

③潦倒:这里指举止随便,不受拘束。

【译文】

我是什么人,敢于这样和老兄说话?姑且有片面的一得之见,不自觉得就这样随随便便了。

与方伯雨柬

【题解】

本文于万历二十四年(1596)写于麻城。方伯雨,名时化,字伯雨,号少初,歙县(今安徽歙县)人。曾任朝城(今山东阳谷与河南范县之间)令。著有《易颂》等。为焦竑的门徒,也是李贽的学生。当时汪本钶离开龙潭湖回故乡新安(今安徽新安)赴试,此信就是介绍汪本钶向方伯雨学《易》而写。信中对那种"好讲学",尤其是"好讲之于口"的不良风气再次提出了批评。

　　去年詹孝廉过湖①，接公手教②，乃知公大孝人也。以先公之故③，犹能记忆老朽于龙湖之上，感念！汪本钶道公讲学④，又道公好学。然好学可也，好讲学则不可也，好讲之于口尤不可也。知公非口讲者，是以敢张言之⑤。本钶与公同经⑥，欲得公为之讲习⑦，此讲即有益后学，不妨讲矣。呵冻草草⑧。

【注释】

①詹孝廉：即詹轸光，号君衡，婺源（今江西婺源）人。万历七年（1579）举人。李贽在《追述潘见泉先生往会因由付其儿参将》（《续焚书》卷四）一文中，曾记有他与詹的交往。李贽死后十年（1612），詹轸光曾到通州谒李贽墓，并为作《碑阴记》。孝廉，原为汉代选拔官吏的科目之一，相当于后来考试选拔的举人，所以明清时亦称举人为孝廉。湖：指麻城龙潭湖。

②手教：即手书，对来信的敬称。

③先公：指方时化之父方扬（字思善），由进士官至杭州知府。方扬于李贽写此信的前一年（万历二十三年）去世，故称"先公"。

④汪本钶：字鼎甫，新安（今安徽新安）人。万历二十二年（1594）到龙潭湖从李贽问学。李贽死后，曾作《哭卓吾先师告文》《续刻李氏书序》等，并对李贽著作的搜集刻印作出了贡献。

⑤张言：公开地说。

⑥同经：同治一经。这里指汪本钶与方伯雨共同研究《周易》。李贽《易因小序》载：焦竑"深明《易》道，其徒方时化者亦通《易》"，"有新得，时化又辄令其徒汪本钶记载之"。

⑦讲习：讲议研习。

⑧呵冻：冬季天寒，手指僵冷，笔砚冰冻，呵气使之温暖、融化。

【译文】

去年詹轸光孝廉曾过龙潭湖，接到您的来信，知道您是一个大孝之人。由于您父亲的缘故，还能记忆着龙潭湖的老朽，非常感激怀念！汪本钶说您在讲学，又说您很好学。好学很好，好讲学则不可，只是口头上讲更是不可。知道您不是那种只是口头讲学之人，所以才敢这样公开地说。本钶与您共同研读《周易》，想得到您的教导研习，这样讲学有益于后学，不妨讲一讲。呵冻匆忙写此。

与杨定见

【题解】

本文于万历十九年（1591）写于武昌。杨定见，号凤里，麻城（今湖北麻城）人。杨凤里在改编李贽《批点忠义水浒传》一百二十回卷首，曾自署"楚人凤里杨定见书于胥江舟次"可证。李贽在龙潭湖居住时往来论道的僧人之一，也是李贽的学生，深得李贽赞赏。李贽在《八物》中说："如杨定见，如刘近城，非至今相随不舍，吾犹未敢信也。直至今日患难如一，利害如一，毁谤如一，然后知其终不肯畔我以去。"（本书卷四）在《豫约·早晚守塔》中说："刘近城是信爱我者，与杨凤里实等。"（本书卷四）万历二十八年（1600），湖广按察司金事冯应京烧毁了龙潭湖的芝佛院，并驱逐李贽。杨定见为李贽设法先行藏匿，然后避入河南商城的黄蘗山中，免遭了一次伤害。此信也是针对李贽在武昌游黄鹤楼时被驱逐而发，并直接点出幕后的主使者就是耿定向。可与前《与周友山书》对读。

世人之我爱者，非爱我为官也，非爱我为和尚也，爱我也。世人之欲我杀者，非敢杀官也，非敢杀和尚也，杀我也。我无可爱，则我直为无可爱之人耳①，彼爱我者何妨乎！我不可杀，则我自当受天不杀之祐②，杀我者不亦劳乎③！然则我之加冠④，非虑人之杀和尚而冠之也。侗老原是长者⑤，但未免偏听。故一切饮食耿氏之门者⑥，不欲侗老与我如初，犹朝夕在武昌倡为无根言语⑦，本欲甚我之过⑧，而不知反以彰我之名⑨。恐此老不知，终始为此辈败坏，须速达此意于古愚兄弟⑩。不然或生他变，而令侗老坐受主使之名，为耿氏累甚不少也。小人之流不可密迩⑪，自古若是，特恨此老不觉，恐至觉时，噬脐又无及⑫。此书览讫，即封寄友山⑬，仍书一纸专寄古愚兄弟⑭。

【注释】

①直：只不过。

②祐：保佑。

③劳：徒劳。

④加冠：戴上帽子。万历十九年（1591）李贽游黄鹤楼时，被一些人诬为"左道惑众"而遭到驱逐。李贽在给周友山信中曾语带讥讽地说："即日加冠畜发，复完本来面目。"（见前《与周友山书》）这里则更明确表现了李贽"加冠"的真意，实是对迫害者的一种调侃。

⑤侗老：即耿定向，见《复耿侗老书》题解。

⑥饮食耿氏之门者：指依附于耿定向之人。

⑦倡：带头发动。无根言语：没有根据的话。

⑧甚我之过：加重我的罪过。

⑨彰我之名：张扬我的名声。

⑩古愚：即耿汝愚，耿定向的长子。光绪八年重修同治《黄安县志》卷八《儒林》载："耿汝愚，字克明，号古愚，恭简公（耿定向）冢子也……屡踬场屋（科举考试多次不顺），遂断意仕进，闭门著书……恭简殁，家益困……乃废著述，修计然之策（泛指生财致富之道）。不二十年，竟至十万。年七十卒。"

⑪密迩：亲近。

⑫噬脐：咬自己的肚脐，比喻后悔不及。

⑬友山：即周友山，见前《与周友山书》题解。

⑭仍书：照样抄写。仍，依照。

【译文】

社会上爱我的人，并不是爱我当官，也不是爱我出家当和尚，那是爱我这个人。社会上有人想杀我，并不是大胆要杀官，也不是大胆要杀和尚，而是要杀我这个人。我不可爱，那只是不爱我的人的想法，与爱我的人有什么关系！我不该杀，那我一定会受到老天爷的保佑不被想杀的人所杀，那么，想杀我的人不是徒劳嘛！我之所以戴上帽子，改变了僧人的形象，并不是考虑到有人要杀和尚才戴上了帽子。侗老原本是一位长者，但未免偏听偏信。因此，那些依附于耿氏的人，不想我和侗老和好如初，就早早晚晚在武昌散布种种谎言，他们本来想以此加重我的罪名，却反而使我名声大震。我想耿老也许不清楚此事，始终被依附于他的那伙人败坏名声，请您把这层意思尽快传达给古愚兄弟。要不然也许会生出其他事变，而使侗老背上主谋之名，给耿家增添很多麻烦。对于一些小人不能亲近，自古都是这样，遗憾的是此老兄自己对此没有认识，等到他认识到时，恐怕就后悔不及了。您看完这封信，请立即寄给友山，我再抄写一份寄给古愚兄弟。

与杨凤里

【题解】

本文于万历二十年（1592）秋写于武昌。杨定见，号凤里。当时李贽患痢，病了两月方愈。他在寄给袁宗道的信中说："弟今秋苦痢，一疾几废矣。"（见本卷《寄京友书》）此信即病中所写。信中一者说明他准备十月间回龙潭湖，一者嘱其依原来的"规制"速建成塔屋，李贽还是想在"绝顶白云"之间以完成其"出尘"之生。

医生不必来，尔亦不必来，我已分付取行李先归矣①。我痢尚未止，其势必至十月初间方敢出门。到此时，可令道来取个的信②。塔屋既当时胡乱做③，如今独不可胡乱居乎？世间人有家小、田宅、禄位、名寿、子孙、牛马、猪羊、鸡犬等④，性命非一⑤，自宜十分稳当。我僧家清高出尘之士⑥，不见山寺尽在绝顶白云层乎？我只有一副老骨，不怕朽也，可依我规制速为之⑦！

【注释】

①分付：同"吩咐"。

②道：指杨道，芝佛院和尚。的信：确定的信息。

③塔屋：佛塔，指李贽在芝佛院佛殿后盖的藏骨之塔。

④禄位：俸禄和官位。名寿：名誉和寿命。

⑤性命非一：关系性命的东西不止一种。性命，中国古代哲学范畴，指万物的天赋和禀受。

⑥出尘：超出世俗。

⑦规制：指塔屋的建筑规划。

【译文】

医生不必来，你也不必来，我已吩咐取行李先送回去。我的痼疾还没有好，看情势到十月初才敢行走。到那时，可令杨道来取确定的信息。藏骨的塔屋当时随便做了，如今怎么就不可随便居住呢？世间人有家小、田宅、禄位、名寿、子孙、牛马、猪羊、鸡犬等，关系性命的东西不止一种，自然应该十分稳当。我是一位清高超出世俗的僧徒，难道你看不见僧徒的山寺都是在山的最高峰飘浮着白云之间吗？我现今只有一副老骨头，不怕衰朽，你们就依照我的塔屋规划尽快建起来就是了。

又与杨凤里

【题解】

此信是李贽于万历二十一年(1593)由武昌回到龙潭湖后所写。他仍在向往着"高出云表"的"西方妙喜世界"，表现出晚年对佛学的热衷。

行李已至湖上，一途无雨，可谓顺利矣。我湖上屋低处就低处做，高处就高处做，可省十分气力，亦又方便。低处作佛殿等屋，以塑佛聚僧①，我塔屋独独一座，高出云表②，又像西方妙喜世界矣③。我回，只主张众人念佛，专修西方，不许一个闲说嘴④。曾继泉可移住大楼下⑤，怀捷令上大楼歇宿⑥。

【注释】

①以塑佛聚僧：用以塑造佛像和聚居众僧。

②云表：云外。

③妙喜：佛教用语。东方佛国名。

④闲说嘴：耍嘴皮子。

⑤曾继泉：见本卷《与曾继泉》题解。

⑥怀捷：龙潭湖芝佛院僧人。

【译文】

行李已运回龙潭湖，一路没有下雨，可谓很顺利了。我在龙潭湖上的房屋低处就在低处建，高处就在高处建，这样既十分省气力，又很方便。低处之屋可作为佛殿，用以塑造佛像和聚居众僧，我的藏骨塔屋独自一座，高出云外，如西方的妙喜世界。我回来，只主张众人念佛，专修西方，不许一个人无事耍嘴皮子。曾继泉可住在大楼下，怀捷可让他上大楼歇宿。

与梅衡湘　答书二首附

【题解】

本文于万历二十年(1592)写于武昌。梅衡湘，即梅国桢(1542—1605)，字客生(一作克生)，号衡湘，麻城(今湖北麻城)人。隆庆元年(1567)举人，万历十一年(1583)进士。历官都察院右佥都御史、巡抚大同、兵部右侍郎等。李贽好友，曾为李贽的《藏书》《孙子参同》作序。著有《西征草》《西征集》等。《明史》卷二三八，《明史稿》卷二一二，《黄州府志》卷一四，《麻城县志》康熙版卷七、乾隆版卷一六、光绪版卷一八、民国版《前编》卷九、卷一五和《续编》卷一四等有传。万历二十年春，宁夏副总兵哱鞑族人哱(bā)拜及其子承恩杀死巡抚都御史党馨、副使石继芳，据城叛乱，并勾结河套的卓哩克图部，进行脱离明廷的分裂活动，成为轰动朝野的"西事"(与当时日本发动侵朝战争，并准备进一步侵略中国的被称为"东事"相对举)。四月，明王朝听从梅国桢的建议，任李如松为提督，梅国桢为监军。五月发兵征剿。九月乱平，俘哱拜之子承恩、承宠，养子哱洪与土文德等人(见《明史纪事本末》卷六三)。十一月京师举行献俘典礼。李贽这封信可能是在接到梅国桢来信报捷后而写。此信中表现出李贽对待少数民族要宽容的态度。

　　承示系单于之颈①，仆谓今日之颈不在夷狄而在中国②。中国有作梗者③，朝廷之上自有公等诸贤圣在④，即日可系也。若外夷，则外之耳。外之为言，非系之也⑤。惟汉时冒顿最盛强⑥，与汉结怨最深。白登之辱⑦，嫚书之辱⑧，中行说之辱⑨，嫁以公主⑩，纳之岁币⑪，与宋之献纳何殊也⑫？故贾谊慨然任之⑬，然文帝犹以为生事扰民⑭，不听贾生之策⑮，况今日四夷效顺如此哉！若我边彼边各相戕伐⑯，则边境常态，万古如一，何足挂齿牙耶！

【注释】

①承示：来信所说。系单（cháng）于之颈：指平定宁夏叛乱，俘哱拜之子承恩等人。系，拴缚。单于，汉代时匈奴君长的称号。

②夷狄：古代称东方部落为夷，北方部落为狄。后常用以泛称除华夏以外的各族，有时则指边远少数民族地区。中国：指汉族居住的中原地区。

③作梗者：进行阻挠破坏的人。

④朝廷：封建时代中央政府的代称。

⑤“若外夷”四句：意为至于少数民族，就得当少数民族对待；当少数民族对待，就不该轻易拴缚他。外夷，这里指汉族以外的国内少数民族。

⑥冒顿（mò dú）：西汉初年匈奴族单于（君长的称号）的名字。秦二世元年（前209）弑父自立，建立军政制度，东灭东胡，西逐月支，北服丁零，南服楼烦、白羊。西汉初年，经常侵扰边地，与汉政府

矛盾冲突不断。《史记》卷一一〇、《汉书》卷九四有传。

⑦白登之辱：即"白登之围"。汉高祖七年（前200），匈奴大军围攻晋阳（今山西太原），高祖刘邦亲率军三十万余迎战，被围困于平城（今山西大同）达七日之久。后用陈平计，重赂冒顿的阏氏（yān zhī，汉时匈奴君长正妻的称号），始得突围。

⑧嫚（màn）书之辱：指西汉吕后执政时，匈奴冒顿单于写信侮辱吕后之事。《后汉书》卷四三《何敞传》："敞上疏谏曰：'臣闻匈奴之为桀逆（凶暴忤逆）久矣。平城之围，嫚书之耻，此二辱者，臣子所为捐躯而必死。'"李贤注："高后时，冒顿遗高后书曰：'陛下独立，孤偾（fèn，冒顿自称）独居，两主不乐，无以自娱，愿以所有，易其所无。'"

⑨中行（háng）说（yuè）之辱：西汉太监中行说出使匈奴后投降，替匈奴出谋划策，侵扰中原。中行说，人名。姓中行名说。

⑩嫁以公主：西汉初匈奴强盛，屡犯汉朝北方郡县。汉以皇室公主嫁与单于，以结亲和好缓和冲突，叫做"和亲"。

⑪纳之岁币：汉初与匈奴和亲，每年给匈奴金银采帛。纳，交付。岁，年。

⑫宋之献纳：两宋统治者对契丹（辽）、党项（西夏）和女真（金）等少数民族统治者的侵犯，采取妥协投降政策，割地求和，并要每年交纳大量的金银财物。殊：不同。

⑬贾谊（前200—前168）：洛阳（今河南洛阳）人。西汉政治家、文学家。历任博士、大中大夫、长沙王太傅和梁怀王太傅等。他提出的打击地方割据势力以加强中央集权，发展农业生产，抗击匈奴侵略等主张，对巩固西汉政权起了很大作用。他的著作经后人整理成《新书》。《史记》卷八四、《汉书》卷四八、《藏书》卷三六等有传。任：担当。

⑭文帝：即汉文帝刘恒（前202—前157），公元前179—公元前157

年在位。他曾接受贾谊建议,推行重农抑商,加强中央集权和加强国防的政策。在防御匈奴侵扰方面作了很大努力,只是在贾谊提出这方面建议时,他认为时机尚未成熟,没有立即采纳。《史记》卷一〇、《汉书》卷四、《藏书》卷三等有传。

⑮贾生:指贾谊。

⑯戕(qiāng)伐:伤害。

【译文】

来信告知宁夏叛乱已平定,并俘获叛乱首领。我认为今日祸乱的造势者不在少数民族地区而在中原之地。中原之地有造势破坏国家安定之人,朝廷之上由于有您和诸位贤圣大臣在,很快就可以平息。至于少数民族,就得当少数民族对待。当少数民族对待,就不该轻易拴缚他。汉代时匈奴族的冒顿最为强盛,与汉朝廷结怨也最深。在白登汉高祖刘邦被围的耻辱,单于写信侮辱高后的耻辱,太监中行说投降匈奴后出谋划策侵扰中原的耻辱,嫁公主于单于以求和亲,献金银采帛与匈奴求安边,和宋代对契丹等少数民族的妥协投降政策有什么区别?所以贾谊感慨激昂地提出加强国防防御匈奴侵扰的许多建议,但是汉文帝都认为这是生事扰民,不听贾谊的主张,何况今日的少数民族都很顺从呢!如若双方发生了冲突,这也是边境常常出现的现象,从来都这样,也用不着大惊小怪。

附　衡湘答书

【题解】

梅衡湘在这两封答信中,一者用佛学有佛即有魔的思想,表示了英雄豪杰欲建一功立一节,需要忍耻忍辱以成其事。二者表现出对李贽的关怀与敬仰,对那些诬陷李贽之徒的鄙视。

　　"佛高一尺，魔高一丈"。昔人此言，只要人知有佛即有魔，如形之有影，声之有响，必然不相离者。知其必然，便不因而生恐怖心，生退悔心矣[①]。世但有魔而不佛者，未有佛而不魔者。人患不佛耳，毋患魔也。不佛而魔，宜佛以消之；佛而魔，愈见其佛也。佛左右有四天王八金刚[②]，各执刀剑宝杵拥护，无非为魔。终不若山鬼伎俩有限，老僧不答无穷也。自古英雄豪杰欲建一功，立一节，尚且屈耻忍辱以就其事，况欲成此一段大事耶[③]？

【注释】

①退悔：退缩后悔。

②四天王：亦称"护世四天王""四镇"等，俗称"四大金刚"。指居于欲界第一天的四位天王。印度佛教传说，须弥山腰有一山名犍陀罗山，山有四峰，各有一王居之，各护一天下。此四天王为：一、东方持国天王，能以护持国土，故名。身为白色，穿甲戴胄，左手持刀，右手持弓矢，守护东胜身洲。二、南方增长天王，以能令他人增长善根，故名。身为青色，着甲胄，手执宝剑，守护南赡部洲。三、西方广目天王，以能净眼观察守护人民，故名。身为红色，着甲胄，左手执矟，右手执宝剑，守护西牛货洲。四、北方多闻天王，守护北俱卢洲，兼守其余三洲。由于时常守护道场，听闻佛法，或云赐人福德，知闻四方，故名。八金刚：汉传佛教密宗中有八大金刚。《金刚经》中有八大金刚的记载。清代周克复的《金刚经持验记》中载有明清时代寺院僧人常用的"念经仪式"咒言，其中有："请八金刚：奉请青除灾金刚，奉请辟毒金刚，奉请黄随求金刚，奉请白净水金刚，奉请赤声火金刚，奉请定持灾金刚，奉请紫贤金刚，奉请大神金刚。"《楞伽经》中说："金刚力士，

常随侍卫。"

③大事：信奉佛理。

【译文】

"佛高一尺，魔高一丈"。古人这样说，是要人们知道有佛即有魔，如同有形状就有影子，有声音就有响声，那是一定不会分离的。知道了这种关系，就不会因为有魔而生恐怖之心，退缩后悔之心。人世间尽管有具有魔性而没有佛理之人，却没有具有佛性而不带有魔性之人。人们要忧虑和担心的是没有佛性，而不必忧虑和担心魔性。没有佛性而只有魔性，那就应该以佛理去消除之；具有佛性而又兼有魔性，在魔性面前，那就更加显其佛性的神圣。佛的左右有四大天王八大金刚，各个手执刀剑宝杵加以拥护，无非是为了防止魔。现实中有些人的伎俩还不如山鬼，对他们老僧没必要费太多口舌。自古英雄豪杰想建一功业，立一气节，为达此目的而屈耻忍辱，何况想信奉佛理、以达佛国这样重要的事情？

又

丘长孺书来①，云翁有老态，令人茫然。桢之于翁②，虽心向之而未交一言③，何可老也。及问家人，殊不尔④。又读翁扇头细书⑤，乃知复转精健耳。目病一月，未大愈，急索《焚书》读之⑥，笑语人曰："如此老者，若与之有隙⑦，只宜捧之莲花座上⑧，朝夕率大众礼拜以消折其福⑨；不宜妄意挫抑⑩，反增其声价也！"

【注释】

①丘长孺(1564—?)：名坦，字坦之，号长孺，麻城(今湖北麻城)人。

据袁中道《游居柿录》卷一一引丘诗中有"我齿于君长六岁"句，中道生于隆庆四年(1570)，则丘长孺应出生于嘉靖四十三年(1564)，比李贽小三十七岁。明万历三十四年(1606)武举人，官至海州(今江苏东海)参将。工书，善诗，喜游历，李贽友人。万历二十六年(1598)，公安三袁在北京城西崇国寺创立蒲桃社，丘长孺是其中主要成员之一。著有《南游稿》《北游稿》等。乾隆《麻城县志》卷一六有传。

②桢：即梅国桢。

③向：仰慕。

④殊：犹，尚。

⑤扇头：扇面之上。细书：小字。

⑥《焚书》：李贽的著作，共六卷，收录书答、杂述、读史等文章及诗作。在该书中，李贽对儒家经典和假道学家进行了猛烈批判，表现出反封建压迫反传统思想的斗争精神。其中也有一些在佛教思想影响下撰写的谈佛论道之文，表现出作者思想的复杂性。

⑦隙：怨恨。

⑧莲花座：亦称"莲座"，即佛座。佛座作莲花形，故名。

⑨消折：因使用或受挫折而逐渐减少。

⑩挫抑：摧挫，抑制。

【译文】

丘长孺有信来，说老翁有衰老之态，使我非常失意挂心。国桢与您，虽心中非常仰慕但还没有深切交谈，怎么可以老呢。我特意向家人询问情况，知道并不是这样。又读到您在扇面上题的小字，从中可以看出还是精神健康。我眼病一个月，还没痊愈，就急忙找来《焚书》阅读，并对人笑着说："像卓吾这样的老翁，如若和他有怨恨和不愉快时，只应该捧之莲花座上，早晚率大众礼拜以逐渐减少其福分；而不应该对之摧挫抑制，这样反而增加了他的声价！"

复麻城人书

【题解】

本文写于万历二十年(1592)。当时李贽寓居武昌,接到一位"自谓高阳酒徒"的麻城旧友的来信,因写此书。书中联系发生于同年二月的宁夏兵叛一事,对"高阳酒徒"作了自己的解说,认为"若是真正高阳,能使西夏叛卒不敢逞,能使叛卒一起即扑灭",再次表现出对国事的关心。这一点在同时写的《二十分识》与《因记往事》中,也有着鲜明表现。

　　谓身在是之外则可,谓身在非之外即不可,盖皆是见得恐有非于我①,而后不敢为耳。谓身在害之外则可,谓身在利之外即不可,盖皆是见得无所利于我,而后不肯为耳。如此说话,方为正当,非漫语矣。

【注释】

①恐有非于我:恐怕自己身上有不对的地方。

【译文】

　　说是非中的是与自己无关是可以的,说是非中的非与自己无关是不可以的,这是因为看见自己身上恐怕有不对的地方,以后不敢再这样了。说利害中的害与自己无关是可以的,说利害中的利与自己无关是不可以的,这是因为看见对自己没有什么利益,而后就不肯做了。如此说话,才是正确贴切的,不是随随便便的空话。

　　今之好饮者,动以高阳酒徒自拟①,公知高阳之所以为高阳乎? 若是真正高阳,能使西夏叛卒不敢逞②,能使叛卒一起即扑灭,不至劳民动众,不必损兵费粮,无地无兵,无处无粮,亦不必以兵寡粮少为忧,必待募兵于他方,借粮于外境也。此为真正高阳酒徒矣。方亚夫之击吴、楚也③,将兵至洛阳④,得剧孟⑤,大喜曰:"吴、楚举大事而不得剧孟,吾知其无能为矣。"一个博徒有何烜赫⑥,能使真将军得之如得数千万雄兵猛将然⑦?然得三十万猛将强兵,终不如得一剧孟,而吴、楚失之,其亡便可计日。是谓真正高阳酒徒矣。是以周侯情愿为之执杯而控马首也⑧。汉淮阴费千金觅生左车⑨,得即东响坐⑩,西响侍⑪,师事之。以此见真正高阳酒徒之能知人下士,识才尊贤又如此,故吾以为真正高阳酒徒可敬也。彼盖真知此辈之为天下宝,又知此辈之为天下无价宝也,是以深宝惜之。纵然涓滴不入口⑫,亦当以高阳酒徒目之矣。

【注释】

①高阳酒徒:指放荡不羁而有才识的人。《史记·郦生陆贾列传》:"初,沛公(刘邦)引兵过陈留,郦生踵军门上谒……使者出谢曰:'沛公敬谢先生,方以天下为事,未暇见儒人也。'郦生瞋目案剑叱使者曰:'走!复入言沛公,吾高阳酒徒也,非儒人也。'"郦食其(yì jī),高阳(今河南杞县)人,为人狂放,多智谋,后成为汉高祖刘邦的谋士。《史记》卷九七、《汉书》卷四三、《藏书》卷三四等有传。

②西夏叛卒:指宁夏副总兵哱(bā)拜叛乱一事,详见《与梅衡湘》题解。

③亚夫:即周亚夫(? —前143),沛县(今江苏沛县)人。西汉名将,绛侯、右丞相周勃之子。景帝时,任太尉,平定吴、楚等七个诸侯国的叛乱,迁为丞相。《史记》卷五七、《汉书》卷四○、《藏书》卷

四七等有传。

④洛阳:今河南洛阳。

⑤剧孟:西汉洛阳人,以任侠闻名,在河南地区有极大势力。吴、楚七国之乱时,周亚夫将至河南,听说他没有参与,认为"吴、楚举大事而不求孟,吾知其无能为已矣"。事见《史记》卷一二四《游侠列传》。《汉书》卷九二等有传。下文李贽所引周亚夫语与此有所出入。

⑥烜(xuǎn)赫:显赫,昭著。

⑦真将军:指周亚夫。汉文帝曾称赞他为"真将军"。见《史记·绛侯周勃世家》。

⑧周侯:也指周亚夫。其父周勃死后,周亚夫被汉文帝封为条侯,"续绛侯后"。见《史记·绛侯周勃世家》。为之执杯而控马首:表示对剧孟的屈己礼待。控马首,控制马的缰绳,即驾驶车子。

⑨汉淮阴:指西汉韩信(? —前196),淮阴(今江苏淮阴)人。初属项羽,继归刘邦,在楚汉战争中,助刘邦打败项羽,是刘邦建立西汉王朝的重要助手。曾被封为齐王、楚王,因有人告他谋反,被降为淮阴侯。后因与陈豨(xī)谋反搞分裂,被吕后所杀。《史记》卷九二、《汉书》卷三四、《藏书》卷四七等有传。觅生左车:寻找活的左车。左车,姓李,秦末谋士,先依附赵王武臣,韩信破赵后出重赏得到他,并加以礼待。后用他的计谋,促使燕向汉投降。见《史记·淮阴侯列传》。

⑩东响坐:面向东坐,即坐在西边。古人以西(左)为尊。响,用同"向"。

⑪西响侍:(韩信)面向西而侍。

⑫涓滴:很小的水点。这里指极少量的酒。

【译文】

而今一些好饮之徒,动不动就以高阳酒徒自比,您知道高阳酒徒为什么成为高阳酒徒吗？若是真正的高阳酒徒，能使西夏叛卒不敢逞凶放纵，能使西夏叛卒一起即被扑灭，不至于劳民动众，也不必损兵费粮，处处有兵，处处有粮，用不着以兵寡粮少为忧，必须依靠他方招募兵源，到外境去借军粮。这样才是真正的高阳酒徒。周亚夫要平定吴、楚等七个诸侯国叛乱时，带领着军队到了洛阳，得到剧孟，非常高兴地说："吴、楚要叛乱而不用剧孟，我知道他们是没什么能耐的。"一个赌徒有什么可显赫的，能使真正的将军周亚夫好像得到千万雄兵猛将一样？然而得到三十万猛将强兵，终不如得一剧孟，而吴、楚失掉了剧孟，他们很快就会被灭亡了。这才是真正的高阳酒徒。所以周亚夫情愿为他捧献酒杯驾驶马车。汉代的韩信用千金寻找活着的谋士左车，得到他后即让他面向东坐以表尊崇，韩信则面向西而侍，并以师事之。以此可见真正的高阳酒徒能够知人下士，识才尊贤又如此，所以我以为真正的高阳酒徒是非常可敬的。因为他真正知道像剧孟和左车这些人是天下之宝，而且是天下无价之宝，所以深深地爱惜他们。纵然这样的人一口酒都不喝，也可以称他们是高阳酒徒。

　　曾闻李邢州之饮许赵州云①："白眼风尘一酒卮，吾徒犹足傲当时。城中年少空相慕，说着高阳总不知。"②此诗俗子辈视之便有褒贬③，吾以为皆实语也，情可哀也。漫书到此，似太无谓，然亦因公言发起耳，非为公也。

【注释】

①李邢州：即李攀龙（1514—1570），字于鳞，号沧溟，历城（今山东济南）人。明代文学家，"后七子"的代表人物。他曾任顺德（府治在今河北邢台）知府，顺德府在隋代名邢州，故称他"李邢州"。著有《沧溟集》。《续藏书》卷二六、《明史》卷二八七、《明诗评》、

《列朝诗集小传》丙集、《罪惟录》等有传。饮：招饮，请喝酒。许
赵州：即许邦才，字殿卿，历城人。李攀龙的好友。曾任赵州（今
河北赵县）知府，故称他"许赵州"。著有《海右唱和集》。《列朝
诗集小传》丁集有传。并参看《沧溟集》卷二一《明故许处士配张
孺人合葬墓志铭》。

②"白眼"四句：该诗原题为《和答殿卿冬日招饮田间二首》，这是第
一首。见《沧溟集》卷一二。该诗大意为：白眼看人间世俗饮下
一杯酒，我们这种人自可傲立于当时。城中那些少年们白白的
互相称慕，他们根本不知道高阳酒徒是怎么回事。白眼，事本
《世说新语·简傲》："（阮）籍能为青白眼，见凡俗之士，以白眼待
之。"后因以"青眼""白眼"表示对人的看重与轻视。风尘，指人
间、世俗。一酒卮（zhī），一杯酒。卮，杯，古代一种盛酒器。

③褒贬：好坏的评论，这里是指责、批评之意。

【译文】

　　曾听说李邢州请许赵州喝酒时说："白眼风尘一酒卮，吾徒犹足傲
当时。城中年少空相慕，说着高阳总不知。"这首诗在一些世俗之人看
来一定会指责其不雅，但我却认为都是实话，诗中所表现的真情很值得
哀叹。随意写到这里，好像没什么意思，然而确是由您的书信引发而
起，并不是针对您。

　　时有麻城人旧最相爱，后两年不寄一书，偶寄书便自谓
高阳酒徒，贪杯无暇，是以久旷①。又自谓置身于利害是非
之外，故不欲问我于利害是非之内。其尊己卑人甚矣。吁！
果若所云，岂不为余之良朋胜友哉！然其怕利害是非之实
如此，则其沉溺利害是非为何如者，乃敢大言欺余。时闻
灵、夏兵变②，因发愤感叹于高阳，遂有《二十分识》与《因记

往事》之说③。设早闻有梅监军之命④,亦慰喜而不发愤矣。

【注释】

①久旷:长时间没有来信。旷,空缺。

②灵、夏兵变:即宁夏副总兵哱拜叛乱一事。当时哱拜曾攻占灵州
　　(州治在旧薄骨律镇,今宁夏灵武)。

③《二十分识》与《因记往事》:均为李贽所著文章,见本书卷四。
　　在《二十分识》一文中,李贽称赞具有"才、胆、识"的人,特别是
　　对"二十分识"更加推崇。在《因记往事》一文中,称"横行海上
　　三十余年"的林道乾为"有胆有才有识者"的同时,对那些"平居
　　无事,只解打恭作揖,终日匡坐,同于泥塑,以为杂念不起,便
　　是真实大圣大贤人",而国家"一旦有警,则面面相觑,绝无人
　　色,甚至互相推委,以为能明哲"的"高官",进行了抨击,表现
　　出李贽在宁夏叛乱形势下对国事的关心,对朝廷用人不当的
　　批评。

④梅监军:即梅国桢,见《与梅衡湘》题解。宁夏叛乱时,以梅国桢
　　为监军御史,与李如松一起平定了叛乱。命:任命。

【译文】

　　当时有一麻城人最为亲近,后来两年之久没寄过一信,偶然寄来
一信却自称是高阳酒徒,因为贪杯喝酒不得空闲,所以长时间没有写
信。又说自己置身于利害是非之外,所以不想问我利害是非之内的
事。他这样抬高自己贬低别人是多么的厉害。唉! 如若像他所说的,
那不就是我的良朋好友吗! 然而他是如此地害怕利害是非,可见他又
是如何沉溺于利害是非之中,而敢用大话欺我。当时正听到宁夏灵武
哱拜的叛乱,因发愤感叹于高阳酒徒之事,写有《二十分识》与《因记往
事》两文。假使早知道梅国桢被任命为监军御史,那也就快慰而不会发
愤了。

与河南吴中丞书

【题解】

本文于万历二十年(1592)写于武昌。吴中丞,即河南巡抚吴自新,见本卷《答刘晋川书》第二段注③。此文中所提出的"自立""自得"之论,显示着李贽的一贯精神。

　　仆自禄仕以来①,未尝一日获罪于法禁②;自为下僚以来③,未尝一日获罪于上官。虽到处时与上官迕④,然上官终不以我为迕己者,念我职虽卑而能自立也⑤。自知参禅以来⑥,不敢一日触犯于师长;自四十岁以至今日,不敢一日触犯于友朋。虽时时与师友有诤有讲⑦,然师友总不以我为嫌者⑧,知我无诤心也⑨,彼此各求以自得也⑩。迩居武昌,甚得刘晋老之力⑪。昨冬获读与晋老书,欲仆速离武昌⑫,甚感远地倦倦至意⑬。兹因晋老经过之便⑭,谨付《焚书》四册,盖新刻也。稍能发人道心⑮,故附请教。

【注释】

①禄仕:居官食禄。

②获罪:这里是触犯之意。法禁:法律禁令。

③下僚:下属官吏。

④迕:违背,抵触。

⑤自立:这里指自己独立的操守和主张。

⑥参禅:佛教禅宗的修持方法。有游访问禅、参究禅理、打坐禅思等形式。

⑦诤:直言劝告。讲:商讨。

⑧嫌:嫌疑,怨尤。指因猜疑而产生的不满或恶感。

⑨无诤心:没有争高下胜负之心。诤,通"争"。

⑩自得:这里指学问与人生上有所收获,得到满足。

⑪"迩居"二句:指李贽于万历十九年(1591)游武昌黄鹤楼时被人诬以"左道惑众"而遭驱逐后受到刘东星保护之事。刘晋老,指刘东星,见《答刘方伯书》题解。

⑫"昨冬"二句:万历十九年,刘东星湖广左布政使任期届满,将别转他任,一些友人为李贽担心。时任河南巡抚吴自新曾写信给刘东星,叫他劝李贽速离武昌。

⑬惓(quán)惓:恳切。至意:诚挚的心意。

⑭晋老经过之便:万历二十年(1592),刘东星任都察院右佥都御史,巡抚保定,四月间赴任,当路过河南,故云。

⑮发人道心:启发人们求道之心。

【译文】

　　我自从走入仕途,从没有触犯法律禁令;自从处于下级之位,也没有触犯过上级官吏。虽然处处与上级官吏不合,然而上级官吏并不认为我是与他们相抵触,那是考虑到我虽然职位低下却能有独立的操守与主张。我深知自从参禅修持以来一天也不敢对师长不敬;自四十岁至今日,也不敢一天对朋友不敬。虽然常常和师友有所争辩和商讨,但是师友们也不会由此对我产生不满和恶感,因为他们都知道我没有那种要争个高下胜负的想头,彼此之间都是为了求得学问与人生上有所收获。近来我居住在武昌,很得刘晋老的尽力协助。去年冬天看到您写给刘晋老的信,劝我快快离开武昌,对此恳切诚挚的心意甚为感谢。听闻晋老巡抚保定要经过河南,特付上《焚书》四册,这是新刻本。也许能启发人们的求道之心,因此附上请教。

答陆思山

【题解】

本文写于万历二十年(1592)。陆思山,李贽友人。生平不详。当时,寓居武昌的李贽接到友人陆思山的来信,知道发生了震惊朝野的"西事"——宁夏兵变。本年二三月间,日本发动侵略朝鲜战争,威胁中国安全,当时称为"东事"。面对这种局势,李贽在这封信中,一方面表示了对无人料理时局的愤慨,并发出了"今日真令人益思张江陵"的感叹;一方面对处理时局提出了自己的看法,即"西事"比"东事"为急。对东、西二警的处置,李贽与刘东星有着不同看法。在《西征奏议后语》中有所追述:"刘子明(东星字)宦楚时,时过余。一日见邸报,东西二边并来报警,余谓子明:'二俱报警,孰为稍急?'子明曰:'东事似急。'盖习闻向者倭奴海上横行之毒也。余谓:'东事尚缓,西正急耳。朝廷设以公任西事,当若何?'子明徐徐言曰:'招而抚之是已。'余时嘿然。子明曰:'于子若何?'余即曰:'剿除之,无俾遗种也。'子明时亦嘿然,遂散去。"(《续焚书》卷二)李贽认为"西事"比"东事"更急,其理由是"西夏密迩戎虏,尤为关中要区";对之不能招抚,而要坚决剿除。其根据是,自嘉、隆以来,地方兵变不断,"当局者草草了事,招而抚之",结果"彼桀骜者遂欲以招抚狃(niǔ,迷惑)我,谓我于招抚之外,的无别智略可为彼制……今者若循故习,大不诛杀,窃恐效尤者众,闻风兴起,非但西夏足忧也"(同上)。事实证明,李贽的判断是正确的。后来,在梅国桢、李如松的努力下,终于平定了哱拜的叛乱。参见前《与梅衡湘》题解与后《与友山》第一段注⑨。

　　承教方知西事①,然倭奴水寇②,不足为虑,盖此辈舍舟无能为也。特中原有奸者③,多引结之以肆其狼贪之欲④,

实非真奸雄也⑤，特为高丽垂涎耳⑥。诸老素食厚禄⑦，抱负不少，卓异屡荐⑧，自必能博此蜂虿⑨，似不必代为之虑矣。

【注释】

①西事：指宁夏副总兵哱(bō)拜叛乱一事。宁夏在中国西部，故称为"西事"，与当时称为"东事"的日本侵朝战争相对而言。详见《与梅衡湘》题解。

②倭奴水寇：指当时的日本侵略者。十六世纪上半叶，我国东南沿海不断遭到日本海盗的侵掠。万历二十年(1592)，日本封建主丰臣秀吉发动侵朝战争，妄图占据朝鲜，进一步侵略中国。

③中原有奸者：指国内有勾结倭寇的内奸。中原，这里指中国。

④引结：引诱勾结。肆：放纵。狼贪：如狼的贪婪。比喻贪得无厌。

⑤"实非"句：意为(倭寇)不是最主要的威胁。

⑥高丽：朝鲜古国名。也称高句丽。公元十四世纪，李氏王朝兴起，改称朝鲜。

⑦素食厚禄：享受高厚的俸禄待遇。

⑧卓异屡荐：以才能卓越优异而屡次得到推荐。

⑨博：通"搏"，搏击，打败。蜂虿(chài)：胡蜂和蝎子。这里比喻倭寇。

【译文】

荣幸地接到您的来信才知道西方叛乱之事，然而倭奴水寇，没什么可忧虑的，这些人离开船就无能为力。只是国内有勾结倭寇的内奸，他们与倭寇引诱勾结并放纵他们如狼一样贪得无厌的欲望，至于倭寇并不是主要的威胁，他们的目的在于侵占高丽。诸位老臣享受着高厚的待遇，抱负也极多，才能卓越优异的人才也屡次得到他们的推荐，自然能击败蜂蝎一样的倭寇，似乎不必代为之忧虑。

晋老此时想当抵任^①。此老胸中甚有奇抱^②，然亦不见有半个奇伟卓绝之士在其肺腑之间，则亦比今之食禄者聪明忠信，可敬而已。舍公练熟素养^③，置之家食^④，吾不知天下事诚付何人料理之也！些小变态^⑤，便仓惶失措，大抵今古一局耳^⑥，今日真令人益思张江陵也^⑦。

【注释】

①晋老：指刘东星。刘东星于这年（万历二十年）夏天赴保定巡抚任。

②奇抱：奇异的抱负。

③公：指陆思山。练熟素养：办事熟练，平素能修习涵养。

④置之家食：被弃置在家吃闲饭。

⑤些小变态：一点点事态变化。这里指哱拜叛乱和倭寇的侵扰。

⑥今古一局：今古情况一样。一局，同样局势，情况相同。

⑦张江陵：即张居正，见《复焦弱侯》第二段注⑤。

【译文】

晋老这时想已到了新的保定巡抚之任。此老胸中多有奇异的抱负，但他的身边却没有半个亲密的奇伟卓绝之士，比当今拿着国家薪俸的官员们聪明忠信，还是可敬的。您办事熟练涵养深厚却不被重视，而被弃置在家吃闲饭，我不知道天下之事要让什么人去料理了！出现一点事态变化，腐败无能的当权者便仓惶失措，古今情况大都一样，所以今日真令人更加思念张江陵了。

热甚，寸丝不挂，故不敢出门。

【译文】

天气太热，寸丝不挂，所以不敢出门。

与周友山

【题解】

　　本文于万历二十年(1592)写于武昌。当时刘东星升都察院右佥都御史,巡抚保定,离开武昌,此信即写于与刘东星初别之后。李贽在武昌时,得刘东星的庇护,做"安乐自在汉",生活得以安定自适,并与刘东星结下了极深的友情。现在,刘东星别转他任,使李贽产生了无限的思情,此信即为这一思情的表露之一。

　　晋老初别①,尚未觉别,别后真不堪矣②。来示云云,然弟生平未尝见有与我绸缪者③,但不见我触犯之过④,免其积怒,即为幸事,安得绸缪也!刘晋老似稍绸缪矣,然皆以触犯致之。以触犯致绸缪,此亦可也,然不可有二也⑤。

【注释】

　　①晋老:即刘东星。

　　②不堪:不好受。

　　③绸缪(móu):情意殷切。

　　④"但不见"句:意为只要不把我与之争论或直言规劝看成是过失。但,只要,表示假使或条件。

　　⑤不可有二:不可能有第二个。意为"以触犯致绸缪"之交是很少见的。

【译文】

　　和晋老刚分别时,还没感觉到分别后的思念,等到他已远去才感到甚是不好受。您来信所说种种情况,然而我平生还没有遇见与我情意殷切者,只要不在意我与之争论或将直言规劝看成是过失,不要产生怨怒蕴积于心中，就是幸事，哪能情意殷切。刘晋老似乎有些情意殷切，那都是由于与之争论或直言规劝的结果。由争论和直言规劝而得以情意殷切，也是可以的，但这样的交情不可能有第二个。

与友山

【题解】

本文于万历二十年(1592)秋写于武昌。当时周友山从北京寄给李贽疏稿一纸，对邹元标以"不附相臣"为由要朝廷提拔自己之议提出了反对，疏中有"且负知己"一语。李贽读后，即署其尾曰："不负知己四字，惟可与死江陵、活温陵道耳！"(光绪《麻城县志·明司空周友山公传》)此信即同时所写。在信中，对周友山"不负知己"的可贵品质给以赞扬，对由于宁夏哱(bā)拜的叛乱而引起的国事不定表示了忧虑，对朝廷的无能表示了愤激，从而对功盖一时而死后被抄家毁誉的张居正表示了怀念。这一切都表现出李贽特异的精神与品质。信中还表示了与耿定向和解的意向，这是李贽一贯重视友情的另一方面。

疏中"且负知己"四字①，甚妙。惟不负知己，故生杀不计，况毁誉荣辱得丧之小者哉！江陵②，兄知己也，何忍负之以自取名耶？不闻康德涵之救李献吉乎③：但得脱献吉于狱，即终身废弃④，受刘瑾党诬而不悔⑤，则以献吉知己也。士为知己死，死且甘焉，又何有于废弃欤！但此语只可对死江陵与活温陵道耳⑥，持以语朝士⑦，未有不笑我说谎者。今惟无江陵其人，故西夏叛卒至今负固⑧，壮哉梅公之疏请也⑨，莫谓秦遂无人也⑩！

【注释】

①且负知己：这是周友山奏疏中的话。张居正死后，张的反对派邹元标(1551—1624，字尔瞻，东林党首领之一)推荐周友山为太仆少卿，理由是周曾反对过张居正。周友山看到邸报后，上疏申明："相臣(指张居正)实臣知己，元标荐臣不附相臣，以是得超迁(提拔)，是臣负知己也。"(光绪《麻城县志·明司空周友山公传》)

②江陵：即张居正，见《复焦弱侯》第二段注⑤。

③康德涵之救李献吉：指明武宗正德初年，宦官刘瑾专权，李梦阳因敢于和刘瑾斗争而被捕下狱，康海为救李梦阳而投靠刘瑾。后刘瑾失败，康因曾依附刘而被名列瑾党免官(据钱谦益《列朝诗集》丙集康海传、李梦阳传)。康德涵，即康海(1475—1540)，字德涵，号对山，武功(今陕西武功)人。弘治十五年(1502)状元。任翰林院修撰。明代文学家，为"前七子"之一。著有杂剧《中山狼》，散曲集《沜(pàn)东乐府》，诗文集《对山集》等。《续藏书》卷二六、《明史》卷二八六、《明书》卷一四六、《明诗评》《列朝诗集小传》丙集、《罪惟录》卷一四等有传。李献吉，即李梦阳(1472—1529)，字献吉，又字天赐，自号空同子，庆阳(今甘肃庆阳)人。明代文学家，"前七子"之一。弘治七年(1494)进士。历官户部主事、郎中、江西提学副使等。著有《空同集》。《续藏书》卷二六、《明史》卷二八七、《明诗评》《列朝诗集小传》丙集、《罪惟录》卷一八等有传。

④终身废弃：革职后永不叙用。这是封建社会对官吏的一种惩罚。

⑤党诬：被诬为党徒。

⑥此语：指周友山奏疏上的"且负知己"一语。温陵：李贽曾自号温陵居士。

⑦朝士：在朝的士大夫。

⑧西夏叛卒：指哮拜叛乱一事，见《与梅衡湘》题解。宁夏位于中国西部，故称西夏。负固：依仗地势险固。

⑨梅公之疏：当哮拜叛乱时，梅国桢上疏要求起用正遭人非难的原山西总兵李如松，并自愿担任监军之职。神宗接受了这一建议，"乃命如松为提督陕西讨逆总兵，即以国桢监之"（《明史》卷二三八《李如松传》）。在李、梅的共同努力下，终于平定了叛乱，巩固了西北边防。梅公，即梅国桢，见《与梅衡湘》题解。

⑩莫谓秦遂无人：语本《左传·文公十三年》。春秋时期，晋人惧怕秦人重用士会，用计使士会离秦。临行时秦大夫绕朝对士会说："子无谓秦无人，吾谋适不用也。"这里的意思是说并不是中国没有人才。

【译文】

您在奏疏中有"且负知己"四字，甚妙。正因为不负知己，所以生杀都无所畏，何况毁誉荣辱得丧这些小事呢！张江陵，是兄的知己，怎么能有负于他而取自己的声誉？没听到康德涵救李献吉的事吗：只要能从狱中救出献吉，康德涵被终身革职不用，被诬为刘瑾的党徒也不后悔，这是因为他是献吉的知己。士为知己死，死也情愿，又在乎什么终身革职不用呢！但这些话只可对死去的张江陵和活着的李温陵说，如若对在朝的士大夫说，一定会耻笑我是说谎之人。而今正因为没有张江陵这样的的人，所以西夏叛卒至今依仗地势险固而抗拒，梅公的上疏真是豪气可嘉，谁能说中国没有人才！

　　令师想必因其弟高迁抵家①，又因克念自省回去②，大有醒悟，不复与我计较矣。我于初八夜，梦见与侗老聚③，颜甚欢悦。我亦全然忘记近事④，只觉如初时一般，谈说终日。此梦又不是思忆⑤，若出思忆，即当略记近事，安得全无影响也。我想日月定有复圆之日⑥，圆日即不见有蚀时迹矣。果如此，即老汉有福⑦，大是幸事，自当复回龙湖⑧，约兄同至天台无疑也⑨。若此老终始执拗⑩，未能脱然⑪，我亦不管，我只有尽我道理而已。谚曰："冤仇可解不可结。"渠纵不解⑫，我当自有以解之。刘伯伦有言："鸡肋不足以当尊拳。"⑬其人遂笑而止。吾知此老终当为我一笑而止也。

【注释】

①令师：指耿定向，见《复耿侗老书》题解。其弟：指耿定向三弟耿定力（1541—?），字子健，号叔台，又叫叔子。隆庆五年（1571）进士。后官至右佥都御史、南京兵部侍郎，卒赠户部尚书。《澹园集》卷三三，《明史》卷二二一，《明史稿》卷二〇七，《黄州府志》卷一四、卷一九，《麻城县志》康熙版卷七、乾隆版卷一五、民国版《前编》卷八、卷九等有传。高迁抵家：据耿定向《观生纪》，耿定力于万历二十年（1592）秋晋升奉常（即太常寺卿，司祭祀礼乐），冬离河南旧任过黄安。

②克念：即耿汝念，字克念，耿定理的长子。

③侗老：即耿定向。耿号楚侗，故称。

④近事：指李贽与耿定向论辩之事。

⑤思忆：思念。

⑥"我想"句：意为有与耿定向和解之时。

⑦老汉：李贽自称。

⑧龙湖：即龙潭湖，在湖北麻城。

⑨天台：天台山，在黄安（今湖北红安）。耿定向晚年家居讲学之处。

⑩执拗（niù）：固执己见。

⑪脱然：舒适轻快的样子。这里指不计较。

⑫渠：他。这里指耿定向。

⑬"刘伯伦"二句：语出《晋书·刘伶传》："尝醉与俗人相忤，其人攘袂奋拳而往，伶徐曰：'鸡肋不足以安尊拳。'其人笑而止。"刘伯伦，即刘伶，字伯伦，西晋沛国（今安徽宿州）人。"竹林七贤"之一，纵酒放诞，对"礼法"表示蔑视。《晋书》卷四九、《藏书》卷六八等有传。鸡肋，鸡的肋骨，比喻身体的瘦弱。

【译文】

我想您的老师一定因为其弟晋升官职回家，又因克念自省回去，大有醒悟，不再与我计较了。我于初八夜，梦见与侗老相聚，都很高兴。我亦全然忘记了近来与侗老论辩之事，觉得和最初一样，整天谈说。这个梦又不是出于思念，若是出于思念，那就当记一些近日之事，怎么就没有一点印象呢。我想日月虽有蚀但终有复圆之日，复圆之日就不会存在蚀时的痕迹。如果这样，那就是我的福分了，更是一件大幸事，自然应该回到龙湖，和您一起到天台山是无疑的。假若耿老仍然固执己见，仍然计较不变，我也不管这些，尽到我的道理就是了。谚语说："冤仇可解不可结。"耿老如若不解，我会自然解之。刘伯伦曾说："鸡肋不足以当尊拳。"要打他的人遂笑而止。我知道耿老最终也会与我一笑而和解。

　　世事如此，若似可虑，然在今日实为极盛之时，向中之日①，而二三叛卒为梗②，庙堂专阃竟无石画③，是则深可愧者！兄可安坐围棋，收租筑室，自为长计耶？

【注释】

①向中之日：日近中午。也是"极盛之时"之意。

②梗：这里是祸害之意。

③庙堂：朝廷。专阃（kǔn）：专主京城以外的权事。后指统军在外的将帅。阃，郭门（外城的门），借指将帅或大臣。石画：雄图大计。石，通“硕”，大的意思。画，谋画，策略。

【译文】

世事如此，似乎应该忧虑，然而现今实为极盛之时，如日当中午，有二三叛卒祸害，朝廷将帅大臣竟无谋画策略，这是更加愧恨的！吾兄怎么能安坐下棋，建房收租，以此为长久之计呢？

寄京友书

【题解】

本文于万历二十年（1592）写于武昌。京友，《续焚书》卷一有《与袁石浦》二信，均系本篇的节录，可见“京友”即袁宗道。袁宗道见《复焦弱侯》第四段注⑥。李贽在此信中向好友袁宗道述说了疾病之苦，和由此而产生的对“孜孜学道”的更加向往。并对那些“终日皇皇计利避害”的世俗之士进行了讥讽。

弟今秋苦痢[①]，一疾几废矣[②]。乃知有身是苦，佛祖上仙所以孜孜学道[③]，虽百般富贵，至于上登转轮圣王之位[④]，终不足以易其一盻者[⑤]，以为此分段之身祸患甚大[⑥]，虽转轮圣王不能自解免也。故穷苦极劳以求之。不然，佛乃是世间一个极拙极痴人矣，舍此富贵好日子不会受用，而乃十二年雪山，一麻一麦，坐令鸟鹊巢其顶乎[⑦]？想必有至富至贵，世间无一物可比尚者[⑧]，故竭尽此生性命以图之。在世间顾目前者视之，似极痴拙，佛不痴拙也。今之学者不必言矣。中有最号真切者[⑨]，犹终日皇皇计利避害[⑩]，离实绝根[⑪]，以宝重此大患之身⑫，是尚得为学道人乎？

【注释】

①苦痢：苦于痢疾。

②几废：几乎成了废人。

③佛祖上仙：这里指佛教始祖释迦牟尼。佛祖，佛教称修行成道者
为佛，开创宗派者为祖师，合称佛祖。上仙，道家分天上仙人为
九个等级，第一等级为上仙。孜孜：勤勉，勤奋。

④转轮圣王：又称转轮王，古印度神话中的国王，谓此王出生之时，
空中自然出现宝轮，他转动宝轮，就能降伏四方。这里喻指释迦
牟尼能继承他父亲的王位，享百般富贵。

⑤易：换取。一盻(xì)：看一眼。盻，这里是顾盼之意。

⑥分段之身：佛教根据善恶因果说的理论，认为世俗的人在生死轮
回中，各随其善恶业因，寿命和形体都受着分段限定的果报，因
称之为"分段身"。

⑦"而乃"三句：据佛经记载，释迦牟尼二十九岁(一说十九岁)时，
舍弃王子之位，出家修道。他辗转于雪山之麓，拜访名师，独坐
尼连禅河之旁，刻苦静思，每天只吃一麻一麦(《智度论》称"一麻
一米")，备历艰辛。又曾一人走到一棵毕钵罗树(后称菩提树)
下，思维解脱之道，以致小鸟在其顶上筑巢都浑然不觉。共经历
了十二年的修行，最后终于战胜烦恼魔障，彻底觉悟而得道。
麻，麻子。

⑧比尚：比拟，超过。

⑨最号真切者：号称最真诚恳切的人。

⑩皇皇：同"遑遑"，匆忙的样子。

⑪离实绝根：佛教用语。意为离开实相，断绝根器。实相，佛教指
宇宙事物的真相或本然状态。根器，"根"譬喻先天的品性，"器"

譬喻能接受佛教的容量。因指学道的能力和基础,及成佛的本性。

⑫大患之身:即上文所指"分段之身祸患甚大"。语本《老子》第十三章:"吾所以有大患者,为吾有身。"

【译文】

我今年秋天得了一场极为痛苦难以忍受的痫疾,一病几乎成了废人。乃知生在人世总是有苦的,因此佛祖上仙释迦牟尼勤奋地学道,虽然有百般富贵,甚至可以继承他父亲的王位登上转轮圣王之位,他也不愿意看一眼,认为世俗之人在生死轮回中寿命和形体都会受到分段限定的大的祸患,虽然成为转轮圣王也不会解脱。所以虽受到穷苦和极端劳累也要勤奋地学道。不然,释迦牟尼也就是世间一个极其笨拙极其愚蠢的人,舍弃富贵好日子不会享受,而却辗转于雪山之间十二年,每天只吃一粒麻子和一粒麦子,以致小鸟在其头顶上筑巢都浑然不觉。想必一定有极其富贵,世间没有什么可以超过它,所以用尽这一生的性命去谋划。在世间只看眼前之人看来,好像是极其笨拙愚蠢,实际佛祖释迦牟尼并不笨拙愚蠢。现今的学者不必说了。其中号称最真诚恳切的人,都整天匆匆忙忙地计利避害,离开实相断绝根器,失掉学道的能力和基础及成佛的本性,只是宝重此大患之身,这还能成为学道之人吗?

《坡仙集》我有披削旁注在内①,每开看便自欢喜,是我一件快心却疾之书,今已无底本矣,千万交付深有来还我②!大凡我书皆为求以快乐自己,非为人也。

【注释】

①《坡仙集》:是李贽批选的苏轼文集,共十六卷,明万历二十八年(1600)刊刻。披削:披阅删削。

②深有:俗姓熊,名深有,僧号无念,麻城(今湖北麻城)人。龙潭湖

芝佛院守院僧。曾为周思久（柳塘）礼请李贽居芝佛院。详见
《复焦弱侯》第一段注①。

【译文】

《坡仙集》我有披阅删削旁注在内，每次翻阅就自然喜欢，是我一件
称心如意减去疾苦的书，而今已经没有底本了，千万要交付给深有归还
我！大凡我的书都是为了自己求取快乐，并不是为别人而著。

与焦弱侯书

【题解】

本文约写于万历二十七年（1599）。焦弱侯，即焦竑，见《复焦弱侯》
题解。当时李贽寓居南京永庆寺。秋冬之际，他闲步清凉山，瞻拜"既
废而复立"的郑一拂清忠祠后，特写此信给焦竑，请他与李廷机为祠撰
写碑记。信中对郑一拂不顾个人生死安危而以"民瘼为急"的思想行
为以热烈称赞，对以"肥甘是急"的"中下士"和只知"砥砺名行"而不去
想怎样为国家出力的"上士"，进行了讥讽与抨击，其间鲜明地表现了
李贽自己忧民爱国之心。但在表彰郑一拂的同时，却说王安石的变法
是"以忧民爱国之实心，翻成毒民误国之大害"，则是一种不公平的
评议。

昨闲步清凉①，瞻拜一拂郑先生之祠②，知一拂，兄之乡
先哲前贤也③。一拂自少至老读书此山寺，后之人思慕遗
风，祠而祀之④。今兄亦读书寺中⑤，祠既废而复立⑥，不亦
宜乎！归来读《江宁初志》⑦，又知一拂于余，其先同为光州固
始人氏⑧，唐末随王审知入闽⑨，遂为闽人，则余于先生为两地
同乡⑩，是亦余之乡先哲前贤也。且不独为兄有，而亦不必为

兄羡矣。一拜祠下,便有清风⑪,虽曰闲步以往,反使余载璧而还⑫,谁谓昨日之步竟是闲步乎?余实于此有荣耀焉!

【注释】

①清凉:即清凉山,一称石头山,在江苏南京,右有清凉寺,左有一拂清忠祠。

②一拂郑先生:即郑侠(1041—1119),字介夫,自号一拂居士,北宋福州福清(今福建福清)人。少时以苦学为王安石所重。英宗治平四年(1067)中进士,授著作郎、秘书省校书郎。后任光州(今河南潢川)司法参军。后反对新法,借旱灾的机会,绘“流民图”献给神宗,把灾民疾苦归咎新法,因被贬逐。徽宗时得归,家居而卒。著有《西塘集》。《宋史》卷三二一、乾隆《福清县志》卷一三、1994年《福清市志》卷三九等有传。

③“兄之乡”句:焦竑原籍南京,后因议论时政被劾,谪福宁州(州治在今福建霞浦)同知。所以说郑一拂是“兄之乡先哲前贤”。

④祠:立庙。祀(sì):祭。

⑤“今兄”句:焦竑于万历二十七年(1599)辞去福宁州(州治在今福建霞浦)同知,回南京。

⑥祠既废而复立:一拂祠始建于南宋宁宗嘉定年间,后毁废。明万历二十六年(1598),福清人叶向高在南京做官时重修。

⑦《江宁初志》:最早修撰的江宁地方志。江宁,即今江苏南京。

⑧光州固始:今河南固始。

⑨王审知(862—925):字信通,光州固始(今河南固始)人。唐末起兵入闽,据有泉、汀等五州之地。唐朝瓦解后,据福建,称闽王,是五代时闽国的建立者。《旧五代史》卷一三四、《新五代史》卷六八等有传。

⑩两地同乡:指祖籍同为河南固始,后又共同定居福建。

⑪清风:这里指郑一拂的清节高风。

⑫载璧而还:比喻有宝贵的收获。

【译文】

　　昨天在清凉山散步,瞻仰礼拜了郑一拂先生的祠堂,知道郑一拂是兄的同乡前代的贤人。一拂从少年到老年都在这个山寺中读书,后来人仰慕他遗留下来的风教,立庙而祭祀。如今兄也在此寺中读书,祠庙废败后又得以重建,那是大大应该的。从清凉山散步回来读《江宁初志》,又知道一拂和我,祖先都是光州固始人氏,唐朝末年随王审知到了福建,于是成了福建人,那么我和一拂先生是两地的老乡了,一拂先生也是我的同乡前代贤人了。这样的前代贤人就不是为兄所独有,所以也不必美慕兄了。我到清忠祠一礼拜,就感受到一拂先生的清节高风,虽然是散步而去,却使我得到非常珍贵的收获,谁说昨天的散步就只是散步呢? 我对这次的散步感到非常的荣耀!

　　夫先生王半山门下高士也①,受知最深,其平日敬信半山亦实切至,盖其心俱以民瘼为急②,国储为念③。但半山过于自信,反以忧民爱国之实心,翻成毒民误国之大害④。先生切于目击⑤,乃不顾死亡诛灭之大祸,必欲成吾吴、越同舟之本心⑥,卒以流离窜逐,年至八十⑦,然后老此山寺。故余以为一拂先生可敬也。若但以其"一拂"而已⑧,此不过乡党自好者之所歆羡⑨,谁其肯以是而羡先生乎? 今天下之平久矣,中下之士肥甘是急⑩,全不知一拂为何物,无可言者。其中上士砥砺名行⑪,一毫不敢自离于绳墨⑫,而遂忘却盐梅相济之大义⑬,则其视先生为何如哉! 余以为一拂先生真可敬也。余之景行先哲⑭,其以是哉!

【注释】

①王半山:即王安石(1021—1086),字介甫,号半山,抚州临川(今江西抚州)人。庆历进士。神宗熙宁年间(1068—1077),二次任宰相,积极推行青苗、均输等新法。后退居江宁(今江苏南京),封荆国公,世称荆公。北宋政治家、文学家、思想家。其散文雄健峭拔,为"唐宋八大家"之一。诗作遒劲清新,词虽不多而风格高峻。著有《临川集》等。《宋史》卷三〇五、《藏书》卷三九等有传。

②民瘼(mò):人民的疾苦。

③国储:国家的财政状况。储,储蓄。

④"但半山"三句:这是李贽对王安石变法的看法,肯定了王安石"忧国爱民"之心,但对变法的弊端却言之过重。

⑤切于目击:痛切于亲眼所见。指郑侠绘"流民图"反对新法之事。

⑥吴、越同舟:语本《孙子·九地》:"夫吴人与越人相恶也,当其同舟而济,遇风,其相救也如左右手。"比喻虽有旧怨,但同遭危难时,也须互相救助,共同努力。

⑦年至八十:郑侠实际年岁为七十八岁,这里是举其整数。

⑧一拂:即一根拂尘,比喻生活清苦。郑侠罢官后,"归家无所有,一拂而已,自号一拂居士"(《福清县志·郑侠传》)。

⑨乡党:同乡,乡亲。

⑩中下之士:指才德差的人。肥甘是急:追求生活享受。肥甘,肥美的食品。

⑪上士:指才德高的人。砥砺(dǐ lì)名行:磨炼名声与品行。砥砺,磨炼,锻炼。名行,声名,操行。

⑫绳墨:原指木匠划直线用的工具,后比喻为法度、规矩。

⑬盐梅相济:语本《尚书·说命下》:"若作和羹,尔惟盐梅。"指为国家尽力。盐味咸,梅味酸,均为调味必需品。亦比喻国家不可少的人才。

⑭景行：语本《诗经·小雅·车辖(xiá)》："高山仰止，景行行之。"意
　　为敬慕、景仰。

【译文】

　　一拂先生是王半山门下的志行高洁之士，受半山知遇最深，他平日
尊敬和信任王半山也非常恳切周至，他们都关怀着人民的疾苦，关心国
家财政的情况。只是王半山过于自信，以忧民爱国的真心实意，反而成
为毒民误国的大害。一拂先生痛切于亲眼所见，不顾死亡诛灭的大祸，
秉持着避其旧怨以完成互相救助的真心，最后终于被流离放逐，到八十
岁，然后老死在此山寺。所以我认为一拂先生是非常可尊敬的。如若
只是知道一拂先生只有一根拂尘的清苦生活，这不过是同乡自己喜好
这一点的人对他的爱慕，又怎么能只是以此而爱慕先生呢？而今天下
承平日久，才德差的人只知道追求生活享受，全不知道一拂的深刻意
蕴，对此无话可说。才德高尚的人磨炼名声节操，严格遵守法度和规
矩，却忘掉了为国家尽力的大义，和一拂先生比起来差得太远了。我认
为一拂先生是值得尊敬的。我所以敬慕像一拂先生这样的前代贤人，
正是在于此了。

　　今先生之祠既废而复立，吾知兄之敬先生者亦必以是
矣，断然不专专为一拂故也。吾乡有九我先生者①，其于先
哲尤切景仰，其于爱民忧国一念尤独惓惓②，使其知有一拂
先生祠堂在此清凉间，慨然感怀，亦必以是，惜其未有以告
之耳。闻之邻近故老，犹能道一拂先生事，而旧祠故址废莫
能考，则以当时无有记之者③，记之者非兄与九我先生欤？
先贤者，后贤之所资以模范；后贤者，先贤之所赖以表章。
立碑于左，大书姓字，吾知兄与九老不能让矣。吁！名垂万
世，可让也哉！

【注释】

①九我先生：即李廷机（1541—1616），字尔张，别号九我，晋江（今福建晋江）人。万历十一年（1583）进士。官至礼部尚书兼东阁大学士。卒谥文节。李贽死后，曾著《祭李卓吾文》，称赞李贽"博学宏览，贞心苦行"，"心胸廓八纮，识见洞千古"，"先生死矣，其精神终不磨灭也"（《李文节先生文集》卷二五）。《明史》卷二一七，《明史稿》卷二〇二，《罪惟录》卷一五，《泉州府志》卷三四、卷四四，《晋江县志》卷三〇、卷三八等有传。

②惓（quán）惓：诚恳、深切之意。

③记：指为祠作记。

【译文】

　　而今一拂先生的祠庙被废弃后又得以重建，我知道老兄敬仰一拂先生也一定是因为这个，绝不是仅仅为了一拂尘之故。我的老乡有九我先生，他对于一拂先生这样的前代贤人很是景仰，对于一拂先生这位前代贤人爱国忧民的精神更是深切赞赏，如若告知他一拂先生的祠堂在清凉山间，他也一定会慨然感怀，可惜没有人告知他。听说邻近的一些见识多的老人，还能说说一拂先生的事，但是清忠祠的故址废弃后已经找不到了，这是因为当时没有为祠作记的缘故，现在为祠作记只有您和九我先生最合适了。前代的贤人，是后代贤人学习的模范；后代的贤人，要对先代的贤人事迹给以表扬。立碑在左方，郑重地书写上姓字，我想老兄与九我老是不会推辞的。唉！名垂万世，哪里能推辞呢！

复士龙悲二母吟

【题解】

　　本文约写于万历十二年（1584）或万历十三年（1585），时李贽在黄安。士龙，即李登，字士龙，号如真，上元（今江苏南京）人。隆庆五年

(1571)进士。授新野(今河南新野)令。万历时改崇仁(今江西崇仁)教谕,官至礼部侍郎,后辞官归。李登是耿定向的学生,与李贽也有交往。《泉州府志》卷五四、《江南通志》卷一六三、《江宁府志》卷三〇、陈作霖《金陵通传》卷一八等有传。悲二母吟,二母指李逢阳的嫡妻顾氏和寡妹李氏。悲二母吟可能是一篇描写顾氏和李氏二老妇艰难处境的诗歌,作者及内容不详。本文就杨、李二家由"继嗣"问题而引起的矛盾加以论说,言之合情合理。

　　杨氏族孙,乃近从兄议,继嗣杨虚游先生之子之后①,非继嗣李翰峰先生之后也②。非翰峰之后,安得住翰峰之宅?继杨姓而住李宅,非其义矣③。杨氏族孙又是近议立为虚游先生之子之后,亦非是立为李翰峰先生守节之妹之后也。非翰峰之妹之后,又安得朝夕李氏之宅④,而以服事翰峰先生守节之妹为辞也? 继杨虚游先生之子之后,而使服事翰峰先生守节之妹于李氏之门,尤非义矣。虽欲不窥窬强取节妹衣食之余⑤,不可得矣。交搆是非⑥,诬加翰峰先生嗣孙以不孝罪逆恶名,又其势之所必至矣。是使之争也,我辈之罪也,亦非杨氏族孙之罪也。幸公虚心以听,务以翰峰先生为念。翰峰在日,与公第一相爱,如仆旁人耳,仆知公必念之极矣。念翰峰则必念及其守节之妻顾氏,念及其守节之妹李氏,又念及其嗣孙无疑矣。

【注释】

　　①继嗣:即过继给人家做后嗣。杨虚游:即杨希淳(1531—1572),字道南,号虚游,上元(今江苏南京)人。耿定向的学生。陈作霖

《金陵通传》卷一八、王兆云《皇明词林人物考》卷一一等有传。

②李翰峰：即李逢阳（1529—1572），字维明，号翰峰，白下（今江苏
南京）人。隆庆二年（1568）进士。历官户部主事、礼部郎中。李
贽的朋友。李贽在《李中谿先生告文》《李生十交文》（本书卷三）
和《王阳明先生年谱后语》等文中都曾提及与李逢阳的交往。李
逢阳与杨希淳极为友好。王兆云《词林人物考·李维明杨道南
传》载："李以隆庆戊辰（二年）进士，官至礼部祠祭员外郎。过
家，值道南病疠（lì，瘟疫），维明周旋药饵。或以疠善染（容易传
染），触宜少避。维明曰：'审若此，即与道南同游亦快矣。'杨卒
未浃旬，李亦病，竟不起。李得年四十四，杨得年四十二。李无
后，杨仅一子，近亦夭。"陈作霖《金陵通传》卷一八有传。

③非其义：不合那个事理。

④朝夕：这里当动词用，意为"早晚都呆在……"。

⑤窥觎（kuī yú）：觊觎（jì yú），非分的希望或企图。节妹：即上文所
说的"守节之妹"。

⑥交搆是非：互相构陷引起是非争端。交搆，亦作交构，互相构陷。

【译文】

杨氏族孙，最近听从兄长的建议，过继给杨虚游先生的儿子为后，
不是过继给李翰峰先生为后。不是翰峰的后代，怎么要住在翰峰的房
子里？继承杨姓却住李家的房屋，不合事理呀。杨氏族孙又是最近根
据议定的意见立为虚游先生的儿子之后人，又不是立为李翰峰先生守
节的妹妹之后人的。不是李翰峰先生守节的妹妹的后人，又怎么能早
早晚晚都呆在李姓的房子里，并以服事翰峰先生守节的妹妹作为借口
呢？过继给杨虚游先生的儿子做后人，却让他住在李家的屋子里服事
翰峰先生守节的妹妹，这尤其不合事理。即使他并不企图占有翰峰先
生守节的妹妹穿衣吃饭之后剩余的资产，到时候怕也做不到。到时候，
互相陷害，引起是非争端，给翰峰先生的孙子强加上不孝的罪名，又是

事势恶化以后必然要发生的事。这是使他们两家产生矛盾,是我们这些人的过错,不是杨氏族孙的过错。希望您虚心听取我的意见,务必为翰峰先生着想。翰峰先生在世的时候,与您是最好的,而我在他眼里只是一个旁人罢了,我知道您一定是非常想念他的。想念翰峰就一定会想到他守节的妻子顾氏,想到他守节的妹妹李氏,又想到他的孙子,这是无疑的。

　　夫翰峰合族无一人可承继者,仅有安人顾氏生一女尔①。翰峰先生没而后招婿姓张者,入赘其家②,生两儿,长养成全③,皆安人顾氏与其妹李氏鞠育提抱之力也④。见今娶妻生子⑤,改姓李,以奉翰峰先生香火矣⑥。而婿与女又皆不幸早世⑦,故两节妇咸以此孙朝夕奉养为安,而此孙亦藉以成立。弱侯与公等所处如此⑧,盖不过为翰峰先生念,故弱侯又以其女所生女妻之也⑨。近闻此孙不爱读书,稍失色养于二大母⑩,此则双节平日姑息太过⑪,以致公之不说⑫,而二大母实未尝不说之也。仆以公果念翰峰旧雅⑬,只宜择师教之,时时勤加考省⑭,乃为正当。若遽为此儿孙病而别有区处⑮,皆不是真能念翰峰矣。

【注释】

①安人:封建时代妇女因丈夫或儿孙得官而被赠与的一种封号。宋代自朝奉郎以上其妻封安人。明清时,六品官之妻封安人。如系封与其母或祖母,则称太安人。

②入赘(zhuì):男子到女方家结婚,并成为其家庭成员。

③成全:抚育成人。

④鞠(jū)育:抚养,养育。提抱:养育,照顾。

⑤见(xiàn)今:现在。

⑥奉……香火:指子孙祭祀祖先之事。祭祀祖先时要烧香点烛,故称。这里是继承家族宗嗣之意。

⑦早世:早死。

⑧弱侯:即焦竑,见《复焦弱侯》题解。处:议处,商定。

⑨妻(qì)之:嫁给他做妻子。

⑩色养:儿女和颜悦色奉养父母或承顺父母颜色。大母:祖母。

⑪双节:指顾氏与李氏嫂姑两位"节妇"。姑息:这里是溺爱的意思。

⑫说(yuè):后作"悦"。

⑬旧雅:过去的交情。雅,交谊,友情。

⑭考省(xǐng):考察。

⑮区处(chǔ):处置,处理。

【译文】

　　翰峰的整个家族中,没有一个人可以继承他,只有他的妻子顾氏生有一女。翰峰先生死后,招了一个姓张的女婿到家里来,生了两个儿子,抚育成人,全靠顾氏与他的妹妹李氏全力抚养照顾。现在孙子已经娶妻生子,改姓李,从而继承翰峰先生的香火。可是女婿和女儿又都不幸过早去世了,所以两个守节的妇人完全将这个孙子视为今后早晚侍奉的终身依靠,这个孙子也借此可以成家立业。焦弱侯与您等商定这么处置,不过是为了翰峰先生着想,所以弱侯又将自己女儿所生的女儿嫁给这个孙子。最近听说这个孙子不爱读书,对两个祖母脸色也不大好,这都是两个守节的妇人平时对他太姑息,以致您不高兴,而两个祖母并没有不高兴。我想,您如果真的顾念与翰峰过去的交情,只须选择好的老师来教导他,对他的学习情况时时加以考察,才是正路。如果突然因为这个孙子的毛病就别作处理,都不是真的顾念翰峰。

　　夫翰峰之妹，一嫁即寡，仍归李家。翰峰在日，使与其嫂顾氏同居南、北两京①，相随不离；翰峰没后，顾氏亦寡，以故仍与寡嫂同居。计二老母前后同居已四十余年，李氏妹又旌表著节②，翕然称声于白门之下矣③。近耿中丞又以"双节"悬其庐④，二母相安，为日已久，当不以此孙失孝敬而遂欲从杨氏族孙以去也。此言大为李节妇诬矣，稍有知者决不宜信，而况于公。大抵杨氏族孙贫甚，或同居，或时来往，未免垂涎李节妇衣簪之余⑤，不知此皆李翰峰先生家物，杨家安得有也。且节妇尚在，尚不可缺乎？若皆为此族孙取去，李节妇一日在世，又复靠谁乎？种种诬谤，尽从此生。唯杨归杨，李归李，绝不相干，乃为妥当。

【注释】

①南、北两京：指北京与南京。

②旌表：表彰。过去官府用立牌坊、赐匾额等方式，对忠孝节义的人加以表彰。著节：彰其节操。

③翕(xī)然：一致貌，众口同声地。白门：今江苏南京。

④耿中丞：即耿定向，见《复耿侗老书》题解。以"双节"悬其庐：把"双节"匾额悬挂在她家的大门上。

⑤垂涎：因想吃而流口水，形容贪馋。衣簪之余：指衣服首饰以外的财物。

【译文】

　　翰峰的妹妹，一出嫁就守寡，仍然回到了李家。翰峰在的时候，让她与他的妻子顾氏一起先后居住在南京和北京，一直跟着，不曾离开；翰峰死后，顾氏也守寡，因此她仍与寡嫂同住。算起来这两个老母前后同住已经四十余年，李氏妹妹又因守节受到表彰，在南京得到异口同声的称赞。最近,耿中丞又将撰写的"双节"匾额悬挂在她家的大门上,两位老母安然相处已经很久了,应该不会因为这个孙子失于孝敬就要跟着杨氏族孙去。这些话是对李节妇的极大诬蔑,稍有知识的人绝不会相信,更何况是您。大概杨氏族孙贫穷得太厉害了,或许是平时住在一起,或许是彼此常有往来,不免垂涎李节妇买衣服首饰之外多余的钱财,却不知道这都是李翰峰先生家的财物,杨家怎么能占有。况且李节妇还在世,财物也不能缺少吧? 如果都被这个族孙拿走了,李节妇在世一天,又能靠谁呢? 种种诬蔑诽谤都是从这里产生的。只有杨家的归杨家,李家的归李家,两家绝不相干,才是妥当的做法。

复晋川翁书

【题解】

本文当写于万历二十七年(1599),时李贽在南京。晋川翁,即刘东星,见《答刘方伯书》题解。万历二十六年(1598),刘东星以工部左侍郎兼右佥都御史之职总理河漕,因成绩显著升为工部尚书兼右都御史(《明史》卷二二三《刘东星传》)。此信中有"叔台相见,一诵疏稿,大快人! 大快人!"刘东星疏稿今未见,据《明神宗实录》卷三三二:"万历二十七年三月丁亥,工部覆总河刘东星议。"可知刘东星于河漕竣工时曾上过疏。据清咸丰戊午修《济宁直隶州志》卷六《职官》载:刘东星于去年八月到任,而"计五阅月工竣",那么刘的上疏亦当在此时。此疏稿由耿定力带到南京李贽处,当在本年春夏之间。在此信中,告诉刘东星处理君臣关系的"调停之术",从一个侧面表现了李贽的政治观念。

往来经过者颂声不辍①,焦弱侯盖屡谈之矣②。天下无不可为之时,以翁当其任,自然大为士民倚重,世道恃赖③,

但贵如常处之，勿作些见识也④。果有大力量，自然默默斡旋⑤，人受其赐而不知。若未可动，未可信，决须忍耐以须时⑥。《易》之《蛊》曰："干母之蛊，不可贞。"⑦言虽干蛊，而不可用正道，用正道必致相忤⑧，虽欲干办母事而不可得也。又曰："干父用誉。"⑨而夫子传之曰⑩："干父用誉，承以德也⑪。"言父所为皆破家亡身之事，而子欲干之，反称誉其父，反以父为有德，如所云"母氏圣善，我无令人"者⑫。如是则父亲喜悦，自然入其子孝敬之中⑬，变蛊成治无难矣⑭。倘其父终不肯变，亦只得随顺其间，相几而动⑮。夫臣子之于君亲，一理也。天下之财皆其财⑯，多用些亦不妨；天下民皆其民，多虐用些亦只得忍受。但有大贤在其间⑰，必有调停之术⑱，不至已甚足矣。只可调停于下，断不可拂逆于上。叔台相见⑲，一诵疏稿⑳，大快人！大快人！只此足矣，再不可多事也。阳明先生与杨邃庵书极可玩㉑，幸置座右！

【注释】

①颂声不辍：称赞的声音不断。这里当指对刘东星治理河漕时因时短费省而获得升秩的赞誉。

②焦弱侯：即焦竑，见《复焦弱侯》题解。

③世道恃赖：意为社会风尚要依赖您去改变。

④作些见识：些小的见识。

⑤斡（wò）旋：调解周旋。

⑥须时：等待时机。

⑦"《易》之"三句：意为《周易·蛊》上说："处理母亲做的坏事，不能用正常的认真谴责办法。"蛊（gǔ），事。贞，正道，正常的办法。

⑧忤:抵触。

⑨干父用誉:见《周易·蛊》卦,意为处理父亲做的坏事,要替父亲掩丑扬美。

⑩夫子:指孔子。传:注释。

⑪承以德:(把儿子的好品德)归到父亲身上。

⑫母氏圣善,我无令人:语见《诗经·邶风·凯风》,意为母亲是贞洁善良的,我们做儿女的不好。《凯风》一诗写的是一个已有七个儿子的母亲想改嫁,儿子们都责备自己没能安慰好母亲,致使她这样。令人,品德美好的人。

⑬"自然"句:意为自然被他儿子的孝敬行为所感化。

⑭变蛊成治:变坏的为好的。

⑮相几:看时机。

⑯其:指皇帝。

⑰大贤:指有作为的政治家。

⑱调停:协调,调解。

⑲叔台:即耿定力,见《与友山》第二段注①。

⑳疏稿:当指刘东星总理河漕竣工时上的奏疏。

㉑阳明先生:即王守仁(1472—1529),字伯安,号阳明,余姚(今浙江余姚)人。弘治十二年(1499)进士。因反对宦官刘瑾被贬谪贵州龙场(今贵州修文)任驿丞(管理驿站的官吏)。后任太仆寺少卿、南赣佥都御史、都察院副都御史等职。曾平定宁王朱宸濠叛乱,镇压过农民起义。官至南京兵部尚书,封新建伯,卒谥文成。他发展了陆九渊的学说,认为"心外无物,心外无理",人心的"灵明"就是"良知",没有"良知"便没有天地万物。而良知为人人所固有,圣人不多,常人不少,所以人人都可以成为圣人。王守仁的思想是宋明"心学"的集大成者,具有对抗朱熹和促进思想解放的积极因素,对李贽有直接影响。著作由门人辑成《王

文成公全书》。《续藏书》卷一四、《国朝献征录》卷九、《明史》卷一九五、《明史稿》卷一八五、《明儒学案》卷一〇等有传。李贽还撰写有《阳明先生年谱》。与杨邃（suì）庵书：指收在《王阳明全集》卷二一的《寄杨邃庵阁老书》。在此文中，王守仁提出："万斛之舵，操之非一手，则缓急折旋，岂能尽如己意？""古之君子，洞物情之向背而握其机，察阴阳之消长以乘其运，是以动必有成，而吉无不利。"又说："夫权者，天下之大利大害也，小人窃之以成其恶，君子用之以济其善。固君子之不可一日去，小人之不可一日有者也。欲济天下之难，而不操之以权，是犹倒持太阿，而授人以柄，希不割矣！"杨邃庵，即杨一清（1454—1530），字应宁，号邃庵、石淙，安宁（今云南安宁）人。成化八年（1472）进士。授中书舍人。弘治时，巡抚陕西，留意边事，严禁奸民以茶易马，选卒练兵，加强武备。武宗即位，命为延绥、宁夏、甘肃三边总制，进右都御史。以不附刘瑾，得罪去官。后劝宦官张永揭发刘瑾罪恶，瑾因此被杀。擢户部尚书，旋迁吏部尚书，兼武英殿大学士，参预机务。因江彬等擅权，辞官而去。嘉靖初，再以兵部尚书、左都御史，总制陕西三边军务。不久，召还京师，加华盖殿大学士，为内阁首辅。后遭张璁诬陷去官，疽发背而死。著有《关中奏议》《石淙诗稿》《石淙类稿》等。今人整理有《杨一清集》。《续藏书》卷一二、《国朝献征录》卷一五、《明史》卷一九八、《明史稿》卷一七六、《明书》卷一二九等有传。玩：玩味。

【译文】

往来的人们对您治理河漕的功绩称赞之声不断，焦弱侯也多次说及。天下时时都可以有所作为，以您的能力和智慧担当重任，自然会得到士民的依靠器重，依赖您去改变社会风尚，但贵在如平常那样处世，不要只是些小的见识。如果有大力量，自然默默地就可改变局面，使人们在不知不觉中而受到恩惠。如若没有可行动的机遇，没有取得有关的信任，那就要忍耐等待时机。《周易》的《蛊》卦说："处理母亲做的坏事，不能用正常的认真的谴责办法。"就是说处理母亲做的坏事，不可用正常的办法，用正常的办法一定会产生抵触，虽然想要处理好母亲之事却达不到目的。《周易》的《蛊》卦又说："处理父亲做的坏事，要替父亲掩丑扬美。"孔子为此作注说："处理父亲做的坏事，要替父亲掩丑扬美，并把自己的美德归到父亲身上。"就是说父亲做的都是造成家破人亡的事，儿子来处理时，反而要赞美父亲，称赞父亲有美德，正如《诗经·邶风·凯风》所说："母亲是贞洁善良的，我们做儿女的不好。"这样父亲自然喜悦，自然会被儿子的孝敬行为所感化，变坏的为好的就不难了。如若父亲始终不变，也只能依从于中间，看时机再进行规劝。由此可知臣子与君亲之间，就是这个道理。天下的财产都是皇帝的财产，皇帝多用些也没什么关系；天下的小民都是皇帝之民，怎么压榨你也只得忍受。如果遇到有作为的政治家，他一定会运用协调之术，不至于做法过甚就可以了。但只可协调于下民，断断不可违背于皇帝。与耿叔台相见时，读了您总理河漕浚工时上的奏疏，真是大快人心！大快人心！这样已经很好了，再不可多事了。王阳明先生《寄杨邃庵阁老书》极可玩味鉴赏，希望您放置座右！

书晋川翁寿卷后

【题解】

本文于万历二十七年(1599)写于南京。万历二十五年(1597)刘东星在山西沁水坪上村过六十寿辰，李贽曾为之作《寿刘晋川六十序》(见《续焚书》卷二)。"晋川翁寿卷"不是《寿刘晋川六十序》的卷轴，因为李贽明言该文是写于"丙申"，即万历二十四年(1596)。四年之后，李贽在南京又看到此"寿卷"，心有所感，又写这篇《书晋川翁寿卷后》。在此文中，李贽对刘东星是"居中"还是继续"卧理淮上"表示了意见，李贽认为从国家考虑,刘东星还是入朝执政为好,并以宰相之才称之。

　　此余丙申中坪上笔也,今又四载矣,复见此于白下①。览物思仁寿②,意与之为无穷。公今暂出至淮上③,淮上何足烦公耶! 然非公亦竟不可。夫世固未尝无才也,然亦不多才。唯不多才,故见才尤宜爱惜,而可令公卧理淮上耶④? 在公虽视中外如一⑤,但居中制外,选贤择才,使布列有位⑥,以辅主安民,则居中为便。吾见公之入矣,入即持此卷以请教当道。今天下多事如此,将何以辅佐圣主,择才图治? 当事者皆公信友⑦,吾知公决不难于一言也,是又余之所以为公寿也。余以昨戊戌初夏至⑧,今又一载矣。时事如棋⑨,转眼不同,公当系念⑩。

【注释】

①白下:今江苏南京。

②仁寿:有仁德而长寿的人。这里指刘东星。

③“公今”句:刘东星于万历二十六年(1598)以工部左侍郎兼右佥都御史之职总理河漕,在淮北一带疏浚河渠,不久升工部尚书兼右都御史。次年负责疏浚邵伯、界首二湖渠道。该二湖在扬州府,明太祖时称扬州府为淮海府。

④卧理:即卧治。据《史记》卷一二〇《汲黯列传》,西汉汲黯当东海太守,多病,卧在家中处理政事,一年有余,“东海大治”。后来汉武帝调他出任淮阳太守,汲黯以病为由推谢。武帝说你“卧而治之”即可。后来称赞治理政事清简,掌握要领而收到成效为“卧治”。

⑤中外:中指朝廷,外指地方。

⑥布列有位：安排得当。布列，分布陈列。

⑦信友：诚实守信的朋友。

⑧戊戌：万历二十六年（1598）。

⑨如棋：比喻时局不稳定。

⑩系念：留念，关心。

【译文】

这是我丙申年间在坪上村所写，至今又四年了，在南京又看到。见此物而思念有仁德而长寿之人，心意深切无穷。您现今暂且任职淮上，淮上哪里用得着您！然而这里没有您又办不成事。世上并不是没有有才能的人，然而也不多才。因为不多才，所以看见有才之人就应该爱惜，哪里能让您来治理淮上之事？您虽然认为在朝廷和在地方一样，但是位居朝廷控制地方，选择贤才，各得其位，以辅助君主安抚百姓，那么在朝廷执政还是比地方方便。我听说您将要入朝执政，入朝时可拿我这封书简以请教执政之人。现今天下多事如此，用什么办法辅佐圣主，选拔有才之人把国家治理好？握有大权之人都是您的诚实守信的朋友，我知道您一定不会为一言而为难，这是我又为您祝寿之意。我是去年戊戌初夏到南京的，至今又一年了。时事像棋局不稳定，转眼之间就又是一个样，您要多多留心。

会期小启

【题解】

本文当写于李贽任南京刑部员外郎期间，即隆庆四年（1570）至万历二年（1574）之间。焦竑《读书不识字》一文中曾说："宏甫为南比部郎，日聚友讲学。"（《焦氏笔乘》卷四）可证。会，文会，道会，讲学会，文人品评文章、讲学传道的组织。明代后期，讲学风盛行，一些官吏、学者经常在规定的时间地点聚众讲学。启，书札，书信。

　　会期之不可改，犹号令之不可反，军令之不可二也。故重会期，是重道也，是重友也。重友以故重会，重会以故重会期。仆所以屡推辞而不欲会者^①，正谓其无重道重友之人耳。若重道，则何事更重于道会也耶！故有事则请假不往可也，不可因一人而遂废众会也，况可遽改会期乎？若欲会照旧是十六，莫曰"众人皆未必以会为重，虽改以就我亦无妨"^②。噫！此何事也！众人皆然，我独不敢，亦望庶几有以友朋为重，以会为重者。今我亦如此，何以望众人之重道乎？我实不敢以为然，故以请教。

【注释】

①不欲会：不愿意参加会。

②就：迁就。

【译文】

　　会期之不可改动，就像发布的命令不可以改变，军令不可以二样一样。所以重视会期，就是重视道义，重视友情。重视友情所以重视讲学之会，重视讲学之会所以重视会期。我所以多次推辞不愿去讲学之会，那是因为没有重视道义重视友情的人。如若重视道义，那还有什么比重视讲学会更重要的呢！所以有事请假不参加可以，不能因为一个人的原因而就废弃大众的会，何况随便就改变会期呢！如若要举行讲学会还是按原来的规定在十六日，不要说"大家不一定以会为重要，虽然改改会期以迁就我也没什么妨碍"。唉！这是什么事呀！大家都是这样，就我一个不敢这样，因此希望也能有以友朋为重，以讲学会为重之人。而今我自己就是如此，怎么能希望大家都能重视道义呢？我实在是不敢以为这样就好，所以写此书札请教。

与友人书

【题解】

　　本文约写于万历二十四年(1596)冬或次年春,时李贽在山西沁水。友人,当指袁宗道。袁宗道在《李卓吾》一信中说:"沁水父子(刘东星父子)日与翁相聚,想得大饶益……又诸兄曾论及'一贯''忠恕',生戏作时艺(即时文,科举用的八股文)一篇,谨录一纸请正。"(《白苏斋类集》卷一五,又见《李温陵外纪》卷四)李贽此信开头即说:"古圣之言,今人多错会,是以不能以人治人,非恕也,非絜矩也。"似即对袁宗道上信的回复与生发。据此推断,这封信可能是李贽万历二十四年冬或次年春住在刘东星家时写给袁宗道,讨论"忠恕"问题的。该信又见《李氏说书·下孟》,名为《中也养不中篇》,开头有"或问中也养不中,才也养不才,而人何以养,卓吾曰"等二十字,余悉同。该信中所论述的"以人治人"问题,与李贽此时新著《道古录》中的思想一致。

　　古圣之言,今人多错会^①,是以不能以人治人^②,非恕也^③,非絜矩也^④。试举一二言之。

【注释】

　　①错会:错误领会。

　　②以人治人:顺应不同人的情况去治理。主张以人治人,反对以己治人,是李贽的一贯思想。他在出任云南姚安知府时写的《论政篇》中就提出应该实行"因乎人""因性牗民"的"至从之治",而反对"本诸身"的"君子之治"。他寓居麻城与耿定向论战时又一次论述了这一思想。后来他在山西沁水著《道古录》,更明确提出:"故君子以人治人,更不敢以己治人者。以人本自治,人能自治,

不待禁而止之也。若欲有以止之，而不能听其自治，是伐之也，是欲以彼柯易此柯也。"这一思想虽不免带有人性论的倾向，但确有反对封建禁锢的意义。

③恕：恕道。这里指"以人治人"。

④絜（xié）矩：语出《大学》，儒家以絜矩来象征道德上的规范。絜，度量。矩，画方形的用具，引申为法度。

【译文】

古时候圣人的言论，现在的人大多领会错了，因而不能因人而异地去治理，不是用法度去治理，不是用规矩去治理。且举一两个例子来说。

夫尧明知朱之嚚讼也①，故不传以位②；而心实痛之，故又未尝不封之以国③。夫子明知鲤之痴顽也④，故不传以道；而心实痛之，故又未尝不教以《礼》与《诗》⑤。又明知《诗》《礼》之言终不可入，然终不以不入而遽已⑥，亦终不以不入而遽强。以此知圣人之真能爱子矣。乃孟氏谓舜之喜象非伪喜⑦，则仆实未敢以谓然。夫舜明知象之欲己杀也⑧，然非真心喜象则不可以解象之毒，纵象之毒终不可解，然舍喜象无别解之法矣。故其喜象是伪也；其主意必欲喜象以得象之喜是真也，非伪也。若如轲言，则是舜不知象之杀己，是不智也；知其欲杀己而喜之，是喜杀也，是不诚也。是尧不知朱之嚚讼，孔不知鲤之痴顽也，不明甚矣。故仆谓舜为伪喜，非过也。以其情其势，虽欲不伪喜而不可得也。以中者养不中，才者养不才⑨，其道当如是也。养者，养其体肤，饮食衣服宫室之而已也。如尧之于朱，舜之于象，孔之于伯鱼,但使之得所养而已也。此圣人所以为真能爱子与悌弟也⑩。此其一也。

【注释】

①尧:陶唐氏,名放勋(有时简称勋),史称唐尧。传说中父系氏族社会后期部落联盟领袖。朱:即丹朱,传说是尧的儿子。嚚(yín)讼:语出《尚书·尧典》。意为奸诈而好争讼。

②不传以位:《史记》卷一《五帝本纪》:"尧知子丹朱之不肖,不足授天下,于是乃权授舜。授舜,则天下得其利而丹朱病;授丹朱,则天下病而丹朱得其利。尧曰'终不以天下之病而利一人',而卒授舜以天下。"

③封之以国:不详。

④夫子:指孔子。鲤:孔子的儿子,字伯鱼。

⑤教以《礼》与《诗》:孔子教孔鲤学《礼》学《诗》的事见《论语·季氏》。

⑥遽(jù)已:就停止。遽,就,遂。

⑦"乃孟氏"句:意为孟子认为舜喜欢象不是假装的。事见《孟子·万章上》。大意是,舜的继母弟象千方百计想把舜害死,舜却毫不计较,与象见面时,还是一样高兴。孟子的学生万章就这件事提出疑问:舜不知道象要杀他呢,还是假装不计较呢?孟子说,舜是知道的,只是"象忧亦忧,象喜亦喜",象既然假装敬爱兄长的样子,舜因此也真诚地相信而高兴,为什么是假装的呢?李贽对孟子的这一说法进行了反驳。伪喜,假装喜欢。

⑧欲己杀:想谋害自己。

⑨"以中者"二句:语本《孟子·离娄下》:"孟子曰:'中也养不中,才也养不才。'"意为具有中庸之道品质的人教育熏陶没有这种品质的人,有才能的人教育熏陶没有才能的人。

⑩悌弟：这里指爱护弟弟。

【译文】

尧明知道自己的儿子丹朱奸诈好讼，所以不将首领的职位传给他；可是内心其实是疼爱丹朱的，所以又没有不封给他国土。孔夫子明知儿子鲤痴呆顽皮，所以不给他传授学问；可是内心其实是疼爱他的，所以没有不教给他《礼》和《诗》。又明知鲤理解不了《诗》《礼》的语言，但终究没有因为他理解不了就中止传授，也终究没有因为他接受不了就勉强他接受。根据这一些事可以知道圣人是真善于爱儿子。孟子说舜喜欢自己异母的弟弟象不是装假，我却实在不敢认为是这样。舜明知象要杀自己，可是如果不真心喜欢象就不能解除象的恶毒，纵然象的恶毒到最后还是解除不了，但舜除了喜欢象，还没有别的解除其恶毒的办法。所以舜喜欢象是假的；他内心的想法是一定要喜欢象，以此博得象的喜欢，这才是真的，不是假的。如果真如孟轲所言，那如果舜不知道象要杀自己就是不聪明；如果知道象要杀自己，却还要去喜欢他，那就是喜欢杀人的人，是不诚实。这就像说尧不知道丹朱奸诈好讼，孔夫子不知道鲤痴呆顽皮，太不聪明了。所以我认为舜是假装喜欢，也不是什么过错。在当时的情形下，舜即使想不假装喜欢也是不行的。用中庸的人养育不中庸的人，用有才能的人养育没有才能的人，方法应该如此。养育，就是养育他的身体，供给他饮食、衣服、房屋而已。像尧对丹朱，舜对于象，孔夫子对伯鱼，只是让他们得到养育而已。这就是圣人真能爱儿子、爱兄弟的原因。这是第一。

又观古之狂者，孟氏以为是其为人志大言大而已①。解者以为志大故动以古人自期②，言大故行与言或不相掩。如此，则狂者当无比数于天下矣③，有何足贵而故思念之甚乎④？盖狂者下视古人⑤，高视一身⑥，以为古人虽高，其迹往矣,何必践彼迹为也⑦。是谓志大。以故放言高论,凡其身之所不能为,与其所不敢为者,亦率意妄言之。是谓大言。固宜其行之不掩耳。何也? 其情其势自不能以相掩故也。夫人生在天地间,既与人同生,又安能与人独异。是以往往徒能言之以自快耳,大言之以贡高耳⑧,乱言之以愤世耳。渠见世之桎梏已甚⑨,卑鄙可厌,益以肆其狂言。观者见其狂,遂指以为猛虎毒蛇,相率而远去之⑩。渠见其狂言之得行也,则益以自幸,而唯恐其言之不狂矣。唯圣人视之若无有也,故彼以其狂言吓人而吾听之若不闻,则其狂将自歇矣。故唯圣人能医狂病。观其可子桑⑪,友原壤⑫,虽临丧而歌⑬,非但言之,且行之而自不掩,圣人绝不以为异也。是千古能医狂病者,莫圣人若也⑭。故不见其狂,则狂病自息。又爱其狂,思其狂,称之为善人,望之以中行⑮,则其狂可以成章⑯,可以入室⑰。仆之所谓夫子之爱狂者,此也。盖唯世间一等狂汉,乃能不掩于行。不掩者,不遮掩以自盖也,非行不掩其言之谓也。

【注释】

①“又观”二句:《孟子·尽心下》载:万章问:“何以谓之狂也?”孟子答曰:“其志嘐(xiāo)嘐然,曰:古之人,古之人。夷考其行而不掩焉者也。”意为他们志大而言夸,总是说:“古人呀,古人呀。”可是一考察他们的行为,却不和言语相吻合。朱熹《四书集注》:“嘐嘐,志大言大也。重言‘古之人’,见其动辄称之,不一称而已也。夷,平也。掩,覆也。言平考其行,则不能覆其言也。”

②解者:当指上引朱熹的解释。李贽不同意这种解释,见下文。自

期：自许。

③无比数：多的是，算不了什么。

④思念之甚：《孟子·尽心下》：万章问："……孔子在陈，何思鲁之狂士？"孟子答曰："孔子'不得中道而与之，必也狂狷乎！狂者进取，狷者有所不为也'。孔子岂不欲中道哉？不可必得，故思其次也。"这里说的"思念"当本此。

⑤下视古人：把古人看得很低下。

⑥高视一身：把自身看得很高。

⑦"以为"三句：反对践迹是李贽的一贯思想。他在《藏书·世纪列传总目后论》中曾斥责道学家们"虽名为学而实不知学，往往学步失故，践迹而不能造其域，卒为名臣所嗤笑。"在《藏书》卷三二《乐克传论》中斥责道学家们的"践迹"是"效颦学步，徒慕前人之迹为也"。并响亮提出，对于过去的迹"不必践，不可践，不当践"。

⑧贡高：自命高超不凡。

⑨桎梏：古代拘束罪人的刑具，如脚镣手铐。比喻一切束缚人的东西。这里指道学家鼓吹的束缚人们思想的道德伦理教条。

⑩相率：一个接一个。

⑪可子桑：肯定子桑。《论语·雍也》："仲弓问子桑伯子。子曰：'可也简（他简单得好）。'"子桑伯子已不可考。有人以为他是《庄子》中的子桑户，有人以为他是秦穆公时的子桑（公孙枝），都只能存异。

⑫友原壤：与原壤做朋友。

⑬临丧而歌：据《礼记·檀弓》记载，原壤母亲死了，孔子去帮助他料理丧事，他却站在棺材上唱起歌来，孔子只好装作没听见。从者问孔子，是不是要与之断交。孔子说，为亲戚者虽有非礼，不可立即就失去亲戚之情；为朋友者虽有非礼，不可立即就失去朋

友之交。表现出孔子隐恶全交之意。

⑭莫圣人若：莫若圣人，没有能像圣人那样。

⑮中行：行为合乎中庸之道的人。亦泛指中庸之道。

⑯成章：语出《论语·公冶长》。意为文理很可观。引申为自成格局。

⑰入室：语本《论语·先进》："由也升堂矣，未入于室也。"意为学问很精深。这里可引申为和自己很亲近。

【译文】

再看古代之狂者，孟子认为只是他们志向大、说大话而已。解释孟子的人认为，志向大，所以动不动就用古人来比自己；说大话，所以言与行有时不一致。如果是这样，那狂者在世上就多得数不清，有什么值得看重并且令孔子特别想念的呢？狂者把古人看得很低，把自身看得很高，认为古人虽然很高明，但他们的行为已经成为过去，为什么一定要沿袭着他们的行为去做呢？这才是他们的大志向。因为这个缘故，他们毫无拘束地发表自己的高论，凡是他自身做不了的，与他不敢做的，也都轻率地乱说。这才是他们的大话。这种情形适宜于他们不掩饰自己的言行。为什么？是因为人生客观情形本身是不能掩饰的。人生活在天地之间，既然与他人同样地生活，又怎么能与他人不一样。因此往往只能说说话让自己快乐，说说大话来表明自己高超不凡，乱发议论来表达对世事的愤怒罢了。他看到这世界对人的束缚已经很严重，觉得卑鄙讨厌，于是更加无所忌惮地发表狂言。旁观的人看到他的狂妄，便把他看作猛虎毒蛇，一个接一个地远离他。他看到自己的狂言得以流行，便更加自我庆幸，进而唯恐自己的言论还不够狂妄。只有圣人对他的狂言视若无物，所以他用自己的狂言吓人，而我听着像没有听到一样，于是他的狂劲就自己歇息了。所以，只有圣人能治狂病。我们看孔子肯定子桑，与原壤做朋友，虽然原壤的母亲死了他却站在棺材上唱歌，不仅口出狂言，而且行为狂悖，还不加掩饰，圣人却一点也不认为怪异。这就是说，千古以来能够医治狂病的人，没有像圣人那样的。所以，圣人不看他的狂，他的狂病就自己平息了。圣人又爱他的狂，思念他的狂，称他为善人，希望他是行为合乎中庸之道的人，那么他的狂就可以成为华章，可以登堂入室。我认为的孔夫子爱狂人，就是这个意思。只有世间第一等的狂汉，才能对自己的行为不遮掩。不遮掩，是说他不屑于用言辞掩盖自己的行为，并不是说他的行为不能被言辞所掩盖。

　　若夫不中不才子弟，只可养，不可弃，只可顺，不可逆。逆则相反，顺则相成，是为千古要言，今人皆未知圣人之心者，是以不可齐家治国平天下，以成栽培倾覆之常理[1]。

【注释】

①栽培倾覆：语出《中庸》："故天之生物，必因其材而笃焉。故栽者培之，倾者覆之。"意为可以栽培生长的就培育它，要倾倒的就让它倾倒。

【译文】

像那种行为不中庸、缺少才能的子弟，只能教养，不能放弃，只能顺从，不能对立。对立就相互排斥，顺从就相互融合，这是千古以来重要的话，现在的人不懂圣人的心思，所以就不能够齐家治国平天下，不能用行动来印证圣人因才施教的常理。

复顾冲庵翁书

【题解】

本文于万历二十三年（1595）写于麻城。顾冲庵，即顾养谦，见《复焦弱侯》第一段注③。当时顾养谦来信邀请李贽到通海（在今江苏南通）隐居，此信即是对顾的回答。信中虽以"适病暑"婉言谢绝了顾的邀请，但对顾的感激之情却极为真切。

　　某非负心人也①，况公盖世人豪；四海之内，凡有目能视，有足能行，有手能供奉，无不愿奔走追陪②，藉一顾以为重，归依以终老也③，况于不肖某哉④！公于此可以信其心矣。自隐天中山以来⑤，再卜龙湖⑥，绝类逃虚近二十载⑦，岂所愿哉！求师访友，未尝置怀⑧，而第一念实在通海⑨，但老人出门大难，讵谓公犹惓惓念之耶⑩！适病暑⑪，侵侵晏寂⑫，一接翰诲⑬，顿起矣。

【注释】

①某：李贽自称。

②追陪：追随。

③"藉一顾"二句：意为只要看他一眼就觉得看得起他，愿意一辈子归向你。这是李贽对顾的恭维话。

④不肖：不贤。自谦之辞。

⑤天中山：又叫仰天窝，李贽有时称为"天窝山"，在黄安（今湖北红安）的五云山中。李贽于万历二年（1574）冬寓居于天中山的天窝山房。

⑥卜（bǔ）：卜居。龙湖：指湖北麻城东的龙潭湖芝佛院。李贽于万历十六年（1588）寓居于此。

⑦绝类逃虚：隔绝人世，退隐山湖之意。类，人群。虚，虚空，指远离人世的空寂环境。

⑧置怀：放在心上。

⑨第一念：首先思念的。通海：镇名。在南通州（今江苏南通）东
　南。这里代指顾养谦的家乡南通州。当时顾养谦辞官家居。

⑩讵谓：怎么想到。

⑪适：正好碰到。

⑫侵侵：渐近。晏寂：佛教用语。安息、寂灭、死的意思。

⑬翰海：来信教诲。翰，书信。

【译文】

我不是那种负心之人，何况您是才能功德都高出当代的人中豪杰；四海之内，凡有眼睛能看见，有脚能行走，有手能侍奉的人，谁不愿意奔走追随您身边，只要您看他一眼就觉得您很看重他，愿意一辈子归向您，何况像我这样的不贤之人！您由此可以相信我的诚心了。我自从隐居天中山以来，后又居麻城龙潭湖，隔绝人世退隐山湖近二十年，哪里是愿意如此！求师访友，未必放在心上，而首先思念的就是您，但像我这样的老人出门大有难处，怎么想到您又如此恳切地思念我！正好遇到我在中暑病中，好像要离世而去，一接到您的来信教诲，一下子精神就好起来了。

又书

【题解】

本文于万历二十七年（1599）写于南京。当时，顾养谦再度邀请李贽往通海，会友之情十分真切，此复信即是告知其赴邀的行期。信中以赵至与嵇康的故事说明"四海求友"的可贵、可慕，实是寄寓着自己对顾养谦友情的感激与赞誉。

昔赵景真年十四，不远数千里佯狂出走，访叔夜于山阳①，而其家竟不知去向，天下至今传以为奇。某自幼读之，

绝不以为奇也。以为四海求友,男儿常事,何奇之有。乃今视之,虽欲不谓之奇不得矣。向在龙湖②,尚有长江一带为我限隔,今居白下③,只隔江耳④。住来十余月矣,而竟不能至,或一日而三四度发心⑤,或一月而六七度欲发⑥。可知发心容易,亲到实难,山阳之事未易当也⑦。岂凡百尽然⑧,不特此耶;抑少时或可勉强,乃至壮或不如少,老又决不如壮耶;抑景真若至今在,亦竟不能也? 计不出春三月矣。先此报言⑨,决不敢食⑩。

【注释】

①"昔赵景真"三句:事见《晋书》卷九二《赵至传》,但稍有出入。《赵至传》:"年十四,诣洛阳,游太学,遇嵇康于学写石经,徘徊视之不能去,而请问姓名。康曰:'年少何以问邪?'曰:'观君风器非常,所以问耳。'康异而告之。后乃亡到山阳,求康不得而还。又将远学,母禁之,至遂阳狂,走三五里,辄追得之。年十六,游邺,复与康相遇,随康还山阳,改名浚,字允元。"赵景真,即赵至,魏晋间人。叔夜,即嵇康(224—263),字叔夜,三国魏谯郡铚(今安徽宿州)人。官中散大夫,世称嵇中散。崇尚老庄,好养生服食之事。但又疾恶如仇,敢于公开反对虚伪的礼教和礼法之士。明确表示自己"每非汤、武而薄周、孔","刚肠疾恶,轻肆直言,遇事便发"(《与山巨源绝交书》),表现了离经叛道、不与世合的精神。后被司马氏所杀。文学家、哲学家、音乐家。"竹林七贤"之一。鲁迅辑有《嵇康集》。《三国志》卷二一、《晋书》卷四九、《藏书》卷三一等有传。山阳,古地名。在太行山以南,今河南辉县、修武之间。嵇康曾在此隐居二十年。

②龙湖:指湖北麻城东的龙潭湖芝佛院。

③白下：南京的别称，故址在今江苏南京。东晋咸和三年(328)，陶
　　侃讨苏峻垒筑白石，后因以为城。唐武德九年(626)，改金陵为
　　白下。

④只隔江耳：此时李贽寓居南京，长江北岸即为南通州，所以如
　　此说。

⑤发心：动了念头。

⑥欲发：想要出发。

⑦山阳之事：指上说赵景真"不远数千里"拜访嵇康的故事。当：承
　　当，做到。

⑧凡百尽然：一切事情都是如此(指发心容易，亲到实难)。

⑨报言：报信。

⑩食：食言，不履行诺言。

【译文】

　　魏晋时人赵景真年仅十四岁，装疯远走数千里，到山阳去拜访嵇康，他的家人却不知他的去向，天下至今传为奇事。我在幼年读到这段事，并不以为奇。认为四海求友，这是男儿常事，有什么可奇怪的呢。今日看来，虽然想不认为他奇都是做不到的。以前我在麻城龙潭湖，和您有长江一带的阻隔，而今我居住在白下，只隔长江一水。住来十个多月，却不能到您那里去，有时一天之中动了三四回念头，有时一月之中有六七回想要渡江而去。由此可知产生念头容易，亲自行动则难，赵景真不远数千里拜访嵇康也真不容易做到。一切事情都是发心容易行动实难，不只是像赵景真访嵇康之事；年少之时还可尽力而为，到了壮年也许就不如少年之时，到了老年那就一定不如壮年之时了；如果景真至今还在，是不是也做不到呢？估计春三月之前我就可出行了。先报此信，一定不敢言而无信。

又书使通州诗后

【题解】

本文于万历二十六年(1598)写于南京。当时顾养谦自家乡南通州送信给李贽,并给予物质帮助。李贽即派人往南通州呈去《使往通州问顾冲庵》诗四首,并在诗后附了这封信笺。"使通州诗",即指上诗。信中谈到"为诗四章",今《续焚书》卷五收存二首。使,信使。通州,即南通州(今江苏南通),顾养谦的老家,当时顾辞官后家居。在这封信中,李贽对在云南姚安时受到顾养谦的提携与关照深表谢意,对当时日军侵略朝鲜并威胁到中国的事态深表忧虑。

某奉别公近二十年矣①,别后不复一致书问②,而公念某犹昔也。推食解衣③,至今犹然。然则某为小人,公为君子,已可知矣。方某之居哀牢也④,尽弃交游,独身万里,戚戚无欢⑤,谁是谅我者?其并时诸上官,又谁是不恶我者⑥?非公则某为滇中人,终不复出矣。夫公提我于万里之外⑦,而自忘其身之为上⑧,故某亦因以获事公于青云之上⑨,而自忘其身之为下也。则岂偶然之故哉!

【注释】

①"某奉别"句:李贽于万历六年(1578)任云南姚安知府时,与顾养谦相识,到写此文时已二十年。某,李贽自指。奉别,与……分别。公,指顾养谦。

②书问:书信问候。

③推食解衣:语出《史记》卷九二《淮阴侯列传》:"汉王授我上将军印,予我数万众,解衣衣我,推食食我,言听计从,故吾得以至于

此。"表示生活上关心备至,恩惠极深。

④方:当。哀牢:山名。处于云南南部元江和阿墨江之间,这里是云南的代称。李贽于万历五年(1577)至八年(1580)曾任云南姚安知府。

⑤戚戚:忧愁。

⑥"其并时"二句:指与云南巡抚王凝(字道南)和云南布政司右参议骆问礼(字子本)的矛盾。李贽在《豫约·感慨平生》中曾说:"余唯以不受管束之故,受尽磨难,一生坎坷……最后为郡守,即与巡抚王触,与守道骆触。王本下流,不必道矣。骆最相知,其人最号有能有守,有文学,有实行,而终不免与之触,何耶?渠过于刻厉,故遂不免成触也。"(本书卷四)并时,同时。上官,上级官员。

⑦提:提携,照顾。

⑧上:这里指上司、上级,和下文的"下"指下属相对。李贽任姚安知府时,顾养谦为云南金都御史分巡洱海道,是李贽的上司。

⑨事:侍奉,追随。青云之上:比喻官位之高。

【译文】

　　我与您分别已将近二十年了,分别后没有给您写一封信问候,而您对我的思念和过去一样。您对我关心备至恩惠极深,至今仍然如此。那么我为小人,您为君子,由此就可知了。当我在云南姚安之时,一切交游都断绝了,独身万里,忧愁无欢,谁对我有所信任和体谅?当时一起的诸位上官,又有谁不讨厌我?若不是得您之助我就成为云南之人,永远不会离开那里了。您在万里之外照顾我提携我,却不摆上司的架子,所以我也因此而得以追随您这位高官,而忘记了自己地位的低下。这并不是偶然的缘故。

嗟嗟! 公天人也,而世莫知;公大人也,而世亦莫知。

夫公为天人而世莫知，犹未害也；公为一世大人，而世人不
知，世人又将何赖耶？目今倭奴屯结釜山^①，自谓十年生聚，
十年训练^②，可以安坐而制朝鲜矣。今者援之，中、边皆空^③，
海陆并运，八年未已^④，公独鳌钓通海^⑤，视等乡邻^⑥，不一引
手投足^⑦，又何其忍耶！非公能忍，世人固已忍舍公也。此
非仇公，亦非仇国，未知公之为大人耳。诚知公之为大人
也，即欲舍公，其又奚肯^⑧？

【注释】

①"目今"句：万历二十年(1592)，日本封建主丰臣秀吉发动侵朝战
　争，陷王京(汉城)，妄图占据朝鲜，并进一步侵略中国。明朝政
　府应朝鲜的请求，出兵援朝抗倭。经过七年的时间，中朝联军陆
　续收复平壤、开城，直逼王京。后日军放弃王京，退据釜山，"筑
　居屯种，为久戍计"(谷应泰《明史纪事本末》卷六二《援朝鲜》)。
　倭奴，当时对日本侵略者的蔑称。屯结，屯田驻扎。釜山，地名。
　位于朝鲜半岛东南端，扼朝鲜海峡要冲。

②"自谓"二句：指日军妄图积蓄力量，待机而动。生聚，语本《左
　传·哀公元年》："越十年生聚而十年教训。"指繁殖人口，蓄积
　物力。

③中、边：中原地区和东北边疆。

④八年未已：历时八年还没结束。援朝抗倭之役始于万历二十年
　(1592)，至李贽写此信的万历二十六年，实为七年。本年十二
　月，中朝联军共同作战，取得了抗倭战争的最后胜利。

⑤鳌钓：神话传说谓天帝使十五只巨鳌轮番顶戴五座仙山，而伯龙
　之国巨人则一钓而连六鳌。后因以"鳌钓"比喻具有远大的抱负
　或豪迈的举止。这里则指顾养谦被迫辞官后有志不得施展的

情状。

⑥视等乡邻：语本《孟子·离娄下》："乡邻有斗者，被发（散发）缨冠（结缨，系好帽带）而往救之，则惑也，虽闭户可也。"意为看作乡里邻间相斗之事。李贽希望顾养谦不要把抗倭援朝的国家大事视同乡邻相斗的小事。

⑦引手投足：伸手举足。比喻出微力便能救援别人。

⑧奚肯：怎么能许可。

【译文】

　　唉唉！您是洞察世事人生变幻的天人，但世人却不知；您是德行高尚志趣高远的大人，而世人也不知。您是天人而世人不知，还没有大害；您是一代的大人，而世人不知，世人又怎么能依赖您呢？现今倭奴屯田驻扎朝鲜釜山，高叫要蓄积力量，待机而动，可以不用费力就把朝鲜制服。而今我们为了援助朝鲜，中原和东北都已空虚，海陆并运，八年还没结束，您却被迫辞官家居，不能出微力以救援，这是多么的不能容忍！这并不是您愿意如此，而是世人能容忍舍弃您了。这并不是怨恨您，也不是怨恨国家，只是因为不知道您是德行高尚志趣高远的大人。如若认识到您是一位德行高尚志趣高远的大人的话，就是想舍弃您，又怎么能呢？

　　既已为诗四章，遂并述其语于此，亦以见某与公原非偶者。

【译文】

　　我已作诗四章，并述以上所说在此，也用以表现我和您的友情不是偶然的。

附　顾冲老送行序

顾养谦

【题解】

万历八年(1580),李贽在姚安任知府三年期将满。按照惯例,三年任满,政绩显著者即可升迁。李贽政绩极为突出,但他却提交了辞呈,并谢簿书,封府库,携家属,亲自到巡按刘维那里要求辞官,没得到应允,他就干脆到大理鸡足山阅藏经。在李贽不辞而走的情况下,朝廷也只好应允他致仕了。顾养谦在这篇《送行序》中,对李贽的政绩及辞官情况作了详细记述,从中也可见出两人之间深厚的友情。顾冲老,指顾养谦。老,对年岁大的人的尊称。送行序,古代文体的一种,即临别赠言,又写作"赠……序"。

顾冲老《赠姚安守温陵李先生致仕去滇序》云①:

【注释】

①"顾冲老"句:书名号内是顾序的原题。姚安守,即姚安知府,指李贽。姚安府,明时置,在云南中部,管辖大姚和姚安两个州县,府治在姚安县。李贽于万历五年(1577)至万历八年(1580)曾任姚安知府。战国时置有郡守,初为武职,后逐渐成为地方长官。秦时分天下为三十六郡,一郡最高行政长官称守,或郡守。汉景帝时改称太守,宋代于升府之处,命朝臣出充长官,称为知(主持)某府事,简称知府。明代始以知府为正式名称,管辖州县,为府一级行政长官。温陵,福建泉州的别称,李贽温陵人,曾自号温陵居士。致仕,辞去官职。去,离开。

【译文】

顾冲老在《赠姚安守温陵李先生致仕去滇序》中说:

温陵李先生为姚安府且三年^①，大治^②，恳乞致其仕去。

【注释】

①且三年：将近三年。李贽于万历五年出任姚安知府，万历八年三
　月间，离知府任职期满尚差几个月，即请求辞官。辞官不获准，
　就弃官而入鸡足山读经不出。且，将近。

②大治：治理得很好。

【译文】

温陵李先生任姚安知府将近三年，把这里治理得很好，现在他就要
辞官而去了。

初先生以南京刑部尚书郎来守姚安^①，难万里^②，不欲携
其家，其室人强从之^③。盖先生居常游^④，每适意辄留，不肯
归，故其室人患之，而强与偕行至姚安，无何即欲去^⑤，不得
遂，及强留。然先生为姚安，一切持简易^⑥，任自然^⑦，务以德
化人，不贾世俗能声^⑧。其为人汪洋停蓄^⑨，深博无涯涘^⑩，
人莫得其端倪^⑪，而其见先生也不言而意自消。自僚属、士
民、胥隶、夷酋^⑫，无不化先生者^⑬，而先生无有也^⑭。此所谓
无事而事事^⑮，无为而无不为者耶。

【注释】

①尚书郎：官名。李贽于隆庆四年（1570）任南京刑部员外郎，万历
　四年（1576）升任南京刑部郎中。古人称郎中满一年的为"尚书
　郎"，亦可单称"郎"。万历五年，李贽由南京刑部郎中（尚书郎）
　出任云南姚安府知府。

②难万里：以万里为艰难。

③室人：指李贽妻黄氏。

④居常：平时。

⑤无何：没多久。去：去官，辞官。文中除"去滇""去姚安"的"去"
　　作"离开"解外，其余都是去官的意思。

⑥持简易：采取简便易行的办法。

⑦任自然：指顺应个性和民情等的实际情况。

⑧"不贾"句：意为不求取世俗称他为贤能的声誉。

⑨汪洋停蓄：比喻胸怀像汪洋汇聚的水一样深广。

⑪深博无涯涘(sì)：深广没有边际。涯涘，水边。

⑪端倪(ní)：头绪，边际。

⑫僚属：下属官吏。胥隶：官府中的小吏和差役。胥，小吏。夷酋(qiú)：
　　少数民族的首领。夷，原为我国古代中原地区华夏族对东方各
　　族的总称，这里指彝族。酋，古称部落的首领。

⑬化先生：受到先生（李贽）的感化。

⑭无有：若无其事。

⑮"此所谓"句：意为不用花力气去办事而事情都办好了。第一、三
　　两个"事"字是办事的意思。

【译文】

　　起初李先生是以南京刑部尚书郎的身份来任姚安府知府的，因为
路途遥远多有艰难，不想携其家属一起来，而李先生的妻子黄氏坚决随
他而来。因为李先生平时外出，只要称心合意就留在那里，不肯归家，
所以其妻黄氏担心，就坚决与李先生一同到了姚安，但是没多久李先生
就想辞官而去，上级没有批准，只好勉强留下。先生在姚安知府任上，
处理政事都采用简便宜行的办法，顺从个性和民情的实际情况，注重以
德教化人们，不追求世俗声誉。待人心胸广阔，从不计较，人们看不到
他有什么计较的头绪，在与先生相处中有什么不快也就自然消去。自
下属官吏、士民、差役、少数民族首领，无不受到先生的感化，而先生则

坦然自处若无其事。这就是不用费力就把事情办好了，看起来好像无所为而实际上是事事都做了。

谦之备员洱海也①，先生守姚安已年余，每与先生谈，辄夜分不忍别去②，而自是先生不复言去矣。万历八年庚辰之春③，谦以入贺当行④。是时，先生历官且三年满矣，少需之⑤，得上其绩⑥，且加恩或上迁⑦。而侍御刘公方按楚雄⑧，先生一日谢簿书⑨，封府库，携其家⑩，去姚安而来楚雄，乞侍御公一言以去。侍御公曰：“姚安守，贤者也。贤者而去之，吾不忍——非所以为国，不可以为风⑪，吾不敢以为言。即欲去，不两月所为上其绩而以荣名终也⑫，不其无恨于李君乎？”先生曰：“非其任而居之⑬，是旷官也⑭，贽不敢也。需满以倖恩⑮，是贪荣也，贽不为也。名声闻于朝矣而去之，是钓名也，贽不能也。去即去耳，何能顾其他？”而两台皆勿许⑯。于是先生还其家姚安，而走大理之鸡足⑰。鸡足者，滇西名山也。两台知其意已决，不可留，乃为请于朝，得致其仕。

【注释】

①备员：表示充当官员的自谦辞。洱(ěr)海：指洱海道，明代行政区域名称，在今云南大理东一带。顾养谦当时任云南按察司佥事，兼巡洱海道。

②辄：每。夜分：夜半。

③万历八年：即1580年。

④入贺：入京朝贺。

⑤少需之：稍稍等待一段时间。需，等待。

⑥得上其绩：得以呈报其政绩。

⑦且：将要。加恩：帝王对臣下的额外赏赐。上迁：升官晋级。

⑧侍御刘公：即监察御史刘维。侍御即侍御史，明以前官职名，有侍御史、殿中侍御史、监察侍御史等多种职称。明代则仅存监察御史一种。刘维，字德纮（hóng），号九泽，江陵（今湖北江陵）人。当时刘维以监察御史身份巡按云南。明代骆向礼《万一楼集》卷三〇有传。按：按察。楚雄：府名。府治在今云南楚雄。

⑨谢簿书：停办簿册文书。谢，辞绝，这里是停办的意思。

⑩家：家眷。

⑪风：提倡的意思。

⑫不两月所：不要两个来月。终：指任职期满。

⑬非其任而居之：意为不是所能胜任的官职而又担任它。

⑭旷官：空居官位。指不称职。

⑮需满：等待任职期满。倖恩：侥倖求得恩赐。

⑯两台：官署名。指藩台与臬（niè）台，明代对布政使和按察使的别称。明太祖洪武九年（1376）改行中书省为承宣布政使司，宣宗宣德以后，全国的府、州、县分统于两京和十三布政使司，每司设左、右布政使各一人，为一省最高行政长官。按察使官职设于唐睿宗景云二年（711），后多次改称，明初复用原名，为各省提刑按察使司的长官，主管一省的司法。明中叶后，各地多设巡抚，按察使成为巡抚的属官。

⑰大理：府名。治所在太和（今云南大理旧大理城），辖境相当于今大理自治州（永平、鹤庆与剑川北部除外）。鸡足：即鸡足山，在洱海东北，明代属大理府，是当时我国西南佛教圣地之一。

【译文】

我在洱海道为官时，先生在姚安任上已经一年有余，我每次与先生交谈，常常到半夜还不想离去，从此先生就没有再提辞官之事。万历八年庚辰的春天，我因入京朝贺要离云南。当时，先生在姚安知府任上三年将满，稍稍等待一段时间，向上级呈报其政绩，就会得到朝廷的赏赐，或者升官晋级。而刘公当时正以监察御史的身份巡按云南楚雄，先生有一天停办了公事，封存了府库，带着家属，离开姚安来到楚雄，希望刘御史能答应他辞官的请求。刘公说："姚安太守，贤人呀。贤人要辞官而去，我不忍心——这不单是为了国家，也不应该提倡这种风气，我不敢答应你这一要求。即使你想辞官，等两月任职期满得到朝廷的赏赐荣名，也就没有什么遗憾了。"先生说："不能胜任的官职却又占着，是不称职的空居官位，贽不敢这样做。等到任职期满而侥倖求得朝廷恩赐，是贪求荣誉，贽不愿这样做。等名声闻于朝中辞官而去，是猎取名誉，贽不能这样做。要去就去，哪顾得了其他？"但布政使藩台和按察使臬台都没有批准。于是先生返回姚安家中，而后就不辞而别地到大理的鸡足山。鸡足山，是云南西部的名山。藩台和臬台看到李贽辞官的决心，不可强留，于是请示中央，允许他辞官而去。

命下之日，谦方出都门还趋滇①，恐不及一晤先生而别也，乃至楚之常、武而程程物色之②。至贵竹而知先生尚留滇中遨游山水间③，未言归，归当以明年春，则甚喜。或谓谦曰："李姚安始求去时，唯恐不一日去，今又何迟迟也？何谓哉！"谦曰："李先生之去，去其官耳。去其官矣，何地而非家，又何迫迫于温陵者为④？且温陵又无先生之家⑤。"及至滇，而先生果欲便家滇中⑥，则以其室人昼夜涕泣请，将归楚之黄安⑦。盖先生女若婿皆在黄安依耿先生以居⑧，故其室人第愿得归黄安云⑨。先生别号曰卓吾居士⑩。卓吾居士别有传⑪，不具述，述其所以去滇者如此。

【注释】

①都门：指国都北京。

②楚之常、武：湖南的常德（今常德一带）。楚，周朝国名。地处今湖北、湖南等地。春秋战国时国势强盛，疆域扩展，为五霸七雄之一。战国末渐弱，后为秦所灭。这里指湖南。常，即常德府。武，即武陵，明代常德府治所，故将常、武并称。程：古代指以驿站邮亭或其他停顿止宿地点为起讫的行程段落。物色：访求，寻找。

③贵竹：又写作贵筑。在今贵州贵阳，为明代重要驿道。

④迫迫于温陵：急迫于回温陵。

⑤"且温陵"句：李贽温陵故居于嘉靖三十八年（1559）倭寇侵扰泉州时被焚，故说无家。

⑥家：这里作动词用，居住。

⑦楚：此指湖北。黄安：今湖北红安。

⑧女若婿：女儿和女婿。若，和。婿，即庄纯夫，见《与庄纯夫》题解。耿先生：即耿定理，见《与曾中野》第三段注①。李贽万历五年（1577）赴云南姚安府知府任时，途中到黄安见耿定理，并留其女与女婿庄纯夫于黄安，住在耿家的五柳别墅。参见本书卷四《耿楚倥先生传》与清代《黄安县志》卷一〇《侨寓》。

⑨第愿：只愿。第，副词，只是，只。

⑩居士：佛教对在家信佛修道者的一种称呼。

⑪传：指李贽自己写的《卓吾论略》，见本书卷三。

【译文】

批准先生辞官的文书下达之日，我刚刚离开京都北京而返回云南，深怕见不到先生一面就分别了，到湖南的常德、武陵一路之上处处寻找。到了贵州的贵竹得知先生还在云南遨游山水，没说立即归去，归去要等明年春天，听到这个消息很是高兴。有人问我："姚安守李先生起初要求辞官之时,一天都不想留,而今又为什么迟迟不去呢? 这是为什么?"我说:"李先生的离去,是要辞官而去。辞官以后,哪里不是家? 又为什么要急迫地回到故乡温陵呢? 况且温陵也没有先生可居住之地。"等到我回到云南,得知卓吾先生果然想安家于云南,只因为他的妻子昼夜哭泣请求,要回湖北的黄安。因为先生的女儿与女婿都住在黄安耿定理先生之家,所以先生的妻子也只愿回到黄安去。先生别号称卓吾居士。卓吾居士自己写有小传《卓吾论略》,不一一具体说了,只说一说他离开云南的情况如上。

先生之行,取道西蜀①,将穿三峡②,览瞿塘、滟滪之胜③,而时时过访其相知故人④,则愿先生无复留,携其家人一意达黄安,使其母子得相共,终初念⑤,而后东西南北,唯吾所适⑥,不亦可乎? 先生曰:"诺。"⑦遂行⑧。

【注释】

①西蜀:四川西部原为古蜀国。此指四川。

②三峡:长江游览名胜瞿塘峡、巫峡、西陵峡的简称。

③滟滪(yàn yù):即滟滪堆,为长江江心突起的巨石,在重庆奉节的瞿塘峡口,三峡主要险滩之一。1958 年整治航道时已炸平。

④故人:旧友。这里指李贽在四川的朋友邓林材(内江人)、罗淇(剑门人)等。

⑤终:这里有实现的意思。初念:当初的愿望。

⑥所适:所往。

⑦诺:表示同意的回答声。

⑧遂行:于是走了。

【译文】

先生的行程，先到四川，穿过三峡，观赏了瞿塘峡、滟滪堆之佳境，并常常过访他以前的老朋友，他们希望先生不再留住，而携其家人一意抵达黄安，使他们母子得以相见，实现最初的愿望，而后再东西南北，想去哪里就去哪里，不是可以的吗？先生说："是。"于是就走了。

复澹然大士

【题解】

本文于万历二十七年(1599)写于南京。澹然，即梅澹然，梅国桢之女，寡而信佛，落发为尼，经常写信向李贽质疑问难。大士，佛教对菩萨的称呼，如观音大士，即观音菩萨。这里是对澹然的尊称。当时李贽寓居于南京永庆寺，秋冬之季，接到梅澹然劝其回麻城龙潭湖的信，此信即是给梅澹然的回复。回信告知以明年回龙潭湖的大体日期，并对自己参禅求佛的想法加以说明，表现出李贽想从佛国中以求解脱的思想。

《易经》未三绝①，今史方伊始②，非三冬二夏未易就绪，计必至明夏四五月乃可。过暑毒③，即回龙湖矣④。回湖唯有主张净土⑤，督课西方公案⑥，更不作小学生钻故纸事也⑦。参禅事大⑧，量非根器浅弱者所能担⑨。今时人最高者唯有好名，无真实为生死苦恼怕欲求出脱也⑩。日过一日，壮者老，少者壮，而老者又欲死矣。出来不觉就是四年⑪，只是怕死在方上⑫，侍者不敢弃我尸，必欲装棺材赴土中埋尔。今幸未死，然病苦亦渐多，当知去死亦不远，但得回湖上葬于塔屋⑬，即是幸事，不须劝我，我自然来也。来湖上化⑭,则湖上即我归成之地⑮,子子孙孙道场是依⑯,未可谓龙湖蕞尔之地非西方极乐净土矣⑰。

【注释】

①《易经》:即《周易》,又称《易》,原是古代占卜的书,后被儒家列为经典之一。内容包括《经》《传》两部分,通过八卦形式(象征天、地、雷、风、水、火、山、泽八种自然现象),推测自然与社会的变化,认为阴阳两种势力的相互作用是产生万物的根源。在宗教迷信下,保存了古代人的一些朴素辩证法思想。三绝:即"韦编三绝"。古代把字写在竹简上,然后用皮绳编缀成册,称"韦编"。《史记》卷四七《孔子世家》记载,孔子晚年喜欢"读《易》,韦编三绝"。因以"韦编"指《周易》。这里是反复研究之意。李贽曾对《周易》进行了长期研究,并整理成《易因》一书,于万历二十八年(1600)刻印。后又精心修订,更名为《九正易因》,有明末毛氏汲古阁刻本,中国社会科学院哲学研究所旧抄本等。

②今史:指《续藏书》。该书取材于明代的人物传记和文集,载录明神宗以前人物约四百名。该书约自万历二十七年(1599)开始编著,万历三十年(1602)完成。伊始:开始。

③暑毒:指酷热的夏季。

④龙湖:即龙潭湖,李贽在麻城寓居之地。

⑤主张净土:即学佛信佛之意。净土,无尘世污染的清净世界,佛教虚构的理想佛国。

⑥督课:督察考核。西方:西方极乐世界,佛教虚构的理想佛国。公案:佛教禅宗认为前辈祖师的言行范例,可以指迷断悟,像公府判断是非的案牍一样。

⑦钻故纸事:在旧书堆里讨生活,比喻一味死读古书。

⑧参禅:佛教禅宗的修持方法。有游访问禅、参究禅理、打坐禅思

等形式。

⑨根器：佛教用语。指学道的能力和基础，及成佛的本性，有如植物的根和容物的器。后泛指禀赋、气质。

⑩出脱：犹开脱。

⑪"出来"句：李贽于万历二十四年（1596），应刘东星之邀，离开麻城龙潭湖芝佛院，到山西沁水。万历二十五年，经晋阳（今山西太原），到大同，又转赴北京。万历二十六年，与焦竑同舟南下，到南京，到写此信的万历二十七年，整整四年。

⑫方上：犹方外。这里指外地。

⑬塔屋：李贽于龙潭湖芝佛院曾建一塔室，用以"厝骸""娱老"。见前《又与周友山书》。

⑭化：指死亡。

⑮归成：佛教用语。最后归宿之意。

⑯道场是依：以这里作为传道习法之地。道场，指和尚或道士诵经、礼拜、做法事的场所。

⑰蕞（zuì）尔：形容地方很小。

【译文】

　　我正在对《易经》进行研究，《续藏书》的撰写也已开始，没有三冬二夏难以有个大致的结果，估计到明年夏季四五月能够完成。过完酷热的夏天，就可以回龙潭湖了。回龙潭湖就集中精力于佛学的研究，从前辈祖师的言行范例中考核西方极乐世界的佛国理想，不会一味死读古书了。佛教禅宗的修持方法极为重要，学道能力和气质浅弱者难以达到。现今之人热衷于好名，并不真正关心生死苦恼的解脱。一天一天的过去，由壮年到老年，由少年到壮年，到了老年又总是想到死的问题。我离开龙潭湖不觉已经四年，只怕死在外地，侍从之人不敢抛弃我的尸体，一定会装进棺材埋入土中。至今幸而没死，然而疾病不断，我知道离死期也不远了，如能死于龙潭湖，葬于塔屋，即是幸运之事，您不用劝我,我自然会回到龙潭湖。死在龙潭湖,那么龙潭湖就是我归宿之地,也是后代子孙传道习法之地,不要认为小小的龙潭湖就不是西方极乐世界的净土。

为黄安二上人 三首

【题解】

《为黄安二上人三首》三篇文章大约作于李贽离开黄安移居麻城之后的万历十七年(1589)或万历十八年(1590)间。黄安二上人,黄安的二位和尚,当指若无与曾继泉。若无,俗姓王,名世本,黄安(今湖北红安)城北人。曾继泉,李贽的学生,曾在龙潭湖芝佛院从李贽学。上人,旧时对和尚的尊称。当时若无与曾继泉"欲以求出世大事"(本书卷三《书黄安二上人手册》)而到麻城龙潭湖,李贽为作此三篇文章。

大孝一首

【题解】

《大孝一首》一文在称赞黄安二上人不愿"温清""小功名"的"小孝",而要"勤精进,成佛道"的"大孝"的同时,对具有一定叛逆精神的王守仁及其王学左派进行了歌颂,称赞他们都是"英灵汉子","一代高似一代"。

　　黄安上人为有慈母孀居在堂①,念无以报母,乃割肉出血,书写愿文②,对佛自誓,欲以此生成道,报答母慈。以为温清虽孝③,终是小孝,未足以报答吾母也。即使勉强勤学,成就功名以致褒崇④,亦是荣耀他人耳目,未可以拔吾慈母于苦海也。唯有勤精进⑤,成佛道,庶可藉此以报答耳⑥。若以吾家孔夫子报父报母之事观之⑦,则虽武、周继述之大孝⑧,不觉眇乎小矣!今观吾夫子之父母,至于今有耿光⑨,则些小功名真不足以成吾报母之业也。上人刺血书愿,其志盖如此而不敢笔之于文,则其志亦可悲矣!故余代书其意,以告诸同事云。

【注释】

①孀居:守寡。若无八岁时,其母守寡。见《读若无母寄书》:"若无母书云:'我一年老一年,八岁守你……'"(本书卷四)

②愿文:佛教用语。写明要实现某种意愿的文字,又称愿书、愿状、祈愿文等。刺血书愿表示自己的真诚,实为一种迷信行为。

③温凊:"冬温夏凊"的略语。语出《礼记·曲礼上》。意思是侍奉父母,冬天使温,夏天使凉。

④致褒崇:由于子弟当官而受到皇帝的褒奖推崇。封建时代有一套按本人官阶而封赠父祖的制度。褒崇,褒奖,推崇。

⑤精进:佛教语。谓修善法,断恶法,毫不懈怠。

⑥庶可:也许可以。

⑦"若以"句:指孔子被封建统治者推崇为"圣人""至圣先师"等,而并不一定要当大官才能显扬父母。

⑧武、周继述:语本《中庸》:"武王、周公其达孝矣乎。夫孝者,善继人之志、善述人之事者也。"指周武王姬发和周公姬旦能继承祖先之志,完成建立和巩固周王朝这一大事。继述,继承。

⑨耿光:光辉,光彩。

【译文】

黄安的僧人因为有守寡的母亲健在,思念没有合适的方法报答她老人家，于是用刀割肉出血，以血书写愿文，对佛发誓，愿在此生修行成佛，以报答母亲的慈爱。以为侍奉父母冬天使之温、夏天使之凉虽然是尽孝，但这只是小孝，不足以报答自己的母亲。即使是努力勤奋学习，取得功名后使母亲受到皇帝的褒奖封赠，也只是让他人知道这种荣耀，并不能使我的母亲脱离尘世的苦海。所以只有勤奋努力毫不懈怠地修行精进，修炼成佛法之道，也许可以以此来报答母亲。假若以我们的孔夫子并没有当高官而报答父母之事来看，即使像周武王姬发和周公姬旦完成了建立和巩固王朝这样的大孝，不也极为渺小嘛！现在看看我们的孔夫子的父母，虽然孔夫子没有当大官，但至今还极为光彩，由此看来，即使取得一些小功名也不足以完成报答母亲的功业。黄安僧人割肉出血写愿书，他的心愿大概就是这样，但不敢书写成文，他的心愿也是很可悲的！因此，我代为写出他的心意，以告知诸位同事。

　　余初见上人时，上人尚攻举子业①，初亦曾以落发出家事告余，余甚不然之。今年过此，乃秃然一无发之僧，余一见之，不免惊讶，然亦知其有真志矣。是以不敢显言②，但时时略示微意于语言之间，而上人心实志坚，终不可以说辞诤也③。今复如此，则真出家儿矣，他人可得比耶！因叹古人称学道全要英灵汉子④，如上人非真英灵汉子乎？当时阳明先生门徒遍天下⑤，独有心斋为最英灵⑥。心斋本一灶丁也⑦，目不识一丁，闻人读书，便自悟性，径往江西见王都堂⑧，欲与之辩质所悟⑨。此尚以朋友往也。后自知其不如，乃从而卒业焉。故心斋亦得闻圣人之道，此其气骨为何如者！心斋之后为徐波石⑩，为颜山农⑪。山农以布衣讲学，雄视一世而遭诬陷；波石以布政使请兵督战而死广南。云龙风虎⑫，各从其类，然哉！盖心斋真英雄，故其徒亦英雄也。

波石之后为赵大洲⑬,大洲之后为邓豁渠⑭;山农之后为罗近谿⑮,为何心隐⑯,心隐之后为钱怀苏⑰,为程后台⑱:一代高似一代。所谓大海不宿死尸⑲,龙门不点破额⑳,岂不信乎!心隐以布衣出头倡道而遭横死,近谿虽得免于难,然亦幸耳,卒以一官不见容于张太岳㉑。盖英雄之士,不可免于世而可以进于道㉒。今上人以此进道,又谁能先之乎?故称之曰大孝。

【注释】

①举子业:举业,为应科举考试而准备的学业。明清时专指八股文。举子,科举考试时的应试人。

②显言:明言。

③以说(shuì)辞诤:用游说的话以劝阻。

④英灵汉子:英杰精灵之人才。

⑤阳明先生:见《复晋川翁书》注㉑。

⑥心斋:即王艮(1483—1540),初名银,王守仁为更名艮,字汝止,号心斋,泰州安丰场(今属江苏东台)人。明代哲学家,泰州学派的创立者。出身盐丁。壮年才读《大学》《论语》等书。后拜王守仁为师,以讲学终身,门徒中有樵夫、陶匠、农民等。提出"百姓日用即道"的命题,主张从日常生活中寻求真理。认为"格物之物,即物有本末之物",吾身是"本",家国天下是"末",强调身为天下的根本。以"安身立本"作为封建伦理道德的出发点。后因有"淮南格物说"之称。他虽师承王守仁,但"时时不满其师说"(《明儒学案》卷三二《泰州学案》),"多发明自得,不泥传注"(《王心斋先生遗集》卷二《年谱》),终于形成了被称为王学左派的泰州学派。著有《王心斋先生遗集》。

⑦灶丁：盐场煮盐的人。

⑧王都堂：指王守仁。明代称都察院长官都御史、副都御史、佥都御史为都堂。正德十一年（1516），王守仁以右佥都御史衔巡抚赣南，所以称王都堂。

⑨"欲与"句：《王心斋先生遗集》卷二《年谱》记载：王艮于正德十五年（1520）到江西南昌，与当时任江西巡抚的王守仁进行了一场辩论，二人"反复论难，曲尽端委"，结果，王艮"心大服，竟下拜执弟子礼"，成为王守仁的学生。辩质，辩论质询。

⑩徐波石：即徐樾（？—1551），又名波石，字子直，贵溪（今江西贵溪）人。王艮的学生。嘉靖十一年（1532）进士。官至云南左布政使，在镇压元江府土司变乱中被打死。下文说他"请兵督战而死广南"，即指此事。

⑪颜山农：名钧，字子和，号山农，吉安（今江西吉安）人。以布衣出身，曾从徐樾学，并在下层社会中开设讲堂。泰州学派代表人物之一。认为"人心妙万物而不测者也"，主张"平日率性而行，纯任自然"，便谓之道。好急人之难，徐樾战死元江府，他寻其骸骨归葬；赵大洲赴贬所，他偕之行。因遭人诬陷，下狱。经罗汝芳营救，后被流戍边远地区。今人整理有《颜钧集》。

⑫云龙风虎：语本《周易·乾·文言》："云从龙，风从虎。"意为龙起生云，虎啸生风，比喻同类相感而相互聚合。

⑬赵大洲：即赵贞吉，字孟静，号大洲。见前《复焦弱侯》第二段注④。

⑭邓豁渠：初名鹤，号太湖。见前《与焦弱侯》第二段注④。

⑮罗近谿：即罗汝芳（1515—1588），字维德，号近谿，南城（今江西南城）人。嘉靖三十二年（1553）进士。除太湖知县，召诸生论学。终官云南布政司参政。泰州学派代表人物之一。先学于颜钧，后又为王畿再传弟子，学主良知。死后门人私谥明德。著有

《近谿子明道录》《近谿子文集》等。李贽对罗汝芳极为推崇，罗逝世后，李贽撰写《罗近谿先生告文》以悼念缅怀。

⑯何心隐（1517—1579）：原名梁汝元，字桂乾，号夫山，吉州永丰（今江西永丰）人。曾从学颜山农，为泰州学派代表人物之一。早年放弃科举道路，在家乡组织"萃（聚）和堂"，进行社会改良的试验。后因反对严嵩的斗争，遭严党疾视，改名何心隐，四处讲学。其言行颇具"异端"色彩，后被湖广巡抚王之垣捕杀。著有《何心隐集》。邹元标《愿学集》、黄宗羲《明儒学案》卷三二、沈德符《万历野获编》卷一八、《江西省志》卷三六、《永丰县志》卷五等有传。李贽在著作中多次称赞何心隐，何心隐死后，又撰《何心隐论》（本书卷三），给以高度评价。

⑰钱怀苏：名同文，字大行，号怀苏，嘉兴府秀水（今浙江嘉兴）人。官至郡守。曾拜何心隐为师。

⑱程后台：名学颜，字二浦，号后台，孝感（今湖北孝感）人。官至太仆寺丞。与其弟学博（字近约，号二蒲），同为何心隐学生。

⑲宿：停留。

⑳龙门不点破额：古代传说，每年春三月，大鱼游集于黄河龙门下，能跃渡而过者化为龙，过不去的则点额暴鳃而退回（见郦道元《水经注·河水四》）。这里的意思是像王守仁、王艮及其门徒，都是跃过龙门而没有被点破额的龙一样的人物。龙门，在山西河津西北，陕西韩城东北，地跨黄河两岸，峭壁对峙，形如阙门，故称龙门。

㉑"卒以"句：罗汝芳于万历五年（1577）入京进表，在广慧寺讲学，包括朝廷官员听者甚众。当时为首辅的张居正反对讲学，罗因此被罢官。《明儒学案》卷三四《参政罗近谿先生汝芳》："万历五年进表。讲学于广慧寺，朝士多从之。江陵恶焉。给事中周良寅劾其事毕不行，潜往京师，遂勒令致仕。"

㉒不可免于世：很难避免世间的不幸遭遇。

【译文】

我最初见到黄安僧人时，僧人还在为应科举考试而准备，开始曾把想要剃去头发出家为僧之事告诉我，当时我甚不以为然。今年经过这里，他已成了秃头无发的一位僧人，我一看见他这个样子，不免惊讶，但是我也知道他是真心实意的。所以不敢明说，但不时的将我心中的想法在相互交谈时略微向他言说，黄安僧人却心实志坚，最终我的游说也无法劝阻他。现今更是这个样子，那是真正的出家人了，他人哪里可比呢？因此使我感叹古人称赞学道之人全是英杰精灵之人，像黄安僧人不正是这样的英杰精灵之人吗？过去王阳明的门徒遍天下，特有王心斋最为英杰精灵。王心斋本是一个盐场煮盐的人，一字不识，听到人们读书，便自然能对其中的道理有所理解，而后就自己直接到江西去见王阳明，想与王阳明辩论质询他所悟到的一些理论。这只是以朋友关系相交往。而后王心斋自知不如王阳明，才拜王阳明为师完成了学业。因此，王心斋也得以学习到圣人之道，他的气概与骨气是这样的不凡！王心斋之后为徐波石，为颜山农。山农以布衣平民的身份讲学，称雄一世却遭诬陷下狱；波石以布政使的身份，在镇压云南土司的变乱中被打死。龙起生云，虎啸生风，同类相感相聚，真是如此啊！王心斋真是英雄，所以他的弟子们也都是英雄。波石之后为赵大洲，大洲之后为邓豁渠；山农之后为罗近豁，为何心隐，心隐之后为钱怀苏，为程后台：一代高于一代。这就是人们常说的大海不停留死尸，王阳明、王心斋及其门徒都是能跃过龙门而不被点破额的龙一样的人物，难道不是这样吗？何心隐以布衣平民身份带头提倡一种新说而遭到迫害死亡，罗近豁虽然免于灾难，但这不过是偶然的幸运罢了，最终却以一个普通官员而被张太岳罢官。由此看来，大概英雄之士很难避免世间的不幸遭遇，却可以得道。如今黄安僧人以此得道，又谁能超越他呢？所以我称之为大孝。

真师二首

【题解】

　　李贽非常重视师友之道,视朋友为生命。他在《复顾冲庵翁书》中说:"自隐天中山以来,再卜龙湖,绝类逃虚近二十载,岂所愿哉! 求师访友,未尝置怀。"(见本卷)在《答马侍御》中说:"仆老矣,唯以得朋为益,故虽老而驱驰不止也。"(《续焚书》卷一)在《答周友山》中说:"第各人各自有过活物件。以酒为乐者,以酒为生,如某是也。以色为乐者,以色为命,如某是也。至如种种,或以博弈,或以妻子,或以功业,或以文章,或以富贵,随其一件,皆可度日。独余不知何说,专以良友为生。故有之则乐,舍之则忧,甚者驰神于数千里之外。明知不可必得,而神思奔逸,不可得而制也。此岂非天之所独苦耶!"(本书卷一)李贽在很多书信中都有关于朋友的精辟论述,并写有《李生十交文》《论交难》《穷途说》等论师友的专论。在《初潭集》中还编有古代师友事迹十卷,可以说李贽是我国历史上论述师友最多而且是最深刻的思想家。在此文中,李贽对师友的关系作了独具见解的论述,提出"师即友""友即师"的精辟立论,具有深刻的认识意义和启发精神。

　　黄安二上人到此,时时言及师友之重。怀林曰[①]:"据和尚平日所言师友,觉又是一样者。"余谓师友原是一样,有两样耶? 但世人不知友之即师,乃以四拜受业者谓之师[②];又不知师之即友,徒以结交亲密者谓之友。夫使友而不可以四拜受业也,则必不可以与之友矣;师而不可以心腹告语也,则亦不可以事之为师矣。古人知朋友所系之重,故特加师字于友之上,以见所友无不可师者。若不可师,即不可友。大概言之,总不过友之一字而已,故言友则师在其中

矣。若此二上人，是友而即师者也。其师兄常恐师弟之牵
于情而不能摆脱也③，则携之远出以坚固其道心；其师弟亦
知师兄之真爱己也，遂同之远出而对佛以发其弘愿。此以
师兄为友，亦以师兄为师者也，非友而师者乎？其师弟恐师
兄徒知皈依西方而不知自性西方也④，故常述其师称赞邓豁
渠之语于师兄之前⑤；其师兄亦知师弟之托意婉也⑥，亦信念
佛即参禅⑦，而不可以徒为念佛之计。此以师弟为友，亦以
师弟为师者也，又非友而师者乎？故吾谓二上人方可称真
师友矣。若泛泛然群聚，何益耶？宁知师友之为重耶？

【注释】

①怀林：龙潭湖芝佛院和尚。

②四拜：古代表示庄重的拜礼。受业：从师学习。

③牵于情：被俗情所牵挂。

④皈(guī)依西方：向往西方佛国。皈依，佛教用语。指入教仪式，
含有身心归向和依托之意。自性西方：意为西方即在于自性之
中。自性，指诸法各自具有的不变不灭之性。这里指人人都有
成佛的本性，虽生死轮回，也不会改变。

⑤其师：当指李寿庵，黄安的和尚。李贽在《高洁说》中说："二上人
师事李寿庵，寿庵师事邓豁渠。"（本书卷三）

⑥托意：借事物以寄托感情。婉：委婉，温和。

⑦参禅：禅宗的修持方法。有游访问禅、参理禅究、打坐禅思等
形式。

【译文】

黄安二上人到此，常常说到师友的重要。怀林说："依据和尚平日
所说的师友，像是一样的意思。"我说师友原是一样，哪里能有两样呢？

但世人不知道友之即师，认为只有经过庄重的四拜这礼从而跟着学习才称为师；又不知师之即友，只把结交亲密者看作朋友。如若朋友没有达到经过庄重的四拜之礼从而跟着他学习的境界，那一定不可以与他为友；如若老师没有达到互相交心无间，那也不可以拜他为师。古人深知朋友关系的重要，所以特地加师字在友之上，从而可知可交之友都是可为师的。如若不可为师，即不可为友。大概言之，总不过友之一字而已，所以说友也就包含师在其中了。像黄安二上人，就是友而即师之人。其师兄常常担心师弟被俗情牵挂而不能撇开，就带着他远出以坚固其道心；其师弟也知道师兄是真心爱己，于是就和他一起远出并对佛祖发以弘愿。这是以师兄为友，也是以师兄为师，不正是友而师吗？其师弟担心师兄只知道向往西方佛国却不知西方佛国就在自性之中，所以就常常把他老师称赞邓豁渠的话说给师兄听；其师兄也知道师弟这样做是委婉地劝谕，也相信念佛就是参禅，而不会把念佛仅仅看作是念佛而已。这是以师弟为友，也是以师弟为师了，这不也是友而师吗？所以我认为黄安二上人可以称为真正的师友了。如若只是一般随意的相聚，又有什么益处？难道不知道师友的重要吗？

　　故吾因此时时论及邓豁渠，又推豁渠师友之所自[①]。二上人喜甚，以为我虽忝为豁渠之孙[②]，而竟不知豁渠之所自，今得先生开示，宛然如在豁渠师祖之旁。又因以得闻阳明、心斋先生之所以授受，其快活无量何如也！今但不闻先生师友所在耳。余谓学无常师，"夫子焉不学"[③]，虽在今日不免为套语，其实亦是实语。吾虽不曾四拜受业一个人以为师，亦不曾以四拜传受一个人以为友，然比世人之时时四拜人，与时时受人四拜者，真不可同日而语也。我问此受四拜人，此受四拜人非聋即哑，莫我告也[④]。我又遍问此四拜于人者,此四拜于人者亦非聋即哑,不知所以我告也。然则师之不在四拜明矣。然孰知吾心中时时四拜百拜,屈指不能举其多,沙数不能喻其众乎⑤? 吾何以言吾师友于二上人之前哉?

【注释】

①"又推"句:意为推究豁渠的学问是怎样渊源于他的师友的。

②忝(tiǎn):辱,有愧,自谦辞。孙:指徒孙。

③夫子焉不学:语出《论语·子张》。卫国大夫公孙朝问子贡:孔子的学问是从哪里学来的? 子贡答道:"……夫子焉不学,而亦何常师之有?"意为我的老师何处不学,又为什么要有一定的老师专门传授呢?

④莫我告:没能告诉我什么,指说不出个道理来。

⑤沙数:即恒河沙数(shù),佛教用语。恒河是南亚的大河,流经印度和孟加拉国,河两岸多沙。佛经中常用恒河沙形容数量多至无法计算。

【译文】

因此我常常说到邓豁渠,并推究豁渠的学问是怎样渊源于他的师友的。黄安二上人听了非常喜欢,以为我虽有愧于作为豁渠的徒孙,而竟然不知道豁渠的学问是怎么渊源于他的师友的,如今得到先生的开示,清晰真切的像在豁渠师祖的身旁。又因此听到王阳明、王心斋先生之间的给予和接受,这是多么快活啊! 而今只是不知先生师友的所在。我说学习没有固定的老师,正像子贡所说"我的老师何处不学",虽然在今日不免成为套话,其实也是实话。我虽然不曾举行四拜之礼从而跟着学习拜一人为师,也不曾受到四拜之礼传授知识给一人为友,然而比起世人那种常常行四拜之礼而求师,或常常受人四拜之礼而为人师,那是不可同日而语的。我问那些接受人们四拜之礼的人,这些人非聋即哑,没有什么可回答我。我又多次问那些行四拜之礼求师的人,这些人也是非聋即哑,不知道怎么回答我。所以老师并不在于四拜之礼是很明白的。然而谁能知道我心中常常四拜百拜,扳着指头数也数不清,像恒河中的沙粒难以计其数。我又有什么资格把我对于师友的看法说给黄安二上人呢?

失言三首

【题解】

"失言",意为说了不该说的话。李贽与黄安二上人初相见时,曾写《高洁说》赠给他们,文中对"高洁"的精神给予赞扬,并由此引发出李贽的交友原则,引发的是交友,归结的是为人,从中也可见李贽"性高""性洁"的性格。在此文中,李贽对"好高好洁之说"作了进一步的论述,但正话反说,并提出随心顺情即可修成正果,"莫太高洁可矣",其中实际包含着对世俗"委靡浑浊而不进者"的批判。

余初会二上人时,见其念佛精勤,遂叙吾生平好高好洁之说以请教之①。今相处日久,二上人之高洁比余当十百千倍,则高洁之说为不当矣。盖高洁之说,以对世之委靡浑浊者②,则为应病之药。余观世人恒无真志,要不过落在委靡浑浊之中,是故口是心非,言清行浊,了不见有好高好洁之实,而又反以高洁为余病,是以痛切而深念之。若二上人者,岂宜以高洁之说进乎? 对高洁人谈高洁,已为止沸益薪③,况高洁十倍哉! 是余蠢也。"过犹不及"④,孔夫子言之详矣。委靡浑浊而不进者,不及者也⑤;好为高洁而不止者,大过者也⑥。皆道之所不载也。二上人只宜如是而已矣。

如是念佛,如是修行,如是持戒⑦。如是可久,如是可大,如是自然登莲台而证真乘⑧,成佛果⑨,不可再多事也。念佛时但去念佛,欲见慈母时但去见慈母,不必矫情,不必逆性,不必昧心,不必抑志,直心而动⑩,是为真佛。故念佛亦可,莫太高洁可矣。

【注释】

①"遂叙"句:李贽曾为黄安二上人著《高洁说》,提出"好高则倨傲而不能下",就是"不能下彼一等倚势仗富之人耳";"好洁则狷猛不能容",就是"不能容彼一等趋势谄富之人耳"(见本书卷三)。

②委靡:衰颓不振。

③止沸益薪:本想停止汤水的沸腾,反而去增添灶里的柴火。比喻所做和愿望相反。

④过犹不及:语出《论语·先进》。原意为过分和赶不上都不好。孔子提倡的是中庸之道。

⑤不及:这里指委靡不进。

⑥大过:这里指高洁不止。

⑦持戒:佛教用语。指僧人遵守佛教戒律。

⑧莲台:亦作莲花台、莲华台,佛教指佛和菩萨所坐的台座。佛教认为,虔诚念佛可以到极乐世界,可以"登莲台"。证真乘:佛教谓觉悟真理而悟得真正的佛理。证,参悟,修行得道。真乘,真正的佛理。

⑨佛果:指修行达到成佛的地位。佛教认为成佛是持久修行所得之果,故称"佛果"。

⑩直心而动:按照自己的本心去做事行动。

【译文】

　　我开始认识黄安二上人时，见他们念佛专心勤勉，于是就把我平生好高好洁的认识写成《高洁说》赠与他们并向他们请教。而今和他们相处长了，看出来他们二人的高洁比我要高出十倍百倍千倍，那么我对他们讲高洁是太不合适了。高洁之说，对于世上那些委靡不进糊涂无知的人，是对病治病的药。我看世人常无真志，难免陷落在委靡不进糊涂无知之中，所以口是心非，言清行浊，一点也没有好高好洁的真实品性，却反而把高洁看作毛病，所以引起我沉痛深切的思考。像黄安二上人，哪里用得着和他们说高洁呢？对高洁之人说高洁，那不仅是想止沸反而加柴，何况他们更高洁十倍呢！看来我也太蠢笨了。"过犹不及"，孔夫子说得已经很详明了。委靡不进糊涂无知之人，是不及之类；好为高洁而不知终止之人，是过犹不及的太过分之人。都不符合道德修养的要求。二上人只应该像佛经所说的那样许可怎么做就怎么做好了。该怎么念佛就怎么念佛，该怎么修行就怎么修行，该怎么持戒就怎么持戒。只要这样就能坚持下去，并能发扬光大，自然可以登莲台到极乐世界而且悟得真正的佛理，达到成佛的地位获得佛果，不必再管其他杂事了。念佛时就去念佛，想见慈母时就去见慈母，不必掩饰真情，不必违背性情，不必掩盖本心，不必抑制志向，按照自己的本心去做事行动，这就是真佛。所以念佛亦可，不必过于高洁了。

复李渐老书

【题解】

　　本文于万历十七年(1589)写于麻城。当时龙潭湖芝佛院僧人李贽的弟子无念有北京之行，友人对李贽多有赐俸。但无念没见到李世达，李世达闻讯后千里赐俸，此信就是对这种友情的答谢。李渐老，即李世达(1532—1599)，字子成，号渐庵，晚年更号廓菴，泾阳(今陕西泾阳)

人。嘉靖三十五年（1556）进士。历官户部主事、南京太仆卿、山东巡抚、右佥都御史、右副都御史、南京兵部右侍郎、吏部尚书、刑部尚书、左都御史等。加太子少保，卒谥敏肃。李贽好友。《续藏书》卷一八、《澹园集》卷三四、《续澹园集》卷一〇、《明史》卷二二〇、《明史稿》卷二〇四、《明书》卷一三三等有传。

数千里外山泽无告之老①，翁皆得而时时衣食之②，则翁之禄，岂但仁九族③，惠亲友已哉④！感德多矣，报施未也⑤，可如何！承谕烦恼心，山野虽孤独⑥，亦时时有之。即此衣食之赐，既深以为喜，则缺衣少食之烦恼不言可知已。身犹其易者⑦，等而上之⑧，有国则烦恼一国，有家则烦恼一家，无家则烦恼一身，所任愈轻，则烦恼愈减。然则烦恼之增减，唯随所任之重轻耳，世固未闻有少烦恼之人也，唯无身乃可免矣。《老子》云："若吾无身，更有何患？"⑨无身则自无患，无患则自无恼。吁！安得闻出世之旨⑩，以免此后有之身哉！翁幸有以教之！此又山泽癯老晚年之第一烦恼处也⑪。

【注释】

①无告之老：指李贽自己。无告，无人可以告语，含有孤独之意。

②翁：对李世达的敬称。衣食：作动词用，给穿给吃。

③仁：仁爱，关怀。九族：旧说一般指高祖、曾祖、祖、父、自己、子、孙、曾孙、玄孙。这里泛指多方面的亲属关系。

④惠：恩惠，照顾。

⑤报施：报答。

⑥山野：粗鄙。这里作山野之人，李贽自谦之称。

⑦身忧其易者：意为一身的烦恼还是较简单的。易，简易。

⑧等而上之：依次往上推。

⑨"若吾"二句：语本《老子》第十三章，原文为："及吾无身，吾有何患。"意为没有这个身体，我会有什么大患呢？

⑩出世：这里指超脱人世。

⑪山泽癯（qú）老：李贽自指。癯，瘦。

【译文】

　　孤独地居于数千里之外山泽中无人可以说话的老人，却得到您时时的衣食相助，那么您的俸禄，不但仁爱及九族，已恩爱及亲友了！承受您的恩德太多了，却没能给以报答，怎么办呢！知道您有烦恼之心，山野之人我，也常常如此。得到您的衣食相助，当然非常欣喜，那么缺衣少食的烦恼也亦不言可知了。一身的烦恼还比较简单，依次往上推想，有国则有治理一国的烦恼，有家则有处好一家的烦恼，没有家就只有自己一身的烦恼，责任愈轻，烦恼就愈少。那么烦恼的多与少，是随着责任的轻重而来，还没有听说世间没有烦恼的人，只有没有了身体才可以没有烦恼。《老子》说："如果我没有了这个身体，还会有什么大患呢？"没有身体自然也就没有了大患，没有大患也就自然不会有烦恼。唉！怎么才能获得超脱世人的要义，免得以后还有这个烦恼不断的身体！我恳切地希望您给我以教诲！这又是居于山野而又衰老瘦弱人的第一烦恼之处。

答李如真

【题解】

　　本文约写于万历十五年（1587）寓居麻城时。李如真，即李登。见《复士龙悲二母吟》题解。李贽在这封信中比较明确地表达了自己与耿定向之间的思想分歧。可与卷一《答周若庄》《复京中友朋》参看。此文原载《李温陵集》卷一，中华书局1975年版《焚书》置于"增补一"，现移录于此。

弟学佛人也,异端者流,圣门之所深辟①。弟是以于孔氏之徒不敢轻易请教者,非一日矣。非恐其辟己也,谓其志不在于性命②,恐其术业不同,未必能开我之眼,愈我之疾③。我年衰老,又未敢泛泛然为无益之请,以虚度此有限时光,非敢忘旧日亲故之恩④,如兄所云"亲者无失其为亲,故者无失其为故"之云也⑤。念弟非薄人也⑥,自己学问未曾明白,虽承朋友接引之恩⑦,切欲报之而其道无由,非能报之而不为之报也。

【注释】

①圣门:指儒家学派。深辟:痛加排斥。

②性命:中国古代哲学范畴,指万物的天赋和禀受。这里指探讨人生学问。

③疾:指毛病、缺点。

④亲故:亲戚、老友。这里指老朋友。

⑤"如兄"句:引文见《礼记·檀弓下》,原文为:"亲者毋失其为亲也,故者毋失其为故也。"意为亲人就不要失掉亲人的亲情,老朋友就不要失掉老朋友的友谊。李如真在信中引用这两句话,似乎想调和李贽与耿定向之间的矛盾。

⑥薄人:看轻他人。薄,轻视之意。

⑦接引:引进,推荐。

【译文】

我是一个学佛的人,被人视为异端,被儒家痛加排斥。我因此对于孔子的门徒不敢轻易请教不是一天了。不是怕他们排斥自己,而是说他们的志向不在于探讨人生学问,担心因术业不同,不一定能开阔我的眼界,治愈我的毛病。我已衰老,又不敢泛泛地提一些无益的请求,而虚度这有限的时光,不是敢忘记老朋友的恩德,就像兄所说的"亲人就不要失掉亲人的亲情,老朋友就不要失掉老朋友的友谊"。向来我不是看轻他人,自己学问未曾明白,虽然承朋友引进之恩,确实想要报答却无从找到途径,不是能够报答而不去报答啊。

　　承兄远教,感切难言。第弟禅学也①,路径不同,可如之何!且如"亲民"之旨②,"无恶"之旨③,种种"不厌""不倦"之旨④,非不亲切可听,的的可行⑤。但念弟至今德尚未明,安能作亲民事乎?学尚未知所止,安敢自谓我不厌乎?既未能不厌,又安能为不倦事乎?切恐知学则自能不厌,如饥者之食必不厌饱,寒者之衣必不厌多。今于生死性命尚未如饥寒之甚,虽欲不厌,又可能耶?若不知学,而但取"不厌"者以为题目工夫,则恐学未几而厌自随之矣⑥。欲能如颜子之好学⑦,得欤?欲如夫子之忘食忘忧,不知老之将至⑧,又可得欤?况望其能不倦也乎哉!此盖或侗老足以当之⑨,若弟则不敢以此自足而必欲人人同宗此学脉也⑩。

【注释】

①第:副词,只是。

②亲民:语出《大学》。即亲爱民众。"亲"另一解为"新",去旧维新之意。"亲民"就是经过教化,使民众能革旧布新,不断提高道德修养。

③无恶:没有邪恶意念。这里指理学家提倡的"无善无恶"理论,即善恶未分之前的人的自然本性。在卷一《答周若庄》《又答京友》

中都对此问题有所论述,可参看。

④不厌、不倦:语本《孟子·公孙丑上》:"学不厌,智也;教不倦,仁也。"意为学习不知满足,这是智;教人不嫌疲劳,这是仁。

⑤的的:切实的意思。

⑥未几:不久。

⑦颜子之好学:颜子,即颜回,字子渊,又称颜渊。孔子弟子。好学乐道,贫居陋巷,箪食瓢饮,而不改其乐。孔子称颜回为好学,《论语》中《先进》篇、《雍也》篇中都有记载。

⑧"欲如"二句:见《论语·述而》:"发愤忘食,乐以忘忧,不知老之将至。"意为孔子忘食忘忧、不知老之将至。

⑨侗老:即耿定向,见《复耿侗老书》题解。

⑩学脉:指某学派的真传。这里指孔、孟之道。

【译文】

承蒙兄远来教我,感激之至,难以言说。只是我习的是禅学,道路不同,可如何是好!况且像"亲民"之说的要旨,"无恶"之说的要旨,孟子所说的种种"不厌""不倦"的要旨,不是不亲切可听,切实可行。只是想我德行尚未修明,怎能做亲民之事呢?学问尚不知止于何处,怎敢自称我学而不厌呢?既然未能达到学而不厌的境界,又怎能做诲人不倦的事呢?深恐懂得学习就自能学而不厌,像饥饿的人吃饭一定不满足于饱,寒冷的人穿衣一定不满足于多。现在我对于生死性命的参悟的渴求还没有达到如同饥寒交迫的程度,即使想要不满足,又怎么能够呢?如果不懂得学习,却只取学习不知满足作为表面功夫,那么恐怕学习不久而满足自然就随之而来了。想要像颜回那样好学,可能吗?想要像孔夫子那样发愤忘食,乐而忘忧,不知老之将至,又可能吗?何况奢望自己能够诲人不倦?这大概耿侗老足以担当得起,像我就不敢以此自我满足而一定要人人同来尊崇这一学派啊。

何也？未能知学之故也，未能自明己德故也，未能成己、立己、尽己之性故也①。惟德有未明，故凡能明我者则亲之；其不如己者，不敢亲也；便佞者、善柔者皆我之损②，不敢亲也。既不敢亲，则恶我者从生焉③，我恶之者亦从生焉，亦自然之理耳。譬如父之于子然，子之贤不肖虽各不同，然为父者未尝不亲之也，未尝有恶之之心也。何也？父既有子，则田宅财帛欲将有托，功名事业欲将有寄，种种自大父来者④，今皆于子乎授之⑤，安能不以子为念也？今者自身朝餐未知何给，暮宿未知何处，寒衣未审谁授⑥，日夕窃窃焉唯恐失所尚⑦，无心于得子，又安知有子而欲付托此等事乎？正弟之谓也。此弟于侗老之言不敢遽聆者以此也⑧。弟非薄于故旧之人也，虽欲厚之而其道固无从也。吁！安得大事遂明，轮回永断⑨，从此一听长者之教⑩，一意亲民而宗"不厌""不倦"学脉乎！

【注释】

①成己：语出《中庸》。意为自身有所成就。立己：语本《论语·雍也》："己欲立而立人。"意为自己要站得住，同时也使别人站得住。尽己之性：语本《中庸》："唯天下至诚，为能尽其性。能尽其性，则能尽人之性。"意为只有天下至诚的圣人，能够尽量发挥自己天赋的本性。既然能够尽量发挥自己天赋的本性，就能够立教以极尽人的本性。

②"便（pián）佞"句：语本《论语·季氏》："友便辟，友善柔，友便佞，损矣。"便佞，巧言善辩，阿谀逢迎。善柔，奉承而背后毁谤。损，损友，有害的朋友。

③从(zòng)生：指人。人直立而行，故称从生。《逸周书·文传》："故诸横生尽以养从生，从生尽以养一丈夫。"孔晁注："横生，万物也；从生，人也；一丈夫，天子也。"

④大父：指祖父。

⑤于子乎授之：传授给孩子。

⑥审：知道。

⑦窃窃：暗中，偷偷地。这里指内心。所尚：所崇尚的。

⑧遽聆：就匆匆听取。

⑨轮回永断：这里指修成佛道。轮回，佛教用语。佛教认为众生各依所做善恶的不同，在天道、人道、阿修罗道、地狱道、饿鬼道、畜生道等六道(亦称"六趣")中生死交替，互相转世，有如车轮般旋转不停，故称轮回。

⑩长者：指耿定向。

【译文】

为什么呢？未能懂得学习的缘故，未能自己修明自己的德行的缘故，未能自己有所成就，不能够自立，从而不能尽量发挥自己天赋的本性的缘故啊。只因为德行未能修明，所以凡是能使我修明的我就亲近他；那不如自己的，就不敢亲近；巧言善辩的人，当面奉承而背后毁谤的人，都是我的损友，不敢亲近。既然不敢亲近，就有了讨厌我的人，就有了我讨厌的人，也是很自然的道理罢了。就像父亲对于儿子一样，儿子的贤与不肖虽然各不相同，然而做父亲的未曾有不亲近他的，未曾有讨厌他之心。这是为什么呢？父亲既然有了儿子，那么田宅财产将要有所寄托，功名事业将要有所寄托，种种从祖父那里得来的，现在都向儿子那里授予，怎么能不以儿子为念呢？现在自己早饭不知何处供给，晚上不知宿在何处，寒衣不知谁能供给，白天夜晚内心唯恐失去自己所崇尚的，无心于生儿子，又怎么知道有了儿子要托付这些事呢？这正是指我而说啊。我对耿侗老的话不敢匆匆听取就是因此。我不是看轻老朋友的人，虽然想厚待他们可是他们的道却没办法听从。唉，怎么能够大事最终明了，修成佛道，永远不入轮回，从此完全听从长者的教导，一心一意亲民而尊崇这一学而不厌、诲人不倦的学脉呢！

　　且兄祇欲为仁①，不务识仁，又似于孔门明德致知之教远矣②；今又专向文学之场，精研音释等事③，似又以为仁为第二义矣④。杂学如此，故弟犹不知所请教也，非薄之谓也，念兄未必能开弟之眼，愈弟之疾也。大抵兄高明过于前人，德行欲列于颜、闵，文学欲高于游、夏，政事不数于求、由⑤，此亦惟兄之多能能自兼之，弟惟此一事犹惶惶然恐终身不得到手也。人之贤不肖悬绝且千万余里，真不可概论有如是哉⑥！弟今惟自愧尔矣。

【注释】

①祇：同"祇"，只。

②明德：语出《大学》。意为光明美好的德性。致知：语出《大学》。历代儒家对此有不同的解释，一般理解为求得知识。致，达到，求得。知，知识。

③音释：对文字读音的注释。

④第二义：这里是第二位的意思。

⑤"德行"三句：语本《论语·先进》。颜，即颜回。闵，即闵子骞。游，即子游。夏，即子夏。都是孔子弟子。文学，这里指古代文献，即孔子所传的《诗经》《尚书》《周易》等。不数(shǔ)，不亚于。

⑥概论：一概而论。

【译文】

况且兄只想为仁之事，不求识仁之理，又似乎跟孔门追求美好的德性和获取知识之教离远了；现在又专门趋向文学的场所，精研文字的读音等事，似乎又把仁放在第二位了。学问庞杂如此，所以我还不知道要请教什么，不是轻看您了，想来兄不一定能够开阔我的眼界，治愈我的毛病。大概兄的高明超过了前人，德行要比肩颜回、闵子骞，文学要高于子游、子夏，政事不亚于冉求、仲由，这也只有兄才能兼有多种才能，而我只此一事还很惶恐，怕终身不能追求到手。人之贤与不肖相差将近千万余里，真不可一概而论就像这样啊！我现在唯有自愧罢了！

答何克斋尚书

【题解】

本文写于万历十三年(1585)李贽离开黄安徙居麻城之时。何克斋，即何祥，字子修，号克斋，内江(今四川内江)人。嘉靖举人，历官华阴知县、襄阳府同知。官至正郎。曾师事赵贞吉，是位理学家。其所以被称为尚书，是因其子何起鸣(字应岐)于万历时曾任工部尚书，朝廷依例封给他的荣名和尊称。李贽取友，与友人的德行学识分不开。他常说人生在世，即为求友，求友必求胜己者。可见在择友一事上，是与求学紧密联系在一起的。同时，求学也必须有胜友。他在《与吴得常》中说"友者，有也"，"道德由师友有之"，即说明了师友对求道的作用。此信即再次阐述了其取友与求学的态度。此文原载《李温陵集》卷一，中华书局1975年版《焚书》置于"增补"一。现置于此。

　　某生于闽①，长于海②，丐食于卫③，就学于燕④，访友于白下⑤，质正于四方⑥。自是两都人物之渊⑦，东南才富之产，阳明先生之徒若孙及临济的派、丹阳正脉⑧，但有一言之几乎道者，皆某所参礼也⑨，不扣尽底蕴固不止矣⑩。五十而至滇⑪，非谋道矣，直糊口万里之外耳⑫。三年而出滇⑬，复寓楚⑭，今又移寓于楚之麻城矣。人今以某为麻城人，虽某亦自以为麻城人也。公百福具备，俗之人皆能颂公，某若加一辞，赘矣。故惟道其平生取友者如此。

【注释】

①闽：福建。李贽生于晋江（今福建泉州）。

②海：泉州临东海，故曰"长于海"。

③卫：指卫辉府。嘉靖三十四年（1555），李贽开始任河南辉县（属卫辉府）教谕。又，李贽在《子由解老序》中曾说："盖尝北学而食于主人之家矣。天寒，大雨雪三日。绝粮七日，饥冻困踣（bó，跌倒），望主人而响往焉。主人怜我，炊黍饷我，信口大嚼，未暇辨也。"（本书卷三）可见其也曾亲身体验过乞讨的滋味。

④燕：旧时河北的别称，此指北京。北京古属燕地。李贽于嘉靖四十一年（1562）携眷到北京，嘉靖四十五年至隆庆四年（1566—1570）在北京任礼部司务。"就学"当指这个时期。

⑤白下：南京的别称。

⑥质正：质询，求正。

⑦两都：指北京和南京。渊：回旋的深水。这里指人物的聚集。

⑧徒若孙：指王守仁学派的徒子徒孙王畿等，以及后来的泰州学派诸人。若，和。临济：即临济宗，中国佛教"禅宗南宗五家七宗"之一，唐代和尚义玄所创。义玄（？—867），曹州（今山东曹县）人。晚年居于真定府（今河北正定）的临济院，其所创宗派即称为临济宗。他出于慧能门下的南岳一系，禅风以"棒喝"著称。事迹见《宋高僧传》卷一二、《景德传灯录》卷一二、《天圣广灯录》卷一〇、《建中靖国续灯录》卷一、《五灯会元》卷四等。的派：嫡派。丹阳：指道家北宗中的"遇仙正宗"派。其始祖为金代的马

钰(1123—1183)。他原名从义，字宣甫，后更名钰，字玄宝，号丹
阳子。世称丹阳真人。山东宁海(今山东烟台牟平)人。马钰于
金贞元中被封为"丹阳抱一无为普化真君"，故称此宗为丹阳。
著有《神光璨》《洞玄金玉集》等。正脉：即嫡派。

⑨参礼：参见礼拜。这里有请教、研究之意。

⑩扣：同"叩"，求教，探问。底蕴：内情，底细。这里指各派学说的
真义。

⑪五十而至滇：李贽五十岁时任云南姚安知府。滇，云南的别称。

⑫糊口：寄食，勉强维持生活。

⑬三年而出滇：李贽于万历八年(1580)，离知府任期满尚差数月即
辞官，后离开云南。

⑭寓楚：李贽辞官后第二年，赴湖北黄安，寓居好友耿定理家。湖
北古属楚地，故称。

【译文】

我生于福建的晋江，成长于海滨，在卫辉任教官讨口饭吃，在北京
探讨学问，在南京寻访学友，为探求人生真谛而奔走四方。北京、南京
是学者聚集之地，东南则精英辈出，特别是王明阳先生的门人子孙以及
临济宗和丹阳派，只要有一言阐明人生之道者，我都要参见礼拜，请教
研究，不弄清这些理论的真义是不会善罢甘休的。我五十岁时赴云南
任姚安太守，那不是为了去探讨学问，只不过不远万里地为养家糊口罢
了。三年后，我辞官离开云南，来到湖北黄安寓居，现在又转移到麻城
来寓居了。有些人现在把我当成了麻城人，我也很乐意把自己当成麻
城人。您现在百福俱备，社会上的人也都称颂您，我如再用些溢美之
辞，那就完全是多余的了。所以，我只在这里谈谈一生求学访友的经历
而已。

又与从吾

【题解】

　　本文约写于万历十七年(1589)寓居麻城时。从吾,即焦竑,见《复焦弱侯》题解。李贽与焦竑志同道合,情谊极深,从此信可见其一斑。信中还提出,为文要"胸中绝无俗气""下笔不作寻常语""不步人脚"等,都极为可贵。此文原载《李温陵集》卷二,中华书局1975年版《焚书》置于"增补一",现移录于此。《李温陵集》与中华书局1975年版《焚书》在此文前均有《与焦从吾》一文,该文是《续焚书》卷一《与焦弱侯太史》的节略,现删去。

　　无念来归①,得尊教,今三阅月矣②,绝无音使③,岂科场事忙不暇作字乎④?抑湖中无鸿雁⑤,江中少鲤鱼也⑥?都院信使不断⑦,亦可附之,难曰不便也。此中如坐井,舍无念无可谈者。虽时时对古人,终有眼昏气倦时。想白下一字如万金⑧,兄何故靳不与耶⑨?

【注释】

①无念:见《复焦弱侯》第一段注①。

②阅:经历,经过。

③音使:指音信。

④科场:科举考试场所。作字:写信。

⑤鸿雁:喻指书信。这里代指信使。典出《汉书》卷五四《苏武传》附。其言汉武帝时苏武出使匈奴被拘不屈,徙居北海牧羊。后因匈奴与汉和亲,汉求苏武等,匈奴诈言武已死。苏武属吏常惠夜见汉使,教其诡言武帝在上林猎时,射中一鸿雁,雁足得书,言

武在某泽中。后即以鸿雁作为书信或信使的代称。

⑥鲤鱼:《玉台新咏》载汉代蔡邕《饮马长城窟行》曰:"客从远方来,遗我双鲤鱼。呼儿烹鲤鱼,中有尺索书。"后喻指书信。这里代指信使。

⑦都院:这里指南京的都察院。

⑧一字如万金:指焦竑的书信珍贵。

⑨靳(jìn):吝惜,不肯给予。

【译文】

　　无念回来,得到您的教诲,至今已经三个多月了,一封信也没有,是不是忙于科举考试没空写信?或者是没有信使来往?都察院的信使不断,也可以让他们捎代,不能托词不方便。我在这里如坐井观天,所见狭小,除了无念没有可以交谈之人。虽然常常在书中面对古人,但是总有眼昏气倦的时候。想您一字万金,老兄怎么能吝惜不写给我呢?

　　念弟实当会兄。古人言语多有来历,或可通于古未必可通于今者,时时对书,则时时想兄,愿得侍兄之侧也,此弟之不可少兄者一也。学问一事,至今未了,此弟之不可少兄者二也。老虽无用,而时时疑著三圣人经纶大用①,判若黑白,不啻千里万里②,但均为至圣③,未可轻议之,此又弟之不可少兄者三也。若夫目击在道④,晤言消忧⑤,则半刻离兄不得,此弟之所以日望兄往来佳信也。闻霍丘有高中门生⑥,便一往贺,顺道至此,慰我渴怀,然后赴京,不亦可钦?万勿以多事自托也。

【注释】

①"而时时"句:意为我时常怀疑三圣人治理国家大事的能力和作

用。疑著(zhe)，怀疑。著，助词"着"的本字。三圣人，指孔子、
老子和释迦牟尼。经纶，整理纶缕，理出经绪叫经，编织成绳叫
纶，统称经纶，引申为筹划治理国家大事，也指政治才能。

②不啻(chì)：不止，不异于。

③至圣：指道德智能至高无上的人。

④目击在道：语出《庄子·田子方》。子路问孔子，您想见温伯雪子
（楚之怀道人）很久了，为什么见了面而不说话？孔子说："若夫
人者，目击而道存矣，亦不可以容声矣。"意为像这样的人，眼睛
看见就知道天道体现在他身，也不用再说话了。在道，即道存
之意。

⑤晤言：面谈。

⑥霍丘：今安徽霍邱。高中(zhòng)：指科举考试中选。

【译文】

您应该想到我非常想和您相聚。古人的言语多有来历，但或可通
于古而未必可通于今者，所以虽常常面对古书，还是常常思念您，希望
能待兄身旁，这是我不能缺少您的一个原因。学问一事，至今未能满
意，这是我不能缺少您的又一个原因。我虽然已年老无用，却又常常怀
疑三圣人治理国家大事的能力和作用，区别如同黑白，不异于千里万
里，但都是道德智能无上之人，不可轻率地议论他们，这又是我不能缺
少您的第三个原因。如若一见面就知道天道体现在身上，一交谈就可
以消去忧愁，所以瞬间也离不开您，这就是我所以天天盼望您有信来的
原因。听说霍丘有您的门生科举中选了，如若前往祝贺，顺道经过我这
里一见，以抚慰我渴念的心怀，然后赴京，不也可以吗？千万不要以多
事而推托。

《福建录孝弟策》冠绝①，当与阳明《山东试录》并传②。
"朱紫阳断案"至引伯玉四十九、孔子七十从心③，真大手段，

大见识,弟向云"善作者纯贬而褒意自寓,纯褒而贬意自存"是也。兄于大文章殊佳,如碑记等作绝可。苏长公片言只字与金玉同声④,虽千古未见其比,则以其胸中绝无俗气,下笔不作寻常语,不步人脚故耳⑤。如大文章终未免有依仿在⑥。后辈有志向者何人,暇中一一示我,我亦爱知之。世间无根器人莫引之谈学⑦,彼不为名便是为利,无益也。

【注释】

①《福建录孝弟策》:指《福建乡试试录》中的一篇"策问",原问未见。

②阳明:即王守仁,见《复晋川翁书》第一段注㉑。《山东试录》:王守仁主持山东乡试时所编的"试录"(据刘原通《阳明先生年谱》)。试录,明代将乡试、会试中试的举子姓名籍贯名次及其文章汇集刊刻成册,称试录。

③朱紫阳断案:未详。朱紫阳,即朱熹。伯玉:即蘧(qú)伯玉,名瑗,春秋时卫国大夫,孔子弟子。传说他"年五十而知四十九之非"。孔子七十从心:语本《论语·为政》:"七十而从心所欲,不逾矩。"意为到七十岁,便随心所欲,任何念头都不越规矩。

④苏长公:即苏轼,见《复焦弱侯》第七段注①。

⑤不步人脚:不跟着别人的脚步走。比喻不因循守旧。

⑥依仿:仿效,依照。

⑦无根器人:联系下文"彼不为名便是为利",当指道学家。李贽认为道学家"皆口谈道德而心存高官,志在巨富","名利两得,身心俱全"(见前《又与焦弱侯》)。根器,佛教用语。指学道的能力和基础,及成佛的本性,有如植物的根和容物的器。后泛指人的禀赋、气质。

【译文】

《福建录孝弟策》非常突出，可与阳明的《山东试录》一同传世。"朱紫阳断案"引孔子弟子伯玉"年五十而知四十九之非"和孔子所说"七十而从心所欲不逾矩"，真是大本领，大见识，我过去曾说"善于创作的人一味的贬抑而赞美之意寓意其中，一味赞美而贬抑之意自然在内"就是这个意思。兄的大文章非常优秀，如碑记一类就很好。苏长公的作品片言只字如同金玉一样珍贵和美好，千古以来难以比拼，这是因为他胸中绝对没有俗气，下笔不作寻常语，不因循守旧，依傍他人。有些大文章难免有仿效他人的缺点。后辈有志向者都有些什么人，得空一一告我，我也喜欢知道他们。世间那些没有禀赋和气质的人不必和他们谈学问之事，因为他们不是为名就是为利，和他们谈学问什么益处也没有。

又与从吾孝廉

【题解】

本文当写于万历十六年（1588）秋寓居麻城之时。焦竑于次年始中进士，此称"从吾孝廉"，又盼他"速登上第"，可证此信当写于焦竑中进士之前。孝廉，举人的别称。在此信中，李贽对前人及其有关著述提出了自己的看法，都颇具独见。还应注意的是他所说的自己准备辑录的《儒禅》《僧禅》二书。后因种种原因，直到十多年后才得以完成。他写于万历二十八年（1600）的《与友人》说："又将先辈好诗好偈各各集出，又将仙家好诗、儒家通禅好诗堪以劝戒，堪以起发人眼目心志者，备细抄录，今已稍得三百余纸。再得几时尽数选出……此是余一种牵肠债也。"（《续焚书》卷一）该书即《言善篇》，又名《卓吾老子三教妙述》（简称《三教妙述》），收辑了儒、道、释三家"堪以劝戒"的一些诗文，万历二十九年（1601）完成。现存四集，恐已非全部。据刘东星《序言善篇》，因是"卓吾老子取其将死而言善也"之意,故名《言善篇》。刘东星还提到,曾"见其《小引》三首",这就是《续焚书》卷二所存的《释子须知序》《圣教小引》和《道教钞小引》。该文原载《李温陵集》卷二,中华书局 1975 年版《焚书》置于"增补一",现移录于此。

　　《经》云①:"尘劳之俦,为如来种。"②彼真正具五力者③,向三界中作如意事④,入魔王侣为魔王伴⑤,全不觉知是魔与佛也。愿兄早了业缘⑥,速登上第⑦,完世间人⑧,了出世法⑨,乃见全力云⑩。

【注释】

①《经》:指《维摩经》,全称《维摩诘所说经》。现有三种汉文译本,一般通行的为后秦鸠摩罗什译本,三卷。内容针对小乘佛教脱离世俗生活,闭门修行,以求解脱的偏向,提出只要身处尘世而心超凡俗,居家也能成佛,涅槃境界就在世俗生活之中。展示了大乘佛教强调在家修行的理想特色。为般若性空理论的一种发挥。维摩诘,亦简作"维摩",梵文音译的略称,意译"净名"或"无垢称"。《维摩诘经》中说他是毗耶离城中的一位大乘居士,和释迦牟尼同时,善于应机化导。他曾以称病为由,向释迦遣来问讯的舍利弗及文殊师利等讲解大乘深义。维摩诘为佛典中现身说法、辩才无碍的代表人物。

②"尘劳"两句:语出《维摩经》卷六《佛道品》,意为具有烦恼的众生,是成佛的种子。尘劳,佛教徒谓世俗事务的烦恼。俦,类。此指众生。如来,释迦牟尼的十大称号之一。这里泛指佛。

③五力:佛教用语。指能破碍、得到解脱的五种力量,即信力、精进力、念力、定力和慧力。

④三界：佛教把众生生死往来的世界分为欲界、色界和无色界（无形体、无物质的世界）。如意事：指佛事。

⑤魔王侣：即魔王的伴侣，指魔王的眷属、魔民等。魔王，魔界之王，佛的对立面。

⑥了业缘：意即结束俗缘，摆脱俗世。了，完成，完结。下一"了"字义同。业缘，佛教用语。佛教把人的身、口、意三方面的行为叫做业，称"三业"。并认为三者都有善恶之分，是招致在六道中生死轮回乐果或苦果的因缘。

⑦登上第：指参加会试名列前茅。

⑧完世间人：完成作为一个世间人。对出世之人（僧尼）而言。

⑨出世法：佛教谓达到超脱生死境界之法。这里指出家修行。

⑩全力：所有的力量，全部力量。这里指上面所说的"五力"。

【译文】

《维摩经》说："具有烦恼的众生，是成佛的种子。"因为他具有破障碍得解脱的五种力量，在生死往来的三界中做佛事，至了魔王那里就成了魔王的伴侣，全然不知是魔或是佛。我愿兄早日了结俗缘，摆脱世俗，会试名列前茅，完成作为一个世间人，而后达到超脱生死境界之法，出家修行，从而具备破障碍得解脱的五种力量。

近居龙湖，渐远城市，比旧更觉寂寞，更是弟之晚年便宜处耳。尝谓百姓生而六十，便免差役，盖朝廷亦知其精力既衰，放之闲食，全不以世间事责问之矣。而自不知暇逸，可乎！

【译文】

近些时我住在龙潭湖，远离了城市，比以前更感寂寞，更是我晚年的方便之处。人们常说老百姓活到六十岁，就可以免去差役，那是因为朝廷也知道人到六十精力就衰竭，就应该让其退休吃闲饭了，不应该再以世间之事去责问他们。如若自己不知道应该闲暇安逸，怎么可以呢！

《弘明集》无可观者①，只有一件最得意事。昔时读《谢康乐》②，自负慧业文人③，颇疑其夸；日于集中见其辨学诸篇④，乃甚精细。彼其自志学之年即事远公⑤，得会道生诸名侣⑥，其自负固宜。然则陶公虽同时⑦，亦实未知康乐，矧遗民诸贤哉⑧！谢公实重远公⑨，远公实雅爱谢公⑩，彼谓嫌其心杂不许入社者⑪，俗士之妄语耳⑫。远公甚爱贤，所见亦高，观其与人书，委曲过细，唯恐或伤，况谢公聪悟如是，又以师道事远公，远公安忍拒之！千载高贤埋没至今，得我方尔出见于世⑬。此一喜也。王摩诘以诗名⑭，论者虽谓其通于禅理，犹未遽以真禅归之，况知其文之妙乎！盖禅为诗所掩，而文章又为禅所掩，不欲观之矣。今观《六祖塔铭》等文章清妙⑮，岂减诗才哉！此又一喜也。

【注释】

①《弘明集》：佛教书名。十四卷，南朝齐梁时僧祐编。辑录有东汉至梁代阐明佛学的论著，但也保留了几篇反对佛教的论文，如范缜的《神灭论》等。

②《谢康乐》：指《谢康乐集》，南朝谢灵运的诗文集。谢灵运（385—433），南北朝宋代诗人。祖籍陈郡阳夏（今河南太康），晋车骑将军谢玄之孙。十八岁时就袭封康乐公，因此人称谢康乐。入宋后，曾任永嘉太守等职。不久辞官，隐居会稽（今浙江绍兴）。后因起兵叛宋被杀。优裕的物质条件和漫游山水的生活体验，使

他创作出大量的山水诗,成为山水诗派第一个有成就的诗人。后人整理有《谢灵运诗》《谢灵运集》。《宋书》卷六七、《藏书》卷三八等有传。

③自负慧业文人:据《宋书·谢灵运传》载:"(会稽)太守孟颛(yǐ)事佛精恳,而为灵运所轻,尝谓颛曰:'得道应须慧业文人,生天当在灵运前,成佛必在灵运后。'颛深恨此言。"慧业文人,指有文学天才并与文学结为业缘的人。

④辨学诸篇:指《与诸道人辨宗论》《辨宗论之余》和《答王卫军问辨宗论书》等篇。见《谢康乐集》卷一。《辨宗论》中载有谢灵运与一些和尚论辩佛、孔宗派同异的问答。

⑤"彼其"句:谢灵运《庐山慧远法师诔》:"予志学之年,希门人之末,惜哉诚愿弗遂,永违此世。"又据《不入社诸贤传·谢灵运传》:"(谢灵运)至庐山,见远公,肃然心伏,乃即寺筑台,翻涅槃经,凿地植白莲。"(《汉魏丛书·莲社高贤传》附)志学之年,即十五岁。《论语·为政》:"吾十有五而志于学。"远公,即慧远(334—416),俗姓贾,雁门楼烦(今山西宁武)人。东晋僧人。早年博通六经,尤善老庄,后从道安出家,精般若性空之学。太元六年(381)入庐山,倡导弥陀净土法门。相传他和十八高贤共结莲社(白莲社),同修净业。后世净土宗人推尊为初祖。著有《法性论》《匡山集》等。《梁高僧传》卷六、《六学僧传》卷一一、《神僧传》卷二等有传。

⑥道生:即竺道生(355—434),俗姓魏,钜鹿(今河北平乡)人。晋宋间僧人。从鸠摩罗什受学,译《般若》,著有《顿悟成佛义》《二谛论》等。《梁高僧传》卷七、《六学僧传》卷一一、《神僧传》卷三等有传。

⑦陶公:即陶潜(365—427),字渊明,一字元亮,私谥靖节,浔阳柴桑(今江西九江)人。东晋诗人。曾任江州祭酒、彭泽(今江西湖

口)令等职。因不满当时政治黑暗和"不能为五斗米折腰向乡里小人(指郡里派来的督邮小官)"(《宋书》卷九三《隐逸传》)而弃官归隐。嗜酒好文,以田园诗称,亦讽喻时政,阐"形尽神灭""乐天安命"的观点。与周续之(字道祖)、刘遗民并称浔阳三逸。相传慧远与诸高士结莲社,来信招渊明,渊明说:"弟子性嗜酒,法师许饮即往矣。"慧远许之。后终因无酒可饮一去即返(《庐阜杂记》)。后人辑有《陶渊明集》。《晋书》卷九四、《宋书》卷九三、《南史》卷七五、《藏书》卷六七等有传。

⑧矧(shěn):况。遗民:即刘遗民(352—410),原名刘程之,字仲思,晋代彭城(今江苏徐州)人。少孤,事母孝,司徒王谧、太尉刘裕等推荐为官,刘遗民力辞,并至庐山托于慧远。他与雷次宗、宗炳、张诠、周续之等高士逸人,同为白莲社友。《僧史略下》《莲社高贤传》等有传。诸贤:指白莲社中人。

⑨谢公:指谢灵运。重:敬重。

⑩雅:很,甚。

⑪"彼谓"句:据《不入社诸贤传·谢灵运传》:谢灵运到庐山见慧远后,"时远公诸贤同修净土之业,因号白莲社。灵运尝求入社,远公以其心杂而止之"。

⑫俗士:指晋代《莲社高贤传》附《不入社诸贤传·谢灵运传》的作者,史失其名。

⑬方尔:方才如此。

⑭王摩诘:即王维(701—761),字摩诘,河东(今山西永济)人。历官右拾遗、监察御史、吏部郎中、给事中等。唐代诗人、画家。深受佛教思想影响,晚年在终南、辋川过起亦官亦隐的生活。著有《王右丞集》《辋川集》。《旧唐书》卷一九〇下、《新唐书》卷二〇二、《藏书》卷三九等有传。

⑮《六祖塔铭》:原名《能禅师碑》,见《王右丞集》卷二五。《全唐文》

卷三二七作《六祖能禅师碑铭》。这是王维为佛教禅宗六祖慧能
所作的碑铭。

【译文】

《弘明集》没什么可看的,只有一件最得意之事。过去读《谢康乐》
一书,看到谢灵运以慧业文人自负,很怀疑不过是一种夸饰;近日在他
的集子中看到辨学几篇,甚是精细。他在十五岁志学之年就师从慧远,
而且结识了道生等诸多著名僧侣,他以慧业文人自负也不过分。然而
陶渊明虽和谢灵运同时,但他对谢灵运并不了解,何况刘遗民等白莲社
诸人。谢灵运非常敬重慧远,慧远也厚爱谢灵运,说慧远等嫌谢灵运心
杂不许他加入白莲社,那是《不入社诸贤传》作者虚妄不实的话。慧远
非常爱惜贤才,所见也高,看他给别人的书信,都委曲过细,深怕对人有
伤害,何况谢灵运如此聪悟,又以师道事慧远,慧远怎么能拒绝他加入
白莲社的要求!千年的高贤埋没至今,由于我方才得以出现于世人之
前。这是一件喜事。王摩诘以诗出名,论者虽认为他通于禅理,又认为
他不是真禅,怎么能知道他文章之妙呢!王维禅被诗掩,而文章又被禅
所掩,不想看了。而今看他的《六祖塔铭》等文章都很清妙,并不比诗才
差。这又是一喜。

意欲别集《儒禅》一书,凡说禅者依世次汇入[①],而苦无
书;有者又多分散,如杨亿、张子韶、王荆公、文文山集皆分
散无存[②]。若《僧禅》则专集僧语,又另为一集,与《儒禅》并
行,大约以精切简要为贵。使读者开卷了然,醍醐一味[③],入
道更易耳。

【注释】

①依世次:依照世代先后次序。

②杨亿(974—1020):字大年,浦城(今福建浦城)人。淳化进士,曾
　任翰林学士兼史馆修撰。北宋文学家,与刘筠、钱惟演等诗歌唱
　和,编成《西昆酬唱集》,号西昆体。又以骈文著称。著作多佚,
　现存《武夷新集》。《宋史》卷三〇五有传。张子韶(1092—
　1159),名九成,字子韶,号横浦居士、无垢居士,南宋钱塘(今浙
　江杭州)人。理学家杨时的弟子。绍兴进士,历官著作郎、宗正
　少卿、权礼部侍郎等。著有《横浦集》。《宋史》卷三七四、《藏书》
　卷三二等有传。王荆公:即王安石,见《与焦弱侯书》第二段注
　①。文文山:即文天祥(1236—1283),字履善,一字宋瑞,号文
　山,吉州庐陵(今江西吉安)人。理宗宝祐四年(1256)中进士第
　一。南宋末年政治家、文学家,官至右丞相,在东南沿海坚持反
　元斗争。后兵败被俘,在狱中写了著名的《过零丁洋》等诗,以
　"人生自古谁无死,留取丹心照汗青"的高尚气节,拒绝了元蒙贵
　族的威胁利诱,于1283年在北京从容就义。著有《文山先生全
　集》。《宋史》卷四一八、《藏书》卷三一等有传。
③醍醐(tí hú):从酥酪中提制出的油。佛教多用以比喻佛性,使人
　觉悟的力量。

【译文】

　　我想编一本《儒禅》的书,把论述禅理者依照世代先后次序收入,但
苦于手中无书;有的又多分散,如杨亿、张子韶、王荆公、文文山集都分
散无存。像《僧禅》则专集僧语,又另为一集,与《儒禅》并行,大约以精
切简要为贵。使读者开卷就清楚明白,使人得到佛性的力量,入道就更
容易了。

　　《华严合论》精妙不可当①,一字不可改易,盖又一《华
严》也②。如向、郭注《庄子》③,不可便以《庄子》为经④,向、
郭为注;如左丘明传《春秋》⑤,不可便以《春秋》为经,左氏为

传。何者？使无《春秋》，左氏自然流行⑥，以左氏又一经也。使无《庄子》，向、郭自然流行，以向、郭又一经也。然则执向、郭以解《庄子》，据左氏以论《春秋》者，其人为不智矣。

【注释】

①《华严合论》：一部讲解《华严经》的书，宋代闽僧惠研据唐代高僧李通玄所撰的《决疑论》重新整理而成。李贽依李通玄的合论著有《华严合论简要》四卷，有明代天启间吴兴董氏刊本。

②又一《华严》：又是一部《华严经》。李贽认为应当把《华严合论》看成"经"，而不应只看作"论"。《华严》，佛经名。全称《大方广佛华严经》，简称《华严经》，又称《杂华经》，为中国佛教宗派之一华严宗的主要典籍。

③向、郭注《庄子》：指向秀、郭象的《庄子注》。向，即向秀（约227—272），字子期，河内怀（今河南武陟）人。官至黄门侍郎、散骑常侍。魏晋之际"竹林七贤"之一，哲学家、文学家。《晋书》卷四九有传。郭象（？—312），字子玄，河南（今河南洛阳）人。官至黄门侍郎、太傅主簿。西晋哲学家，好老庄，善清谈。《晋书》卷五〇有传。向秀曾为《庄子》作注，"发明奇趣，振起玄风"，但余《秋水》《至乐》两篇注释未竟而卒。后郭象把向秀的注"述而广之"，别为一书。向注早佚（《列子》张湛注和陆德明《经典释文》均有引文），现存郭注十卷，可视为向、郭二人的共同著作。

④经：古代儒、道、释等学派对其所奉为典范的著作的尊称。

⑤左丘明传《春秋》：指左丘明据《春秋》而写的《春秋左氏传》（又称《左传》）。左丘明，一说复姓左丘，名明；一说单姓左，名丘明。春秋晚期鲁国史官，双目失明。相传《国语》亦出其手。传，解说，注释。《春秋》，原是春秋时代鲁国官方记载当时历史的史书，后经孔子加以整理修订，成为儒家经典之一。是后代编年史

的滥觞。

　　⑥左氏：即左丘明。这里用以借代左丘明的著作《春秋左氏传》。

【译文】

　　《华严合论》极其精妙，一字不可改动，这是又一部《华严经》了。像向秀、郭象注《庄子》，不能只把《庄子》看作经，把向秀、郭象的注只看作注；又如左丘明对《春秋》的解说和注释，不能只把《春秋》看作经，而把左丘明的解说和注释只看作解说和注释。为什么？假使没有《春秋》，左丘明的《春秋左氏传》自然也会流行，成为又一经。假使没有《庄子》，向秀、郭象的注解也会流行，成为又一经。然而只依向秀、郭象的注去解说《庄子》，只依左丘明的解说和注释去论《春秋》之人，这些人都是没有智慧之徒。

复耿中丞

【题解】

　　本文当写于万历十二年(1584)秋耿定理死后，时李贽寓居黄安。耿中丞，即耿定向。这是现存的李贽写给耿定向的最早的一封信。当时，耿定向在京任都察院左副都御史。中丞，汉代设御史中丞一职，与明代都察院的都御史相当，明代对佥都御史、副都御史和都御史俗称中丞。此文原载《李温陵集》卷二，中华书局1975年版《焚书》置于"增补一"，现移录于此。

　　四海虽大而朋友实难，豪士无多而好学者益鲜①。若夫一往参诣②，务于自得，直至不见是而无闷③，不见知而不悔者，则令弟子庸一人实当之④，而今不幸死矣⑤！仆尚友四方⑥，愿欲生死于友朋之手而不可得，故一见子庸，遂自谓可以死矣，而讵意子庸乃先我以死也耶⑦！兴言及此，我怀何如也！

【注释】

①益鲜：更少。

②一往参诣：一心向往求学问道。

③不见是而无闷：语出《周易·乾卦》。意为自己的德行不被人们所肯定而不感到烦闷。见，被，受。

④子庸：即耿定理，见《与曾中野》第三段注①。

⑤"而今"句：据耿定向《观生纪》(《耿天台先生全书》卷八)，耿定理死于万历十二年(1584)七月二十三日。

⑥尚友：指与高于己者交游。这里是求友之意。

⑦讵(jù)意：岂料。

【译文】

　　四海虽大而朋友实在难交，豪杰之士不多而好学者更少。至于一心向往求学问道，一定要自己有心得体会，而且做到自己的德行不被人们所肯定也不会感到烦闷，不被人认知也不会有所悔恨，只有您的弟弟子庸一人配得上，可惜他已不幸逝世了！我四方求友，想生死于朋友之手但不可得，所以一见到子庸，就认为死而无憾了，没想到子庸却死在我的前头了！心有所感说到此，又是多么的难受啊！

　　公素笃于天伦①，五内之割②，不言可知。且不待远求而自得同志之朋于家庭之内，祝予之叹③，岂虚也哉！屡欲附一书奉慰④，第神绪忽忽⑤，自心且不能平，而敢遽以世俗游词奉劝于公也耶⑥？今已矣！惟念此问学一事，非小小根器者所能造诣耳⑦。夫古人明以此学为大学⑧，此人为大人矣⑨。夫大人者，岂寻常人之所能识耶？当老子时⑩，识老子者惟孔子一人⑪；当孔子时，识孔子者又止颜子一人⑫。盖知己之难如此。使令弟子庸在时，若再有一人能知之，则亦不足以为子庸矣。

【注释】

①笃:重视。天伦:这里指兄弟。兄先弟后,天然伦次,故称兄弟为天伦。

②五内之割:形容内心悲痛如刀割。五内,即五脏,泛指内心。

③祝予:丧失我的(亲人)。《公羊传·哀公十四年》记子路死,孔子叹曰:"天祝予!"祝,穷、断绝之意。后用以悼念之辞。此处表达了对耿定理的悼念。

④奉慰:安慰,问候。

⑤第:副词,只是,只。神绪忽忽:精神恍惚,情绪不好。

⑥游词:虚浮不实的言词。

⑦根器:佛教用语。指学道的能力和基础,及成佛的本性,有如植物的根和容物的器。后泛指禀赋、气质。

⑧大学:指要做一个"大人"的学问。

⑨大人:古代对道德高尚之人的称谓。

⑩老子:即老聃。

⑪孔子:即孔丘(前551—前479),字仲尼,鲁国陬邑(今山东曲阜)人。春秋末期思想家、政治家、教育家,儒家学说的创始人。自汉以后,孔子学说成为两千余年封建文化的正统,影响极大。孔子本人则被封建统治者尊为圣人。现存《论语》一书,记有孔子的谈话以及孔子与门人的问答,是研究孔子学说的主要资料。《史记》卷四七有传。

⑫颜子:即孔子弟子颜回。

【译文】

您向来重视兄弟之情,内心悲痛如刀割,不说也能想到。况且不需要远求就能得到志同道合的挚友于家庭之内,对丧失的亲人的悼念,那是多么的真诚！多次想寄一信对您安慰，但我也精神恍惚，内心难得平静，那里敢以世俗虚浮不实的言词劝告您呢？而今已经过去。只有研讨学问一事，不是只有小小学道的能力和禀赋之人可以做到的。古人很明白学问就是要研讨做一个德行高尚志趣高远的大人的学问，这种人是道德高尚的人。这样的大人，寻常人是不容易认知的。正当老子时，认知老子者只有孔子一人；正当孔子时，认知孔子的又只有颜子一个。可见知己之难遇就是如此。假使您的弟弟子庸在时，如若再有一人能认知他，那也就不可能成为子庸了。

　　嗟嗟！勿言之矣！今所憾者，仆数千里之来，直为公兄弟二人耳。今公又在朝矣①，旷然离索②，其谁陶铸我也③？夫为学而不求友与求友而不务胜己者，不能屈耻忍痛，甘受天下之大炉锤④，虽曰好学，吾不信也。欲成大器⑤，为大人，称大学，可得耶？

【注释】

①在朝：万历十二年（1584）三月，耿定向起任"都察院右佥都御史，协理院事"。"八月，升本院右副都御史，协理院事"（据耿定向《观生纪》）。在朝，当指任右副都御史时。

②旷然离索：空虚而孤独。离索，离群索（散）居。

③陶铸：原指烧制陶器，铸造金属器物，后多用以比喻造就、培养。

④炉锤：此处指冶炼、锻打之意。

⑤大器：大才。

【译文】

　　唉唉！不要说了！而今遗憾的是，我从数千里来，只是为您兄弟二人而已。如今您又在朝中，我处于空虚而孤独之境，又有谁能给我以学识上的帮助？要想求得学识上的进步而不交结朋友与交结朋友而不交结比自己强者，不能蒙受耻辱忍耐疼痛，心甘情愿受全天下的冶炼锻打，虽说好学，我不相信。要想成为大才，成为道德高尚之人，被称为研讨要做一个"大人"的学问，怎么能呢？

答周二鲁

【题解】

本文于万历十六年（1588）写于麻城。据王世贞《周鲁山先生墓志铭》（《弇州续稿》卷九三），周钺（yì，号鲁山）有三子：长子宏祖，号少鲁；次子宏禴（yuè），号二鲁；三子宏祫（jiá），字南士。本书卷一有《复周南士》一文，与《李氏文集》（明万历间海虞顾大韶校刊本）卷一的《复周三鲁》文字基本相同。而且《复周南士》一文中的"公"字，在《复周三鲁》中皆作"三鲁"。据此可知，周南士号三鲁。而周二鲁，当指周宏禴，字元孚，湖北麻城人。万历二年（1574）进士。历官南京兵部武选司主事、监察御史、尚宝司丞等。在此信中，李贽提出了"为己""自适"，是他困顿人生中的一种慰藉追求，也包含着对世俗的愤激。此文原载《李温陵集》卷四，中华书局 1975 年版《焚书》置于"增补一"，现移录于此。

　　士贵为己①，务自适②。如不自适而适人之适，虽伯夷、叔齐同为淫僻③；不知为己，惟务为人，虽尧、舜同为尘垢秕糠④。此儒者之用⑤，所以竟为蒙庄所排⑥，青牛所诃⑦，而以为不如良贾也⑧。盖其朝闻夕可⑨，虽无异路，至于用世处身之术⑩，断断乎非儒者所能企及。后世稍有知其略者⑪，犹能致清净宁一之化⑫，如汉文帝、曹相国、汲长孺等⑬，自利利他，同归于至顺极治⑭，则亲当黄帝、老子时又何如耶⑮？仆实喜之而习气太重,不能庶几其万一⑯,盖口说自适而终是好适人之适,口说为己而终是看得自己太轻故耳。

【注释】

①贵为己:重在充实、提高自己。

②务自适:要按照自己认为合适的去做。

③伯夷、叔齐:二人为孤竹国君的长子与三子。孤竹君要传位给叔齐,孤竹君死后,叔齐要让位于伯夷。伯夷以为不应违背父命而逃走,叔齐也不肯就位而出走。后二人听说周文王贤,同奔周。周文王死后,武王发兵伐商纣,伯夷、叔齐叩马而谏。武王灭商后,二人逃到首阳山(在今山西永济),不食周粟而死。事见《史记》卷六一《伯夷列传》。后以"不食周粟"表示清白气节。淫僻:邪恶不正。

④尧、舜:传说中父系氏族社会后期部落联盟领袖。尧,陶唐氏,名放勋(有时简称勋),谥曰尧,史称唐尧。舜,姚姓,有虞氏,名重华(有时简称华),谥曰舜,史称虞舜。尧、舜为儒家理想的圣君,其事业为儒家极力尊崇。尘垢秕(bǐ)糠:语出《庄子·逍遥游》:"是其尘垢秕糠,将犹陶铸尧、舜者也。"意为他(神人)的尘垢秕糠,也可以造成尧、舜。秕糠,比喻没有价值的东西。秕,空的或不满的谷粒。糠,米皮。

⑤用:指用世。

⑥蒙庄:即庄子(约前369—前286),名周,宋国蒙(今河南商丘)人。做过蒙地方的漆园吏,故称"蒙庄"。后从事讲学、著述,是战国时哲学家,道家学派的创始人之一。他继承和发展了老子"道发自然"的观点,强调事物的自生自化。他主张齐物我、齐是非、齐大小、齐生死、齐贵贱,幻想一种"天地与我并生,万物与我齐一"的主观精神境界,安时处顺,逍遥自得,倒向了相对主义与宿命

论。著有《庄子》。《史记》卷六三、《藏书》卷六七等有传。排：排斥。指《庄子·盗跖》记载跖斥责孔子为"巧伪人"事。

⑦青牛：即老子。传说老子骑青牛出函谷关，故用"青牛"称代他。诃：同"呵"，怒责。据《史记》卷六三《老子列传》，孔子曾问礼于老子，老子曰："子所言者，其人与骨皆已朽矣……吾闻之，良贾深藏若虚，君子盛德容貌若愚。去子之骄气与多欲，态色与淫志，是皆无益于子之身。吾所以告子，若是而已。"

⑧良贾(gǔ)：善于经营的商人。

⑨朝闻夕可：语本《论语·里仁》："朝闻道，夕死可矣。"这里指达到求道的目的。

⑩用世：为世所用。

⑪略：这里作谋略、智谋讲。

⑫清净宁一：语本《老子》第三十九章："天得一以清，地得一以宁。"后《史记》卷五四《曹相国世家》："载其清净，民以宁一。"意为政治清明，民俗安定。

⑬汉文帝：即刘恒，见《与梅衡湘》注⑭。曹相国：即曹参(？—前190)，字敬伯，沛县(今江苏沛县)人。曾为沛县狱吏，秦末随刘邦起义，屡立战功。汉朝建立后，刘邦封长子刘肥为齐王，以曹参为齐相。曹参采用"贵清静而民自定"的黄老之术，九年间齐国大治。后继萧何为汉惠帝丞相。《史记》卷五四、《汉书》卷三九、《藏书》卷九等有传。汲长孺(？—前112)：即汲黯，字长孺，濮阳(今河南濮阳)人。西汉政治家，常直言切谏。武帝时任东海太守，好黄老之术，多病，卧在家中处理政事，一年有余，东海大治。后历官主爵都尉、淮阳太守等。参看《书晋川翁寿卷后》注④。《史记》卷一二〇、《汉书》卷五〇、《藏书》卷二八等有传。

⑭至顺极治：充分顺应时势，达到最美好的治效。

⑮"则亲当"句：意为要是我们亲身经历黄帝、老子的时代，又该会

怎样呢！黄帝，古代传说中的中央各部族共同的祖先，姬姓，号轩辕氏、有熊氏，曾率领各部落于今河北涿鹿一带先后击败炎帝和蚩尤，被拥为部落联盟领袖。《史记》卷一有传。

⑯庶几：差不多，近似。

【译文】

读书人贵在充实、提高自己，尽力按照自己认为合适的去做。如果不能按照自己认为合适的去做，老是按别人的要求去做，即使是伯夷、叔齐也会走上邪路；不懂得充实、提高自己，只是尽力替人着想、为人行事，即使是尧、舜也一样是废物。儒者的用世之道，遭到庄子的排斥和老子的怒责，认为他们还不如善于经营的商人，其原因正在于此。儒者朝闻夕死的追求真理的态度，和老庄虽然没什么不同，但老庄立身处世、为世所用的方法，儒者断然不及。后世的统治者，对老庄的智谋稍有所悟，就能开创政治清明、人民安定的盛世，像汉文帝刘恒、曹相国曹参、汲长孺等人，在利己的同时使天下人受益，最终收到极其和谐安定的治效，就是在黄帝、老子的时代，也不过如此呀！我很喜爱老庄之道，可是习气太重，其境界的万分之一都达不到，所以只是口说充实、提高自己，尽力按照自己认为合适的去做，却老是按照别人的要求去做；口说为己，却因把自己看得太轻，而最终未能做到。

老子曰："挫其锐，解其纷，和其光，同其尘。"①"处众人之所恶，则几于道矣。"②仆在黄安时，终日杜门，不能与众同尘；到麻城，然后游戏三昧③，出入于花街柳市之间④，始能与众同尘矣，而又未能和光也。何也？以与中丞犹有辩学诸书也⑤。自今思之，辩有何益？祇见纷纷不解，彼此锋锐益甚，光芒愈炽，非但无益而反涉于矜骄⑥，自蹈于宋儒攻新法之故辙而不自知矣⑦。岂非以不知为己，不知自适，故不能和光,而务欲以自炫其光之故欤?静言思之⑧,实为可耻。故决意去发⑨,欲以入山之深,免与世人争长较短。盖未能对面忘情,其势不得不复为闭户独处之计耳。虽生死大事不必如此,但自愧劳扰一生,年已六十二,风前之烛,曾无几时,况自此以往,皆未死之年,待死之身,便宜岁月日时也乎!若又不知自适,更待何时乃得自适也耶?且游戏玩耍者,众人之所同,而儒者之所恶;若落发毁貌⑩,则非但儒生恶之,虽众人亦恶之矣。和光之道,莫甚于此,仆又何惜此几茎毛而不处于众人之所恶耶?非敢自谓庶几于道⑪,特以居卑处辱,居退处下,居虚处独,水之为物,本自至善⑫,人特不能似之耳。仆是以勉强为此举动,盖老而无用,尤相宜也。

【注释】

①"挫其"四句:语出《老子》第四章。意为磨掉锋芒,消除纷扰,隐匿光耀,混同尘俗。

②"处众人"二句:语出《老子》第八章。意为停留在大家所厌恶的地方,就最接近于道。

③游戏三昧:佛教用语。意为自在无碍,达到超脱自在的境界。这里指放浪形骸,自由自在地与朋友们来往。

④花街柳市:指妓院聚集的街市。这里指繁华热闹之处。

⑤中丞:指耿定向,见《复耿中丞》题解。辩学诸书:指作者与耿定向往来论辩的书信。

⑥吝骄:语本《论语·泰伯》:"如有周公之才之美,使骄且吝,其余不足观也已。"意为吝啬骄傲。

⑦宋儒攻新法:指宋代理学家程颢等对王安石变法的攻击。

⑧静言思之：语出《诗经·邶风·柏舟》。意为冷静下来想一想。言，语中助词。

⑨去发：本年，李贽在龙潭湖维摩庵剃光头，仅留鬓须。关于李贽去发的原因，可参看本卷《与曾继泉》、本书卷四《豫约·感慨平生》、袁中道《李温陵传》、汪可受《卓吾老子墓碑》等。

⑩落发毁貌：明代人是留全发的，李贽"去发"，为损毁容貌之举。

⑪庶几：这里当"差不多"讲。

⑫"特以"五句：语意本《老子》第八章："上善若水。水善万物而不争，处众人之所恶，故几于道……夫惟不争，故无尤。"意为上善的人像水。水善于滋润万物而不和万物相争，停留在人们所厌恶的地方，所以最接近于道……只因为有不争的美德，所以没有怨咎。

【译文】

老子说："磨掉锋芒，消除纷扰，隐匿光耀，混同尘俗。""停留在大家所厌恶的地方，就接近于道。"我在黄安时，整日闭门，不能与众人混同于尘俗；到麻城，放浪形骸，自由自在，出入各种繁华热闹场所，终于与众人混同于尘俗，可是又未能隐匿光耀。什么原因呢？因为与耿中丞还有许多辩学书信的往来。今日想想，这种辩论实在无益。相互间不能理解的地方很多，越辩对立越尖锐，光芒越刺眼，不但无益，反而显得客啬骄傲，以致走上了宋儒攻击新法的老路而不自觉。这难道不是因为不知为己，不知自适，所以不能隐匿光耀而尽力炫耀的缘故吗？冷静地想想，实在觉得可耻。所以决心剃发为僧，想以遁入深山静修的方法，避免与世人争长较短。这是因为面对世事，不能无动于衷，情势迫使我不得不再度闭门独处。生死虽是大事，却也不必如此谨慎，但自愧劳扰一生，年纪已到六十二，譬如风前之烛，已无多少时日，何况自此以后，有生之年，待死之身，都应该是我见机行事、以求自适的日子。如还不知自适，要等到何时才能自适呢？再说游戏玩耍，是众人的共同追求，却为儒者所厌恶；至于剃发毁貌，非但儒生厌恶，就是众人也厌恶。隐匿光耀的做法，没有比这个更好的，我又何必在乎这几根毛发而不居于众人厌恶之地呢？我不敢说自己已近于老庄之道，只是认为人应该像水一样居卑处辱，居退处下，居虚处独。水这个东西，代表着天地间至善的特性，人却不能像水一样。因此，我勉强这样做，也是老而无用，尤为适当。

　　白下此时①，五台先生在刑曹②，而近谿先生亦已到③。仆愧老矣，不能匍匐趋侍④。兄既同官于此⑤，幸早发兴一会之。五台先生骨刚胆烈，更历已久⑥，练熟世故，明解朝典⑦，不假言矣⑧。至其出世之学⑨，心领神解，又已多年，而绝口不谈，逢人但说因说果，令人鄙笑。遇真正儒者，如痴如梦，翻令见疑⑩。则此老欺人太甚，自谓海内无人故耳。亦又以见此老之善藏其用⑪，非人可及也。兄有丈夫志愿，或用世，或出世，俱不宜蹉过此老也。近老今年七十四矣⑫，少而学道，盖真正英雄，真正侠客，而能回光敛焰⑬，专精般若之门者⑭；老而糟粕尽弃，秽恶聚躬⑮，盖和光同尘之极。俗儒不知，尽道是实如此不肖。老子云："天下谓我道大，似不肖。夫惟大，故似不肖；若肖，久矣其细。"⑯盖大之极则何所不有，其以为不肖也固宜。人尽以此老为不肖，则知此老者自希；知此老者既希，则此老益以贵矣。又何疑乎！

【注释】

①白下：今江苏南京。

②五台先生：即陆光祖，字与绳，号五台，平湖（今浙江嘉兴）人。嘉

靖二十六年(1547)进士。曾官工部右侍郎,因忤张居正而引疾归。后再起,官至刑部尚书、吏部尚书。张居正改革政治,遭到保守派攻击,陆又为张辩解。为时政能广引人材,不念旧恶,人服其量。谥庄简。著有《庄简公存稿》。《续藏书》卷一八、《国朝献征录》卷二五、《明史》卷二二四、《明书》卷一三三、《明史稿》卷二〇八、《居士传》卷四〇等有传。在刑曹:指在南京刑部当侍郎。

③近谿:即罗汝芳,见《复焦弱侯》第四段注⑫。

④匍匐:倒伏在地,表示恭敬的行动。趋侍:向前侍候。意为前往接受教诲。

⑤同官于此:当指周二鲁时在南京任兵部主事。

⑥更历:经历。

⑦朝典:朝廷的典章制度。指政治情况。

⑧不假言:不待说,不用讲。

⑨出世:超脱人世。

⑩翻令见疑:反而使自己受到人们的怀疑。

⑪善藏其用:善于隐藏他的作用。

⑫近老:指罗近谿。

⑬回光敛焰:意为收敛光芒,返照自己。本佛教用语,见《宗镜录》。

⑭般若:佛教用语。梵语 prajnā 的译音。或译为"波若",意译"智慧"。这里指佛学。

⑮"老而"二句:意为到了老年,在学道方面能把糟粕全都弃掉;在处世方面不怕什么脏东西、坏事情,都可弄到自己身上。意思是学道到家,一切处世得法。躬,身。

⑯"天下"六句:见《老子》第六十七章(有人以为是三十四章的错简)。意为天下人都对我说道广大,却不像任何具体的东西。正因为它的广大,所以不像任何具体的东西;如若它像的话,早就

渺小了。

【译文】

此时,五台先生在南京任刑部职,近谿先生也已到达南京。我愧恨已老,无法当面侍奉请教。兄既然也在南京任职,望能早生念头与之相会。五台先生骨刚胆烈,历世已久,练熟世故,对朝廷的典章制度了如指掌,这些不用多说。至于超脱尘世的学说,他已研究多年,早已心领神会,可他绝口不谈,逢人只说因果,令人鄙视冷笑。遇到真正的儒者,则又如痴狂如梦呓,反而使他自己受到人们的怀疑。这是因为此老欺人太甚,认为天下无人能及。又以此可见此老善于掩藏的本事,非常人所及。兄有大志向,不论是入世,还是出世,都不应该白白错过向此老请教的机会。近谿老先生今年已七十四岁,他自小学道,属于真英雄,真豪杰,而最终能收敛光芒,返照自己,专门精研佛学之人;到老年,他弃尽学道的糟粕,不避种种污秽丑恶,到达了和光同尘的极致。俗儒不了解他,都以为他的秽恶是实,不肖先贤。老子说:"天下人都说我道广大,却不像任何具体的东西;正因为我道广大,所以不像任何具体东西;如果像的话,早就显得渺小不堪了。"大到极致就无所不包,人们认为它不肖,当然在理。人们都认为此老不肖,可见真正了解此老的人很少;真正了解此老的人既然很少,那么此老就越发可贵。这是无可怀疑的!

仆实知此二老者①,今天下之第一流也,后世之第一流也。用世处世,经世出世,俱已至到②。兄但细心听之,决知兄有大受用处也。然此言亦仆之不能自适处也,不真为己处也。何也?兄未尝问我此两人,又未尝欲会此两人者,我何故说此两人至此极也,岂非心肠太热之故欤③!一笑!一笑!

【注释】

①二老：指陆光祖、罗近谿。

②至到：至极，到家。

③心肠太热：喻好意过了头，反而白费口舌。

【译文】

我深知此二老，他们现在是天下第一流人物，在将来还是第一流人物。他们立身处世，为世所用，经邦济世，或超脱尘世，各方面都已达到极致。兄只要细心聆听其教诲，必然受益良多。然而，这番话也正说明我不能自适，不能真为己。为什么这样说呢？因为兄并没有向我询问这两人，又没有要会晤这两人的意思，我为何要对这两人叙说到这地步？难道不是心肠太热的缘故吗？可发一笑！可发一笑！

答周柳塘

【题解】

本文于万历十六年（1588）写于麻城。周柳塘，即周思久，见《复焦弱侯》第四段注⑨。耿定向在给周某的信中，表面上是在为李贽"掩丑"，实际上是在中伤。李贽在这封信中，一方面揭破了耿定向的这种手法，并对他中伤自己的事由一一进行了驳斥。一方面就耿定向所言之事，顺势发挥，正面阐述了自己求学论道的立场与原则。如就"颜山农打滚"一事，在李贽看来，讲学论道到真得意时，内外皆忘，情不自禁，打滚又有何妨！远比那些追名逐利，奴颜婢膝，在权势者面前献媚打滚之徒纯真可爱。此信所体现出的那种层层驳论笔法和匕首投枪式的文风，是作者人品精神的体现，也对当时及后来的散文创作产生了深远影响。此文原载《李温陵集》卷四，中华书局1975年版《焚书》置于"增补一"，现移录于此。

　　耿老与周书云①:"往见说卓吾狎妓事,其书尚存,而顷书来乃谓弟不能参会卓吾禅机②。昔颜山农于讲学会中忽起就地打滚③,曰:'试看我良知!'士友至今传为笑柄。卓吾种种作用,无非打滚意也。第惜其发之无当④,机锋不妙耳⑤。"又谓:"鲁桥诸公之会谦邓令君也⑥,卓吾将优旦调弄⑦,此亦禅机也,打滚意也。盖彼谓鲁桥之学,随身规矩太严,欲解其枷锁耳。然鲁桥之学,原以恭敬求仁,已成章矣⑧。今见其举动如是,第益重其狎主辱客之憾耳⑨。未信先横⑩,安能悟之令解脱哉!"又谓:"卓吾曾强其弟狎妓,此亦禅机也。"又谓:"卓吾曾率众僧入一嫠妇之室乞斋⑪,卒令此妇冒帷簿之羞⑫,士绅多憾之,此亦禅机也。夫子见南子是也⑬。南子闻车声而知伯玉之贤⑭,必其人可与言者。卓吾蔑视吾党无能解会其意⑮,故求之妇人之中。吾党不己之憾⑯,而卓吾之憾⑰,过矣。弟恐此妇聪明未及南子,则此机锋又发不当矣。"

【注释】

①耿老:即耿定向,见《复耿侗老书》题解。与周书:《耿天台先生全书》《耿天台先生文集》均无此信。

②参会:参酌领会。禅机:佛教用语。佛教禅宗认为,悟了道的人,在一言一行中都含有"机要秘诀"。在谈禅说法、教授门徒时,用含有机要秘诀的言辞、动作或事物来暗示教义,使人得以触机思考,即可悟道。这里是耿定向挖苦李贽的说法。

③颜山农:即颜钧,见《为黄安二上人三首·大孝一首》第二段注⑪。就地打滚:李贽在后面说:"所谓山农打滚事,则浅学未曾闻

之。"可见耿定向不过是以道听途说为据。

④第：副词，只是。

⑤机锋：佛教禅宗用语。指问答迅捷锐利、不落迹象、含意深刻的语句。因出语有如弩机发箭一样，故叫"机锋"。

⑥鲁桥（？—1593）：即刘师召，号鲁桥，麻城（今湖北麻城）人。讲学著书，梅国桢出其门下。《麻城县志》康熙版卷八、乾隆版卷一六、光绪版卷二〇、民国版《前编》卷九等有传。会谶：相聚宴饮。邓令君：即邓鼎石，见《复邓鼎石》题解。令君，是旧时对县令的尊称，当时邓鼎石任麻城知县，故称他邓令君。

⑦优旦：戏曲中旦角演员。调弄：戏弄，耍弄。

⑧章：达到一定阶段，具有一定规模。

⑨狎主辱客：开主人的玩笑，侮辱他的宾客。

⑩未信先横：未能取得人家的信任而先把自己的做法横加于人。

⑪嫠（lí）妇：寡妇。

⑫冒帷簿之羞：蒙受行为不检的耻辱，即有损名声。帷，布幕。簿，帘子。本指障隔室内外的用具，古代借用来指"男女有别"的礼规。

⑬夫子见南子：指孔子拜见卫灵公的夫人南子，子路对此不满，孔子只好对天发誓。事见《论语·雍也》。

⑭"南子"句：据刘向《古列女传》记载，南子同卫灵公夜坐，听到有车轮声自远而近，到了门外就静寂了。南子判断是伯玉来了，才会这样规矩。后来果真是这样。伯玉，姓蘧（qú），名瑗，春秋时卫国大夫，孔子在卫国时，曾经在他家住过。

⑮吾党：吾辈，我等。

⑯不己之憾：不憾自己。憾，恨，不满意。

⑰卓吾之憾：而憾卓吾。

【译文】

耿老给周先生的书信中说："先前给我说卓吾狎妓之事，那信还在，近日的来信却又说不能参悟领会卓吾的禅机。昔日，颜山农在讲学会中途忽然起身，就地打滚，说：'请看我的良知！'这在士友间至今传为笑柄。卓吾的种种作为，无非是颜山农的就地打滚之意。只可惜他发射的时机不对，机锋也不妙罢了。"又说："鲁桥诸公宴请邓县令鼎石时，卓吾调戏唱旦角的戏子，这也是禅机，与山农打滚一样。他的意思是鲁桥治学，随身的规矩太严，想解除他身上的枷锁。然而鲁桥治学，原本是以恭敬之礼求得仁道，已达到了相当高的境界。现在见到卓吾如此的举动，只不过越发加深他狎主辱客的遗憾罢了。未取得人家的信任，先把自己的做法强加于人，岂能令人醒悟，令人得到解脱呢？"又说："卓吾曾强迫他弟狎妓，这也是禅机。"又说："卓吾曾率领众僧到一寡妇家乞斋，最终让这位寡妇蒙受行为不检之羞，士绅多为此感到遗憾，这也是禅机。夫子见南子即是此类。南子听到车声渐渐止于宫门之外，就知道是蘧伯玉来了，确有识贤之明，这样的人是一定值得接谈的。卓吾蔑视我等不能领会他的心意，所以在妇人中找知己。我们对自己并不感到不满，可卓吾对我们感到不满，这就是他的不是啦。我恐怕此妇的聪明比不上南子，那么这个机锋又发得不当了！"

　　余观侗老此书①，无非为我掩丑，故作此极好名色以代我丑耳②。不知我生平吃亏正在掩丑著好，掩不善以著善③，堕在"小人闲居无所不至"之中④，自谓人可得欺，而卒陷于自欺者。幸赖真切友朋针砭膏肓⑤，不少假借⑥，始乃觉悟知非，痛憾追省⑦，渐渐发露本真⑧，不敢以丑名介意耳。在今日正恐犹在诈善掩恶途中，未得全真还元⑨，而侗老乃直以我为丑，曲为我掩，甚非我之所以学于友朋者也，甚非我之所以千里相求意也。迹其用意⑩，非不忠厚款至⑪，而吾病不可瘳矣⑫。

【注释】

①侗老：耿定向，号楚侗，故称。

②名色：名目，名称。

③掩不善以著善：语本《大学》："掩其不善，而著其善。"意为把坏行为遮掩起来，显示出一副善良的模样。

④"堕在"句：引文"小人闲居无所不至"，语本《大学》。意为没有道德的小人，在独居无人注意时，什么坏事都干得出来。

⑤膏肓（gāo huāng）：古代医学以心尖脂肪为膏，心脏与膈膜之间为肓，都是药力达不到的地方，后遂以称难治之病症。

⑥不少假借：不肯稍加宽贷。假借，宽假，宽容。

⑦追省：追思反省。

⑧发露：显露。本真：本来真性。

⑨全真还元：道教用语。这里是保全天性，回复本原的意思。元，同"原"。

⑩迹：推究，考核。

⑪款至：真诚恳切。

⑫瘳（chōu）：医治好。

【译文】

　　我看侗老此信，用意无非是为我遮丑，所以造出这样极好的名目来代替我的丑行。却不知我平生吃亏正吃在掩饰丑恶以彰显美好，掩饰不善以彰显善良之上，落在"小人闲居，坏事干尽"的恶评之中，自以为骗得了别人，而最终只是自欺而已。幸赖真切朋友狠治我的难治之症，不给半点宽容，这才觉悟知错，痛感不满，追思反省，渐渐显露出本来的面目，不敢再以丑名介意。现在，我正担心自己还有诈善掩恶的毛病，以致不能保全天性，回复本元哩，可侗老竟然只是认为我的行为是丑恶的，就曲意为我掩饰，这完全不是我向朋友要学的，也完全不合我千里相求的本意。推究他的用意，并非不忠厚恳切，可这样一来，我的毛病就治不好了。

　　夫所谓丑者,亦据世俗眼目言之耳。俗人以为丑,则人共丑之;俗人以为美,则人共美之。世俗非真能知丑美也,习见如是,习闻如是。闻见为主于内,而丑美遂定于外,坚于胶脂①,密不可解,故虽有贤智者亦莫能出指非指②,而况顽愚固执如不肖者哉! 然世俗之人虽以是为定见,贤人君子虽以是为定论,而察其本心,有真不可欺者。既不可欺,故不能不发露于暗室屋漏之中③,惟见以为丑,故不得不昭昭申明于大廷广众之下,亦其势然耳。夫子所谓独之不可不慎者④,正此之谓也。故《大学》屡言慎独则毋自欺⑤,毋自欺则能自慊⑥,能自慊则能诚意⑦,能诚意则出鬼门关矣。人鬼之分,实在于此,故我终不敢掩世俗之所谓丑者,而自沉于鬼窟之下也⑧。使侗老而知此意,决不忍为我粉饰遮护至此矣。

【注释】

①胶脂:两者都是易于粘结凝固的东西,以形容坚固。

②出指非指:佛教用语。意为如同用手指物,指并非物。佛教以此说明一切事物都是不真实的。这里借指摆脱虚妄之见。

③暗室屋漏:语出《诗经·大雅·抑》。指没人看得见的地方。屋漏,房屋的西北角。

④"夫子"句:语出《大学》:"故君子必慎其独也。"指儒家所说的"慎独",即独处中谨慎不苟。

⑤《大学》:原为《小戴礼记》中的一篇,是儒家系统论述治国修身学

说的篇章。北宋程颢、程颐等将其从《小戴礼记》中抽出加以整理，与《中庸》《论语》《孟子》合称"四书"。南宋朱熹作《四书章句集注》，将《大学》列为四书之首，使之成为儒家的重要代表著作之一。

⑥慊(qiè)：满足。

⑦诚意：语出《大学》。意为使心志真诚。

⑧鬼窟：比喻愚昧无知的境地。

【译文】

再说，所谓丑恶，也是根据世俗的眼光来评判的。俗人以为丑，则人人以为丑；俗人以为美，则人人以为美。世俗并非真能审知丑与美，不过是日常所见如此，日常所听如此罢了。日常所见和日常所听的固守于心，对美丑的评判亦随之而定，二者的结合比胶脂还要坚牢，密不可分，所以即使是很有贤德智慧的人也不能摆脱这种俗论的虚妄，更何况那些如不肖之徒一样顽愚固执的人呢？然而，世俗之人虽然以此为定见，贤人君子虽然以此为定论，可是考察其本来用心，还真不能欺骗。既不能欺骗，所以不能不把无人所见的丑事也暴露出来，正因为觉得丑，所以不得不明明白白地将它展示于大庭广众之下，这也是不能欺的情势使然。夫子所说的即使是独处，也应该谨慎不苟，正是这个道理。所以《大学》屡屡言说慎独则毋自欺，毋自欺则能自寻快乐，能自寻快乐则能使心志真诚，能心志真诚则能出鬼门关。人鬼之分，正在于此，故我终不敢把我所做的世俗认为是丑恶的事掩藏起来，而独自沉沦于鬼窟之中。侗老如果知道我这番心意，当绝不忍心对我的秽行恶事作如此的粉饰遮护。

中间所云"禅机"，亦大非是。夫祖师于四方学者初入门时①，未辩深浅，顾以片言单词②，或棒或喝试之③，所谓探水竿也④。学者不知，粘著竿头，不肯舍放，即以一棒趁出⑤，如微有生意⑥，然后略示鞭影⑦，而虚实分矣⑧。后学不知，指为机锋，已自可笑。况我则皆真正行事，非禅也；自取快乐，非机也。我于丙戌之春，脾病载余⑨，几成老废，百计调理，药转无效。及家属既归，独身在楚⑩，时时出游，恣意所适。然后饱闷自消，不须山查导化之剂⑪；郁火自降⑫，不用参蓍扶元之药⑬。未及半载，而故吾复矣。乃知真药非假金石⑭，疾病多因牵强⑮，则到处从众携手听歌，自是吾自取适，极乐真机，无一毫虚假掩覆之病⑯，故假病自瘳耳。吾已吾病⑰，何与禅机事乎？

【注释】

①祖师：佛教、道教中创立宗派的人。后泛指传播佛、道教义的人。

②顾：乃。

③或棒或喝：佛教禅宗中接待学道者的一种特殊方式。即在见面或对话时，不用言语答复，或以棒打，或大喝一声，使其不知所措，借以探测对方道业程度的深浅，根机的利钝，称为棒喝。相传棒的使用，始于德山宣鉴与黄檗希运；喝的使用，始于临济义玄，故有"德山棒、临济喝"之称。以后禅师多棒喝交施，无非借此以促使人觉悟。

④探水竿：佛家喻指探测道行深浅之法。

⑤趁出：赶出。趁，驱逐。

⑥生意：生机。指学道的希望。

⑦鞭影：语出《景德传灯录·天台丰干禅师》："阿难问佛云：'外道以何所证而言得入。'佛云：'如世间良马，见鞭影而行。'"这里比喻学道的诀窍或门径。

⑧虚实：虚弱坚实。这里指学道根机的不同。

⑨脾病载余：万历丙戌十四年（1586）春，李贽寓居麻城维摩庵时，曾患脾病，年余始愈。

⑩楚：周朝国名。地处今湖南、湖北等地。春秋时国势强盛，疆域扩展，为五霸七雄之一，战国末为秦所灭。这里指湖北。

⑪山查导化之剂：指中药山楂之类导食消化的方剂。查，同"楂"。

⑫郁火：中医名词。一般指阳气郁积而出现脏腑内热的症状。这里借喻心中的闷气。

⑬参蓍（shī）：人参、蓍草等补品与药类。蓍草，可入药。李时珍《本草纲目·草四·蓍》："蓍乃蒿属，神草也。"扶元：扶补元气。元，元气，指人的精神、精气。

⑭假：凭借。金石：指道士用金石炼制的丹药。

⑮牵强：这里指生活上违反自然本性的要求，搞虚假造作的一套。

⑯掩覆：掩盖，掩饰。

⑰已：停止。这里指治好了疾病。

【译文】

中间所说的"禅机"，也完全不是这么回事。对于四方而至的初入门的学者，祖师不知其道根的深浅，就以只言片语、单词短句相试，有的如棒打，有的如大喝，看其反应如何，这就是测其道根深浅的探水竿。求学之人不明就里，往往粘着竿头，不肯舍放，就又赶出一棒，如果稍有学道的希望，然后略略指示学道的诀窍，而学道者根基的深浅强弱也就此得以分辨。后世学者不懂，认为这就是机锋，已是可笑。何况我是按我的本性率直行事，并非参禅；是自取快乐，不是发机锋啊。丙戌年春季，我患脾病，病一年多，几乎成为废人，百般调理，药石无效。后来家属回去后，我一人在湖北，时时出门游玩，想怎么着就怎么着。之后，饱胀郁闷之症自然消失，再也不须山楂之类导食消化的药剂；脏腑内热之病自然好转，再也不用参蓍之类扶元固本的药物。不到半年，就完全康复了。我这才明白，疾病多因违拗本性所致，真正的好药是生活，是心境,而不是草木丹药,于是与众人打成一片,到处携手听歌,想干什么就干什么,放纵天性,悠然自得,行为上再无一丝一毫的虚假掩饰,所以我的病自然而然就好了。我以此治好我的疾病,这与参禅发机之事有什么关系呢?

既在外,不得不用舍弟辈相随;弟以我故随我,我得所托矣。弟辈何故弃妻孥从我于数千里之外乎? 心实怜之,故自体念之耳,又何禅机之有耶?

【译文】
　　既然孤身在外,就不能没有弟弟们陪伴侍奉;弟弟因我孤身在外的缘故,跟着我,使我有所依靠。弟弟们为了我抛妻别子,相随漂泊于千里之外,我爱惜他们,自然要替他们着想啊,这与所谓的禅机又有什么关系呢?

至于嫠妇,则兄所素知也。自我入邑中来,遣家属后①,彼氏时时送茶馈果,供奉肉身菩萨②,极其虔恪矣③。我初不问,惟有等视十方诸供佛者④,但有接而无答也。后因事闻县中,言语颇杂,我亦怪之,叱去不受彼供,此又邑中诸友所知也。然我心终有一点疑:以为其人既誓不嫁二宗⑤,虽强亦誓不许,专心供佛,希图来报⑥,如此诚笃,何缘更有如此传闻事,故与大众共一访之耳。彼氏有嗣子三十余岁⑦,请主陪客,自有主人,既一访问,乃知孤寡无聊,真实受人欺吓也。其氏年已不称天之外矣⑧,老年嫠身,系秣陵人氏⑨,亲属无堪倚者,子女俱无,其情何如? 流言止于智者⑩,故予更不信而反怜之耳。此又与学道何与乎？

【注释】

①遣家属：李贽于万历十五年(1587)将妻女送回福建泉州,单身寓居麻城维摩庵。

②肉身菩萨：佛教用语。谓生前修成的菩萨,犹言活菩萨。这里是李贽自指。菩萨,原为释迦牟尼修行而未成佛时的称谓,后也用于对佛教徒的称号。

③虔恪(kè)：虔诚,恭敬。

④等视：同等看待。十方：东、西、南、北、东南、东北、西南、西北和上、下。这里指各个方面。

⑤二宗：犹言二姓、二夫。

⑥来报：来生的好报。

⑦嗣子：旧时无子者以近支兄弟或他人之子为后嗣。即俗语过继、过房。

⑧不称夭之外：指年纪已在五十开外。"天"应为"夭",古有五十岁死不称夭的说法。

⑨秣陵：古县名。治所相当于今江苏南京。这里代指南京。

⑩流言止于智者：意为谣言遇到明智的人自然会被识破而不起作用。

【译文】

　　至于那位寡妇,兄早就知道是怎么回事呀。自从我到麻城,送家属回福建后,她时时送茶赠果,供奉我这位肉身菩萨,极其虔诚恭敬。起初,我也未多加理会,只是把她和各方来的供佛者等同看待,只接受供奉,并无赠答。后来,事情传到县里,风言风语难听得很,我也感到奇怪,就呵斥了她,让她离开,不再接受她的供奉,这件事县里的朋友都知道。不过,我心中始终有个疑问：她既然自誓不嫁二夫,就算逼她,她也不答应，专心供佛，希图来世有好报，如此虔诚笃厚，为何还会有这样的传闻，所以就与众人一起上门造访了一次。她有个过继的儿子，有三十多岁，请来陪客，自有专人主事。造访之后，才知道她家孤寡无依，真的老受人欺吓。该寡妇年纪在五十开外，老年丧夫，是南京人，没有可以依靠的亲属，也没有子女，其情如此。流言止于智者，所以我更不信她有什么丑事，反而颇同情她。这跟学道又有什么关系呢？

　　念我入麻城以来，三年所矣①，除相爱数人外，谁肯以升合见遗者②？氏既初终如一，敬礼不废，我自报德而重念之，有冤必代雪，有屈必代伸，亦其情然者，亦何禅机之有，而以见南子事相证也？大抵我一世俗庸众人心肠耳③，虽孔夫子亦庸众人类也④。人皆见南子，吾亦可以见南子，何禅而何机乎？子路不知，无怪其弗悦夫子之见也，而况千载之下耶！人皆可见，而夫子不可见，是夫子有不可也。夫子无不可者，而何不可见之有？若曰礼，若曰禅机，皆子路等伦⑤，可无辩也。

【注释】

①所：许，约计之辞。

②升合：量词，一斗为十升，一升为十合。遗（wèi）：赠与。

③庸众人：平平庸庸的大众人。

④庸众人类：平平庸庸大众一类的人。

⑤皆子路等伦：都是像子路那样的一类人。伦，辈，类。

【译文】

　　想想我到麻城以来，三年了吧，除了喜欢我的几人外，有谁肯赠我一升半合？她既然始终如一，对我礼敬不废，我自当深深地感念她并报答她的恩惠,有冤情则一定替她昭雪,有委屈则一定替她申诉,也是人之常情使然,这又有什么禅机,而值得拿孔子见南子一事来参证呢?大抵说来,我只不过有一副平平庸庸的普通人的心肠罢了,即使是孔夫子也是平平庸庸的普通人啊。别人都能见南子,我也可以见南子,能有什么禅机呢?子路不知此理,难怪他对夫子见南子之事不高兴呀,更何况千年之后的人们呢!人人都可以见南子,就是夫子不可以见南子,这说明夫子有不是之处。然而,夫子并无不是之处,有什么理由不能见南子?如果硬要说到礼教,说到禅机,都不过是子路这类固陋浅薄可笑之徒,不值一辩。

　　所云山农打滚事,则浅学未曾闻之①;若果有之,则山农自得良知真趣②,自打而自滚之,何与诸人事,而又以为禅机也?夫世间打滚人何限,日夜无休时,大庭广众之中,诣事权贵人以保一日之荣;暗室屋漏之内,为奴颜婢膝事以幸一时之宠。无人不然,无时不然,无一刻不打滚,而独山农一打滚便为笑柄也!倘老恐人效之,便日日滚将去。予谓山农亦一时打滚,向后绝不闻有道山农滚者,则虽山农亦不能终身滚,而况他人乎?即他人亦未有闻学山农滚者,而何必愁人之学山农滚也?此皆平日杞忧太重之故③,吾独憾山农不能终身滚滚也。当滚时,内不见己,外不见人,无美于中,无丑于外,不背而身不获,行庭而人不见④,内外两忘,身心如一,难矣,难矣。不知山农果有此乎?不知山农果能终身滚滚乎?吾恐亦未能到此耳。若果能到此,便是吾师,吾岂敢以他人笑故,而遂疑此老耶!若不以自考⑤,而以他人笑⑥,惑矣!非自得之学,实求之志也⑦。然此亦自山农自得处耳,与禅机总不相干也。山农为己之极,故能如是,傥有一毫为人之心,便做不成矣。为己便是为人,自得便能得人,非为己之外别有为人之学也。非山农欲于大众之中试此机锋,欲人人信已也。不信亦何害！然果有上根大器⑧,默会深契,山农亦未始不乐也。吾又安知其中无聪明善悟者如罗公其人⑨,故作此丑态以相参乎⑩？此皆不可知。然倘有如罗公其人者在,则一打滚而西来大意默默接受去矣⑪,安得恐他人传笑而遂已也？笑者自笑,领者自领。幸有领者,即千笑万笑,百年笑,千年笑,山农不理也。何也？佛法原不为庸众人说也,原不为不可语上者说也⑫,原不以恐人笑不敢说而止也。今切切于他人笑之恐⑬,而不急急于一人领之喜,吾又不知其何说矣。其亦太狥外而为人矣⑭。

【注释】

① 浅学:学问浅薄。自谦之辞。

② 良知:儒家谓人类先天具有的道德意识。最早为孟子所提出,后来王守仁加以发挥。参看《又与焦弱侯》第三段注②。

③ 杞忧:即杞人忧天。事见《列子·天瑞》:"杞国有人,忧天地崩坠,身亡(无)所寄,废寝食者。"后用以指不必要的忧虑。

④ "不背"二句:即"不背而不获身,行庭而不见人"之意。语本《周易·艮》:"艮(止)其背,不获其身;行其庭,不见其人。"意为不用止于背后,自己也就看不见自身;走过有人的庭院,也不会觉得有人存在。这就是上文"内不见己,外不见人"和下文"内外两忘"的意思。

⑤ 自考:自己思考。

⑥ 而以他人笑:就以他人的笑(而疑)。

⑦实求:实事求是,真心实意。

⑧上根大器:佛教用语。指具有上等利根(能力),大有作为的才器。亦泛指天资、才能极高的人。

⑨罗公:指罗近谿,见《复焦弱侯》第4段注⑫。

⑩参:参究,检验,考究。

⑪西来大意:佛教用语。这里泛指学道要领。

⑫语上:语出《论语·雍也》:"中人以上,可以语上也;中人以下,不可以语上也。"意为告诉以高深的学问。

⑬切切:急切,急迫。

⑭狥(xùn)外:放弃自己的见解,曲从外在的意见。狥,同"徇"。为人:这里指违背己心而给他人看。

【译文】

　　所说的山农打滚一事,我从未听说过;如果有,也是山农良知真趣的自然流露,他打他的滚,与人无关,为何又扯到什么禅机呢? 再说,世间打滚人无数,日日夜夜都在不停地打滚,在大庭广众之中,谄事权贵人,以此保住一日之荣华;在暗室屋角之内,做些奴颜婢膝的勾当,以此求得一时的宠幸——这也是打滚! 无人不如此,无时不如此,无一刻不打滚,为何山农一打滚就成为笑柄呢? 侗老怕他人效仿,就天天拿它说事。我认为山农也不过是一时兴起打了个滚,此后绝未听说他再打滚,那么就算是山农本人也不能终身打滚不止,何况别的人呢? 就是别的人也未听说有学山农打滚的,又何必为怕别人学山农打滚而发愁呢? 这都是侗老平日里不必要的忧虑太重的缘故,而我却为山农不能终身打滚不止而感到遗憾哩。在打滚的时候,内不见自己,外不见别人,心中既无美,外界亦无丑,不用止于背后,自己也就看不见自身,走过有人的庭院,也不会觉得有人存在,内外两忘,身心如一,难得啊,难得啊! 不知山农果真有此打滚的体验么? 不知山农果真能终身打滚么? 我怕山农也未能达到这种境界。如果真能到此境界,那就是我的老师,我又岂敢以他人笑他的缘故,而对他疑惑不解呢?如果不自加考求思索,因为别人的嘲笑就加以疑惑,真糊涂啊!这不是自己探求思索而得的东西,也没有实事求是的心态。然而,打滚也不过是山农欣然自得的地方,与禅机完全不相干啊。山农为己到了极致,所以能如此,假如有一丝一毫为人的想法,便做不出这般举动。为己就是为人,自己悠然自得才能使别人悠然自得,为己之外并没有专门的为人之学。不是山农要在大众面前试发此机锋,要别人都信他。不信又有什么关系呢!然而,果然遇到有上等利根、非凡才能者领会,深合其心,山农也未必不高兴。我们又怎知其中没有像罗公近谿那样特聪明善悟的人,山农便故作此丑态以相参究呢?这些都是我们不知道的。然而假如真有像罗公近谿这样的人在其中,打一个滚就能让他默默领会佛学精义,又怎能怕被他人传为笑柄就不打这一滚呢?嘲笑者就让他嘲笑,能领会者自然有所领会。有幸能遇到领会者,即使千人笑万人笑,百年笑,千年笑,山农也不会在意的。为什么?佛法原本就不是为庸众人而说的,原本就不是为不能接受高深道理的人说的,原本不因为怕人嘲笑就不敢说。现在对于他人嘲笑的恐惧很是急切,对于有人能有所领会的喜悦却不急切,我是真不知道说什么好啊。他们太过于曲从外界、为别人而活了。

　　至于以刘鲁桥为恭敬,又太悖谬①。侗老之粗浮有可怜悯者②,不妨饶舌重为注破③,何如?夫恭敬岂易易耶!古人一笃恭而天下平④,一恭己而南面正⑤,是果鲁桥之恭乎?吾特恨鲁桥之未恭耳,何曾以恭为鲁桥病也。古人一修敬而百姓安⑥,一居敬而南面可⑦,是果鲁桥之敬乎?吾特憾鲁桥之未敬耳,何曾以敬为鲁桥病也。甚矣吾之痛苦也!若信如鲁桥便以为恭敬,则临朝端默如神者决不召祸败⑧。卫士传餐⑨,衡石程书⑩,如此其敬且勤也,奈何一再世而遂亡也耶⑪？故知恭敬未易言也。非恭敬之未易言也，以恭敬之未易知也。知而言之则为圣人；不知而言之而学之，则为赵括读父书⑫，优孟学孙叔⑬，岂其真乎！岂得不谓之假乎！诚可笑也。

【注释】

①悖谬：荒谬而违背事理。

②粗浮：粗疏，虚浮，不实在。

③饶舌：多嘴。注破：点明。

④笃恭而天下平：语出《中庸》。笃恭，笃实，恭敬。

⑤"一恭"句：语本《论语·卫灵公》："恭己正南面而已矣。"意为一旦自己能够庄严端正就可守好王位。古时帝王在朝廷上座位朝着南面，故以"南面"表示王位。

⑥一修敬而百姓安：语本《论语·宪问》："修己以安百姓，尧、舜其犹病诸？"意为自己修养得庄敬严肃，便可以使老百姓得到安宁。

⑦居敬：语出《论语·雍也》："居敬而行简，以临其民，不亦可乎？"意为存心严肃认真。

⑧端默：庄重沉静。召祸败：召致祸乱与败亡。

⑨卫士传餐：据《史记》卷九二《淮阴侯列传》，韩信率军与赵在井陉作战时，来不及回营地用膳，就骑在马上叫人送点心充饥。这里借以指忙于公事。

⑩衡石程书：即"衡石量书"。据《史记》卷六《秦始皇本纪》："天下之事，无大小皆决于上，上至以衡石量书，日夜有呈，不中呈不得休息。"古时文书书写于简牍之上，用衡石来称量简牍的重量，用以形容君主勤于国政。衡，秤。石，古代重量单位，一百二十斤为一石。

⑪一再世而遂亡：指秦代二代而亡。一再，一次以后再加一次。

⑫赵括读父书：战国时赵国的将军赵括，死读其父赵奢的兵书，不会灵活运用，结果被秦兵打败身亡。事见《史记》卷八一《廉颇蔺相如列传·赵奢传》。

⑬优孟学孙叔：春秋时楚国乐人优孟，化装成故相孙叔敖去见楚王，弄得楚王难辨真假。事见《史记》卷一二六《滑稽列传》。

【译文】

　　至于认为刘鲁桥恭敬，则又太荒谬悖理。侗老的粗疏虚浮让人同情，我不妨多嘴为他深入点破，怎样？恭敬的修养哪是那么容易啊！古人一旦笃实恭敬就天下太平，一旦自己能够庄严端正就可守好王位，鲁桥的恭敬果真如此吗？我只恨鲁桥的恭敬不够，何曾认为恭敬是鲁桥的缺点。古人一旦自己修养得庄敬严肃，便可使老百姓得到安宁；一旦存心严肃认真，就可南面称王，鲁桥的庄敬果真如此吗？我只恨鲁桥的庄敬不够，何曾认为庄敬是鲁桥的缺点。我真是痛苦至极啊！如果相信鲁桥，认为鲁桥恭敬，那么临朝听政，庄严沉静如神一般的人，绝不至于招致祸乱败亡。韩信整日忙于公事，秦始皇每天非批阅一定数量的文书不可，连吃饭的时间都没有，如此庄敬勤勉，为何秦朝传至二世就亡了天下呢？所以，应知恭敬二字不可轻言。其实，不是恭敬不易言说，实在是因为什么是恭敬难以明了。真的弄明白了并加以言说，就是圣人；根本没弄明白，就言说，就学习，那就跟赵括死读父亲的兵书、优孟饰演孙叔敖一样，岂能得其真谛！岂能不说是假的！实在可笑。

　　弟极知兄之痛我，侗老之念我，然终不敢以庸众人之心事兄与侗老者，亦其禀性如是；亦又以侗老既肯出此言以教我矣，我又安敢默默置可否于度外，而假为世间承奉之语以相奉承，取快于二公一时之忻悦已耶①！

【注释】

①忻(xīn)悦：欣喜。忻，同"欣"。

【译文】

　　弟深知兄痛爱我，侗老想念我，然而我始终不敢以庸众人的心理事奉兄与侗老，原因在于我禀性如此；又，侗老既然说出这些话教导我，我又怎敢默默不置可否，虚情假意地写些世俗间的奉承话来奉承二位，以讨取二公一时的喜悦呢！

寄答留都

【题解】

　　本文于万历十四年(1586)写于麻城。留都，即南京。明初建都南京，明成祖永乐十九年(1421)迁都北京，以后，南京的部院官署依然留守，故称。《明神宗实录》卷一七一载："万历十四年二月戊辰，升吏部左侍郎李世达为南京吏部尚书。"李世达，见《复李渐老书》题解。这里是以李世达为官的地名代指其名。

　　在此信中，对耿定向给李世达信中指责李贽是个"百生事，皆是仰资于人者"，进行了批驳，并揭露了耿定向的虚伪性。此文原载《李温陵集》卷四，中华书局 1975 年版《焚书》置于"增补一"，今移录于此。

　　观兄所示彼书①，凡百生事，皆是仰资于人者②。此言谁欺乎！然其中字字句句皆切中我之病，非但我时时供状招称③，虽与我相处者亦洞然知我所患之症候如此也。所以然者，我以自私自利之心，为自私自利之学④，直取自己快当⑤，不顾他人非刺⑥。故虽屡承诸公之爱，诲谕之勤，而卒不能改者，惧其有碍于晚年快乐故也。自私自利则与一体万物者别矣⑦，纵狂自恣则与谨言慎行者殊矣⑧。万千丑态⑨，其原皆从此出。彼之责我是也。

【注释】

①兄：指李世达。彼书：指耿定向给李世达的信。彼，他，指耿定向，下文同。

②"凡百"二句：当是耿定向书信中的话。意为一切生活所需，都依赖别人。仰资，依赖。

③供状招称：供词招认。这里是承认的意思。供状，书面供词。

④"我以"二句：这是李贽借耿定向攻击他的话，表明"各从所好"的主张，并反对道学家"舍己从人"的虚伪说教。参见卷一《答耿中丞》和《寄答耿大中丞》。

⑤快当：爽快。

⑥非刺：非议讥笑。

⑦一体万物：即万物为一体。这是王阳明"心学"所提出的命题，他曾说："仁者以天地万物为一体。"（《传习录》上）耿定向进而宣扬"尧、舜、周、孔学脉……实万物一体真机。"（《与张阳和》，《耿天台先生全书》卷四），要人们"共明一体之学，顿消有我之私"（《应明诏乞褒殊勋以光圣治疏》，《耿天台先生全书》卷九）。

⑧纵狂自恣：任意放纵。即上文所言"直取自己快当，不顾他人非刺"。

⑨万千丑态：这是李贽有意模仿理学家攻击他的口吻来形容自己不受世俗观念束缚的种种表现。

【译文】

看了兄所让看的他那封书信，信中说我的一切生活所需，都要依赖别人。这话骗谁呢？但其中字字句句都切中我的毛病，不但我时时承认，就是与我相处的人也清楚知道我有这些毛病。这些毛病的原因在于,我以自私自利的想法,做自私自利的学问,只管自己爽快,不顾他人非议。所以,虽然屡屡承受诸公的爱护,得到诸公的殷勤教诲,可最终都没能改变,其原因在于怕有碍晚年的快乐。自私自利,这与万物为一体的说教很不一样;纵狂自恣,任意放纵,则又与谨言慎行者大不相同。万千丑态,其根源全在于此。他责备我,责备得对。

　　然已无足责矣①。何也?我以供招到官②,问罪归结③,容之为化外之民矣④。若又责之无已,便为已甚⑤,非"万物一体"之度也⑥,非"无有作恶"也⑦,非心肝五脏皆仁心之蕴蓄也,非爱人无已之圣贤也,非言为世法、行为世则、百世之师也。故余每从而反之曰⑧:吾之所少者,万物一体之仁也,作恶也。今彼于我一人尚不能体⑨,安能体万物乎?于我一人尚恶之如是,安在其无作恶也?屡反责之而不知痛,安在其有恻隐之仁心也⑩?彼责我者,我件件皆有,我反而责彼者亦件件皆有。而彼便断然以为妄,故我更不敢说耳。虽然,纵我所言未必有当于彼心,然中间岂无一二之几乎道者⑪?而皆目之为狂与妄,则以作恶在心,固结而难遽解,是以虽有中听之言,亦并弃置不理。则其病与我均也,其为不虚与我若也⑫,其为有物与我类也⑬;其为捷捷辩言⑭,惟务己胜,欲以成全师道⑮,则又我之所不屑矣⑯。而乃以责我,故我不服之。使建昌先生以此责我⑰,我敢不受责乎?何也?彼真无作恶也,彼真万物一体也。

【注释】
　　①已无足责:已经没有什么好责难的。

②以：同"已"。

③问罪归结：受审判定了罪。归结，了结。

④化外：指政令教化所达不到的地方。

⑤已甚：太过分。

⑥度：胸襟，器量。

⑦无有作恶(wù)：语出《尚书·洪范》。意为没有偏恶。

⑧反：反责。反过来责问对方。

⑨体：体谅，体察其情给予谅解。

⑩恻隐：对别人的不幸表示怜悯同情。

⑪几：近于。

⑫不虚：不谦虚。

⑬有物：有事。这里指对事物的欲望。物，事。

⑭捷捷辩言：争辩不休。捷捷，巧言貌。

⑮成全师道：维护完善师道。成全，圆满无缺。这里作维护完善讲。

⑯不屑：不重视。

⑰建昌先生：指罗汝芳，见《复焦弱侯》第四段注⑫。罗汝芳是南城（今江西南城）人，南城是明代建昌府的所在地，故称他建昌先生。

【译文】

不过，已经没有什么好责备的了。为什么呢？我已向官府招供，问罪定案，容许我为化外之民了。如果还要责备不已，就太过分啦，不是持万物为一体之说者该有的气度，不符合古人没有偏恶的教导，不是心肝五脏都蕴蓄着仁心的表现，不能算是爱人无己的圣贤，不能算是言为世法行为世则的百世之师。所以，我每每反过来责问：我所缺少的，是万物为一体的仁心，且有偏恶心理。现在，他对我一人尚且不能以仁心体察其情给予谅解，又怎能对万物体察其情给予谅解呢？对我一人尚且偏恶如此,他的无偏恶之心又体现在哪里? 屡屡反责他,却不知痛悔,他那恻隐的仁心又在哪里呢? 他对我的指责,我件件都有,我反过来指责他的,他也件件都有。可他却断然认为我的指责是虚妄的,所以我再不敢说什么了。尽管这样,纵然我所说的不一定合他心意,可是里面难道就没有一点近于道的么? 把我的话全部看作是狂悖和虚妄,这说明他心中存有偏恶,已成死结,很难解开,因此即使有中听的话,也都一概弃之不理。可见,他的毛病和我相同,和我一样不谦虚,也和我一样心有物欲;他巧辩不休,只求胜过别人,想以此维护师道尊严,这却是我所不重视的。他竟然拿这些来责备我,所以我不服他。假如是建昌先生拿这些来责备我,我敢不接受他的责备吗? 为什么? 他真无偏恶之心,他真的是万物一体啊!

今我未尝不言孝弟忠信也[1],而谓我以孝弟为剩语[2],何说乎? 夫责人者必己无之而后可以责人之无,己有之而后可以责人之有也。今己无矣而反责人令有,己有矣而反责人令无,又何也? 然此亦好意也。我但承彼好意,更不问彼之有无何如[3];我但虚己[4],勿管彼之不虚;我但受教[5],勿管彼之好臣所教[6];我但不敢害人,勿管彼之说我害人。则处己处彼,两得其当,纷纷之言[7],自然冰释[8]。何如? 何如?

【注释】

①弟:通"悌",顺从和敬爱兄长。

②剩语:多余的话。

③有无何如:有没有做到。

④虚己:犹虚心。

⑤受教:接受教诲。

⑥好臣：语本《孟子·公孙丑下》："好臣其所教。"意为喜欢任用听从自己的人为臣下。臣，这里作动词用，任用之意。

⑦纷纷之言：指耿定向等对李贽的非议责难。

⑧冰释：像冰遇热一样溶解消失。

【译文】

现今我未尝不谈孝悌忠信，可说我认为孝悌忠信是多余的话，这话从何说起？责备别人的人，一定得自己没有某毛病，然后才能要求别人不能有这毛病，自己有某种特质，然后才能要求别人也有。现在他自己没有却反过来要求人家要有，自己有却又反过来要求人家令没有，是何道理？然而，这也是好意呀。我只管承受他的好意，再不问他本人的有无如何；我只管虚心自查，不管他虚心不虚心自查；我只管接受教诲，不管他只喜欢任用听话的人；我只管我自己不敢害人，不管他说我害人。这样，站在彼此的角度看，都是好事，种种责难和嫌隙，自当涣然冰释。怎样？怎样？

　　然弟终有不容默者。兄固纯是仁体矣①，合邑士大夫亦皆有仁体者也。今但以仁体称兄，恐合邑士大夫皆以我为麻痹不仁之人矣。此甚非长者之言"一体"之意也。分别太重②，自视太高，于"亲民""无作恶"之旨亦太有欠缺在矣③。前与杨太史书亦有批评④，倘一一寄去，乃足见兄与彼相处之厚也。不然，便是敬大官⑤，非真彼之益友矣。且彼来书时时怨憾邓和尚⑥，岂以彼所恶者必令人人皆恶之，有一人不恶，便时时仇憾此人乎⑦？不然，何以千书万书骂邓和尚无时已也⑧？即此一事，其作恶何如！其忌刻不仁何如⑨！人有谓邓和尚未尝害得县中一个人，害县中人者彼也。今彼回矣⑩，试虚心一看，一时前呼后拥，填门塞路，趋走奉承，称说老师不离口者,果皆邓和尚所教坏之人乎? 若有一个肯依邓豁渠之教,则门前可张雀罗⑪,谁肯趋炎附热,假托师弟名色以争奔竞耶⑫? 彼恶邓豁渠,豁渠决以此恶彼,此报施常理也⑬。但不作恶,便无回礼⑭。至嘱! 至嘱!

【注释】

①仁体:即前所引耿定向提出的"万物一体之仁"。

②分别:这里指依自己的好恶来区分好坏,决定爱憎。

③亲民:语出《大学》。意为亲爱民众。亲,另一解释为"新",去旧维新之意。则亲民就是经过教化,使民众能革旧布新,不断提高道德修养。

④杨太史:疑指杨起元,见《复焦弱侯》第三段注③。太史,官名。西周、春秋时太史掌管起草文书,记载史事,编写史书,兼管国家典籍等事。后代历有沿革。明代修史之事归翰林院,时人喜用古代之称称翰林官为太史。杨曾任翰林院修撰,故称。

⑤大官:这里既指耿定向,也指李世达。

⑥邓和尚:即邓豁渠,见《与焦弱侯》第二段注④。

⑦仇憾:仇恨,不满。

⑧"何以"句:指耿定向在书信中多次对邓豁渠的攻击。如《与吴少虞》一信,一则说:"邓老以残忍秽丑之行为是,诐淫邪遁之语兄犹录而玩之";再则说:"余往丑其人,不欲视其言。……即其行考之,渠父老不养,死不奔丧,有祖丧不葬,有女踰(逾)笄不嫁,髡首而游四方。往在我里也,其子间关万里来省,而不之恤。其于情念,诚斩然绝矣。"三则说:"乃又为之说曰:色欲之情,是造化工巧,生生不已之机云云。……如其言,将混而无别,纵而无耻,穷人欲,灭天理,致令五常尽泯,四维不张,率天下人类而胥入于夷狄、禽兽矣。"(《耿天台先生全书》卷四)可谓极尽攻击之

能事。

⑨忌刻：对人嫉妒刻薄。亦作"忌克""忌刻"。

⑩今彼回矣：指耿定向因其妻死归葬从北京送棺木回黄安。耿定向《观生纪》："万历十四年丙戌，我生六十三岁。正月十四日，彭淑人卒于京邸。三月，以其榇（chèn，棺材）还。"（《耿天台先生全书》卷八）

⑪门前可张雀罗：形容门庭冷落。雀罗，捕雀的网罗。

⑫名色：名目。奔竞：奔走竞争。多指对名利的追求。

⑬报施：报答，赐予。这里是报复的意思。

⑭回礼：指对作恶的报复。

【译文】

　　可是，弟终究有些话忍不住要说。兄固然纯粹是以仁心体察天下万物，一县士大夫也都有以仁心体察天下万物的风范。假如只以"仁心体察天下万物"称赞兄，恐怕一县之士大夫都要认为我是麻木不仁之人。这也又完全不是长者所谓万物为一体，顿消有我之私的意思。依己好恶，区分太严，自视太高，和"亲民""无作恶"的教旨亦太不相符。前番在给杨太史起元的信中也有批评，假如给您一一寄去，才足见兄与他相处的情谊的深厚。不然，就只是敬仰大官，不是他真正的益友。再说，他来信时抱怨邓和尚，难道因为是他所厌恶的就一定要人人都厌恶，有一人不厌恶，就常常仇恨此人吗？不然，为什么千封信万封信地将邓和尚骂个不休呢？就这件事看，他的偏恶之心是多么严重！是多么的刻薄不仁！有人说邓和尚没害县里一个人，害县里人的正是他。现今他回乡，请虚心看看，一时间前呼后拥，填门塞路，小步疾行以表庄敬奉承，称说老师不离口的那些人，果真都是邓和尚教坏的吗？假如有一个肯听从邓豁渠的教诲，则他家门前可罗雀，有谁肯趋炎附势，假托老师弟子的名目在仕途上争奔竞走呢？他厌恶邓豁渠，豁渠一定因此也厌恶他，这是报复的常理啊。只要不偏恶，就无因偏恶而招致的报复。这是极恳切的嘱咐！这是极恳切的嘱咐！

书常顺手卷呈顾冲庵

【题解】

　　本文于万历十七年（1589）写于麻城。常顺，僧无念的徒弟。此信原题在常顺的手卷上，并由他送到南京，当时顾冲庵去南京新任户部侍郎。手卷，一种横幅的书画长卷。因便于用手展阅，故称手卷。顾冲庵，见《复焦弱侯》第一段注③。信中表达了愿死于朋友之手的对知己的眷顾。此文原载《李温陵集》卷四，中华书局 1975 年版《焚书》置于"增补一"，现移录于此。

　　无念归自京师①，持顾冲庵书。余不见顾十年余矣②，闻欲攀我于焦山之上③。余不喜焦山，喜顾君为焦山主也。虽然，傥得从顾君游，即四方南北可耳，何必焦山？必焦山，则焦山重；若从顾君，则不复知有山，况焦山特江边一礨者哉④！可不必也。

【注释】

　①无念：见《复焦弱侯》第一段注①。万历十七年（1589）夏间，李贽派无念去京师看望焦竑等友人，夏秋间，无念回龙潭湖。京师：当时京都所在地，今北京。

　②"余不"句：李贽于万历八年（1580）与顾冲庵在云南一别，至此首尾十年。

　③攀：挽手，牵引。焦山：亦作樵山，在江苏镇江，相传因东汉末处士焦光隐居于此而得名。顾冲庵曾在信中约李贽至焦山栖隐。

④江：指长江。髻：发髻。比喻焦山的形状。

【译文】

　　无念从京师回来，带来了顾冲庵的手书。我不见顾冲庵已经十多年了，听说他要约我到焦山栖隐。我不喜欢焦山，但我喜欢焦山的主人顾冲庵。虽然，如若能随顾冲庵游历，东西南北都可，何必一定去焦山？一定要去焦山，那是太看重焦山了；如若随顾冲庵游历，那就不管是什么山，况且焦山不过是长江边上一个发髻形的山而已！没必要一定要去焦山。

　　余有友在四方，无几人也。老而无朋，终日读书，非老人事，今惟有等死耳。既不肯死于妻妾之手，又不肯死于假道学之手，则将死何手乎？顾君当知我矣，何必焦山之之也耶①？南北中边②，随其所到，我能从焉，或执鞭③，或随后乘④，或持拜帖匣⑤，或拿交床俱可⑥，非戏论也。昔季子葬子于嬴、博之间⑦，子尚欲其死得所也，况其身乎？梁鸿欲埋于要离冢傍⑧，死骨犹忻慕之⑨，况人杰盖世，正当用世之人乎⑩？吾志决矣。

【注释】

①"何必"句：意为何必去焦山呢？前一"之"字是助词，后一"之"字是动词，去的意思。

②中边：中原和边疆。

③执鞭：拿马鞭子。意即为顾冲庵驾车，为其服务。

④随后乘(shèng)：坐侍从的车子随后跟从。后乘，古代帝王或大臣随从的车马。

⑤拜帖匣：放置柬帖或礼品的长方形木匣，也叫拜匣。拜帖，旧时一种拜访求见时用的名片，又称名柬、名刺或名帖。

⑥交床：胡床的别称，一种有靠背能折叠的坐具，也叫交椅、绳床。

⑦季子：见《寄答京友》第二段注⑦。嬴、博：春秋时齐国的两个邑名。嬴，一作赢，故城在今山东莱芜。博，故城在今山东泰安。《礼记·檀弓下》："延陵季子适齐，于其返也，其长子死，葬于嬴、博之间。"后因以"嬴、博"指死葬异乡。

⑧梁鸿：字伯鸾，东汉初扶风平陵（今陕西咸阳）人。家贫博学，与妻孟光隐居霸陵山中，"以耕织为业，咏诗书，弹琴自娱"。因写诗讽刺朝政，为朝廷所忌，遂改姓名，东逃齐鲁。后往吴投依皋伯通，给人当雇工舂米。妻孟光为之备食，举案齐眉。临死时嘱勿归葬乡里，死后，伯通等把他葬于要离墓旁。《后汉书》卷八三、《藏书》卷六七等有传。要离：春秋末年吴国人。相传他由伍子胥荐于吴王，谋刺在卫国的吴公子庆忌。他请吴王断其右手，杀其妻子，假装负罪而逃。到卫国后，又假意向庆忌献破吴之策，谋求亲近庆忌。后同舟渡江时，庆忌被他刺死，他亦自杀。事见《吴越春秋·阖闾内传》。要离墓在今江苏无锡，梁鸿墓即在其北。

⑨忻（xīn）慕：高兴而仰慕。

⑩用世：为世所用。

【译文】

我有朋友在四方，但不多。老人无朋友，整天读书，老人不应该这样，而今只有等死了。既然不肯死于妻妾手边，又不肯死于假道学手边，那么要死在哪里呢？顾冲庵应当知道我的心思，何必一定要去焦山呢？无论南北中原边疆，顾冲庵到哪里，我就随他到哪里，或为他拿马鞭驾车，或坐侍从的车子随后跟从，或帮着拿名帖匣子，或帮着拿坐具都可以，这并不是开玩笑。春秋时季札之子死后葬于异乡，他的儿子想要死得其所，何况他自己呢？梁鸿死后不愿归葬乡里，而埋葬于谋刺卫国吴公子的壮士要离墓旁，为依其尸骨而高兴仰慕，何况现在杰出的士子，正当为世所用呢？我愿意依随冲庵的决心定下了。

　　因无念高徒常顺执卷索书,余正欲其往见顾君以订此盟约也①,即此是书,不必再写书也。

【注释】

①盟约:指以上所表示的愿意跟随顾冲庵的誓言。

【译文】

　　因为无念的高徒常顺拿着手卷要我题字,我正想去见顾冲庵以说明上面的誓言与想法,就以此为题字,不必再写了。

与管登之书

【题解】

　　本文于万历二十七年(1599)写于南京。管登之(1536—1608),名志道,字登之,号东溟,太仓(今江苏太仓)人。耿定向的学生。隆庆五年(1571)进士。历官南京兵部主事、刑部主事,后被张居正外放为广东佥事。著有《问辨牍》《孟义订测》等。焦竑《国朝献征录》卷九九、钱谦益《牧斋初学集》卷四九等有传。在此信中,李贽对他谈学问兼谈道德之说表示了鄙视。管登之接读李贽信后曾写《答李居士卓吾叟书》,对自己追随耿定向进行辩论,并对李贽展开讥讽,说自己"于道德尚近",而李贽却"仅以文章许我,不以道德许我",进而把李贽对他的批评斥为"狂言",是"狂僧"的"狂风拂人"等(见《续问辨牍》卷一)。此文原载《李温陵集》卷六,中华书局 1975 年版《焚书》置于"增补一",现移录于此。

　　承远教,甚感。细读佳刻①,字字句句皆从神识中模写②,雄健博达,真足以超今绝古。其人品之高,心术之正,才力之杰,信足以自乐,信足以过人矣。虽数十年相别,宛然面对③,令人庆快无量也④。如弟者何足置齿牙间,烦千里枉问哉? 愧感,愧感!

【注释】

①佳刻:指管志道的《问辨牍》刊本。管志道在《续问辨牍自叙》中说:"岁戊戌(万历二十六年),届余七九之期(六十三岁)。是年,与四方君子有所酬往,积成《问辨牍》四卷。越己亥,门人请梓之……自春徂冬,复积副墨二十余通,门人……复议梓之……仍分四卷,命曰《续问辨牍》。"该"自叙"最后署"万历己亥腊月",可知《续问辨牍》应刻于万历二十七年(1599)腊月之后。李贽此回信应是接到《问辨牍》后写。

②神识:神智,精神智慧。这里指灵感。模写:临摹。

③宛然:真切清晰貌。

④庆快:庆幸喜悦。

【译文】

承蒙您远远的教诲,甚为感激。认真读了您的大作,字字句句都是发自灵感,雄健且博学通达,真是可以超今绝古。其人品之高,心术之正,才力之杰,一定非常自我陶醉,一定超过他人。我们虽然相别数十年,又好像是面对面那样真切清晰,真使我无限的庆幸喜悦。像我这种人有什么可说的,还麻烦您千里之外屈尊问候。真是惭愧,惭愧!

　　第有所欲言者①,幸兄勿谈及问学之事②。说学问反埋却种种可喜可乐之趣。人生亦自有雄世之具③,何必添此一种也! 如空同先生与阳明先生同世同生④,一为道德,一为文章,千万世后,两先生精光具在⑤,何必更兼谈道德耶? 人之敬服空同先生者,岂减于阳明先生哉? 愿兄已之⑥! 待十万劫之后⑦，复与兄相见，再看何如，始与兄谈。笑笑。

【注释】

①第：副词，只是。

②问学：即学问。这里指道德性命一类理论。

③雄世之具：借以独立于世的东西。

④空同先生：即李梦阳，见《与友山》第一段注③。阳明先生：即王
　守仁，见《复晋川翁书》第一段注㉑。

⑤精光：精神光彩。

⑥已：停止。

⑦十万劫：佛教用语。指时间极其久远。佛教认为世界经历若干
　万年毁灭一次，再重新开始，这样一个周期称一"劫"。

【译文】

　　只是我还有些话想说，希望兄不要谈学问之事。一说学问反而会失去许多人生可喜可乐之趣。人生本来就具有独立于世的精神，何必再加上谈学问之事！像李梦阳先生和王阳明先生共处同一时代，一人为道德，一人为文章，千万世后，两位先生的精神光彩都在，何必要同时又谈论道德呢？人们对李梦阳先生的敬重佩服，难道比对王阳明先生的敬重佩服少吗？请兄不要谈学问道德了！等到十万劫之后，我再与兄相见，看看那时的情况怎样，再与兄相谈。笑笑。

卷三　杂述

卓吾论略　滇中作

【题解】

本文写于万历六年(1578)。滇中,云南姚安。当时李贽在姚安知府任上。滇,云南的别称。本文叙述了李贽五十四岁以前的主要经历,可视为作者前半生的自传。与《豫约·感慨平生》(见卷四)一样,都是研究李贽生平、思想的重要资料。文中对孔子和朱熹的尖锐嘲讽,对科举制度的鄙视,对贪官污吏和倭寇侵略的愤慨,对全家为生活而颠沛流离和子女因病饿而死的经历的悲痛抒写,以及为了闻道而孜孜不息的执着精神,都使我们看到一个独特鲜活的李贽形象,也能了解他走上反封建压迫、反传统思想的社会基础。

孔若谷曰^①:吾犹及见卓吾居士^②,能论其大略云。

居士别号非一,卓吾特其一号耳。卓又不一,居士自称曰卓,载在仕籍者曰笃^③,虽其乡之人,亦或言笃,或言卓,不一也。居士曰:"卓与笃,吾土音一也^④,故乡人不辨而两称之。"余曰:"此易矣,但得五千丝付铁匠胡同梓人^⑤,改正矣^⑥。"居士笑曰:"有是乎?子欲吾以有用易无用乎^⑦?且夫卓固我也^⑧,笃亦我也^⑨。称我以'卓',我未能也;称我以

卷三　杂述

卓吾论略　滇中作

【题解】

本文写于万历六年(1578)。滇中,云南姚安。当时李贽在姚安知府任上。滇,云南的别称。本文叙述了李贽五十四岁以前的主要经历,可视为作者前半生的自传。与《豫约·感慨平生》(见卷四)一样,都是研究李贽生平、思想的重要资料。文中对孔子和朱熹的尖锐嘲讽,对科举制度的鄙视,对贪官污吏和倭寇侵略的愤慨,对全家为生活而颠沛流离和子女因病饿而死的经历的悲痛抒写,以及为了闻道而孜孜不息的执着精神,都使我们看到一个独特鲜活的李贽形象,也能了解他走上反封建压迫、反传统思想的社会基础。

孔若谷曰[①]:吾犹及见卓吾居士[②],能论其大略云。

居士别号非一,卓吾特其一号耳。卓又不一,居士自称曰卓,载在仕籍者曰笃[③],虽其乡之人,亦或言笃,或言卓,不一也。居士曰:"卓与笃,吾土音一也[④],故乡人不辨而两称之。"余曰:"此易矣,但得五千丝付铁匠胡同梓人[⑤],改正矣[⑥]。"居士笑曰:"有是乎?子欲吾以有用易无用乎[⑦]?且夫卓固我也[⑧],笃亦我也[⑨]。称我以'卓',我未能也;称我以

'笃',亦未能也。余安在以未能易未能乎?"故至于今并称卓、笃焉。

【注释】

①孔若谷:疑为李贽假托的人名。

②犹及:还来得及。居士:佛教对在家信佛修道者的一种称呼。

③仕籍:旧时指记载官吏名籍的簿册。

④土音:指闽南方音。

⑤五千丝:指五分银子。丝,计量单位。十丝为一毫,十毫为一厘,十厘为一分。铁匠胡同:巷名。梓人:印刷业的刻版工人。

⑥改正:这里指印个名片,解决上述名称不统一的问题。

⑦易:换。

⑧卓:高超,不平凡。这里是从字的本义上加以阐释。下"笃"同此。

⑨笃:淳厚,诚笃。

【译文】

　　孔若谷说:我还来得及见到卓吾居士,能够介绍一下他的大略情况。

　　居士的别号不止一个,"卓吾"只是其中的一个罢了。"卓"的写法又不一致,卓吾居士自称"卓",官员名册上则写作"笃",即使他的同乡,也有的称他为"笃",有的称作"卓",叫法也不同。居士说:"'卓'与'笃'两个字,在我们家乡的土音中是一样的,所以同乡不加分辨对我有两个称呼。"我说:"这很容易,只要拿半钱银子交给铁匠胡同的刻版工,印个名片,更正一下就是了。"居士笑着说:"有这样的吗? 您想让我拿有用的东西(指五千丝银子)去换无用的东西(指刻一个名字)吗? 况且'卓'本来就是我,'笃'也是我。称我'高超',我做不到;称我'淳厚',我也做不到。我何必用做不到的东西去换做不到的东西呢?"所以直到现在人们称他时仍然是"卓"和"笃"并用。

　　居士生大明嘉靖丁亥之岁①，时维阳月②，得全数焉③。生而母太宜人徐氏没④，幼而孤，莫知所长。长七岁，随父白斋公读书歌诗⑤，习礼文⑥。年十二，试《老农老圃论》⑦，居士曰："吾时已知樊迟之问⑧，在荷蒉丈人间⑨。然而上大人丘乙己不忍也⑩，故曰'小人哉，樊须也'。则可知矣。"论成，遂为同学所称。众谓"白斋公有子矣"⑪。居士曰："吾时虽幼，早已知如此臆说未足为吾大人有子贺⑫，且彼贺意亦太鄙浅不合于理。彼谓吾利口能言⑬，至长大或能作文词，博夺人间富若贵，以救贱贫耳，不知吾大人不为也。吾大人何如人哉？身长七尺，目不苟视⑭，虽至贫，辄时时脱吾董母太宜人簪珥以急朋友之婚⑮，吾董母不禁也。此岂可以世俗胸腹窥测而预贺之哉！"

【注释】

①嘉靖丁亥：即嘉靖六年(1527)。嘉靖，明世宗朱厚熜的年号。

②维：助词。阳月：阴历十月的别名。

③得全数：因为十是个整数，所以说得全数。这里指十月。

④太宜人：指李贽母亲徐氏。明代封五品官的妻子为宜人，李贽任云南姚安知府是五品官，故称其妻为宜人，称其母为太宜人。没：通"殁"，死。

⑤白斋公：李贽父亲，字钟秀，号白斋。

⑥习礼文：学习礼仪文章。

⑦试：学写。老圃(pǔ)：种菜果的老农。圃，种植蔬菜、花果或苗木的园地。

⑧樊迟(前515-?)：姓樊，名须，字子迟，春秋末齐国人。孔子学生。樊迟之问，见《论语·子路》："樊迟请学稼(问种田的事)。子曰：'吾不如老农。'请学圃(问种菜的事)。曰：'吾不如老圃。'樊迟出。子曰：'小人哉，樊须也！'"

⑨荷蒉(kuì)丈人：蒉(古代草编的盛具)，应作莜(diào)，古代除田中草所用的工具。《论语·微子》记载：有一次，子路跟随孔子外出，却远远落在后面。这时碰到一个用犁杖挑着除草工具的老头，子路问道："您看见我的老师了吗？"老头答道："你这个人，四体不勤，五谷不分，谁晓得你的老师是什么人！"说完，便扶着犁杖去锄草。

⑩上大人丘乙己：这里代指孔子。旧时学童入学，教师多写"上大人，孔乙己，化三千，七十士"等语，供描红习字之用。取其笔画简单，便于学童诵读习写。李贽以此代指孔子，带有诙谐调侃之意。不忍：不能容忍。

⑪有子：指有了一个有作为的儿子。

⑫臆说：只凭自己主观想象的而无根据的谈论。

⑬利口：能言善辩。

⑭目不苟视：不随便看，指庄重严肃。苟，随便，不审慎。

⑮辄：往往，每。董母太宜人：李贽的继母。簪：簪子。指插在发髻上的首饰。珥：用珠玉做的耳饰。

【译文】

卓吾居士出生于大明嘉靖丁亥年，正是阴历十月，是一个整数，可以说时日大吉。居士出生后不久他母亲徐氏不幸逝世，居士从小就没有了母亲，没有人知道他是怎么长大的。七岁时，跟父亲白斋公读书念诗，学习礼仪文章。十二岁，学着写了一篇《老农老圃论》，居士说："我那时已经知道樊迟问话的答案，在荷蒉老人那里可以找到。可是，荷蒉老人的话，孔夫子是不能容忍的，所以骂'樊迟是小人'。这是可以理解的。"居士文章写成后,得到同学们的赞扬。大家都说"白斋公有个成材的儿子了"。居士说:"我那时虽然年幼,但知道我写的这篇文章是不值得人们凭主观想象向我父亲称赞的,何况那种赞扬也太庸俗浅薄不合情理。他们说我能言善辩,长大了可能写出好文章,取得功名富贵,改变家庭的贫困状况,他们不知道我父亲并不是这样想的。我父亲是怎样一个人呢?他身高七尺,作风正派,虽然很贫穷,却常常拿我继母的首饰去帮助朋友办理婚事,我继母也不阻止。这怎么可以用世俗的眼光来看待我的父亲,而以将来有个能升官发财的儿子向他祝贺呢!"

　　稍长,复愦愦①,读传注不省②,不能契朱夫子深心③。因自怪,欲弃置不事。而闲甚,无以消岁日,乃叹曰:"此直戏耳④。但剽窃得滥目足矣⑤,主司岂一一能通孔圣精蕴者耶⑥!"因取时文尖新可爱玩者⑦,日诵数篇,临场得五百⑧。题旨下⑨,但作缮写誊录生⑩,即高中矣⑪。居士曰:"吾此幸不可再侥也⑫。且吾父老,弟妹婚嫁各及时。"遂就禄⑬,迎养其父,婚嫁弟妹各毕。居士曰:"吾初意乞一官,得江南便地,不意走共城万里⑭,反遗父忧。虽然,共城,宋李之才宦游地也⑮,有邵尧夫安乐窝在焉⑯。尧夫居洛⑰,不远千里就之才问道⑱。吾父子傥亦闻道于此⑲,虽万里可也。且闻邵氏苦志参学⑳,晚而有得,乃归洛,始婚娶,亦既四十矣。使其不闻道,则终身不娶也。余年二十九而丧长子,且甚戚㉑。夫不戚戚于道之谋㉒,而惟情是念㉓,视康节不益愧乎㉔!"安乐窝在苏门山百泉之上。居士生于泉㉕,泉为温陵禅师福地㉖。居士谓"吾温陵人,当号温陵居士"。至是日游邀百泉之上,曰:"吾泉而生,又泉而官:泉于吾有夙缘哉㉗!"故自谓百泉人,又号百泉居士云。在百泉五载,落落竟不闻道㉘,卒迁南雍以去㉙。

【注释】

①愦(kuì)愦:糊涂。

②传(zhuàn)注:解释经籍的文字。这里指朱熹的《四书集注》等。省(xǐng):省悟,明白。

③契:投合,契合。朱夫子:指朱熹(1130—1200),字元晦,一字仲晦,号晦庵,别号紫阳。卒后追谥"文"。

④此:指科举考试。戏:儿戏,玩笑。

⑤滥目:蒙混过主考官的眼睛。

⑥主司:主持考试的官员。精蕴:精深的道理。指孔子的学说、思想。

⑦时文:时下流行的文体,旧时对科举应试文的通称。这里特指明代科举应试的八股文。

⑧临场:谓身临现场或将临现场。这里指将临考场之时。五百:五百篇。

⑨题旨:考试命题的主旨。

⑩缮写誊(téng)录生:抄写人员。

⑪高中(zhòng):命中高第。这里指考中举人。李贽在嘉靖三十一年(1552)考中福建乡试举人。

⑫侥:侥幸。

⑬就禄:赴任做官。禄,俸禄。

⑭共城:今河南辉县。李贽于嘉靖三十五年(1556)任辉县教谕。

⑮李之才:字挺之,北宋青州(今山东青州)人。曾传授《周易》给邵雍,又曾代理共城县令,后官至殿中丞。宦游:在外地做官。

⑯邵尧夫(1011—1077):即邵雍,字尧夫,自号安乐先生、伊川翁

等。详见前文《杂说》注。安乐窝：在河南辉县城西北的苏门山百泉之上，是邵雍为其住所取的名称。《宋史·邵雍传》："雍岁时耕稼，仅给衣食，名其居曰安乐窝。"

⑰尧夫居洛：邵雍后来迁居洛阳天津桥南，仍名居所为"安乐窝"。

⑱问道：求问人生之道。

⑲傥：同"倘"，假使，如果。

⑳苦志参学：立志刻苦研究学问。参学，佛教指参访大德，云游修学。亦泛指游学。

㉑戚：忧愁，悲伤。

㉒戚戚：忧惧的样子。

㉓惟情是念：只是思念骨肉之情。

㉔视：与……相比。

㉕泉：指泉州（今福建泉州）。

㉖温陵禅师：即戒环，宋代泉州开元寺和尚。徽宗宣和年间著《妙法莲华经解》二十卷。温陵，泉州别称。《舆地纪胜》引旧图经谓："其地少寒，故云。"禅师，对和尚的尊称。福地：道教指神仙居住的地方，有七十二福地之说。旧时常以称道观寺院，亦指幸福安乐之处。这里指温陵禅师的住地。

㉗凤缘：前世的因缘。

㉘落落：形容孤高，与人合不来的样子。

㉙迁：调动官职。一般是升官。南雍：指南京国子监。雍，辟雍，古之大学。李贽于嘉靖三十八年（1559）升南京国子监博士。

【译文】

　　居士年纪稍大些，还是那样糊涂，读朱熹的《四书集注》等书不能领会其意，对经书的理解总和朱夫子不同。于是自己也感到奇怪，就想放弃不读了。可又闲得无聊，没法消磨时光，于是感叹道："这科举考试不过儿戏罢了。考试时只要把通行的八股文抄袭抄袭，就可以蒙混过主考官的眼睛了，主考官对孔圣人的深奥道理怎能全部精通呢！"因此，挑选一些新颖好玩的八股文，每天背诵几篇，到考试时，已经熟背五百篇了。题目发下后，把熟背的八股文重新编排抄写一下，就高中了举人。居士说："这样侥幸的事我可不能再做了。再说父亲年纪已老，弟妹们又都到结婚的年龄了。"于是就接受了官职，想将父亲接到身边一起生活，并办完弟弟妹妹们的婚事。居士说："我最初想在江南一带离家近便的地方得一官职，没想到被派到共城，离家万里，反而让父亲为我担忧。虽然这样，共城是宋代李之才做过官的地方，大学者邵雍曾隐居求学的'安乐窝'也在这里。邵雍本住在洛阳，却不远千里来共城向李之才求学问道。如果我们父子也能在这里探讨出人生之道，虽离家万里也是值得的。再说，听说邵雍刻苦地钻研学问，终于在大有收获后，才回洛阳结婚，那时他已经四十岁了。假如他不闻道，就会终身不结婚了。我二十九岁时死了大儿子，心里很悲伤。我不是念念不忘地探究人生之道，却只知道思念父子之情，同邵雍一比不是更加惭愧吗！"邵雍的"安乐窝"就建在苏门山百泉之上。居士出生于泉州，泉州是温陵禅师修炼之地。居士说"我是温陵人，应当号温陵居士"。有一天他在百泉之上游乐，说："我生在泉州，又在百泉做官：泉与我真是有前世的因缘呀！"因此，自称百泉人，又号百泉居士。居士在百泉住了五年，与人孤高不合，又终于没有"闻道"，最后因调任南京国子监博士而离开。

数月，闻白斋公没，守制东归①。时倭夷窃肆②，海上所在兵燹③。居士间关夜行昼伏④，余六月方抵家⑤。抵家又不暇试孝子事⑥，墨衰率其弟若侄⑦，昼夜登陴击柝为城守备⑧。城下矢石交⑨，米斗斛十千无籴处⑩。居士家口零三十⑪，几无以自活。三年服阕⑫，尽室入京⑬，盖庶几欲以免难云⑭。

【注释】

①守制:遵守居丧的制度,即守孝。封建时代,父母死后,在守制期内,不得应考、婚嫁,谢绝应酬,做官的要离职在家守孝三年。东归:指回泉州。

②倭夷:即倭寇,我国古代对日本海盗的称呼。窃肆:侵掠骚扰,横行无忌。明代后期,日本海盗经常侵犯我国沿海一带。

③所在:处处。兵燹(xiǎn):因战乱而造成的焚烧破坏等灾害。燹,火。特指兵火、战火。

④间关:辗转曲折。形容道路难走,有历尽艰险之意。

⑤余六月:即六个多月。

⑥试:经历。这里是进行的意思。

⑦墨衰(cuī):即"墨衰绖(dié)",亦省作"墨衰""墨绖",黑色丧服。

⑧陴(pī):城上短墙。柝(tuò):古代巡夜人打更用的梆子。

⑨矢石交:箭石交加。形容战斗激烈。

⑩斛(hú):容量单位。古代十斗为一斛,南宋末年改为五斗。籴(dí):买(特指买进粮食)。

⑪零三十:三十挂零。

⑫三年服阕:三年守孝期满,除去丧服。阕,终。

⑬尽室:全家。入京:到北京。李贽于嘉靖四十一年(1562)服丧期满,携眷属入京求职。

⑭欲以免难:据乾隆《泉州府志》卷七三《祥异》:"嘉靖四十一年,泉州郡城大疫,人死十之七,市肆寺观尸相枕藉,有阖户无一人存者。市门俱闭,至无敢出。"李贽所说"欲以免难",可能就是逃避灾害饥疫的威胁。

【译文】

几个月后,居士得到父亲逝世的消息,按惯例要离职回老家守孝三年。当时正遇上日本海盗侵扰,沿海一带到处硝烟弥漫。居士一路上历尽艰险，白天隐蔽，夜里赶路，走了六个多月才到家。到家顾不上守孝，便穿着孝服带领他的弟弟和侄子们，日夜登城打更守备。城下箭石横飞，粮食断绝，十千钱一斛米还没有地方去买。居士家中三十几口人，几乎难以生活下去。守孝三年期满后，居士便带着妻子儿女都到了北京，希望这样能避开战乱和饥疫的灾难。

居京邸十阅月①，不得缺②，囊垂尽③，乃假馆受徒④。馆复十余月，乃得缺，称国子先生⑤，如旧官⑥。未几，竹轩大父讣又至⑦。是日也，居士次男亦以病卒于京邸。余闻之⑧，叹曰："嗟嗟！人生岂不苦，谁谓仕宦乐。仕宦若居士，不乃更苦耶！"吊之。入门，见居士无异也。居士曰："吾有一言，与子商之⑨：吾先曾大父大母殁五十多年矣⑩，所以未归土者⑪，为贫不能求葬地；又重违俗⑫，恐取不孝讥。夫为人子孙者，以安亲为孝⑬，未闻以卜吉自卫暴露为孝也⑭。天道神明，吾恐决不肯留吉地以与不孝之人，吾不孝罪莫赎矣⑮。此归⑯，必令三世依土⑰。权置家室于河内⑱，分赙金一半买田耕作自食⑲，余以半归，即可得也⑳。第恐室人不从耳㉑。我入不听，请子继之！"居士入，反覆与语。黄宜人曰："此非不是，但吾母老，孀居守我㉒，我今幸在此㉓，犹朝夕泣忆我，双眼盲矣。若见我不归，必死。"语未终，泪下如雨。居士正色不顾㉔，宜人亦知终不能违也㉕，收泪改容谢曰㉖："好好！第见吾母，道寻常无恙，莫太愁忆，他日自见吾也。勉行襄事㉗，我不归，亦不敢怨。"遂收拾行李托室买田种作如其愿㉘。

【注释】

①邸(dǐ)：旧时大官员办事或居住的地方。这里指租借的住宅。十阅月：经过十个月。阅，经过，经历。

②缺：待补的官位。

③囊：口袋。这里指口袋里的钱。垂尽：将要用完。

④假馆：借别人的馆舍(书塾)。

⑤国子先生：国子监里的教师。李贽于嘉靖四十三年(1564)，任北京国子监博士。

⑥旧官：指南京国子监博士。

⑦大父：祖父。李贽祖父名宗洁，号竹轩。讣：讣告，报丧的信。

⑧余：这里是指文章开头假托的孔若谷自称。下"吊之"，也是指孔若谷的行动。吊，吊问，对遭丧事及不幸者给予慰问。

⑨子：代指孔若谷。

⑩先：对死者的尊称和敬辞。曾大父大母：曾祖父曾祖母。

⑪归土：安葬。下文"依土"，义同。

⑫重：难以。

⑬安：安葬。

⑭"未闻"句：意为没听说为了卜求吉地，使自己得庇荫，却让亲人的棺材暴露在外，不能及时安葬算是合于孝道了。过去认为祖先墓地"风水"好坏，关系到后代的吉凶，所以埋葬前要用占卜来选择墓地。

⑮莫赎：无法抵偿(弥补)。

⑯此归：这次回去。

⑰三世：指已故的曾祖父、祖父、父亲。

⑱权：权且，暂且。河内：旧时指黄河以北的地区。这里指辉县。

⑲赙(fù)金：犹赙钱。为帮助办丧事而赠送的钱财。

⑳可得：指足够办理三世安葬的事。

㉑第：副词，只是。室人：旧时对别人称自己的妻妾。

㉒孀居：守寡。守我：等待着我。

㉓幸：还，犹。

㉔正色：神色严肃。

㉕迕（wǔ）：违背。

㉖谢：认错，道歉。

㉗勉行襄事：尽力去办好丧事。襄事，语出《左传·定公十五年》："葬定公，雨，不克襄事。"杜预注："雨而成事，若汲汲于欲葬。"后因此称下葬为"襄事"。

㉘托室：托付家属。

【译文】

居士在北京住了十个月，没有得到任何职位，钱快用完了，于是只好借别人的馆舍教书谋生。教了十多个月的书后，才得到国子监博士的职务，和在南京时的职务一样。没多久，得到祖父去世的消息。这时居士的二儿子又在京病死。我听到这些消息后不禁叹道："唉！人生怎么不苦，但谁能说做官就好呢。做官若像居士这样，不是更苦吗！"我前往吊唁。一进门，见居士与以前没有什么不同。居士说："我有一件事和你商量一下：我的曾祖父、曾祖母已逝世五十多年了，至今仍未能安葬，原因是家里太穷，无钱购买墓地；我又难以违反习俗，担心因不孝而遭人讥笑。做子孙的人，以安葬好亲人为孝道，还没有听说过为了找块风水好的墓地，只图对自己有好处，长期让亲人的棺木暴露在外算是合乎孝道的。老天爷是有神明的，我想他不会把吉利的地方给予不孝的人，这样下去，我不孝的罪过就无法弥补了。这次回去，一定要归葬好三代老人。我想暂且把家属安置在共城，把朋友们赠送的办丧事的钱分一半给他们买田耕种维持生活，我带一半回去，就可以把三代老人安葬之事办了。只怕妻子不同意。我先去劝她，如果她不听，就请你接着去劝劝她！"居士进到室内，反复向妻子说明自己的想法。妻子黄宜人说:"你说的并不是没有道理,只是我母亲年纪已老,又孤寡一人在家盼我回家,而我却在这里远离家乡不能照顾她,我每天都好像听到母亲为盼我回家而哭泣,双眼都哭瞎了。如果知道我不能回家,她老人家必死无疑。"话没说完,泪下如雨。居士摆出严肃的神情不看她,黄宜人见此也知道难以改变居士的打算,就擦干眼泪平静而歉疚地说:"好好!你回去看看我母亲,并转告说我这里一切都好,不要挂念,改日我一定回家看望她。你回家要尽力办好丧事,我不能回家,也不敢再抱怨什么了。"这样,居士就收拾行李,并托付家人买几亩田地耕种,以维持生活。

时有权墨吏吓富人财不遂①,假借漕河名色②,尽彻泉源入漕③,不许留半滴沟洫间④。居士时相见,虽竭情代请⑤,不许。计自以数亩请⑥,必可许也。居士曰:"嗟哉,天乎!吾安忍坐视全邑万顷⑦,而令余数亩灌溉丰收哉?纵与必不受⑧,肯求之!"遂归。岁果大荒,居士所置田仅收数斛稗⑨。长女随艰难日久,食稗如食粟。二女三女遂不能下咽,因病相继夭死。老媪有告者曰⑩:"人尽饥,官欲发粟。闻其来者为邓石阳推官⑪,与居士旧⑫,可一请。"宜人曰:"妇人无外事⑬,不可。且彼若有旧,又何待请耶!"邓君果拨己俸二星⑭,并驰书与僚长各二两者二至⑮,宜人以半籴粟,半买花纺为布。三年衣食无缺,邓君之力也。居士曰:"吾时过家葬毕,幸了三世业缘⑯,无宦意矣⑰。回首天涯,不胜万里妻孥之想⑱,乃复抵共城。入门见室家,欢甚。问二女,又知归未数月俱不育矣⑲。"此时黄宜人泪相随在目睫间,见居士色变,乃作礼,问葬事,及其母安乐。居士曰:"是夕也,吾与室人秉烛相对⑳,真如梦寐矣。乃知妇人势逼情真。吾故矫情镇之,到此方觉屐齿之折也^㉑!"

【注释】

①墨吏:贪官污吏。吓:吓唬。这里指榨取。

②漕河:旧时指供京城或军需运输粮食的河道。名色:名目。

③彻:通,贯通。

④沟洫(xù):田间水道。

⑤竭情:尽心尽力。

⑥计:计虑,考虑。

⑦全邑:全县。

⑧纵与必不受:即使他给予灌溉,我也定不接受。

⑨稗(bài):稗子,形状似稻的野草。

⑩老媪(ǎo):老妇人。

⑪邓石阳:名林材,字子培,号石阳,内江(今四川内江)人。嘉靖四十年(1561)举人,李贽友人。邓于嘉靖四十三年(1564)任卫辉府推官(掌管刑狱的官吏),并于此时到辉县赈灾。后曾任湖南新宁州知州。

⑫旧:旧交,老朋友。

⑬外事:世事,家庭或个人以外的事。这里指与外边的交往。

⑭己俸:自己的薪俸。星:秤杆上标记斤、两、钱的小点。这里作量词,指当时货币(银子)的一种重量单位。明清时代,一钱称一星。《儒林外史》第十八回:"每位各出杖头资二星。"张慧剑校注:"银子一钱称一星,一两称一金。"

⑮僚长:指同一官署的官吏。各二两者二至:(他们)各送来二两银子,共有两次。

⑯了三世业缘:结束了三世老人的俗缘,即将三世老人安葬入土。了,完成,完结。业缘,佛教用语。佛教把人的身、口、意三方面

的行为叫业,称"三业"。并认为三者都有善恶之分,是根据在六道(地狱、饿鬼、畜生、修罗、人间、天上六种轮回境地)中生死轮回乐果或苦果的因缘。

⑰宦意:做官的念头。

⑱不胜:禁不住,受不了。妻孥(nú):妻子和儿女。

⑲不育:夭折,死。

⑳秉烛:点着蜡烛。

㉑"吾故"二句:意为我特地装成镇定的样子来安慰她,其实这时我才觉得自己内心也是非常痛苦的。据《晋书》卷七九《谢安传》:"玄(谢安的侄子)等既破坚(十六国时期前秦皇帝苻坚),有驿书至,安方对客围棋,看书既竟,便摄放床上,了无喜色,棋如故。客问之,徐答云:'小儿辈遂已破贼。'既罢,还内,过户限,心喜甚,不觉屐齿之折。其矫情镇物如此。"李贽在这里用其典以表内心的复杂感情。矫情镇之,即故意掩饰真情,表示镇定,使人不测。屐(jī),木制的鞋,底大都有二齿,以行泥地。

【译文】

当时,有一个很有权势的贪官因榨取富人的钱财没有得逞,便假借漕河用水的名义,把通向田间的水源全部引入漕河,不许老百姓用半点水浇田。居士这时去拜见那个贪官,虽然尽了最大努力为老百姓请求放水,却遭到拒绝。估计要是请求为居士自己的几亩田放水,也许能够允许。居士说:"哎呀,天啊!我怎么能忍心看着全县万顷土地受灾,而让自己的几亩地得到灌溉获得丰收呢?即使给我这种便利我也决不会接受,怎么肯去请求呢!"于是就回泉州去了。由于贪官的危害,这年果然造成了灾荒,居士家买的地只收了几斗草籽。大女儿过惯了艰苦的生活,吃草籽像吃粮。二女儿和三女儿就难以下咽,由于病饿交加,她们先后都死去了。有个老婆婆对黄宜人说:"现在到处遭受饥荒,听说官府要来发救济粮了。听说来赈灾的人是邓石阳推官,他和李先生是老朋友,你可以去请他照顾一下。"黄宜人回答说:"妇人不应该与外边交往,我不能为私人的事去走关系。况且,邓君如果还记得与先生的友谊,又何必去请他照顾呢!"邓石阳果然拨来自己的薪水二星银子,并写信给他的同事让他们分两次寄来二两银子。黄宜人用这些钱的一半购买粮食,另一半买了些棉花纺线织布。这样,三年的衣食不缺,全是邓石阳鼎力相助的结果。居士说:"我那时回家安葬了三世老人,了结了三世老人的俗缘之后,再也不想做官了。遥望远方,禁不住思念万里之外的妻子儿女,就又返回共城。进门见到妻子,非常高兴。问起两个女儿,才知在自己回老家没几个月时就死了。"这时黄宜人忍不住流下了眼泪,但见居士神情悲伤,便上前行礼,转而问丧葬之事办理得如何,以及老母的身体和生活状况。居士说:"这天晚上,我与妻子点着蜡烛相对而坐,真像在梦中一样。这时我才知道妇人在危难时刻所表现出来的真情。我只好装成安祥的样子来宽慰她,而自己的内心则是非常痛苦的。"

至京,补礼部司务①。人或谓居士曰:"司务之穷,穷于国子②,虽子能堪忍,独不闻'焉往而不得贫贱'语乎③?"盖讥其不知止也④。居士曰:"吾所谓穷,非世穷也⑤。穷莫穷于不闻道,乐莫乐于安汝止⑥。吾十年余奔走南北,只为家事,全忘却温陵、百泉安乐之想矣。吾闻京师人士所都⑦,盖将访而学焉。"人曰:"子性太窄,常自见过,亦时时见他人过,苟闻道,当自宏阔。"居士曰:"然,余实窄。"遂以宏父自命⑧,故又为宏父居士焉。

【注释】

①补礼部司务:补选为礼部司务。补,谓官有缺位,选员补充。礼

部,明代中央六部之一,掌管国家的典章制度、祭礼、学校、科举和接待四方宾客等事务。长官为礼部尚书。司务,掌抄写、收发等事的官员。

②穷于国子:和国子监博士相比更是个穷官。

③“独不闻”句:意为难道没听说过“去哪里不都是贫贱”这样的话吗?“焉往而不得贫贱”,带有讥讽的口气。

④止:这里指适可而止,满足。

⑤世穷:一般人所说的穷。

⑥安汝止:语出《尚书·虞书·益稷》。安于你所处的地位。这里指安于清贫生活。

⑦都:汇聚,聚集。

⑧宏父:一作“宏甫”。焦竑说,宏甫是李贽的字。见焦竑《焦氏笔乘》卷二《怀王子诗》。

【译文】

后来回到北京候补,得到礼部司务一职。有人对居士说:“礼部司务是个穷官,比国子监博士还穷,即使你能够忍受,可是你难道没有听过‘到哪儿不都是贫贱’这样的话吗?”意思是讥笑他不知道辞官。居士回答说:“我所理解的穷,不是一般世人所说的穷。我认为最穷的是不懂得人生之道,最快乐的是自己能安于清贫的生活。我十多年来奔走南北,为的只是家里的事,把自己要仿效温陵禅师和邵雍学道的理想完全忘记了。我听说北京是人才聚集的地方,想在这里访问学习罢了。”有人说:“你的心胸太狭窄,常常看到自己有过错,也经常发现别人有过错,如果学到了‘道’,就自然心胸开阔了。”居士说:“对,我的心胸确实狭窄。”于是就自称“宏父”,所以又成了“宏父居士”了。

居士五载春官①,潜心道妙②,憾不得起白斋公于九原③,故其思白斋公也益甚,又自号思斋居士。一日告我曰:

"子知我久,我死请以志嘱④。虽然,余若死于朋友之手,一听朋友所为;若死于道路,必以水火葬⑤,决不以我骨贻累他方也⑥。墓志可不作,作传其可。"余应曰:"余何足以知居士哉?他年有顾虎头知居士矣⑦。"遂著论论其大略。后余游四方,不见居士者久之,故自金陵已后⑧,皆不撰述⑨。或曰:"居士死于白下⑩。"或曰:"尚在滇南未死也。"

【注释】

①春官:古官名。唐武则天时曾改礼部为春官,后虽又改为礼部,但"春官"遂为礼部的别称。李贽于嘉靖四十五年(1566)至隆庆四年(1570)在礼部任职。

②潜心道妙:专心探究深奥的道理。

③九原:九泉,黄泉。指人死后的葬处。

④以志嘱:嘱托自己的意愿心志,即托付后事。

⑤以水火葬:用水葬或火葬。

⑥贻累:留下负担、包袱。

⑦顾虎头:即东晋著名画家顾恺之(约345—406),字长康,小字虎头。这里借指顾养谦(1537—1604)。顾养谦,字益卿,号冲庵,南通州(今江苏南通)人。嘉靖四十四年(1565)进士。官至兵部侍郎,总督蓟辽军务,卒赠兵部尚书。李贽任姚安知府期间,顾任云南金都御史分巡洱海道,交往相得,情谊颇深。李贽在本书卷二《复顾冲庵书》《又书使通州诗后》、本书卷四《豫约·感慨平生》等文中都提到他和顾养谦之间的友谊。李贽辞去姚安太守后,顾养谦撰写《赠姚安守温陵李先生致仕去滇序》(《又书使通州诗后》附),对李贽的政绩及辞官情况有详细论述。著有《冲庵抚辽奏议》《督抚奏议》等。

⑧金陵:今南京。

⑨撰述:撰写论述。

⑩白下:南京的别称,故址在今南京市北。东晋咸和三年(328),陶
　　侃讨苏峻,垒筑白石,后因以为城。唐武德九年(626),改金陵为
　　白下。

【译文】

　　居士在礼部做官的五年期间,专心探究深奥之道,非常遗憾父亲白
斋公没有活到现在,所以他更加思念他的父亲,又自称为"思斋居士"。
有一天居士对我说:"你认识我已很久了,我死了以后,把后事托付给
你。即使如此,我如果死在朋友那里,就任凭朋友的安排;如果死在外
乡,一定要用水葬或者火葬,决不能因为我的尸骨给他处留下负担。墓
志铭可以不写,作个传就行了。"我回答说:"我怎么算得上十分了解你
呢? 将来会有顾虎头那样的人了解你的。"于是,我就写了《卓吾论略》
谈谈他的平生大略。后来我云游四方,很长时间没有见到居士,因此,
他到南京以后的经历就没有叙述。有人说:"居士死在南京。"有人说:
"还在云南,没有死。"

论政篇　为罗姚州作

【题解】

　　本文写于万历八年(1580)任姚安知府时。罗姚州:罗琪,四川剑门
(今四川剑阁)人。当时任姚安府治下的姚州知州,是李贽的僚属。后
来,李贽弃官时,罗请著名学者、曾任闽中巡按、荆州知府的李元阳写了
《姚安太守卓吾先生善政序》,盛赞李贽的政绩。李贽在姚安时的治政
方针是"一切持简易,任自然,务以德化人,不贾世俗能声"(本书卷二
《又书使通州诗后》附《顾冲老送行序》)。因为在他看来,"边方杂夷,法
难尽执,日过一日,与军与夷共享太平足矣。……盖清谨勇往,只可责

己,不可责人,若尽责人,则我之清能亦不足为美矣,况天下事亦只宜如此耶!"(本书卷四《豫约·感慨平生》)边境地区的少数民族,一贯受封建统治者大汉族主义的压迫和歧视。根据这种情况,李贽反对严酷的封建统治,主张实行宽大政策,与少数民族和平共处,这是一种积极的进步主张。《论政篇》就是从理论上对"持简易,任自然"这一治政方针的阐述。

　　先是杨东淇为郡①,南充陈君实守是州②,与别驾张马平、博士陈名山皆卓然一时③,可谓盛矣。今三十余年,而君来为州守④,余与周君、张君各以次先后并至⑤。诸父老有从旁窃叹者曰:"此岂有似于曩时也乎⑥?何其济济尤盛也⑦!"未几,唐公下车⑧,复尔相问⑨,余乃骤张之曰⑩:"此间官僚皆数十年而一再见者也,愿公加意培植于上,勿生疑贰足矣⑪。惟余知府一人不类⑫。虽然,有多贤足以上人⑬,为余夹辅⑭,虽不类,庸何伤⑮!"唐公闻余言而壮之。是春,两台复命⑯,君与诸君俱蒙礼待,虽余不类,亦窃滥及⑰,前年之言殆合矣⑱。余固因汇次其语以为君与诸君贺⑲,而独言余之不类者以质于君焉。盖余尝闻于有道者而深有惑于"因性牖民"之说焉⑳。

【注释】

①杨东淇:杨日赞,字克臣(又字尧臣),号东淇,揭阳(今广东揭阳)人。嘉靖时任姚安知府。为郡:为郡长官。

②陈君实:名辂(lù),南充(今四川南充)人。嘉靖间任姚州知州。

③别驾张马平:指张翊,广西马平(今广西柳州)人。嘉靖时任姚安府通判。宋以后通判,即旧时别驾之职,因沿称通判为别驾。博

士陈名山:指陈生,名山(今四川名山)人。嘉靖时任姚安府学教授,职务近似古代学官博士,故称。品优学博,后调省纂修《通志》与《同伦类训》等书。

④州守:原文或作"川守",以明顾大韶校刊《李氏文集》本校改。

⑤周君、张君:未详。

⑥曩(nǎng)时:从前。指杨东淇等当政时期。

⑦济济:众多。

⑧唐公:指唐文灿,字若素,号鉴江,漳浦(今福建漳浦)人。隆庆二年(1568)进士。著有《享帚集》。当时以云南金事分巡洱海道。下车:到任。

⑨复尔:多次,一再。

⑩骤:屡次。张:张扬,宣扬。

⑪疑贰:怀疑。

⑫不类:不肖,不才。

⑬上人:在人之上。

⑭夹辅:辅佐。

⑮庸何伤:也没什么妨碍。庸,岂。伤,妨碍。

⑯两台:官署名。指藩台(布政使)与臬(niè)台(按察使)。复命:回报。

⑰窃:私自,谦辞。滥及:牵涉,涉及。

⑱殆合:差不多相合。殆,几乎,差不多。

⑲汇次:汇编。

⑳惑:困惑。因性牖(yǒu)民:顺着人的本性进行治理。因,随顺,根据。牖,同"诱",诱导。

【译文】

以前杨东淇为这里一郡之长,四川南充人陈君实为姚州知州,和别驾张马平、博士陈名山都卓越超群,真是盛极一时。到现今已经三十多年,罗琪君您又来为姚州知州,我和周君、张君也先后来此。这里的乡梓父老看到这样的情景,都在一旁悄悄感叹说:"这和过去杨东淇在时多么相似,怎么这样人才济济啊!"没多久,云南佥事唐文灿以分巡洱海道身份到任,多次询问,我就一再向他张扬:"这里的官员如此鼎盛起群,数十年间又得一见,愿您加意培植扶持,不要对此有所疑虑就好了。只有我这个知府不才。虽然如此,这里有众多贤才之人为我的辅佐,我虽然不才,也没有什么妨碍!"唐文灿公听了我这番话而非常赞许。这些年春天,到两台去报告工作,大家都受到了很好的礼仪接待,我虽然不才,也忝在这个行列之中,前年所说的话差不多实现了。我因此汇编了以上的言说为大家庆贺,并特别说一说我的不才之言以就正于诸位。这就是我曾经听有道者所说而我自己又深感困惑的"因性牖民"的理论。

夫道者①,路也,不止一途;性者,心所生也,亦非止一种已也。有仕于土者②,乃以身之所经历者而欲人之同往,以己之所种艺者而欲人之同灌溉③。是以有方之治而驭无方之民也④,不亦昧于理欤!且夫君子之治,本诸身者也⑤;至人之治⑥,因乎人者也⑦。本诸身者取必于己⑧,因乎人者恒顺于民,其治效固已异矣。夫人之与己不相若也⑨。有诸己矣⑩,而望人之同有;无诸己矣⑪,而望人之同无。此其心非不恕也⑫,然此乃一身之有无也,而非通于天下之有无也,而欲为一切有无之法以整齐之,惑也。于是有条教之繁⑬,有刑法之施,而民日以多事矣。其智而贤者,相率而归吾之教⑭,而愚不肖则远矣⑮。于是有旌别淑慝之令⑯,而君子小人从此分矣。岂非别白太甚⑰,而导之使争乎?至人则不然:因其政不易其俗,顺其性不拂其能⑱。闻见熟矣,不欲求知新于耳目,恐其未瘳而惊也⑲。动止安矣⑳,不欲重之以桎梏㉑,恐其絷而颠且仆也㉒。

【注释】

①道:这里指治国之道,治理之法。

②有仕于土者:有人在少数民族地方为官。土,土著,指当时地处边远的少数民族。

③种艺:种植。

④有方之治:指固定不变的治理办法。方,固定方式。驭:驾驭。这里指统率,控制。无方之民:生活习惯和思想感情千差万别的百姓。

⑤本诸身:根据自身。这里指按照自己主观的条条框框来规范天下事物。

⑥至人之治:至人,原是老庄的一种政治理想,《庄子·天下篇》:"不离于真,谓之至人。"这里指治理国家的理想人物。

⑦因乎人:顺应人们的(思想要求)。

⑧取必于己:以自己为标准来决定。

⑨不相若:不相像,不相同。

⑩有诸己:自己有的。诸,"之于"的合音。

⑪无诸己:自己没有的。

⑫此其心非不恕:这并不是说他(指君子)存心不合恕道。

⑬条教:封建教条,法律条文。

⑭相率:相继,一个接一个。教:指封建教化。

⑮不肖:不贤。

⑯旌别淑慝(tè):语出《尚书·毕命》。旌别,识别,区别。淑慝,善恶。

⑰别白:分辨明白。

⑱拂:违反。

⑲寤：通"悟"，晓悟。

⑳动止：活动与休息。

㉑桎梏(zhì gù)：脚镣手铐。这里指上述"条教""刑法"。

㉒絷(zhí)：束缚。颠：跌倒。仆：跌倒伏地。

【译文】

　　治国之道，如同道路，不止一个路径；人的性情，由心所生，也不会只有一种。有人在边远的少数民族地区为官，就想以自己的亲身经历而要他人这样做，自己种植而要他人去灌溉。这是想用固定不变的治理方法去控制习惯和思想千差万别的群众，这不是违背常理吗！况且君子的治理之法，是依据自己主观的条条框框规范天下事物；而圣人的治理之法，则是顺应着广大民众的要求。君子的"本诸身"的治理之法，是以自己为标准而定；圣人的"因乎人"的治理之法，则是以广大民众的要求为标准而定：这样不同的治理之法当然会取得不同的治理效果了。要知道别人与自己是不会相同的。自己所有的，就希望他人也一样；自己没有的，就希望他人也没有。这不是说这些君子之心不合乎宽恕之道，但这种想法只是从一人的有无出发，而不是从天下广大民众的有无出发，而想用统一的治理之法让它整齐划一，这是错误的。于是就有了复杂的法律规定，多种刑法的使用，结果人们就滋事更多了。那些智慧贤良之人，相继接受了这种条文道理，而愚笨不贤之人，则离得愈来愈远了。于是有了区别善恶的规定，从而就有了君子小人的区分。这样过于清楚的区分，不就引出争斗了吗？圣人的治理不是这样：他是依照着政事之需又不违背人们的习俗，顺应着人们的性情而不违反他们的所能。这样的一切都是他们熟悉的，不想灌输他们不熟悉的知识，担心他们不理解而产生惊慌。他们的生活很安定，不想施之以条教和刑法，担心对他们束缚过严而不得安定。

　　今余之治郡也，取善太恕，而疾恶也过严①。夫取善太恕，似矣，而疾人之恶，安知己之无恶乎？其于反身之治且未之能也②，况望其能因性以牖民乎？余是以益惧不类，而切倚仗于君也。吾闻君生长剑门，既壮而仕，经太华③，而独观昭旷于衡岳之巅④，其中岂无至人可遇而不可求者钦⑤！君谈说及此乎？不然，何以两宰疲邑⑥，一判衡州⑦，而民诵之至今也。意者君其或有所遇焉⑧，则余言为赘；如其不然，则余之所闻于有道者详矣，君其果有当于心乎？否也？夫君而果有当于心也⑨，则余虽不类，庸何伤乎！

【注释】

①疾：厌恶，憎恨。

②"其于"句：意为将对别人的要求反过来要求自己还做不到。

③太华：太华山，即华山，在陕西华阴一带，北临渭河平原，为游览胜地。

④昭旷：光明空阔。衡岳：即衡山，在今湖南衡山境内。

⑤可遇而不可求：可以遇到但不容易求得。强调难得之意。

⑥两宰疲邑：两次任贫困凋敝之地的县令。宰，主宰，指主持一县之政。

⑦一判衡州：一度任衡州府通判。衡州，府名。治所在衡阳（今湖南衡阳）。

⑧意：料想。

⑨有当于心：有所领会。当，适合，吻合。

【译文】

如今我在这里治政，表扬好人好事过于宽恕，憎恨坏人坏事过于严苛。表扬好人好事宽，这是正确的，憎恨坏人坏事过于严，怎么能说自己就没有错处？把对别人的要求反过来要求自己还做不到，怎么能希望顺应着人们的自然本性去治理呢？我因此更感到自己不贤，急切希望得到您的帮助。我听说您生长于剑门，壮年时走入仕途，经过太华山，而又独自登上明亮空阔的衡山之顶，在这历程中，难道就没有圣人可以求得吗？要不是这样，您为什么到两个贫困凋敝之县为县令，一度到衡州府任通判，而广大民众对您的赞颂一直到现在。我猜想您在这仕途中或许遇到过圣人，那么，我这些话就是多余了；如果不是这样，那我听到有道者所说的治理之道，您是否也有所领会呢？如若您果真有所领会，虽然我是不贤不才，难道还有什么可悲伤的吗！

何心隐论

【题解】

本文于万历十六年（1588）写于麻城。何心隐（1517—1579），原名梁汝元，字桂乾，号夫山，吉州永丰（今江西永丰）人。曾从学颜山农，为泰州学派的代表人物之一。早年放弃科举道路，在家乡组织"萃和堂"，进行社会改良的试验。后因反对严嵩的斗争，遭严党疾视，改名何心隐，四处讲学，其言行颇具"异端"色彩。后被湖广巡抚王之垣以"妖逆""大盗犯"的罪名捕杀于武昌。后人整理有《何心隐集》。李贽在此文中，肯定了何心隐"以天下为家而不有其家，以群贤为命而不以田宅为命"，为了实现自己的理想"不畏死"的精神；赞扬了他为人行事"独来独往，自我无前"，不依傍他人，不迷信古人，为人行事要有自己的独立主张；并通过道学家和普通民众在何心隐遇害一事上的不同反应，得出了"匹夫无假""谈道无真"的结论。这在当时都具有强烈的反封建正统思想的批判意义。李贽在其他文章书信中也多有对何心隐的推崇与论述，如《答邓明府》（本书卷一）、《为黄安二上人三首·大孝一首》（本书卷二）、《与焦漪园太史》《寄焦弱侯》（见《续焚书》卷一）等，可参看。

　　何心隐，即梁汝元也。余不识何心隐，又何以知梁汝元哉！姑以心隐论之。

　　世之论心隐者，高之者有三[1]，其不满之者亦有三。高心隐者曰："凡世之人靡不自厚其生[2]，公独不肯治生[3]。公家世饶财者也[4]，公独弃置不事，而直欲与一世贤圣共生于天地之间[5]。是公之所以厚其生者与世异也。人莫不畏死，公独不畏，而直欲博一死以成名。以为人尽死也，百忧怆心[6]，万事瘁形[7]，以至五内分裂[8]求死不得者皆是也。人杀鬼杀[9]，宁差别乎。且断头则死，断肠则死，孰快；百药成毒，一毒而药，孰毒[10]；烈烈亦死，泯泯亦死[11]，孰烈。公固审之熟矣[12]，宜公之不畏死也。"

【注释】

①高：推崇，赞扬。

②自厚其生：重视自己的生活享受。

③治生：经营家业，谋生计。

④饶财：富有财产。

⑤"公独"二句：指何心隐从四十三岁起，为了讲学传道，交朋会友，先后到过南京、北京、福建、湖北、四川、浙江、山东、安徽等地。

⑥怆（chuàng）心：伤心。

⑦瘁（cuì）形：身体劳累，形象憔悴。瘁，劳累，憔悴。

⑧五内分裂：内心极端痛苦。下文"断肠"意同此。五内，五脏，亦指内心。

⑨鬼杀：指老死或病死。

⑩"百药"三句：意为多种药物积下的毒质，同用一种毒物制成的毒药，哪一种更毒呢？

⑪泯泯：寂寂无闻。

⑫审：仔细思考，反复推究。

【译文】

何心隐，原名叫梁汝元。我不了解何心隐，又哪里能知梁汝元呢！所以，我这篇文章姑且定名为《何心隐论》。

社会上谈论何心隐的人，推崇他的有三个方面，反对他的也有三个方面。赞扬何心隐的人说："世人没有不想使自己的生活过得好的，唯独何心隐不肯为自己的生活着想。何心隐的家庭世代富有，他却置之不理，而只想和普天下的圣贤共同讲学传道。这说明何心隐对待生活的态度和一般人是不一样的。人没有不怕死的，何心隐却不怕死，而只想求得一死以成全自己的名声。他认为人总是要死的，有的为百忧伤其心，有的为万事劳其身。以致五脏分裂，极端痛苦，求死不得者比比皆是，最终都还是不免一死。被人杀死、老死、病死，这难道还有什么区别吗？掉了脑袋是死，忧伤过度而死也是死，哪个更痛快？多种药物积下的毒质和用一种毒药做成毒药，哪种更毒？轰轰烈烈地死是死，寂寂无闻地死也是死，哪个更壮烈？何心隐对这些本来就仔细思考过了，他不怕死是理所当然的。"

其又高之者曰："公诵法孔子者也①。世之法孔子者，法孔子之易法者耳。孔子之道，其难在以天下为家而不有其家，以群贤为命而不以田宅为命。故能为出类拔萃之人，为首出庶物之人②，为鲁国之儒一人③，天下之儒一人，万世之儒一人也。公既独为其难者④，则其首出于人者以是⑤，其首见怒于人者亦以是矣。公乌得免死哉！削迹伐木，绝陈畏匡，孔圣之几死者亦屡，其不死者幸也。幸而不死，人必以为得正而毙矣⑥；不幸而死，独不曰'仁人志士，有杀身以成仁'者乎⑦？死得其死，公又何辞也！然则公非畏死也？非不畏死也，任之而已矣⑧。且夫公既如是而生矣，又安得不如是而死乎？彼谓公欲求死以成名者非也，死则死矣，此有何名而公欲死之欤？"

【注释】

①诵法：称颂效法。

②首出庶物：语出《周易·乾》。超越于万物之上。首出，杰出。庶物，众物，万物。

③鲁国：古国名。公元前十一世纪周王朝分封的诸侯国。姬姓。地处今山东西南部，建都曲阜（今山东曲阜）。春秋时国势衰弱，战国时为楚所灭。孔子为鲁国陬邑（今曲阜）人，故称"鲁国之儒一人"。

④独为其难：偏偏去做不容易做到的事情。

⑤首出于人：超出一般人。

⑥得正而毙：语出《礼记·檀弓上》："吾何求哉？吾得正而毙焉，斯已矣。"孔颖达疏："吾今更何求焉，唯求正道易换其箦（zé，用竹片芦苇编成的床席）而即仆焉。"得到正道而死，死得其所。

⑦"独不"句："仁人志士，有杀身以成仁"，语本《论语·卫灵公》："志士仁人，无求生以害仁，有杀身以成仁。"意为志士仁人，不贪生怕死因而损害仁德，只勇于牺牲来成全仁德。

⑧任：担当。这里有坚持自己的主张和理想而不避祸害之意。

【译文】

还有些赞扬何心隐的人说："何公是称颂效法孔子的人。但世上效法孔子的人，都是效法孔子容易效法的地方。孔子学说中，最难的地方是他把天下当作自己的家而没有自己的小家，把结交品质高尚的朋友而不是田宅看作最重要的。所以他能成为出类拔萃的人，成为超群出众的人，成为鲁国最大的儒，天下最大的儒，万世最大的儒。何心隐既然偏偏去做那些别人难以做到的事情，因此，他超出一般人之处就在这里，他首先引起人们憎恨之处也在这里。他怎么能逃出一死呢！孔子也有'削迹伐木''绝陈畏匡'事件的狼狈，多次险些丧命，能保住性命已很幸运。如果幸运地没有死，人们一定认为他只有得到正道而死才死得其所。假使不幸死去，能不说他是'杀身成仁'的志士仁人吗？如果死得有价值，有意义，何心隐又怎会避免呢！这样说来，何心隐是不怕死的。不仅是不怕死，而是要死得其所，要为实现自己的政治主张和思想而死。再说何心隐既然像这样活着，又怎能不像这样死去呢！那种认为何心隐是为名而死的说法是错误的。死了就死了，又有什么名值得何心隐为它一死呢？"

其又高之者曰："公独来独往①，自我无前者也。然则仲尼虽圣②，效之则为颦③，学之则为步丑妇之贱态④，公不尔为也⑤。公以为世人闻吾之为，则反以为大怪，无不欲起而杀我者，而不知孔子已先为之矣。吾故援孔子以为法⑥，则可免入室而操戈⑦。然而贤者疑之，不贤者害之，同志终鲜⑧，而公亦竟不幸为道以死也。夫忠孝节义，世之所以死也，以有其名也，所谓死有重于泰山者是也，未闻有为道而死者。道本无名，何以死为？公今已死矣，吾恐一死而遂湮灭无闻也。今观其时武昌上下，人几数万，无一人识公者，无不知公之为冤也。方其揭榜通衢⑨，列公罪状，聚而观者咸指其诬，至有嘘呼叱咤不欲观焉者⑩，则当日之人心可知矣。由祁门而江西⑪，又由江西而南安⑫而湖广⑬，沿途三千余里，其不识公之面而知公之心者，三千余里皆然也。盖惟得罪于张相者有所憾于张相而云然,虽其深相信以为大有功于社稷者⑭,亦犹然以此举为非是⑮,而咸谓杀公以媚张相者之为非人也。则斯道之在人心,真如日月星辰,不可以盖覆矣。虽公之死无名可名,而人心如是,则斯道之为也,孰能遏之! 然公岂诚不畏死者!

【注释】

①独来独往;与下文"自我无前",都是指何心隐能按照自己的独立见解行事,不顺随他人,不盲从古人。

②仲尼:孔子(前551—前479),名丘,字仲尼,鲁国陬邑(今山东曲阜)人。春秋末期思想家、政治家、教育家,儒家学说的创始人。自汉代以后,孔子学说成为两千余年封建文化的正统,影响极大。孔子本人则被封建统治者尊为圣人。现存《论语》一书,记有孔子的谈话以及孔子与门人的问答,是研究孔子学说的主要资料。

③效之则为颦(pín):即"东施效颦"。典出《庄子·天运》。大意是,美人西施有心病,在村里皱着眉头,邻里的丑女看到觉得很美,也仿效西施皱眉头的姿势,反而出了洋相,显得更丑。以致村里的富人看见,紧闭着门不出来,穷人看见,则带着家人走开。后来人们就以"东施效颦"比喻盲目效仿他人,一味跟着别人走的模仿行为。

④丑妇:这里指上句说的东施。

⑤尔:代词。如此,这样。

⑥援:引用。

⑦入室而操戈:语本《后汉书》卷三五《郑玄传》:"时任城何休好《公羊》学,遂著《公羊墨守》《左氏膏肓》《穀梁废疾》。玄乃发《墨

守》，针《膏肓》，起《废疾》。休见而叹曰：'康成（郑玄的字）入吾室，操吾戈以伐我乎！'"后以"入室操戈"比喻以其人之说反驳其人。戈，古代的主要兵器，青铜制，盛行于商至战国时期，秦以后逐渐消失。

⑧终鲜：停止了友善往来。

⑨揭榜通衢(qú)：把布告贴在四通八达的道路旁。揭榜，张贴文告。

⑩嘘呼叱咤(zhà)：叹息呼喊和怒斥声。

⑪祁门：今安徽祁门。

⑫南安：今江西大余。

⑬湖广：即湖广行省。元代所置。明代的湖广辖境约相当于今湖南、湖北两省。何心隐在祁门被捕后，经过上述地方被押解到湖广行省治所所在地武昌。

⑭社稷：土神和谷神。古代以社稷作为国家的代表。

⑮此举为非是：指张居正默许杀害何心隐是错误的。但对当时有人说何心隐之死是张居正指令别人杀害的，李贽则给予否定。他在同时写的《答邓明府》中说："何公死，不关江陵事。"（本书卷一）

【译文】

第三种称赞何心隐的人说："何公为人行事都有自己的见解主张，绝不依傍别人，不迷信古人。既然如此，孔子虽然是圣人，但要学着他的样子去做，那就像'东施效颦'一样，何心隐是不会如此作的。何心隐认为，世俗之徒听到自己的所作所为，都以为是'大怪'，都想把自己杀死。可他们并不知道孔夫子在以前就这样做了。因此，我就以孔子的行为作依据，就可以避免受到'叛离圣道''不守名教'的指责了。可是，结果贤者还是怀疑他，不贤者陷害他，原来的朋友也远离他而去，最后，竟然不幸为道而死。世人都愿意为忠孝节义去死，因为死后有某种名声，所谓死得比泰山还重，但没听说有为道而死的。追求理想，本来不是为成名,何必为它去死呢?何心隐现在已经为追求理想而死,恐怕他一死之后也就无声无息了。现在看杀何心隐时,武昌城上下有几万人观看,其中没有一个认识何心隐,但是没有一个不认为何心隐是冤屈的。等到把榜文贴在四通八达的大道口,列出何心隐的罪状,看榜的人都说列出的罪状虚妄不实,甚至有摇头叹息和愤怒斥责而不想再看的人。当时的人们对这件事的反应就可想而知了。从祁门到江西,又从江西到南安到武昌,路途经过三千余里,途中不认识何心隐却都知道何心隐是为求道献身的,三千余里中都是这样。不只是得罪过张居正因而怀恨他的人这样说,即使那些深信张居正、认为他对国家有大功的人,也认为这一做法是错误的。对于借杀何心隐来讨好张居正的人,大家都认为那简直不能算作是人。而真理在人们心中,真如同日月星辰在长空不可遮盖一样。何心隐的死,尽管不能用什么名义表彰他,可是人们都这样表示同情,这是他的道深入人心的结果,谁也阻止不了。然而,何心隐难道真的是不怕死的人吗?其实并不是。

　　"时无张子房①,谁为活项伯②?时无鲁朱家③,谁为脱季布④?吾又因是而益信谈道者之假也。由今而观,彼其含怒称冤者,皆其未尝识面之夫,其坐视公之死,反从而下石者⑤,则尽其聚徒讲学之人。然则匹夫无假⑥,故不能掩其本心;谈道无真,故必欲划其出类⑦:又可知矣。夫惟世无真谈道者,故公死而斯文遂丧⑧。公之死顾不重耶⑨!而岂直泰山氏之比哉⑩!"此三者,皆世之贤人君子,犹能与匹夫同其真者之所以高心隐也。

【注释】

①张子房:张良(? —前186),字子房,传为战国时韩国城父(今安

徽亳州)人。祖与父都曾为韩相。秦灭韩后,张良图谋恢复韩
国,结交刺客,在博浪沙(今河南原阳)狙击秦始皇未中,逃匿下
邳(今江苏睢宁)时,遇黄石公,得《太公兵法》。秦末战争中归刘
邦,辅助刘邦灭秦、楚,是建立西汉王朝的重要谋臣之一。汉朝
建立后,被封为留侯。刘邦曾说:"运筹笑(策)帷帐之中,决胜千
里之外,吾不如子房。"

②活项伯:使项伯活下来。项伯,名缠(chán),字伯,秦末下相(今
江苏宿迁)人。项羽的叔父。项伯杀人犯罪,张良曾把他藏匿起
来。事见《史记》卷五五《留侯世家》。

③朱家:鲁国人,汉初游侠。

④脱季布:使季布得以解脱。季布,楚国人,项羽部下名将,曾多次
带兵围困刘邦。项羽失败后,刘邦悬赏缉拿季布,朱家通过汝阴
侯夏侯婴向刘邦说情,季布得以赦免。

⑤下石:投井下石。这里暗指耿定向等。耿定向与何心隐本有交
往,耿与张居正也关系较近,但何心隐遇难时,耿却坐视不救。

⑥匹夫:古代指平民中的男子,后泛指平民百姓。

⑦划(chǎn)其出类:铲除那些杰出的人。划,同"铲"。出类,超群
出众。

⑧斯文:与上文的"斯道"义同,指何心隐所坚持的理想与主张。

⑨顾:岂,难道。

⑩泰山氏之比:即前文"死有重于泰山者"之比。"氏"字疑为衍文。

【译文】

　　"当时没有像张子房、鲁朱家那样的人来营救,谁能让项伯和季布
活下来? 我从这件事更看清了道学家的虚伪。现在看来,那些为何心
隐的死含怒喊冤的,都是和他不相识、没有见过面的人;那些对何心隐
的死袖手旁观,并落井下石的人,却都是那些聚集门生大讲道学的人。
这样看来,一般老百姓不会虚情假意,所以不会掩饰他们的真实感情;

口讲道学的人却没有真心,所以他们一定要除掉那些出类拔萃的人:由此更可知道学家们的灵魂了。正因为当今没有真正谈道的人,所以何心隐一死,他所坚持的理想与主张也就随之丧失了。何心隐的死能说不是事关重大吗? 他的死难道是泰山可以比拟的吗?"以上三种意见,都是当世还能与普通百姓同具真心的贤人君子们赞扬何心隐的理由。

　　其病心隐者曰①:"人伦有五②,公舍其四,而独置身于师友贤圣之间,则偏枯不可以为训③。与上訚訚,与下侃侃④,委蛇之道也⑤,公独危言危行⑥,自贻厥咎⑦,则明哲不可以保身。且夫道本人性,学贵平易。绳人以太难⑧,则畔者必众⑨;责人于道路⑩,则居者不安;聚人以货财⑪,则贪者竞起:亡固其自取矣。"此三者,又世之学者之所以为心隐病也。

【注释】

①病:指责。

②人伦:封建礼教所规定的人与人之间的伦理道德准则。《孟子·滕文公上》:"教以人伦:父子有亲,君臣有义,夫妇有别,长幼有序,朋友有信。"

③偏枯:偏于一方面,照顾不均,失去平衡。训:准则。

④"与上"二句:语本《论语·乡党》:"朝,与下大夫言,侃侃如也;与上大夫言,訚訚如也。"意为上朝的时候(君主还没有到来),同下大夫说话,温和而快乐的样子;同上大夫说话,正直而恭敬的样子。侃侃,和悦貌。訚(yín)訚,恭敬貌。

⑤委蛇(yí):这里是顺随、顺应的样子。

⑥危言危行:刚正的言论,正直的行为。危,刚正,正直。

⑦自贻厥咎：自招其祸。贻，遗留，致使。厥，其。咎，祸害，过错。

⑧绳：管束，约束。

⑨畔：同"叛"。

⑩责人于道路：对众人进行指责。道路，路上的人，指众人。

⑪聚人以货财：用财货来笼络人。指何心隐常用财物帮助朋友。

【译文】

那些指责何心隐的人说："人与人之间的伦理道德准则有五条，而何心隐却抛弃其四，只重于师友一个准则，偏重于一方，这是不应该的。上朝之时，同上大夫说话，要正直而恭敬，同下大夫说话，要温和而快乐，这是应该遵循的顺随之道。而何心隐言论刚正，行为正直，必然要自招其祸，像何心隐这样明智的人却保护不了自己。况且道理要顺随人性，学术贵在平易。因此，对人管束过于严酷，不服管束的人必多；对众人进行指责，那就使大家不得安宁；用财物笼络人，那就会使贪财者为了利益而互相竞争：何心隐这样做，那不是自取灭身之祸吗！"以上这三方面，正是社会上一些道学家指责何心隐的地方。

吾以为此无足论矣。此不过世之庸夫俗子，衣食是耽①，身口是急，全不知道为何物，学为何事者，而敢妄肆讥诋，则又安足置之齿颊间耶②！独所谓高心隐者，似亦近之，而尚不能无过焉。然余未尝亲睹其仪容，面听其绪论③，而窥所学之详，而遽以为过，抑亦未可。吾且以意论之，以俟世之万一有知公者可乎④？吾谓公以"见龙"自居者也⑤，终日见而不知潜，则其势必至于亢矣⑥，其及也宜也⑦。然亢亦龙也，非他物比也。龙而不亢，则上九为虚位⑧；位不可虚，则龙不容于不亢。公宜独当此一爻者⑨，则谓公为上九之大人可也⑩。是又余之所以论心隐也。

【注释】

①衣食是耽：沉湎于衣食之中。耽，沉湎，专注。

②置之齿颊间：即挂齿、提及之意。齿颊，牙齿与腮颊，亦用以指口头谈说。

③绪论：言论。

④俟（sì）：等待。

⑤见龙：《周易·乾》卦："见龙在田，利见大人。"意为原来潜藏的龙已上升出现在田野，以象征道德高尚的人物也将由隐忍中出现。这里借此赞扬何心隐。见，同"现"。

⑥亢：高。《周易·乾》卦："亢龙有悔。"以表示龙飞得过高而达极点，既不能上升，又不能下降，进退两难，以致后悔。这里用以比喻何心隐由于危言危行而受到迫害。

⑦及：及祸，及难，即遭灾，遇祸。又指涉及，遭受。这里指何心隐遭受到迫害。

⑧上九：《周易·乾》卦中的第六位，是乾卦最高、最后的一爻，爻辞即"亢龙有悔"。虚位：虚设的位置。位，指爻在卦中的位置。

⑨此一爻：指乾卦"上九"这一爻。爻，《周易》中组卦的符号。"—"为阳爻，"——"为阴爻。每三爻合一卦，可得八卦，称为经卦；两卦（六爻）相重则得六十四卦，称为别卦。爻含有交错和变化之意。

⑩上九之大人：居于"上九"之位，也就是作为"亢龙"的圣人。

【译文】

我认为这些说法是不值得评论的。这些人不过是当世一些只知追求吃穿，根本不懂得道理、学问为何物何事的世俗之辈，这样的人竟敢狂妄放肆地进行讥笑和诋毁，又哪里值得一提呢？唯独前面赞扬何心隐的那些意见比较正确，可是也还有不当之处。不过，我不曾亲眼见过何心隐，也没有当面听过他的论述，窥探一下他学说的详细内容，就轻率地认为人家对何心隐的赞扬有所不当,或许也不妥当。我暂且以自己的想法对何心隐评论一番,等将来世上万一有了解他的人再做真正恰当的评价,也是可以的吧!我认为何心隐是以"见龙"自居的人,他无时不在活动而不知道在一定的时候敛迹隐形,那就势必成为"亢龙"而达到过分的地步,遭到祸患是理所当然的。但是,"亢龙"也是龙,不是别的东西可以比拟的。既然是龙,如果最终达不到"亢龙"的地位,那么"上九"的位置就是虚设了;位不可虚设,作为龙不容他不达到"亢龙"的地步。只有何心隐适合承担"上九"这一爻,那么,认为何心隐是居于"上九"之位的圣人是可以的。这也是我写《何心隐论》这篇文章的原因。

夫妇论　因畜有感

【题解】

　　本文于万历十六年(1588)写于麻城。此文原是李贽所著《初潭集》中的《夫妇篇总论》(见该书卷首),文字稍有不同。因畜(xù)有感,即由(夫妇)养育子女这件事引起的感想。这是一篇讨论宇宙生成的哲学小品。李贽借"夫妇"为喻,论述了天地万物的生成,批判了理学家在这一方面的谬论。理学家认为"理在气先""理能生气",把"理"说成是宇宙的本源和万物的主宰,并进而把封建统治阶级的"三纲五常"这一伦理观念说成是"理"的体现,从而为其"存天理、灭人欲"的政治纲领制造理论根据。李贽在此文中针锋相对地提出,宇宙的本源只是"阴阳二气","天下万物皆生于两,不生于一",这就不但具有朴素唯物论的精神,又含着朴素辩证法的思想,都显示着与当时官方哲学的不相容。

　　夫妇,人之始也。有夫妇然后有父子,有父子然后有兄弟,有兄弟然后有上下①。夫妇正②,然后万事无不出于正。夫妇之为物始也如此③。极而言之④,天地一夫妇也,是故有天地然后有万物⑤。然则天下万物皆生于两⑥,不生于一,明矣。

【注释】

①上下:指尊卑。

②正:符合正道。

③物始:事物的本源、开端。

④极而言之:从根本上说。

⑤"天地"二句:语本《周易·序卦传》:"有天地,然后有万物;有万物,然后有男女;有男女,然后有夫妇;有夫妇,然后有父子;有父子,然后有君臣;有君臣,然后有上下;有上下,然后礼义有所错(措,安置,实行)。"王充《论衡·自然篇》:"天地,夫妇也。""天地合气,万物自生,犹夫妇合气,子自生矣。"

⑥两:指对立的两个方面。

【译文】

夫妇,是人类的开端。有了夫妇才有父子,有了父子才有兄弟,有了兄弟才有上下君臣关系。由于夫妇的结合,才产生万事万物。夫妇作为万事万物的开端就是这样的。从根本上说,天地就像是一对夫妇,因此,有了天地然后才有万物。这样,天下万物皆产生于"两",不产生于"一",这是很明白的道理了。

而又谓一能生二①,理能生气②,太极能生两仪③,何欤④?夫厥初生人⑤,惟是阴阳二气⑥,男女二命⑦,初无所谓一与理也,而何太极之有。以今观之,所谓一者果何物,所

谓理者果何在,所谓太极者果何所指也? 若谓二生于一,一
又安从生也? 一与二为二⑧,理与气为二,阴阳与太极为二,
太极与无极为二⑨。反覆穷诘⑩,无不是二,又乌睹所谓一
者⑪,而遽尔妄言之哉⑫!

【注释】

①一能生二:语本《老子》第四十二章:"道生一,一生二,二生三,三
生万物。"意为万物都是由绝对精神的"道"产生。这里所说的
"一",则是指宋明理学家所说的"理"。

②理能生气:语本《周子全书》卷一《集说》:"太极生阴阳,理生气
也。""理"是程朱理学的范畴,即绝对观念。

③太极能生两仪:语本《周易·系辞上》:"是故易有太极,是生两
仪。"这里的"太极",是指天地未分之前的原始混沌之气;"两
仪",指天地。李贽在此所指是朱熹所说的"总天地万物之理,
便是太极"。(《朱子语类》九四)意为"理"的总和、最高境界
称"太极",是客观唯心主义之论,与《周易》的朴素唯物主义
不同。

④何欤:什么意思。欤,语气词。

⑤厥(jué):其。

⑥阴阳二气:指对立统一的两种物质性的元气。

⑦男女二命:指男女两种自然之性。命,性。

⑧一与二为二:这里的"一"指朱熹等说的"理","二"指阴阳二气。
朱熹认为天地间有"理"也有"气",但"理生气"(见上引)。李贽
在这里从事物的矛盾性出发,指出脱离具体事物之上的"一"并
不能单独存在,万物无不生于具体的"二",从而否定了朱熹等理
学家所说的先于事物而存在的"天理",及其"理能生气"的理论。
下面"理与气为二"等几句意思相同。

⑨无极：语出《老子》第二十八章："复归于无极。"道家把先于万物
　　存在并产生万物的本源称作"道"，而"道"又是无形无象，无声无
　　色，无始无终，无可指名，所以称为"无"或"无极"。宋代理学家
　　沿用这一术语，有时把"太极"称作"无极"，有时又将二者说成含
　　义不同的两个哲学概念。李贽在这里是把二者看作相互联系的
　　两个范畴。

⑩穷诘(jié)：反复追问，追究到底。诘，追问。

⑪乌：哪里。

⑫遽(jù)尔：轻率地，仓促地。

【译文】

　　可是，有人说什么"一能生二""理能生气""太极能生两仪"，这是什么意思呢？最初产生人类的时候，只有两种物质性的阴阳二气，和两种自然的男女之性，本来没有所谓"一"和"理"，又哪里有什么"太极"！现在看来，他们所说的"一"究竟是什么呢？所说的"理"究竟在哪里呢？所说的"太极"究竟指的是什么呢？如果说"二"生于"一"，"一"又是怎么产生出来的呢？理学家所说的"理"与我所说的"阴阳二气"是两个范畴，阴阳与太极是两个范畴，太极与无极是两个范畴。这样反复地追问下去，没有不是"二"的，哪里能看见他们所说的"一"呢！可见他们不过是轻率地胡说罢了。

　　故吾究物始①，而见夫妇之为造端也②。是故但言夫妇二者而已，更不言一，亦不言理。一尚不言，而况言无③；无尚不言，而况言无无④。何也？恐天下惑也。夫惟多言数穷⑤，而反以滋人之惑，则不如相忘于无言，而但与天地人物共造端于夫妇之间，于焉食息⑥，于焉语语已矣⑦。

【注释】

①吾究物始：我研究事物产生的本源。

②"而见"句：意为发现夫妇是一切的开端。造端，开始，开端。

③无：语出《老子》第四十章："天下万物生于有，有生于无。"中国古代哲学范畴，指虚无、空虚等。

④无无：连"无"也不存在。

⑤多言数（shù）穷：语出《老子》第五章。议论太多，注定行不通。数，注定。穷，尽，行不通。

⑥于焉：于此。食息：吃饭和休息，指生活。

⑦语语：交谈，讨论。

【译文】

　　所以，我研究万物产生的根源，发现夫妇是一切的开端。因此我只说万事万物都是由两种东西互相作用产生的，就像夫妇养育子女一样，根本不说"一"，也不说"理"。"一"都不说，何况说"无"；"无"都不说，何况说什么"无有的无有"。为什么呢？是恐怕把天下的人弄糊涂啊！空话太多，注定行不通，反而使人更加迷惑。还不如抛开那套空话，什么都别提了，而只是承认自己和天地、万物都是由阴阳二气产生的，大家就在这个世界中共同生活，共同交谈就可以了。

　　《易》曰①："大哉乾元，万物资始。至哉坤元，万物资生②。资始资生，变化无穷。保合太和，各正性命③。"夫性命之正，正于太和④；太和之合，合于乾坤⑤。乾为夫，坤为妇。故性命各正，自无有不正者⑥。然则夫妇之所系为何如⑦，而可以如此也夫⑧！可以如此也夫！

【注释】

①《易》：即《周易》，又称《易经》，原是古代用于占卜之书，后被儒家列为经典之一。

②"大哉"四句：意为天是伟大的，万物靠它而发生；地是伟大的，万物靠它而生长。前两句出自《周易·乾·彖(tuàn)辞》，后两句出自《周易·坤·彖辞》。乾、坤，《周易》中的两个卦名，指阴阳两种力量，引申为天地、日月、男女的代称。元，大与始之意。资，凭借。

③"保合"二句：语出《周易·乾·彖辞》。意为阴阳二气协调会合，万物的生命才能正常发展。保合，保全，调和。太和，阴阳二气的融洽会合。"太"，原作"大"。

④"夫性命"二句：意为万物生命的正常发展，决定于阴阳二气的协调会合。

⑤"太和"二句：意为阴阳二气的会合，归总为上天和大地。

⑥"乾为夫"四句：意为天就像夫，地就像妇，所以万物的生命都像天地这对夫妇那样合乎正常规律，天地间就没有不符合正常规律的了。

⑦"然则"句：意为夫妇二者的关系是怎样的重大。系，关系。

⑧可以如此也夫：可以是这样的吧！

【译文】

《周易》上说：天是伟大的，万物靠它而发生。地是伟大的，万物靠它而生长。世界万物凭借天地发生、成长、变化无穷。只有阴阳二气的协调会合，万物的生命才能正常发展。万物生命的正常发展，决定于阴阳二气的协调会合；阴阳二气的协调会合，归总为天和大地。天为夫，地为妇。万物都像天地一样合乎正道，天地间就没有不合乎正道的了。既然如此，那么夫妇二者是不是关系重大？他们确实关系着万物的生存啊。依我看可以是这样吧！可以是这样吧！

鬼神论

【题解】

本文约写于万历二十五年(1597)冬或万历二十六年(1598)春在山西沁水之时。这是一篇论敬鬼神和务民事的关系的文章。文中说："夫有鬼神而后有人,故鬼神不可以不敬;事人即所以事鬼,故人道不可以不务。""若诚知鬼神之当敬,则其不能务民之事者鲜矣。"这样的论述,与《道古录》有关的论述极为一致。如卷下第十章:"人鬼一道,不能事人以故不能事鬼。则凡不能事鬼者,……又岂有能事人之理哉! 然则今之所谓能事人者,事势也,非事人也。真能事人,则自能事鬼矣!"文中还把批判的矛头指向以朱熹为代表的理学家,也颇值得注意。

《生民》之什云①:"厥初生民②,时维姜嫄③。生民如何? 克禋克祀④,以祓无子⑤。履帝武敏歆⑥,攸介攸止⑦,载震载夙,载生载育⑧,时维后稷⑨。诞弥厥月⑩,首生如达⑪,不坼不副⑫,无菑无害⑬。以赫厥灵⑭,上帝不宁,不康禋祀⑮,居然生子⑯。诞置之隘巷⑰,牛羊腓字之⑱;诞置之平林⑲,会伐平林⑳;诞置之寒冰,鸟覆翼之㉑。鸟乃去矣,后稷呱矣㉒,实覃实訏㉓,厥声载路㉔。"朱子曰㉕:"姜嫄出祀郊禖㉖,见大人迹而履其拇,遂欣欣然如有人道之感㉗,于是有娠,乃周人所由以生之始也㉘。周公制祀典㉙,尊后稷以配天㉚,故作此诗以推本其始生之祥㉛。"由此观之,后稷,鬼子也;周公而上,鬼孙也。周公非但不讳㉜,且以为至祥极瑞,歌咏于郊褅以享祀之㉝,而自谓文子文孙焉㉞。乃后世独讳言鬼,何哉? 非讳之也,未尝通于幽明之故而知鬼神之情状也㉟。

【注释】

①《生民》:《诗经·大雅》篇名。诗中记述了周代始祖后稷出生的
　神异事迹,以及他对农业生产的巨大贡献。什:《诗经》中的《雅》
　《颂》部分多以十篇为一组,称之为"什"。后用以泛指诗篇、文
　卷,犹言篇什。这里是篇的意思。

②厥:其。生民:诞生周人。民,即人,这里指周人。

③时维姜嫄:就是姜嫄。时维,犹言这就是。姜嫄,周始祖后稷的
　母亲。

④克:能。禋(yīn)、祀:古代一种祈天的祭祀。这里指祀禖(méi,传
　说是主管生子之神)于郊。

⑤祓(fú)无子:除去无子的不祥,即以求生子。祓,古代一种除害求
　福的祭祀。这里作动词。

⑥履帝武敏歆:意为姜嫄踩到天帝的脚拇指印而怀孕。履,踩,踏。
　帝,天帝。武,足迹。敏,脚拇指。歆,欣喜。

⑦攸介攸止:意为祭祀后休息。攸,助词。介,同"憩",休息。止,
　止息。

⑧"载震"二句:这是写姜嫄生育后稷的过程。载,助词。震,同
　"娠(shēn)",怀孕。夙,同"肃",指生活有规律,律己很严肃。
　生,分娩。育,养育。

⑨后稷:古代周族的始祖。因一度被弃,故名弃。善于种植各种粮
　食作物,曾在尧舜时代做农官,教民耕种。

⑩诞:语首助词,有叹美之意。弥厥月:满了怀孕的月数(十个月)。
　弥,满。

⑪首生如达:意为头生儿很顺利地生出。首生,头生,指女子初次
　生产婴儿。一本作"先生"。如,同"而"。达,滑利。

⑫不坼(chè)不副(pì):指胎儿出生时很顺利,产门没有破裂。坼、
　副,都是"破裂""绽开"的意思。

⑬菑:古"灾"字。

⑭以赫厥灵:意为后稷出生时的顺利已显示出他的不寻常。赫,
显示。

⑮"上帝"二句:意为上帝莫非不安享我的禋祀吗?此是姜嫄疑问
之辞。因践迹生子非常怪异,故有此问。宁、康,都作"安"解。

⑯居然:徒然。生子而不敢养育,所以说"徒然"。

⑰置:弃置。隘巷:狭窄的街巷。

⑱腓(bì):通"庇",保护。字:乳育婴儿。

⑲平林:平原上的树林。

⑳会:适逢,恰巧。伐:砍伐。

㉑覆:(用翅膀)覆盖。翼:(用翅膀)衬垫。

㉒呱(gū):婴儿的啼哭声。

㉓实覃实訏(xū):实,同"寔","是"的意思。覃,长。訏,大。这句
意为后稷哭时,气息既长,声音又大。

㉔厥声载路:意为后稷哭声很大,连路上都能听到。载,有充满
之意。

㉕朱子:即朱熹。

㉖以下引文是朱熹《诗集传》中对《生民》头十句的解释。

㉗欣欣然:高兴的样子。有人道之感:指人类夫妇结合。

㉘所由以生:由此产生。

㉙周公:即周公旦,姬姓,亦称叔旦,周武王之弟。因采邑在周(今
陕西岐山),被称周公。西周初政治家。曾助武王灭商。武王死
后,成王年幼,由他摄政,平定叛乱,分封诸侯,制礼作乐,建立典
章制度,做出了诸多贡献。《尚书》中的《大诰》《康诰》《多士》《无
逸》《立政》等篇都载有他的言论。《史记》卷三三有传。祀典:祭
祀的典礼。

㉚配天:在祭天地时也一道受祭。

㉛推本：推究，寻究根源。祥：祥瑞。

㉜讳(huì)：避忌，隐瞒。

㉝郊禘(dì)：古代帝王以祖先配祭昊天上帝的一种祭祀名称。郊，祭天。禘，祭祖宗。享祀：接受祭祀。

㉞文子文孙：周文王的儿子和孙子。

㉟幽明：指生与死，阴间与人间。人死后到阴间为幽，人世间叫阳间为明。

【译文】

《诗经·生民》篇说："厥初生民，时维姜嫄。生民如何？克禋克祀，以祓无子。履帝武敏歆，攸介攸止，载震载夙，载生载育，时维后稷。诞弥厥月，首生如达，不坼不副，无菑无害。以赫厥灵，上帝不宁，不康禋祀，居然生子。诞置之隘巷，牛羊腓字之；诞置之平林，会伐平林；诞置之寒冰，鸟覆翼之。鸟乃去矣，后稷呱矣，实覃实讦，厥声载路。"朱熹说："周人女始祖姜嫄去祭祀管理婚姻和生育之神郊禖，途中踩踏了一个巨人足迹，于是有了夫妻行人道的兴奋感应，就此怀孕，这是周人由此产生的最初情形。周公制定祭祀的典礼，尊崇后稷，在祭天地时将他也一道受祭，所以作诗来纪念他们的始祖降生时的情形。"由此看来，后稷是鬼之子；从周公往上算，都是鬼孙。周公不仅不避讳这一点，而且认为这是至为吉祥的，在祭天祭祖中歌咏其事并让其接受祭祀，而且自称是周文王的子孙。到了后世竟然单单忌讳说鬼，为什么呢？并不是忌讳鬼，是未曾懂得生死之故而察知鬼神的情形。

　　子曰①："鬼神之为德②，其盛矣乎③！使天下之人斋明盛服以承祭祀④，洋洋乎如在其上⑤，如在其左右。""吾不与祭，如不祭。""祭如在，祭神如神在。⑥"夫子之敬鬼神如此。使其诬之以为无⑦，则将何所不至耶⑧？小人之无忌惮⑨，皆由于不敬鬼神。是以不能务民义以致昭事之勤⑩，如临女以祈陟降之飨⑪。故又戒之曰⑫："务民之义，敬鬼神而远之⑬。"夫有鬼神而后有人，故鬼神不可以不敬；事人即所以事鬼⑭，故人道不可以不务⑮。则凡数而渎，求而媚，皆非敬之之道也⑯。夫神道远，人道迩⑰。远者敬而疏之，知其远之近也⑱，是故惟务民义而不敢求之于远。近者亲而务之，知其迩之可远也⑲，是故不事诡渎⑳，而惟致吾小心之翼翼。今之不敬鬼神者皆是也，而未见有一人之能远鬼神者，何哉？揲蓍布卦㉑，卜地选胜㉒，择日请时㉓，务索之冥冥之中㉔，以徼未涯之福㉕，欲以遗所不知何人㉖，其诡渎甚矣。而犹故为大言以诳人曰㉗："佛、老为异端㉘，鬼神乃淫祀㉙。"慢侮不信㉚，若靡有悔㉛。一旦缓急，手脚忙乱，祷祀祈禳㉜，则此等实先奔走，反甚于细民之敬鬼者㉝，是可怪也！然则其不能远鬼神者，乃皆其不能敬鬼神者也。若诚知鬼神之当敬，则其不能务民之事者鲜矣㉞。

【注释】

①子：指孔子。

②以下引文见《中庸》第十六章。德：功德，作用。

③盛：大。

④斋明：祭祀之前，斋戒沐浴，以示虔敬。明，洁净。盛服：穿戴整齐华美的冠服。承：奉，承奉。

⑤洋洋：流动、美盛、飘忽的样子。这里指人想象鬼神显灵时的情景。

⑥"吾不"四句：语出《论语·八佾(yì)》。意为我若是不亲自参加祭

祀,就和不祭一样。祭祀祖先时就像祖先真在面前,祭神时就像神真在面前。与,参与。

⑦诬之以为无:硬把它说成没有。

⑧何所不至:什么做不出来。

⑨忌惮:顾忌,畏惧。

⑩"是以"句:意为因此(他们)不能致力于提倡老百姓应该做的事以尽其敬祀鬼神的勤劳。务民义,致力于百姓日用之事。昭事,指敬祀鬼神。

⑪"如临"句:意为不能求得鬼神降临在你面前来享用你对它的祭祀。临,指鬼神降临。女,同"汝",你。陟(zhì)降,升降,上下。这里指祖宗神灵降临以暗中保佑。飨,通"享"。

⑫戒:同"诫",劝告。

⑬"务民"二句:语出《论语·雍也》。意为致力于提倡老百姓应该遵从的道德,尊敬鬼神,但要远离它。

⑭事:侍奉。

⑮人道:人事。

⑯"则凡"三句:意为凡是对鬼神多次轻慢,求鬼神而谄媚,都不是敬鬼神的办法。数(shuò),屡次,次数繁多。渎(dú),轻慢,不恭敬。

⑰迩:近。

⑱远之近:远之可近。意为神道虽远,却在近处体现(即在百姓日用之事上体现)。

⑲迩之可远:人道虽近,却体现着渺远的神道。

⑳谄渎:阿谀在上的人和轻侮在下的人。

㉑揲蓍(shé shī)布卦:分蓍草布卦爻。揲蓍,亦称"揲蓍草",即数蓍草,古代问卜的一种方式,用蓍草占卜时,点数草的数目,把它分成几份。揲,按定数更迭点查物品。

㉒卜地：占卜选择居地。

㉓请时：选求吉时。

㉔索：寻找，寻求。冥冥：昏暗、渺远之意。

㉕徼(jiǎo)：求得，希望。未涯：无涯，广大无边。

㉖遗：留给。所不知何人：指后代。

㉗诳：欺骗。

㉘佛：指佛教。老：老子，这里指道教。

㉙淫祀：这里指不符合封建礼制的祭祀。

㉚慢侮：怠慢欺侮。不信：不虔诚。

㉛靡：无，没有。

㉜祈禳(ráng)：祈祷以求福除灾。禳，祭名。古代除邪消灾的祭祀。

㉝细民：平民，老百姓。

㉞鲜：少。

【译文】

　　孔子说："鬼神之为德，其盛矣乎！使天下之人斋明盛服以承祭祀，洋洋乎如在其上，如在其左右。""吾不与祭，如不祭。""祭如在，祭神如神在。"夫子如此敬鬼神。假使硬要诬指其子虚乌有，还有什么做不出来呢？小人做事无所顾忌，都是由于不敬鬼神。因此(他们)不能致力于提倡老百姓应该做的事，以尽其敬祀鬼神的勤劳，不能求得鬼神降临在你面前来享用你对它的祭祀。故而，孔夫子又告诫道："务民之义，敬鬼神而远之。"先有鬼神后有人；所以鬼神不能不敬；侍奉人就是用来侍奉鬼的方法，所以不能不致力于人事。凡是对鬼神多次轻慢，求鬼神而谄媚，都不是敬鬼神的办法。神道远，人道近。对远者尊敬而疏远，知道它远之可近，因此只致力于百姓日用之事而不敢向远处求人。对近者亲近且致力而为，知道它近之可远，因此不谀上欺下，只是让自己小心翼翼地对待。现在不敬鬼神的人到处都是，但没看到有一个人能远离鬼神,这是为什么呢?分著草布卦爻,占卜择地,选求吉时,在冥冥之中寻找鬼神,来求取无边之福,想将它留给未知的后代,这是很诳上欺下的事。可是还故意说大话骗人说:"佛教和道教是异端邪说,敬鬼神是不合礼制的祭祀。怠慢欺侮,毫不虔诚,似乎无悔。一旦(遇事)急起来,又手忙脚乱,祈祷以求福除灾,那么像这样先前奔忙,反超过了敬鬼神的平民百姓,这是很可怪的事啊!既然这样,那么他不能远离鬼神,都是因为他不能敬鬼神。如果确实知道鬼神当敬,那么还不能致力于提倡老百姓应该做的事的人就很少了。

　　朱子曰:"天即理也^①。"又曰:"鬼神者,二气之良能^②。"夫以天为理可也,而谓祭天所以祭理,可欤?以鬼神为良能可也,而谓祭鬼神是祭良能,可欤?且夫理,人人同具,若必天子而后祭天地,则是必天子而后可以祭理也,凡为臣庶人者^③,独不得与于有理之祭,又岂可欤?然则理之为理,亦大伤民财,劳民力,不若无理之为愈矣。圆丘方泽之设^④,牲币爵号之陈^⑤,大祀之典^⑥,亦太不经^⑦;骏奔执豆者^⑧,亦太无义矣^⑨。国之大事在祀^⑩,审如此^⑪,又安在其为国之大事也^⑫?"我将我享,维羊维牛^⑬",不太可惜乎?"钟鼓喤喤,磬筦将将^⑭",又安见其能"降福穰穰^⑮,怀柔百神,及河乔岳"也^⑯?

【注释】

①"天即理也":语出朱熹《论语集注·八佾》,是对"获罪于天,无所祷也"的注文。

②"鬼神"二句:见朱熹《中庸集注》第十六章注文中引用张载的话。张载在《正蒙·动物》用"鬼神"来说明气的来往屈伸,但张载所

谓"神"是"伸"的意思,"鬼"是"归"的意思。朱熹利用张载的话来说明"气"的"往来屈伸乃理之自然,非有意安排,故曰良能也。"又说:"未有此气,便有此理;既有此理,必有此气。"(《朱子语类》卷六三)朱熹的言论都是为了论证"天即理"的观点。良能,语出《孟子·尽心上》:"人之所不学而能者,其良能也。"天赋之能。

③庶人:平民,老百姓。

④圆丘:古代祭天的圆形高坛。方泽:即方丘。古代夏至祭地神的方坛。因为坛设于泽中,故称。

⑤牲:古代祭神用的牛羊猪等。币:通"帛",丝织品的总称。这里指祭祀时用的丝织品。爵号:爵位的名号。这里可能指古代祭祀用的不同名号的酒器。陈:排列,摆设。

⑥大祀:最隆重的祭祀。

⑦不经:不合常理。

⑧骏奔:指急忙奔走到庙中去祭祀。骏,疾速。执豆:拿祭器。豆,古代食器。亦作装酒肉等的祭器。

⑨义:道理。

⑩"国之"句:语出《左传·成公十三年》。原文是:"国之大事在祀与戎(打仗)。"

⑪审:果然。

⑫安在:哪里。

⑬"我将"二句:语出《诗经·周颂·我将》。意为我奉献牛羊。将、享,奉献。维,助词。

⑭"钟鼓"二句:语出《诗经·周颂·执竞》。喤(huáng)喤,形容钟鼓声音的和谐。磬(qìng),古代打击乐器,状如曲尺,用玉、石或金属制成。悬挂于架上,击之而鸣。筦(guǎn),同"管"。古代绕丝的竹管,吹奏乐器。将(qiāng)将,同"锵锵"。

⑮降福穰（ráng）穰：语出《诗经·周颂·执竞》。穰穰，众多。

⑯"怀柔"二句：语出《诗经·周颂·时迈》。怀柔，安抚。河，指黄河。乔岳，高山。本指泰山，后泛指高山。

【译文】

朱熹说："天即理也。"又说："鬼神者，二气之良能。"认为天是理可以，可是认为祭天是用来祭理之法，可以吗？认为鬼神是（阴阳二气）天赋之能可以，可是说祭鬼神是祭（阴阳二气）天赋之能，可以吗？况且理，人人都具有，如果一定要在天子之后祭大地，那么，也一定要在天子之后方可祭理，大凡为人臣子和庶民，却不能参与有理之祭，这又哪里行呢？这样的话，那么理之为理，也是大伤民财，劳民力的事，远远不如无理了。设圆丘祭天，设方泽祭地，陈列出牛羊猪和丝帛等祭品，举行最隆重的祭典，也就显得荒诞不经，而纷纷拿着祭器奔走到庙中去祭祀，也就太无道理了。国家大事在于祭祀，果然如此，又在哪里可以看出其为国家大事呢？"我将我享，维羊维牛。"不太可惜吗？"钟鼓喤喤，磬筦将将。"又哪里能看出其能"降福穰穰，怀柔百神，及河乔岳"呢？

　　《周颂》曰①："念兹皇祖，陟降庭止②。"若衣服不神③，则皇祖陟降，谁授之衣？昭事小心，俨然如在其上者④，当从裸祖之形⑤，文子文孙又安用对越为也⑥？《商书》曰⑦："兹予大享于先王，尔祖其从予享之⑧。"周公之告太王、王季、文王曰⑨："乃元孙不若旦多才多艺，能事鬼神⑩。"若非祖考之灵⑪，赫然临女⑫，则尔祖我祖，真同儿戏；《金縢》策祝⑬，同符新室⑭。上诳武王⑮，下诳召、毕⑯，近诳元孙，远诳太王、王季、文王，"多才多艺"之云，真矫诬也哉⑰！

【注释】

①《周颂》：《诗经》中的一部分。《诗经》分风、雅、颂三部分，颂又分周颂、鲁颂、商颂三部分。颂是用于宗庙祭祀的乐歌。《周颂》是西周统治者祭祀时用的舞曲、祭乐或配曲的赞美歌词。

②"念兹"二句：语出《诗经·周颂·闵予小子》。皇祖，周成王姬诵对他祖父文王的尊称。庭，通"廷"，朝廷。止，助词。

③神：神奇，神异。

④俨然：仿佛，如同。形容很像。

⑤裸袒(luǒ tǎn)：赤身露体。

⑥"文子"句：意为文子文孙又怎么能祭祀天地神灵？安用，怎么，如何。对越，是"对越在天"（《诗经·周颂·清庙》）的简略，即祭祀天地神灵。这里则特指祭祀文王的神灵。

⑦《商书》：《尚书》（上古时代历史文件和部分追述古代事迹著作的汇编）中的一部分，相传是记载商代史事之书。

⑧"兹予"二句：语出《尚书·商书·盘庚上》。意为现在我要大祭我们的先王，你们的祖先也将跟着受到祭祀。这是商代统治者盘庚迁都于殷地（今河南安阳西北小屯村）时告诫诸侯的话。大享于先王，指天子祭祀宗庙。享，祭祀。

⑨告：祷告，祭告。太王：周文王的祖父、周公的曾祖父古公亶(dǎn)父。相传为后稷第十二代孙，古代周氏族领袖。因戎、狄族威逼，由豳(bīn，今陕西彬县)迁到岐山下的周(今陕西岐山)，建筑城郭家室，设立官吏，改革戎狄风俗，开垦荒地，发展农业生产，使周族逐渐强盛。周武王追尊为太王。王季：周公的祖父季厉。文王：即周文王姬昌，商末周氏族首领。殷纣时封为伯，亦称伯昌、西伯。曾被纣囚禁于羑(yǒu)里(今河南汤阴)。周族在他统治期间，国势日益强盛，为后来武王灭商奠定了基础。

⑩"乃元孙"二句:语出《尚书·周书·金縢(téng)》。意为你们的长孙不如旦多才多艺,能够侍奉鬼神。《金縢》篇记载:周武王病重,周公旦祷告于祖庙,愿代兄死。事后把祷辞藏在"金縢之匮"(用金属封闭的柜子)中。武王死后,成王年幼即位,周公旦摄政。当时谣传周公图谋篡位,周公被迫走开。后来成王发现了金縢匮中的祷辞,便继续信任周公。"能事鬼神",原文为"不能事鬼神":前者主语指周公旦,后者主语指周武王,意思相同。这二句就是周武王得重病时,周公向先王祈祷,请求代替武王去死的祷辞。乃,你。元孙,长孙。这里指周成王姬诵。不若,不如。

⑪祖考:祖先。

⑫赫然:形容突然出现。女:汝,你。

⑬策祝:古代祭祀或求神时,以简册祝告鬼神。这里指藏在"金縢之匮"中的周公的祷辞。

⑭同符新室:王莽的作为与周公一模一样。王莽为汉元帝皇后侄,西汉末,以外戚掌朝政,成帝时封新都侯。他经常以周公自居,汉平帝病时,他仿效周公也演过一场"金縢"丑剧。《汉书》卷九九《王莽传》:"平帝疾,莽作策,请命于泰畤(古代天子祭天神之处),戴璧秉圭,愿以身代。藏策金縢,置于前殿,敕诸公勿敢言。"后毒死平帝,自称假皇帝,立年仅二岁的广戚侯刘婴继帝位。他以辅助子婴为借口,执掌国政,最后篡夺了帝位,改国号"新"。李贽曾写《读金縢》一文,对周公作《金縢》以向神告代兄而死却又不死的虚假进行了讽刺,直斥被儒家崇奉为圣人典范的周公是"无事生事""不仁不智",而且导致了"一人好名,流毒万世"的后果,并直接引发了"新莽藉口"。(《续焚书》卷四)同符,与……相符合。新室,因王莽篡位后改国号为"新",故称。

⑮诳:欺骗,瞒哄。

⑯召、毕:召(shào)指召公,一作邵公、召康公,名奭(shì)。因采邑

在召(今陕西岐山),称为召公或召伯。曾佐武王灭商,被封于燕,为周代燕国的始祖。成王时任太保,与周公旦分陕而治,陕以西由他治理。毕指毕公,名高。武王灭商,被封于毕(今陕西西安、咸阳北),因称毕公。召公和毕公是文王的儿子,武王和成王的大臣。

⑰矫诬:假借名义以行其事。

【译文】

《诗经·周颂》说:"念兹皇祖,陟降庭止。"如果衣服不神奇,那么先王上下升降,给谁授衣?勤勉而又小心翼翼地服侍上帝,这样就像上帝在上面一样,应当随其赤身露体的样子,文子文孙又怎么能祭祀天地神灵?《商书》上说:"现在我要大祭我们的先王,你们的祖先也将跟着享受祭祀。"周公向太王、王季、文王之灵祈祷说:"你们的长孙不如旦多才多艺,能够侍奉鬼神。"如果不是祖先的神灵,突然降临在你的面前,那么,你的祖先和我的祖先,真如同儿戏;周公藏在"金縢之匮"中的祷辞,与后来新室王莽的作为如出一辙。上欺骗武王,下欺骗召公和毕公,近欺骗元孙,远欺骗太王、王季、文王,所谓"多才多艺"的说法,真是假借名义以行其事啊!

《玄鸟》之颂曰①:"天命玄鸟,降而生商,宅殷土芒芒②。古帝命武汤,正域彼四方③。"又曰:"浚哲维商,长发其祥④。"而朱子又解曰⑤:"春分玄鸟降⑥,有娀氏女简狄⑦,高辛氏之妃也⑧,祈于郊禖,吞遗卵⑨,简狄吞之而生契⑩,其后遂为有商氏而有天下⑪。"呜呼!周有天下,历年八百⑫,厚泽深仁,鬼之嗣也⑬。商有天下,享祀六百⑭,贤圣之王六七继作⑮,鸟之遗也⑯。一则祖虬⑰,一则祖敏⑱,后之君子,敬鬼可矣。

【注释】

①《玄鸟》:《诗经·商颂》篇名。相传是公元前七、八世纪宋国贵族（商的后代）歌颂祖先的祭祀歌词。玄鸟,即燕子。

②宅殷土芒芒:意为居住在这广大的殷商的土地上。宅,居住。芒芒,广大的样子。

③"古帝"二句:意为从前天帝命令威武的成汤统治那国土四方。武,威武。汤,成汤,商王朝的开国君主。正,治理。域,疆域。

④"浚哲"二句:意为商代有很聪明的君主,是久已显现了吉兆的。浚哲,深沉有智慧。发,显现。

⑤又解曰:以下引文见朱熹《诗集传·商颂·玄鸟》的注文,文字稍有出入。

⑥春分:农历二十四节气之一,在三月二十日或二十一日。

⑦有戎(sōng)氏:戎,通"娀"。有娀氏,古代传说中的一个部落名。有,语气助词。

⑧高辛氏:古代传说中的一个部落首领帝喾(kù)的号。

⑨鳦(yǐ):燕子。

⑩"简狄"句:《史记》卷三《殷本纪》:"殷契,母曰简狄,有娀氏之女,为帝喾次妃。三人行浴,见玄鸟坠其卵,简狄取吞之,因孕生契。"契(xiè),传说中商的始祖,曾助禹治水有功,被舜任为司徒,掌管教化。

⑪有商氏:古代部落名。有,语气助词。其始祖契居于商（今河南商丘）,公元前十七世纪,成汤灭夏后,建立了奴隶制的商王朝。

⑫"周有"二句:周代分西周（前1046—前771）和东周（前770—前256）,共八百多年。

⑬嗣(sì):子孙。

⑭"商有"二句:商代约建立于公元前十七世纪,亡于公元前十一世纪,共六百余年。祀,年。殷商时代称年为祀。《尚书·伊训》:

　　"惟元祀，十有二月，乙丑，伊尹祠于先王。"蔡沈集传："夏日岁，
　　商日祀，周日年，一也。"

⑮继作：继起。继续有所作为。

⑯遗：后代。

⑰祖轧：以燕子为祖宗。

⑱祖敏：以天帝的脚拇指印为祖宗。

【译文】

　　《诗经·商颂·玄鸟》诗说："天命玄鸟，降而生商，宅殷土芒芒。古帝命武汤，正域彼四方。"又说："浚哲维商，长发其祥。"而朱熹又解释说："春分时玄鸟飞临，有戎氏部落的女子简狄，是帝喾的妃子，去祭祀郊禖，玄鸟生下蛋，简狄因吞玄鸟之卵怀孕而生下商契，其后人就是有商氏部落，拥有了天下。"唉！周朝得天下，历时八百年，恩泽和仁德深厚，是鬼的后裔。商得天下，享有六百余年，圣贤之主，六七位继续有所作为，是鸟的后代。（商与周）一个以燕子为祖宗，一个以天帝的脚拇指印为祖宗。后世的君子，敬鬼也是可以的。

战国论

【题解】

　　本文原是《藏书》卷三七《刘向传》的传论。《藏书》完成于万历十六年(1588)，因此，此文写作时间下限应在万历十六年前。当时李贽在麻城。这篇史论反映了李贽要求前进变革的进步历史观。对于战国以前的古代史，传统的思想大多赞美"三王之治"，而认为战国是"天下无道""犯上作乱"。与此相反，李贽却认为，随着社会情况的变化，统治局面与政治措施也一定会相应地改变。由此出发，在本文中对春秋战国时期许多标志着历史前进的重大事件，特别是统一中国的趋势，都予以肯定。"既为战国之时，则自有战国之策"，这是"与世推移，其道必尔"，这

一立论,与传统思想的复古历史观形成鲜明对照。正因为如此,李贽斥那些复古派为"徒知羡三王之盛,而不知战国之宜"。这一切都表现出李贽进步的历史观。

余读《战国策》而知刘子政之陋也①。夫春秋之后为战国。既为战国之时,则自有战国之策。盖与世推移,其道必尔②。如此者非可以春秋之治治之也明矣。况三王之世欤③!

【注释】

①《战国策》:书名,记录了战国时期(前475—前221)谋臣、策士的言论和活动,作者无考。西汉末年,经刘向整理校订,定名为《战国策》。全书按国别分为十二国策,共三十三篇。该书保存了一部分战国时代的史料,反映了当时剧烈的社会变革。刘子政:即刘向(约前77—前6),字子政,本名更生,沛(今江苏沛县)人。历任谏大夫、宗正光禄大夫等。西汉经学家、文学家,曾校订整理群书。著有《新序》《说苑》等。《汉书》卷三六、《藏书》卷三七等有传。他在《战国策·序》中,认为西周是"崇道德,隆礼义","仁义之道,满乎天下"的盛世,而战国则是"道德大废,上下失序","捐礼让而贵战争,弃仁义而用诈谲(jué)"。这是一种历史倒退论,因此,李贽说他是鄙陋之见。

②道:治理办法。尔:如此。

③三王:说法不一。这里指夏、商、周三代开国之王,即夏禹、商汤、周文王。

【译文】

我读了《战国策》之后,发现了刘向见解的浅陋。春秋之后是战国。

既然是战国时期,就必然有战国时期的治理办法。随着时代向前发展,战国时期的治理办法必然是这样。那么不可以用治理春秋的办法来治理战国,就是很明白的道理了,更谈不上用三王时代的老一套了。

　　五霸者①,春秋之事也。夫五霸何以独盛于春秋也?盖是时周室既衰②,天子不能操礼乐征伐之权以号令诸侯③,故诸侯有不令者④,方伯、连帅率诸侯以讨之⑤,相与尊天子而协同盟⑥,然后天下之势复合于一。此如父母卧病不能事事⑦,群小搆争⑧,莫可禁阻,中有贤子自为家督⑨,遂起而身父母之任焉⑩。是以名为兄弟,而其实则父母也。虽若侵父母之权,而实父母赖之以安,兄弟赖之以和,左右童仆诸人赖之以立,则有劳于厥家大矣⑪。管仲相桓⑫,所谓首任其事者也⑬。从此五霸迭兴⑭,更相雄长⑮,夹辅王室⑯,以藩屏周⑰。百足之虫⑱,迟迟复至二百四十余年者⑲,皆管仲之功,五霸之力也。诸侯又不能为五霸之事者,于是有志在吞周,心图混一,如齐宣之所欲为者焉⑳。晋氏为三㉑,吕氏为田㉒,诸侯亦莫之正也㉓。则安得不遂为战国而致谋臣策士于千里之外哉㉔!其势不至混一㉕,故不止矣。

【注释】

①五霸:春秋时期五个先后称霸的诸侯。说法不一,一般指齐桓公、晋文公、秦穆公、宋襄公、楚庄王。

②周室:周王朝。

③操:掌握。礼乐征伐:文武大权。礼乐,泛指西周的典章制度等。

④不令:不服从命令。

⑤方伯：一方诸侯的首领。连帅：十国诸侯的首领。

⑥相与：(迫使之)共同。协同盟：结成同盟。

⑦事事：这里指管理家事。

⑧群小：指儿女下辈。搆(gòu)争：产生纠纷而争斗。

⑨家督：指主持家事的人。

⑩身：承担。

⑪有劳于厥家：有功劳于这个家庭。厥，其。

⑫管仲(？—前645)：名夷吾，字仲，春秋时齐国颖上(颖水之滨)人。曾辅助齐桓公以"尊王攘夷"相号召使之成为春秋时第一个霸主。《史记》卷六二有传。

⑬首任其事：首先担任"家督"之事。

⑭迭兴：相继兴起。

⑮更相雄长：交替称雄称霸。

⑯夹辅：辅佐。

⑰以藩屏周：做周王朝的屏障。

⑱百足之虫：马陆的别名。身体由许多环节构成，各节有足一至二对。《淮南子》有"百足之虫，至死不僵"一语。这里用以比喻日趋衰微但仍保存着空架子的周王朝。

⑲二百四十余年：指春秋时期。这是依鲁国编年史《春秋》一书的记载，即从鲁隐公元年(前722)起，至鲁哀公十四年(前481)止，共二百四十二年。

⑳齐宣：即齐宣王，战国时齐国国君。所欲为者：指齐宣王企图扩大领土，使其他诸侯称臣，以统一全国。

㉑晋氏为三：公元前403年，晋国代表新兴势力的卿大夫韩、赵、魏三家瓜分了晋国，建立了韩、赵、魏三个诸侯国，史称"三家分晋"。

㉒吕氏为田：西周初，吕尚封于齐国，从此子孙相传。春秋末，代表

新兴势力的田氏日益势大，并于公元前 379 年完全取代吕氏，掌握政权。"田氏代齐"和"三家分晋"，是我国历史上社会形态变迁中的重要历史事件。

㉓莫之正：没有谁能改变这种局面。正，纠正，改变。

㉔安得：怎么能。致：招致。

㉕混一：统一。

【译文】

五霸的事业，是春秋时期出现的。五霸为什么偏偏在春秋时兴起呢？因为当时周王朝已经衰落，天子不能掌握制定礼乐、调兵讨伐的文武大权，所以对于不服从命令的诸侯，各方诸侯的首领就率领别的诸侯讨伐他们，迫使他们同自己一起尊重天子而结成同盟，而后使天下的形势又得到统一。这就好比一个大家庭中父母有病不能再掌管家事了，子弟们便产生纠纷而争斗起来，没有人能够劝阻。这时，兄弟们当中有个有能力的出来担当起父母的责任而主持家事。他名义上是兄弟，而实际上就像父母一样。虽然好像侵夺了父母的权力，而实际上是父母依赖他得到安生，兄弟依靠他能够和睦，左右的奴仆仰仗他得以生存，那么，他对这个家庭的功劳就很大了。管仲辅佐齐桓公成就霸业，可以说是首先担任"家督"的人。从此五霸相继兴起，先后称雄，辅佐周天子，维护周王朝，使它的寿命又延长了二百四十多年，这都是靠管仲的功劳，五霸的力量啊。以后的诸侯又不能做五霸那样的事了，有的打算取代周王，企图统一天下，使其他诸侯称臣，像齐宣王要做的就是这样。那时，晋国分成了韩、赵、魏三家，齐国的田氏代替了吕氏，诸侯中再也没有谁能改变这种局面。这怎么能不形成战国争斗的局面，而促使各个诸侯从千里之外招纳谋臣策士来帮助自己夺取天下呢？那种形势，不达到统一，是肯定不会休止的。

刘子政当西汉之末造①，感王室之将毁。徒知羡三王之盛,而不知战国之宜,其见固已左矣②。彼鲍、吴者③生于宋、元之季,闻见塞胸,仁义盈耳,区区褒贬,何足齿及④! 乃曾子固自负不少者也⑤,咸谓其文章本于《六经》矣⑥,乃讥向自信之不笃⑦,邪说之当正⑧,则亦不知《六经》为何物,而但窃褒贬以绳世⑨,则其视鲍与吴亦鲁、卫之人矣⑩。

【注释】

①末造:末年。

②左:偏,错误。

③鲍、吴:鲍指鲍彪,字子虎,宋代人,著有《鲍氏战国策注》。吴指吴师道,字正传,元代人,著有《战国策校注》。

④"闻见"四句:指鲍、吴二人受传统思想影响,对《战国策》及其所述历史的评论,都有不正确之处。其中尤以吴师道为甚,如他在《战国策校注·序》中说:"战国名义荡然,攻斗并吞,相诈相倾,机变之谋,唯恐其不深;捭(bǎi)阖(开合、分化、拉拢)之辞,唯恐其不工;风声气习,举一世而皆然。"宣扬的是历史倒退论。何足齿及:不值一提。

⑤曾子固:曾巩(1019—1083),字子固,南丰(今江西南丰)人。嘉祐进士。曾奉召编校史馆书籍,官至中书舍人。北宋散文家,为"唐宋八大家"之一。著有《元丰类稿》。自负不少者:是个很自负的人。

⑥"咸谓"句:《宋史·曾巩传》称:"(巩)为文章,上下驰骋,愈出而愈工,本原《六经》。"六经,被儒家奉为经典的六部书,即《诗》《书》《礼》《乐》《易》《春秋》。

⑦"乃讥"句:曾巩在《战国策·序》中,认为刘向所说"战国之谋士,度时君之所能行。不得不然"是"惑于流俗而不笃于自信者也",

即受了流俗的迷惑而不能坚持对传统认识的自信。笃,坚持。

⑧邪说之当正:曾巩在《战国策·序》中认为孔、孟"独明先王之道",而战国之游士,则"不知道之可信,而乐于说之易合",不但能"亡其身",而且能"灭其国","其为世之大祸明矣,而俗犹莫之悟也"。对于这种"邪说之害正",应当"将明其说于天下,使当世之人,皆知其说之不可从"。

⑨窃褒贬以绳世:(从《六经》中)窃取一些言词,作为衡量世事的标准。绳,木工用的墨线,引申为用一种标准衡量。

⑩"则其"句:意为曾巩和鲍、吴比较起来,也都是一样的。视,比照,对比。鲁、卫之人,语本《论语·子路》:"子曰:'鲁卫之政,兄弟也。'"意为鲁国和卫国的政治,像兄弟一般(相差不远)。

【译文】

刘向生活在西汉末年,感叹周朝将要覆灭,但只知道羡慕三王时代的兴盛,而不知战国的出现是适宜的,他的见解本来已经是很错误的了。鲍彪和吴师道生在宋朝和元朝的末年,狭隘的见闻充满了心胸,仁义道德的说教灌满了耳朵,他们那些微不足道的评论,哪里值得一提。至于曾巩是个很自负的人,人们都说他的文章以《六经》为据,而他竟然讽刺刘向是受了流俗的迷惑而不能坚持传统的认识,不够自信,认为刘向应矫正邪说而没有矫正,可见曾巩也不知道《六经》是什么东西,只是从中窃取一些言词,作为衡量世事的标准,那么,曾巩和鲍彪、吴师道比较起来,也不过半斤八两罢了。

兵食论

【题解】

本文原是《藏书》卷四三《儒林传·张载传》的传论。与《战国论》一样,其写作时间应在《藏书》完成的万历十六年(1588)前。此文还收入

《李氏说书·孟子·尽心上》中，题为《以佚道使民，虽劳不怨，以生道杀民，虽死不怨杀者》，但开头有"或问佚道生道，卓吾曰"等九字，以下文字与本文及《藏书》悉同。这篇文章强调了兵食问题的重要性，驳斥了"信重于兵食"的传统论说，从一个侧面表现了李贽的治政思想。

　　民之初生，若禽兽然，穴居而野处，拾草木之实以为食。且又无爪牙以供搏噬①，无羽毛以资翰蔽②，其不为禽兽啖食者鲜矣③。夫天之生人，以其贵于物也④，而反遗之食⑤，则不如勿生，则其势自不得不假物以为用⑥，而弓矢戈矛甲胄剑楯之设备矣⑦。盖有此生，则必有以养此生者，食也。有此身，则必有以卫此身者，兵也。食之急，故井田作⑧；卫之急，故弓矢甲胄兴。是甲胄弓矢，所以代爪牙毛羽之用，以疾驱虎豹犀象而远之也⑨。民之得安其居者，不以是欤！

【注释】

①搏噬：搏击咬啃。

②资：凭借，依靠。翰蔽：遮盖，掩护。

③啖（dàn）食：吞食。鲜（xiǎn）：少。

④贵于物：比一般动物高贵。

⑤遗（wèi）：送给。

⑥假物以为用：借助外物以为求生的工具。假物，语出《公孙龙子·迹府》："假物取譬，以'守白'辩，谓白马为非马也。"《荀子·劝学篇》："善假于物也。"假，借助。

⑦"而弓矢"句：弓矢戈矛甲胄剑楯，都是古代兵器名称。甲胄（zhòu），古代兵士的护身衣和头盔，用铁片或兽皮等制成。楯，同"盾"。

⑧井田作：井田产生。井田，即井田制，相传古代的一种土地制度。以方九百亩为一里，划为九区，形如"井"字，故名。其中为公田，外八区为私田，八家各私田百亩，同养公田。从春秋时起，井田制日趋崩溃。

⑨疾驱：迅速赶走。犀：犀牛。

【译文】

　　人类起源时，像禽兽一样，居住在山洞，生活在野外，捡拾草木的果实作为食物。而且又没有爪牙借以搏击咬啃，没有羽毛借以遮盖掩护，能不被禽兽吞食就是少数幸运的人啦。天生下人类，是因为他们比一般动物高贵，却反过来送给它们食用，那么不如不生下来，那么他们势必要借助外物作为求生的工具，弓箭戈矛甲胄剑盾这些兵器因此而完备了。有人生下来，就一定要有能够滋养生命的东西，这就是粮食。有这身体，就必须有借以护卫身体的东西，这就是兵器。急需粮食，所以井田产生；急需防护，所以弓箭甲胄产生。这弓箭甲胄，是用来替代爪牙羽毛的功用，来迅速赶走虎豹犀牛大象而使之远离自己。人们能够安居，不就是因为这些吗！

　　夫子曰①："足食足兵，民信之矣②。"夫为人上而使民食足兵足③，则其信而戴之也何惑焉④。至于不得已犹宁死而不离者，则以上之兵食素足也。其曰"去食""去兵"，非欲去也，不得已也⑤。势既出于不得已，则为下者自不忍以其不得已之故⑥，而遂不信于其上。而儒者反谓信重于兵食，则亦不达圣人立言之旨矣⑦。然则兵之与食，果有二乎⑧？曰：苟为无兵，食固不可得而有也。然而兵者死地也⑨，其名恶，而非是则无以自卫，其实美也。美者难见，而恶则非其所欲闻。惟下之人不欲闻，以故上之人亦不肯以出之于口，况三

令而五申之耶！是故无事而教之兵⑩，则谓时方无事，而奈
何其扰我也。其谁曰以佚道使我，虽劳不怨乎⑪！有事而调
之兵⑫，则谓时方多事，而奈何其杀我也。其谁曰以生道杀
我，虽死不怨杀者乎⑬！凡此皆矫诬之语⑭，不过欲以粉饰王
道耳⑮。不知王者以道化民⑯，其又能违道以干百姓之誉
乎⑰？要必有神而明之⑱，使民宜之⑲，不赏而自劝⑳，不谋而
同趋㉑；嘿而成之㉒，莫知其然：斯为圣人笃恭不显之至
德矣㉓。

【注释】

①夫子：指孔子。

②"足食"二句：语出《论语·颜渊》："子贡问政。子曰：'足食足兵，
民信之矣。'"意为粮食充足，军备充足，老百姓对政府就有信
心了。

③为人上：居于老百姓之上的人，指统治者。下文的"上"同此意。

④戴：拥戴。惑：疑惑，怀疑，不信任。

⑤"至于"五句：其意见《论语·颜渊》。这也是孔子对颜渊"问政"
的回答。颜渊问对于足食、足兵、民信三者，迫于"不得已"必得
去掉一项，应先去哪一项？孔子说"去兵"。若"不得已"再去掉
一项，应去哪一项？孔子说"去食"。因为"自古皆有死，民无信
不立"。意为没有粮食，不过死亡，但自古以来谁都免不了一死。
如果人民对政府缺乏信心，国家就很难站立起来。

⑥为下者：指老百姓。下文的"下之人"同此意。

⑦"而儒者"二句：这里李贽以自己的理解对孔子兵、食、信的关系
进行了论述，其目的是批判俗儒"信重于兵食"之论。不达，不
了解。

⑧果有二乎：意为(兵与食)果然是不相干的两码事吗？

⑨兵者死地：语本《孙子兵法·计篇》：“兵者，国之大事，死生之地，存亡之道，不可不察也。”战争可置人于死地。

⑩无事：指没有战争和动乱。

⑪“其谁”二句：语出《孟子·尽心上》：“以佚道使我，虽劳不怨。”意为为了求得将来的安逸而役使我们，(我们)虽劳苦也不怨恨。谁，指孟子。佚(yì)，同“逸”，安逸。使，役使。

⑫调之兵：征调他们去当兵。

⑬“其谁”二句：语出《孟子·尽心上》：“以生道杀我，虽死不怨杀者。”意为为了使大家得到生存而置我们于死地，(我们)虽死也不怨恨。

⑭凡此：指上文引的孟子的话。矫诬：假借名义以行其事。

⑮王道：儒家提出的一种以仁义治天下的政治主张。与霸道相对。

⑯化民：感化民众。

⑰干百姓之誉：求得百姓的称誉。干，求。

⑱要：总之。神而明之：语出《周易·系辞上》。用智慧去阐明其中的神秘奥妙。

⑲使民宜之：使百姓适应它。

⑳不赏而自劝：语本《中庸》：“是故君子不赏而民劝。”不用奖赏而达到(老百姓)自己劝化从善的目的。劝，鼓励。

㉑同趋：行动一致。

㉒嘿而成之：语本《周易·系辞上》。默不作声却能有所作为。嘿，原作“默”，意义同。

㉓笃恭不显：语本《中庸》。笃实恭敬而光明磊落。不，通“丕”，大。

【译文】

　　孔夫子说：“足食足兵，民信之矣。”执政者能够使百姓粮食充足，军备充足，那么他得到百姓的信任和拥戴会有什么值得怀疑的呢。至于不得已还宁死也不能离的,就是以上所说的军备和粮食平时准备充足。其所以说(在不得已必须去掉两项的情况下)"去食""去兵",并不是要去掉这两项,而是不得已。其势既然出于不得已,那么百姓自然不忍心因为不得已的缘故,而不信任执政者。儒家学者反过来说诚信比兵备和粮食更重要,也没有准确地理解圣人说这番话的主旨啊。这样看来,兵备与粮食,果真是不相干的两件事吗?回答道:假如没有兵备,粮食也不可能得到和保住。然而战争可置人于死地,它的名声不好,但没有兵备就无法保卫自己,所以它实际上是好的。美的一面难得看见,而恶的一面却并不是人们所想要听到的。只是因为百姓不愿听到,因此执政者也不肯轻易将它说出口,何况会三令五申地说它呢!因此没有战争和动乱而强调兵备,就说现在正处四方无事之时,为什么用兵备打扰我们的生活呢。正如《孟子·尽心上》所说:"为了求得将来的安逸而役使我们,(我们)虽然劳苦也不怨恨呀!"发生战争和动乱而征调他们去当兵,就说现时正处战争和动乱时期,它要置我们于死地怎么办呢?又如《孟子·尽心上》所说:"为了使大家得到生存而置我们于死地,(我们)虽死也不怨恨呀!"凡是这些都是假借名义以行其事的话,不过是用来粉饰王道罢了。不知道为王道的人用道来感化民众,他又怎么能违背道而求得百姓的称誉呢?总之,一定要用智慧去阐明其中的神秘奥妙,使百姓适应它,不用奖赏而达到(老百姓)自己劝化从善的目的,不商量而能行动一致;默不成声却能有所作为,不知道能够做到这样:这是圣人笃实恭敬而光明磊落的至德啊。

夫三王之治①,本于五帝②,帝轩辕氏尚矣③。轩辕氏之王也④,七十战而有天下,杀蚩尤于涿鹿之野⑤,战炎帝于阪泉之原⑥,亦深苦卫生之难⑦,而既竭心思以维之矣⑧。以为民至愚也,而可以利诱;至神也⑨,而不可以忠告。于是为之井而八分之⑩，使民咸知上之养我也。然蒐狩之礼不举⑪，得无有伤吾之苗稼者乎⑫？且何以祭田祖而告成岁也⑬？是故四时有田⑭，则四时有祭；四时有祭，则四时有猎。是猎也，所以田也，故其名曰田猎焉。是故国未尝有养兵之费，而家家收获禽之功⑮；上之人未尝有治兵之名，而人人皆三驱之选⑯。戈矛之利，甲胄之坚，不待上之与也。射疏及远⑰，手轻足便，不待上之试也。攻杀击刺，童而习之⑱，白首而不相代⑲，不待上之操也⑳。彼其视搏猛兽如搏田兔然，又何有于即戎乎㉑？是故入相友而出相呼㉒，疾病相视，患难相守，不待上之教以人伦也㉓。折中矩而旋中规㉔，坐作进退㉕，无不如志㉖，不待上之教以礼也。欢忻谐乐㉗，鼓舞不倦，不待耀之以旌旗㉘，宣之以金鼓㉙，献俘授馘而后乐心生也㉚。分而为八家㉛，布而为八阵㉜，其中为中军㉝，八首八尾，同力相应，不待示之以六书㉞，经之以算法㉟，而后分数明也㊱。此皆六艺之术㊲，上之所以卫民之生者，然而圣人初未尝教之以六艺也。文事武备，一齐具举，又何待庠序之设，孝弟之申，如孟氏画蛇添足之云乎㊳？彼自十五岁以前，俱已熟试而闲习之矣㊴，而实不知上之使也，以为上者养我者也。至其家自为战，人自为兵，礼乐以明，人伦以兴，则至于今凡几千年矣而不知㊵，而况当时之民欤！

【注释】

①三王：指夏、商、周三代开国之王，即夏禹、商汤、周文王和周武王。

②五帝：上古传说中的五位帝王。说法不一，一般指黄帝、颛

项（zhuān xū）、帝喾（kù）、唐尧、虞舜（见《史记》卷一《五帝本纪》）。

③轩辕（xuān yuán）氏：即黄帝。相传黄帝姓公孙，居于轩辕之丘，故名轩辕，又以为号。战胜蚩尤与炎帝后，诸侯尊为天子。后人以之为中华民族的始祖。尚：久远。

④王（wàng）：统一天下。

⑤蚩（chī）尤：相传是黄帝时代东方九黎族首领。有兄弟八十一人，以金作兵器，并能呼风唤雨。《史记·五帝本纪》："蚩尤作乱，不用帝（黄帝）命。于是黄帝乃征师诸侯，与蚩尤战于涿鹿之野，遂禽（擒）杀蚩尤。"　涿鹿：在今河北张家口。

⑥炎帝：相传是黄帝时代南方姜姓部族首领。原居姜水流域，后向东发展到中原地区。《史记·五帝本纪》："（黄帝）与炎帝战于阪泉之野。三战，然后得其志（谓战败了炎帝）。"阪（bǎn）泉：一说在今河北涿鹿，一说在今山西运城盐池附近。

⑦卫生：保卫人们生存。

⑧维：维系，指维系各氏族部落。

⑨至神：神妙莫测。

⑩"于是"句：即前所说井田制。

⑪蒐狩（sōu shòu）之礼：古代打猎要先举行祭礼。蒐，春猎。狩，冬猎。

⑫"得无"句：意为（野兽）能不伤害我的庄稼吗？

⑬"且何以"句：意为而且用什么去祭田祖报告丰收呢？田祖，指神农氏，传说中教民耕种的始祖。成岁，好年成。

⑭四时：四季。田：通"佃"，耕种。

⑮获禽：获得禽兽。

⑯三驱之选：打猎能手。三驱，语出《周易·比》："王用三驱。"古时王者田猎三面（左、右、后）驱捕，让开一面，以示好生之德。选，

被选拔出来的人才。

⑰射疏及远:语出《汉书》卷四九《爰盎晁错传》:"劲弩长戟,射疏及远。"指强弓射得远,长戟刺得远。疏,阔远。

⑱童:幼童。

⑲白首:白发,表示年老。

⑳操:训练。

㉑"又何"句:意为对于打仗又有什么困难呢? 即戎,打仗。

㉒相友:相互友爱。

㉓人伦:语出《孟子·滕文公上》:"教以人伦:父子有亲,君臣有义,夫妇有别,长幼有序,朋友有信。"封建礼教所规定的伦理道德准则。

㉔"折中矩"句:语本《礼记·玉藻》:"周还(xuán)中规,折还中矩。"意为曲折排列符合方形阵列,盘旋排列符合圆形队列。即队列变换都符合要求。中,符合。矩,古代画方形用的工具。旋,旋转。规,画圆形的工具。

㉕坐:指队列稳定不动。作:指队列移动。

㉖志:志愿,心愿。

㉗欢忻谳乐:欢欣宴乐。忻,同"欣"。谳乐,设宴作乐。谳,同"宴"。

㉘耀:这里指挥舞。

㉙宣:同"喧"。金鼓:古代有四金六鼓,用以节声乐和军旅,正田役。这里指鼓舞军气的锣鼓。

㉚馘(guó):同"聝",割取敌人的左耳用以计功。乐心:乐战之心。

㉛八家:指井田制八家为井。

㉜八阵:古代作战的阵法。八阵名目不一。《文选》班固《封燕然山铭》:"勒以八阵,莅以威神。"李善注引《杂兵书》:"八阵者,一曰方阵,二曰圆阵,三曰牝阵,四曰牡阵,五曰冲阵,六曰轮阵,七曰

浮沮阵,八曰雁行阵。"

㉝中军:古代行军作战分左、中、右或上、中、下三军,由主将所在的中军发号施令。

㉞六书:汉字的六种造字原则,即指事、象形、形声、会意、转注、假借。这里泛指文字。

㉟经:测量,计度。算法:算术。

㊱分数:指队列的人数、职务等组织编制。

㊲六艺:古代教育学生的六种科目和技能。《周礼·地官·大司徒》:"三曰六艺:礼(礼仪)、乐(音乐)、射(射箭)、御(驾车)、书(写字)、数(计算)。"

㊳"又何待"三句:这是针对孟子所说"谨庠(xiáng)序之教,申之以孝弟之义"(《孟子·梁惠王上》)而言。庠序,古代的地方学校。孝弟,亦作"孝悌",孝顺父母,敬爱兄长。申,告诫。孟氏,指孟子。

㊴熟试:熟练应用。闲习:熟习。闲,通"娴",熟练。

㊵"则至于今"句:意在说明务农耕战传统的久远。

【译文】

夏商周三代君王治国,源自五帝,五帝中轩辕黄帝最久远。黄帝称王,经过七十次战争统一天下,在涿鹿之野擒杀蚩尤,在阪泉之原打败炎帝,也深深为保卫人们生存的困难所苦,而又殚精竭虑想要维系各氏族部落。认为百姓很愚蠢,可以凭利诱统治;百姓又很神妙,不能够凭忠告治理。于是设置井田分成八份,让百姓都知道是君王在养育自己。然而不在狩猎之前举行祭礼,(野兽)能不伤害我的庄稼吗?而且用什么去祭神农报告丰收呢?因此四季有耕种,就四季有祭礼;四季有祭礼,就能四季有狩猎。这狩猎,是伴随耕种而生,所以就叫田猎啊。所以国家未曾有养兵的费用,而家家已经有捕得禽兽的收获;统治者未曾有治兵的名义,而人人都是打猎能手了。锋利的武器,坚固的甲衣,不需等待统治者给予。强弓射得远,长戟刺得远,手脚轻便,不需要统治者测试。攻杀击刺的战术,幼童就开始练习,年老了也不要人代替,不需要统治者操练。他们把搏击猛兽看得像搏击野兔一样,对于打仗又有什么困难呢?因此他们出入相互友爱,相互呼应,有了疾病相互探视,有了患难相互守护,不需要统治者用伦理道德来教育。队列的变换中规中矩,队列的静止和移动,没有不符合心愿的,不需要统治者用礼仪来教育。欢欣宴乐,不倦地歌舞,不需等待挥动旌旗和敲击金鼓,献俘授馘计功之后乐战之心从中产生。井田分为八家,阵法分为八阵,中间是中军,八首八尾,同心协力,相互呼应,不需等待用文字指示,用算术测量,就明确队列的组织编制。这都是六艺之术,是统治者用来保卫人们生存的手段,然而圣人开始也未曾用六艺教百姓啊。文事武备,一齐都兴办了,又哪里需要等待设置学校,告诫孝悌之义,像孟子画蛇添足一样的说法呢?他们从十五岁以前,都已经能熟练学习和应用了,可是实际上不知道是统治者要他们这样做,认为是统治者养育自己。至于他们家自为战,人自为兵,礼乐因此明确,伦理因此兴起,务农耕战的传统到现在已经几千年了而人们尚不知道,何况当时的百姓呢!

　　至矣!圣人鼓舞万民之术也。盖可使之由者同井之田,而不可使之知者则六艺之精、孝弟忠信之行也①。儒者不察,以为圣人皆于农隙以讲武事②。夫蒐苗狝狩③,四时皆田④,安知田隙?且自田耳,曷尝以武名⑤,曷尝以武事讲耶?范仲淹乃谓儒者自有名教⑥,何事于兵?则已不知兵之急矣。张子厚复欲买田一方⑦,自谓井田。则又不知井田为何事,而徒慕古以为名,只益丑焉。商君知之⑧,慨然请行⑨,专务攻战⑩,而决之以信赏必罚⑪,非不顿令秦强⑫,而车裂之惨⑬,秦民莫哀⑭。则以不可使知者而欲使之知,固不可也。

故曰："圣人之道，非以明民，将以愚之⑮。鱼不可以脱于渊，国之利器不可以示人⑯。"至哉深乎⑰！历世宝之，太公望行之⑱，管夷吾修之⑲，柱下史明之⑳。姬公而后㉑，流而为儒㉒，纷纭制作㉓，务以明民，琐屑烦碎，信誓周章㉔，而轩辕氏之政遂衰矣。

【注释】

①"盖可"二句：意为大概可以使百姓照着办的是耕种他们应该种的田地，而不可以使他们知道六艺的精妙和孝悌忠信的实行。忠信，忠诚信实。

②农隙(xì)：农闲。下文"田隙"义同。

③蒐苗狝(xiǎn)狩：春夏秋冬四时打猎的名称。《左传·隐公五年》："故春蒐，夏苗，秋狝，冬狩。皆于农隙，以讲武事也。"苗，夏猎。狝，秋猎。

④田：通"畋"，打猎。

⑤以武名：以武事的名义称呼它。

⑥范仲淹(989—1052)：字希文，苏州吴县(今江苏苏州)人。北宋政治家、文学家。大中祥符进士，官至参知政事。推行庆历新政，旋败。著有《范文正公集》。《宋史》卷三一四、《藏书》卷五一、《宋元学案》卷三等有传。据《宋元学案·横渠学案》载，张载年轻时见范仲淹，谈兵事。范说："儒者自有名教可乐，何事于兵？"(又见《宋史·张载传》)名教，指以正名定分为主的封建礼教。

⑦张子厚：张载(1020—1077)，字子厚，号横渠。凤翔郿县(今陕西眉县)横渠镇人。世称横渠先生。北宋哲学家。曾讲学关中，故其学派被称为"关学"。著有《张子全书》。《宋史》卷四二七、《藏

书》卷四三、《宋元学案》卷一七等有传。张载曾主张"复井田"，并计划进行试验。他在《经学理窟·周礼》中说："治天下不由井地，终无由得平。"吕大临《横渠先生行状》载："论治人先务，未始不以经界为急。"

⑧商君知之：商君懂得务农讲武的重要性。商君，即商鞅（约前390—前338），姓公孙，名鞅，战国时卫国人，亦称卫鞅。他辅助秦孝公变法，因功封于商（今陕西丹凤），称商君，又叫商鞅。他两次变法，奠定了秦国富强的基础。秦孝公死后，被贵族诬害，车裂而死。《汉书》卷三〇《艺文志》有《商君》二十九篇，今存二十四篇。《史记》卷六八、《藏书》卷一五等有传。

⑨请行：请求实行。

⑩专务攻战：指倡导耕战，奖励军功。

⑪信赏必罚：语出《韩非子·外储说右上》。对有功的人必定奖赏，对有罪的人必定惩罚。

⑫顿令秦强：立刻使秦国强大起来。

⑬车裂：古代酷刑，俗称五马分尸。原为车裂尸体，将被杀之人的头和四肢分别拴在五辆车上，以五马驾车，同时分驰，撕裂肢体。亦有车裂活人者。

⑭秦民莫哀：秦国人不为他的遇害伤心。

⑮"非以"二句：语出《老子》第六十五章。意为不是教人们精巧，而是使人们淳朴。愚，淳朴而不伪诈。

⑯"鱼不可"二句：语出《老子》第三十六章。意为鱼不可离开深渊，国家的"利器"不可以随便炫耀明示于人。利器，指治国治民的权势禁令等。

⑰至哉深乎：多么高明多么深刻啊！

⑱太公望：即吕尚，又称姜尚，名望，字子牙，俗称姜太公。传说他八十岁时还在渭水边钓鱼，为周文王访得，拜为丞相。后又助武

王起兵伐纣,完成兴周大业。最后又奉命发榜封神。姜尚为《封
神演义》中的人物,实即历史人物吕尚,在《鬻子》《六韬》《金匮》
《搜神记》等书中,被逐渐加以神化,至《封神演义》而达于极致。

⑲管夷吾:即管仲。见《战国论》第二段注⑫。

⑳柱下史:周代官名,即汉以后御史。因主管官府文案史册,并常
侍立殿柱之下而得名。这里指老子,传说他曾任过"守藏室之
史"(管理藏书的史官)。

㉑姬公:即周公旦。见《鬼神论》第一段注㉙。

㉒流:演变。

㉓纷纭:杂乱地。制作:指制礼作乐。

㉔信誓周章:真诚的誓约却繁杂不能实行。周章,这里作繁杂不定讲。
清人朱琦《文选集释》卷十九对"周章"作"不定"解有详细论述。

【译文】

圣人统御百姓之术真是好极了!大概可以使百姓照着办的是耕种
他们应该耕种的井田之地,而不可以使他们知道六艺的精妙和孝悌忠
信的实行。儒家没有明察此理,而说圣人都是在农闲时讲习武事。春
蒐,夏苗,秋獮,冬狩,四季都可打猎,哪里知道农闲?况且自己打猎,何
曾以武事的名义称呼它,何曾以武事的名义讲习它呢?范仲淹竟然说
儒者自有名教,哪里需要谈兵事呢?这已经是很不知兵了。张载又想
买一方田,自称井田。却又不知井田是什么,只是仰慕古人而求名,只
会更加丑陋了。商鞅懂得务农讲武的重要性,慷慨地请求实行,专心致
力于倡导耕战,奖励军功,并且决定奖赏有功的人,惩罚有罪的人,不能
不立刻使秦国强大起来,可是他惨遭车裂之刑,秦国人没有为他的遇害
伤心的。那么不可让人知道的而要使人知道,本来就不行啊。所以老
子说:"圣人之道,非以明民,将以愚之。鱼不可以脱于渊,国之利器不
可以示人。"多么高明深刻的言论啊!历代治国以此为宝,姜太公实行
此道,管仲学习此道,老子明白此道。周公之后,演变成儒,杂乱地制礼

作乐，一心希望使百姓明白事理，零碎繁琐，真诚的誓约却不能实行，而黄帝的执政之道就衰颓了啊。

杂说

【题解】

　　本文约写于万历二十年(1592)，当时李贽在武昌。李贽在写于这年的《与焦弱侯》中说："古今至人遗书抄写批点得甚多……《水浒传》批点得甚快活人，《西厢》《琵琶》涂抹改窜得更妙"。(《续焚书》卷一)而此文正是对《拜月》《西厢》《琵琶》等的评论，可能正是"涂抹改窜"《西厢》《琵琶》的同时。在本文中，李贽提出了"化工""画工"及愤怒不平在文学创作中的重要作用等命题，都具有深刻的社会意义与美学价值。

　　《拜月》《西厢》，化工也①；《琵琶》，画工也②。夫所谓画工者，以其能夺天地之化工③，而其孰知天地之无工乎④？今夫天之所生，地之所长，百卉具在，人见而爱之矣。至觅其工，了不可得，岂其智固不能得之与？要知造化无工，虽有神圣，亦不能识知化工之所在，而其谁能得之？由此观之，画工虽巧，已落二义矣⑤。文章之事，寸心千古⑥，可悲也夫！

【注释】

①"《拜月》"二句：《拜月》，即《拜月亭》(又名《拜月记》《拜月亭记》)，南戏剧本。一般认为它是元代施惠(字君美)根据关汉卿所作杂剧《闺怨佳人拜月亭》(现仅存曲词和部分科白)加工改编。剧本描写书生蒋世隆与兵部尚书之女王瑞兰相爱的悲欢离合，具有一定反封建礼教的倾向。《西厢》，即《西厢记》，元代王

实甫作。剧本写书生张珙(gǒng)与崔相国之女莺莺产生了爱情,在侍女红娘协助下,终于冲破封建礼教的束缚而结合。化工,造化之工。原指天地自然化育万物的功效,这里用来称赞优秀文学作品能够做到抒写真情实感,毫无雕琢痕迹,自然朴实有如天工所成。李贽在《李卓吾先生批评北西厢记》中曾对"化工"的含义作过具体说明:"不作意,不经心,信手拈来,无不是矣。我所谓之化工。"

②"《琵琶》"二句:《琵琶》,即《琵琶记》,元末明初剧作家高明(字则诚)根据民间流传的"赵贞女和蔡二郎"的传说改编的南戏剧本。剧本写书生蔡伯喈(jiē)赴京应试,其妻赵五娘在家侍奉公婆。蔡中状元后招赘于牛相府,而家中遭到饥荒,父母饿死。于是五娘卖发埋葬公婆,而后演奏琵琶,讨饭进京寻夫。画工,人为之工。原指以工匠为业的工匠画师,他们的作品多精雕细画,着力追求外在的形似,而缺乏真实自然的神韵美。这里指作品的蓄意雕琢,而缺乏自然之美。

③夺:超越,胜过。

④无工:没有造作而自然形成。

⑤二义:二等。相对于佛教的"第一义"而言。佛教指至上至深的妙理为"第一义",后用以指作品的优良等次。严羽《沧浪诗话》:"论诗如论禅,汉魏晋与盛唐之诗,则第一义也。大历以还之诗,则小乘禅也,已落第二义矣。"

⑥"文章"二句:这是化用杜甫《偶题》中的两句诗:"文章千古事,得失寸心知。"意为好的文章流传千古,可是写作的苦心只有作者自己知道。得失,指文章的成败,推敲的甘苦。

【译文】

《拜月亭》《西厢记》是情韵天然的艺术杰作;《琵琶记》却是刻意雕琢的作品。有人认为凭着雕琢,可以巧夺天工,可是他哪里知道天地化育万物都是没有造作自然形成的呢！天地生发了各种花草，人们见了都喜爱。至于要寻找大自然创造它们的奥妙，却全无所得，这难道是因为人的才智根本不能认知吗？应该知道天地生化万物，全靠自然之力，没有什么特殊的技巧，即使是神奇的人，也不能把握天地的秘密，又有谁能获得它那奇功伟力呢？由此看来，刻意雕琢的作品，虽然很精巧，却已经属于第二流的了。流传千古的好文章，其中创作时的艰苦只有作者自己知道，这太可悲了。

　　且吾闻之，追风逐电之足①，决不在于牝牡骊黄之间②；声应气求之夫③，决不在于寻行数墨之士④；风行水上之文⑤，决不在于一字一句之奇。若夫结构之密，偶对之切；依于理道，合乎法度；首尾相应，虚实相生：种种禅病皆所以语文⑥，而皆不可以语于天下之至文也⑦。杂剧院本⑧，游戏之上乘也⑨，《西厢》《拜月》，何工之有？盖工莫工于《琵琶》矣。彼高生者⑩，固已殚其力之所能工⑪，而极吾才于既竭。惟作者穷巧极工，不遗余力，是故语尽而意亦尽，词竭而味索然亦随以竭。吾尝揽《琵琶》而弹之矣⑫：一弹而叹，再弹而怨，三弹而向之怨叹无复存者。此其故何耶？岂其似真非真，所以入人之心者不深耶！盖虽工巧之极，其气力限量⑬，只可达于皮肤骨血之间，则其感人仅仅如是，何足怪哉！《西厢》《拜月》乃不如是。意者宇宙之内⑭，本自有如此可喜之人⑮，如化工之于物⑯，其工巧自不可思议尔。

【注释】

①追风逐电之足：指跑得极快的马。北齐刘昼《新论·知人》："故

　　九方谭之相马也,虽未追风逐电,绝尘灭影,而迅足之势固已见矣。"

②牝牡骊(lí)黄:这里指马的外貌。牝,母马。牡,公马。骊,黑马。黄,黄马。"牝牡骊黄"指九方皋为秦穆公相马事,详见前文《答焦漪园》注。

③声应气求之夫:能使作品表达情性应合自然的作家。声应气求,语本《周易·乾·文言》:"同声相应,同气相求。"一般指意气相投。这里化用其意,指作品能从胸中自然流出。

④寻行数墨:为文专在辞句上下工夫。

⑤风行水上:语出《周易·涣·象辞》:"风行水上,涣。"原指风吹水面,自然流动。后以比喻文章不矫饰、不雕琢的自然之美。苏洵《仲兄字文甫说》:"故曰'风行水上涣',此亦天下之至文也。然而此二物(指风与水)者,岂有求乎文(纹)哉? 无意乎相求,不期而相遭,而文生焉……二物者非能为文,而不能不为文也。"

⑥禅病:佛教用语。原指妨害禅定(佛教禅宗静坐敛心的修行方法)修行的一切妄念。这里借指为文的清规戒律。语文:评判(一般的)文章。语,评判,议论。

⑦至文:最好的文章。

⑧杂剧院本:见《童心说》第三段注⑪⑫。

⑨游戏:这里指不经意而为之的自然创作。上乘(chèng):上等。

⑩高生:指《琵琶记》的作者高明。

⑪殚(dān):尽。

⑫弹:演奏。当时戏曲中的唱词都按一定的曲牌填写,可以配乐演唱。这里有研读欣赏之意。

⑬气力:才气,才力。

⑭意者:想来。

⑮可喜之人:指《西厢》《拜月》中的男女主人公。

⑯如化工之于物:如同天地化育万物一样(自然精妙)。

【译文】

　　而且我听说,快如疾风闪电的健马,决不在于它的外表形迹如何;能创作出表达自然之情作品的作者,也决不会出现在刻意雕琢的儒生之中;自然真切不事雕琢的好文章,也决不在于一字一句的新巧、奇特。至于结构严密,对仗工整;文章内容要合乎什么"道",什么"理",写法上要合乎什么规矩;还有首尾相互呼应,虚实相反相成:如此种种清规戒律,都只能拿来评判一般创作,却不能用来评判天下最好的文章。杂剧剧本,那是不事雕琢的文学中的上等作品,像《西厢记》《拜月亭》等作品,哪里有雕琢的痕迹呢? 如若说着意追求技巧,大概没有比《琵琶记》更讲究的了。那个高明,的确付出了最大的努力,施展了自己的全部才华,去追求工巧。正因为竭尽全力,尽量雕琢,所以他的作品,话外无意,词外无味,缺乏真实自然的神韵之美。我曾经拿着《琵琶记》,一边弹奏,一边研读欣赏:第一次弹奏欣赏时有所感叹,第二次弹奏欣赏时产生了幽怨,第三次弹奏欣赏时,先前的感叹和幽怨却不复存在了。这是什么原因呢? 不就是由于《琵琶记》虽工巧却缺乏真实自然的情思与神韵,所以就不能深入人心啊!《琵琶记》虽然讲求技巧到了极点,可是高明的才气限制了他作品的感染力,最多只能让读者一时有所触动,而不能动人心魄,它感人的程度不过如此,这又有什么值得奇怪的呢!《西厢记》《拜月记》却不是这样。想来宇宙之内,本来就有书中所写的这样可爱的人物,如同天地化育万物那样真实自然,这种作品的精妙自然,真是不可思议的。

　　且夫世之真能文者,比其初皆非有意于为文也①。其胸中有如许无状可怪之事②,其喉间有如许欲吐而不敢吐之物,其口头又时时有许多欲语而莫可所以告语之处,蓄极积久，势不能遏③。一旦见景生情，触目兴叹，夺他人之酒杯，浇自己之垒块④，诉心中之不平，感数奇于千载⑤。既已喷玉唾珠⑥，昭回云汉，为章于天矣⑦，遂亦自负，发狂大叫，流涕恸哭，不能自止。宁使见者闻者切齿咬牙，欲杀欲割，而终不忍藏于名山，投之水火。余览斯记⑧，想见其为人，当其时必有大不得意于君臣朋友之间者，故借夫妇离合因缘以发其端。于是焉喜佳人之难得，羡张生之奇遇，比云雨之翻覆，叹今人之如土⑨。其尤可笑者：小小风流一事耳，至比之张旭、张颠、羲之、献之⑩而又过之。尧夫云⑪："唐虞揖让三杯酒，汤武征诛一局棋⑫。"夫征诛揖让何等也，而以一杯一局觑之，至眇小矣⑬！

【注释】

①比：每每，往往。

②无状：无法形容。

③遏：抑制。

④垒块：语出《世说新语·任诞》："阮籍胸中垒块，故须酒浇之。"胸中郁积的不平之气。

⑤感数奇(jī)于千载：语出《史记》卷一〇九《李将军列传》。感慨千百年来人们不幸的命运。数奇，指命运不好，遇事多不顺利。

⑥喷玉唾珠：语本《晋书》卷五五《夏侯湛传》："咳唾成珠玉。"比喻写出的言辞像珠玉一样美好。

⑦"昭回"二句：意为写出的文章就像银河在天上形成的灿烂文彩一样。这是化用《诗经·大雅·云汉》"倬(zhuō)彼云汉，昭回于天"和《诗经·大雅·棫朴》"倬彼云汉，为章于天"两诗而成。昭，光。回，转。云汉，银河。章，文彩。

⑧斯记:指《拜月记》《西厢记》。

⑨"比云雨"二句:意为(用剧中主人公的遭遇)比喻世态人情像云雨那样翻覆无常,感慨时人视信义如粪土而只重名利地位的世风。这是化用杜甫《贫交行》中的诗句:"翻手作云覆手雨。纷纷轻薄何须数。君不见管鲍贫时交,此道今人弃如土!"(管,管仲。鲍,鲍叔牙。春秋时齐人,两人结为至交。)

⑩张旭、张颠:实为一人,字伯高,吴县(今江苏苏州)人。唐代书法家,长于草书。时称"草圣"。好饮酒,醉后狂呼奔走,然后下笔。传说有时他还以头濡墨疾书,故时人称之"张颠"。这里把张旭、张颠并提,是因《西厢记》第五本第二折中张生的唱词原文就是这样。羲之:即王羲之,字逸少,琅琊临沂(今山东临沂)人。出身贵族。官至右军将军,故又称王右军。东晋书法家,尤擅楷、行,对后人影响极大。献之:即王献之,王羲之子,精于书法,尤以行、草著名。此句批评时人将《西厢》《拜月》的情节比照附会于张旭及二王,细节不详。

⑪尧夫:即北宋哲学家邵雍(1011—1077),字尧夫,自称安乐先生,伊川翁等。其先范阳(今河北涿州)人;少随父徙居共城,后隐居于共城西北苏门山,刻苦自学。出游河、汾、淮、汉,从学于李之才,传其《河图》《洛书》象数之书。北宋哲学家。晚居洛阳,卒谥康节。著有《皇极经世》《伊川击壤集》等。

⑫"唐虞"二句:见邵雍《首尾吟》(《伊川击壤集》卷二〇)。意为唐尧、虞舜把天下让给别人,就像推让三杯酒;商汤讨伐夏桀和周武王讨伐殷纣,就像下一盘棋。这里取大中见小之意。

⑬眇(miǎo):渺小,微小。

【译文】

　　而且,世界上真正能写好文章的人,往往在最初都不是有意去写文章的。他们心里有那么多无法形容,可惊可怪的事情,他们喉咙里有那么多想吐而不敢吐的东西,他们的嘴边又时时刻刻有许多想说的话而没有可倾吐的机会,蓄积到了极点,势必达到不可抑制的地步。那些作者一旦见景生情,触目兴叹,就拿起别人的酒杯,浇自己心中的郁闷;诉说内心的不平,感慨千百年来人们不幸的命运。吐出珠玉一般美妙的言辞,写出焕发异彩的好文章,自己也就心满意足,甚至激动得发狂大叫,痛哭流涕,克制不住自己。使见到听到的道学俗儒,对自己愤恨得咬牙切齿,想杀想剐,但是终于不忍心把自己的文章"藏于名山,投之水火"而加以毁弃。我看了《拜月记》《西厢记》,能想象到作者的为人,当时他一定在君臣朋友之间有很多不满意的事,所以借夫妻离合的因缘,作为发泄自己积郁的开端。于是庆幸佳人的难得,羡慕张生的奇遇,将世态人情的反复无常比作云雨的翻覆,感叹今人把情义视为粪土,而只注重名利的追逐。更有趣的是:把一件小小的爱情故事,渲染得比张旭、张颠、王羲之、王献之等人的醉痴癫狂还有过之无不及的地步。这简直可以和邵雍的一个绝妙的比喻相媲美。邵雍说:"唐尧、虞舜把天下让给别人,就好像推让三杯酒;商汤讨伐夏桀和周武王讨伐殷纣,就像下一局棋。"征诛、揖让是何等大的事,然而用一杯酒、一局棋来看待它们,这真是大中可以见小了!

呜呼!今古豪杰,大抵皆然。小中见大,大中见小,举一毛端建宝王刹,坐微尘里转大法轮[1]。此自至理,非干戏论。倘尔不信,中庭月下,木落秋空,寂寞书斋,独自无赖[2],试取《琴心》[3]一弹再鼓,其无尽藏不可思议[4],工巧固可思也。呜呼!若彼作者,吾安能见之欤!

【注释】

①"小中"四句:语本《楞严经》。见,同"现"。举一毛端建宝王

刹（chà），意为在毛尖上能建起佛寺。宝王，对佛陀的尊称。坐微尘里转大法轮，意为坐在一粒微尘里，可以传授佛法。法轮，比喻佛法。佛教把传佛法称转法轮，谓佛说法，圆通无碍，运转不息，能摧破众生的烦恼。

②无赖：无聊。

③《琴心》：即《西厢记》中第二本第四折《听琴》。琴心，意为以琴声传达爱慕之心。

④无尽藏：佛教用语。意为佛德广大无边，作用于万物，无穷无尽。这里指《西厢记》一类作品的感染力无穷无尽。

【译文】

啊！古今豪杰大都是这样。他们可以"小中现大，大中现小"，如同佛家所说的在毛发尖上能建起寺庙，坐在一粒微尘里，可以运转大法轮而传授佛法。这本是最实在的道理，不是在开玩笑。如果你不相信，你可以在叶落秋深的季节，在月光下，在庭院中，在寂静的书房里，在独自无聊的时候，把《西厢记》中"听琴"的那一折，反复弹奏欣赏，它那感人至深而无穷无尽的情思，真是令人难以想象，它那天然的工巧也是可以领会到的。唉！像《西厢记》作者那样的人，我多么想见到他啊！

童心说

【题解】

本文开头有"龙洞山农叙《西厢》末语云：'知者勿谓我尚有童心可也。'"可见本文的写作与披阅批点《西厢记》有关。约写于与《杂说》同时的万历二十年（1592）。这是李贽的一篇重要论文。文中首先提出的文艺思想，既是针对当时的现实而发，而又具有深远的影响。在明代，封建统治者特别重视利用文艺来维护其统治，曾多次明令杂剧戏文只许演"神仙道扮、义夫节妇、孝子顺孙、劝人为善及欢乐太平者",如若违令,则"一律拿送法司究治"(顾起元《客座赘语》卷一〇《国初榜文》)。一些文人则提出"当于六籍中求吾心"的创作准则,甚至说"不关风化体,纵好也枉然"(高明《琵琶记》),要求文艺成为宣传"万世纲常之理"的工具。这样,宗道、宗经、宗圣,就成了明代文艺创作及活动的一个重要特色。明代文艺思潮的另一重要表现是复古,不管是出于统治者的提倡,还是出于一些文人对明初"台阁体"的不满,他们把复古作为文艺创作的原则,甚至主张"文必秦汉,诗必盛唐"(《明史》卷二八七《李梦阳传》),要求创作"无一语作汉以后,亦无一字不出汉以前"(王世贞《艺苑卮言》称颂李攀龙语)。李贽的"童心说"就是在这一文艺思潮背景下提出的。李贽首先提出天下的至文,都是"出于童心"的命题,"童心"即"真心",即"绝假纯真,最初一念之本心",这当然是一种抽象的唯心论观点,但李贽的矛头所向正是当时宗道、宗经、宗圣的文艺主张。李贽明确反对以"道理闻见"指导人们的文艺创作,他认为,如果以"多读书识义理"而得来的"道理闻见"充斥内心,那么人就变成了"假人",写出的文章也只能是"皆闻见道理之言,非童心自出之言"的假文。"闻见道理"就是传统的儒家思想。因此,李贽认为只有摆脱儒家"闻见道理"的影响,才能护住"童心",文艺应该表现这种"童心",即没有受过孔孟之道影响的发自内心的真情实感。从这一命题出发,李贽还对复古派的谬说加以驳斥。李贽明确提出"诗何必古选,文何必先秦",反对拟古摹古,反对以古诗文作为衡量文艺的标准和指导创作的原则。李贽认为,只要是出于"童心",即发自人们内心的真情实感,就"无时不文,无人不文,无一样创制体格文字而非文者"。这正是对"文必秦汉,诗必盛唐"复古论的有力批判,也是为当时新兴的文艺发展制造舆论。李贽的"童心说"在我国文艺思想发展史上占有着重要地位,成为我国近代文学启蒙运动的先驱。他由此生发的对"六经"、《论语》《孟子》等儒家经典的辛辣嘲讽,更是对传统思想的有力冲击,在整个思想发展史上都起到了振聋发聩的作用。

　　龙洞山农叙《西厢》末语云①："知者勿谓我尚有童心可也。"夫童心者，真心也。若以童心为不可，是以真心为不可也。夫童心者，绝假纯真②，最初一念之本心也。若失却童心，便失却真心；失却真心，便失却真人。人而非真，全不复有初矣。

【注释】

①龙洞山农：即焦竑。万历十年(1582)，由南京继志斋刻行的《重校北西厢记》卷首有署名龙洞山农的《刻重校北西厢记序》，"知者勿谓我尚有童心可也"即出于此序文。明代陈所闻选编的元明散曲集《北宫词记》，有龙洞山农所撰的序文《题北宫词记》。文末署"时万历甲辰(三十二年，1604)夏龙洞山农题"。序末钤有两个刻印的墨色四方篆体印章，首为"太史氏"，次为"弱侯"，由此可证，龙洞山农即焦竑。《西厢》：即王实甫所作《西厢记》。

②绝假：毫无虚假。

【译文】

　　龙洞山农为《西厢记》作的序言最后一句话说："了解我的人不要说我还有童心就可以了。"童心，就是真心。如果认为童心不好，也就是认为真心不好。要知道，儿童之心，天真无邪，是人来到世间时最原始的情感。如果一个人丧失了童心，也便丧失了真心；丧失了真心，就不成其为真人。人的情感虚假了，就完全丧失了人纯真的本性。

童子者，人之初也；童心者，心之初也。夫心之初曷可失也①？然童心胡然而遽失也②？盖方其始也，有闻见从耳目而入③，而以为主于其内④，而童心失。其长也，有道理从闻见而入⑤，而以为主于其内，而童心失。其久也，道理闻见日以益多，则所知所觉日以益广，于是焉又知美名之可好也，而务欲以扬之，而童心失。知不美之名之可丑也，而务欲以掩之，而童心失。夫道理闻见，皆自多读书识义理而来也⑥。古之圣人，曷尝不读书哉？然纵不读书，童心固自在也；纵多读书，亦以护此童心而使之勿失焉耳，非若学者反以多读书识义理而反障之也。夫学者既以多读书识义理障其童心矣，圣人又何用多著书立言以障学人为耶？童心既障，于是发而为言语，则言语不由衷；见而为政事，则政事无根柢⑦；著而为文辞，则文辞不能达。非内含于章美也⑧，非笃实生辉光也⑨，欲求一句有德之言，卒不可得。所以者何？以童心既障，而以从外入者闻见道理为之心也。

【注释】

①曷：何，怎么。

②胡然：为什么。

③闻见：这里指听到和看到的社会现象。

④主于其内：（让闻见）主宰了内心。

⑤道理：这里指传统的道德伦理。

⑥义理：指发挥儒家经义的程朱理学。

⑦根柢（dǐ）：树木的根，引申为事物的基础。

⑧"非内含"句：意为不是内心蕴含着美好。章美，美好。

⑨"非笃实"句：意为不是内心诚实深厚而发出光辉。笃实，诚实。

【译文】

　　儿童，是人的幼年阶段；童心，是人的初始情感。人的初始情感怎么能丧失呢？而童心为什么会很快丧失呢？刚开始的时候，所见所闻从耳目进入人心，取代了固有的本性，童心开始丧失了。随着年龄的增长，又受到传统道德伦理的熏染，并让它支配了自己的本心，童心就更加丧失了。年深日久，受传统道德伦理的影响愈来愈多，所感知的东西愈来愈广博，这样，又懂得荣誉地位的美好，于是就沉迷于对荣誉地位的追求，从而使本性丧失了。又懂得丑名声的可耻，就竭力去掩盖它，从而使本性进一步丧失了。这些道理和闻见，全是从读儒家的书，学程朱的义理得来的。古代圣贤何曾不读书呢？可是，他们纵然不读书，也自然具备童心；即使多读书，也是为了保护童心使它不丢掉罢了，不像后来的道学先生们反而因为多读书、学义理蒙蔽了童心。求学的人既已因为多读书、学义理而蒙蔽了童心，圣人又何必要著书立说来蒙蔽学习的人呢？童心若被蒙蔽，说出话来就言不由衷；表现在管理国家的政事上，就没有牢固的基础；写成文章，就不能表达真情实感。内心不美好，心地不诚实，要从这种人口里得出一句表里如一的有德言语，也终究是不可能的。造成这种情况的原因是什么呢？这是因为童心已被蒙蔽，而从外面进来的闻见道理代替了他的真情实感，成了这种人的本心。

　　夫既以闻见道理为心矣，则所言者皆闻见道理之言，非童心自出之言也。言虽工，于我何与①？岂非以假人言假言，而事假事，文假文乎？盖其人既假，则无所不假矣。由是而以假言与假人言，则假人喜；以假事与假人道，则假人喜；以假文与假人谈，则假人喜；无所不假，则无所不喜。满场是假②，矮人何辩也③！然则虽有天下之至文④，其湮灭于假人而不尽见于后世者⑤，又岂少哉！何也？天下之至文，未有不出于童心焉者也。苟童心常存，则道理不行，闻见不立，无时不文，无人不文，无一样创制体格文字而非文者⑥。诗何必古选⑦，文何必先秦，降而为六朝⑧。变而为近体⑨，又变而为传奇⑩，变而为院本⑪，为杂剧⑫，为《西厢曲》，为《水浒传》⑬，为今之举子业⑭，皆古今至文，不可得而时势先后论也。故吾因是而有感于童心者之自文也⑮，更说甚么"六经"⑯，更说甚么《语》《孟》乎⑰。

【注释】

①何与：有什么相干。

②场：本指戏场，比喻社会。

③矮人：指缺少主见，只会随声附和的人。《朱子语类》卷二七："正如矮子看戏一般，见前面人笑他也笑。"后有"矮人观场""矮子看戏"成语。辩：通"辨"。

④至文：最好的文章。

⑤湮灭：埋没。

⑥创制：创作制造。体格：体裁格式，指文体。

⑦古选：梁代萧统编《文选》，选录了先秦至梁的诗文，为拟古派所重。古选，在这里指被选编出来的唐以前的古体诗。

⑧降（jiàng）：以下，以后，表示从过去某时直到当时的一段时期。六朝：历史上吴、东晋、宋、齐、梁、陈，相继建都于建业（今江苏南京），习惯上称"六朝"。这里指"六朝"的诗文。

⑨近体：指唐代形成的律诗、绝句等近体诗。

⑩传奇：这里指唐宋人写的短篇小说。

⑪院本:金元时代的戏曲作品。金元时,行(háng)院演唱用的戏曲脚本称"院本"。元明时,戏剧艺人的居处及本人亦俗称"行院",因据以称其剧作与演出的剧本为"院本"。

⑫杂剧:始于晚唐,盛于元代,一般指元杂剧而言。

⑬《水浒传》:相传是元末明初施耐庵著,罗贯中改编,是一部描写农民起义的长篇小说。

⑭举子业:科举时代应试的文体。明代用八股文取士,称八股文为举子业。举子,指被拔取应试的读书人。

⑮"故吾"句:意为所以我感到有了童心,自然就能写出好文章。

⑯六经:被儒家奉为经典的六部书,即:《诗》《书》《易》《礼》《乐》《春秋》。

⑰《语》:指《论语》,是孔子及其弟子关于孔子言行的记录。儒家经典之一。南宋时朱熹把它和《大学》《中庸》《孟子》合为《四书》,成为科举应试的必读教材。《孟》:指《孟子》,记载了孟子的政治活动、政治学说及其哲学伦理教育思想,儒家经典之一。

【译文】

既然外来的闻见代替了童心,那么,所说的就全都是听来的道理了,并不是出自本心的话了。话虽然说得巧妙,对我们又有什么相干,这岂不是让假人说假话,去干假事,写假文吗?因为这种人本身是虚假的,那么,他所做的一切就没有不虚假的了。因此,跟假人说假话,假人就高兴;跟假人说假事,假人就高兴;对假人论假文,假人就高兴;没有什么不假,就皆大欢喜。到处都是假的,见识少的人只会随声附和,怎么分辨真伪呢!即使天下有上乘的文章,也会被淹没在无本心的人群之中而不为后世所知,这样的事例难道还少吗!为什么呢?天下上乘之作,没有不出自童心的。假如童心常在,义理之学就不能流传,听见看见的那一套传统理论就不能成立,那么每个时代、每个人都能写出好文章,不论采用哪一种文体都可以写出好文章。诗歌何必以古诗为最好,文章何必以先秦的为最高。接着先秦发展下来的是六朝诗文,后来又发展为近体诗,然后出现了传奇、院本、杂剧,产生了《西厢记》《水浒传》,直到现在的八股文,这些都是从古到今的好文章,不能以时代的先后评论它们的好坏。所以,我感到有了童心,自然能写出好文章,用不着非学古诗和先秦文章,至于什么"六经",什么《论语》,什么《孟子》这些书,更不值得一提。

　　夫"六经"《语》《孟》,非其史官过为褒崇之词①,则其臣子极为赞美之语。又不然则其迂阔门徒②、懵懂弟子③,记忆师说,有头无尾,得后遗前,随其所见,笔之于书④。后学不察,便谓出自圣人之口也,决定目之为经矣,孰知其大半非圣人之言乎?纵出自圣人,要亦有为而发⑤,不过因病发药,随时处方,以救此一等懵懂弟子、迂阔门徒云耳。药医假病⑥,方难定执⑦,是岂可遽以为万世之至论乎?然则六经《语》《孟》,乃道学之口实⑧,假人之渊薮也⑨,断断乎其不可以语于童心之言明矣⑩。呜呼!吾又安得真正大圣人童心未曾失者,而与之一言文哉⑪!

【注释】

①史官:古代宫廷中记事的官员。褒崇:吹捧。

②迂阔:迂腐不切实际。

③懵(měng)懂:糊涂。

④笔:写。

⑤要(yāo):总之。

⑥药医假病:治病开药要根据病情。假,凭借,根据。

⑦方难定执:药方难以固定不变。

⑧口实：借口。

⑨渊薮：原指鱼和兽聚居之处，比喻人或物聚集的场所。

⑩"断断"句：意为绝对不能（把儒家经典）和童心之言相提并论是
  很清楚明白的道理了。

⑪一言文哉：谈一谈写文章之事呢！

【译文】

其实，道学家极为尊崇的"六经"、《论语》《孟子》，不是史官过分吹捧主子之词，就是大臣们极力赞美国君之语。再不就是迂腐而不切实际的门徒、糊涂的弟子，死记硬背老师的话，有头无尾，记着后面的忘了前面的，任意揣度，用笔记录下来的东西。后来的学人竟然毫无察觉，便说这著作是出于圣人之口，坚信看到的一定是圣经了，谁知道它的大半并不是圣人说的呢？纵然出自圣人，也总是有感而发，不过是因病发药，随时开处方，来拯救这些糊涂弟子、迂腐门徒罢了。治病开药要根据病情，很难有固定的处方，难道就可以把"六经"、《论语》《孟子》当作万世不变、至高无上的理论吗？然而，"六经"、《论语》《孟子》，全都是道学家宣扬自己说教的借口，是假人借以聚集之所，万万不能与童心相提并论，这一点是很明白了。唉！我又怎能找到真正具有童心的大圣人，与他痛快淋漓地畅谈写文章之事呢！

心经提纲

【题解】

本文约写于万历九年(1581)离开滇中之前。李贽在《提纲说》中写道："予在滇中，有友求书《心经》，书讫，仍题数语于后，名之曰《提纲》。"（《李氏文集》卷九）即指此文。这篇文章反映了李贽受佛教思想影响的一个方面，也表现出他借谈佛说教而张扬人人皆圣、圣愚一律的一贯思想。

　　《心经》者①，佛说心之径要也②。心本无有，而世人妄以为有③；亦无无④，而学者执以为无⑤。有无分而能、所立⑥，是自罣碍也⑦，自恐怖也⑧，自颠倒也⑨，安得自在⑩？独不观于自在菩萨乎⑪？彼其智慧行深⑫，既到自在彼岸矣⑬，斯时也，自然照见色、受、想、行、识五蕴皆空⑭，本无生死可得，故能出离生死苦海⑮，而度脱一切苦厄焉。此一经之总要也。下文重重说破，皆以明此。故遂呼而告之曰："舍利子⑯，勿谓吾说空，便即着空也⑰！如我说色，不异于空也；如我说空，不异于色也⑱。"然但言不异，犹是二物有对，虽复合而为一，犹存一也。其实我所说色，即是说空，色之外无空矣；我所说空，即是说色，空之外无色矣。非但无色，而亦无空，此真空也。故又呼而告之曰："舍利子，是诸法空相⑲。"无空可名，何况更有生灭、垢净、增减名相⑳？是故色本不生，空本不灭；说色非垢，说空非净；在色不增，在空不减。非亿之也㉑，空中原无是耳。是故五蕴皆空，无色、受、想、行、识也；六根皆空㉒，无眼、耳、鼻、舌、身、意也；六尘皆空㉓，无色、声、香、味、触、法也；十八界皆空㉔，无眼界乃至无意识界也㉕。以至生老病死，明与无明㉖，四谛智证等㉗，皆无所得㉘。此自在菩萨智慧观照到无所得之彼岸也。如此所得既无，自然无罣碍恐怖与夫颠倒梦想矣，现视生死而究竟涅槃矣㉙。岂惟菩萨，虽过去、现在、未来三世诸佛，亦以此智慧得到彼岸，共成无上正等正觉焉耳㉚。则信乎尽大地众生无有不是佛者㉛。乃知此真空妙智，是大神呪㉜，是大明呪㉝，是无上呪㉞，是无等等呪㉟，能出离生死苦海，度脱一切苦厄，真实不虚也③⑥。然则空之难言也久矣，执色者泥色③⑦，说空者滞空③⑧，及至两无所依，则又一切拨无因果③⑨。不信经中分明赞叹空即是色，更有何空；色即是空，更有何色；无空无色，尚何有有有无④⑩？于我罣碍而不得自在耶？然则观者但以自家智慧时常观照，则彼岸当自得之矣。菩萨岂异人哉，但能一观照之焉耳。人人皆菩萨而不自见也，故言菩萨则人人一矣，无圣愚也④①。言三世诸佛则古今一矣，无先后也。奈之何可使由而不可使知者众也④②？可使知则为菩萨，不可使知则为凡民，为禽兽，为木石，卒归于泯泯尔矣④③！

【注释】

①《心经》：佛教经典之一，全称《般若波罗蜜多心经》。心，喻为核心、纲要、精华，是佛教般若学说的核心。"般若波罗蜜多"，是梵语的音译。般若，或译为"波若"，意译为智慧。但这里的"智慧"是指一种"妙智妙慧"，是众生本心所具有、能产生一切善法的"智慧"。波罗蜜多，意为由此岸（生死岸）度人到彼岸（涅槃、寂灭而成佛）。《心经》的要旨是"五蕴皆空"，说明以般若（智慧）观察宇宙万事万物自性本空的道理，而证悟无所得的境界。《心经》仅有二百余字，便于持诵，故在佛教中极为流行。有多种译本，而以玄奘译本传播最广。

②径要：要领，精义。

③妄：虚妄。

④无无：连空虚无有也没有。佛教认为，本体是万物的根本，听不见看不见，故说"无有"。但本体即存在于万有自虚之中，也可说是"无无"。本体是无有、无无的东西。

⑤执：执着。对某一事物坚持不放，不能超脱。

⑥能、所:佛教用语。能知和所知的简称。指认识主体与认识对象。佛教认为"所知"依附于"能知",认识对象消融在认识主体之中。

⑦罣(guà)碍:佛教用语。指受周围环境所迷惑,而不能悟脱。罣,同"挂"。

⑧恐怖:指堕入生死轮回而生恐怖。

⑨颠倒:佛教用语。即颠倒见,指颠倒是非的妄见。

⑩自在:佛教认为摆脱一切挂碍恐怖、烦恼痛苦就得自在。

⑪自在菩萨:即观世音菩萨。详见后《篁山碑文》第二段注⑤。传说其怀普济众生之愿,而自在无阂,故称。

⑫智慧:佛教所说的"智慧",与认识客观世界的知识不完全相同,而是一种心的作用,即能照见事理,判别是非、邪正,特别是能照见诸法本性的空理,是体现最高精神本体的一种神秘的认识能力。行:指修行的程度。

⑬彼岸:佛教用语。佛教以有生有死的境界为"此岸",体会到了最高精神本体"智慧",就能超脱生死(即涅槃)的境界为"彼岸"。《大智度论》十二:"以生死为此岸,涅槃为彼岸。"

⑭五蕴皆空:意为物质和精神等一切现象都是虚幻不实的。五蕴,又称"五阴",即色(物质界)、受(感觉)、想(观念)、行(意志)、识(意识)五者假合而成的身心。色为物质现象,其余四者为心理现象。佛教不承认人身灵魂实体,认为它们都不过是由"五蕴"假合而成。

⑮生死苦海:佛教认为,众生轮回六道,生生死死,受苦不已,茫无涯际,有如大海。

⑯舍利子:释迦牟尼的十大弟子之一。因其持戒多闻,敏捷智慧,善解佛法,被称为"智慧第一"。

⑰着空:认定为空。着,附着,依附。这里作认定讲。

⑱"如我说色"四句：语本《心经》："色不异空，空不异色；色即是空，空即是色。"色，形色，泛指有形的物质现象。空，虚空。佛教认为客观物质世界是不真实的，所以说它是空的。但这种空并不是绝对的空无所有，空也是一种实然本体，所以又叫"真空"。

⑲诸法空相：佛教把世间的事物称为"法"，而"法"又分为心法（精神现象）和色法（物质现象）两类。而这一切主客观现象都是一种"空相"，即真空实相，是真空的本体体现。

⑳"何况"句：语本《心经》："（是诸法空相），不生不灭，不垢不净，不增不减。"佛教认为人的真心本来是常住不动的，只因五蕴集聚心中生出私欲遮蔽真性，才会有种种执着，产生诸多迷惑。如若五蕴真空，便无法可生，若法不生，自无可灭。垢，指凡夫的烦恼与妄心，若修习者远离烦恼与妄心，就是净。而垢与净，究其本体言，也只有其名，而并无其实。如若五蕴皆空，达到了空性实相，也就无所谓垢与净。所谓"增减"，则指人的心量而言。世人的心量本如大海一样宽广博大，但凡夫因五蕴所蔽，真心被隐没，而圣人经过修行，真心则被显现。无论凡夫或圣人，其真心俱在，也并非因修行而有，只是经修行而显，它不会因为觉悟而增加一分，也不会因为迷妄而减去一分，人为地增减都是不存在的，所以说"不增不减"。名相，佛教把可以听到的称为名，把可以见到的称为相，并认为一切事物都有名相，但事物及其名相都是空无的。

㉑亿：同"臆"，猜想。

㉒六根：佛教用语。指眼、耳、鼻、舌、身、意（思维）。根为能生之意，即能发生认识功能的，眼为视根，耳为听根，鼻为嗅根，舌为味根，身为触根，意为思虑之根。

㉓六尘：佛教用语。指色、声、香（包括臭，指气味）、味（味觉如苦、辣、酸、甜等）、触、法（思维对象）等六根作为认识对象所感受到

的六种境界（又称"六境"）。境与根相接，便会污染净心，使人堕入尘俗，所以称"六尘"。"六根"与"六尘"，又称为"十二处"。

㉔十八界：佛教用语。指十八种人生或人间的现象分类，即认识世界的"六根"（眼界、耳界、鼻界、舌界、身界、意界），被认识的六尘（色界、声界、香界、味界、触界、法界），以及由此而生长出相应的"六识"（眼识界、耳识界、鼻识界、舌识界、身识界、意识界）。

㉕"无眼界"句：语出《心经》。这句所说仍然是十八界皆空之意。只是取十八界的首尾，将中间各界省略了。

㉖明：智慧。无明：愚痴。是佛教理论十二因缘（十二缘生）中的一支。佛教认为愚夫由于不懂得缘生法（即无明），所以起惑造业。

㉗四谛：释迦牟尼传道时提出的苦、集、灭、道四项道理，又称"四真谛""四谛法门"。"谛"为"真理"之意。苦谛，是人对于社会人生及自然环境所作的价值判断，认为世间充满痛苦与烦恼，人的一生都是苦的。集谛，是指造成世间人生痛苦的原因。"集"，就是招集一切苦恼之意。灭谛，是求得解除痛苦的途径。"灭"，就是灭有为还于无为，即靠修行而达到涅槃寂灭。道谛，是指脱离"苦""集"达到涅槃寂灭的理论说教和修行方法。"道"，有"能通"之意，要灭掉罪业，只有依据一定的方法，道谛就是正道修习的法门。苦、集二谛是世间法，集是苦因，苦是集果。灭、道二谛是出世法，道是灭因，灭是道果。"四谛"是佛教的基本教义之一。智证：用智慧去获得涅槃境界。智，作"般若"讲，即智慧，佛教所说的妙智妙慧。证，参悟，证得，达到。

㉘无所得：佛教认为体会了"五蕴""十二处""十八界"的"真空"，心中无所执着，无所分别，叫"无所得"。因为真心本来空寂，知而无知，才是真知，得而无得，才是真得，一切都不过是返观本性和真心。

㉙究竟涅槃：大涅槃。涅槃，梵语音译。意译为"灭""灭度""寂灭"

"圆寂"等。即熄灭一切烦恼,度脱生死苦海,达到圆满寂静的状态,是佛教全部修习所追求达到的最高理想境界。

㉚无上正等正觉:《心经》中梵语音译为"阿耨多罗三藐三菩提"。佛教指只有佛才能够具有的能力与觉悟。无上,指其高不可企及。正,指其不偏不斜。等,指十法界同为一体。正觉,指不同于凡夫外道的佛的智慧。

㉛众生:佛教用语。也译作"有情",指一切有知觉的生物,即人和动物。

㉜大神咒:佛教的祷语。具有不可思议的力量能破魔障者称"大神咒"。佛教认为,佛陀以慈悲心说法,使人们在潜移默化中超凡入圣。另一方面,般若之理甚深,不一定能显明说尽,就可以通过不断地念咒,在咒语的熏习中,不知不觉就受到了教化。呪,同"咒"。

㉝大明咒:谓其能灭断痴暗,如日光照世破除长夜,一切都明空。

㉞无上咒:谓其能显明至理,世间出世间无有一处超过此法门者。

㉟无等等咒:谓其佛道超绝,无与伦比,没有一法能与般若相等。

㊱真实不虚:指修般若法,不但可以明心见性,还可以证得佛果,除尽一切苦厄灾难。

㊲泥:拘泥。

㊳滞:局限,拘泥。

㊴拨无因果:不承认有因果。

㊵尚何有有无:还有什么"有",还有什么"无"。

㊶"人人"三句:人人皆圣,圣愚一律,是李贽的一贯思想,他在很多地方都有着精深的论述。如在《老子解》中,他否认了儒家"圣人仁万民"的说教,提出圣人与万民"同一之中"的理论,认为圣人没有什么可给予万民,万民也没有什么可凭借于圣人的,"各守吾之中以待其自定而已矣",即只要各自守住自己的本位,等着

自然发展就可以了。不仅如此,李贽还进一步说,万民"守定"的结果如何? 那是"愚者得之,而智者昧焉;不仁者得之,而仁者反失之也"。这就否定了"仁者""圣人""仁万民"的谬论,而肯定了"愚者""不仁者"的本位。从这种"同一之中"出发,李贽还提出了"致一之道",认为"庶人非下,侯王非高","圣愚一律","天子庶人一是无别",表现出对当时森严的封建等级制的冲击与批判。

㊷ "奈之何"句:语本《论语·泰伯》:"子曰:民可使由之,不可使知之。"这里借以说明可以使知的就能成佛,不可使知的就不能成佛;而使知的重点就在于"但以自家智慧时常观照",在于"自得"。

㊸ 泯泯:这里是消灭的意思。

【译文】

《心经》,是佛所说大乘心法的核心要领。一方面,心本来是没有的,但世人产生虚妄的看法,认为心是实有的;另一方面,心也不是没有,但有些学佛的人执意地认为心是一无所有。人的心中分出"有""无",就出现"能知"与"所知"的对立,于是自生挂碍,自己使自己恐怖颠倒,这样怎么能够身心自在呢? 难道人们没有看到过观世音菩萨吗? 他的智慧行愿深邃,到达自在无碍的解脱彼岸,这时自然就会观照到色、受、想、行、识五蕴皆空,亲证本无生死可得,所以能够出离生死苦海,度脱一切苦厄。这是整个《心经》的纲要。《心经》下面的内容,不过是重重说破,阐明这一要义。所以佛呼喊舍利弗的名字,告诉他:"舍利子,不要听我说空,便就执着空。当我说色的时候,并不是与空不同;当我说空的时候,也不是与色不同。"然而只是说色与空没什么不同,还是有二元对立之嫌,就好比即使将色空合二为一,还有个"一"存在,还不是真实实相。所以佛说,其实我所说的色,就是空,色之外没有另外一个空;我所说的空,就是色,空之外也没有另外一个色。不但没有色,也没有空,这才是大乘佛教所说的"真空"。佛又呼喊舍利弗的名字,告诉他:"舍利子,是诸法空相。"没有一个可以称为空的东西,更何况有生灭、垢净、增减等这些名词概念? 所以色本来不生,空本来不灭;说色也不是污秽的,说空也不是清净的;从色相的角度,没有增加什么,从空性的角度,也没有减少什么。这些概念,都不是人们臆想猜测的那样,因为空性中原本没有这些。所以色、受、想、行、识五蕴皆空;眼、耳、鼻、舌、身、意六根皆空;色、声、香、味、触、法六尘皆空;十八界都是空的,无眼界,乃至无意识界。以致生老病死,智慧与无明烦恼,四真谛,证得涅槃的境界等,都无所得。这就是观世音菩萨用智慧观照所达到的、无所挂碍的解脱彼岸。既然无所得,那么自然没有挂碍,没有恐怖颠倒,远离虚妄的梦想,当下观照到生死烦恼本来就是涅槃解脱。岂止是菩萨,即使是过去、现在、未来三世诸佛,也都是以这种智慧到达彼岸,共同证成无上正等正觉的佛境的。所以我相信,所有大地上的一切众生,其实没有一个不是佛的。由此知道,真空妙有的佛智,是大神咒,是大明咒,是无上咒,是无等等咒,能使众生出离生死苦海,度脱一切苦厄,真实而不虚妄。但是长久以来,由于空性的特点难以言传,执着色相的人,往往拘泥于色相,说空性的人,往往又拘滞于空性,以至于两无所依,最后落到否定因果的见地,这是十分错误的。人们不相信佛经中称叹的色空不二的见解:空就是色,离开色,别处没有另外一个空;色即是空,离开空性,别处哪还有其他的色相? 没有空也没有色,哪里还有什么"有"和"无"? 对于我们来说,哪有什么挂碍和不自在呢? 修行的人如果能时时升起自心智慧,那么自然到达解脱的彼岸。菩萨难道有什么与众生不同吗? 所谓菩萨,只是一个能升起智慧观照的人罢了。人人都可以是菩萨,只是众生不能自悟罢了,所以说人人都是菩萨,圣贤和愚民是一样的。说到三世诸佛,古今都是一样的,没有先后的分别。那么"可使由而不可使知"的众生怎么办呢? "可使知"的是菩萨,"不可使知"的就是凡夫、禽兽、木石,最后归于寂灭。

四勿说

【题解】

本文约写于万历二年(1574)。当时李贽在南京。潘士藻(字去华)自述初向李贽问学的情况:"初谒卓吾,质所见,一切扫之。他日友人发'四勿'之旨,卓吾曰:'只此便是非礼之言。'当时心殊不服,后乃知学者非用倒藏法,尽将宿闻宿见、平生深闭牢据者,痛加割剥,不留一些在骨髓里作梗,殊未可与语。"(《明儒学案》卷三五《闇然堂日录》)李贽于万历二十三年(1595)所写的《闇然堂类纂引》中说:"余之别潘氏二十有二年矣。"如头尾计算在内,则潘士藻初见李贽,当在万历二年李贽在南京刑部员外郎任上之时。又据祝世禄《李氏藏书序》:"予往以南官之役,偕潘去华过留都。于时先生(指李贽)居比部(刑部)。"更可证本文是万历二年李贽在南京会见潘士藻时针对"友人发四勿之旨"而写。四勿,见《论语·颜渊》:"非礼勿视,非礼勿听,非礼勿言,非礼勿动。"李贽此文用以我解经的手法,在对之重新解说中,赋予了与它本义绝然相对立的新意。首先李贽把"四绝""四无""四不"引入了"四勿"的范畴,以经解经,显示其权威性,但"四勿"的内涵却已被改变。进而又以颜渊的"不迁不贰"定位为"四勿"精神的体现,那与"四勿"的实质同样是毫无干系。不但如此,李贽更进而断言,这一"千古绝学"从颜渊死后"其学遂亡",也早已不存在了,孔子的直传弟子曾子与再传弟子孟子都"不能得",何况千年后的宋代儒学家呢!那么谁真正懂得"四勿"的奥妙呢?李贽毫无谦让地"博为注解",提出了他的"四勿"说。那就是"语言道断,心行路绝,无蹊径可寻,无涂辙可由,无藩卫可守,无界量可限,无扃钥可启"地冲决一切罗网,泯弃一切规范,摆脱一切束缚的完全自由。这真是石破天惊之论!在这样的"四勿"面前,还有什么不能视、不能听、不能言、不能动的呢?李贽进而斥责当时占统治地位的以周、程为代表的官方哲学所恪守的"四勿"是"多见其不自量"的伪学,而把自己这种完全违逆了"四勿"本义的怪论称为"当不言而喻"的真的"四勿"绝学,这又是多么大胆自觉地把自己置于了"异端"的地位! 而这不正是李贽精神的可贵、可嘉、可赞之处吗!

人所同者谓礼①,我所独者谓己②。学者多执一己定见,而不能大同于俗,是以入于非礼也。非礼之礼,大人勿为;真己无己③,有己即克④。此颜子之四勿也⑤。是四勿也,即四绝也⑥,即四无也⑦,即四不也⑧。四绝者,绝意、绝必、绝固、绝我是也。四无者,无适、无莫、无可、无不可是也。四不者,《中庸》卒章所谓不见、不动、不言、不显是也⑨。颜子得之而不迁不贰⑩,则即勿而不⑪;由之而勿视勿听,则即不而勿⑫。此千古绝学⑬,惟颜子足以当之。颜子没而其学遂亡,故曰"未闻好学者"。虽曾子、孟子亦已不能得乎此矣⑭,况濂、洛诸君子乎⑮! 未至乎此而轻谈四勿,多见其不知量也。

【注释】

①人所同者谓礼:意为人们应该共同遵守的行为准则、道德规范是礼。

②我所独者谓己:意为每个人所独有的是自己。

③真己无己:意为真正的人的本性是随顺自然,而不"执一己定见"。真己,这里指李贽一再强调的"率性之真"的人,即具有未经人为影响的自然本性之人。

④有己即克:即《论语·颜渊》"克己复礼"之意,意为有了一己定见就要加以抑制,使自己的言语行动都合于礼。

⑤颜子之四勿:语出《论语·颜渊》:"颜渊问仁。子曰:'克己复礼

为仁。一日克己复礼，天下归仁焉。为仁由己，而由人乎哉?'颜渊曰:'请问其目(行动的纲领)。'子曰:'非礼勿视，非礼勿听，非礼勿言，非礼勿动。'颜渊曰:'回虽不敏(迟钝)，请事斯语矣(也要按您这话实行)。'"这里所说的"颜子之四勿"，实是孔子回答颜渊问话的"四勿"。

⑥四绝:语出《论语·子罕》:"子绝四:毋意，毋必，毋固，毋我。"意为孔子杜绝四种毛病，(他)不凭空揣测，不绝对肯定，不拘泥固执，不唯我独是。

⑦四无:指《论语·里仁》的"无适"(没有规定怎么干)、"无莫"(没有规定不要怎么干)和《论语·微子》的"无可无不可"。

⑧四不:指《中庸》第三十三章所说的"不见""不动""不言""不显"。原意是说"天道"超出见闻、言动之外，这里是说真正的礼是没有固定、明显的形迹的。

⑨《中庸》:儒家经典之一。原为《礼记》中的一篇，相传为战国时子思所作。其内容是把"中庸"(处理事情不偏不倚、无过不及)看作是道德行为的最高准则。宋代程颐、朱熹把它和《大学》《论语》《孟子》并列为"四书"。

⑩"颜子"句:见《论语·雍也》:"哀公问:'弟子孰为好学? 孔子对曰:'有颜回者好学，不迁怒，不贰过。不幸短命死矣，今也则亡，未闻好学者也。'"不迁怒，不拿别人出气。不贰过，不再犯同样的过失。

⑪即勿而不:通过四勿达到二不(不迁不贰)。

⑫即不而勿:通过二不达到四勿。

⑬绝学:造诣独到之学。

⑭曾子:名参，字子舆，春秋末鲁国人。孔子弟子，以孝著称。提出"吾日三省吾身"(《论语·学而》)的修养方法，认为"忠恕"是孔子"一以贯之"的思想。提出"慎终(慎重地办理父母的丧事)，追

远(虔诚地追念祖先),民德归厚""犯而不校(别人触犯自己也不
计较)"等主张。《大戴礼记》中记载有他的言行,相传《大学》是
他所著。后被封建统治者尊为"宗圣"。

⑮濂、洛诸君子:指濂溪周敦颐和洛阳程颢、程颐等。周敦颐
(1017—1073),字茂叔,道州营道(今湖南道县)人。北宋哲学
家。因筑室庐山莲花峰下的小溪上,取营道故居濂溪以名之,后
人遂称为濂溪先生。其著作后人编为《周子全书》。程颢(1032—
1085),字伯淳,人称明道先生,河南(今河南洛阳)人。其弟程颐
(1033—1107),字正叔,学者称伊川先生。二人学于周敦颐,均
为北宋哲学家、教育家,是北宋理学的奠基者,世称"二程"。其
学说为后来朱熹所继承与发展,世称"程朱学派"。"濂洛关(指
关中张载)闽(指讲学于福建的朱熹)"是宋代理学的代表学派,
李贽在这里以"濂、洛诸君子"代指宋代理学家。

【译文】

人们应该共同遵守的行为准则是礼,每个人所独有的行为是自己
的行为。有些学者往往坚持个人的主张,而不能与社会习俗相一致,所
以就成了非礼之礼。这种非礼之礼,大人是不会做的;真正本性自然的
人就不会执一己定见,若有了一己定见就要加以抑制。这就是颜渊所
说的四勿。这四勿,就是《论语》上说的四绝、四无、四不。所谓四绝,就
是要杜绝四种毛病,不凭空揣测,不绝对肯定,不拘泥固执,不唯我独
是。所谓四无,就是没有规定怎么干,没有规定不要怎么干,无可无不
可。所谓四不,就是《中庸》最后一章所说的"不见""不动""不言""不
显",意为"天道"超出见闻、言动之外,真正的礼没有固定的形迹。颜渊
领会了这些道理做到了不拿别人出气,不再犯同样的过失,就是通过四
勿达到了"不迁不贰"的境界;由此做到了不合礼的事不看,不合礼的话
不听,不合礼的话不说,不合礼的事不做,这是通过二不达到了四勿。
这是千古以来造诣独到之学,只有颜渊完全做到了。颜渊死后这种造

诣独到之学也就随之而亡，所以孔子认为颜渊死后，"再也没听过好学的人了"。就是连曾子、孟子这些被认为是孔子学说的继承者也没有达到这种境界，何况后来的濂溪周敦颐和洛阳的程颢、程颐等人呢！没有掌握这种造诣独到之学却轻易地谈论四勿，可见这些人多么不自量力啊！

　　聊且博为注解，以质正诸君何如①？盖由中而出者谓之礼②，从外而入者谓之非礼③；从天降者谓之礼④，从人得者谓之非礼⑤；由不学、不虑、不思、不勉、不识、不知而至者谓之礼⑥，由耳目闻见⑦，心思测度⑧，前言往行⑨，仿佛比拟而至者谓之非礼⑩。语言道断，心行路绝⑪，无蹊径可寻⑫，无涂辙可由⑬，无藩卫可守⑭，无界量可限⑮，无扃钥可启⑯，则于四勿也当不言而喻矣。未至乎此而轻谈四勿，是以圣人谓之曰"不好学"。

【注释】

①质正：提出疑问、向人质询。

②中：发自心中。

③外：外界，指社会。

④从天降者：这里指自然具有之意。

⑤从人得者：这里指人为规定之意。

⑥不学、不虑：语出《孟子·尽心上》。不必经过学习与考虑。不思、不勉：语出《中庸》。不必经过思考与努力。不识、不知：语出《诗经·大雅·皇矣》。不是有意去探究、认识。以上都在着意说明礼并不是儒家所制定的教条。

⑦耳目闻见：指外来影响。

⑧心思测度(duó)：用尽心思去推测。

⑨前言往行：指前代圣贤的言行。

⑩仿佛比拟：指亦步亦趋地模仿所谓圣贤的言行。

⑪"语言"二句：佛教用语。意为不可言说，不可思虑。

⑫蹊径：小路。

⑬涂辙：路上的车辙印。涂，同"途"。

⑭藩卫：屏障之意。

⑮界量：指特定的界限、范围。

⑯扃(jiōng)：关闭门户用的木闩、锁环之类。

【译文】

这里姑且作些通达的注解，与诸位研讨如何？我认为发自人们内心的就是礼，受外界影响的就是非礼；发自自然本性的就是礼，人为规定的就是非礼；不必经过学习、思考、研究、认识、了解的就是礼，由耳闻目见，受外界影响而妄加揣测、完全模仿圣贤的言行的就是非礼。不可言说，不可思虑，没有道路可依据，没有车辙印可遵循，没有屏障可守护，没有范围可限制，没有钥匙可开启，只有到了这种境界才真正可谈论四勿了。没有达到这种境界而轻易谈论四勿，因此孔圣人才称之为"不好学"。

虚实说

【题解】

本文写作时间不详。该文对求道的态度进行了论析，提出"学道贵虚"，即学道时要虚心，虚静，虚怀若谷；"任道贵实"，即实践、推广所学之道时要务实，身体力行，持之不懈。这一思辨不仅对学道，对一切学习、工作、事业都具有启示意义。由此出发，文中还对当时迎合、作伪之风进行了批判。

　　学道贵虚①,任道贵实②。虚以受善,实焉固执③。不虚则所择不精,不实则所执不固。虚而实,实而虚,真虚真实,真实真虚④。此唯真人能有之⑤,非真人则不能有也。非真人亦自有虚实,但不可以语于真人之虚实矣。故有似虚而其中真不虚者,有似不虚而其中乃至虚者⑥。有始虚而终实,始实而终虚者。又有众人皆信以为至虚,而君子独不谓之虚,此其人犯虚怯之病⑦。有众人皆信以为实,而君子独不谓之实,此其人犯色取之症⑧。真伪不同,虚实异用,虚实之端,可胜言哉! 且试言之。

【注释】

①虚:虚心,虚静。

②任:实行、推广的意思。

③固执:坚持不懈。

④"虚而"四句:意为虚心学道才能切实坚持,能切实坚持必然会虚心学道。所以,真正的虚便是真正的实,真正的实便是真正的虚。

⑤真人:这里指真心求道的人,与《童心说》中所说的"假人"相对。

⑥至虚:心中不着一物。

⑦此其人:指"皆信以为至虚"的"众人"。虚怯:空虚怯弱。这里指貌似虚心,实际上习惯于依赖别人,不能自立。

⑧此其人:指"皆信以为实"的"众人"。色取:语出《论语·颜渊》:"色取仁而行违。"指伪装行道,窃取声誉。

【译文】

学道时贵在虚心,实践所学之道时贵在务实。虚心方能接受善道,践行才可坚持不懈。不虚心所选择的就不精,不务实所坚持的就不牢固。虚心学道才能切实坚持,能切实坚持必然会虚心学道。所以,真正的虚便是真正的实,真正的实便是真正的虚。这只有真心求道的人方能做到,不是真心求道的人就不能做到。大概不是真心求道的人也自有虚心与务实的标准,只是和真心求道的人的虚与实不可同日可语。所以有貌似虚心而其本质上真不虚心的,有貌似不虚心而其本质上是最虚心的。有先虚而后实的,有先实而后虚的。又有常人都确实认为最虚心,可君子却独不称其虚心,这是常人犯了空虚怯弱之病。有常人都确实认为他务实,可君子却独不称其务实,这是常人犯了巧言令色之病。真伪本质不同,虚实用途有异,虚实的端底,是能够说得尽的吗!暂且试着说说吧。

何谓始虚而终实?此如人没在大海之中,所望一救援耳。舵师怜之,以智慧眼[1],用无碍才[2],一举而援之,可谓幸矣。然其人庆幸虽深,魂魄尚未完也。闭目禁口,终不敢出一语,经月累日,唯舵师是听,抑何虚也!及到彼岸,摄衣先登,脚履实地,万无一死矣。纵舵师复绐之曰[3]:"此去尚有大海,须还上船,与尔俱载别岸,乃可行也。"吾知其人摇头摆手,径往直前,终不复舵师之是听矣,抑又何实乎!所谓始虚而终实者如此。吁!千古贤圣,真佛真仙,大抵若此矣。

【注释】

①智慧眼:佛教用语。智慧的眼力。这里指眼力高。

②无碍才:极大的才能。无碍,佛教用语。指通达自在,没有障碍。

③绐(dài):哄骗。

【译文】

什么是先虚后实?这就像人淹没在大海之中,所希望的就是得到一方救援罢了。舵师同情他，用智慧的眼力，极大的才能，一举而将他救援，可以说幸运了。然而这人虽很庆幸，魂魄却尚未完全附体。闭着眼睛，闭着嘴巴，始终不敢说一句话，一连几天，只听舵师的话，这又是多么心虚啊！等到了岸边，提起衣服先登上岸，脚踏上实地，才没有面临死亡的恐惧了。纵使舵师又哄骗他说："从这里过去还有大海，必须还要上船，同你一起载到别的岸上，才可以走。"我知道这个人一定会摇头摆手，径直往前走，终究不再听舵师的话了，这又是多么讲求实际啊！所说的先虚后实者就是这样的。唉！千古圣贤，真佛真仙，大概就是像这样的。

何谓始实而终虚？如张横渠已为关中夫子矣①，非不实任先觉之重也②，然一闻二程论《易》，而皋比永撤，遂不复坐③。夹山和尚已登坛说法矣④，非不实受法师之任也⑤，然一见道吾拍手大笑，遂散众而来，别求船子说法⑥。此二等者，虽不免始实之差，而能获终虚之益，盖千古大有力量人，若不得道，吾不信也。

【注释】

①张横渠：即张载。张载为凤翔郿县（今陕西眉县）人，故称他为"关中夫子"。

②先觉：觉悟早于常人的人。

③"然一闻"三句：据《宋史》卷四二七《张载传》："尝坐虎皮（指覆盖着虎皮的席座）讲《易》京师（当时国都开封），听从者甚众。一夕，二程（程颢、程颐）至，与论《易》。次日语人曰：'比（近）见二程，深明《易》道，吾所弗及，汝辈可师之。'撤坐辍讲。"皋比（gāo pí），虎皮，代指讲席。

④夹山：唐代名僧。

⑤法师：佛教用语。精通佛经并能讲解佛法的高僧。

⑥"然一见"三句：事见《五灯会元》卷一三。道吾、船子，均是唐代名僧。

【译文】

什么是先实后虚？像张载已经是关中夫子了，其实不是不与先觉之盛名相符，然而一听到程颢、程颐论《易经》，就将讲席永远撤掉，于是不再坐而讲《易》了。夹山和尚已经登坛说法了，其实不是不能担当法师之任，然而一见道吾拍手大笑，就遣散众人而来，另请求船子来说法。这两等人，虽然不免有先实之失误，可能够获得后虚之益处，大概是千古以来有大力量的人，若不能得道，我不信啊。

　　何谓众人皆以为实，而君子独不谓之实？彼其于己实未敢自信也，特因信人而后信己耳。彼其于学实未尝时习之而说也①，特以易说之故②，遂冒认以为能说兹心耳③。是故人皆悦之，则自以为是。是其自是也，是于人之皆说也。在邦必闻，则居之不疑④，是其不疑也，以其闻之于邦家也。设使不闻⑤，则虽欲不疑，不可得矣。此其人宁有实得者耶？是可笑也。

【注释】

①时习之而说：语本《论语·学而》："学而时习之，不亦说乎？"（对于学习的东西）按照一定的时间去温习它，是很快乐的。说，同"悦"。

②易说：容易讨人喜欢。

③"遂冒认"句：意为所以也就轻率地认为由于自己学有所得而得到了内心的愉快。冒认，轻率认定。

④"在邦"二句:语出《论语·颜渊》。意为做朝廷的官时一定有名
望,那么,就可以"色取仁而行违,居之不疑(自己竟以仁人自居
而不加疑惑)"。

⑤设使不闻:假使没有(做朝廷的官)的名望。

【译文】

什么是常人都认为他务实,可君子却独不称其务实?他这样的人
对于自己实际上不敢自信,只不过因为相信别人之后才相信自己罢了。
他这样的人对于学问,实际上未尝有时常温习从而感到愉悦的体验,只
不过因为容易讨人喜欢的缘故,于是也就轻率认定由于学有所得而能
够使自己的心灵愉悦罢了。这是因为人们都能从中体验到愉悦,他就
自以为这样是对的。正因为他自以为对了,也就认为别人都从中体验
到愉悦了。做朝廷的官时一定要有名望,自己竟以仁人自居而不加疑
惑,他之所以不加疑惑,是因为在朝廷做官的名望啊。假使没有这种名
望,那么,即使想要让自己不疑,也不可能啊。这种人难道有实在的收
获吗?这真可笑啊。

何谓众人皆以为至虚,而君子独不谓之虚?彼其未尝
一日不与人为善也,是以人皆谓之舜也①,然不知其能舍己
从人否也。未尝一日不拜昌言也②,是以人皆谓之禹也③,然
不知其能过门不入,呱呱弗子否也④。盖其始也,不过以虚
受为美德而为之⑤,其终也,习惯成僻⑥,亦冒认以为战战兢
兢⑦,临深履薄,而安知其为怯弱而不能自起者哉!

【注释】

①舜:即虞舜,名重华,因其先国于虞,谥号舜,故称虞舜。原为尧
时大臣,尧去世后继位,成为部落联盟领袖。尧、舜、禹为儒家理

　想的圣君。

②拜昌言：语出《尚书·大禹谟》。恭恭敬敬地听取善言。昌，
　美，善。

③禹：鲧（gǔn）之子，又称大禹、夏禹。原为夏后氏部落领袖，奉舜
　之命治理洪水，疏通江河，兴修沟渠。后被选为舜的继承人，舜
　死后即位，建立夏代。其事迹见于《尚书》的《舜典》《大禹谟》《皋
　陶谟》《益稷》《禹贡》等。

④"然不知"二句：指禹治水时过家门而不入，无暇进去看看呱呱哭
　叫的儿子。呱呱弗子，语见《尚书·益稷》："启呱呱而泣，予弗
　子。"意为儿子启呱呱的啼哭，我顾不上爱护他。

⑤"不过"句：意为不过是由于虚心"受善"会被认为是一种好的德
　行而这样做（指"与人为善""拜昌言"）。

⑥僻：同"癖"。

⑦战战兢兢：语本《诗经·小雅·小旻》："战战兢兢，如临深渊，如
　履薄冰。"与下文"临深履薄"都是形容做事小心谨慎。

【译文】

　　什么是常人都认为最虚心，可君子却独不称其虚心？这样的人未
曾有一天不与人为善，因此人们都称之为舜，然而不知道他能舍己从
人与否。这样的人未曾有一天不恭恭敬敬地听取善言，因此人们都称
之为禹，然而不知他能像大禹那样过家门而不入，无暇进去看望呱呱
哭叫的儿子与否。大概开始时，他不过是由于虚心"受善"是一种美德
而这样做，到最后，习惯成癖，也就战战兢兢，如临深渊、如履薄冰一
样小心谨慎，人们哪里知道他是空虚怯弱不能自起呢！

　　然则虚实之端，未易言也。非虚实之难言也，以真虚真
实之难知也。故曰："人不知而不愠。①"夫人，众人也。众人
不知，故可谓之君子。若众人而知，则吾亦众人而已，何足

以为君子。众人不知，故可直任之而不愠②。若君子而不知之，则又如之何而不愠也？是则大可惧也，虽欲勿愠，得乎？世间君子少而众人多，则知我者少，不知我者多。固有举世而无一知者，而唯颜子一人独知之③，所谓"遁世不见知而不悔"是也④。夫唯遯世而不见知也，则虽有虚实之说，其谁听之⑤！

【注释】

①"人不知而不愠"：语出《论语·学而》。人们不了解自己，也不怨恨。愠(yùn)，怨恨。

②直任：随意任从。

③颜子：即颜回，字子渊，又称颜渊。春秋鲁国人。孔子弟子，好学乐道。贫居陋巷，箪食瓢饮，而不改其乐。孔子对其极为称赞。不幸早死，孔子极为悲哀，一则说："有颜回者好学，不迁怒，不贰过。不幸短命死矣，今也则亡(无)，未闻好学者也。"(《论语·雍也》)二则说："天丧予！天丧予！"(《论语·先进》)颜回曾称赞孔子之道是"仰之弥高，钻之弥坚。瞻之在前，忽焉在后。"(《论语·子罕》)意为越抬头看，越觉得高；越用力钻研，越觉得深。看看似乎在前面，忽然又到了后面(表示不易捉摸难以达到)。这里所说"而唯颜子一人独知之"，当指此。

④"所谓"句："遁世不见知而不悔"，语出《中庸》，原文为："君子依乎中庸，遁世不见知而不悔，唯圣者能之。"意为君子要坚持中庸之道，假使终身不被世人了解，也绝不懊悔，只有圣人才能够这样做。遁世，避世。遁，逃避。

⑤"则虽有"二句：意为"虚实之说"与上文"人不知而不愠"一样，都不易为一般人所理解。

【译文】

这样看来，那么虚实的端底，不容易说清。并不是虚实之所以难言，是因为真虚真实难以判别。所以孔子说："人不知而不愠。"意为人们不了解自己也不怨恨。这里所说的"人"，是指常人。正因为常人不了解，所以可以称之为君子。如果常人了解自己，那么自己也是常人，哪里配当君子。常人不了解自己，所以可以随意任从而不怨恨。如果君子也不了解自己，那又怎么会不怨恨呢？这就是非常可怕的，即使想要不怨恨，可能吗？世上君子少而常人多，那么了解我的人少，不了解我的人多。所以就有举世无一知己者，像孔夫子唯有颜回一人了解他，《中庸》所说的"遁世不见知而不悔"，如若终身不被世人了解也不懊悔，就是这样的。只因为坚守正道逃避尘世，而不被人了解，那么虽有关于虚实之理论，又有谁听呢！

定林庵记

【题解】

本文于万历二十六年（1598）写于南京，定林庵，在南京。定林，即周定，南京人，据耿定向《赤脚僧传》，定林原为焦竑南京馆舍的"都役"（造饭者），后来又随耿定向居天窝山中。（见《耿天台先生文集》卷一六）庵，寺庙。游一寺庵，写一人物，赞定林不以仆役之贱而志于大道，斥冠冕之士虽"口谈仁义，手挥麈尾"，但不过是为了显示其"尊且贵"之相，并从而引出"道不虚谈，学务实效"的理论归结，这又表现出李贽游记一体的独具特色。至于其中所蕴含的圣愚一律、潜心妙道的思想，更是与李贽一生所张扬的精神和理论一脉相通。

余不出山久矣①。万历戊戌②，从焦弱侯至白下③，诣定

林庵,而庵犹然无恙者,以定林在日素信爱于弱侯也。定林
不受徒④,今来住持者弱侯择僧守之⑤,实不知定林作何面
目,则此庵第属定林创建⑥,名曰定林庵,不虚耶? 定林创庵
甫成⑦,即舍去之牛首⑧,复创大华严阁⑨,弱侯碑纪其事甚
明也。阁甫成,又舍去之楚⑩,访余于天中山⑪,而遂化于天
中山⑫,塔于天中山⑬。马伯时隐此山时⑭,特置山居一所,
度一僧⑮,使专守其塔矣。今定林化去又十二年,余未死,又
复来此,复得见定林庵。夫金陵多名刹⑯,区区一定林庵安
足为轻重⑰,而旧橼败瓦,人不忍毁,则此庵虽小,实赖定林
久存,名曰定林庵,岂虚耶!

【注释】

①出山:指离开麻城龙潭湖。

②万历戊戌:明神宗万历二十六年(1598)。

③焦弱侯:即焦竑(1540—1620),字弱侯,号澹园,又号漪园,著文
　亦常署漪南生、澹园子、澹园居士、澹园老人、太史氏等,有时偶
　署龙洞山农。学者多称澹园先生。其籍贯为南京应天府旗手
　卫,但他的上世是山东日照人,因此,焦竑自称乡贯,有时言金
　陵、江宁、上元(皆南京异称),有时言琅琊(山名。在今山东日
　照、诸城东南海滨,因秦始皇在此建有琅琊台并刻石而著称,这
　里代指日照)。万历十七年(1589)以殿试第一为翰林院修撰。
　后因议论时政被劾,谪福宁州(治所在今福建霞浦)同知。焦竑
　本是耿定向的学生,但后来在思想上深受李贽的影响,二人成为
　挚友。曾为李贽的《焚书》《续焚书》《藏书》《续藏书》等作序。著
　有《澹园集》《焦氏笔乘》《焦氏类林》等。《明史》卷二八八、《明史
　稿》卷二六九、《明儒学案》卷三五、《罪惟录》卷一八、《列朝诗集

小传》丁集下、《居士传》卷四四、《江南通志》卷一六五等有传。
白下：今南京。

④不受徒：没有徒弟。受，接受。

⑤住持：寺院内主持事务的和尚。

⑥第属：只是属于。第，只是。

⑦甫成：刚刚建成。

⑧牛首：即牛首山，又名牛头山，在南京西南。

⑨华严阁：在牛首山弘觉寺后，是周安"募赀累千金"（《赤脚僧传》）
而兴，用来收藏佛经的地方。

⑩楚：春秋时期诸侯国名，在今湖北、湖南一带。这里指湖北。

⑪天中山：又名仰天窝，李贽有时称为"天窝山"，在湖北黄安（今红
安）的五云山中。李贽于万历三年（1575）曾寓居于天中山的天
窝山房，与定林初次会面。

⑫化于：佛教指死去。

⑬塔于：将骨灰藏于（藏骨之塔）。塔，此处作动词。

⑭马伯时：马逢旸（yáng），字伯时，江宁（今南京）人。焦竑的学生。
后到黄安，在天中山、五云山等地隐居。《湖北通志》卷四八
有传。

⑮度：即渡，佛教语。指接引超度世人出家，以离世俗，超生死。

⑯金陵：今南京。刹（chà）：佛寺。

⑰区区：小，少。形容微不足道。

【译文】

我很久都没有离开龙潭湖了。万历戊戌年，随焦竑到白下，又到定
林庵，见到庵仍然如旧，没有受到损伤，那是因为定林在世时得到焦竑
的信任与爱戴。定林没有徒弟，如今来做住持的和尚是焦竑选定的，他
并不了解定林，此庵实际是定林创建的，名曰定林庵，不是很切合实际
吗？定林创建此庵刚刚完工，就又离此而去了牛首山，在那里又创建了

大华严阁,焦竑在碑文中对此有很详明的记载。大华严阁建成后,定林
又离开这里去了湖北,并到黄安的天中山探访我,而后又逝世于天中
山,把骨灰藏于天中山的藏骨之塔。马伯时到天中山隐居时,特意建一
居所,超度一僧,让他去守定林的藏骨塔。到如今定林离世已十二年,
我还活着,又一次到此,再见到定林庵。金陵有很多著名的佛寺,一个
小小的定林庵又有什么可看重的,但是庵中的破旧椽子和破败的瓦片,
人们都舍不得毁坏,虽说这个庵很小,但依赖定林得以长久保存,因此
名之为定林庵,不是很合适吗!

　　夫定林,白下人也,自幼不茹荤血,又不娶,日随其主周
生赴讲①,盖当时所谓周安其人者也。余未尝见周生,但见
周安随杨君道南至京师②。时李翰峰先生在京③,告余曰:
"周安知学。子欲学,幸毋下视周安④!"盖周安本随周生执
巾屦之任⑤,乃周生不力学⑥,而周安供茶设馔⑦,时时窃听,
或独立檐端,或拱身柱侧⑧,不欹不倚⑨,不退不倦,卒致斯
道。又曰:"周安以周生病故,而道南乃东南名士,终岁读书
破寺中,故周安复事道南。"夫以一周安,乃得身事道南,又
得李先生叹羡,弱侯信爱,则周安可知矣。后二年,余来金
陵,获接周安,而道南又不幸早死。周安因白弱侯曰:"吾欲
为僧。夫吾迄岁山寺⑩,只多此数茎发,不剃何为?"弱侯无
以应,遂约余及管东溟诸公⑪,送周安于云松禅师披剃为弟
子⑫,改法名曰定林⑬。此定林之所由名也。弱侯又于馆侧
别为庵院,而余复书"定林庵"三字以匾之。此又定林庵之
所由名也。

【注释】

①周生：不详。

②杨君道南：杨希淳，字道南，号虚游，上元(今南京)人。焦竑的同
　学。陈作霖《金陵通传》卷一八有传。

③李翰峰：即李逢阳(1529—1572)，字维明，号翰峰，白下(今南京)
　人。隆庆二年(1568)进士，历官户部主事、礼部郎中。李贽的朋
　友。李贽在《李中谿先生告文》《李生十交文》(见后)和《王阳明
　先生年谱后语》等文中都曾提及与李逢阳的交往。

④下视：轻视。

⑤执巾屦(jù)之任：指当仆役。巾，头巾。屦，古代的一种鞋子。

⑥不力学：不努力学习。

⑦馔(zhuàn)：饮食。

⑧拱身：拱身而立，恭敬地站着。

⑨不欹(qī)不倚：直立不斜靠。欹，歪斜，倾斜。倚，靠。

⑩迄岁：常年。

⑪管东溟：即管志道，字登之，号东溟，太仓(今江苏太仓)人。隆庆
　五年(1571)进士。耿定向的学生，焦竑的同学。历官南京兵部
　主事、刑部主事，后被张居正外放为广东佥事。著有《孟义订测》
　《问辨牍》等。焦竑《国朝献征录》卷九九、钱谦益《初学集》卷四
　九等有传。

⑫披剃：指出家，即剃去头发，披上袈裟。

⑬法名：佛教用语。谓出家当和尚后，由法师起的名字。

【译文】

　　定林是白下人，自幼不吃荤血，也不娶妻，整日跟随着主人周生去
讲道，他就是当时叫作周安的。我没见过周生，但看见周安随杨道南到
京师。当时李翰峰先生也在京师，他对我说："周安知道学习。你要学
道，千万不要轻视周生！"周安本来只是跟随周生的仆役，周生不努力学

习,而周安做着供给茶食的工作,却能常常偷听讲道,或独自站在屋檐下,或恭敬地站在柱子旁,挺身直立,不畏缩不厌倦,终于获得了佛道。又对我说:"后来周生害病而亡,杨道南是东南名士,长年在破寺中读书,所以周安又服侍杨道南。"仆役身份的周安,能够服侍名士杨道南,又得到李翰峰先生的赞赏,得到焦竑的信任与爱戴,那么周安是怎样一个人就很清楚了。两年后,我来金陵,又见到周安,而杨道南却不幸早死了。周安对焦竑说:"我想当僧人。我常年在山寺,只是多几根头发,为什么不可以剃掉呢?"焦竑不知怎么回答他,就约我和管东溟等,把周安送到云松禅师那里剃去头发,披上袈裟,出了家,改法名为定林。这就是定林一名的来历。焦竑又在禅馆一侧建了一个庵院,我写了"定林庵"的匾额。这又是定林庵这个名称的由来。

　　弱侯曰:"庵存人亡,见庵若见其人矣。其人虽亡,其庵尚存;庵存则人亦存。虽然,人今已亡,庵亦安得独存?惟有记庶几可久。"余谓庵不足记也,定林之庵不可以不记也。今不记,恐后我而生者且不知定林为何物,此庵为何等矣。

【译文】

　　焦竑说:"定林庵虽在周安已亡,但见庵就如同见到周安了。周安虽亡,定林庵还在;庵在人也在。虽然如此,周安如今已经逝去,庵怎么能独自存在呢?只有记述下来才差不多能长久留存下去。"我认为庵可以不记,但定林之庵则应该记述下来。如若现在不记,恐怕后来人既不知道定林是什么,也不知道定林庵是什么样了。

　　夫从古以来,僧之有志行者亦多①,独定林哉!余独怪其不辞卑贱,而有志于圣贤大道也。故曰:"贱莫贱于不闻道②。"定林自视其身为何如者，故众人卑之以为贱，而定林不知也。今天下冠冕之士③，俨然而登讲帷④，口谈仁义，手挥麈尾⑤，可谓尊且贵矣，而能自贵者谁欤！况其随从于讲次之末者欤⑥！又况于仆厮之贱，鞭棰之辈⑦，不以为我劳，则必以为无益于充囊饱腹⑧，且相率攘袂而窃笑矣⑨。肯俯首下心，归礼穷士⑩，日倚檐楹，欣乐而忘其身之贱，必欲为圣人然后已者耶！古无有矣。是宜记，遂为之记。不记庵，专记定林名庵之由。呜呼！道不虚谈，学务实效，则此定林庵真不虚矣。

【注释】

①志行：志向和操行。

②"贱莫"句：明代郎瑛《七修类稿》中有"贫莫贫于未闻道，贱莫贱于不知耻"的话，这里略加变化引用。这类语言也可能是当时士大夫中较为流行的格言。

③冠冕之士：指官吏。冠冕，古代帝王、官员戴的帽子。

④讲帷：原指天子、太子听讲官进讲之处。帷，指宫室的帷幕。这里泛指讲坛。

⑤麈（zhǔ）尾：古人闲谈时执以驱虫、掸尘的一种工具，在细长的木条两边及上端插设兽毛，或直接让兽毛垂露外面。相传麈（鹿类，亦名驼鹿，俗称四不像）迁徙时，以前麈之尾为方向标志，故称。后古人清谈时必执麈尾，相沿成习，为名流雅器，不谈时，亦常拿在手。

⑥讲次：讲席。

⑦鞭棰（chuí）之辈：拿着鞭子赶马的人。棰，鞭子。

⑧充囊：充满口袋，指钱财之多。饱腹：指饮食丰盛。

⑨攘袂(rǎng mèi)：捋上衣袖。形容激动貌。

⑩归礼：表示尊敬。穷士：指杨道南。

【译文】

自古以来，僧人有志向和操行的很多，不只是定林一人。我非常奇怪的是他能不顾及自己的卑贱，而去追求圣贤的大道。所以说："贱莫贱于不闻道。"定林看待自己所处的地位怎么样，众人认为他是卑贱的仆役，定林却不知道。而今天下那些冠冕之士，严肃庄重地登上讲坛，口谈仁义，手挥麈尾，真是既尊且贵，但是，真正能做到受人尊重的又有几人呢！何况跟随他们登上讲坛的次等人品！更何况卑贱的仆役，赶马的车夫，不认为这是自己应该追求的志向，而认为它既不能发财也不能果腹，所以就都捋着衣袖对有志于超脱世俗之人发出暗笑。像定林那样愿意低头屈意从人，尊敬穷士，站在屋檐下或柱子旁听人讲道，快乐地忘掉身为仆役之贱，一定要修行成为圣人才满意！这种精神自古未有。因此应该把他的事迹写下来，于是就有了这篇《定林庵记》。不写庵的情况，专写定林庵名称的由来。呜呼！道不虚谈，学务实效，由此看定林庵内含的精神是真实可贵而不虚空的。

高洁说

【题解】

本文于万历十七年(1589)写于麻城。高洁，清高纯洁，不与世同流合污。这是为初到龙潭湖的黄安二上人所写，也是一篇为自己交友之道辩说的文章。针对世俗卑琐之士诬李贽"狷隘而不能容，倨傲而不能下"的议论，李贽明确表示，他不能"下"者，是那些"倚势仗富"之人；他不能"容"者，是那些"趋势谄富"之辈。除此之外，稍有片长寸善，不论其身份高下，自己都能广为结交，礼尚敬之。正因为如此，自己的"性高""性洁"，不正是一种极珍贵的品质吗！显然，文章的引发是交友，文章的归结是为人,此文正是李贽性格的自我写照。

　　余性好高,好高则倨傲而不能下①。然所不能下者,不能下彼一等倚势仗富之人耳;否则稍有片长寸善,虽隶卒人奴,无不拜也。余性好洁,好洁则狷隘而不能容②。然所不能容者,不能容彼一等趋势谄富之人耳③;否则果有片善寸长,纵身为大人王公,无不宾也④。能下人,故其心虚;其心虚,故所取广;所取广,故其人愈高。然则言天下之能下人者,固言天下之极好高人者也。余之好高,不亦宜乎!能取人,必无遗人⑤;无遗人,则无人不容;无人不容,则无不洁之行矣。然则言天下之能容人者,固言天下之极好洁人者也。余之好洁,不亦宜乎!

【注释】

①倨傲:傲慢。下:这里指屈从他人。

②狷隘:性急而狭隘。

③趋势谄富:巴结奉承有钱有势的人。

④宾:以客礼相待。

⑤无遗人:不会遗弃有可取之处之人。

【译文】

　　我生性清高,清高就会傲慢不谦恭屈从。但是所谓不谦恭屈从,是说不能低三下四地去巴结高官;否则,只要有微小的可取之处,即使是卑贱的奴仆,也会去膜拜。我生性爱纯洁,爱纯洁就狭隘而不能容人。但是所谓不能容人,是说不能容那些趋炎附势的人;否则,只要有微小的可取之处,纵然身为高官王侯,也会以客礼相待。能谦恭屈从,所以虚心;因为虚心,所以交结就广;交结广,所以其人就更加清高。如此说来,天下能以谦恭屈从他人的人,也就是天下最为清高的人了。我以清高自居,不是很应该吗!乐于广结交的人,必然不会遗弃有可取之人;不遗弃有可取之人,那么只要有可取之处的人都可以容纳;无人不容,也就不会有狭隘而不能容人的行为。如此说来,天下之能容人者,也就是天下至为纯洁的人。我以纯洁自居,不是很应该吗!

今世龌龊者[①],皆以余狷隘而不能容,倨傲而不能下。谓余自至黄安[②],终日锁门,而使方丹山有好个四方求友之讥[③]。自住龙湖,虽不锁门,然至门而不得见,或见而不接礼者,纵有一二加礼之人[④],亦不久即厌弃。是世俗之论我如此也。殊不知我终日闭门,终日有欲见胜己之心也;终年独坐,终年有不见知己之恨也。此难与尔辈道也。其颇说得话者,又以余无目而不能知人,故卒为人所欺;偏爱而不公,故卒不能与人以终始。彼自谓离毛见皮[⑤],吹毛见孔,所论确矣。其实视世之龌龊者仅五十步[⑥],安足道耶?

【注释】

①龌龊者:器量狭小、行为卑劣的人。

②黄安:今湖北红安。

③方丹山:方一凤,字丹山。黄陂(今湖北黄陂)人。罗钦顺的学生。李贽罗曾在二程祠旁边替他盖房子。四方求友之讥:因李贽终日闭门不见客友,故言。

④加礼:以礼相待。

⑤离毛见皮:与下文"吹毛见孔"同义,比喻透过表层看到里面。离,分开。

⑥五十步:语本《孟子·梁惠王上》。"五十步笑百步"的略语,表示

只是程度上的不同。

【译文】

现在世上行为卑劣的人，都污蔑我心胸狭隘而不能容人，傲慢而不谦恭，说我到黄安后整日锁门，致使方丹山遭到了四方求友的讥讽。自从客居麻城龙湖后，虽然不再锁门，然而有人登门拜访却不接见，有时虽勉强接见却态度冷淡，纵然有一二位以礼相待的客人，过不多久也就厌弃了。这些都是世俗之人对我的随心所欲的非议。他们竟然不知我虽整日闭门，却天天盼望见到胜过自己的朋友，终年独坐，却终年为找不到胜过自己的朋友遗憾。这中间的复杂心情真是难同你们说清楚。有时遇到比较能谈得来的人，又认为我有眼无珠，不能知人，所以总是被人所欺骗；又认为我只偏爱一些人而对他人不公平，所以少有始终如一的好友。这些人自以为对我有真正的认识。其实，与那些世俗小人的看法不过是五十步笑百步而已，哪里值得辩说呢？

夫空谷足音①，见似人犹喜②，而谓我不欲见人，有是理乎？第恐尚未似人耳③，苟其略似人形，当即下拜而忘其人之贱也，奔走而忘其人之贵也④。是以往往见人之长而遂忘其短，非但忘其短也，方且隆礼而师事之，而况知吾之为偏爱耶！何也？好友难遇，若非吾礼敬之至，师事之诚，则彼聪明才贤之士，又曷肯为我友乎？必欲与之为友，则不得不致吾礼数之隆。然天下之真才真聪明者实少也。往往吾尽敬事之诚，而彼聪明者有才者终非其真，则其势又不得而不与之疏。且不但不真也，又且有奸邪焉，则其势又不得而不日与之远。是故众人咸谓我为无目耳。夫使我而果无目也，则必不能以终远⑤；使我而果偏爱不公也，则必护短以终身⑥。故为偏爱无目之论者，皆似之而非也。

【注释】

①空谷足音：语本《庄子·徐无鬼》："夫逃虚空（空谷）者……闻人足音跫（qióng）然（脚步声）而喜矣。"在空旷的山谷里能听到脚步声，用以比喻极为难得。

②似人：像是乡里的人。语出《庄子·徐无鬼》。其中有这样一段意思：你没听到在越国流放的人吗？离开自己国家好几天，看见认识的人就高兴；离开一个月，看见国内见过的东西就高兴；到了一年，只要看见"似人"（像是乡里的人）就高兴……

③第：只。似人：这里是指好像是人。

④奔走：趋附，尽力。

⑤终远：永远，永久。

⑥护短以终身：庇护朋友的短处，与之友好终生。

【译文】

　　真正的知心朋友非常难得，因此，我见到好像知己的心中就非常高兴，那些人说我不想见人，这符合事实吗？只怕我遇到的只是好像是人又没人性的东西，只要略有人性之人，我就会向他下拜而不管他地位低下，同他前行尽力而不考量他是否尊贵。因此，我往往看见朋友的长处而不计较其短处，不但不去计较他的不足，而且还会以隆重的礼节拜他为师，更何况我十分偏爱有德才的人！为什么？好友难遇，知己难求。如果我不以隆重真诚的礼节待知己，不以最诚挚的感情待之如师，那些聪明贤德之士，又哪里愿意做我的朋友呢？我一旦认定要与他做知心朋友，就会以尊贵的礼节尊敬他。然而，天下有真才实学的人实在太少了。往往我以最真诚的感情相待，而那些貌似有才德的人最终显露出并非有真实的才德，关系又不得不逐渐疏远起来。而且，有些人不但没有真实的才德，其中还有奸佞小人，其关系又不得不一天天疏远了。所以，不少人说我有眼无珠，不能识人。如果我真的没有识人的眼光，我就不能达到毕生所追求的目标了；如果我真的偏爱有些人而对他人不公平,那么对我偏爱的朋友就会不顾其短,而与之友好终身。因此,指责我偏爱不公不能识人之论,全都是似是而非的不实之词。

今黄安二上人到此①,人又必且以我为偏爱矣。二上人其务与我始终之,无使我受无目之名可也。然二上人实知余之苦心也,实知余之孤单莫可告语也,实知余之求人甚于人之求余也。吾又非以二上人之才,实以二上人之德也;非以其聪明,实以其笃实也②。故有德者必笃实,笃实者则必有德,二上人吾何患乎? 二上人师事李寿庵③,寿庵师事邓豁渠。邓豁渠志如金刚④,胆如天大,学从心悟⑤,智过于师⑥,故所取之徒如其师,其徒孙如其徒。吾以是卜之⑦,而知二上人之必能为我出气无疑也,故作好高好洁之说以贻之⑧。

【注释】

①黄安二上人:黄安的二位和尚,指若无与曾继泉。若无,俗姓王,名世本,黄安(今湖北红安)人。曾继泉,李贽的学生,曾在麻城龙潭湖芝佛院从李贽学。

②笃实:淳厚朴实,忠诚老实。

③李寿庵:黄安的和尚,二上人的师傅,邓豁渠的徒弟。

④金刚:即金刚石,因其极坚利,佛家视为稀世之宝。用以比喻意志坚强,能摧毁一切。

⑤心悟:指从内心得到体会。

⑥师:指赵贞吉(1508—1576),字孟静,号大洲,内江(今四川内江)人。嘉靖十四年(1535)进士,官至礼部尚书兼文渊阁大学士。学博才高,最善王守仁之学,并具有以禅入儒的特点。卒谥文

肃。著有《赵文肃公集》。隆庆初,李贽在礼部任职时,与赵贞吉
有交往。《续藏书》卷一二、《国朝献征录》卷一七、《明史》卷一九
三、《明书》卷一一四、《明儒学案》卷三三等有传。

⑦卜:估计,推测。

⑧贻:赠。

【译文】

现在,黄安的若无与曾继泉二位上人来龙湖,一些人又一定会说我
偏爱不公了。二位上人一定会与我永远好下去,使我不再受有眼无珠、
不能知人的指责。二位上人非常理解我的苦心,非常理解我孤独寂寞
又无处诉说的苦痛,非常理解我求人多于人求我的心境。我与二位上
人交好,不是因为他们的才而是因为他们的德;不是因为他们的聪明,
而是因为他们的诚挚淳朴。所以有德的人必然诚挚淳朴,诚挚淳朴的
人必然有德,我对二位上人还有什么可担心呢?二位上人从师于李寿
庵,李寿庵从师于邓豁渠。邓豁渠志如金刚,胆如天大,能从内心悟出
哲理,其智能超过了他的老师,因此,他所选择的徒弟的品性都像他,他
徒弟选取的徒孙的品性也像徒弟。我由此推测,深信二位上人也一定
不负我,所以,我作这篇《高洁说》的文章赠给他们。

三蠢记

【题解】

本文约写于万历二十一年(1593)或万历二十二年(1594),当时李
贽在麻城。这篇随感通过对杨定见和深有的品评,表现了李贽与人相
交及其对弟子们的要求。他希望他们"有气骨"而又有"远志",要"急于
长进""直向上去",而不能只图"安乐""富贵",其中也显示着李贽的性
格特征。

刘翼性峭直①,好骂人。李百药语人曰②:"刘四虽复骂人,人亦不恨③。"噫! 若百药者,可谓真刘翼知己之人矣。

【注释】

①刘翼:即刘子翼,字小心,唐代常州晋陵(今江苏武进)人。曾任著作郎。刘祎之之父。《旧唐书》卷八七《刘祎之传》说他"性不容非,朋僚有短,常面折之"。峭直:严峻刚正。

②李百药(565—648):字重规,安平(今河北安平)人。唐初史学家。撰《北齐书》。《旧唐书》卷七一、《新唐书》卷一〇二有传。

③"刘四"二句:见《旧唐书·刘祎之传》。刘四,指刘翼。

【译文】

刘翼这个人性格严峻刚正,好骂人。李百药对人说:"刘四虽好骂人,人们也不恨他。"噫! 像李百药这样的人,真可称之为刘翼的知己了。

余性亦好骂人,人亦未尝恨我。何也? 以我口恶而心善,言恶而意善也。心善者欲人急于长进,意善者又恐其人之不肯急于长进也,是以知我而不恨也。然世人虽不我恨,亦终不与我亲。若能不恨我,又能亲我者,独有杨定见一人耳①。所以不恨而益亲者又何也? 盖我爱富贵,是以爱人之求富贵也。爱贵则必读书,而定见不肯读书,故骂之;爱富则必治家,而定见不做人家,故骂之。骂人不去取富贵,何恨之有? 然定见又实有可骂者:方我之困于鄂城也②,定见冒犯暑雪,一年而三四至,则其气骨果有过人者。我知其可以成就,故往往骂詈之不休耳③。然其奈终不可变化何哉?

不读书，不勤学，不求生世之产，不事出世之谋，盖有气骨而无远志，则亦愚人焉耳，不足道也。深有虽稍有向道之意④，然亦不是直向上去之人，往往认定死语⑤，以辛勤日用为枷锁，以富贵受用为极安乐自在法门，则亦不免误人自误者。盖定见有气骨而欠灵利，深有稍灵利而无气骨，同是山中一蠢物而已。

【注释】

①杨定见：号凤里，麻城（今湖北麻城）人。李贽在麻城龙潭湖居住时往来论道的僧人之一，也是李贽的学生。李贽对其极为赞赏。在《八物》中说："如杨定见，如刘近城，非至今相随不舍，吾犹未敢信也。直至今日患难如一，利害如一，毁谤如一，然后知其终不肯畔我以去。"（本书卷四）在《豫约·早晚守塔》中说："刘近城是信爱我者，与杨凤里实等。"（本书卷四）万历二十八年（1600）湖广按察司佥事冯应京烧毁了龙潭湖的芝佛院，并驱逐李贽。杨定见为李贽设法先行藏匿，然后避入河南商城的黄檗山中，免遭了封建统治者的一次毒手。

②困于鄂城：万历十九年（1591）李贽游黄鹤楼时，被一些人诬为"左道惑众"而加以围攻驱逐。李贽在《与周友山书》中曾说："近日方得一览黄鹤之胜，尚未眺晴川、游九峰也，即蒙忧世者有左道惑众之逐。"（本书卷二）鄂城，指武昌。

③詈（lì）：责骂。

④深有（1544—1627）：俗姓熊，名深有，麻城人。龙潭湖芝佛院守院僧。僧号无念。曾为周思久（柳塘）礼请李贽居芝佛院。后入黄檗山（在河南商城），建法眼寺。著有《醒昏录》《黄檗无念复问》等。《麻城县志》康熙版卷八、光绪版卷二五、民国版《前编》

卷一五,《五灯严统》卷一六,《五灯全书》卷一二〇等有传。

⑤认定死语:指固执成见。

【译文】

　　我的性格也好骂人,但人们也不恨我。为什么? 因为我口头虽恶而心地却善,语言虽恶而用意却善。心地善良是想督促他人快快长进,用意善良是担心他人不肯快快长进,所以被我骂的人知道我这种心意而不会恨我。但是世人虽然不恨我,却也不和我亲近。能够不恨我,又和我亲近的人,只有杨定见一人而已。杨定见不恨我又和我亲近是为什么? 因为我爱富贵,所以喜欢求富贵的人。喜欢贵就一定要读书,而杨定见不肯读书,所以骂他;喜欢富一定要治家,而杨定见却不顾家业,所以骂他。骂人不去追求富贵,有什么可恨的? 但杨定见确实有可骂的地方:当我在武昌被围攻驱逐之时,杨定见不顾暑热和冬寒,一年之中三四次探看我,可以看出他真有超过他人的气骨。由此我看出他可以有所成就,所以就对他常常责骂不休。但不知道为什么他终于没有改变,不读书,不勤于学,不求生世的产业,不研讨出世的学识,虽有气骨却无远志,也不过是个愚人而已,没什么可称道的。深有虽稍有立志求道之意,但也不是深切向上的人,往往固执成见,认为日常生活的辛勤是枷锁,而富贵享受是极为安乐自在的门径,那也是既误人又误己。杨定见有气骨而欠伶俐,深有稍有伶俐而无气骨,都是山中一个蠹物而已。

　　夫既与蠹物为伍矣,只好将就随顺,度我残年,犹尔责骂不已,则定见一蠹物也,深有一蠹物也,我又一蠹物也,岂不成三蠹乎? 作《三蠹记》。

【译文】

　　我既然和这些蠹物为同伙,也就只好将就着和他们在一起,度我残年,仍然责骂不已,杨定见是一蠢物,深有是一蠢物,我也是一蠢物,这不就是三个蠢物吗? 故作《三蠢记》。

三叛记

【题解】

本文于万历二十二年(1594)写于麻城。当时芝佛院僧人深有(无念)因其他事与其徒常闻发生矛盾,"逃去别住",到黄蘗山中创建法眼寺。而后小沙弥杨道也"无故而逃",深有的徒弟怀喜则"托言入县闭关诵经"而去。芝佛院接连出了三个"叛人",李贽因之写了这篇《三叛记》。文中对那种"忘恩背义"的行为进行了谴责,但却把内心的愤懑化为调侃的笔法,使人读起来别开生面。

时在中伏,昼日苦热,夜间颇凉。湖水骤满,望月初上①,和风拂面,有客来伴,此正老子耻眙时也②。杨胖平日好瞌睡③,不知此夜何忽眼青④,乃无上事⑤,忻然而笑⑥,惊蝴蝶之梦周,怪铁杵之唦广⑦。和尚不觉瞿然开眼而问曰⑧:"子何笑?"曰:"吾笑此时有三叛人,欲作传而未果耳。"余谓三叛是谁? 尔传又欲如何作? 胖曰:"杨道自幼跟我⑨,今年二十五矣,见我功名未就,年纪又长,无故而逃,是一叛也。怀喜本是杨道一类人⑩,幸得湖僧与之落发,遂以此僧为师,以深为师祖⑪。故深自有怀喜,东西游行,咸以为伴,饮食衣服,尽与喜同。今亦一旦弃之而去,托言入县闭关诵经⑫。夫县城谊杂⑬,岂闭关地耶? 明是背祖,反扬言祖可以背李老去上黄柏⑭,吾独不可背之以闭关城下乎? 虽祖涕泗交颐^⑮,再四苦留,亦不之顾,是二叛也。"余又问何者是三。不答但笑,盖指祖也^⑯。

【注释】

①望月:天文学名词。月的距角成180°,即日月黄经相差180°,此时地球在日月之间,月之光面适与地对,自地球视月,恰是正圆,称望月。也称满月。

②耽晗(jiá):闭目养神。晗,蒙眬欲睡的样子。

③杨胖:即杨定见。见《三蠢记》第二段注①。

④眼青:眼睛睁着,形容精神兴奋。

⑤无上:无出其上。这里指从未有过。

⑥忻:欣。

⑦"惊蝴蝶"二句:意为像庄周梦蝴蝶、乐广"捣齑啖铁杵"一样使人感到惊讶。庄周梦蝶,语本《庄子·齐物论》:"昔者庄周梦为(梦见自己变为)胡蝶,栩栩然胡蝶也,自喻(愉)适志与(遨游各处悠游自在)!不知周也。俄然觉,则蘧蘧然(僵卧之样)周也。不知周之梦为胡蝶与,胡蝶之梦为周与?"铁杵之啖(dàn,吃)广,语本《世说新语·文学》:"卫玠总角(束发髻,指幼年)时,问乐令(即乐广,为尚书令,卫玠的岳父)'梦',乐云:'是想'。卫曰:'形神所不接而梦,岂是想邪?'乐云:'因(有所依据之意)也。未尝梦乘车人鼠穴,捣齑(捣碎的姜、蒜或韭菜等)啖铁杵,皆无想无因故也。'"

⑧矍(jué)然:惊奇注视的样子。

⑨杨道:芝佛院和尚。

⑩怀喜:芝佛院和尚。

⑪深:即深有。见《三蠢记》第二段注④。

⑫闭关:闭门谢客,断绝往来。

⑬谇:喧。

⑭"反扬言"句:当指万历二十二至二十三年(1594—1595)间,深有
　离开李贽上黄糵山自建法眼寺之事。黄糵山,在湖北麻城东北,
　河南商城西南。万历间僧无念曾在此开山建寺。

⑮涕泗交颐:眼泪与鼻涕一起流到面颊上,形容异常伤心。颐,面
　颊,腮。

⑯祖:指深有。

【译文】

　　正在中伏,白天苦热,夜间凉爽。湖水骤满,望月初上,和风拂面,
有客来做伴,这时老子正在闭目养神。杨定见平日好瞌睡,不知道为什
么此夜精神却很兴奋,从来没有这样过,他还欣然而笑,像是庄周梦蝴
蝶、乐广"搔斋嗷铁杵"一样。和尚不觉惊奇地睁开眼问道:"为什么
笑?"杨定见说:"我笑有三个叛人,想给他们作传却还没有实现。"我说
这三个叛人是谁? 你想怎么给他们作传呢? 杨定见说:"杨道自幼跟
我,到如今已经二十五年了,他见我功名没有成就,年纪又长,就无故而
逃,是一叛也。怀喜和杨道是一类人,他幸运地得到龙潭湖僧人为他落
发,就以此僧为师,以深有为祖师。所以深有自从有了怀喜,就东西游
行,都以怀喜为伴,饮食衣服,也和怀喜一样。而今怀喜却离开深有而
去,还借口是到县城去谢绝宾客而专心诵经。县城喧闹杂乱,哪里是专
心诵经之地? 明明是背叛祖师,反而借口扬言祖师深有也背叛李老去
黄糵山了,我为什么不可以背叛祖师到县城呢? 祖师虽然非常伤心,再
三再四苦苦挽留他,他也不顾而去,是又一个叛人了。"我问他第三个叛
人是谁。杨定见笑着不回答,我想那就是指深有了。

　　时有鱼目子、东方生、卯酉客并在座①。鱼目子问曰:
"虽是三叛,独无轻重不同科乎②?"东方生曰:"三者皆可死,
有何轻重! 盖天下唯忘恩背义之人不可以比于夷狄禽兽③,

以夷狄禽兽尚知守义报恩也。既名为叛,则一切无轻重皆杀!"鱼目子曰:"深之罪不须再申明定夺矣④,若喜受祖恩养日久,岂道所可同乎? 使杨胖之待道有深万一,则道亦必守死而不肯叛杨以去矣。二子人物虽同,要当以平日情意厚薄为差,况道之灵利可使,犹有过喜者哉! 故论人品则道为上,喜居中,深乃最下;论如法则祖服上刑⑤,喜次之,道又次之。此论不可易也。"东方生终不然其说,鱼目子因与之反诘不已⑥。东方生曰:"夫祖之痛喜⑦,岂诚痛喜之聪明可以语道耶? 抑痛喜之志气果不同于凡僧耶? 抑又以人品气骨真足以继此段大事耶⑧? 同是道一样人,特利其能饮食供奉己也,寝处枕席之足以备冬温夏凉之快己也。彼以有利于己而痛之,此以能利于彼而受其痛。报者施者⑨,即时已毕,无余剩矣,如今之雇工人是已,安得而使之不与道同科也?"

【注释】

①鱼目子:与下文"东方生、卯酉客",可能是作者虚拟的对"三叛"事件持不同观点的人。

②科:审理狱讼,判罪。

③夷狄:我国古代统治者对华夏以外少数部族的泛称。夷,指东部的少数部族。狄,指北部的少数部族。

④定夺:决定事情的可否与去取。

⑤如法:依照法律。服上刑:最重的刑罚。

⑥反诘(jié):反问,追问。

⑦痛:疼爱,怜爱。

⑧此段大事:指求佛道。

⑨报者施者:语出《左传·僖公二十四年》:"报者倦矣,施者未厌。"

杜预注:"施,功劳也,有劳则望报过甚。"后以"报施"谓报答、赐予。《史记·伯夷列传》:"天之报施善人,其何如哉?"

【译文】

当时有鱼目子、东方生、卯酉客三人在座。鱼目子问道:"虽然三者都是叛人,对他们的判罪有没有轻重的区别?"东方生说:"三者都可判死罪,分什么轻重! 天下那些忘恩背义的人连夷狄禽兽都不如,因为夷狄禽兽都知道守义报恩。既然他们都是叛人,不分轻重都应该杀之!"鱼目子说:"深有的罪行不需要做什么说明再进一步定夺。而怀喜受祖师深有恩养日久,和杨道哪能一样? 如若杨定见待杨道有深有待怀喜的万分之一,杨道也不会背叛杨定见而去。这两人所处的境况虽然相同,但要以平日情意厚薄的表现而加以分别,况且杨道的伶俐可使,超过了怀喜。所以论人品杨道为上,怀喜居中,深有最差;若依法律从事,深有应该受到最重的刑罚,怀喜次之,杨道再轻。我这种论断不可改变。"东方生不同意鱼目子这种说法,鱼目子与他辩论不止。东方生说:"深有怜爱怀喜,是喜欢他的聪明可以谈论佛道吗? 或是喜欢怀喜有志气而与一般僧人不同吗? 或者是喜欢他的人品气骨真的可以继承佛道的大事吗? 我看怀喜和杨道是一样的人,深有喜欢他不过是能供奉饮食的方便,能帮助他处理寝处杂务以解决冬温夏凉之快而已。深有因为有利于己而喜欢怀喜,怀喜以能为深有尽力而获得他的喜欢。该得到的都已得到,当下已完事,没有什么可再说了,就像社会上的雇工一样,怎么能对怀喜宽大,不和杨道一样受刑呢?"

二子既争论不决,而杨又默默无言,于是卯酉客从旁持刀而立曰:"三者皆未可死,唯老和尚可死,速杀此老,贵图天下太平! 本等是一个老实无志气的[①],乃过而爱之,至比之汾阳[②],比之布袋[③]。夫有大志而不知,无目者也。非有大志,而以爱大志之爱爱之,亦无目者也。是可杀也。长别人志气,灭自己威风,不杀更又何待!"持刀直逼和尚。和尚跪而请曰:"此实正论,此实正论。且乞饶头,免做无头鬼!"呜呼! 昔既无目,今又无头,人言祸不单行,谅哉④!

【注释】

①本等:本来。

②汾阳:指汾阳善昭禅师(945—1022),俗姓俞,太原(今山西太原)人。北宋僧人。少年习儒,善诗文。后学佛,受戒后住汾州(今山西汾阳)说法,世称"汾州禅师"。汾州曾称汾阳,几经废置。著有《语录》三卷。《景德传灯录》卷一三、《五灯会元》卷一一、《续传灯录》卷一、《指月录》卷二三等有传。

③布袋:指布袋和尚(? —916)。五代后梁僧人,自名契此,明州奉化(今浙江奉化)人。他笑口常开,精通禅法,常携一布袋入市化物,随处卧寝,人称"布袋和尚"。传说他临终前作偈云:"弥勒真弥勒,分身千百亿。时时示时人,时人自不识。"因而世人将其视作弥勒化身。后来佛教寺庙山门里供奉的大肚弥勒,即是以他的形神而造像。《宋高僧传》卷二一、《景德传灯录》卷二七、《统要续集》卷三、《五灯会元》卷二等有传。

④谅哉:确实如此啊!

【译文】

　　鱼目子与东方生争论不休,而杨定见又一言不发,于是卯酉客在一旁持刀站立着说:"我看三个人都不可以死,只有老和尚可死,尽快把老和尚杀死,以求天下太平! 这和尚本来是一个老实无志气的人,却过分爱护他,甚至把他比为汾阳善昭禅师,比为布袋和尚。对于有大志却不知,是没有眼光。对于没有大志,却以爱大志之爱喜欢他,这同样是没有眼光。这种人长别人的志气,灭自己的威风,不杀他还等待什么!"于是持刀直逼和尚。和尚跪地求情说："你说得很对，你说得很对。请你饶恕不杀，免得做无头之鬼！"呜呼！过去没有眼睛，而今又要成无头之鬼，人们常说祸不单行，确实如此啊！

《忠义水浒传》序

【题解】

万历二十年(1592)，李贽寓居武昌时，开始批点《水浒传》。袁中道《游居柿录》说："袁无涯来，以新刻卓吾批点《水浒传》见遗，予病中草草视之。记万历壬辰(即万历二十年)夏中，李龙湖方居武昌朱邸。予往访之，正命僧常志抄写此书，逐字批点。"这篇序文大致也作于同时。署名李贽评点的《水浒传》，今存有明容与堂刻的百回本与杨定见、袁无涯刻的百二十回本两种。本篇有关注文采用容与堂刻本。这篇序文表现了李贽对《水浒传》的看法，从中可看出他的一些思想认识。李贽认为《水浒传》是"发愤之所作"，发什么愤？一是民族之愤。李贽认为施耐庵、罗贯中"身在元，心在宋；虽生元日，实愤宋事"，所以《水浒传》中就写了破辽以泄二帝北狩之愤，写了灭方腊以泄南渡苟安之愤。二是不平之愤。李贽认为当时的社会是"大贤处下，不肖处上"，整个社会都是"冠履倒施"的颠倒现象。像《水浒传》中的人，都是一些大贤大德之人，但却受到不肖之徒的欺凌，结果就把他们都驱到"水浒"之中。作者写他们对压迫者的反抗，正是出于不平之愤，从中表现出李贽对当时封建腐朽势力的强烈不满。三是忠义之愤。李贽认为当时在统治阶级内部，很少忠义之士，而《水浒传》中的英雄们则是真正忠义之人。特别像宋江："身居水浒之中，心在朝廷之上，一意招安，专图报国，卒至于犯大难，成大功，服毒自缢，同死而不辞，则忠义之烈也。"这就更值得人们学习，这里表现出李贽思想的局限。《〈忠义水浒传〉序》表现了李贽思想上的矛盾性与复杂性。但从中却可以看到，李贽对当时国事的关心，他在批点《水浒传》一类著作时，是寄托了对社会现实的关注的。

　　太史公曰①："《说难》《孤愤》，贤圣发愤之所作也②。"由此观之，古之贤圣，不愤则不作矣。不愤而作，譬如不寒而颤，不病而呻吟也，虽作何观乎？《水浒传》者，发愤之所作也。盖自宋室不竞③，冠履倒施④，大贤处下，不肖处上。驯致夷狄处上⑤，中原处下⑥，一时君相犹然处堂燕鹊⑦，纳币称臣⑧，甘心屈膝于犬羊已矣⑨。施、罗二公身在元⑩，心在宋；虽生元日，实愤宋事。是故愤二帝之北狩⑪，则称大破辽以泄其愤⑫；愤南渡之苟安⑬，则称灭方腊以泄其愤⑭。敢问泄愤者谁乎？则前日啸聚水浒之强人也，欲不谓之忠义不可也。是故施、罗二公传《水浒》而复以忠义名其传焉⑮。

【注释】

①太史公：即司马迁（约前145—？），字子长，夏阳（今陕西韩城）人。西汉史学家、文学家。著有《史记》，是我国最早的纪传体通史，开创了纪传体史书的形式。书中不少传记形象鲜明，语言生动，成为史传文学的代表，对后世史学与文学都有深远影响。

②"《说难》"二句：语本《史记》卷一三〇《太史公自序》："……韩非囚秦，《说难》《孤愤》；《诗》三百篇；大抵贤圣发愤之所为作也。"《说难》《孤愤》，战国末期韩非的两篇作品。《诗》三百篇，即《诗经》。发愤，发泄心中的愤慨。

③宋室：指宋代。不竞：不强盛，不争气。

④冠履（jù）倒施：帽鞋倒置，指下文的"大贤处下，不肖处上"。履，古代的一种鞋。

⑤驯致：亦作"驯至"，逐渐达到，逐渐招致。夷狄：这里指宋代的契

丹、女真等族。

⑥中原:这里指宋王朝。

⑦君相:君主与宰相等大臣。处堂燕鹊:语本《孔丛子·论势》:"燕雀处屋,子母相哺,煦煦焉其相乐也,自以为安矣。灶突炎上,栋宇将焚,燕雀颜色不变,不知祸之将及己也。"比喻处境极其危险而不自知。

⑧纳币称臣:指两宋统治者对辽(契丹)、西夏(党项)和金(女真)等少数民族统治者采取妥协投降政策。当时,不仅向他们进贡大量金银财物,南渡后,高宗赵构还向金奉表称臣。

⑨犬羊:对辽、金政权的蔑称。

⑩施、罗二公:即施耐庵、罗贯中。

⑪二帝之北狩:指宋钦宗靖康元年(1126),金兵攻破东京(今河南开封)。次年四月,金贵族大肆勒索搜括后,掳走徽宗赵佶、钦宗赵桓和宗室、后妃数千人,及各种珍宝、礼器、皇家藏书。东京城中为之一空,北宋灭亡。北狩,古代帝王视察诸侯守地叫巡狩,北狩就是视察北方,这里讳言徽、钦二帝被掳走,故曰"北狩"。

⑫破辽:指《水浒传》第八十三回至八十九回宋江"奉旨征辽"的情节。辽,公元916年至1125年契丹族在北方建立的政权,是北宋王朝的主要威胁之一,后为金所灭。

⑬南渡之苟安:徽宗、钦宗被掳后,赵构于公元1127年即帝位于南京,改元建炎,为宋高宗。后又迁都杭州,苟安于东南半壁江山,史称南宋。

⑭灭方腊:指《水浒传》第九十回至九十九回宋江受招安后镇压方腊起义的情节。方腊,北宋末年浙江农民起义领袖。

⑮传(chuán):传述之意。后一个传(zhuàn)字,记载、传记之意。

【译文】

太史公司马迁说:"韩非的《说难》《孤愤》,是贤圣的发愤之作。"由此可见，古代的贤圣之辈，没有愤怒就不写作了。心中没有愤怒的写作，就像是不寒冷而颤抖、没病痛而呻吟一样，即使勉强写出作品，又哪里值得去看呢？《水浒传》这部书就是发愤之作。当时宋代朝廷不强盛，是非颠倒，有才能的人遭打击，奸佞小人得势。后来发展到外族兴旺，中原衰落，一时间，皇上宰相就像堂前的燕鹊，处境极其危险而不知，又急忙向外族进贡称臣，心甘情愿地对外族卑躬屈膝。施耐庵、罗贯中二人身虽在元朝，心却在大宋；虽然生活在元代，却在抨击宋代的朝政。所以，有靖康之怨恨，就借写大破辽国的事来发愤；有南渡苟安的怨恨，就借写消灭方腊的事来发泄。有人问，用来泄愤的是谁呢？就是从前啸聚水浒的强盗，想不赞扬他们的忠义言行是不行的。所以，施、罗二公写《水浒传》并用"忠义"二字给它命名，称之为《忠义水浒传》。

　　夫忠义何以归于《水浒》也？其故可知也。夫水浒之众何以一一皆忠义也？所以致之者可知也①。今夫小德役大德②，小贤役大贤，理也。若以小贤役人③，而以大贤役于人，其肯甘心服役而不耻乎？是犹以小力缚人，而使大力者缚于人，其肯束手就缚而不辞乎？其势必至驱天下大力大贤而尽纳之水浒矣。则谓水浒之众，皆大力大贤有忠有义之人可也，然未有忠义如宋公明者也④。今观一百单八人者，同功同过，同死同生，其忠义之心，犹之乎宋公明也。独宋公明者身居水浒之中，心在朝廷之上，一意招安，专图报国，卒至于犯大难⑤，成大功⑥，服毒自缢⑦，同死而不辞，则忠义之烈也！真足以服一百单八人者之心，故能结义梁山，为一百单八人之主。最后南征方腊，一百单八人者阵亡已过半矣；又智深坐化于六和⑧，燕青涕泣而辞主⑨，二童就计于"混江"⑩。宋公明非不知也,以为见几明哲⑪,不过小丈夫自完之计⑫,决非忠于君义于友者所忍屑矣⑬。是之谓宋公明也,是以谓之忠义也,传其可无作欤! 传其可不读欤⑭!

【注释】

①"所以"句:意为造成他们忠义的原因是可以知道的。

②役:服役,供职,被役使。

③役:役使,驱使。

④宋公明:指宋江。

⑤犯大难:指宋江手下的梁山泊头领,在打方腊过程中"十损其八"。

⑥成大功:指宋江等破辽、征方腊,为封建统治者建立的功业。

⑦服毒自缢:指《水浒传》第一百回,写宋江、李逵被蔡京等送来的御酒毒死,吴用、花荣闻讯赶来,也吊死在宋江墓前。

⑧"又智深"句:指鲁智深坐化于杭州城郊六和寺,见《水浒传》第九十九回。

⑨"燕青"句:征方腊后,燕青曾苦劝主人卢俊义"纳还原受官诰",从此"隐迹埋名",卢未从,燕青辞之自去。见《水浒传》第九十九回。主,指卢俊义。

⑩"二童"句:二童指童威、童猛,"混江"指"混江龙"李俊。就计是指征方腊后,李俊诈称中风,病倒在床,留二童在身边,后与费保等"乘驾出海,自投化外国","另霸海滨"。见《水浒传》第九十九回。

⑪见几明哲:语本《周易·系辞下》:"几者,动之微,吉之先见者也。君子见几而作,不俟终日。"谓从事物细微的变化中预见其先兆,善于明哲保身。

⑫小丈夫:指心胸狭隘的人。自完之计:保全自己的计谋。

⑬忍屑：忍心顾惜。屑，顾惜，重视。这里指宋江不愿采取燕青、李
　俊等人的做法。

⑭其：岂，表示反诘。

【译文】

　　为什么把"忠义"归于啸聚在水浒的一些人呢？其原因是很清楚
的。为什么水浒中的起义军个个都是忠义之士呢？其原因是很明白
的。现在小德被役于大德，小贤被役于大贤，这是理所当然的。如果用
小贤役使人，而大贤被人所役使，那么大贤哪里会甘心被人役使而不感
到耻辱的呢？这就像力气小的人束缚他人，而力气大的人被人束缚，力
气大的人哪里会甘心被缚而不愤怒反抗呢！正因为如此，其结果必然
是逼迫天下大力大贤的豪杰归附水浒了。如果说水浒强人都是大力大
贤有忠有义的豪杰是无可争议的，然而忠义的程度没有一个能与宋江
相比。如今仔细考量水浒的一百零八将，同功同过，同死同生，他们的
忠义精神，与宋江没有两样。唯独宋江一人，身在水浒之中，心在朝廷
之上，诚心诚意希望朝廷招安，专图报国，在战争中，他们历尽艰险牺牲
惨重，最后，宋江等或被毒死，或上吊而亡，一同赴死而义无反顾，达到
了忠义的最高境界！正因为如此，宋江实在可以折服水浒一百零八将
的心，可以结义梁山，成为一百零八将的首领。最后南征方腊，一百零
八将中阵亡的已经过半数了；加之鲁智深在杭州六和寺仙逝，燕青也洒
泪离开义军，童威、童猛、李俊三人也入海投化外之国。这些宋江并不
是不知道，他早就了然于胸，在他看来，这都不过是心胸狭隘的人独善
其身之计，决不是真正忠君义友的人愿意做的。这就是宋公明，这就是
宋公明的忠义，《水浒传》哪能不写！《水浒传》哪能不读！

　　故有国者不可以不读①，一读此传，则忠义不在水浒而
皆在于君侧矣②。贤宰相不可以不读，一读此传，则忠义不
在水浒，而皆在于朝廷矣。兵部掌军国之枢③，督府专阃外

之寄④，是又不可以不读也，苟一日而读此传，则忠义不在水浒，而皆为干城心腹之选矣⑤。否则不在朝廷，不在君侧，不在干城腹心，乌乎在？在水浒⑥。此传之所为发愤矣。若夫好事者资其谈柄⑦，用兵者藉其谋画⑧，要以各见所长⑨，乌睹所谓忠义者哉⑩！

【注释】

①有国者：指国君，君主。

②皆在于君侧：意谓君主知道让（忠义之人）常随侍左右。君侧，君主的身边，指宠幸的大臣。

③兵部：官署名。掌管全国武官的选用和兵籍、军械、军令等事务，长官为兵部尚书。枢：枢纽、关键。这里指居兵部要位的人。

④督府：即都督府。明代设五军都督府，每府各设左、右都督，分别统辖全国各卫军丁。阃（kǔn）外之寄：郭（城）门以外的重要委托。这里指重要军职。阃，郭门。

⑤干城：比喻捍卫者。干，盾牌。城，都邑四周用作防御的墙垣。

⑥在水浒：意为（忠义）只有聚集到"水浒"这样的地方。

⑦资其谈柄：凭借它作为清谈的资料。资，凭借。

⑧藉：借。谋画：计谋，计策。

⑨要以各见所长：总是各自从书中见到他们所需要的长处。要，总是。

⑩乌睹：哪里会看到。

【译文】

因此为国君者不能不读《水浒传》，一读此传，就会认识到忠义不能只在水浒，而应该让忠义之人常随侍在自己身边。贤能的宰相不能不读《水浒传》，一读此传，就感觉到忠义不能只在水浒，而应该都在朝廷了。兵部掌管国家军事大权的人,在外统兵的将帅,也不能不读《水浒传》,一读此传,就感觉到忠义不能只在水浒,而自己都应该成为保卫朝廷的忠义之士。不然忠义就不在朝廷,不在皇上身旁,不在保卫朝廷的将士身上,在哪里呢? 仍在水浒。因此《水浒传》是发愤之作。然而好事者只不过把它作为饭后的谈资,用兵的人借它为作战的参考,只是从书中各取所需,哪里还能见到忠义呢!

子由《解老》序

【题解】

　　本文于万历二年(1574)写于南京。焦竑《老子翼》卷七收有此文,前有"李宏甫刻子由《解老》于金陵",后有"万历二年冬十二月二十日宏甫题"等语可证。子由,即苏辙(1039—1112),字子由,一字同叔,号颍滨遗老。眉州眉山(今四川眉山)人。嘉祐进士,历官翰林学士、尚书右丞、门下侍郎等。北宋散文家,其文汪洋澹泊。学术著作亦颇丰,《老子解》即其一。著有《栾城集》。《宋史》卷三三九、《藏书》卷三九等有传。《解老》,即《老子解》,是苏辙有关《老子》一书的著作。在这篇序文中,李贽把以孔子为代表的儒家和以老子为代表的道家并列,比为"稻黍之于南北",认为"至饱者各足,而真饥者无择也",并进而把研讨《老子》作为求道的途径,明白地表现出扬老抑孔的倾向。文中李贽还特别肯定了苏辙引用《中庸》"喜怒哀乐之未发谓之中"来解《老子》,这和他在《耿楚倥先生传》中推崇耿定理把这一句作为《四书》的中心一样,都是强调自我心性上的自得,反对孔学教条的束缚,颇有些"异端"色彩了。

　　食之于饱①,一也。南人食稻而甘,北人食黍而甘,此一南一北者未始相羡也。然使两人者易地而食焉,则又未始相弃也。道之于孔、老②，犹稻黍之于南北也，足乎此者，虽无羡于彼，而顾可弃之哉！何也？至饱者各足，而真饥者无择也。

【注释】

①食：食物。下文的"食"是吃的意思。

②孔、老：指孔子为代表的儒教与老子为代表的道教。

【译文】

食物可以充饥，都是一样的。南方人吃大米觉得好吃，北方人吃高粱觉得好吃，一南一北谁也不羡慕谁。假若使南北之人换一换所吃，也不会因为异地而食就抛弃不吃。求道于孔子的儒教与老子的道教，就像南方吃大米北方吃高粱一样，吃饱即可，虽然谁也不羡慕谁，但也不会抛弃各自的所食。为什么？吃饱了就满足，若是肚子饿就更不会选择了。

盖尝北学而食于主人之家矣。天寒，大雨雪三日，绝粮七日，饥冻困踣①，望主人而向往焉②。主人怜我，炊黍饷我③，信口大嚼④，未暇辨也。撤案而后问曰⑤："岂稻粱也钦！奚其有此美也？"主人笑曰："此黍稷也⑥，与稻粱埒⑦。且今之黍稷也，非有异于向之黍稷者也。惟甚饥，故甚美；惟甚美，故甚饱。子今以往，不作稻粱想，不作黍稷想矣⑧。"

【注释】

①踣(bó)：向前仆倒。

②向往：思慕，想望。这里有请求之意。

③饷：用食物款待。

④信口：随口，顾不上思索、品味。

⑤案：古代的食具，木制的有短脚的托盘。

⑥稷（jì）：古代一种粮食作物，一说是黍类，一说是粟（谷子）。

⑦埒（liè）：相等。

⑧"不作"二句：意为不去想什么是稻粱，什么是黍稷了。

【译文】

我曾经到北方去求学而在一家主人家吃饭。当时天气寒冷，下了三天的大雨雪，七天没吃到东西，又饿又冻而跌倒，看到一家主人而向他请求。主人可怜我，做了高粱饭款待我，我大口大口地吃，不辨所吃为何种粮食。吃完后问道："这是大米饭吧！怎么这么好吃？"主人笑着说："这是高粱，和大米差不多。而且今天的高粱，和以前的高粱并没有什么不同。因为你太饿了，所以吃着好吃；因为觉着好吃，所以就吃得很饱。你从今以后，不要再去区分什么大米、高粱了。"

　　余闻之，慨然而叹，使余之于道若今之望食，则孔、老暇择乎！自此专治《老子》，而时获子由《老子解》读之。解《老子》者众矣，而子由称最①。子由之引《中庸》曰②："喜怒哀乐之未发谓之中③。"夫未发之中，万物之奥④，宋儒自明道以后⑤，递相传授，每令门弟子看其气象为何如者也⑥。子由乃独得微言于残篇断简之中⑦，宜其善发《老子》之蕴⑧，使五千余言烂然如皎日⑨，学者断断乎不可以一日去手也。解成⑩，示道全⑪，当道全意⑫；寄子瞻⑬，又当子瞻意⑭。今去子由五百余年，不意复见此奇特⑮。嗟夫！亦惟真饥而后能得之也。

【注释】

①称最：最好。

②《中庸》：儒家经典之一。见《四勿说》注⑨。

③"喜怒"句：语出朱熹《中庸章句》："喜怒哀乐情也，其未发，则性
也，无所偏倚，故谓之中。"未发，没有表现出来。

④万物之奥：语出《老子》第六十二章，原文为："道者，万物之奥。"
意为道是万物深藏之处。奥，原指室中的西南隅，引申为深藏，
不易窥见。

⑤明道：即程颢。见《四勿说》注⑮。

⑥"每令"句：意为常叫他的弟子看他喜怒哀乐未发时作何景象。

⑦微言：精深微妙的言辞。残篇断简：残缺不全的书籍。

⑧蕴：深奥处。

⑨五千余言：指《老子》一书。烂然：明亮，清楚。

⑩解：指苏辙的《老子解》。

⑪道全：北宋筠州（州治在今江西高安）黄蘗山和尚。

⑫当道全意：苏辙于元丰二年（1079）上书神宗，请求以自己的官爵
为其兄苏轼赎罪（苏轼因"乌台诗案"而被捕入狱），被贬为筠州
监盐酒税。在此期间，同道全经常讲论佛道。他在《自题〈老子
解〉后》说："是时，予方解《老子》，每出一章，辄以示全。全辄叹
曰：'此皆佛说也。'"（《老子解》卷四）

⑬子瞻：即苏轼（1037—1101），字子瞻，自号东坡居士。因排行第
一，人称为苏长公。嘉祐进士。神宗时，历官祠部员外郎，知密
州、徐州、湖州。因反对王安石变法，以作诗"谤讪朝廷"罪贬谪
黄州。哲宗时任翰林学士，官至礼部尚书。反又屡遭贬谪，最后
北还，病死常州（今江苏常州）。追谥文忠。宋代文学家、书画
家。与父洵弟辙合称"三苏"。其文明白畅达，为"唐宋八大家"
之一。其诗清新豪健，善用夸张比喻，具有独特风格。其书法取
诸晋、宋诸名家，而又能自创新意。论画主张神似，并善画竹，亦
喜作枯木怪石。著有《东坡七集》及存世书画作品。《宋史》卷三

三八、《藏书》卷三九、《宋元学案》卷九九、《琅琊代醉编》卷一六等有传。

⑭又当子瞻意：苏轼读到苏辙修改的《老子解》时，曾说："使战国有此书，则无商鞅、韩非；使汉初有此书，则孔、老为一；使晋宋间有此书，则佛、老不为二。不意老年见此异特。"（苏辙《跋〈老子解〉》）

⑮奇特：指见解的新奇独特。

【译文】

听了主人的话后，我感慨叹息，如若我的求道像今日的吃高粱，那还分什么孔子的儒教和老子的道教呢！自此以后我就专门研究《老子》，当时又读到苏辙的《老子解》。解释《老子》者很多，而苏辙的讲解最好。苏辙引用《中庸》的话："喜怒哀乐之未发谓之中。"喜怒哀乐之情未发时都是性情的本然，无所偏倚，所以叫"中"，这是万物深藏之处，宋儒自从程颢之后，相互传授，常叫弟子们看他喜怒哀乐未发时作何种景象。苏辙从残缺不全的书籍中得到了精深微妙的言辞，所以就很好地解释出《老子》的深奥思想，使《老子》五千余言得以清楚明白，学者应该天天去阅读它。苏辙完成《老子解》后，让道全看，道全甚为赞赏；苏辙把《老子解》寄给苏轼，苏轼也很赞赏。而今苏辙已逝世五百多年，没想到我又见到他对《老子》的这种新奇独特的解释。哎呀！这是不是由于真正的饥饿之后才能得到呢。

高同知奖劝序　　高系土官父祖作逆

【题解】

本文于万历八年（1580）写于云南姚安。高同知，指高金宸。同知，知府、知州的佐官。这里指土府同知。该年巡按刘维报请上司奖励群吏，时任姚安知府的李贽与高金宸、姚州知州罗琪等同获嘉奖。李贽为高金宸写奖语悬挂其家门的同时，又应同官之请，写了这篇序以贺。
《姚安县志》卷六三《金石志》中收有此文，题作《贺世袭高金宸廥奖序》。
同书卷二五《人物志》载："高金宸，字天衢，土府同知，署姚安府事。万
历中（因……）功，进秩赐四品服，知府李贽作序以奖之。"高金宸，《明
史》卷三一四《云南土司二》作高金。土府同知，明代于我国西北、西南
各少数民族地区设置土司制度，武职有宣慰使、宣抚使、安抚使等，文职
有土知府、土知州、土知县等，统称"土官"。土官均由少数民族头领担
任，并子孙世袭。土府同知，即土知府。父祖作逆，据《明史·云南土司
二》，高金宸的父亲高钦、叔父高钧，均因追随武定府土官凤继祖争权作
乱，兵败被杀。在这篇序文中，李贽肯定了朱元璋在中央集权下的民族
政策，体现了坚持集中统一，坚持民族团结，反对民族分裂的进步思想。

　　余尝语高子曰①："我国家统一寰宇②，泽流区内③，威制
六合④，不务广地而地自广，盖秦皇所不能臣⑤，汉武所不能
服者⑥，悉入版图矣。若干羽之格⑦，东渐西被，朔南暨及⑧。
以今视之，奚啻千百耶⑨！然此人能言之矣，吾且言其设官
分职以为民极者⑩，与子扬厉之可乎⑪？

【注释】

①高子：指高金宸。

②寰宇：天下。

③泽流区内：恩泽遍布国内。

④六合：指上、下、东、西、南、北，天地四方。

⑤秦皇：指秦始皇（前259—前210），即嬴政。战国时秦国国君，秦
　　王朝的建立者。公元前221年，消灭割据称雄的六国，建立了中
　　国历史上第一个统一的中央集权的封建国家。而后在政治、经

济、文化上实行了一系列重大改革,举其要者有:废除分封制改为郡县制,统一法令、历法和度量衡,统一文字,修筑长城,收天下兵器,焚书坑儒等。这些改革与措施,有的对中国历史的发展起到了巨大促进作用。但其严刑苛法,专制统治,也激化了阶级矛盾,使秦王朝二世即在农民起义的烽烟烈火中覆灭。《史记》卷六、《藏书》卷二等有传。

⑥汉武:即汉武帝刘彻(前156—前87),公元前140至公元前87年在位。他在位期间,在"独尊儒术"的同时,兼用法术、刑名,以加强统治。同时削弱地方势力,限制富商大贾,兴修水利,移民西北屯田,把冶铁、煮盐、铸钱收归官营,设置平准官、均输官,由官府经营运输和贸易,有力地巩固了中央政权的统治。在对外政策上,派张骞两次至西域,派唐蒙至夜郎(今贵州、云南、四川、广西部分地区),并任用卫青、霍去病进击匈奴,加强了对边疆的统治,促进了经济文化的交流。《史记》卷一二、《汉书》卷六、《藏书》卷三等有传。

⑦干羽之格:语本《尚书·大禹谟》:"帝乃诞敷文德,舞干羽于两阶,七旬,有苗格。"意为舜帝就大力施行文德,拿起干羽在台阶前跳舞。七十天后,有苗来归服。指显耀武力与文德教化。干羽,舞具。干,盾。羽,雉尾。武舞执干,文舞执羽。格,至。这里指归顺。

⑧"东渐"二句:意为东西南北都受到影响。渐,流入。被,及,到。朔,北方。暨,到达。

⑨奚啻(chì):何止。千百:极言其多。

⑩民极:民众的准则。极,准则。

⑪扬厉:发扬光大。

【译文】

我曾对高金宸说:"我们国家统一天下,恩泽遍布国内,威力制服天地四方,不致力于扩大国土而国土自然广阔,秦始皇不能使之为臣的,汉武帝不能制服的,现在都归到我们的管治之下了。我们的武力和文德教化,东西南北都受到影响。现在看起来,这一切真是太多太多了。然而这些人人都知道,我这里只说一说设官分职的民众的准则,和你一起使之发扬光大可否?

"夫滇南迤西①,流土并建②,文教敷洽③,二百余年矣。盖上采前王封建之盛制④,下不失后王郡县之良规者也⑤。夫前有封建,其德厚矣,而制未周;后有郡县,其制美矣,而德未厚⑥。惟是我朝,上下古今,俯仰六王⑦,囊括并包⑧,伦制兼尽⑨,功德盛隆,诚自生民以来之圣之所未有也。故余谓若我圣朝卜世卜年⑩,岂特丕若有夏⑪,勿替有殷,且兼成周有道之长⑫,衍汉、唐、宋无疆之历⑬,万亿斯年,未有艾矣⑭。此岂直为小臣祝愿之私哉!其根本盛者,其枝叶无穷,理固然耳。

【注释】

①滇南迤(yǐ)西:云南昆明以西。滇,云南的别称,又因位于国土南部,故又称滇南。名胜滇池,又称滇南泽。迤西,昆明以西。谢肇淛(zhè)《滇略》卷四:"滇以会城为界,其东曰迤东;其西曰迤西。合而言之曰两迤。"

②流土并建:流官土官同时设立。流官,对土官而言,指明朝廷派遣到川、滇、黔等少数民族地区的地方官。因有一定的任期,非世袭,非土著,有流动性,故称。

③文教敷洽(qià):指文化教育传布周遍。敷洽,广布。

④前王:指夏商周三代的帝王。封建:封邦建国。古代帝王把爵

位、土地分赐亲戚或功臣,使之在各自区域内建立邦国,即分封
诸侯的制度。这一制度至周代始完备。

⑤后王:指秦始皇。郡县:秦始皇统一中国后,分全国为三十六郡,
郡下设县,为郡县政治之始,并为后代所继承。

⑥德未厚:指秦始皇实行的严刑苛法。

⑦六王:据下文而知指夏、商、周、汉、唐、宋六个朝代。

⑧囊括并包:指包括了六个王朝所有的优点。

⑨伦制兼尽:伦理、制度都完备。

⑩卜世卜年:预期明朝统治的世代和年数。卜,占卜,预测。

⑪丕若有夏:与下文"勿替有殷",语本《尚书·周书·召诰》:"其曰
我受天命,丕若有夏历年,式勿替有殷历年。"意为我们接受的大
命,会如夏代统治年数,不废(即加上)商代统治年数。"丕"与下
句"式",都是句首语气助词,无义。有夏,指夏朝。"有",语助
词,无义。替,灭,废。殷,商。商王盘庚从奄(今山东曲阜)迁殷
(今河南安阳)后,周人即改称商为殷,历史上统称殷商。这里指
整个商代。

⑫"且兼"句:意为再加上周代以德治国那样长的岁月。成周,即周
朝。有德,有道德。

⑬衍:延长。

⑭艾:止,尽。

【译文】

"云南昆明以西,流官土官同时设立,文化教育传布周遍,已二百多
年了。既采用上古夏商周三代帝王的封邦建国之制,又遵照了后王秦
始皇设立的郡县政治的规制。前有封邦建国之制,德教深厚,但政治规
制不周全;后有完美的郡县政治的规制,但德教却不足。只有我们明
朝,上下古今,观察了夏、商、周、汉、唐、宋六朝,吸收了他们的所有优
点,伦理、制度都完备,功德兴盛,是自生民以来的圣朝所没有的。所以

我认为如若预期我明朝统治的世代和年数,不但会有夏代的年数,也会有商代的年数,还会加上周代以德治国那样长的岁月,延长到汉、唐、宋无穷尽的岁月,万亿之年,不会终结。这并不是我这个小臣私自的祝愿!这就像一棵树,如若根本盛壮,枝叶就会繁荣无尽,道理就是这样。

　　"尔高氏之先,吾不知其详矣。自为内臣以来[1],我高皇帝怜其来归而不忍迁之也[2],则使之仍有土之业[3];因其助顺而不忍绝之也[4],则使之与于世及之典[5]。又念其先世曾有功德于民,而吾兵初不血刃也[6],则授以大夫之秩[7],以延其子孙而隆其眷[8]。夫当混一廓清之日,摧枯拉朽之际[9],谋臣猛将,屯集如云,设使守汉、唐之故事[10],或因其来归也,而待以不死[11],可若何? 或因其效顺也,而遂迁之内地,使不得食其故土之毛[12],可若何? 虽其先或有功德,而没世勿论也[13],其又若之何? 故吾以为我祖宗之恩德至厚也。

【注释】

①内臣:内附之臣。指归服明王朝中央政权。据《明史·云南土司二》,洪武十七年(1384),"西平侯沐英奏以土官高保为姚安府同知、高惠为姚安州同知。"所谓高氏为内臣一事,当自此始。

②高皇帝:指明太祖朱元璋(1328—1398),名兴宗,字国瑞,濠州钟离(今安徽凤阳东)人。出身贫寒,少时曾在皇觉寺为僧。元末曾参加郭子兴部红巾军。后转战各地,壮大势力,杀害红巾军领袖韩林儿,消灭割据势力张士诚,于1368年建都南京,国号明,年号洪武。同年攻克大都(今北京),推翻元朝统治,以后逐步统一中国。1949年以后实行了一系列发展生产、加强中央集权的

措施。洪武三十一年(1398)卒,谥曰高皇帝,庙号太祖。《明史》
卷一、二、三等有传。

③有土之业:有对一方疆土的治理权。指保持高保、高惠对姚安地
区的治理权。

④助顺:指高保等辅助明王朝镇压自久的叛乱。据《明史·云南土
司二》,洪武十六年(1383),"姚安土官自久作乱。官兵往讨,……
保、惠从英(西平侯沐英)击自久,平之。"　不忍绝之:指不断绝
朝廷给高氏的恩典。

⑤"则使之"句:意为使他们能得到世袭的恩典。与于,获得,参与。
世及,世袭,世代相传。

⑥"又念"二句:意为由于高氏祖先归顺,使明军得以不流血地进入
姚安地区。初,当初。

⑦大夫之秩:大夫的品级。明代官阶,从五品以上为某某大夫,高
氏为官的土府同知是正五品,所以说"授以大夫之秩"。

⑧延:延续,延伸。隆其眷:使之得到深厚的顾念,特别看重。

⑨"夫当"二句:指朱元璋扫平群雄,统一全国。廓清,澄清,肃清。

⑩故事:成例。

⑪待以不死:免于一死。

⑫"使不得"句:意为使他吃不到故乡地里生长的东西。指被迁徙
离开老家。毛,指地上生长的植物,这里指谷物。

⑬没世勿论:死了就不再提。

【译文】

"对你高氏先祖的情况,我不太了解。自从你们先祖归服明朝中央
以来,我高皇帝高兴他们的归服而不忍心把他们迁移他处,仍然使他们
保持着对姚安地区的治理权;又因为他们辅助朝廷镇压了自久的叛乱,
不断绝朝廷给高氏的恩典,并使之世代相传。又考虑到你们先祖很顺
利地归依了中央,使得明军不流血地进入了姚安地区,就授予他们大夫

的官位，并延续到他们的子孙，使之得到深厚的顾念。等到高皇帝扫平群雄，统一全国之际，谋臣猛将，屯集如云，如若依照汉、唐的成例，或者因为他们归顺了，就免于一死，怎么样？或者因为他们忠顺投诚，就把他们迁到内地，使他们远离故乡，又怎么样？有时虽然先人有功德，而死了也就不再提及，这又怎么样呢？所以我认为我高皇帝对你们的恩德是非常深厚的。

　　"且今之来此而为郡守州正县令者①，岂易也哉？彼其读书曾破万卷，胸中兵甲亦且数十万，积累勤矣。苟万分一中选②，亦必迟回郎署十余年③，跋涉山川万余里。视子之爵不甚加④，而亲戚坟墓则远矣。然犹日惶惶焉以不得称厥职是惧⑤，一有愆尤⑥，即论斥随之⑦，与编户等矣⑧。其来远，其去速；其得之甚难，而失之甚易也。如此回视吾子安步而行⑨，乘马而驰，足不下堂阶，而终身逸乐，累世富贵不绝，未尝稽颡厥廷⑩，而子孙秩爵与流官埒⑪。是可不知其故乎？

【注释】

①郡守：即知府。郡守，战国时置，初为武职，后逐渐成为地方长官。秦时分天下为三十六郡，一郡最高行政长官称守，或郡守。汉景帝时改称太守。宋代于升府之处，命朝臣出充长官，称为知（主持）某府事，简称知府。明代始以知府为正式名称，管辖州县，为府一级行政长官。州正：即知州。宋代派朝臣为州一级的地方行政长官，称"权知某军州事"，简称知州。原意为暂行主持本军本州事务。明代始以知州为州的长官名称。知州有两种：一为直隶州知州，其地位稍低于知府；另一种为散州的知州，其地位与知县实际无区别。县令：即知县，一县的行政长官。

②中(zhòng)选：被选中，合格。这里指被选中为上文所说的"来此而为郡守州正县令者"。

③迟回郎署：徘徊郎署。即长期担任郎官，而得不到提升。迟回，徘徊，滞留。郎署，汉唐时宿卫侍从官的公署。明清时指京城部曹(各部司官分科办事的官署)。

④"视子"句：意为比你的爵位(品级)高不多少。指知府比土府同知的品位高不了多少。

⑤"然犹"句：意为整日恐惧怕不称职而受处罚。厥，其。

⑥愆尤：过失。

⑦论斥随之：跟着就要定罪斥逐。论斥，论罪斥逐。

⑧编户：编入户籍的普通人家，指老百姓。

⑨吾子：指高金宸。

⑩稽颡(sǎng)厥廷：向皇帝叩头。稽颡，古代一种跪拜礼，屈膝下拜，以头触地，表示极度的虔诚。廷，朝廷。

⑪埒(liè)：等同。

【译文】

"况且而今来这里为知府、知州和知县的人，难道容易吗？他们或读书破万卷，或胸中有数十万甲兵的谋略，都是多年勤奋的结果。如若被选中来此为官，也得滞留在官府十多年而不得提拔，跋涉山川万余里才来到此处。与你相比官位差不多，但他们的亲戚与先人的坟墓却在万里之外。而且整日还担心不称职而受到处罚，一有过失，就会被论罪斥逐，被贬为平民。他们从远处而来，被斥逐离去却很快；他们得到官位很难，而失去官位却极为容易。看看你安稳地缓步而行，随意地乘马而驰，足不下堂阶，一生闲暇快乐，世代富贵不绝，不曾向皇帝叩头礼拜，而子孙的官位却与流官一样。你难道不知道这是什么原因吗？

"且夫汗马之功臣①，其殊勋懋伐②，载在盟府③，尚矣。乃其后嗣不类④，或以骄奢毁败，虽有八议⑤，不少假借⑥。外之卫所⑦，其先世非与于拔城陷阵之勋，则未易以千户赏，况万户乎⑧。今其存者无几矣。幸而存，非射命中⑨，力搏虎，则不得以破格调⑩；其平日非敬礼君子，爱恤军人，则不可以久安：亦既岌岌矣⑪。惟土官不然。若有细误⑫，辄与盖覆⑬；若有微劳⑭，辄恐后时⑮。郡守言之监司⑯，监司言之台院⑰，而赏格下矣⑱。

【注释】

①汗马之功臣：有战功的功臣。汗马，指作战时战马奔驰而出汗。喻指劳苦征战。

②殊勋懋（mào）伐：大勋大功。懋，同"茂"，盛大。伐，古代臣子评功的品级之一。亦泛指功勋，功业。

③盟府：语出《左传·僖公五年》："勋在王室，藏于盟府。"古代掌管保存盟约文书的官府。

④后嗣（sì）不类：后代不肖。

⑤八议：古时封建王朝减免罪罚的八种规定。亦称"八辟"。唐长孙无忌《唐律疏议·名例》对此有详细说明。

⑥不少假借：也不稍予宽容。少，稍。假借，宽容。

⑦卫所：明代的军事编制。数府划为一个防区设卫，卫的长官称指挥使。一府设所，称千户所和百户所，所的长官称千户、百户。卫所长官均为世袭军职。

⑧万户：即万户府，统领所属千户所。也是世袭军职。

⑨射命中：语本《汉书》卷五四《李陵传》："力扼（捉持）虎，射命中（射中预定的目标）。"与下文"力搏虎"，都是指武艺高强。

⑩以破格调：指越级提拔。

⑪岌岌：危险的样子。

⑫细误：小过失。

⑬辄与盖覆：总是给以掩盖。辄，每每。

⑭微劳：细小的功劳，些微辛劳。

⑮后时：不及时。

⑯监司：监察州县的地方长官。在明代是按察使及各道道员为监司。

⑰台院：御史台、都察院的简称。御史台，汉代设置，明初改为都察院。这里指明代纠劾百官的都察院及其派出巡按州县考察官吏的都御史、监察御史等。

⑱赏格：奖赏所定的报酬条件。

【译文】

　　"况且有战功之臣，有大勋大功，都保存在盟约文书的官府，这是被尊崇之举。但是他们的后代若不肖，或因骄奢导致兵败，虽有减免罪罚的八种规定，也不会得到稍稍的宽容。军事编制的卫所，他们的先辈如若没有拔城陷阵之功勋，也很难得到千户的封赏，何况万户呢。而今这样被封赏的后代也不多了。幸运存留下来的，如若不是武艺高强，也不会得到越级提拔；那些平日不知道敬礼君子，爱护关怀军人的人，也不会长期安稳为官；所以他们也总是处于担心危险的状态。只有土官不是这样。如若犯有小过失，总是给以掩盖；若有些微辛劳，奖赏唯恐不及时。郡守会立即报告监察州县的地方长官，地方长官会立即报告御史台和都察院，奖赏就会立刻发下。

　　"夫同一臣子，同一世官也①，乃今以郡守则不得比，以卫所世官则不得比，以功臣之子孙则又不得比，其故何哉？盖功臣之子孙，恐其恃功而骄也，则难制矣，故其法不得不详,非故薄之也。若郡守,则节制此者也②,非大贤不可;卫所世官,则拥卫此者也③,非强有力知礼义亦不可,故宜其责之备耳④。夫有拥卫以防其蔓⑤,有节制以杜其始⑥,则无事矣,故吾子得以安意肆志焉⑦,以世受有爵之荣,是其可不知恩乎?知恩则思报,思报则能谨守礼而重犯法⑧,将与我国家相为终始,无有穷时,其何幸如之!"

【注释】

①世官:世袭的官员。

②节制此者:这里指管辖该府、州、县等地方。下文"此",义同。

③拥卫:保卫,护卫。

④备:完备。

⑤蔓:蔓延,滋长。

⑥杜其始:杜绝(坏事)于初起之时。

⑦安意肆志:放心享乐。安意,安心,放心。肆志,随心所欲。

⑧重犯法:难于犯法。重,慎重,谨慎。

【译文】

"同是臣子,同是世袭之官,以地方的郡守官员与土官不能比,以军事编制的卫所官员与土官不能比,以功臣的子孙与土官也不能比,原因何在?因为功臣的子孙,担心他们依仗着先人的功劳而骄傲,难以管制,所以对他们不得不详细管理,这并不是故意轻视他们。郡守之官,管理着一个地方,没有贤德是不行的;军队的卫所世袭官员,担负着保卫的任务,没有强有力又知礼义的人是不行的,所以对他们的要求也比较完备。有军队卫所官员的保卫可以防止祸乱的滋长,有各级官员的管辖可以杜绝坏事的发生,这样可以平安无事,所以你才能安心享乐,享受世袭官爵的荣誉,这怎么能不知道感恩呢?知恩就应该报恩,报恩就应该遵守礼义而不触犯法律,那就会和国家一样长久,没有完结之日,这是多么的幸运!"

　　余既与高子时时作是语已。今年春,巡按刘公直指铁骢①,大敉群吏②,乃高子亦与奖赏。然则高子岂不亦贤哉!高子年幼质美,深沉有智,循循雅饬③,有儒生之风焉。其务世其家以求克盖前人者④,尤可嘉也。於戏⑤!余既直书奖语悬之高门,以为高氏光宠矣,因同官之请⑥,又仍次前语以贺之⑦。其尚知恩报恩,以无弃余言,无负于我国家可也!

【注释】

①刘公:即刘维,字德纮(hóng),号九泽,江陵(今湖北江陵一带)人。当时刘维以监察御史身份巡按云南。明代骆问礼《万一楼集》卷三〇有传。直指铁骢(cōng):比喻刘维的严正无私。直指,汉官名。即直指使。汉武帝时期朝廷设置的专管巡视、处理各地政事的官员,他们"出讨奸猾,治大狱","指事而行"。(见《汉书》卷一九《百官公卿表》)铁骢,即"铁马"之意。此系活用"骢马御史"的故事。《后汉书》卷三七《桓典传》载,侍御史桓典不避权贵,专与宦官作对,因常乘坐骢马,京师称他为"骢马御史"。

②敉(mǐ):安抚。

③循循雅饬(chì):稳重典雅。

④"其务"句:意为他努力世袭家世,建树功勋,以期能够掩盖其父祖作逆的罪过。前人,指其父祖辈。

⑤於戏:同"呜呼"。

⑥同官：在同一官署任职的人，同僚。

⑦次：编。

【译文】

　　我不久前常常与高金宸说以上的话。今年春天，巡按刘维铁面无私如同铁马御史，广泛地安抚众官员，高金宸也在奖赏之中。那么高金宸不是也很贤德吗！高金宸年幼漂亮，深沉而有智谋，稳重典雅，有儒生的风度。他努力世袭家世，建树功勋，希望能够掩盖其父祖作逆的罪过，更值得赞赏。呜呼！我已经书写了奖励之语牌匾悬挂在高氏的门上，以为高氏家的荣耀，因为在同一个官署任职的同僚之请，又因此编述前面之语以庆贺。他们很重视以恩报恩，所以不会抛弃我所说的话，不会辜负我们明朝国家就是了。

送郑大姚序

【题解】

　　本文于万历七年（1579）写于云南姚安。郑大姚，云南姚安府大姚县（今云南楚雄彝族自治州大姚）知县。序，这里是指"赠序"，古代文体的一种，内容为惜别赠言，多推重、勉励之辞。万历七年，李贽正在姚安知府任之间，下属郑大姚将离任，李贽作此赠序送行。文中赞汉代曹参、汲黯的无为而治，赞郑大姚的治政与黄老之学"天资冥契，与道合真"，并直接提出"至道无为，至治无声，至教无言"的政治主张，都可见出李贽的从政思想。联系他在这期间所写的《论政篇》及其提出的"因性牖民"的理论，都显示出与传统治国策略的不协调。作为赠序，该文着笔主人公处并不多，但广引历史，以古喻今，都是为了突出主人公的政绩与精神。而对郑大姚"行李萧条，童仆无欢，直云穷矣"的处境，在同情中更含激愤。

昔者曹参以三尺剑佐汉祖平天下①，及为齐相，九年而齐国安集②。严助谓汲长孺任职居官无以逾人③，至出为东海④，而东海大治。今观其所以治齐治东海者，实大不然⑤。史称汲黯戆⑥，性倨少礼⑦。初授为荥阳令⑧，不受，耻之；后为东海，病卧闺阁内⑨，岁余不出。参日夜饮醇酒⑩，不事事⑪。吏舍日饮歌呼，参闻之，亦取酒张坐饮歌呼，与相应和。此岂有轨辙蹊径哉⑫！要何与于治而能令郡国以理也⑬？

【注释】

①曹参（？—前190）：字敬伯，沛县（今江苏沛县）人。曾为沛县狱吏，秦末随刘邦起义，屡立战功。汉朝建立后，刘邦封长子刘肥为齐王，以曹参为齐相。曹参采用"贵清静而民自定"的黄老之术，九年间齐国大治。后继萧何为汉惠帝丞相。《史记》卷五四、《汉书》卷三九、《藏书》卷九等有传。三尺剑：即剑。刘邦自称"吾以布衣提三尺剑取天下，此非天命乎"？（《史记》卷八《高祖本纪》）佐：辅助。汉祖：即汉高祖刘邦（前256—前195），字季，沛县丰邑（今江苏丰县）人。西汉王朝的建立者。秦二世元年（前209）陈胜起义，他起兵响应，称沛公。后在"楚汉战争"中，战胜项羽，建立汉朝。公元前202至公元前195年在位。在位期间，继承秦制，实行中央集权，先后消灭异姓诸侯王，并推行重本抑末政策，发展农业生产。以秦律为根据，制定《汉律》九章。这些措施有利于社会经济的发展和中央集权的巩固。《史记》卷八、《汉书》卷一、《藏书》卷二等有传。

②安集：安定。集，通"辑"，和洽，和睦。

③严助（？—前122）：即庄助，会稽吴（今江苏苏州）人。汉武帝时

曾任会稽太守。他向汉武帝推荐汲黯时说："使黯任职居官，无以逾（超过）人。然至其辅少主，守城深坚，招之不来，麾之不去，虽自谓贲育亦不能夺之矣。"（《史记·汲郑列传》）汲长孺：汲黯（？—前112），字长孺，濮阳（今河南濮阳）人。汉武帝时，任东海太守，"学黄老之言，治官理民，好清静。"（《史记·汲郑列传》）为官直言切谏，并反对汉武帝对匈奴的战争。后出为淮阳太守。《史记》卷一二〇、《汉书》卷五〇、《藏书》卷二八等有传。逾人：超过别人。

④出为东海：指汲黯出任东海郡（今山东、江苏交界的沿海一带）太守。

⑤实大不然：指实在不大符合儒家的治国方法。

⑥戆（zhuàng）：刚直。以下关于汲黯的叙述，见《史记·汲郑列传》。

⑦性倨（jù）少礼：性情傲慢，不守礼节。

⑧荥（xíng）阳：今河南荥阳。

⑨闺阁：旧指女子的住室，这里泛指内室。

⑩醇（chún）酒：味道浓厚的酒。以下关于曹参的叙述，见《史记》卷五四《曹相国世家》。

⑪不事事：不办事。

⑫轨辙蹊径：固定的路子。轨辙，车轮痕迹。蹊径，门径，路子。

⑬何与：何预，何关。治：治道，治法。

【译文】

汉代的曹参以三尺剑辅助汉高祖平定天下，后为齐王之相，九年而把齐国治理得非常安定和睦。严助向汉武帝推荐汲长孺时说他居官可能超不过他人，但他有自己的特殊能力，等汲长孺出任东海郡太守，东海郡得到大治。而今考察一下曹参治齐汲长孺治东海的办法，与儒家的治国之策实在是不大符合。史书称汲长孺刚直，性情傲慢，不守礼节。起初任命他为荥阳县令，他不接受，认为那是对他的羞辱；后来为东海太守，装病卧在内室，一年多不出来。曹参则日夜饮醇酒，不办事。官吏们在办公的房中饮酒歌唱呼叫，曹参听到，也取酒设坐饮酒歌唱呼叫，和官吏们相应和。这哪里有固定的为官之路！这与用什么治法把郡国治理好有什么关系？

《语》曰[①]："其身正，不令而行。[②]""庄以莅之，动之不以礼，未善也。[③]"以余所闻，则二子者将不免以其不正之身[④]，肆于民上[⑤]。不庄不正，得罪名教甚矣[⑥]。而卒为汉名相，古之社稷臣者[⑦]，何也？岂其所以致理者或自有在[⑧]，彼一切观美之具有不屑欤[⑨]？抑苟可以成治，于此有不计欤？将民实自治[⑩]，无容别有治之之方欤？是故恬焉以嬉，遨焉以游，而民自理也[⑪]？夫黄帝远矣[⑫]，虽老子之学[⑬]，亦概乎其未之闻也[⑭]。岂二子者或别有黄、老之术[⑮]，未可以其畔于吾之教而非诋之欤[⑯]？吾闻至道无为[⑰]，至治无声[⑱]，至教无言[⑲]。虽赐也，亦自谓不可得闻矣[⑳]，岂其于此实未有闻，而遂不知求之绳墨之外也[㉑]？余甚疑焉，而未敢以告人。属郑君为大姚令[㉒]，乃以余平昔之所疑者质之[㉓]。

【注释】

①语：指《论语》。

②"其身"二句：语出《论语·子路》。意为统治者本身行为正当，不发命令，事情也行得通。

③"庄以"三句：语出《论语·卫灵公》。意为能用严肃的态度治理百姓，假若不合理合法地动员百姓，也是不够好的。

④二子：指曹参、汲黯。不正之身：指二人的行为不符合儒家正道。

⑤肆于民上：在百姓之上行为放纵。肆，行为放纵。

⑥名教：指儒家的名分礼教。

⑦社稷臣：国家的大臣。社稷，土神和谷神。古代以社稷作为国家的代表。

⑧致理：致治，使国家在政治上安定清平。

⑨观美：外观美。具：空，徒有形式。不屑：不值得看重。

⑩将民实自治：还是百姓实在会自己治理。

⑪“是故”三句：意为统治者尽可以安闲游乐，百姓自己也能治理得很好。恬，安闲，清静。理，治理得好。

⑫黄帝：古代传说中的中央各部族共同的祖先，姬姓，号轩辕氏、有熊氏，曾率领各部落于今河北涿鹿一带先后击败炎帝和蚩尤，被拥戴为部落联盟领袖。《史记》卷一有传。

⑬老子：即李聃（dān），姓李，名耳，字伯阳，春秋楚国苦县（今河南鹿邑）人。做过周朝管理藏书的史官。孔子曾向他问礼，后隐退离去，至函谷关（一说散关），关令尹喜留下他所著的《老子》，后不知所终。老子是我国历史上的思想家，道家学派的创始人。一说老子即太史儋，或老莱子。《老子》一书是否为老子所作，历来有争论。一般认为书中所述，基本上反映了他的思想。《史记》卷六三有传。

⑭概乎其未之闻：承接上句，意为（像曹参、汲黯的治民方法）虽在老子的学说中也一概没有听说过。

⑮黄、老之术：依据黄帝、老子学说制定的治世之术，一般指道家的清静无为而治。

⑯其：指曹参、汲黯。畔：同“叛”，背叛。非诋：诽谤诋毁。

⑰至道无为：最好的学说、道德或政治制度是无为（不要过多的条规束缚）。

⑱至治无声：最好的治理是没有声音（不需要很多行政命令）。

⑲至教无言：最好的教育和道理是无言（不需要说很多话）。

⑳"虽赐"二句：《论语·公冶长》记端木赐的话："夫子之文章，可得而闻也；夫子之言性与天道，不可得而闻也。"端木赐"不可得而闻"的是孔子关于"言性与天道"的言论，这里借此用以说明"至道无为，至治无声，至教无言"的"不可得而闻"。

㉑绳墨：木匠画直线用的工具，比喻为规矩或法度。

㉒属：适逢。

㉓质：请教。

【译文】

《论语》说："统治者本身行为正当，不发命令，事情也行得通。"又说："能用严肃的态度治理百姓，如若不合理不合法地动员百姓，也是不好的。"就我所知道的这些，曹参和汲长孺的行为不符合儒家正道，因为他们在百姓之上却行为放纵。不严肃端正，太不符合儒家的名分礼教了。但他们却成了汉朝的名相、古代被称道的国家大臣，为什么？这是不是因为他们的治政方式也自有其合理性，而对于徒有形式的外观美不屑一顾呢？如若像他们可以把国家治理得安定清平，对于他们不符合儒家名分礼教的行为是不是也就可以不计较了？还是百姓实在是自己就会治理，不需要再有别的治理方法了呢？因此统治者尽可以安闲游乐，老百姓自己也能治理得很好了？黄帝离我们太远了，在老子的学说中，也没有像曹参、汲长孺那样的治民方法。是不是曹参、汲长孺或者别有黄帝、老子的治政之术，不可以因为他们的治政之术有违于我们的儒教之术就诽谤诋毁他们。我认为最好的治道就是不要过多的条规束缚，最好的治理就是不需要很多行政命令，最好的教育和道理就是不需要很多的话语。虽然聪明如端木赐，关于孔子"言性与天道"的话也都"不可得而闻"，难道他真是对此"不可得而闻"，而竟然不知求之于规矩之外吗？我非常怀疑，但不敢告诉人。适逢郑大姚县令，就把我平生这一怀疑向他请教。

夫大姚,滇下邑也①,僻小而陋,吾知君久矣其不受也②。观君魁然其容③,充然其气④,洞然不设城府⑤。其与上大夫言⑥,如对群吏,处大庭如在燕私⑦,偃倨似汲黯⑧,酣畅似曹参⑨。此岂儒者耳目所尝睹记哉⑩!君独神色自若,饮啖不辍⑪,醉后耳热,或歌诗作大字以自娱,陶陶然若不以邑事为意⑫,而邑中亦自无事。嗟夫!君岂亦学黄、老而有得者耶!抑天资冥契⑬,与道合真⑭,不自知其至于斯也!不然,将惧儒者窃笑而共指之矣⑮,而宁能遽尔也耶⑯!

【注释】

①滇下邑:云南的小县。滇,云南的别称。下邑,小县,小地方。

②不受:不接受任命。

③魁然其容:仪表魁梧。

④充然其气:精力充沛。

⑤洞然不设城府:胸怀宽广,心地坦白。洞然,清楚明了。城府,城池和府库,比喻令人难以揣测的深远用心。

⑥上大夫:古代官阶之一。周王室及各诸侯国的官阶分为卿、大夫、士三等,每等中又分为上、中、下三级。这里泛指高官。

⑦大庭:即大廷,古代朝廷的外廷。燕私:家中休息(一样从容)。燕,同"偃",休息。私,私室,指自己家里。

⑧偃倨:深居闺阁,傲慢少礼。

⑨酣畅:痛快饮酒。

⑩睹记:见过记得。

⑪啖(dàn):吃。辍(chuò):停止。

⑫陶陶然:喜欢快乐的样子。

⑬天资冥契:天性暗合。

⑭合真：吻合。

⑮共指：十手共指。语本《大学》："十目所视，十手所指，其严乎！"
意为如有不善，众人则争相指责。

⑯宁能遽(jù)尔：岂能就如此快地(做到这样)。遽尔，迅速。

【译文】

大姚只是云南的小县，既偏僻又简陋，我知道郑大姚很长时间都不
接受县令的任命。看他仪表魁梧，精力充沛，胸怀宽广，心地坦白。和
上级高官说话，和对下级官吏一样，在朝中外廷和在家中一样，深居闺
阁傲慢无礼像汲长孺，酣畅饮酒像曹参。这是儒士很少见到的！但他
神色从容，毫无拘束，饮酒吃食不停，醉后耳熟，或作诗写大字以自娱，
喜欢快乐好像不关心公事，而县中也安然无事。哎！他是不是也是学
习黄帝、老子而有所心得！或者是天性与黄老暗合，与黄老之道吻合，
他不是有意这样做的！要不然，是怕儒士们对他的作为嘲笑指责，怎么
就能如此快地做到这样！

吾与君相聚二载余矣，亦知君之为人矣，今其归也，其
有不得者乎①？夫渊明辞彭泽而赋归去②，采菊东篱③，有
深意矣。刺史王弘④，一旦二十千掷付酒家⑤，可遂谓世无
若人焉－知陶令之贤乎⑥？阮嗣宗旷达不仕⑦，闻步兵厨
有酒，求为校尉⑧。君既耻为令矣，纵有步兵之达，莫可告
语，况望有知而大用君者，亦惟有归去而已。行李萧条，童
仆无欢⑨，直云穷矣，能无恸乎！如君作达⑩，皆可勿恤
也⑪。君第行⑫，吾为君屈指而数之，计过家之期，正菊花之
候，饮而无资，当必有白衣送酒如贤刺史王公者⑬，能令君一
醉尔也。

【注释】

①其有不得者:恐怕有不得已的原因。

②渊明:即陶潜(365—427),字渊明,一字元亮,私谥靖节。浔阳柴
　桑(今江西九江)人。曾任江州祭酒、彭泽令等职。因不满当时
　政治黑暗而弃官归隐。嗜酒好文,以田园诗称,亦讽喻时政,阐
　"形散神灭""乐天安命"的观点。东晋诗人。后人辑有《陶渊明
　集》。《晋书》卷九四、《宋书》卷九三、《南史》卷七五、《藏书》卷六
　七等有传。辞彭泽:指陶渊明因不能"为五斗米折腰向乡里小人
　(指郡里派来的督邮小官)"(《宋书·隐逸传》),而辞去彭泽(今
　江西彭泽)令。赋归去:指陶渊明辞官时撰写的《归去来兮辞》。

③采菊东篱:陶渊明归隐后作《饮酒诗》二十首,其第五首有"采菊
　东篱下,悠然见南山","此中有真意,欲辩已忘言"等语。

④刺史王弘:王弘(379—432),字休元,临沂(今山东临沂)人。曾
　任江州刺史。《宋书》卷四二、《南史》卷二一等有传。刺史,当时
　掌管一州的地方长官。

⑤二十千掷付酒家:事见萧统《陶渊明传》:"江州刺史王弘欲识之,
　不能致也。……先是,颜延之为刘柳后军功曹,在浔阳,与潜情
　款,后为始安郡,经过浔阳,日日造潜,每往必酣饮致醉。临去,
　留二万钱与潜,潜悉遣送酒家,稍就取酒。"李贽把颜延之送钱误
　为王弘。

⑥若人:像那样的人,指王弘(实为颜延之)。陶令:陶渊明县令。
　这里喻指郑大姚。

⑦阮嗣宗:阮籍(210—263),字嗣宗,陈留尉氏(今河南尉氏)人。
　曾为步兵校尉,也称阮步兵。三国魏文学家、思想家。与嵇康齐
　名,为"竹林七贤"之一。蔑视礼教,以"自然"与"名教"相对抗,
　尝以"白眼"看待礼俗之士。著有《阮步兵集》。《三国志》卷二
　一、《晋书》卷四九、《藏书》卷六八等有传。

⑧"闻步兵"二句：据《晋书·阮籍传》："籍闻步兵厨营人善酿，有贮酒三百斛，乃求为步兵校尉。"因此，后人称阮籍为阮步兵。步兵校尉，官名。汉代开始设置，掌上林苑（皇帝校猎场）门屯兵，唐以后废置。

⑨欢：快乐。

⑩作达：通达。

⑪勿恤：不顾。

⑫第：只管。

⑬白衣送酒：南朝宋檀道鸾《续晋阳秋·恭帝》："王弘为江州刺史，陶潜九月九日无酒，于宅边东篱下菊丛中摘盈把，坐其侧。未几，望见一白衣人至，乃刺史王弘送酒也。即便就酌而后归。"后常以此典用作朋友赠酒、饮酒等。

【译文】

　　我和郑大姚相聚已经两年多了，对他的为人甚为了解，而今他要归去，恐怕有不得已的原因吧？陶渊明辞去彭泽令时写了一篇《归去来兮辞》，后来在《饮酒诗》中又说"采菊东篱下，悠然见南山"，"此中有真意，欲辩已忘言"，其中都含有深深的感慨。刺史王弘，为了与陶渊明交往，把二万元付与酒家作为陶渊明饮酒之资，怎么能说世上没有像王弘那样深知陶渊明的人呢？阮籍开朗豁达不愿为官，但听说步兵厨有好酒，就主动求为步兵厨的校尉。大姚君不愿意为大姚县令，纵然具有阮籍的豁达，也无处可说，何况还希望有知者能得到重用呢，所以只有辞官而去罢了。看到你行李简陋，童仆愁苦，直言穷困，怎能不使我痛心悲哀。希望你能通达，都不要去顾念。你只管前行，我屈指为你算了一下行程，估计到家之时，正是菊花盛开之际，你饮酒没有钱，一定会有像王弘那样的贤刺史身着白衣送酒而来，使你一醉方休。

《李中丞奏议》序代作

【题解】

本文写作时间不详。李中丞,指李世达(1532—1599),字子成,号渐庵,晚年更号廓庵。泾阳(今陕西泾阳)人。嘉靖三十五年(1556)进士。历官户部主事、南京太仆卿、山东巡抚、右佥都御史、右副都御史、吏部尚书、刑部尚书、左都御史等。卒谥敏肃。李贽好友。《续藏书》卷一八、《澹园集》卷三四、《续澹园集》卷一〇、《明史》卷二二〇、《明史稿》卷二〇四、《明书》卷一三三等有传。"中丞",汉代设"御史中丞"一职,与明代都察院的"都御史"相当,明代对佥都御史、副都御史和都御史俗称"中丞"。奏议,是封建时代官吏向皇帝上书陈述政见的一种文体。本文通过对"奏议"的论述,论证了"时"与"务"的关系,提出了时迁务变的观点,强调了"奏议"要起到"一时急务,千载石画"的作用,不但表现出李贽时势推移发展的进步历史观,也可见出他对文学社会作用的一种认识。正是从这一理论出发,文中对汉、唐、宋几位奏议作者的代表人物的评论,也极为中肯而准确,这又显示出李贽文学批评的独具眼力。

　　传曰①:"识时务者在于俊杰②。"夫时务亦易识耳,何以独许俊杰为也?且夫俊杰之生,世不常有,而事之当务③,则一时不无,若必待俊杰而后识,则世之所谓时务皆非时务者欤?抑俊杰之所识者④,必俊杰而后识,非俊杰则终不能识欤?吾是以知时务之大也。

【注释】

①传(zhuàn):泛指历史典籍。

②"识时务"句：语本《三国志·蜀书·诸葛亮传》裴松之注引《襄阳记》，汉末隐士司马徽曾对刘备说："儒生俗士，岂识时务？识时务者，在乎俊杰。"时务，指当时的形势与政治事务，以及应当做的重要事务。

③事之当务：急需处理的事务。

④抑：或。

【译文】

古书上记载说："能够认清当时的形势和应做的事务的，是那些聪明能干的杰出人物。"一般人会说，时务也是容易认识的呀，为什么认为只有杰出人物才能认识呢？况且，杰出人物是不常出现的，可是急需处理的事务，却无时不有，如果时务必须等待杰出人物出现后再来认识和处理，那么，世上所说的时务岂不就不成时务了吗？还是因为杰出人物所认识的时务，必须在他们认识以后才算时务，不是杰出人物就永远不能认识吗？由此，我认识到识时务是个很大的问题。

奏议者，议一时之务而奏之朝廷，行之邦国，断断乎不容以时刻缓焉者也①。奏议多矣，而唐独称陆宣公者②，则以此公之学有本，其于人情物理，靡不周知，其言词温厚和平，深得告君之体，使人读其言便自心开目明，惟恐其言之易尽也。则真所谓奏议矣。然亦不过德宗皇帝时一时之务耳③。盖德宗时既多艰，又好以猜忌为聪明，故公宛曲及之④。长短疾徐，务中其肯綮⑤，以达乎膏肓⑥，直欲穷之于其受病之处⑦，蠹弊之源⑧，令人主读之，不觉不知入其中而不怒，则奏议之最也。若非德宗之时，则又乌用此哉？

【注释】

①"断断"句:意为万万不允许有一时一刻的迟缓。

②陆宣公:即陆贽(754—805),字敬舆,唐苏州嘉兴(今浙江嘉兴)人。大历进士。唐德宗时任翰林学士、宰相等职。后被贬为忠州(今重庆忠县)别驾,死于任所。卒谥曰"宣"。所作奏议数百篇,讥陈时病,深切著明,行文多用排偶,深为后世推崇。著有《翰苑集》(或称《陆宣公奏议》)。《旧唐书》卷一三九、《新唐书》卷一五七、《藏书》卷三四等有传。

③德宗:即李适(kuò),公元 779 年至 805 年在位。当时内忧外患,时局艰危,他曾一度逃离首都长安至奉天(今陕西乾县)。《旧唐书》卷一二、卷一三、《新唐书》卷七、《藏书》卷七等有传。

④宛曲及之:婉转地说明问题。

⑤肯綮(qìng):本指筋骨结合的地方,后用以比喻关键、要害之处。

⑥膏肓(huāng):古代把心脏下面的部位叫膏,心脏和隔膜之间叫肓,认为膏肓之间是药力达不到的地方,并用以比喻难治之症。

⑦穷:追究、深究。

⑧蠹弊之源:疾病的根源。蠹,蛀虫。

【译文】

奏议,就是议论一时的重要事务并上奏给皇帝,推行到全国,是万万不允许有一时一刻迟缓的。历史上的奏议很多,然而唐朝只有陆宣公的奏议最出名,就是因为他的学问有根底,他对于人情事理没有不知道的,而且他的奏议言词温厚和平,很懂得向皇帝进言的方法,使人读了他的文章自然心明眼亮,只怕这文章很快读完了。这才称得上真正的奏议呀。然而他所议论的,也不过是德宗皇帝时一时的事情罢了。德宗在位时,时局已经是艰难危急,他又性好猜忌,自以为聪明,所以陆贽婉转曲折地向他指出来。文章或长或短,用语或激烈尖锐,或舒缓含蓄,力求抓住关键,打中要害,一直深入到弊病的症结和根源。让皇帝读了它,不知不觉地被吸引住而不发怒,这样的奏议真是写到家了。可是如果不是德宗那个时期,又何必用这种方法呢?

汉有晁、贾:晁错有论,贾谊有策①。今观谊之策,如改正朔②,易服色③,早辅教等④,皆依仿《周官》而言之⑤。此但可与俗儒道,安可向孝文神圣之主谈也⑥。然三表、五饵之策⑦,推恩分王之策⑧,以梁为齐、赵、吴、楚之边,剖淮南诸国以益梁而分王其子⑨。梁地二千余里,卒之灭七国者,梁王力也。孰谓洛阳年少通达国体⑩,识时知务如此哉!至今读其书,犹想见其为人,欲不谓之千古之俊杰,不可得矣。若错之论兵事⑪,与夫募民徙边,屯田塞下⑫,削平七国等,皆一时急务,千载石画⑬,未可以成败论人,妄生褒贬也。盖时者如鸷鸟之趋时⑭,务者如易子之交务⑮,稍缓其时,不知其务则殆⑯,孰谓时务可易言哉!其势非天下之俊杰,固不能以识此矣。

【注释】

①"汉有"三句:晁(cháo),即晁错(约前200—前154),西汉颍川(今河南禹州)人。历任博士、御史大夫,汉景帝的主要谋士之一,号称"智囊"。他向景帝建议削弱诸侯割据势力,加强封建中央集权,坚决抗击匈奴。后来吴楚七国以"清君侧"为名起兵叛乱,晁错在政敌爰盎等攻击谗害下被杀。政治家,文学家。后人整理有《晁错集》。《史记》卷一〇一、《汉书》卷四九、《藏书》卷一五等有传。贾,即贾谊(前200—前168),西汉雒阳(今河南洛阳)人。历任博士、太中大夫、长沙王太傅和梁怀王太傅等。政治家、文学家。他提出的打击诸侯割据势力以加强中央集权,发展

农业生产,抗击匈奴侵略等主张,对巩固西汉政权都起了很大作用。他的著作经后人整理成《新书》。《史记》卷八四、《汉书》卷四八、《藏书》卷三六等有传。论、策,这里意思相同,均指晁错、贾谊写给皇帝的奏疏,如晁错的《言兵事疏》《守边劝农疏》,贾谊的《治安策》等,都是著名的奏议代表。李贽有《李卓吾先生批选晁贾奏疏》一书,现存北京国家图书馆。

②改正朔:改定岁首,即改变历法。正,正月,一年的开始。朔,初一,每月的开始。正朔,就是岁首。古代各朝历法不尽相同,岁首也就不一样。汉承秦制,以十月初一为岁首,贾谊认为汉兴二十多年,应当改定岁首。

③易服色:改换车马服饰的颜色。古时改朝换代,就依"五行"之说改换服色。贾谊认为秦属水德,崇尚黑色,土克水,汉是土德,应该崇尚黄色。

④早辅教:及早为太子选择师傅和左右之人,以便辅佐和教育太子。

⑤《周官》:《周礼》的原名,儒家经典之一。

⑥孝文:即汉文帝刘恒,公元前179年至前157年在位。《史记》卷一〇、《汉书》卷四、《藏书》卷三等有传。

⑦三表、五饵:是贾谊向汉文帝建议对付匈奴侵扰的一种怀柔政策。三表,指对其讲信义,喜爱其形貌,爱好其技艺。五饵,指赐之以盛服车乘、盛食珍味、音乐美女、深宅大院府库奴婢和亲近安抚其首领。

⑧推恩分王:指贾谊提出的"众建诸侯而少其力"的策略,即将诸侯王的领地再分封给他们的子孙,使大的侯国分成若干小国。这在名义上是皇帝推恩及诸侯子弟,实际上则削弱了诸侯王的势力,加强了中央集权。

⑨"剖淮南"句:梁指梁王刘武,汉文帝之子。汉文帝根据贾谊的建

议,扩展梁王刘武的封地,同时将有野心的异母兄弟淮南厉王刘长废徙,把淮南国分而为三。后来吴楚七国叛乱时,受到梁王阻击。"吴楚不敢过而西",并在周亚夫等配合下,平定了七国的叛乱。

⑩洛阳年少:语本《史记》卷八四《屈原贾生列传》。指贾谊。贾谊任太中大夫时,深得文帝信任,文帝要提升贾谊为公卿,遭到周勃、灌婴等人的反对。他们说贾谊"洛阳之人,年少初学,专欲擅权,纷乱诸事"。通达国体,通晓国家大事。国体,治国之法。

⑪论兵事:指晁错的《言兵事疏》。在该疏中,晁错精辟地分析了边塞战争敌我双方的形势,并提出了相应的对策。

⑫"与夫"二句:指晁错的《守边劝农疏》《募民实塞疏》。在此二文中,晁错提出募民迁徙塞下,平日发展生产,战时相互救助,并"劝以厚赏,威以重罚",在当时都是抗击匈奴侵扰的积极措施。

⑬千载石(shuò)画:千年大计。石,同"硕",大。画,计划。

⑭鸷鸟之趋时:比喻抓紧时机要如鸷鸟疾飞时那样迅速。鸷鸟,猛禽,如鹰、鹞之类。

⑮"务者"句:意为识务,就如同每天一开始就要知道当天的事务一样。易子之交务,一过子时,新的一天开始,便有新的事务。易,改换。子,子时,一天十二个时辰中的第一个时辰。

⑯殆:危险。

【译文】

　　汉朝有晁错和贾谊:晁错有奏议,贾谊有策论。现在来看贾谊的策论,如改变历法,更换车马服饰的颜色,及早为太子选择师傅和辅佐的人,这都是依照《周礼》罢了。这些策论只可与俗儒说,哪里能向神圣之主汉文帝建议呢。然而三表五饵的策略,分封土地给诸侯子孙的策略,把梁作为齐、赵、吴、楚的边地,把有野心的淮南厉王废除并把淮南国分而为三。梁地二千多里,吴楚七国叛乱时,灭掉七国都是梁王之力。这一切的成功,怎么能说贾谊因为年少就不晓得国家大事,他能够这样识时知务呢! 至今读其书,犹想见其人,不称他为千古俊杰,那是不可以的。至于晁错论兵事,以及主张招募百姓迁移到边疆,发展生产,保卫边防,削平七国等建议,都是当时急需办理的大事,是千年大计,虽然晁错后来遭到杀害,但是不能根据个人的成败来论定一个人,而对他妄加评论。识时,就像鸷鸟捕食那样迅速地抓紧时机,知务,就如同每天一开始就必须弄清当天的事务一样,如果稍微延误了时机,弄不清急需做的事情,那就危险了。识时知务,谈何容易! 由此看来,如果不是天下的俊杰,是一定不能认识时务的。

　　宋人议论太多,虽谓之无奏议可也。然苏文忠公实推陆忠宣奏议矣①。今观其上皇帝诸书与其他奏议,真忠肝义胆,读之自然恸哭流涕,又不待以痛哭流涕自言也。然亦在坡公时当务之急耳②,过此而徽、钦③,则无用矣。亦犹晁、贾之言,只可对文、景、武三帝道耳④,过此则时非其时,又易其务,不中用也。

【注释】

①苏文忠公:即苏轼。宋元祐时,苏轼曾与吕希哲、范祖禹等向哲宗呈《乞校正陆贽奏议进御札子》,称赞陆贽奏议勇于指陈时弊,见解深切精辟,并借此反对王安石的变法,希望哲宗能虚心采纳像陆贽这样臣子的直言。陆忠宣:即陆贽。

②坡公:即苏轼。苏轼谪居黄州(州治在今湖北黄冈)时,筑室于东坡,因自称东坡居士。

③徽、钦:宋徽宗赵佶和宋钦宗赵桓。钦宗靖康元年(1126),金兵攻破东京(今河南开封)。次年四月,女金贵族大肆勒索搜括后,

掳走赵佶、赵桓和宗室、后妃数千人,及各种珍宝、礼器、皇家藏
书,东京城中为之一空,北宋灭亡,史称"靖康之难"。

④文、景、武三帝:指西汉的文帝刘恒,景帝刘启(前157—前141年
在位),武帝刘彻(前141—前87年在位)。

【译文】

宋朝人的奏议很多,但大都写得不好,即使说宋朝没有什么奏议也是可以的。不过苏东坡真心佩服陆贽的奏议。现在读一读苏东坡写给皇帝的许多书疏和奏议,真可以说对皇帝一片忠心,读了自然让人痛哭流涕,并不需要依靠一些悲痛的词语就能打动人心。然而苏东坡讲的也只是当时急需做的事,过了这段时间,拿到徽、钦二帝时就没用处了。这也好像晁错和贾谊的建议,只能在文帝、景帝、武帝时提出来,过了这个时期,时势变了,急需做的事务也就改变了,他们的建议也就不合用了。

　余读先贤奏议,其所以尚论之者如此①。今得中丞李公奏议读之,虽未知其于晁、贾何如,然陆敬舆、苏子瞻不能过也。故因书昔日之言以请教于公,公其信不妄否? 如不妄,则愿载之末简②。

【注释】

①尚论:追论古代人物。尚,同"上"。

②末简:书后。简,古代用来刻写文字的竹板,后引申为书籍。

【译文】

我读了前代贤人的奏议,对他们的看法就是以上这些。现在读了李中丞的奏议,虽然不知道这些奏议和晁错、贾谊的比起来怎么样,但陆敬舆、苏子瞻的奏议是不能超过它的。因此,我把过去的一些看法写

出来向你领教,你相信这些话不是随便乱说的吗? 如果认为不是随意乱说的,那就请把它附在书后。

《先行录》序代作

【题解】

本文写作时间不详。《先行录》:据《明史》卷九八《艺文志》三:"李渭《先行录》十卷。"又据焦竑《澹园续集》卷一〇《参知李公传》:"《先行录》答问三卷,《毋意篇》合《大学》《中庸》《易问》为一卷,简寄二卷,杂著一卷,诗一卷,文二卷,统十卷。"本文当是李贽代别人为《先行录》所写的序文。在此文中,李贽对一个长期为人们所议论的命题——言与行——提出了自己的看法。他认为有"先行之言""可行之言"和"当行之言",但这三者都体现着"言行合一"的精神,从而表现出李贽一贯的反对言行不一的思想。同时,李贽还提出,因"时异势殊"而"言者变矣",因"行随事迁"而"言焉人殊",这就不能"据往行以为典要","守前言以效尾生",对"当行之言"也"不可以执一"。这也是李贽一贯反对"执一"、反对"践迹"的思想的又一体现。

言一也,有先行之言①,有可行之言②,又有当行之言③。吾尝以此三言者定君子之是非,而益以见立言者之难矣④。

【注释】

①先行之言:先见于行动,后出于口笔的言论。

②可行之言:说出来就必可做到的言论。

③当行之言:当其时、当其人则可行的言论。

④立言:著书立说。

【译文】

言行要一致,有先见于行动而后才出于口笔的言论,有说出来就一定能做到的口笔之言,有当其时、当其人则可行的口笔之言。我就是以这三种口笔之言而评判君子的是非,由此可见著书立说是多么不容易。

何谓先行之言? 则夫子之告子贡是已①。既已先行其言矣,安有言过其行之失乎? 何谓可行之言? 则《易》也②,《中庸》也③,皆是也。《易》曰:"以言乎远则不御④",是远言皆可行也;"以言乎迩则静而正",是迩言皆可行也;"以言乎天地之间则备",是天地之间之言皆可行也。《中庸》曰:"夫妇之不肖,可以能行焉⑤。"夫夫妇能行,则愚不肖者自谓不及⑥,贤智者自谓过之,皆不可得矣⑦,其斯以为可行之言乎? 既曰可行之言,则言之千百世之上不为先,行之千百世之下不为后;则以言行合一,先后并时⑧,虽圣人亦不能置先后于其间故也。

【注释】

①夫子之告子贡:见《论语·为政》,原文是:"先行其言而后从之。"

②《易》:即《周易》,又称《易经》,儒家经典之一。是古代用于占卜之书,在宗教迷信下,保存了古代人的一些朴素辩证法观点。

③《中庸》:见《四勿说》第一段注⑨。

④"以言"句:与下文的"以言乎迩则静而正""以言乎天地之间则备",均语出《周易·系辞上》,意思是说(《易》理极广大),说到远,则可以扩展到无尽的极远;说到近,则宁静、端正而明确;说到天地之间,则充溢其中而无所不有。不御,无尽,没有止境。备,无不具备。

⑤"夫妇"二句:意为匹夫匹妇虽不成材,也都能够做到。不肖,不
　　成材,不贤智。

⑥愚不肖:愚笨不成材之人。不及:达不到匹夫匹妇,意为匹夫匹
　　妇做到的自己做不到。

⑦皆不可得:都是没有的事。

⑧先后并时:意为不因时间先后而有不同。

【译文】

　　什么是先见于行动而后才出于口笔之言? 孔夫子告子贡"先行其
言而后从之"就是。既然是已先见于行动而后才有口笔之言,哪里会产
生说了却没有做的失信呢? 什么是说出来就一定能做到的口笔之言?
像《易经》,像《中庸》,都是。《易经》说:《易》理极其广大,说到远,则可
以扩展到无尽的极远,也就是说远言也是可以做到的;说到近,则宁静、
端正而明确,也就是说近言也是可以做到的;说到天地之间,则充溢其
中而无所不有,也就是说天地之间之言也是可以做到的。《中庸》说:
"匹夫匹妇虽不成材,也都能做到。"不贤智的夫妇都能做到,而愚笨的
人却说自己做不到,贤智之人认为自己比他们强,都是没有的事,这不
就是说出来就一定能做到的吗? 既然说出来就必可做到,那么,说在千
百年前不为早,做在千百年后不算晚;只要言行合一,不因时间先后而
区别,就是圣人也不能以先后而论了。

　　若夫当行之言,则虽今日言之,而明日有不当行之者,
而况千百世之上下哉! 不独此也,举一人而言,在仲由则为
当行①,而在冉求则为不当行矣②,盖时异势殊,则言者变矣。
故行随事迁,则言焉人殊,安得据往行以为典要③,守前言以
效尾生耶④? 是又当行之言不可以执一也⑤。

【注释】

①仲由(前542—前480)：字子路，又字季路，鲁国卞(今山东泗水)人。孔子学生。性格直爽勇敢。

②冉求(前522—前489)：字子有。孔子学生。曾为鲁国贵族季孙氏的家臣，并帮助其实行革新。

③往行：以往的行为做法。典要：经常不变的准则、标准。

④尾生：人名。古代传说中坚守信约的人。《庄子·盗跖》："尾生与女子期(约会)于梁(桥)下，女子不来，水至不去，抱梁柱而死。"这里是对泥古不化之人的讽刺。

⑤执一：固执一种见解而不改变。

【译文】

当其时当其人可行的言论，虽然今日言之，而明日也有做不到的，何况千百世上下之间呢！不只是如此，举一人为例，有些话在仲由可以做到，在冉求就做不到，这是因为时间有变化情势不一样，言论就会有变化。所以做事要随着情事的变化，言谈要依据不同的对象，而不能把以往的做法当成不变的准则，对前人的言论泥古不化，墨守成规。所以当行之言也不是固执不变的。

夫当行而后言，非通于道者不能，可行而后言，非深于学者不能。若中丞李公①，真所谓通于道、深于学者也，故能洁己裕人②，公恕并用③，其言之而当行而可行者乎！乃今又幸而获读所为《从政集》者④，则又见其在朝在邑，处乡处家，已往之迹皆如是也，所谓先行其言者也。某是以知公之学，实学也⑤，其政，实政也⑥，谓之曰《先行录》⑦，不亦宜乎！然既先行其言矣，又何不当行之有？又何不可行之有？

【注释】

①中丞李公:当指李渭(1513—1588),字湜之,号同野,贵州思南府安化(今贵州德江)人。嘉靖十三年(1534)举人,由华阳(今四川成都)知县,历官高州府(府治在今广东高州)同知、工部郎中、韶州府(府治在今广东韶关)知府,云南左参政等。他曾受学于耿定向与罗汝芳。著作除《先行录》外,尚有《家乘》《大儒治规》等多种。中丞,原是对金都御史、副都御史和都御史的俗称,据《贵州通志》、焦竑《参知李公传》(《澹园续集》卷一〇)、耿定向《观生记》(《耿天台先生文集》卷一二)有关李渭的记载,他并未做过这类官,似不宜称"中丞",故存疑。

②洁己裕人:对自己严格,对他人宽大。

③公恕并用:既公道又大度。

④《从政集》:可能是李渭著作的原名。

⑤实学:切实有用之学。

⑥实政:切合实际的治政。

⑦《先行录》:由以上文字看,《先行录》可能是李贽对李渭《从政集》的改称,后就以《先行录》之名流行。

【译文】

当其时当其人则可行的言论,只有精通于道的人才能做到,说出来就一定能做到的言论,只有深厚学识的人才能做到。像中丞李公,可以说是既精通于道又有深厚学识的人,所以能对自己严格,对他人宽厚,既公道又大度,他真是一位当行之言和可行之言的人。而今又高兴地读到他的《从政集》,可以从中看出他无论在朝廷还是在地方,在乡里还是在家中,他过去的言行都是这样,都是先做到而后才说之人。我因此知道他的学识,是切实有用的学识,他的治政,是切合实际的治政,把他的《从政集》称之为《先行录》,不是很合适吗!李公中丞既然做到了先见于行动后出于口笔,那为什么不可以说他也做到了当行之言与可行之言?

时文后序代作

【题解】

本文写作时间不详。时文，时下流行的文体，旧时对科举应试文的通称。这里特指明代科举应试的“八股文”。“时文”作为“举子业”，其渊源可以追溯到王安石推行的“经义取士”，但作为以“八股取士”的制度，则定于明代。“八股文”的重要特征，一是内容上必须“代圣贤立言”，不准随意发表自己的意见，二是形式上必须“八股”，而且字数有严格规定，并要符合“起承转合”的内在要求。实际上“八股文”是禁锢人们思想，为封建统治者推行文化专制主义服务的工具。在这篇代人所作的序文中，李贽借谈“时文”，提出了“文章与时高下”的文学发展观与批评原则，这是他反对明代极为炽热的复古思潮、主张革新的进步文艺思想的表现。这和他在《童心说》中从历史发展的观点，把“举子业”与先秦、六朝、盛唐之作，以及《水浒传》《西厢记》等新兴的小说、戏曲并称为“古今至文”的思想完全一致。但是，李贽对“时文”的评述却是不正确的。为什么作为“异端”的李贽，却为“八股文”说了好话？初步探析，其原因大致有二：一是“八股文”在当时产生时间不长，其弊端暴露尚不充分，因此，明代虽有人对此提出过批评，但也多是从完善考试制度出发，而不是从根本上否定这一政策与做法。二是李贽有意针对前、后“七子”的复古思潮而发。“后七子”的领袖之一王世贞在《与陈户部晦伯》中，就曾对“八股文”进行过激烈批评，其立足点也还在于复古秦汉之文。李贽重在文学的发展，从发展观上对“时文”说些好话，有意与复古派对立，也是有可能的。应该指出，李贽对“八股取士”也多次表示过反感，如在《卓吾论略》中对“八股取士”的尖辣嘲讽，对当时被定为科举考试圭臬的朱熹《四书集注》的不恭，真正显示着李贽那种反传统思想、反封建压迫的“异端”色彩。

　　时文者，今时取士之文也，非古也。然以今视古，古固非今；由后观今，今复为古。故曰文章与时高下。高下者，权衡之谓也①。权衡定乎一时，精光流于后世②，曷可苟也③！夫千古同伦，则千古同文④，所不同者一时之制耳⑤。故五言兴⑥，则四言为古⑦；唐律兴⑧，则五言又为古。今之近体既以唐为古⑨，则知万世而下当复以我为唐无疑也，而况取士之文乎？彼谓时文可以取士，不可以行远⑩，非但不知文，亦且不知时矣。夫文不可以行远而可以取士，未之有也。国家名臣辈出，道德功业，文章气节，于今烂然⑪，非时文之选欤？故棘闱三日之言⑫，即为其人终身定论。苟行之不远，必言之无文⑬，不可选也。然则大中丞李公所选时文⑭，要以期于行远耳矣。吾愿诸士留意观之。

【注释】

①权衡：本指称量物体轻重的器具。权，秤锤。衡，秤杆。引申为评量、斟酌之意。

②精光：精华，光彩。

③苟：草率，马虎。

④"夫千古"二句：语本《中庸》："书同文，行同伦。"同伦，共同的伦理标准。同文，共同的文字。

⑤制：体制，样式。这里指文章的体裁。

⑥五言：指五言诗，即由每句五字构成的诗体。这里指五言古诗，是古典诗歌的主要形式之一。如《汉乐府》。

⑦四言：指四言诗，即由每句四字构成或以四字句为主的诗体。如《诗经》。

⑧唐律：指唐代的律诗。

⑨近体：近体诗，亦称"今体诗"，唐代形成的"律诗"与"绝句"的通称，同古体诗相对而言。近体诗的句数、字数和平仄、用韵等都有严格规定。

⑩行远：流行于后世。

⑪烂然：光彩灿烂之意。

⑫棘(jí)闱：科举时代试院的别称。为了防止传递作弊，旧时试院墙上都插以棘枝。棘，即酸枣树，枝上多刺。

⑬"苟行"二句：语本《左传·襄公二十五年》，原文为"言之无文，行而不远"。意为文章缺乏文采，就不能传于后世。李贽在这里倒用其意，说文章仅流行于一时而不能传于后世，一定是缺乏文采。

⑭大中丞李公：疑指李元阳。详见后文《李中谿先生告文》题解。

【译文】

时下流行的文体，是当今录取士子的文章，并不是古文。然而以今视古，古时的文体和时下流行的文体是不一样的；如若后人看当今时下流行的文体，这些文体也就被看成是古文了。所以说文章都是随时代的变化而有所差别和优劣。这些差别和优劣，就成了衡量的标准了。标准定于一时，文章的光彩却流传于后世，哪里敢草率呢！千古以来为人都有共同的伦理标准，做文都用的是共同的文字，这些文章的不同处就在于文章体裁的区别。所以说五言诗发展起来，四言诗就成了古体；唐代的律诗发展起来，五言诗又成了古体。而今把唐代的近体诗看作古体，那么万世以后也一定会把我们看成是唐代了，何况今日用以录取士子的流行文体呢？如若说现在流行的文体可以作为录取为士子的标准，但却不可以流行于后世，这就不但是不懂得文章，也不懂得文章要随着时代的发展而发展的道理。如若说文章不能流行于后世而可以作为录取士子的标准，那是没有道理的说法。现今国家名臣一代接一代地出现，道德功业，文章气节，都光彩灿烂，这不都是从流行的时文中选出来的吗？所以科举考试试院三日的时文之作，就决定了参考之人的终身命运。如若这些文章不能流行于后世，那一定是没有动人的文采，也不会被选中。而大中丞李公所选的这些时文，一定会流传下去。我希望诸位人士要留意观看。

张横渠《易说》序代作

【题解】

本文写作时间不详。张横渠，即张载。详见《兵食论》第四段注⑦。《易说》：是张载论《周易》的一部著作。此文借对张载"勇撤皋比"的称赞，强调《周易》所包含的运动变化的朴素辩证法观点，反对拘泥于"典要"的形而上学思想。

横渠先生与学者论《易》久矣，后见二程论《易》①，乃谓其弟子曰："二程深明《易》道，吾不如。"勇撤皋比②，变易而从之，其勇也如此。吾谓先生即此是《易》矣③。晋人论《易》，每括之以三言④：曰易简而天下之理得⑤。是易简，一《易》也。又曰不易乎世⑥。是不易，一《易》也。又曰变动不居，周流六虚，不可为典要，惟变所适⑦。是变易，又一《易》也。至简故易，不易故深，变易故神⑧。虽曰三言，其实一理。深则无有不神，神则无有不易矣。先生变易之速，易如反掌，何其神乎！故吾谓先生即此是《易》矣。作《易说序》。

【注释】

①二程：即北宋理学家、哲学家程颢、程颐兄弟。见《四勿说》第一段注⑮。

②勇撤皋比：《宋史》卷四二七《张载传》载：张载"尝坐虎皮（指覆盖

着虎皮的席座)讲《易》京师(当时国都开封),听从者甚众。一夕,二程至,与论《易》。次日语人曰:'比(近)见二程,深明《易》道,吾所弗及,汝辈可师之。'撤坐辍讲。"皋比(gāo pí),虎皮,代指讲席。

③即此是《易》:就这种认识与做法来说便是合于《易》的变化之理。

④"晋人"二句:据唐孔颖达《周易正义》,把《易》理概括为下面三条的,系东汉学者郑玄首先提出的。

⑤"曰易"句:语出《周易·系辞上》,意为了解平易与简约的原理,就可以领悟天下事物的共同道理。

⑥不易乎世:语出《周易·乾卦·文言》,意为(道理)不随时势的改变而改变。

⑦"又曰"四句:语出《周易·系辞下》,原文为:"变动不居,周流六虚,上下无常,刚柔相易,不可为典要,惟变所适。"意为(《易》的道理)是经常变动迁移而不固定的,它循环流动于阴阳六爻之间,或上或下而没有常规,刚柔又相互变易,因此,不可以固执于被经常不变的法则拘束,而只有适应它的变化。不居,不固定。六虚,卦的六位,即《周易》六十四卦每卦六爻的位置。爻分阴、阳,每卦之爻变动无定,故爻位称虚。典要,经常不变的法则。

⑧神:变化神妙莫测。

【译文】

张载先生与学者研讨《易》学已经很久了,后来看见程颢、程颐兄弟对《易》的讲说,于是对他的弟子说:"二程兄弟更懂得《易》学的思想道理,我不如他们。"于是勇敢地撤去了讲席,依据变化的道理而改变,这真是勇敢精神的表现。我认为张载先生这种认识与做法是非常符合《易》学变化之理的。晋代人论述《易》学,总是把《易》学之理概括为三条:了解平易与简约的原理,就可以领悟天下事物的共同道理。认为平易与简约是《易》学之理,这是一种《易》学之理的理论。另一种认为道理是不会随着时势的改变而改变的。这种不随时势的改变而改变的认识,又是一种《易》学之理的理论。还有一说,认为《易》理把事理看成经常变动迁移而不固定的,它循环流动于阴阳六爻之间,不要固执于被经常不变的法则拘束,而要适应它的变化。这是从变动迁移上解释《易》,是《易》学的又一种理论:认为《易》理非常简约所以平易,认为《易》理不随时势而改变所以艰深,认为《易》理是经常变动迁移而不固定,所以变化神秘莫测。虽说对《易》理的解说有三种,其实都包含着一个道理。艰深就神妙莫测,神妙莫测就变动迁移。张载先生勇撤讲席之举表现出变易之速,又易如反掌,又何其神妙! 所以我认为张载先生勇撤讲席之举完全体现了《易》学之理。特作此《易说序》。

《龙谿先生文录抄》序

【题解】

本文于万历二十六年(1598)写于南京。《龙谿先生文录抄》,何继高请李贽为他精选并加圈点的王龙谿的著作。有万历二十七年(1599)刊本,书名《卓吾先生批评龙谿王先生语录钞》。又见《续修四库全书》第九四三册。龙谿,即王畿(1498—1583),字汝中,号龙谿,山阴(今浙江绍兴)人。嘉靖十一年(1532)进士。王守仁的学生,官至兵部侍郎。他与钱德洪曾两次放弃科举机会,专心王学。当时,四方学人士子向王学习者,往往先由他们辅导,而后卒业于王守仁,因此被称为“教授师”。主张“良知”即是佛性,为学以“致知见性”为主,把王守仁的“良知”说进一步引向禅学。著有《困学记》《龙谿集》等。《续藏书》卷二二、《明史》卷二八三、《明史稿》卷一八五、《明书》卷一一四、《明儒学案》卷一二等有传。王畿基本上继承了王守仁的思想,从此文及后边的《王龙谿先生告文》可见李贽对王畿的钦佩,也说明李贽深受王学的影响。

　　《龙谿王先生集》共二十卷,无一卷不是谈学之书;卷凡数十篇,无一篇不是论学之言。夫学问之道,一言可蔽,卷若积至二十,篇或累至数十,能无赘乎①?然读之忘倦,卷卷若不相袭,览者唯恐易尽,何也?盖先生学问融贯,温故知新,若沧洲瀛海②,根于心③,发于言,自时出而不可穷④,自然不厌而文且理也⑤。而其谁能赞之欤!故余尝谓先生此书,前无往古,今无将来,后有学者可以无复著书矣,盖逆料其决不能条达明显一过于斯也⑥。而刻板贮于绍兴官署,印行者少,人亦罕读。又先生少壮至老,一味和柔⑦,大同无我⑧,无新奇可喜之行,故俗士亦多不悦先生之为人,而又肯读先生之书乎?学无真志,皮相相矜⑨,卒以自误,虽先生万语千言,亦且奈之何哉!

【注释】

①赘:多余。

②沧洲瀛海:形容学识渊博。沧洲,水滨。瀛海,大海。

③根:植根,根源。

④“自时”句:意为随时发出而无穷尽。

⑤不厌:不会满足。厌,通“饜”。文且理:富有文采,而且条理清晰。

⑥逆料:预料。条达:条理通达。

⑦和柔:宽和柔顺。

⑧大同无我:(一切)与众相同,不为自己沽名钓誉。

⑨皮相(xiàng)相矜:只学些皮毛就相互夸赞。指上文所说的“俗人”。皮相,只从外表看,不深入。

【译文】

　　《龙谿王先生集》共二十卷,卷卷都是谈论学问的书;每卷数十篇,

篇篇都是研讨学问之言。学问之道，一言即可说尽，而写到二十卷，每
卷又数十篇，能不多余吗？然而读《龙谿王先生集》却一点不觉有倦意，
每卷与每卷都不相同，读者唯恐轻易就读完了，为什么？这是因为龙谿
先生学问融会贯通，温故知新，学识渊博如深广的大海，都是根源于心，
才发而为言，随时发出而无穷尽，读起来自然不会感到满足，而且富有
文采，条理清晰。谁会感到是多余呢！所以我认为龙谿先生此书，前无
古人，今无来者，后之学人可以不必再著书了，因为我想后之著文者的
条理通达很难超过龙谿先生之作了。龙谿先生之书的刻板贮存于绍兴
官署，印行很少，人们很难看到。再说先生从少壮到老年，处世宽和柔
顺，与众相同，不沽名钓誉，没有什么新奇使人喜欢的作为，所以俗士也
多不喜欢龙谿先生的为人，怎么会喜欢读先生的书呢？有些人学无真
志，只用一些皮毛相互夸赞，而最终自己误了自己，虽然龙谿先生有千
言万语，对于这些人又有什么用呢！

　　今春余偕焦弱侯放舟南迈①，过沧洲②，见何泰宁③。泰
宁视龙谿为乡先生④，其平日厌饫先生之教为深⑤，熟读先生
之书已久矣，意欲复梓行之⑥，以嘉惠山东、河北数十郡人
士，即索先生全集于弱侯所。弱侯载两船书，一时何处觅
索。泰宁乃约是秋专人来取，而命余圈点其尤精且要者，
曰："吾先刻其精者以诱之令读，然后梓其全以付天下后世。
夫先生之书，一字不可轻掷，不刻其全则有沧海遗珠之恨⑦；
然简袠浩繁⑧，将学者未览先厌，又不免有束书不观之叹⑨。
必先后两梓，不惜所费，然后先生之教大行。盖先生之学具
在此书，若苟得其意⑩，则一言可毕，何用二十卷；苟不肯读，
则终篇亦难，又何必二十卷也。但在我后人，不得不冀其如
此而读，如此而终篇，又如此而得意于一言之下也⑪。"泰宁

之言如此,其用意如之何? 秋九月,沧洲使者持泰宁手札,果来索书白下⑫。适余与弱侯咸在馆。弱侯遂付书,又命余书数语述泰宁初志并付之⑬。计新春二三月余可以览新刻矣。将见泰宁学问从此日新而不能已,断断乎其必有在于是⑭! 断断乎其必有在于是! 时万历戊戌岁冬孟日⑮。

【注释】

①焦弱侯:即焦竑。见《定林庵记》第一段注③。

②沧洲:应为"沧州",明代州名。治所在长芦(今河北沧州)。

③何泰宁:何继高,号泰宁,山阴(今浙江绍兴)人。万历十一年(1583)进士。历官长芦转运使,南京刑部郎,江西参政兼佥事,分巡湖西道。善决狱,每多平反,南都民谣有:"执法无阿海(瑞)与何。"著有《圣授图理数解》《孙子解》《长芦盐法志》等。乾隆《绍兴府志》卷四七有传。

④乡先生:古时尊称辞官居乡或在乡任教的人。王畿与何泰宁同是山阴人。

⑤厌饫(yù):饱受。饫,吃饱。

⑥梓:刻印。

⑦沧海遗珠:海中珍珠被收采者遗漏。比喻珍贵的东西被埋没。

⑧简袠(zhì):指书籍。简,竹简,后引申为书籍。袠,同"帙"。用布帛制成的书套、书函。

⑨束书:把书搁置一边。

⑩意:指要旨。

⑪得意:领会要旨。

⑫白下:南京市的别称,故址在今南京市北。东晋咸和三年(328),陶侃讨苏峻,垒筑白石,后因以为城。唐武德九年(626),改金陵

为白下。

⑬初志:当初的想法。

⑭断断:确实,决然无疑。

⑮"时万历"句:中华书局本无,依明万历间刻本补。戊戌,即万历
    二十六(1598)年。冬孟日,农历十月。农历四季的第一个月称
    孟月。冬孟日,即十月。

【译文】

今年春天我和焦竑乘船南行,经过沧州,见到何泰宁。何泰宁与龙
谿先生为同乡,他平日受龙谿先生的影响很深,熟读龙谿先生的书已经
多年,他想把龙谿先生的书刻印,使山东、河北数十郡的人士都得到龙
谿先生思想精神的恩惠,当即就向焦竑索取龙谿先生的全集。焦竑带
了两船的书,一时哪里能找到。泰宁就约定秋季派专人取书,并要我圈
点其中尤为精辟重要的,并说:"我先把这些精辟重要的刊刻引导人们
有兴趣阅读,然后再刊刻全集以付天下后世。龙谿先生的字,一字都不
可轻易丢弃,不刊刻全集就有沧海遗珠的遗憾;如若图书太多,会使学
者还没看就产生厌烦之感,难免出现把书搁置一边的情况。所以一定
要先后刊刻精要的选本和全集两种,不惜费用,从而使龙谿先生的思想
精神大行于世。龙谿先生的精神思想学问都在他的著作中,如能得到
他的要旨,一句话就可以了,哪里用得了二十卷;假若不肯读,那么一篇
也用不完,那也不必二十卷。但是我们这些后人,还是希望大家能认真
阅读,一篇一篇地读,从而领会到龙谿先生思想精神的要旨。"泰宁说这
样的话,他的用意何在? 今年秋天九月,有使者从沧州拿着泰宁的手札
来,果然是到白下索取龙谿先生之书。当时我和焦竑正好都在书馆中。
焦竑当即取书给了沧州来的使者,并嘱咐我写几句说明泰宁刻印龙谿
先生书的当初想法一起交付沧州使者。我估计明年新春二三月后就可
以看到新刻印的龙谿先生的书了。由此也可以见到泰宁的学问从此日
日新而不会停止,那一定是由于刻印龙谿先生的书的结果! 那一定是

由于刻印龙谿先生的书的结果！时在万历二十六年农历十月。

关王告文

【题解】

　　本文于万历五年(1577)写于云南姚安。关王，即关羽(？—219)，字云长，河东解良(今山西运城)人。三国蜀汉大将。其事迹被神话，尊称为"关公""关帝"等。《三国志》卷三六、《藏书》卷五六等有传。告文，祭文。李贽在本文中赞扬关羽的"忠义贯金石，勇烈冠古今"，是以《三国演义》的倾向为基础的，这一倾向反映了人们的一种心态，虽与历史人物的评价尺度不一，却也有着其历史的社会的合理性，代表着广大人民的一种愿望。

　　惟神忠义贯金石①，勇烈冠古今②。方其镇荆州③，下襄阳也④，虎视中原，夺老瞒之精魄⑤，孙吴犹鼠⑥，藐割据之英雄，目中无魏、吴久矣。使其不死，则其吞吴并曹，岂但使魏欲徙都已哉⑦！其不幸而不成混一之业⑧，复卯金之鼎者⑨，天也。

【注释】

①神：指关羽。贯：贯穿，这里指铭刻。金石：指镌刻文字，颂功纪
　　事的钟鼎碑碣之属。

②冠：首位，第一。

③镇荆州：公元208年，赤壁之战后，刘备、诸葛亮率军开拓巴蜀，
　　留关羽镇守荆州(今湖北荆州)。

④下襄阳：公元219年，关羽发动大规模的对魏战争——襄(阳)樊

（城）战役。战争初期,关羽取得某些胜利,下襄阳围樊城(与襄阳均属今湖北襄樊)。

⑤老瞒:指曹操(155—220),字孟德,小字阿瞒,谯(今安徽亳州)人。东汉末,在镇压黄巾起义中,逐步扩充军事力量,平定吕布等割据势力,统一中国北部,封魏王。后子曹丕称帝,追尊为武帝。三国时政治家、军事家、文学家。后人整理有《曹操集》。《三国志》卷一、《藏书》卷四等有传。在《三国演义》中,曹操被描写成一个奸诈的人物。精魄:灵魂。

⑥孙吴犹鼠:把吴国孙权视为狐鼠。

⑦"岂但"句:襄樊战役初期,关羽得胜,威胁曹魏挟汉献帝的都城许昌(今河南许昌),曹操一度打算迁都"以避其锐"(《三国志·蜀书·关羽传》)。

⑧混一之业:统一天下的大业。

⑨复卯金之鼎:恢复刘氏的天下。"卯金"是"卯、金、刀"的略称,即"刘"字的繁体字"劉"。汉代帝王姓刘,史称刘备是汉景帝之子中山靖王的后代,他以恢复汉朝刘氏天下为号召。这里以"刘"代指汉朝。鼎,古代传国之宝。

【译文】

关王的忠义铭刻于金石,勇烈的精神古今第一。当他镇守荆州,攻下襄阳,虎视中原之时,曹操为之丧胆,吴国孙权更被看作是狐鼠,对那些割据的英雄更是藐视,从来不把曹魏、东吴放在眼里。如若关王不死,一定能吞并东吴与曹魏,何止威胁曹魏挟汉献帝迁都而已!他非常不幸没完成统一天下的大业,恢复刘氏的天下,这真是天命呀。

然公虽死,而吕蒙小丑亦随吐血亡矣①。盖公以正大之气压狐媚之孤②,虽不逆料其诈③,而呼风震霆④,犹足破权奸之党⑤;驾雾鞭雷,犹足裂谗贼之肝⑥。固宜其千秋万祀⑦,不问海内外足迹至与不至,无不仰公之为烈。盖至于今日,虽男妇老少,有识无识,无不拜公之像,畏公之灵,而知公之为正直,俨然如在宇宙之间也。

【注释】

①吕蒙:三国时孙吴大将,他趁关羽与曹军争夺樊城时,掩袭关羽后方荆州,使关羽进退失据,终于被他擒杀,吕蒙不久也病亡。《三国志》卷五四、《藏书》卷四九等有传。

②狐媚之孤:疑指孙权。狐媚,指狐。旧谓狐能魅人,故称魅狐,也称狐媚。孤,古时诸侯君王的自称。

③不逆料其诈:指关羽兵败曹军,下襄阳,围樊城之时,曹操接受司马宣王、蒋济的建议,"以为关羽得志,孙权必不愿也。可遣人劝权蹑其后,许割江南以封权,则樊(城)围自解"(《三国志·蜀书·关羽传》)。后关羽果为孙权所擒。逆料,预料。

④霆:疾雷。

⑤权奸之党:指曹操。

⑥谗贼:指吕蒙。吕蒙曾向孙权建议趁关羽对曹操用兵之时袭取荆州。

⑦固:同"故"。千秋万祀:千万年祭祀。

【译文】

虽然关王被害而死,害死关王的吕蒙小丑也随之吐血而亡。关王以正大之气压狐媚魅人的孙权,虽然没能预料到他的奸诈,而呼风震雷的英气,却足以破曹操的党徒;驾雾鞭雷的勇气,也足以震裂吕蒙一类谗贼的肝胆。因此,关王应该受到千万年的祭祀,海内外之人到不到关王塑像碑碣之前,都极为敬仰关王的勇烈。直到今日,不管男女老少,有见识没见识,都躬拜关王之像,敬畏关王之灵,而且深知关王的正直,严肃庄重地立在宇宙之间。

　　某等来守兹土①，慕公如生，欲使君臣劝忠，朋友效义，固因对公之灵，复反覆而致意焉。彼不知者②，谓秉烛达旦为公大节③。噫！此特硁硁小丈夫之所易为④，而以此颂公，公其享之乎⑤？

【注释】

①某：李贽自称。兹土：此地，指姚安府。

②彼不知者：那些见识不高的人。知，通"智"，见识不高。

③秉烛达旦：手持烛火到天亮。《三国演义》第二十五回写道：关羽因护送甘、糜二嫂（刘备之妻）被曹操所俘，"操欲乱其君臣之礼，使关公与二嫂共处一室。关公乃秉烛立于户外，自夜达旦，毫无倦色"。

④硁（kēng）硁：浅薄鄙陋。

⑤公其享之乎：公会乐意接受吗？享，享受，受用。

【译文】

　　我来为姚安府知府，仰慕您如同又转世呈现，我想使君臣间竭尽忠诚，朋友间竭尽情义，为此对您的英灵，而一再表示敬仰之情。那些见识不高的人，认为您维护君臣之礼秉烛达旦守在二位嫂嫂户外才是大节。噫！那不过是浅薄鄙陋小丈夫轻易就能做到的，如若以此赞颂您，您会乐意接受吗？

李中谿先生告文

【题解】

　　本文于万历八年（1580）写于云南姚安李贽辞官获准之前。李中谿（1497—1580），即李元阳，字仁甫，号中谿。大理府太和（今云南大理）

人。嘉靖五年(1526)进士。曾任江阴(今江苏江阴)知县、闽中巡按、荆州(治所在今湖北荆州江陵)知府、监察御史等。他在荆州知府任内时，曾识拔张居正于童时，与张居正有师生之谊。嘉靖中，因与当道不合，辞官回家。归家后，精究理学，且好诗文，在当时颇有名气。李贽弃官离云南时，他应罗琪之请，写了《姚安太守卓吾先生善政序》(《李中谿全集》卷六)，盛赞李贽的政绩。著有《李中谿全集》。《国朝献征录》卷八九、《大理府志》卷一九等有传。李贽游大理时，李元阳在一首赠诗中写道："姚安太守古贤豪，倚剑青冥道独高。僧话不嫌参吏牍，俸钱常喜赎民劳。八风空影摇山岳，半夜歌声出海涛。我欲从君问真谛，梅花霜月正萧骚。"(《李中谿全集》诗集卷三《卓吾太守自姚安命驾见访因赠》)后来，在《姚安太守卓吾先生善政序》，又称李贽"自幼有出俗之韵，超然不染世尘"，赞其在姚安太守任内，"务以德化民，而民随以自化"，"凡关系山川、风土形势，有改作不易者，制度不可缺者，皆悉力为之，处置有法，而民不知劳。""啸咏发于郡斋，图书参于案牍。不与时官同宿，而法令靡遗；民隐惟恐不闻，而讼庭多暇。"这都可见李元阳对李贽为人、为政、为学的赞赏。正是由于这种知己之心，李元阳逝世后，李贽立即写了这篇祭文。在文中，李贽称赞李元阳的勤奋好学，为官而能替下层百姓着想，因不屈于当道，不及四十岁就挂冠而去的刚毅正直之气，以及"勇猛坚固，转不退轮"的追求真理的精神，这些都表现出李贽对一位正直官吏、奋进学者的钦敬之情，其中也自然包含了对与李元阳处处设置障碍的顽固派的不满。

　　公从幼嗜学，到老不倦；人无微而不收，言无诞而不录①；诞言靡信②，公意弥笃③。盖众川合流，务欲以成其大；土石并砌，务欲以实其坚，是故大智若愚焉耳。公之向道，其笃也如此。平生禄入④，尽归梵宫⑤；交际问遗，总资贫乞⑥。六度所称布施忍辱精进者⑦,公诚有之。

【注释】

①"人无"二句:意为不因人卑微而不吸收他的意见,不因言语荒诞
　　就不加以记录。

②靡信:不可信。

③弥笃:更加诚挚。

④禄入:俸禄的收入。

⑤梵(fàn)官:佛寺。

⑥"交际"二句:意为亲朋好友间来往赠送的东西,总是用以资助贫
　　穷的人。问遗(wèi),问候和赠送礼品。

⑦六度:佛教用语,所谓由生死苦海此岸度到极乐世界彼岸的六种
　　修佛法门,即布施(捐助财物给寺院)、持戒(遵守佛教戒律)、忍
　　辱(忍受耻辱)、精进(对佛道勤奋修行而不懈怠)、禅定(专一静
　　虑,达到觉悟的佛境)、般若(智慧,求得解脱的修行方法)。度是
　　"度到彼岸"的简称。

【译文】

　　李先生从年幼的时候就勤奋好学,到了年老也不倦怠;善于倾听百
姓的意见,不因人卑微就不吸取其建议,不因其言辞荒诞就不加以记
录;所进之言不可信,您的态度却更加诚挚。这就是百川归海,一定要
成就其阔大;土石堆砌,一定要使其更加坚固,所以大智若愚的境界。
就是像李先生这样以诚恳的态度,不断向道所达成的。您一辈子工作
的收入,都供养了佛寺;亲朋好友间来往赠送的东西,总是用来资助贫
穷的人。佛教所说的大乘"六度"法门中,布施、忍辱、精进这三种修行
方法,先生您是真的做到了。

　　李贽曰:公倜傥非常人也①,某见其人,又闻其语矣。世

庙时②,驾幸承天③,公为荆州④。惟时有司不能承宣德意⑤,以致纤夫走渴,疫死无数。公先期市药材⑥,煮参耆⑦,令置水次⑧,役无病者。后筑堤障江,人感公,争出力,至于今赖焉。夫其所市药费,不过四五百金耳,而令全活者以万计;又卒致其力筑堤,为荆人世世赖。公之仁心盖若此矣。

【注释】

①倜傥(tì tǎng):豪爽,洒脱不拘。

②世庙时:明世宗朱厚熜(cōng)在位期间(1522—1566)庙号世宗,故称。

③驾幸承天:当指嘉靖十八年(1539)朱厚熜出巡湖北。驾幸,指皇帝出巡。承天,即承天府,治所在钟祥(今湖北钟祥)。

④公为荆州:指李元阳任荆州府(治所在今湖北江陵)知府。

⑤承宣德意:秉承执行皇帝的意图。

⑥市:买。

⑦参耆(shēn qí):人参和黄耆。这里泛指药材。

⑧水次:河边。次,临时停留之地。

【译文】

我认为:以李先生豪放洒脱的个性,说明先生不是一般人,这不是道听途说,是我亲眼所见、亲耳所闻。世宗皇帝在位时,皇上巡游到承天府,那时李先生任荆州府知府。当时官员不能够秉承执行皇上的旨意,致使纤夫身体疲累虚弱,病死了很多人。李先生一开始先买治病的药材,煮好汤药,命令放在河边临时停留的地方,给纤夫饮用,只役使那些没病的人干活。后来,河水泛滥时,您带领大家建筑堤坝,阻隔洪水,人们感念当年您煮药救济的恩德,争相出力协助,以至于建成了今天赖以凭借的水利。那次所买药材的费用,花费不过四五百金,却使上万人免除疫情,保全性命;又最终使他们出力建筑堤坝,这些堤坝成为荆州人世世代代的依靠。李先生的仁德之心,就是这样啊。

公初第①,由翰林出为县令②,又由侍御史复出为郡守③。盖慈祥恺悌④,虽于人无不爱,然其刚毅正直之气,终不可以非法屈挠,故未四十而挂冠以老⑤。又能以其余年肆力于问学,勇猛坚固,转不退轮⑥,为海内贤豪驱先,非常人明矣。

【注释】

①公初第:指嘉靖五年(1526)李元阳中进士(据《大理府志》卷一九)。

②出为县令:指李元阳出任江阴县(今江苏江阴)知县。

③"又由"句:指李元阳后来升任江西道侍御史,转任荆州府知府。郡守,始置于战国,初为武职,后逐渐成为地方长官。汉景帝时改称太守。宋代于升府之处,命朝臣出充长官,称为知(主持)某府事,简称知府。明代始以知府为正式名称,管辖州县,为府一级行政长官。这里以"郡守"代指李元阳"知府"之职。

④恺(kǎi)悌:平易近人。

⑤挂冠以老:辞官以终老。

⑥转不退轮:坚持研讨学问而不懈退。即"转轮不退",转轮,佛教用语,指说教法。

【译文】

嘉靖五年,您考中进士,以翰林身份出任江阴县知县,后来又升任江西道侍御史,转任荆州府知府。您是一位心地慈悲、平易近人、受人爱戴的好官。虽然如此,您也性情刚毅,正直坚韧,不为恶势力屈服,所以不到四十岁就挂印辞官,归家终老。辞官后,又能将自己空闲的时间专注于学习佛法,发心勇猛,意志坚定,为人们讲法从不懈怠,成为天下圣贤豪杰之先驱,这真不是一般人能达到的贤明境界啊。

余等或见而知,或闻而慕。今其死矣,云谁之依!地阻官羁①,生刍曷致②?为位而告,魂其听之。且余等与公同道为朋,生时何须识面;同气相应③,来时自遍十方④。惟愿我公照临法会⑤,降此华山⑥,钟鼓齐鸣,俨然其间。富贵荣名,无谓可乐,此但请客时一场筵席耳,薄暮则散去矣。生年满百,未足为寿,以今视昔,诚然一呼吸之间也。平昔文章,咸谓过人,不知愚者得之,徒增口业⑦,智者比之⑧,好音过耳⑨,达人大观⑩,视之犹土苴也⑪。"有子万事足",俗有是言也。不曰扬子云《法言》⑫,白乐天《长庆》⑬,人至于今传乎?使待嗣而后传⑭,则古今有子者何限也。须知孔子不以孔鲤传⑮,释迦不以罗睺传⑯,老聃不以子宗传⑰,则公可以抚掌大笑矣。勿谓道家法力胜禅家⑱,道家固不能离道而为法也。勿谓服食长生可冀⑲,公固不死矣,何用长生乎?勿谓灌顶阳神可出⑳,公固精神在天矣,又何用劳神求出乎?公但直信本心,勿顾影㉑,勿疑形,则道力固自在也,法力固自在也,神力亦自在也。

【注释】

①地阻官羁:路途阻隔,官务缠身。

②生刍曷致:祭品怎能送到你的灵前?生刍,鲜草。《后汉书·徐稚传》:"郭林宗有母忧,稚往吊之,置生刍一束于庐前而去。"后

人因之称吊祭的礼物为"生刍"。

③同气相应：语本《周易·乾·文言》："同声相应，同气相求。"意为气质志趣相同则互为呼应。

④十方：佛教用语，指东、西、南、北、东南、西南、东北、西北、上、下十个方位。

⑤照临：光临。法会：佛教指举行各种宗教仪式的集会。

⑥华山：在今陕西东部，北临渭河平原，为游览胜地，古称"西岳"。神话传说是群仙降临之地。

⑦口业：佛教用语。佛教以身、口、意为三业，"口业"指妄言、恶口、两舌（言语反复、前后不一）和绮语（涉及闺门、爱欲等华艳辞藻及一切杂秽语）。这里指对李元阳文章的曲解。

⑧比：近。这里是接近、阅读之意。

⑨好音过耳：好听的乐声从耳边吹过。意为不会被听者所感染。过耳，过耳风，比喻对别人的话不留一点印象。

⑩达人大观：通达事理的人见识广阔。

⑪土苴（chá）：腐土，糟粕。比喻极轻贱的东西。《庄子·让王》："道之真以治身，其绪余以为国家，其土苴以治天下。"陆德明释文："司马云：'土苴，如粪草也。'李云：'土苴，糟魄（粕）也。'"

⑫扬子云：即扬雄（前53—18），字子云，西汉蜀郡成都（今四川成都）人。少好学。其博通群籍，多识古文奇字。仿《周易》作《太玄》，编字书《方言》等。西汉后期辞赋家。儿子早夭。《汉书》卷八七、《藏书》卷三二等有传。《法言》：扬雄模拟《论语》体裁的著作，共十三卷，内容以儒家传统思想为中心，对后来有重要影响。

⑬白乐天：白居易（772—846），字乐天，晚号香山居士，又称醉吟先生。祖籍太原（今山西太原），后迁居下邽（今陕西渭南）。童年避战乱，曾居越中。贞元进士，历官秘书省校书郎、刑部尚书等职。元和间任左拾遗及左赞善大夫，后因得罪权贵被贬为江州

司马。唐代诗人。文学上积极倡导新乐府运动。著有《白氏长庆集》。《旧唐书》卷一六六、《新唐书》卷一一九、《藏书》卷三九第有传。

⑭嗣(sì)：子孙，后代。

⑮孔鲤：孔子的儿子。

⑯释迦：释迦牟尼。罗睺(hóu)：传说是释迦牟尼之子，也叫罗睺罗。

⑰老聃：即老子。见《送郑大姚序》第二段注⑬。宗：李宗，传说是老聃之子。

⑱道家：我国古代的一种思想流派，以老子、庄子为代表。道家的思想崇尚自然，有辩证法的因素和无神论的倾向，但主张清净无为，反对斗争，具有消极避世特色。法力：原指佛教所说的佛法威力，后泛指神奇的力量。禅家：修持禅定(佛教禅宗修行方法之一，修行者静坐敛心，专注一境，达到身心安稳、观照明净的境地)者。亦泛指佛家。

⑲服食：指吃丹药。冀：希望。

⑳"勿谓"句：意为不要说灌顶以后，人的灵魂就可以升天。灌顶，佛教密宗的一种仪式，凡弟子入门或继承师位时，用水或醍醐灌洒头顶以示祝愿。阳神，灵魂。

㉑勿顾影：与下句"勿疑形"，意为不要受外界影响而自我怀疑。顾影，自顾其影，这里有顾影自怜(处境孤苦，潦倒失意)之意。

【译文】

　　我们这些人，有人见过您了解您，有人听说过您所以仰慕您。现在您去世了，世人该依靠谁呢？路途遥远，官务缠身，祭品怎能送到您的灵前呢？只能在这里设置灵位，告知先生，希望您的灵魂能够听到我的话。况且我与您是同道相知的朋友，活着的时候何必一定要见面；气质志趣相同，死后魂灵自然可以随缘赴感，周遍十方。只希望李先生光临佛事法会,灵魂降临这里的仙山,在钟鼓齐奏的佛乐声中,好像真实地处于其中。人世间的富贵荣华、名誉地位,都没有什么值得快乐的,这些都不过只是请客时的一场筵席而已,到了傍晚就散去了。人生一辈子,即使活到一百岁,也不算长寿,从今天来看看以往,生命确实只是在一呼一吸之间罢了。先生平时所写的文章,都说有过人的才华,却不知道愚昧的人看到了,只能曲解先生的意思,妄加解释,徒增口业,有智慧的人看到了先生的文章,就像听到美好的音乐一样,过后则不会容留于心,通达事理的人见识广阔,看那些文字就像是极其轻贱的东西,不会执着不舍。希望大家能够真正理解你的文章。人们常说"有子万事足",这都是世俗的言论。没听说扬雄的《法言》、白居易的《长庆》,仍旧在今天的人们中流传吗?假使一定要以子嗣来使自己的血脉流传,那么古今有儿子的人很多啊。要知道孔子不靠孔鲤传世,释迦佛不靠儿子罗睺罗传世,老子不靠儿子李宗传世,先生也不必靠子孙传世,而靠自己的文章流芳千古,那么先生您可以拍掌大笑了。不要说道家的法力胜过佛教禅宗,道家也根本不能离开"道"本身而追求法术。不要说服食吐纳可以追求长生不老,先生您的法身佛性本来没有死,何必再追求长生不老呢?不要说灌顶以后,人的灵魂就可以升天,先生的神魂本来就在天堂,又何必动用神仙追求出神升天呢?先生只要直接相信自己的本来佛性,不要受外界的影响而自我怀疑,那么所谓的道力、法力、神力,本来就是人自性所具有的,本来就是自在无碍的。

　　再致我公:为我传语李维明①。维明者,白下人②,名逢阳,别号翰峰,仕为礼部郎。于赟为同曹友③,于沇为同年友④,皆同道雅相爱慕者。故并设位,俾得与公会云⑤。

【注释】

①李维明:即李逢阳。见《定林庵记》第二段注③。

②白下：今南京。

③同曹友：李贽在北京任礼部司务时，李逢阳任礼部郎中，二人同
　事，且为朋友。曹，这里指分科办事的官署或部门。

④沆（hàng）：方沆（1542—1608），字子及，号礽（rèn）庵，莆田（今福
　建莆田）人。隆庆二年（1568）进士。历官南京户部郎、刑部郎、
　云南提学、湖广佥事等。著有《漪兰堂集》。明代李维桢《大泌山
　房集》卷八一、《莆田县志》卷一三、卷二二、《姚安县志》卷六五、
　民国《新纂云南通志》卷一七九等有传。同年：科举时代同年考
　中的人。李逢阳也是隆庆二年进士。

⑤俾：使。

【译文】

　　再次告知先生：为我传信给李维明。李维明是南京人，名逢阳，别
号翰峰，在礼部做官。和我是同事好友，与方沆是同年考中的进士，都
是文雅同道互相倾慕的知友。所以让他们一起设立灵位，使他们能够
与您相会。

王龙谿先生告文

【题解】

　　本文于万历十一年（1583）写于麻城。王龙谿，即王畿（1498—
1583），字汝中，号龙谿，山阴（今浙江绍兴）人。嘉靖十一年（1532）进
士。王守仁的学生，官至兵部侍郎。他与钱德洪曾两次放弃科举机会，
专心王学。当时，四方学人士子向王学习者，往往先由他们辅导，而后
卒业于王守仁，因此被称为“教授师”。主张“良知”即是佛性，为学以
“致知见性”为主，把王守仁的“良知”说进一步引向禅学。著有《困学
记》《龙谿集》等。《续藏书》卷二二、《明史》卷二八三、《明史稿》卷一八
五、《明书》卷一一四、《明儒学案》卷一二等有传。李贽《续藏书》卷二二

《理学名臣·郎中王公》传后录有此文,其开头还有一段文字:"万历癸未十二月十六日,后学温陵李贽,闻龙谿先生之讣,为位于龙潭以奠而告之曰……"在《罗近谿先生告文》中记深有的话:"癸未之冬,王公讣至,公(指李贽)即为文告之,礼数加焉,不待招也。"这都表明,万历十一年,李贽听到王畿逝世消息后,即撰写了这一祭文。李贽对王畿是非常钦佩的,他在后来写的《复焦弱侯》文中说:"世间讲学诸书,明快透髓,自古至今未有如龙谿先生者。……知先生之功在天下后世不浅矣。"(《焚书》卷二)在《罗近谿先生告文》中又说:"无岁不读二先生(指王畿与罗汝芳)之书,无口不谈二先生之腹。"都可见出李贽对王畿的推崇备至。在这篇祭文中,李贽更是饱含激情地对王畿加以追悼与赞扬,称之为"圣代儒宗,人天法眼;白玉无瑕,黄金百炼"。把他推尊为王阳明的继承者。究其因,探其底,恐怕还在于王畿并非儒学正宗。王畿在当时曾被视为"伪学"(见《续藏书》及《明史》本传),他的行动也颇具"异端"之嫌。《续藏书》卷二二《王龙谿公畿》(正文标题为《郎中王公》)记载,王畿参加科举应试,"所为文直写己见,不数数于时格"。在对待王阳明师说的认识上,他与钱德洪各持己见,钱认为"师门定本,不可更易"。王畿则"所兴起为多",认为应该"随时立教""未可执定"。钱德洪认为王畿以己意解师说是"坏师门教法,非善学也"。而王畿则强调"学须自证自悟,若执权法以为定本,未免滞于言诠,亦非善学也"。这样的求道求学精神与李贽是很有相通之处的。在此文中,李贽还盛赞王畿"以行示天下"的精神。在《郎中王公》传中,李贽对此更作了生动的描述:"故公(指王畿)名虽高,仕竟不达,然终不以是动心,而孳孳以讲学为务。所至接引无倦色,自两都、吴、楚、闽、粤,皆有讲舍,江浙尤盛,会常数百人。年八十余,犹不废出游。"李贽盛赞这种重道重行的精神,正是为了批判那种"病在爱身而不爱道","而徒为自私之利之计";"病在尊名而不尊己","而务为远嫌远谤之图"的假道学。对李贽的文章,要看得出他在说什么,更要看得出他在说的内里的潜台词是什么,此文也是一例。李贽在称王畿为"圣代儒宗"之际,实际寄寓着被当时真正儒学正宗视为"伪学"的内容,这大概也是李贽在文后称自己为王畿的"知言"的原因吧!

圣代儒宗①,人天法眼②;白玉无瑕,黄金百炼。今其没矣,后将何仰! 吾闻先生少游阳明先生之门③,既以一往而超诣④;中升西河夫子之坐⑤,遂至殁身而不替⑥。要以朋来为乐兮⑦,不以不知而愠也⑧,真得乎不迁不贰之宗⑨。正欲人知而信兮,不以未信而懈也,允符乎不厌不倦之理⑩。盖修身行道者将九十岁⑪,而随地雨法者已六十纪矣⑫。以故四域之内⑬,或皓首而执经;五陵之间⑭,多继世以传业。遂令良知密藏⑮,昭然揭日月而行中天⑯;顿令洙、泗渊源⑰,沛乎决江、河而达四海。非直斯文之未丧⑱,实见吾道之大明。先生之功,于斯为盛!

【注释】

①圣代:指明代。儒宗:儒家的宗师。

②人天:人间与天上,即天地之间。法眼:佛教用语。谓菩萨为度脱众生而照见一切法门之眼。这里借喻具有敏锐、精深眼力的智慧。

③阳明先生:即王守仁(1472—1529),字伯安,号阳明,余姚(今浙江余姚)人。弘治十二年(1499)进士。因反对宦官刘瑾被贬谪贵州龙场(今贵州修文)驿丞(管理驿站的官吏)。后任太仆寺少卿,南赣金都御史,都察院副都御史等职。曾平定王宸濠叛乱,镇压过农民起义。官至南京兵部尚书,封新建伯,卒谥文成。他发展了陆九渊的学说,认为"心外无物,心外无理",人心的"灵

明"就是"良知",没有"良知"便没有天地万物。而良知为人人所固有,圣人不多,常人不少,所以人人都可以成为圣人。王守仁的思想是宋明"心学"的集大成者,具有对抗朱熹和促进思想解放的积极因素,对李贽有直接影响。著作由门人辑成《王文成公全书》。1992年上海古籍出版社以此为底本,参校其他多种本子,出版了《王阳明全集》。《续藏书》卷一四、《明史》卷一九五、《明史稿》卷一八五、《明书》卷一〇〇、《明儒学案》卷一〇等有传。

④超诣:超群的造就。

⑤"中升"句:指王畿中年时继承了王守仁的学术事业。中,中年。西河夫子,指孔子死后其学生子夏在西河(济水、黄河间)讲学,继续传播孔子之道。相传《春秋》《诗经》等儒家著作是由子夏传播下来的。

⑥替:废弃。

⑦要:总。朋来为乐:《论语·学而》"有朋自远方来,不亦乐乎"的略语。

⑧不知而愠(yùn):语本《论语·学而》:"人不知而不愠。"愠,恼怒,怨恨。

⑨不迁不贰:语本《论语·雍也》:"不迁怒,不贰过。"不迁怒,不拿别人出气。不贰过,不再犯同样的过失。

⑩允符:确实符合。不厌不倦:语本《论语·述而》:"学而不厌,诲人不倦。"

⑪行道:指实行王守仁的学说。

⑫随地雨法:到处传播王守仁学说。雨法,布施佛法之意。纪:年。

⑬四域:四周界限,四方之内。这里指人世间。

⑭五陵:原指西汉京城咸阳(今陕西咸阳)附近的长陵、安陵、阳陵、

茂陵、平陵,这里借指京城附近。

⑮良知密藏:良知的奥妙。良知,儒家谓人类先天具有的道德意识,王阳明心学的重要理论命题。最早为孟子所提出,后来王守仁加以发挥:"若鄙人所谓致知格物者,致吾心之良知于事事物物也。吾心之良知,即所谓天理也。致吾心良知之天理于事事物物,则事事物物皆得其理矣。"(《传习录》中)

⑯中天:高空,当空。

⑰洙、泗渊源:儒家学派的源泉。孔子曾在洙水和泗水(均在今山东境)间聚徒讲学,后来,就以洙、泗代指鲁国文化和以孔子为代表的儒家学说。

⑱非直:不仅。斯文之未丧:语本《论语·子罕》:"子畏于匡,曰:'文王既没,文不在兹乎? 天之将丧斯文也,后死者不得与于斯文也;天之未丧斯文也,匡人其如予何?'"意为这种文化不会毁灭。

【译文】

　　王龙谿先生,是明代儒学的宗师,有着敏锐、精深的智慧;他的精神境界和道德情操,犹如无瑕的白玉,犹如千锤百炼的黄金。现在他去世了,后代的人们将仰仗什么人啊! 我听说先生年轻时游学于王阳明的门下,就一直有超群的造就;中年时继承了王阳明的学术事业,一直到死都没有停止。先生总是遵循孔子的遗训,以知音好友前来探讨学习为乐,不因为别人的不理解而怨恨,真正继承了儒家"不迁怒、不贰过"的精髓。先生总是让人们理解了才信任他,不因别人的不信任而懈怠修为,真正符合"学而不厌、诲人不倦"的儒学教理。先生修学实践阳明心法已经九十年了,在全国各地弘扬阳明心法也已经有六十年了。所以四海之内,心法普传,有许多人终生研究儒学心法的经典;京城附近,也有很多人传承心法,弘扬儒学,使阳明心学中关于"良知"的奥妙,显示于天下,如日月当空,人人得以明白瞻仰;一下子令孔子儒学的教理,广泛流传于天下。使人看到儒学文化不但没有毁灭，而且还发扬光大起来。先生的功劳，在这其中尤其卓著！

忆昔淮南儿孙布地①，猗欤盛欤②，不可及矣。今观先生渊流更长，悠也久也，何可当哉！所怪学道者病在爱身而不爱道，是以不知前人付托之重，而徒为自私自利之计；病在尊名而不尊己，是以不念儿孙陷溺之苦③，而务为远嫌远谤之图④。嗟夫！以此设心，是灭道也，非传道也；是失己也，非成己也。先生其忍之乎？嗟我先生！唯以世人之聋瞽为念⑤，是故苟可以坐进此道⑥，不敢解嘲也⑦；唯以子孙之陷溺为忧，是故同舟而遇风，则吴、越必相救，不自知其丧身而失命也⑧。此先生付托之重所不能已也⑨。此余小子所以一面先生而遂信其为非常人也⑩。虽生也晚，居非近，其所为凝眸而注神⑪，倾心而悚听者⑫，独先生尔矣。先生今既没矣，余小子将何仰乎！

【注释】

①淮南：王艮曾在淮南一带讲学，这里以淮南代指王艮。儿孙：指王艮的学生。

②猗（yī）：叹美之词。

③陷溺：沉迷。

④远嫌远谤：避免嫌疑和诽谤。

⑤瞽（gǔ）：瞎。

⑥坐进此道：安然地向世人进献出儒家之道。语出《老子》第六十二章，但非老子原意。

⑦解嘲：因被人嘲笑而自作解释。

⑧"是故"三句：语出《孙子·九地》："夫吴人与越人相恶也，当其同
　舟而济，遇风，其相救也如左右手。"这里李贽是以此说明王畿忧
　"子孙之陷溺"而忘身相救。其，指王畿。

⑨已：停止。

⑩"此余"句：指万历元年(1573)李贽在南京首次听王畿讲学。

⑪凝眸而注神：形容聚精会神地观看。

⑫悚：敬畏。

【译文】

　　回忆当年王先生在淮南讲学，弟子众多的繁盛场景，真是无人可
及。现在看先生的学术流派更加源远流长，什么人可以阻挡的了呢！
奇怪的是，那些自称学道修心的人，有爱身不爱道的毛病，所以不理解
您郑重的嘱托，而只为一己之私打算；他们还有尊重名声不尊重自己的
毛病，所以不顾念晚辈沉迷之苦，却定要为避免诽谤嫌疑、获得高名美
誉作打算。哎，用这种态度修学心法，是要灭绝儒学心法之道，而不是
传承道法；是失掉自我，而不是成就自我。先生看到这些能忍心吗？
哎，王先生！只以世人的沉迷愚昧为忧，所以暂且可以安然地向世人传
授儒学，不敢因被人嘲笑而自作解释；因忧虑晚辈的沉迷愚昧而忘身相
救，不顾及自己会丧身失命。这都是先生郑重的托付，所以后人的传道
弘法也不能停止。这就是我为什么第一次见到王先生讲学，就相信他
不是普通人。即使我出生晚于先生，居住的距离也不近，但我仍旧会用
心关注先生的讲学，怀着敬畏的心情听先生讲课，能让我这样的，只有
先生一个人。现在先生去世了，我们这些后辈将仰仗什么人啊！

　　嗟乎！"嘿而成之，存乎其人；不言而信，存乎德行。①"
先生以言教天下，而学者每咕哗其语言②，以为先生之妙若
斯也，而不知其糟粕也，先生不贵也。先生以行示天下，而
学者每惊疑其所行，以为先生之不妙若斯也，而不知其精神

也,是先生之所重也。我思古人实未有如先生者也,故因闻先生之讣也,独反覆而致意焉。先生神游八极③,道冠终古;夭寿不二④,生死若一。吾知先生虽亡,故存者也⑤。其必以我为知言也夫! 其必以我为知先生也夫!

【注释】

①"嘿而"四句:语本《周易·系辞上》,原文为:"神而明之,存乎其人;嘿而成之,不言而信,存乎德行。"意为默不作声却能有所作为,关键在于这个人的自身;不必说明就能取信于人,关键在于这个人的品德。嘿,通"默"。

②咕哔(chè bì):犹佔毕,谓经师不解经义,但视简上文字诵读以教人。后亦泛称诵读。

③神游八极:指精神遨游八方。八极,八方极远之地。

④夭寿不二:不论是短命或长寿都一样。

⑤故:仍旧、依然。

【译文】

哎!《周易》说:"默不作声却能有所作为,关键在于这个人的自身;不必说明就能取信于人,关键在于这个人的品德。"先生以儒家言论教化天下,而学习的人往往只诵读其字面文意,以为这就是先生的奥妙所在,其实这正是学问的糟粕,是先生不重视的。先生以实践儒学来宣示教化天下学生,而学生却经常疑惑其行为,以为先生所行不如法,却不知道这恰恰是先生治学的精髓所在,是先生所看重的。我想古人确实没有达到像先生这样的微妙境界,所以听到先生去世的消息,我一个人翻来覆去思考,向先生致意问候。先生的精神遨游八方,行道的境界空前绝后,达到了生死不二的境地。我知道先生即使去世了,神魂却依旧存在。相信先生的神灵所至,一定会以我的言论为知己之论,以我为知己的!

罗近谿先生告文

【题解】

本文于万历十七年（1589）写于麻城。罗近谿，罗汝芳（1515—1588），字惟德，号近谿，南城（今江西南城）人。嘉靖三十二年（1553）进士，除太湖知县，召诸生论学。终官云南布政司参政。泰州学派代表人物之一。先学于颜钧，后又为王畿再传弟子，学主良知。死后门人私谥明德。著有《近谿子明道录》《近谿子文集》等。《续藏书》卷二二、《明史》卷二八三、《明史稿》卷一八五、《明儒学案》卷三四等有传。罗汝芳和泰州学派的其他人一样重师友之道。颜钧因讲学被系南京狱中，罗汝芳亲到狱中供养，并卖掉家产营救他。后来罗汝芳被罢官，颜钧被赦归，他又亲事颜钧，饮食必躬进。罗汝芳像李贽一样，以简易从政，他任云南副使时，"为开水利，堑城濠，省徭役。政暇，召同志讲学，信从益众。"（《续藏书》卷二二《参政罗公》）由于这种种原因，李贽对罗汝芳非常推崇。在这篇告文中，李贽称道罗汝芳的"简易""宽和""慈悲""口舌代铁"的作风，以及"舍身为道"的精神，并通过对罗汝芳的缅怀，宣扬"泛爱容众，真平等也"的思想。这虽是一种乌托邦的社会理想，罗汝芳也并没有实行过，但却表现出李贽要求突破封建等级束缚的进步主张。这一思想，在李贽的其他文章书信中，特别是后来的《道古录》中，有更加强烈的反映。应该指出的是，李贽对罗汝芳的肯定远不如王畿。他在写于此年稍后的《复焦弱侯》中曾说："龙谿先生全刻，千万记心遗我！若近谿先生刻，不足观也。盖《近谿语录》须领悟者乃能观于言语之外，不然，未免反加绳束。非如王先生字字皆解脱门，既得者读之足以印心，未得者读之足以证入也。"（见本书卷二）以此文与前《王龙谿先生告文》相对照，也可见出这种区别来。

戊子冬月二十四日①，南城罗先生之讣至矣，而先生之没,实九月二日也。夫南城,一水间耳②,往往至者不能十日余,而先生之讣直至八十余日而后得闻,何其缓也!岂龙湖处僻,往来者寡耶?而往来者非寡,直知先生者寡也?然吾闻先生之门③,如仲尼而又过之④,盖不啻中分鲁矣⑤。其知先生者,宜若非寡。将实未闻好学者,以故虽及门,而终不知先生之所系于天下万世者如此其甚重也耶?夫惟其视先生也不甚重,则其闻先生之讣也,自不容于不缓矣。余是以痛恨先生之没⑥,而益信先生之未可以死也。

【注释】

①戊子冬月:万历十六年(1588)十一月。

②一水间:当时李贽寓居长江以北的麻城龙潭湖,南城则在长江以南,于水路可达。

③门:指门下受业的弟子。

④仲尼:指孔子。又过之:指罗汝芳的弟子超过了孔子。

⑤"盖不啻"句:语出《庄子·德充符》:"王骀(tái),兀者(断足之人)也,从之游者,与夫子中分鲁。"意为(罗汝芳的弟子)不止半个鲁国了。不啻,不止。中分鲁,半个鲁国。形容孔子弟子之多,影响之大。中分,均分。

⑥痛恨:这里是悲痛遗憾之意。

【译文】

万历十六年十一月二十四日,我收到了江西南城罗近谿先生的讣告。而罗先生去世,实际是在九月二日。罗先生所住的南城,与我居住的麻城龙潭湖,只隔着一条长江,一般来往用不了十多天,而罗先生的讣告直到八十天后才听到,怎么这么慢啊!难道是因为我居住的龙潭湖地处偏僻,往来的人少吗?还是因为往来的人并不少,只是真正了解罗先生的人少呢？然而我听说罗先生门下的弟子，比孔门还多，不止有半个鲁国的人那么多了。了解罗先生的人，应该也不少。或者学生虽多，却没有真正的好学之士，所以虽然登门参学，却始终不理解心系天下万世的罗先生是多么重要的一个人吗？只有他们不重视罗先生，那么他们听到先生的讣告，才不会刻不容缓地告知天下。我因此悲痛遗憾先生的去世，也更坚信先生是不可以死的。

　　有告我者曰："先生欲以是九月朔辞世长往①，故作别语以示多士②。多士苦不忍先生别，于是先生复勉留一日与多士谈，谈竟矣，而后往耳。今先生往矣，无可奈何矣，于是多士始乃拭泪含哀，共梓先生别语以告四方之士③。若曰得正而毙④，吾师无忝曾参矣⑤；扶杖逍遥，吾师不愧夫子矣⑥。岂惟不惜死⑦，又善吾死，吾师至是，真有得矣。大为其师喜，故欲梓而传之。"

【注释】

①朔：初一。辞世：逝世，去世。

②多士：古指众多的贤士，也指百官。这里指众多门徒。

③梓：刻印。

④得正而毙：语出《礼记·檀弓》。得到正道正名定分而死。

⑤"吾师"句：意为吾师（指罗汝芳）不愧于曾参。《礼记·檀弓》记载，鲁大夫季孙赠给曾参一条竹席，曾参病危之际，感到躺在那条竹席上是一种"违礼"的行为，要把它换下来。他的儿子曾元看到他病情危急，提出等天亮时再换。曾参坚持立即换席，以"得正而毙"。结果，还来不及安放在另换的席子上，曾参就断气了。这里李贽以此典故说明罗汝芳的真诚为道精神。忝

(tiǎn)，愧。

⑥"扶杖"二句：《礼记·檀弓》记载：一天，孔子早晨起来，反手拖着
　手杖在门外逍遥散步，并唱道："泰山其颓乎！梁木其坏乎！哲
　人其萎乎！"他的弟子子贡听到后预感到"夫子殆将病也"。不
　久，孔子果然病亡。这是儒家美化孔子有面临死亡而能悠然自
　得的精神。这里借以赞颂罗汝芳。

⑦不惜死：不怕死。

【译文】

　　有人告诉我说："罗先生估计会在九月初一去世，所以和众多学生
讲了很多辞别的话。学生们不忍离别，苦留先生，于是罗先生又勉强多
留一日与学生谈讲，谈讲完毕，然后就去世了。现在先生走了，无可奈
何了，学生们才擦干眼泪，收拾悲哀的心情，共同刻印罗先生临别时的
谈话，以告知四方的同门学者。如果说得到正道正名定分而死，罗老师
不愧于曾参；面对生死，悠然自得，无所畏惧，罗老师不愧于孔子。先生
不只是不怕死，也做到了安然而死，罗老师达到了这样的境界，真是学
有所证的人。我心中特别为罗老师欣喜，所以要刻印其言论，使之广泛
地流传。"

　　嗟乎！先生之寿七十而又四矣，其视仲尼有加矣。夫
人生七十，古来所稀。寿跻古稀①，虽恒人能不惜死②，而谓
先生惜死乎？何以不惜死为先生喜也？且夫市井小儿，辛
勤一世，赢得几贯钱钞，至无几也。然及其将终也，已死而
复苏，既瞑而复视，犹恐未得所托然者③。使有托也，则亦甘
心瞑目已矣。先生生平之谓何，顾此历代衣钵④，竟不思欲
置何地乎？其所为勉留一日者何故？或者亦恐未得所托
矣。如使有托，虽不善死⑤，亦善也。使未有托也，则虽善

死,先生不善也,又何可以善死称先生也? 吾谓先生正当垂绝之际,欲恸不敢恸之时,思欲忍死一再见焉,而卒不可得者,千载而下,闻之犹堪断肠,望之犹堪堕泪,此自是其至痛不可甘忍,而谓先生忍死而不惜可乎? 盖惜死莫甚于先生者,吾恐更有甚于多士之惜先生之死也。何也? 天既丧予⑥,予亦丧天⑦;无父则望孤⑧,无子而望绝矣⑨,其为可悲可痛皆一也。若如所云,则千圣之衣钵,反不如庸夫之一贯。市井小儿犹不忍于无托也,而先生能忍之矣? 又何以为先生也!

【注释】

①跻(jī):登,上升。

②恒人:常人,普通人。

③所托然者:可以嘱托的人。托,嘱托,委托。

④衣钵:佛家以衣钵(袈裟与饭盂)为师徒传授之法器,因引申为师传的思想、学问、技能等。

⑤善死:好死。

⑥天既丧予:老天爷既然放弃了我。

⑦予亦丧天:李贽认为罗汝芳临死时担心他的学说会因得不到付托者而失传,这是个大损失。因此说"予亦丧天"。

⑧望孤:寄希望于儿子。孤,幼年丧父者。

⑨望绝:犹绝望。

【译文】

哎! 罗先生今年七十四岁,论年龄比孔子还大。古人常说:人生七十古来稀。寿命已达古稀之年,即使是普通人也能不怕死了,难道先生会怕死吗? 那么为什么看到先生不怕死而为先生高兴呢? 普通人辛苦一辈子,挣到一点点钱财,本来也没有多少。然而等他临终的时候,将要断气却又睁开眼睛,就是还担心他没有托付给恰当的人。假使已经有了可以委托的人,那么也就甘心闭眼死去了。罗先生一辈子的心血何在? 看到这历代学术的传承,能不想到托付何人的问题吗? 他所以勉强多留一日是为什么呢? 或许也是担心学问传承无人托付啊。假使有人可以托付,即使不得善终,也是很好的事。假使无人可以托付,即使是得了善终,也不是什么好事,又怎么可以称先生得到善终呢? 我认为罗先生在临终之际,内心痛苦但又不敢显现出痛苦的时候,考虑暂留一日再与大家相见,却仍旧不能够得到学术上真正的传人,千载之下,听了真是让人难过,看了真是让人落泪,这就是他不忍死去的最痛心的原因,谁说先生不忍死去是不让人痛惜的事呢? 所以说最不忍死去的人莫过于罗先生,我恐怕比罗先生的弟子们更痛惜他的去世。为什么呢? 老天爷既然放弃了我,让我死去,我也担心自己的学术衣钵无人传承;人没有父亲则寄希望于自己的儿子,没有儿子可以传承血脉就会绝望了,这与罗先生临终时找不到自己衣钵传承的痛苦心情是一样的。如果像人们所说的那样,则众多圣人的衣钵传承,反而不如一个凡人的一贯钱财。凡人尚且不忍临终之时自己的钱财无可托付,更何况罗先生,怎么能够忍受临终之际无学术传人呢? 如若不是这样,那也就不是罗先生了!

方闻讣时,无念僧深有从旁赞曰①:"宜即为位以告先生之灵。"余时盖默不应云。既而腊至矣②,岁又暮矣;既而改岁,复为万历己丑③,又元月,又二月,春又且分也。深有曰:"某自从公游,于今九年矣,每一听公谈,谈必首及王先生也④,以及先生⑤。癸未之冬⑥,王公讣至,公即为文告之⑦,礼数加焉⑧,不待诏也⑨。忆公告某曰:我于南都得见王先生者再⑩，罗先生者一⑪。及入滇⑫，复于龙里得再见罗先生焉⑬。然此丁丑以前事也⑭。自后无岁不读二先生之书，无口不谈二先生之腹⑮。令某听之，亲切而有味，详明而不可厌。使有善书者执管侍侧⑯，当疾呼手腕脱矣⑰，当不止十纸百纸，虽千纸且有余矣。今一何默默也？且丙戌之春⑱，某将杖锡南游⑲，公又告某曰：'急宜上旴江见罗先生⑳。'于时龙谿王先生死矣㉑。戊子之夏㉒，某复自南部来至，传道罗先生有书欲抵南都，云：'趁此大比之秋㉓，四方士大和会㉔，一入秣陵城㉕，为群聚得朋计。'公即为书往焦弱侯所：'罗先生今兹来，慎勿更蹉过㉖！恐此老老矣，后会难可再也。'既又时时物色诸旴江来者，稍道罗先生病。语病，又稍稍张皇矣㉗。公告某曰：'先生既病，当不果南下矣，然先生实无甚病也。吾观先生骨刚气和，神完志定，胜似王先生。王先生尚享年八十六，先生即不百岁，亦当九十，决不死也。'然某觇公㉘，似疑罗先生病欲死者，而竟绝口不道罗先生死。试屡问之，第云㉙：'先生不死，先生决不死！'今罗先生实死矣，更默默何也？"

【注释】

①无念僧深有：深有（1544—1627），俗姓熊，名深有，麻城人。龙潭湖芝佛院院僧，僧号无念。曾为周思久（柳塘）礼请李贽居芝佛院。后入黄蘖山（在河南商城），建法眼寺。著有《醒昏录》《黄蘖无念复问》等。《麻城县志》康熙版卷八、光绪版卷二五、《五灯严统》卷一六、《五灯全书》卷一二〇等有传。

②腊：夏历十二月。

③万历己丑：即万历十七年（1589）。

④王先生:指王畿。下文"王公"同此。

⑤先生:指罗汝芳。

⑥癸未:万历十一年(1583)。

⑦为文告之:指李贽写的《王龙谿先生告文》。

⑧礼数:礼节。

⑨不待:用不着,不用。诏:泛指告语。

⑩"我于"句:李贽在南京与王畿相见两次,当在万历元年(1573)。当时李贽任南京刑部员外郎,王畿到全椒(今安徽全椒),过留都南京。南都,指南京。

⑪罗先生者一:李贽在南京与罗汝芳的相见,当在隆庆六年(1572)。当时李贽任南京刑部员外郎,罗汝芳起复后任山东东昌府(治所在今山东聊城)知府。

⑫滇:云南的别称。

⑬"复于"句:万历五年(1577),李贽赴姚安知府任途中,与当时任云南参进表的罗汝芳相遇于龙里(今贵州黔南布依族苗族自治州)。

⑭丁丑:万历五年。

⑮腹:这里指学问、思想。

⑯执管:握笔。

⑰手腕脱矣:形容记写极多,手腕都脱白了。

⑱丙戌:万历十四年(1586)。

⑲锡:僧人所用的锡杖(禅杖),可为乞食驱虫之用。

⑳盱(xū)江:在江西省东部,流经南城。这里代指南城。

㉑龙谿王先生:见前《王龙谿先生告文》题解。

㉒戊子:万历十六年(1588)。

㉓大比:明代每隔三年在省会举行一次乡试,称为"大比"。乡试一般在秋天。

㉔和会：汇合之意。

㉕秣陵：古县名。辖境在今南京市。这里代指南京。

㉖蹉(cuō)过：耽误，错过。蹉，错，差误。

㉗张皇：慌张。

㉘觇(chān)：看，窥看。

㉙第：只。

【译文】

刚刚听到讣告时，无念和尚在身边感叹说："应该给先生设立灵位以告慰先生的灵魂。"我当时沉默没有回答。后来到了十二月，又是年底了；再后来过了年，到了万历十七年，再到正月，再到二月，又到春分了。无念和尚说："我自从跟随先生游学，到今天已经九年了，每当听到您谈讲，说话间一定会首先谈到王龙谿先生，然后会谈及罗近谿先生。万历十一年冬天，王先生的讣告到了，您立即写文章悼念，礼节很多，不用别人提醒告诉。回忆您当时对我说：'我在南京见到王先生两次，见到罗先生一次。等到去云南的途中，又在贵州龙里再次见到罗先生。'然而这是万历五年之前的事了。从此之后没有哪一年不读两位先生的书籍，没有哪一次开口不谈两位先生的思想。我听了倍感亲切而有韵味，详细明了而不觉厌倦。假使有擅长写字的人在先生身边握笔侍候，一定会大喊记录太多，累得手腕都要脱臼了，应该记录了不止十张百张白纸，即使千张白纸也不够。现在为何一直默默无言呢？况且万历十四年春天，我要到南方游方行脚，您又告诉我说：'应该立即过盱江拜见罗近谿先生。'当时王龙谿先生已经去世了。万历十六年夏天，我又从南边回来，听说罗先生有信来，要到南京，说：'趁着这次三年一次的乡试，四方的学子大汇合的日子，一进入南京城，就计划一下师友聚会谈讲的事情。'您当即就写信送往焦弱侯的住所：'罗先生现在到这里，一定别再错过了！恐怕这位罗老先生年纪大了，以后再有聚会就难了。'后来又时时寻找盱江来的学者，这些学者们稍微谈及罗先生的病。

说到生病的事,您又有些担心。您告诉我说:'罗先生既然病了,应当不会去南京了,但是先生其实没什么大病。我看先生身体硬朗,面色平和,神情安详,气息镇定,比王先生身体还好。王先生尚且享年八十六岁,罗先生即使活不到一百岁,也应当能活九十岁,绝不会去世的。'然而我偷偷地看您,似乎怀疑罗先生生病要去世了,但您竟然绝口不提罗先生去世的事。我试着多次询问这事,您只是说:'罗先生不会死,罗先生绝不会死!'现在罗先生确实去世了,您又沉默不语,为什么呢?"

嗟乎!余默不应,不知所以应也。盖余自闻先生讣来,似在梦寐中过日耳。乃知真哀不哀,真哭无涕,非虚言也。我今痛定思痛,回想前事,又似大可笑者。夫谓余不思先生耶?而余实思先生。谓余不知先生耶?而余实知先生深也。谓余不能言先生耶?而能言先生者实莫如余。乃竟口不言,心不思,笔不能下,虽余亦自不知其何说矣。岂所谓"天丧予,予丧天;无父何怙①,而子而望孤者"耶②!

【注释】

①怙(hù):依靠。

②而子:万历二十八年(1600)苏州陈征圣序刊本、《李温陵集》本均作"无子",是。

【译文】

哎!我沉默不回答,是因为不知道以什么作答。自从我听到罗先生的讣告,似乎在梦中过日子。才知道真正的悲哀是表现不出悲哀的,真正的痛哭是流不出眼泪的,这是真话啊。我现在痛定思痛,回想以前的事,又仿佛十分可笑。你说我不思念罗先生吗?其实我是思念罗先生的。你说我是不理解罗先生吗？我其实是很理解罗先生的。你说我不能谈论罗先生的思想吗？实际上能谈论罗先生思想学说的没人能超过我了。然而我竟然口不能说，心不能想，笔不能写，即使是我自己也不知道说什么好。这岂不是所说的"老天抛弃我，我也抛弃老天；没有父亲可以依靠，也没有儿子可以指望"吗？

　　今余亦既老矣，虽不曾亲受业于先生之门，而愿买田筑室厝骸于先生之旁者①，念无时而置也，而奈何遂闻先生死也！然惟其不曾受业于先生之门也，故亦不能遍友先生之门下士而知其孰为先生上首弟子也②。意者宁无其人，特恨未见之耳。言念先生束发从师③，舍身为道；一上春官④，蜚声锁院⑤。而出世夙念⑥，真结肺肠；有道之思，恐孤师友。于是上下四方，靡足不聘⑦，咨询既竭⑧，步趋遂正⑨。饮河知足⑩，空手归来⑪。越又十年，岁当癸丑⑫，乃对明庭⑬，释褐从政⑭。公廷讼简⑮，委蛇乐多⑯，口舌代铁⑰，论心无兢⑱。胥徒令史⑲，浑如其家。即仕而学，不以仕废；即学称仕，何必仕优⑳。在朝如此，居方可知㉑。自公既然㉒，家食何如㉓：堂前击鼓，堂下唱歌；少长相随，班荆共坐㉔。此则先生七十四岁以前之日恒如此也。

【注释】

①厝（cuò）骸：即厝身，置身。厝，放置，安放。

②上首：首位。

③束发：古代男孩十五岁以上束发为髻，表示成童之年。从师：罗汝芳十五岁跟新城张洵水学习（见《续藏书》卷二二《参政罗

公》)。

④一上春官:指参加礼部主持的考试。春官,古官名。唐代曾改礼部为春官,后遂以"春官"为礼部的别称。

⑤蜚声:扬名,博得好名声。锁院:指考场。旧时科举考试,考生入试场后即封锁院门,以防范舞弊。

⑥出世夙念:超脱人世的旧有念头。

⑦靡足不骋:无处不到。骋,同"聘"。

⑧咨:同"谘",询问。

⑨步趋:追随,效法。

⑩饮河:语出《庄子·逍遥游》:"偃(鼹 yǎn)鼠饮河,不过满腹。"意为欲望有限,易于满足。

⑪空手归来:当指罗汝芳"不廷试而归"。周汝登《圣学宗传》:"甲辰,举会试。(罗汝芳)曰'吾学未信,不可以任。'不廷试而归。归而寻师问友,周游四方者十年。"(《近谿子集》附录卷一)

⑫癸丑:嘉靖三十二年(1553),罗汝芳中进士。下文"对明庭"即指此。

⑬明庭:圣明的朝廷。

⑭释褐(hè)从政:指开始当官。褐,粗麻衣服,古时贫贱者所服。

⑮讼简:诉讼少。

⑯委蛇(yí):从容自得的样子。

⑰口舌代铁(fū):以说服教育代替刑罚。铁,铡刀,古代斩人的刑具。

⑱论心无兢:讲道理从容不迫。

⑲胥徒:指衙门中的小吏和差役。令史:指低级事务官吏。

⑳仕优:语本《论语·子张》:"学而优则仕。"以为官为优。

㉑居方:指在地方。

㉒自公:语出《诗经·召南·羔羊》。指居官。后常以"自公"用作

尽心奉公之意。

㉓家食：语出《周易·大畜》。指不做官而居家，即不食公家俸禄。

㉔班荆共坐：朋友相遇于途，铺开荆草坐地，共叙情怀。形容彼此感情很好。典出《左传·襄公二十六年》：楚国的伍举与声子友好，伍举将奔晋，声子也将如晋，二人"遇之于郑郊，班荆相与食，而言复故"。班，铺开。

【译文】

现在我也已经老了，虽然不曾亲自在罗先生的门下学习，却愿意买田地、造房屋，在罗先生身边安身住下来，没有一刻不是这样考虑安置的，却哪曾想听到先生的死讯！然而只是因为不曾在先生门下受教，所以也不能和先生门下的学者都成为朋友，也不知道他们中间哪位是先生的首席弟子。我想哪能没有首座弟子呢，只是遗憾没有见到罢了。追忆罗先生少年时跟从张洵水老师学习，为研讨人生之道，不吝惜体力；第一次参加礼部主持的考试，就闻名考场。而原来出离世间的思想愿望，仍旧至真至诚；执着于研讨人生之道的思想，唯恐辜负师友。所以到处参学，无处不到，问法问得透彻，所以修行也就纯正。后来虽然参加会试，但他欲望有限，知足而归。又过了十年，嘉靖三十二年间，赶上圣明的年代，开始做官从政。他做官的日子，诉讼很少，从容自得，善于用说服教育的方法代替刑罚，讲起道理来从容不迫。与人相处，非常融洽，衙门中的官吏、差役，就像一家人。即使做官，也依旧学习，不因为做官而放弃学问；即使是研究学问，也能从政，不以做官为优。在朝廷做官是这样，在地方更是可想而知。做官既然是这样，在家不做官时又如何呢：在堂前击鼓，在堂下唱歌；老年人、小孩子都愿意跟随他，朋友相遇，铺开荆草共坐，十分和乐。这就是罗先生七十四岁之前每天的生活。

若夫大江之南，长河之北，招提梵刹①，巨浸名区②，携手同游，在在成聚。百粤、东瓯③，罗施、鬼国④，南越、闽越⑤，滇越、腾越⑥，穷发鸟语⑦，人迹罕至，而先生墨汁淋漓⑧，周遍乡县矣。至若牧童樵竖⑨，钓老渔翁，市井少年，公门将健⑩，行商坐贾，织妇耕夫，窃屦名儒⑪，衣冠大盗，此但心至则受，不问所由也⑫。况夫布衣韦带⑬，水宿岩栖⑭，白面书生，青衿子弟⑮，黄冠白羽⑯，缁衣大士⑰，缙绅先生⑱，象笏朱履者哉⑲？是以车辙所至，奔走逢迎，先生抵掌其间⑳，坐而谈笑。人望丰采，士乐简易㉑，解带披襟，八风时至㉒。有柳士师之宽和㉓，而不见其不恭㉔；有大雄氏之慈悲㉕，而不闻其无当㉖。同流合污㉗，狂简斐然㉘；良贾深藏㉙，难识易见。居柔处下㉚，非乡愿也㉛。泛爱容众，真平等也。力而至㉜，巧而中，是以难及；大而化㉝，圣而神㉞，夫谁则知。盖先生以是自度，亦以是度人。七十余年之间，东西南北无虚地，雪夜花朝无虚日，贤愚老幼贫病贵富无虚人，矧伊及门若此其专且久㉟，有不能得先生之传者乎？吾不信也。

【注释】

①招提梵刹：指大小佛寺。招提，梵语音译，意译为"四方"。四方之僧称为招提僧，四方僧之住处称为招提僧坊。北魏太武帝造伽蓝，创招提之名，后遂为寺院的别称。梵刹，泛指佛寺。梵，意为清净。刹，意为地方。

②巨浸名区：指大湖泊和著名风景区。巨浸，大水，河海湖泽之地。

③百粤：即"百越"。我国古代南方越人的总称，分布在今浙江、福建、广东、广西等地。因部落众多，故总称百越。东瓯(ōu)：古族名。越族的一支。分布在今浙江南部瓯江、灵江流域。其首领摇助汉灭项羽，受封为东海王。因都东瓯(今浙江温州)，俗称东瓯

王。参阅《史记》卷一一四《东越列传》。

④罗施、鬼国:今贵州省的黔西、大方一带。

⑤南越:今广东广西一带。闽越:今福建北部,浙江南部,及广东潮
　州、梅州一带。

⑥滇越:今云南。腾越:今云南腾冲一带。

⑦穷发:指荒凉不毛之地。鸟语:难懂的言语。古代多指边远少数
　民族地区。

⑧墨汁淋漓:指题词的文字酣畅有力。

⑨樵竖:打柴的孩子。

⑩将健:将领、健儿(军卒)。

⑪窃屦:语出《孟子·尽心下》。指偷鸡摸狗之徒。窃屦,偷草鞋。

⑫"此但"二句:语本《孟子·尽心下》。意为只要有心学习,不管他
　从哪里来,都加以接受。

⑬布衣韦带:贫寒之士的服饰。

⑭水宿岩栖:指隐者。

⑮青衿子弟:指在学生员。青衿,青色交领长衫,古代学子和明清
　秀才的常服。

⑯黄冠白羽:指道士。白羽,白羽扇。

⑰缁衣大士:指和尚尼姑。缁衣,僧尼穿的近黑色服装。大士,佛
　教对菩萨的称呼,如观音大士,即观音菩萨。后来亦泛称僧尼。

⑱缙绅先生:指士大夫。缙绅,插笏于绅带间,旧时官宦的装束,亦
　借指士大夫。缙,插。

⑲象笏(hù)朱履:指当官的。笏,古代臣子朝见君王时所执的狭长
　板子,用玉、象牙、竹木制成。也叫手板。

⑳抵掌:拍手,一种快意的表示。

㉑简易:坦率和易,不讲究繁礼。

㉒八风时至:形容从罗汝芳身上所受到的熏陶。八风,八面吹来的

风。其名称说法不一,《吕氏春秋·有始》:"何谓八风? 东北曰炎风,东方曰滔风,东南曰熏风,南方曰巨风,西南曰凄风,西方曰飔风,西北曰厉风,北方曰寒风。"

㉓柳士师:即展禽,姓展,名获,字禽。春秋时鲁国大夫,任士师(掌管刑狱的官)。食邑在柳下,谥惠,因称柳下惠。以善于讲究贵族礼节著称。其事迹见《论语·微子》《左传·僖公二十六年》等。宽和:宽大和平。《孟子·万章下》:"柳下惠,圣之和者也。""故闻柳下惠之风者,鄙夫(胸襟狭小的人)宽,薄夫(刻薄的人)敦(厚道)。"

㉔不恭:语出《孟子·公孙丑上》:"柳下惠不恭。"不严肃。

㉕大雄氏:印度佛教徒对教主释迦牟尼的尊称。大雄,佛的德号。因佛具有非凡的智力,雄大无比,故称。

㉖无当:不恰当,不相称。

㉗同流合污:指跟上述各种人相处在一起。

㉘狂简斐然:语出《论语·公冶长》。志向高远而处事粗疏,但富有才华文采。

㉙良贾深藏:语出《史记·老子韩非列传》,原文是"良贾深藏若虚",意为善于经商的人把好货物隐藏起来,外表好像没有货物一样。这里指学问道德修养蕴蓄很深。

㉚居柔处下:和人相处温顺而谦恭。

㉛乡愿:指乡中貌似谨厚,而实与流俗合污的伪善者。

㉜力而至:与下文"巧而中",都是赞扬罗汝芳是一个"巧力俱全,智圣兼备"的人。语本《孟子·万章下》:"智,譬则巧也;圣,譬则力也。由(犹)射于百步之外也,其至,尔力也;其中,非尔力也。"意为智好比技巧,圣好比气力。射箭能达到百步与否,决定于膂力。而能射中目标与否,(却不只是力量)而决定于技巧。技巧与膂力俱全者,则为智圣兼备。这是以射箭比喻做学问的道理。

㉝大而化：与下文"圣而神"，则指学问渊博而能融会贯通，达到神妙莫测的境地。大而化，即"大化"，语本《尚书·大诰》，原意是广远深入的教化。

㉞圣而神：即《尚书·大禹谟》所说"乃圣乃神"。圣，无所不通。神，神妙无穷。

㉟矧（shěn）：况且，而且。伊：他。

【译文】

想当年，在大江长河南北，大小寺庙，江河湖泊，风景秀丽之地，先生与朋友携手同游，多有聚会。在边远的少数民族聚居地区，如百越、东瓯，罗施、鬼国，南越、闽越，滇越、腾越，荒凉不毛，语言难通之处，人迹罕至的地方，都能看到先生的题词酣畅有力，遍布乡县。至于放牛娃、打柴的孩子，钓鱼的老翁，市井少年，公门健将，作买卖的商贩，织妇耕夫，甚至偷鸡摸狗之徒和著名的大儒学者，江洋大盗，只要有心学习，不管他从哪里来，您都加以接受。更何况贫寒之士，山水间的隐者，白面书生，在学生员，拿着白羽扇的道士，出家的僧尼，士大夫文人，和做官出仕的人呢？所以先生的车子到哪里，哪里的民众就奔走迎接，先生与人们欢然聚会，快意笑谈。人们乐于看到先生的风采，文人喜欢他的坦率简洁、平易近人，人们纷纷与其随意共坐，接受他的熏陶。罗先生有柳下惠的宽厚和平，但没有柳下惠的不严肃；有释迦牟尼的慈悲，但没有释迦牟尼的漫衍无当。他跟各色人物都能和乐相处，志向高远而处事粗疏，但富有文采；他的学问道德蕴蓄很深，容易看到又难以深入识别。他和人相处温顺谦恭，却不虚伪。能够广泛地爱人，达到了真正的平等。他巧力俱全、智圣兼备，所以其学问修养难以企及；他学问渊博而能融会贯通，达到神妙莫测的境地，谁又能真正了解他呢。罗先生以此修养自己，也以此度化众生。七十多年间，没有哪个地方是他不教化的，也没有什么时间他不是在自度度人，无论贤愚老幼、贫病富贵都没有错过的，况且他的门生都这样长久而专注地跟随他学习，怎会没人得到罗先生的真传？我不相信。

先生幸自慰意焉①！余虽老，尚能驱驰，当不辞跋涉为先生访求门下士谁是真实造诣得者。得即焚香以告，以妥先生之灵曰："余今而后，而知先生之可以死也，真可以不惜死，真非徒自善其死者之比也。"而余痛恨先生之死之心可以释矣。若孔子之与鲁君言也，直曰"今也则亡，未闻好学者②"。是谓无子而望绝也③，先生不如是也。

【注释】

①慰意：心意得到安慰。

②"若孔子"二句：《论语·雍也》记载：鲁哀公问孔子，你的学生中，哪个好学？孔子答道：有一个叫颜回的好学，"不幸短命死矣，今也则亡（无），未闻好学者也"。这里用来说明罗汝芳的学说是会有继承人的。

③望绝：语本司马相如《长门赋》："日黄昏而望绝兮，怅独讬于空堂。"绝望。

【译文】

先生要庆幸自己的心意得到安慰！我虽然老了，还能奔波走动，我会不辞辛苦，跋涉奔波，为罗先生寻访您的弟子中谁是有真实成就的人。如果找到，就会焚香告知您，以安慰先生的在天之灵说："我从今往后，知道先生可以不怕死了，这确实不是独自善终的人可以比的。"于是我痛惜先生去世的心情可以释怀了。就像孔子与鲁哀公所言，只能说"现在没有好学的学生，颜回之后我没有听说有好学的人"。这就是所谓的后继无人而心情绝望，先生不会是这样的。

祭无祀文代作

【题解】

本文写于万历二十五年(1597)清明节。当时李贽在山西沁水坪上村,从文中口气看,应是代刘东星所作。无祀,指没有子孙祭祀的鬼魂。这是一篇祭祀没有子孙的鬼魂之文。文章开头提出:"生而为人,不得所依,则不免冻馁而疾病作。是故圣帝明王知而重之,仁人君子见而矜之,于是设养济之院,建义社之仓,以至邻里乡党之相赒,车马轻裘之共敝,皆圣帝明王所谓茕独之哀,仁人君子之所以周急也。"这一命题以及全文所体现出的对弱者、苦者的恻隐之心,都是很有意义的。

窃以生而为人,不得所依,则不免冻馁而疾病作①。是故圣帝明王知而重之,仁人君子见而矜之②,于是设养济之院③,建义社之仓④,以至邻里乡党之相赒⑤,车马轻裘之共敝⑥,皆圣帝明王所谓茕独之哀⑦,仁人君子之所以周急也⑧。而后四海始免怨号之夫矣⑨,而岂徒然也哉!死而为鬼,不得所依,则谁为享奠而疫疠作⑩。是故圣帝明王哀而普度⑪,仁人君子怜而设飨⑫。于是乎上元必祭⑬,中元必祭⑭,以至清明之节,霜降之夕,无不有祭。盖我太祖高皇帝之所谆切⑮,更列圣而不敢替者⑯,又不独古圣昔王相循已也⑰。而后天下始无幽愁之鬼矣,而岂无谓也哉!何也?圣帝明王与仁人君子,皆神人之主也。不有主,将何所控诉乎?又何以谐神人而协上帝⑱,通幽明而承天休也⑲?生人之无依者,又是何等?若文王所称四民⑳,其大概也。死人之无依者,又是何等?若我太祖高皇帝所录死亡㉑,至详悉也。是故京则祭以上卿②，郡则祭以大夫②，邑则祭以百里之侯②，至于乡祭、里祭、村祭、社祭，以及十家之都②，咸皆有祭。而唯官祭则必以城隍之神主之②。前此一日，本官先行牒告②，临期诣坛躬请②，祭毕，乃敢送神以归而后妥焉。此岂无义而圣人为之哉！此岂谄黩于无祀之鬼②，空费牲币以享无用③，而太祖高皇帝肯为之哉！

【注释】

①冻馁：饥寒交迫。

②矜(jīn)：怜悯，同情。

③养济之院：旧时收养无依无靠的贫民的机构。

④义社之仓：即义仓，为防饥荒而设置的粮仓。

⑤乡党：泛指家乡。周制一万二千五百家为乡，五百家为党。赒(zhōu)：周济，救济。

⑥"车马"句：语本《论语·公冶长》："愿车马衣轻裘与朋友共敝之而无憾。"意为愿意把自己的车马衣服跟朋友共同使用，坏了也没什么不满。轻裘，轻暖的皮袍。敝，破旧。

⑦茕(qióng)独：孤独无靠的人。

⑧周急：语出《论语·雍也》。周济困急。周，补不足。急，穷迫。

⑨怨号：悲怨呼号。

⑩享奠：供奉祭祀。疫疠：瘟疫。古代迷信说法，以为发生瘟疫是疠鬼在作祟。

⑪普度：佛教用语。谓广施法力使众生普遍得到解脱。这里指超度鬼魂。

⑫设飨(xiǎng)：陈设祭品。

⑬上元：农历正月十五为上元节，也叫元宵节。

⑭中元：农历七月十五日为中元节，俗称鬼节。

⑮太祖高皇帝：指朱元璋。见《高同知奖劝序》第三段注②。谆切：亲切地交代。

⑯列圣：指明代各朝皇帝。

⑰循：遵守，依照。

⑱协：协助，协和。

⑲幽明：指生与死，阴间与人间。人死后到阴间为幽，人世间叫阳间为明。天休：天赐福佑。

⑳文王：即周文王姬昌，商末周氏族首领。殷纣时封为伯，亦称伯昌。曾被纣囚禁于羑（yǒu）里（今河南汤阴）。周族在他统治期间，国势日益强盛，为后来武王灭商奠定了基础。四民：指鳏（guān）、寡、孤、独。文王称四民事，见《孟子·梁惠王下》："老而无妻曰鳏，老而无夫曰寡，老而无子曰独，幼而无父曰孤。此四者，天下之穷民而无告者。文王发政施仁，必先斯四者。"

㉑所录死亡：据《明史》卷二《太祖本纪二》，朱元璋于洪武三年（1370），"诏开国时将帅无嗣者录其家。"

㉒京：京都。据《明史》卷五〇《礼志四》洪武三年规定：京都以至乡里，在每年清明、十月初一（后郡、邑、乡祭又加七月十五日），都祭无祀鬼神。上卿：古官名。周制天子及诸侯皆有卿，分上中下三等，最尊贵者为"上卿"。后泛指朝廷大臣。《明史·礼志四》记载："京都祭泰厉（帝王无后之鬼）"，与李贽所言有所不同。

㉓郡：古代地方行政区划名。隋唐后，州郡互称，至明而郡废，与明代的府相当。大夫：古职官名。明代并无大夫之职，这里泛指相当的官吏。

㉔邑：这里指县。百里之侯：指县令。古代一县所辖之地约百里，因称县令为百里侯，或百里君、百里宰。

㉕都：这里指小乡村。

㉖"而唯"句:意为官祭时一定以城隍神作为主要祭祀对象。《明史·礼志四》:京都祭泰厉时,"前期七日,檄京都城隍。祭日,设京省城隍神位于坛上,无祀鬼神等位于坛下之东西"。

㉗牒(dié)告:布告。牒,公文。

㉘诣:到。躬:亲自。

㉙谄黩(chǎn dú):谄媚讨好。

㉚牲币:古时祭祀鬼神所用的家畜和财物。享:祭祀。

【译文】

我认为生而为人,没有依靠,就会饥寒交迫而引发病痛。所以圣帝明王知道这种情况也很重视,仁人君子见到这种情况都很同情,于是设立收养无依无靠的贫民的机构,建立为防止饥荒的粮仓,以至乡邻里之间相互救济,把自己的车马衣服跟朋友共用使坏了也没关系,这都是圣帝明王所说的要对孤独无靠的有所哀悯同情,仁人君子所做的对处于困境中的人的周济。这样四海之内才会听不到悲怨呼号之声,上述的作为就很有意义了。人死之后成鬼,如若没有依靠,得不到供奉祭祀就会引起疠鬼作祟而发生瘟疫。因此圣帝明王同情众生而对鬼魂进行超度,仁人君子对之怜悯而陈设祭品祭祀。于是元宵节一定要祭祀,七月十五的鬼节一定要祭祀,以至于清明之节,霜降之节,都要祭祀。这是我太祖高皇帝亲切地交代过的,而后各位皇帝不敢有所改变,这不只是古圣昔王所遵照的。而后天下才没有幽愁之鬼,这怎么能说没有意义呢!为什么?圣帝明王和仁人君子,都是神和人之主。没有主,怎么能申诉呢?又怎么能协调神人并协助上帝,使人们在阴间和阳间都能得到天赐的福佑呢?人生在世无所依靠,那会处于怎么样的境地?像周文王所说的鳏寡孤独四种人,就是这种情况。死去的人若无所依靠,那么会处于怎样的境地呢?像我太祖高皇帝就把开国将帅没有子孙的都作以记录,而且很详细。因此在每年的清明等节,在京都要祭祀已逝的朝廷大臣,在一郡要祭祀相应的已逝官吏,在县邑则祭祀已逝的县令,至于乡祭、里祭、村祭、社祭,以及小的乡村,都会有祭祀。而官祭时一定要以城隍神作为主要祭祀对象。在此前一天,该部门的主管官员先出布告,到祭祀时要亲自到祭坛祭祀,祭祀完毕,再送受祭的神主归去才算完事。如若没有情义,圣人怎么也会这样去做呢? 如若这是谄媚讨好没有人祭祀的鬼,空费祭祀所用的家畜与财物,那么太祖高皇帝怎么会去做呢!

今兹万历丁酉之清明①,是夕也,自京国郡国②,以至穷乡下里,莫敢不钦依令典③,相随赴坛而祭,或设位而祭矣。况我沁水坪上④,仁人君子比屋可封⑤,生人无依,尚仰衣食,鬼苟乏祀,能不望祭乎? 所恨羁守一官⑥,重违乡井⑦,幸兹读《礼》先庐⑧,念焄蒿之悽怆⑨,因思亲以及亲⑩,为位比郭⑪,请僧讽经,自今夕始矣。凡百无主鬼神,有饭一饱,无痛乏宗⑫;有钱分授,无争人我:是所愿也。

【注释】

①万历丁酉:万历二十五年(1597)。

②京国:京都。郡国:指府州。

③钦依令典:敬遵法令。

④沁水坪上:山西省沁水县坪上村。刘东星老家所在地。以下是以刘东星的口气所述。

⑤比屋可封:家家户户都有贤人可以封赐。比屋,家家户户,常用以形容众多、普遍。

⑥羁守一官:被一官职所系住。当时刘东星任吏部右侍郎。羁,系住,束缚。

⑦重违乡井:多次离开家乡。违,离别。

⑧读《礼》先庐：在父母墓旁读礼。《礼》，指《礼记》，儒家经典之一，秦汉以前各种礼仪论著的选集。大致是孔子弟子及其再传、三传弟子等所记，也有讲礼的古书，是研究中国古代社会情况、儒家学说和文物制度的重要参考书。先庐，在父母墓旁守墓时所建的住屋。当时刘东星因父丧而家居守孝，故称。

⑨焄（xūn）蒿之悽怆：语出《礼记·祭义》。祭祀时祭品所发出的气味，引发内心的悲伤。焄，香臭之味。蒿，气味蒸发的样子。悽怆，心情悲伤。

⑩因思亲以及亲：由于思念自己的亲人而联想到他人的亲人。

⑪比郭：连接外城，比相连接。郭，外城。

⑫无痛乏宗：不要因为没有后代而悲痛。

【译文】

今日是万历丁酉之清明，这天晚上，从京都到府州，以至穷乡村里，谁都不敢不敬遵法令，相互跟随到祭坛去祭祀，或者在某个地方设位进行祭祀。何况我这沁水坪上之村，家家户户都有贤人可以封赐，活着的人若没有依靠，尚且希望得到衣食，鬼若没有人祭祀，能不希望得到祭祀吗？遗憾的是我为官职所束缚，多次离开家乡，所幸我而今为父丧而家居守孝，在父母墓旁建屋读《礼记》，感念祭品的气味，引发内心的悲伤，由于思念自己的亲人而联想到他人的亲人，设一座祭祀神鬼的祭坛在外城，请僧人诵读经文，从今日晚间开始。凡是一切无主的鬼神，都来吃一顿饱饭，不要因为没有后代而悲痛；有钱大家分着使用，不要争你和我：这是我的祝愿。

抑余更有说焉：凡为人必思出苦，更于苦中求乐；凡为鬼必愁鬼趣①，更于趣中望生乃可。若但得饱便足，得钱便欢，则志在钱饱耳，何时得离此苦趣耶？醉饱有时，幽愁长在，吾甚为诸鬼虑之。窃闻《阿弥陀经》等②，《金刚经》等③，诸佛真言等④，众僧为尔宣言，再三再四，皆欲尔等度脱鬼伦，即生人天⑤，或趣佛乘⑥，或皈西方者⑦，诚可听也，非但欲尔等一饱已也。又闻地藏王菩萨发愿欲代一切地狱众生之苦⑧，此夕随缘在会⑨，有话须听。又闻面然大士统领三千大千神鬼⑩，与尔等相依日久，非不欲尽数超拔尔等⑪，第亦无奈尔等自家不肯何耳⑫。今尔等日夜守着大士⑬，瞻仰地藏菩萨，可谓最得所主矣。幸时时听其开导，毋终沉迷，则我此坛场，其为诸鬼成圣成贤，生人生天之场⑭，大非偶也。若是，则不但我坪上以及四境之无祀者所当敬听，即我宗亲并内外姻亲⑮，诸凡有人奉祀者，亦当听信余言，必求早早度脱也。虽有祀与无祀不同，有嗣与无嗣不同，然无嗣者呼为无祀之鬼，有嗣者亦呼为有祀之鬼，总不出鬼域耳。总皆鬼也，我愿一听此言也。我若狂言无稽，面然大士必罚我，地藏王菩萨必罚我，诸佛诸大圣众必罚我，诸古昔圣君贤相仁人君子必罚我。兼我太祖高皇帝，成祖文皇帝⑯，以及列圣皆当罚我矣。不敢不敢⑰，不虚不虚⑱。谨告。

【注释】

①鬼趣：佛教用语。又叫鬼道，六道（又称"六趣"）轮回之一。佛教认为，有六种轮回境地——地狱、饿鬼、畜生、修罗、人间、天上。众生身、口、意的活动，善有善报，恶有恶报，报应完结，新的业（指身、口、意三方面的活动）也随之出现。而身、口、意这"三业"都有善恶之分，并决定在六道中的生死轮回。直至证悟、解脱，修行成佛，而后才能出离。

②《阿弥陀经》：佛经名。该经叙述佛在祇园向舍利弗等说西方极

乐国土阿弥陀佛事,以弘念佛能往生净土之旨。有后秦鸠摩罗
什和唐玄奘译本。

③《金刚经》:佛经名。全名《金刚般若波罗蜜多经》(鸠摩罗什译)、
《能断金刚般若波罗蜜多经》(玄奘译)。因用金刚比喻智慧有能
断烦恼的功用,故名。该经述世间诸物皆空幻不实之旨,阐发超
脱之义,劝人们不应留恋空幻不实之世。有七种汉文译本,鸠摩
罗什所译最为通行。

④真言:佛教用语。指佛教经典的要言秘语。

⑤人天:指"六趣"中的人间、天上。

⑥佛乘:佛教用语。乘,载运的意思,比喻佛法可以把修行的人载
运到觉悟彼岸的佛国。

⑦皈(guī)西方:归依西方佛国。皈,归依,佛教入教仪式,含有身心
归向和依托之意。西方,佛教虚构的西方极乐佛国。

⑧地藏王菩萨:以度死鬼为主的菩萨名。又称"地藏菩萨"。佛经
说他受释迦嘱咐,要救化众生。他自誓:"地狱不空,誓不成佛。"
常现身地狱中,以救众生之苦难。

⑨随缘:佛教用语。指随众生之机缘而进行教化。

⑩面然:佛经中的饿鬼名。这种鬼形状枯瘦,面为火所燃,故称面
然;因其口吐火焰,又名焰口。《焰口饿鬼经》说,焰口饿鬼曾为
百千饿鬼求食。三千大千:佛教用语。即三千大千世界,指佛教
化的极大世界。佛教传说,以须弥山为中心,七山八海交绕之,
更以铁围山为外郭,是谓一小世界。合一千个小世界为小千世
界,合一千个小千世界为中千世界,合一千个中千世界为大千世
界。总称为三千大千世界。

⑪超拔:佛教用语。使众生得到超度,脱离苦难。

⑫第:副词,只是。

⑬大士:佛教对菩萨的称呼,如观音大士,即观音菩萨。

⑭生人生天:转生人道与天道。

⑮宗亲:同族的亲属。姻亲:由婚姻而结成的亲戚。

⑯成祖文皇帝:指明成祖朱棣(1360—1424),1402 至 1424 年在位,
年号永乐。朱棣为朱元璋第四子,初封燕王,镇守北平(今北
京)。惠帝建文元年(1399),起兵自称"靖难",四年(1402)破京
师(今江苏南京),夺取帝位。永乐十九年(1421)迁都北京,以南
京为留都。在位期间,解除藩王兵权,使中央集权得以巩固。派
郑和出使南洋,远至东非,促进了中国与亚非各国在政治经济文
化上的交流。使解缙等编纂《永乐大典》,对保存古代文化典籍
有所贡献。谥曰文皇帝,庙号成祖。《明史》卷五、卷六、卷七、
《明史稿》卷五、《明书》卷五等有传。

⑰不敢:谦辞。犹不敢当。

⑱不虚:不假。语出《三国志》卷六四《吴书·诸葛恪传》裴松之注
引《江表传》:"(孙)权见而奇之,谓瑾曰:'蓝田生玉,真不
虚也。'"

【译文】

我还有话一说:凡为人必须想到要把苦处舍弃掉,那就要苦中求
乐;凡是已成了鬼的必然会发愁怎么能从六道轮回中的鬼道中解脱,从
而得到超脱新生。如若只是求得吃得饱就满足,得到钱就喜欢,志在饱
食和钱财,怎么能从鬼道中得到解脱呢? 喝醉吃饱是容易的,阴间的愁
苦却长在,我非常为诸鬼忧虑。我所说《阿弥陀经》等,《金刚经》等,佛
经上的各种要言秘语等,众僧为你们诵读,再三再四,都是想使你们从
鬼辈中得到超脱,升到六道中的人间、天上,或被载运到彼岸的佛国,或
归依到西方乐土,都是诚实可听的,不只是满足你们一顿饱饭而已。又
听说地藏王菩萨发愿"地狱不空,誓不成佛",他要现身地狱,以救众多
死鬼,这都是得到超度教化的良好机遇,他们的话你们一定要听从。我
又听说饿鬼面然大士统领着三千大千世界的神鬼,和你们在一起已经

很长时间了,他不是不想让你们都得到超度而脱离苦海,只是不知为什么你们自己却不愿意。现今你们日夜守着面然大士,瞻仰着地藏王菩萨,可以说得到了最可依赖的神主了。希望你们常常听他们的开导,不要沉迷,那么我在外城设这个祭祀坛场,就可以成就诸位死鬼为圣人贤人,在六道轮回中转生人道与天道之场,这并不是偶然之事。如若这样,那就不但我家乡坪上以及四邻的没人祭祀的死鬼应当恭敬地听取,就是我同族或姻亲的死鬼,就是有人祭祀他们,也应该听取我上述言论,以求得早早超度。虽然有人祭祀与无人祭祀不同,有后代与无后代不同,然而没有后代的可称之为没人祭祀之鬼,有后代的可称为有人祭祀之鬼,都不出鬼的范围。总之都是鬼了,我希望都能听到上述言论。我的言论若是狂妄而没有根据,饿鬼面然大士一定会惩罚我,以度死鬼为己任的地藏王菩萨也一定会惩罚我,各位佛祖和各位大圣等也一定会惩罚我,各位古昔圣君贤相仁人君子也一定会惩罚我。而且还有我们的太祖高皇帝,成祖文皇帝,以及各位圣人都会惩罚我。不敢当不敢当,以上所说都是真实不假之言。郑重恭敬地告知。

篁山碑文代作

【题解】

本文约写于万历二十五年(1597)冬,或万历二十六年(1598)春。当时李贽在北京西山极乐寺。潘士藻《闇然堂遗集》卷四有《篁山庵碑》一文,文字与此文基本相同,可证此文应是代潘士藻作。时江西饶州府德兴县篁(huáng)山庵初修复,建庵僧人真空特到京师求潘士藻作碑文以记其事,可能是潘士藻又请李贽代作。

篁山庵在江西饶州德兴县界万山中①,其来旧矣,而人莫知。山有灵气。唐元和间②,有张庵孙者修真得道于此③。迨胜国至元④,里人胡一真又于此山修真得道去⑤。相传至今,山盖有二真人焉。嗣后山缺住持,庵院几废,失今不修,将不免为瓦砾之场矣。一兴一废,理固常然;既废复兴,宁独无待⑥? 此僧真空之所为作也⑦。

【注释】

①篁山庵:据清道光三年(1823)版《德兴县志》卷九《寺观志》,篁山庵在德兴二十八都(大致在今张村乡,境域有笪家庄),笪姓所建。清同治十一年(1872)、民国八年(1919)版《德兴县志》相关记述同。德兴,今江西德兴。

②元和:唐宪宗李纯年号(806—820)。

③张庵孙:不详。修真:道教用语。指学道修行。

④迨(dài):等到。胜国:被灭亡的国家。这里指元代,因为元为明所灭,故称。至元:元世祖忽必烈年号(1264—1294)。

⑤里人:同里的人,同乡。胡一真:不详。

⑥宁独无待:难道无所等待?

⑦真空:重修篁山庵的僧人。

【译文】

篁山庵在江西饶州德兴县的群山之中,它创建有多年,而人们却不知道。群山有灵气。唐代元和年间,有张庵孙在此学道修行。等到元代至元年间,又有同乡胡一真在此学道修行。相传至今,这山庵中已有两个真人了。而后山庵没有住持,庵院几乎废弃,至今不修,就难免成为一堆碎瓦碎石了。一兴一废,这固然是常理;废弃而重建,难道无所等待? 这正是真空僧人所要做的事情。

真空少修戒律①,行游京师,从兴圣禅师说戒②。比还故里③,才到舟次④,忽感异梦:仿然若见观音大士指引入篁山修行者⑤。归而问人,人莫晓也。真空遂发愿:愿此生必见大士乃已。拔草穷源,寻至其地,果见大士俨然在于废院之中。真空不觉进前拜礼,伏地大哭。于是复矢心誓天⑥,务毕此生之力修整旧刹⑦,复还故物。苦行斋心⑧,戒律愈厉。居民长者感其至诚,协赞募化⑨,小者输木石,大者供粮米。未及数年而庵院鼎新,圣像金灿,朝钟暮鼓,灯火荧煌⑩。非但大士出现,僧众有饭⑪,且与山陬野叟⑫、岩畔樵夫同依佛日⑬,获大光明。向之闷然莫晓其处者⑭,今日共登道场⑮,皆得同游于净土矣⑯。向非真空严持有素⑰,则大士必不肯见梦以相招;又非发愿勤渠⑱,礼拜诚笃,则居民又安肯捐身割爱,以成就此大事乎? 固知僧律之所系者重也。

【注释】

①戒律:佛教信徒所须遵守的戒规与纪律。

②兴圣禅师:不详。

③比:等到。

④舟次:船停泊处,即码头。

⑤观音大士:即观世音菩萨,能现三十三种化身,救十二种大悲。因主张随类化度众生,不分贵贱贤愚,听到世间众生的呼救声,即施以救援,被尊为"大慈大悲救苦救难观世音菩萨"。后因避唐太宗李世民之讳,改称"观世音"为"观音"。其形象初为男身,后为男身、女身不定,元以来渐成女身,妙年美容,手中常持花瓶,以泄甘露,普济众生。大士,佛教对菩萨的称呼。

⑥矢心誓天:以诚心向天立誓。

⑦刹(chà)：佛寺。这里指篁山庵。

⑧斋心：佛教指去除心中杂念，保持心神的清净凝寂。

⑨协赞：共同帮助。

⑩荧煌：辉煌。

⑪皈(guī)：对佛归顺依附。

⑫山陬(zōu)：山角落。

⑬佛日：对佛的敬称。佛教认为佛之法力广大，普济众生，如日之普照大地，故以日为喻。

⑭向：以前。闷然：愚昧无知的样子。

⑮道场：和尚或道士诵经、礼拜、做法事的场所。

⑯净土：无尘世污染的清净世界。佛教虚构的极乐佛国。

⑰严持有素：一贯严守戒律。

⑱勤渠：殷勤。

【译文】

真空年少时就研修佛教徒应该遵守戒律，后又到京师，跟随兴圣禅师讲说佛教徒应该遵守的戒律。等到回故乡时，刚到码头，忽然做了一个奇异的梦：仿佛看见观音大士指引他应该到篁山做一个修行者。回到故乡后向人们打听梦中之情，人们都不知道。真空于是立下誓愿：这一生一定要见到观音大士。于是拔去杂草找遍水源，终于找到梦中之境，果然看见观音大士庄严地在废弃的庵院之中。真空立即前进拜礼，伏地大哭。于是以诚心向天立誓，一定要尽一生之力把这废弃的篁山庵修整起来，恢复它原来的模样。从此更加保持心神的清净，除去一切杂念，更加严格地遵守戒律。附近居民中的长者为真空这种至诚之心所感动，就共同帮助他募捐化缘，小户人家给运送木石，大户人家供给粮米。没过几年而庵院修整一新，圣像金光灿烂，晨钟暮鼓，灯光辉煌。不但观音大士显现，使僧众有所归依，而且山角落的老翁，岩石畔的樵夫，都可以获得佛祖的光照，获得普照大地的光明。以前愚昧无知的人,而今也可以共同到道场诵经、礼拜、做法事,而后都能归于清净的西方净土。要不是真空一贯严守戒律,那么观音大士也不会以梦中与他相见;如若真空不是发愿殷勤,礼拜诚心尽意,那么附近居民又怎么会不怕危险舍弃所爱,都助真空成就这一大事呢? 由此可知遵守戒律对于佛教信徒是多么重要。

　　佛说六波罗蜜①,以布施为第一②,持戒为第二③。真空之所以能劝修者,戒也④;众居士之所以布施者,为其能持戒也。真空守其第二,以获其第一;而众居士出其第一,以成其第二。可知持戒固重,而布施尤重也。布施者比持戒为益重,所谓青于蓝也⑤。众居士可以踊跃赞叹,同登极乐之乡矣,千千万万劫⑥,宁复是此等乡里之常人耶! 持戒者宁为第二,而使世人尽居第一布施波罗蜜极乐道场,所谓青出于蓝也。僧真空虽居众人后,实居众人前,盖引人以皈西方⑦,其功德益无比也,余是以益为真空喜也。向两真人已去,今戒真人复继之⑧,千余年间,成三真人。然戒真人念佛勤,皈依切,定生西方无疑。他日如见向者两真人⑨,幸一招之,毋使其或迷于小道,则戒真人之功德益溥矣⑩。

【注释】

①六波罗蜜:佛教用语。又称"六度"。指由生死苦海的此岸度到极乐世界的彼岸(涅槃、寂灭)的六种修佛法门,即布施,持戒,忍辱(忍受耻辱),精进(对佛道勤奋修行而不懈怠),禅定(专一静虑,达到觉悟的佛境),般若(智慧,求得解脱的修行方法)。度,度到彼岸之意。

②布施:佛教把施舍东西给佛寺或他人称为布施。所施的东西分

三种:钱财、知识、无畏的信心。

③持戒:指僧人遵守佛教戒律。

④戒:这里用梵语的意译,指防非止恶的规范。

⑤青于蓝:语本《荀子·劝学》:"青,取之于蓝而青于蓝;冰,水为之而寒于水。"青出于蓝而青于蓝。意为青(一种颜料)是从蓝草中提炼出的,但其颜色比蓝草更深。

⑥千千万万劫:指时间极其久远,也泛指人世间的灾难。劫,佛教用语。佛教认为世界经历若千万年毁灭一次,再重新开始,这样一个周期称一"劫"。劫的时间长短,佛经有各种不同说法。

⑦西方:佛教虚构的极乐佛国。

⑧戒真人:指真空和尚。

⑨向者两真人:指在此以前的张庵孙、胡一真二人。

⑩溥:广大。

【译文】

佛祖说六种修行法门,以布施为第一,持戒为第二。真空之所以能努力修行,那是因为他能够防非止恶;众居士所以能给以布施,因为他们懂得遵守佛教的戒律。真空能以遵守着修行法门的第二义持戒,从而获得了修行法门的第一义布施;而众居士能以实行修行法门的第一义布施,也就达到了修行法门的第二义持戒。由此可知,持戒固然重要,而布施更为重要。布施比持戒更为重要,这就是如同人们常说的青出于蓝而青于蓝的意思。众位居士可以踊跃赞叹,一起登进极乐之乡,人世间的种种劫难,都不会降在这乡里之人了。持戒者像真空甘心为修行法门的第二义,而使众多世人都能进入第一布施的波罗蜜极乐道场,这正是青出于蓝而青于蓝。僧人真空虽然居于众多世人之后,实际上是居于众多世人之前,因为他引导众多世人能进入西方乐土,其功德无量,我因此更加为真空高兴。以前的两位真人已逝去,而今持戒的真空真人又继承了他们的佛法,一千多年间,成就了这三位真人。持戒的真空真人勤勉念佛，皈依心切，一定能进入西方净土极乐世界。那时若见到以前的两位真人，希望给他们打个招呼，千万不要为小道所迷惑，那么戒真人真空的功德就更为广大了。

　　兹因其不远数千里乞言京师^①，欲将勒石以记^②，余以此得与西方之缘。戒真人见今度余也^③，余其可以不记乎？若其中随力散财之多寡，随分出力之广狭，兴工于某年月，讫工于某时日，殿宇之宏敞，僧房之幽邃^④，以至斋堂厨舍井灶之散处，其中最肯协赞之僧众，最肯竭力之檀越^⑤，各细书名实于碑之阴矣^⑥。

【注释】

①乞言：请求写文章，这里指写碑文。

②勒石：刻石。

③见：同"现"。

④幽邃（suì）：幽深。

⑤檀越：梵语音译，意为"施主"，寺院僧人对施舍财物者的尊称。

⑥名实：名称和事实。阴：背面。

【译文】

　　真空禅师不顾数千里来京师请我写碑文，并将刻石立碑为记，我因此也与西方结下了法缘。戒真人真空现今正要超度我，我怎么能不作此碑文呢？在簧山庵的修复中，依据自己的财力散财多少；随意出力的大小，何时动工，何日完工，殿宇的高大宽敞，僧房的幽深，以及斋堂的厨房井灶的处所，其中努力协助的僧众，最为尽力的施主，把这些名称与事实都刻记在碑的背面了。

李生十交文

【题解】

本文约写于万历十一年(1583)。当时李贽在黄安。李生,李贽自称。这是针对有人说李贽无交而写的一篇论辩之文。文中表现了李贽交友的原则,他喜欢与普通人之交,当然绝不是那种"拘牵龌龊、卑卑琐琐"之徒;他喜欢酒食之交,但也必是建立在"爱客""好贤""整洁"的基础之上;他讨厌那些"按籍索古,谈道德,说仁义"的道学先生,因为他们不能"令人心神俱爽"。这里说的是交友,但表现的同样是李贽反对传统的狂狷性格。

　　或问李生曰:"子好友,今两年所矣①,而不见子之交一人何?"曰:"此非若所知也②。余交最广,盖举一世之人③,毋有如余之广交者矣。余交有十。十交,则尽天下之交矣。"

【注释】

①两年:指辞去姚安知府寓居黄安(今湖北红安)以来的两年间。

　所:通"许",约计之辞。

②若:你。

③一世:举世,全天下。

【译文】

有人问我:"你既然喜欢结交朋友,为什么到龙湖至今已两年了,却还没交上一个朋友呢?"我回答说:"这不是你能明白的。我交友最广,在这个世上,再也没有比我交友更广的了。我能交结十个方面的朋友。有了这十个方面,就可交尽天下的朋友了。"

"何谓十？其最切为酒食之交^①，其次为市井之交^②。如和氏交易平心^③，闵氏油价不二，汝交之，我亦交之，汝今久矣日用而不知也^④。其三为遨游之交，其次为坐谈之交。遨游者，远则资舟^⑤，近则谭笑^⑥，谑而不为虐^⑦，亿而多奇中^⑧。虽未必其人何如，亦可以乐而忘返，去而见思矣^⑨。技能可人^⑩，则有若琴师、射士、棋局、画工其人焉。术数相将^⑪，则有若天文、地理、星历、占卜其人焉。其中达士高人，未可即得，但其技精，则其神王^⑫，决非拘牵龌龊^⑬、卑卑琐琐之徒所能到也。聊以与之游，不令人心神俱爽，贤于按籍索古^⑭，谈道德，说仁义乎？以至文墨之交，骨肉之交，心胆之交，生死之交，所交不一人而足也。何可谓余无交？又何可遽以一人索余之交也哉^⑮？"

【注释】

①最切：最迫切需要的。

②市井：本指城邑中集中买卖货物的场所，这里指商贾。

③和氏：与下句的"闵氏"，疑指当时商号。交易平心：指买卖公平，定价划一。

④"汝今"句：意为你们现在与他们（指酒食之交、市井之交）交往日久，却不知不觉习惯了。

⑤资舟：靠船。资，凭借，依靠。

⑥谭：同"谈"。

⑦谑（xuè）而不为虐：语本《诗经·卫风·淇奥》："善戏谑兮，不为虐兮。"意为戏谑而不过分。谑，开玩笑。虐，残暴，侵害，这里是过分的意思。

⑧亿而多奇中：语本《论语·先进》："亿则屡中。"意为猜测却往往

巧合猜中。亿,通"臆",猜测,估计。

⑨去而见思:离开后而被人思念。

⑩技能可人:技艺才能使人满意。

⑪术数:指以种种方术,观察自然界可注意的现象,来推测人的气数和命运。相将:相与,相交往。

⑫神王(wàng):精神旺盛。王,通"旺"。

⑬拘牵:拘泥,固执。龌龊(wò chuò):指器量狭窄。

⑭按籍索古:埋头于书堆里考证古史。

⑮遽:就,遂。

【译文】

"哪十个方面呢?最迫切的要算酒食之交,其次为市井之交。如和氏的公平买卖,闵氏的不欺不诈,你与他们来往,我也与他们来往,你们与他们来往多时,却不知不觉习惯了。其三是遨游之交,其次是坐谈之交。所谓遨游之交,是指远行则驾舟而去,近处则谈笑风生,开玩笑而不使人难堪,猜测事情却能神奇地猜中。虽然这些人并不一定完全情投意合,也能乐而忘返,一旦离别了,也会使人思念。有的技艺高超,如琴师、射士、棋局、画工等一类人。有的以术数相交往,如擅长天文、地理、星历、占卜等一类。其中的贤达品高之士虽不一定有,但他们精深的方术技艺,却也使人精神旺盛,这决不是固执狭隘、卑贱庸俗之人所能达到的境界。我姑且以他们为友,不是也可以使人心情爽快,比埋头古籍、空谈道德仁义之辈强得多吗?再就是文墨之交、骨肉之交、心胆之交、生死之交,我交结的朋友远不是以一人为满足。怎么能说我没交结朋友?又怎么说我以交一友为满足呢?"

夫所交真可以托生死者,余行游天下二十多年,未之见也。若夫剖心析肝相信①,意者其唯古亭周子礼乎②!肉骨相亲,期于无斁③,余于死友李维明盖庶几焉④。诗有李⑤,

书有文⑥,是矣,然亦何必至是。苟能游心于翰墨,蜚声于文苑⑦,能自驰骋,不落蹊径⑧,亦可玩适以共老也。唯是酒食之交,有则往,无则止不往。然亦必爱贤好客,贫而整⑨,富而洁者,乃可往耳。爱客为上,好贤次之,整而洁又次之。然是酒食也,最日用之第一义也。余唯酒食是需,饮食宴乐是困⑩,则其人亦以饮食为媒⑪,而他可勿论之矣。故爱客可也,好贤可也,整而洁亦可也。无所不可,故无所不友。而况倾盖交欢⑫,饮水可肥⑬,无所用媒者哉! 已矣! 故今直道饮食之事,以识余交游之最切者。饮食之人,则人贱之,余愿交汝,幸勿弃也。

【注释】

①剖心析肝:语出《汉书》卷五一《邹阳传》:"两主二臣,剖心析肝相信,岂移于浮辞哉!"披露内心,真诚相示。

②古亭周子礼:即麻城(今湖北麻城)周思敬,见前《与周友山书》注。北周时,麻城称古亭。

③期于无斁(yì):希望不厌弃。斁,厌弃。

④李维明:即李逢阳(1529—1572),字维明,号翰峰,白下(今江苏南京)人。隆庆二年(1568)进士,历官户部主事,礼部郎中。李贽的朋友。

⑤诗有李:疑指诗人李攀龙(1514—1570),字于鳞,号沧溟,历城(今山东济南)人。明代文学家,"后七子"代表人物。著有《沧溟集》。

⑥书有文:疑指书法家文徵明(1470—1559),初名壁(亦作璧),字徵明,号衡山居士,长洲(今江苏苏州)人。明代书法家、画家。

⑦蜚声:扬名。蜚,同"飞"。

⑧蹊径:指固定的路子、模式。

⑨整:端庄、严谨。

⑩困:沉溺之意。

⑪媒:指结交的媒介。

⑫倾盖:朋友相遇车盖倾斜靠近以便于交谈,比喻情真意切。

⑬饮水可肥:即使喝水也能心宽体胖,比喻朋友间情投意合。

【译文】

　　然而,能以生死相托的知心朋友,我漫游天下二十多年,还未曾遇到过。我想能剖心析肝,心心相印的就只有麻城的周思敬了。情同骨肉,意气相投的大概也只有已故的李维明老友了。诗有李攀龙,书法有文徵明也就够了,又何必希望得到更多呢?假如能沉醉于翰墨,扬名于文苑,文思驰骋,见解独创,也能聊以自娱自乐欢度晚年了。唯独酒食之交,有则往,没有就不去。然而,我十分爱贤好客,虽贫困却端庄,虽富贵却高洁的,我才愿意与他们交往。爱客为上,好贤次之,整而洁又次之。然而饮酒吃饭是日常生活中最重要的。我每天饮酒吃饭是不可少的,虽然不能沉溺于美酒宴乐之中,饮食宴乐却是结交的媒介,其他就不必说了。总之,我爱客,又爱贤,虽贫困却端庄、虽富贵却高洁之人我也喜欢。我没有不能交结的人,所以,我有很多好朋友。况且一见倾心的朋友,水浓于酒的朋友,是不需要别的媒介联系感情的!有情就足够了!我今天之所以不忌谈饮食之交,是因为我想表白我交友的最迫切的准则。有人鄙视饮食之友,我却愿意与你们交结,请你们不要疏远我。

自赞

【题解】

　　本文约写于万历十六年(1588),当时李贽在麻城。从文中"动与物近，口与心违"，"其人如此，乡人皆恶之矣"等语看，可能是万历十六年遭到耿定向等人的攻击后，有感而发。文中以自嘲的口吻给自己画像，不但表现了孤高脱俗的高洁品格，也寓含着对道学家的讽刺。全文皆用反语，文辞恣肆，显示着晚明小品的另一特色。

　　其性褊急①，其色矜高②，其词鄙俗，其心狂痴③，其行率易④，其交寡而面见亲热⑤。其与人也⑥，好求其过，而不悦其所长；其恶人也⑦，既绝其人⑧，又终身欲害其人。志在温饱，而自谓伯夷、叔齐⑨；质本齐人⑩，而自谓饱道饫德⑪。分明一介不与，而以有莘藉口⑫；分明毫毛不拔，而谓杨朱贼仁⑬。动与物迕⑭，口与心违。其人如此，乡人皆恶之矣⑮。昔子贡问夫子曰："乡人皆恶之何如?"子曰："未可也。"⑯若居士，其可乎哉⑰!

【注释】

①褊(biǎn)急：气量狭隘，性情急躁。

②矜(jīn)高：自傲自大。

③狂痴：狂妄不通事理。

④率易：轻率随便。

⑤见：现。

⑥与人：结交友人。与，亲近。

⑦恶：讨厌，憎恶。

⑧绝：断绝，指绝交。

⑨伯夷、叔齐：二人为孤竹国君的长子与三子。孤竹君要传位给叔齐，孤竹君死后，叔齐要让位于伯夷。伯夷以为不应违背父命而逃走，叔齐也不肯就位而出走。后二人听说周文王贤，同奔周。

周文王死后，武王发兵伐商纣，伯夷、叔齐叩马而谏。武王灭商后，二人逃到首阳山（今山西永济），不食周粟而死。事见《史记》卷六一《伯夷列传》。

⑩质本齐人：意为其禀性本像古代以乞讨为生而又向其妻妾炫耀的齐国人。典出《孟子·离娄下》。在本书卷一《复邓石阳》中，李贽曾愤慨地表示，自己跟邓豁渠一样，也是人们所责骂的“齐人”。质，禀性，素质。

⑪饱道饫（yù）德：道德修养高尚之意。

⑫“分明”二句：意为一点东西不愿给人，却以伊尹自居。典出《孟子·万章上》：“伊尹耕于有莘之野，而乐尧舜之道焉。非其义也，非其道也，……一介不以与人，一介不以取诸人。”“介”，通“芥”，草芥，比喻轻微的东西。有莘（shēn），古国名。此指伊尹。伊尹，名挚，曾耕于有莘氏之野，原为有莘氏女的陪嫁之臣，后帮助汤灭了夏桀，成为商代开国大臣。《史记》卷三有传。

⑬杨朱：战国时哲学家，主张“为我”，反对墨家“兼爱”和儒家“仁义”的伦理思想。孟子说他“拔一毛而利天下不为也”（《孟子·尽心上》）。贼仁：伤害仁道。

⑭动与物迕（wǔ）：行动与别人不一样。物，这里作人、众解。迕，违背，不一样。

⑮乡人：同一乡里的人。这里指黄安、麻城一带如耿定向等道学家。

⑯“昔子贡”四句：语本《论语·子路》：“子贡问曰：‘乡人皆好之，何如？’子曰：‘未可也。’‘乡人皆恶之，何如？’子曰：‘未可也；不如乡人之善者好之，其不善者恶之。’”孔子的意思是，评定一个人的好坏，要看乡里好人与坏人对这个人的态度，好人最好是满乡里的好人都赞扬他，满乡里的坏人都厌恶他。如若只是好人说他好，那还是不行的。子贡，孔子学生。夫子，指孔子。

⑰"若居"二句：意为像我这个人，该可以这样断定吧！居士，佛教对在家信佛修行者的一种称呼，也是古时文人雅士的自称，这里是李贽自指。

【译文】

气量狭隘，性情急躁，神情高傲，文辞粗俗，思想狂妄不通事理，行为轻率随便，社交不广，却表现亲热。结交友人，喜欢指责别人的短处，而不怎么欣赏别人的长处；对所憎恨讨厌的人，不但与他断绝交往，并终身对之憎恶。生活上只求温饱，而有伯夷、叔齐般的骨气，决不吃嗟来之食；本是一个像古代以乞讨为生而又向妻妾炫耀的卑俗的齐人，却又自认为道德修养高深。分明是一点也不愿助人，却以伊尹乐尧舜之道为借口；分明是一毛不拔，却抨击杨朱损害道德仁义。行为总是与众人相反，言行总是不一致。居士的性格这样不合世俗，乡里的人自然就都厌恶他了。从前子贡询问孔夫子说："如果世人都憎恨、厌恶他，该怎么办呢？"孔子回答说："那还不行！"这样的居士，怎么行呢！

赞刘谐

【题解】

本文写作年代不详。但与写于万历十六年（1588）的《自赞》《题孔子像于芝佛院》等杂文风格极为相近，可能是同时之作。刘谐，号宏源，麻城（今湖北麻城）人。明隆庆五年（1571）进士，历任兵科给事中、福建按察佥事、余干（今江西余干）知县等官。康熙《麻城县志》卷七《人才志上》称他"幼聪颖绝伦。而笔墨俊逸"，"为人潇洒风流，善戏谑"。民国《麻城县志》前编卷九《文学》称他"喜奖寒士""抗上而不慢下"。此文是一篇讽刺小品。文章以漫画的手法，借刘谐的话深刻揭示了道学家尊孔的荒谬，以及李贽希望冲破儒学统治的罗网，而使真理昭示于天下的强烈愿望。

　　有一道学①,高屐大履,长袖阔带②,纲常之冠,人伦之衣③,拾纸墨之一二④,窃唇吻之三四⑤,自谓真仲尼之徒焉⑥。时遇刘谐。刘谐者,聪明士,见而哂曰⑦:"是未知我仲尼兄也。"其人勃然作色而起曰:"天不生仲尼,万古如长夜⑧。子何人者,敢呼仲尼而兄之?"刘谐曰:"怪得羲皇以上圣人尽日燃纸烛而行也⑨!"其人默然自止。然安知其言之至哉⑩! 李生闻而善曰⑪:"斯言也,简而当,约而有余,可以破疑网而昭中天矣⑫。其言如此,其人可知也。盖虽出于一时调笑之语,然其至者百世不能易⑬。"

【注释】

①道学:宋代儒家周敦颐、张载、程颢、程颐、朱熹等为代表的哲学思想,亦称理学,以继承孔孟道统,宣扬性命义理为主。这里指道学先生。

②"高屐"二句:据《孔丛子·儒服》:"子高(孔子后代,名穿)曳长裾(衣襟),振褒(宽大)袖。方屐粗筴(shà,大扇),见平原君。"以示儒家特有的服饰。屐,木头鞋,泛指鞋。履,鞋。

③"纲常"二句:这两句指道学家以"三纲""五常"的伦理道德为装饰,以进行封建说教。纲,指三纲,即君为臣纲,父为子纲,夫为妻纲。纲,纲维,法度。常,指五常,即五种伦常道德,一说为父义、母慈、兄友、弟恭、子孝,一说为仁、义、礼、智、信。人伦,语出《孟子·滕文公上》:"教以人伦:父子有亲,君臣有义,夫妇有别,长幼有叙,朋友有信。"封建礼教所规定的伦理道德准则。

④纸墨:指儒家经典"四书""五经"等。

⑤唇吻:指孔子等儒家的只言片语。

⑥仲尼：即孔子。

⑦哂（shěn）：嘲笑。

⑧"天不"二句：语出宋代唐庚《唐子西语录》，朱熹在《朱子语类》卷
　　九三中曾引用。"如长夜"，原作"长如夜"。

⑨怪得：即怪不得之意。羲皇以上：指远古时代。羲皇，即伏羲氏，
　　中国传说中人类之始祖。燃纸烛：捻纸蘸油，点火照明。

⑩至：得当，透彻。

⑪李生：李贽自称。

⑫破疑网：打破迷惑人们的思想罗网。昭中天：使天空明亮。

⑬百世不能易：千百年也改变不了。

【译文】

　　有一位道学先生，脚穿高高的木底靴子，身穿宽大衣袖的儒服，衣
帽服饰无不符合传统"纲常"与"人伦"的准则，而且，经常引经据典和儒
家的只言片语，自称是孔子的忠实信徒。一天，他与刘谐不期而遇。刘
谐是个博学多才的人，他见了那个道学先生便嘲笑说："看来你还不怎
么了解我的仲尼兄啊？"道学先生气得面红耳赤地说："老天爷如果不生
孔子，千秋万代就会像长夜一样黑暗。你是什么人，胆敢称孔圣人为哥
哥！"刘谐回答说："怪不得伏羲氏以前的人们整天都点着纸烛走路呀！"
说得那位道学先生无言以对。但是，他哪里明白这句话所包含的深刻
道理呀！我听说这事后不禁赞叹道："刘谐的话简洁恰当，精辟而耐人
寻味，可以拨开迷惑人们思想的层层迷雾，而使人豁然开朗。刘谐的话
能说得如此深刻，可见他不是平凡之人。然而，这虽说是偶然开玩笑的
话，但他所阐明的深刻道理则是百世不能改变的。"

方竹图卷文

【题解】

本文约写于万历十七年(1589)，当时李贽在麻城。图卷，画卷。该文中说"石阳习静庐山""将归，难与余别"，可见这实是一篇送行之作。同时，该文借赞颂方竹"虚中直上""疏节奇气""挺直凌霜之操"的特质，表现了不随俗媚世的高洁品格，寄寓着对猥琐卑俗的道学家的厌恶。文中还提出了类同则亲、物人相爱的命题，这不但使我们想起富于哲理的谚语"物以类聚，人以群分"，而且深感李贽在世俗现实中得不到慰藉，而想寄身于宇宙自然的深沉感慨。

　　昔之爱竹者，以爱故，称之曰"君"①。非谓其有似于有斐之君子而君之也②，直怫悒无与谁语③，以为可以与我者唯竹耳，是故傥相约而谩相呼④，不自知其至此也。或曰："王子以竹为此君⑤，则竹必以王子为彼君矣。此君有方有圆⑥，彼君亦有方有圆。圆者常有，而方者不常有。常不常异矣，而彼此君之，则其类同也，同则亲矣。"然则王子非爱竹也，竹自爱王子耳。夫以王子其人，山川土石，一经顾盼⑦，咸自生色⑧，况此君哉！

【注释】

①"昔之"三句：此指东晋王徽之。据《晋书》卷八○《王徽之传》：徽之喜竹，"尝寄居空宅中，便令种竹。或问其故，徽之但啸咏，指竹曰：'何可一日无此君邪！'"王徽之，字子猷，琅琊(今山东临沂)人，书法家王羲之之子，性"卓荦不羁"，"雅性放诞，好声色"。(见本传)

②有斐(fěi)之君子：语本《诗经·卫风·淇奥》，原文为"有匪君子"。匪，通"斐"。有斐，有文采。

③"直怫悒"句：意为当心情抑郁无人可倾诉时。直，当。怫悒(fú yì)，郁闷，心情不畅。

④傥(tǎng)：倘或，倘若。谩：同"漫"，随便，漫不经心。

⑤王子：即王徽之。

⑥方：意指方正，正直。圆：意指圆通。

⑦顾盼：这里指观赏。

⑧生色：增添光彩。

【译文】

以前有个王徽之爱竹，因为爱的缘故，就称竹为"君"。这并不是因为竹子像有文采的君子而称它为君，而是因为当心情抑郁无人可倾诉时，以为可以与自己相倾诉的只有竹子，所以就与竹相约而随意相呼，自己也不知道处于这种境界了。有人说："王徽之以竹为'此君'，那么竹子也一定会把王徽之看作彼君。此君有方有圆，彼君也有方有圆。圆者常有，而方者不常有。常有与不常有有所区别，而彼此以君相称，那真是物以类聚了，物以类聚自然相亲近了。"那么不只是王徽之爱竹，竹也爱王子了。以王徽之这样的人，山川土石，经过他的观赏，都会增添光彩，何况竹子呢！

　　且天地之间，凡物皆有神，况以此君虚中直上①，而独不神乎！传曰："士为知己用，女为悦己容。②"此君亦然。彼其一遇王子，则疏节奇气③，自尔神王④，平生挺直凌霜之操⑤，尽成箫韶鸾凤之音⑥，而务欲以为悦己者之容矣，彼又安能孑然独立⑦，穷年瑟瑟⑧，长抱知己之恨乎⑨？由此观之，鹤飞翩翩，以王子晋也⑩。紫芝烨烨⑪，为四皓饥也⑫。宁独是⑬，龙马负图⑭，洛龟呈瑞⑮，仪于舜⑯，鸣于文⑰，获于鲁叟⑱，物之爱人，自古而然矣，而其谁能堪之⑲。

【注释】

①虚中直上：虚心正直向上。

②"士为"二句：语出司马迁《报任安书》(《汉书》卷六二《司马迁传》)。

③疏节奇气：孤高的节操，不凡的气质。

④自尔神王(wàng)：自然精神旺盛。王，同"旺"。

⑤凌霜：抵抗霜雪。常用以比喻人的品格高洁，坚贞不屈。凌，迎，冒。

⑥箫韶鸾凤之音：语本《尚书·益稷》："《箫韶》九成，凤凰来仪。"指悦耳动听的乐声，招致了鸾鸟与凤凰的和鸣。箫韶，舜乐名。

⑦孑(jié)然：孤单的样子。

⑧穷年：终年。瑟瑟：轻微摇曳之声。

⑨知己之恨：这里指知己不遇之恨。

⑩"鹤飞"二句：意为白鹤翩翩飞翔，是因为王子晋知遇之故。王子晋，即王子乔，一说名晋，字子晋，神话人物。相传为周灵王太子，喜欢吹笙作凤凰鸣声，在嵩山修炼。三十余年后，向世人挥手告别，乘白鹤升天而去。故有"王子登仙"的传说。事见《列仙传》。

⑪紫芝：真菌的一种，也称木芝，似灵芝。可入药，能益精气，坚筋骨。古人以为瑞草，道教以为仙草。烨烨(yè)：原为火光旺盛的样子，这里形容紫芝光彩夺目。

⑫为四皓饥：四皓，秦末汉初四位年纪均在八十以上，须眉皓白的隐士，即东园公、甪(lù，一作角)里先生、绮里季、夏黄公，因隐居于商山(今陕西商州)，亦称"商山四皓"。传说西汉初，高祖刘邦

深慕其名，但敦聘不至。后刘邦想废太子刘盈，改立宠姬戚夫人子赵王刘如意。吕后用张良计，令太子"卑词安车"，招此四人与游，因而使刘邦认为太子羽翼已成，消除了改立的意图。事见《史记》卷五五《留侯世家》、《汉书》卷四〇《张良传》。相传四皓隐居商山时，曾作《紫芝曲》，其中有："漠漠商洛，深谷逶迤。晔晔紫芝，可以疗饥。"见《乐府诗集·琴曲歌辞二》，题作《采芝操》。

⑬宁独是：难道就这些是如此。宁，岂，难道。独，仅仅，唯独。

⑭龙马负图：语本《礼记·礼运》："河出马图。"郑玄注："马图，龙马负图而出也。"孔颖达疏引《中候握河纪》："伏羲氏有天下，龙马负图出于河，遂法之画八卦。"又云："《握河纪注》：'龙而形象马'，故云马图，是龙马负图而出。"

⑮洛龟呈瑞：语本《周易·系辞上》："河出图，洛出书，圣人则之。"古代传说夏禹治水时，有神龟出于洛水，背上有裂纹，纹如文字，禹取法而作《尚书·洪范》"九畴"。瑞，指瑞书，祥瑞的书。

⑯仪于舜：指凤凰来朝贺虞舜。即前引《尚书·益稷》："《箫韶》九成，凤凰来仪。"来仪，鸣舞而有容仪，这里作朝贺之意。

⑰鸣于文：相传周文王时凤凰鸣于岐山（今陕西岐山），以示吉祥。《国语·周语上》："周之兴也，鸑鷟(jiù zhuó)鸣于岐山。"韦昭注："鸑鷟，凤之别名。"

⑱获于鲁叟：指麒麟被在西边打猎的鲁叟所捕获。《春秋·鲁哀公十四年》："春，西狩获麟。"孔子听到后，叹曰："吾道穷矣。"（《史记》卷一二一《儒林列传》）作《春秋》至此而绝笔。杜预注："麟者，仁兽，圣王之嘉瑞也。时无明王，出而遇获。仲尼伤周道之不兴，感嘉瑞之无应，故因鲁《春秋》而修中兴之教。绝笔于'获麟'一句，所感而作，固所以为终也。"这里李贽反其意，认为麒麟为鲁叟所获，正像"仪于舜，鸣于文"一样是"物之爱人"。

⑲堪：承担，承受。

【译文】

　　而且天地之间，一切事物都有精神，何况竹子虚心正直向上，而却没精神！《司马迁传》说："士为知己用，女为悦己容。"竹子也是这样。它一遇到王徽之，孤高的节操，不凡的气质，自然表现出精神旺盛，平生挺直不屈抵抗霜雪的高洁品格，招致了鸾鸟与凤凰悦耳动听的和鸣，而想求得悦己之容者，怎么能孤单的独立，终年哀叹，长年抱知己不遇的遗憾呢？由此可知，白鹤翩翩飞翔，是因为有王子晋知遇的缘故。紫芝光彩夺目，那是可以为四皓充饥。还不只是这些，龙马负图而出，洛水神龟呈现祥瑞的书，凤凰飞来朝贺虞舜，周文王时凤凰鸣于岐山以示吉祥，麒麟被在西边打猎的鲁叟所捕获，这都表现了物之爱人，自古而然，这就看谁能承受了。

　　今之爱竹者，吾惑焉。彼其于王子，不类也，其视放傲不屑，至恶也①，而唯爱其所爱之竹以似之②。则虽爱竹，竹固不之爱矣③。夫使若人而不为竹所爱也④，又何以爱竹为也？以故余绝不爱夫若而人者之爱竹也⑤。何也？以其似而不类也。然则石阳之爱竹也⑥，类也，此爱彼君者也。石阳习静庐山⑦，山有方竹，石阳爱之，特绘而图之⑧，以方竹世不常有也。石阳将归⑨，难与余别，持是示余，何为者哉？余谓子之此君已相随入蜀去矣⑩，何曾别。

【注释】

①"其视"二句：意为他们看见高傲而不随俗媚世者，是非常厌恶的。

②"而唯"句：意为仅仅在爱竹这一点上和王徽之相似。

③"竹固"句：意为竹并不一定爱他。

④若人：这样的人。若，这，这样。

⑤若而人者：像那类人的。若，像，如。

⑥石阳：即邓石阳，名林材，字子培，内江（今四川内江）人。嘉靖四
十年（1561）举人。李贽友人。嘉靖四十三年（1564）任河南卫辉
府推官时，曾到辉县（即共城，今河南辉县）赈灾，救济过李贽寄
居于此的妻女（见本卷《卓吾论略》）。后升为知府，故李贽在别
的信中称他为太守。《广西通志》卷三〇、《河南通志》卷三二、
《四川通志》卷二七、《内江县志》卷四等有传。

⑦习静：佛教用语。指学佛。

⑧绘而图之：画成方竹画并把它制成图卷。

⑨石阳将归：据《内江县志》，邓石阳长子邓鼎石（应祁）于万历十四
年至十七年（1586—1589）任麻城知县。在此期间，邓石阳可能
随其妻子同住麻城并到庐山习静。万历十七年，鼎石任职期满
他转，石阳可能即于此时随之回内江，故下文有"相随入蜀"
之语。

⑩此君：指邓石阳的方竹图卷。也隐含着邓石阳以李贽为"此君"，
李贽以邓石阳为"彼君"之意。

【译文】

现今的爱竹之人，我很不理解。他们和王徽之不一样，他们看到高
傲而不随俗媚世者，是非常厌恶的，他们仅仅在爱竹这一点上和王徽之
相似。他们虽然爱竹，竹并不一定爱他们。这样不为竹所爱的人，又怎
么会真正爱竹呢？所以我绝对不会爱像他们一样所谓的爱竹。为什
么？因为他们仅在爱竹这一点和王徽之相似而却不是同一类人。但邓
石阳的爱竹，和王徽之却是一类，他是真正的爱竹之人。邓石阳在庐山
修习佛道时，山上有方竹，邓石阳非常爱它，就画一幅方竹画并把它制
成图卷，因为方竹世上很难见到。邓石阳要回老家之时，不愿意与我分

别,特意拿着他的方竹画卷给我看,这是为什么? 我说你就要带着你的方竹画卷与我的思念一起去四川了,我们并没有分别。

书黄安二上人手册

【题解】

　　本文于万历十七年(1589)写于麻城。黄安二上人,见《高洁说》第四段注①。此文就出家求道事表现了李贽的认识。可与卷二《为黄安二上人三首》对照看。

　　出家者终不顾家,若出家而复顾家,则不必出家矣。出家为何? 为求出世也①。出世则与世隔,故能成出世事;出家则与家绝,故乃称真出家儿。今观释迦佛②岂不是见身为净饭王之子③,转身即居转轮圣王之位乎④? 其为富贵人家,孰与比也? 内有耶输女之贤为之妻⑤,又有罗睺罗之聪明为之儿⑥,一旦弃去,入穷山⑦,忍饥冻,何为而自苦乃尔也⑧? 为求出世之事也。出世方能度世⑨。夫此世间人,犹欲度之使成佛,况至亲父母妻儿哉! 故释迦成道而诸人同证妙乐⑩,其视保守一家之人何如耶?

【注释】

①出世:指超脱人世。

②释迦:指释迦牟尼。

③见:同"现"。净饭王:相传为释迦牟尼之父,公元前六世纪至公元前五世纪古印度迦毗罗卫国(今尼泊尔境内)国王。

④转身:逝世。转轮圣王:又称转轮王,古印度神话中的国王,谓此

王出生之时,空中自然出现宝轮,他转动宝轮,就能降伏四方。这里则指释迦牟尼能继承他父亲的王位,而永享富贵。

⑤耶输女:即耶输陀罗,相传为释迦牟尼的妻子。

⑥罗睺(hóu)罗:相传为释迦牟尼的儿子。后随释迦牟尼出家,成为第一个沙弥,释迦牟尼十大弟子之一。

⑦入穷山:与下句"忍饥冻",都指释迦牟尼在求道过程中的艰苦。据佛经记载,释迦牟尼二十九岁(一说十九岁)舍王子之位,出家修道。他辗转于雪山之麓,每天只吃一麻一麦。共经历了十二年的修行,最后终于战胜烦恼魔障,彻底觉悟而得道。

⑧乃尔:这样。

⑨度世:佛教用语。超度世人,引度世间人从苦难的此岸到极乐世界的彼岸。

⑩证:佛教用语。参悟,修行中领悟妙道。这里引申为达到。妙乐(lè):古代西印度国名。这里则指佛教虚构的绝妙欢乐的佛国。

【译文】

出家之人是顾不了家的,如若出家而又顾家,那就不必出家了。为什么要出家?那是为了超脱人世。超脱人世就要与人世隔离,这才能达到超脱人世的境界;出家就要与家人隔离,这样才是真的出家。看一看佛祖释迦牟尼不就是净饭王之子吗,净饭王逝世后他不就可以继承王位吗?任何富贵人家,谁能和他比呢?家有贤妻耶输女,又有聪明的儿子罗睺罗,忽然有一天抛弃这一切,进入穷山,忍受饥冻,为什么要这样自找苦吃呢?那是为了求得超脱人世。超脱人世才能超度世人。世间之人,都想被超度而成佛,何况最亲的父母妻子和儿子呢!所以释迦佛成道后众多人都受到超度而达到绝妙欢乐的佛国,这和保守之人相比又是差距多么远啊!

人谓佛氏戒贪①,我谓佛乃真大贪者。唯所贪者大,故能一刀两断,不贪恋人世之乐也。非但释迦,即孔子亦然。孔子之于鲤[②],死也久矣,是孔子未尝为子牵也。鲤未死而鲤之母已卒,是孔子亦未尝为妻系也[③]。三桓荐之[④],而孔子不仕[⑤],非人不用孔子,乃孔子自不欲用也。视富贵如浮云[⑥],唯与三千七十游行四方[⑦],西至晋[⑧],南走楚[⑨],日夜皇皇以求出世知己。是虽名为在家,实终身出家者矣。故余谓释迦佛辞家出家者也,孔夫子在家出家者也,非诞也[⑩]。

【注释】

①戒贪:戒除各种欲念。

②鲤:孔子的儿子,字伯鱼,年五十而先孔子死。

③系:系念,牵挂。

④三桓:指春秋时鲁国大夫孟孙(仲孙)、叔孙、季孙,因都是鲁桓公的后代,故称"三桓"。

⑤孔子不仕:周时,王朝称王室,列国诸侯称公室,卿大夫称家,礼仪制度都有一定的等级规定。而当时作为卿大夫的"三桓",由于势力日强,实际掌握了鲁国政权,其家中的礼仪制度"僭(超越)于公室"。而且,当时"鲁(国)自大夫以下皆僭离于正道",因此,"孔子不仕,退而修《诗》《书》《礼》《乐》"(《史记》卷四七《孔子世家》)。

⑥视富贵如浮云:语本《论语·述而》,原文是:"不义而富且贵,于我如浮云。"

⑦三千七十:指孔子的弟子。据《史记·孔子世家》记载,孔子有弟子三千人,其中身通六艺者七十二人。

⑧晋:春秋时期诸侯国名。疆域据有今山西、河北南部、河南北部等一带。

⑨楚：春秋时期诸侯国名。疆域据有今湖北、湖南一带。

⑩诞：荒唐。

【译文】

　　有人说佛祖戒除了各种欲念，我认为佛祖乃是一个贪欲极大的人。正因为他有极大的贪欲，所以能一刀两断，不贪恋人世的乐。不但释迦牟尼是这样，孔子也是这样。孔子的儿子孔鲤，先孔子而死，孔子并没有因此而产生牵挂。孔鲤的母亲死得更早，孔子也没有因此而对其妻子有所系念。鲁国大夫"三桓"推荐孔子为官，孔子却不接受，这并不是人家不用孔子，而是孔子不愿意让人用他。孔子把不义的富与贵看作浮云一般，而与他的三千弟子游行于四方，西边到了晋国，南边到了楚国，日夜彷徨不安地想找到超脱人世的知己。他虽然说是在家，实际上却是出家之人。所以我认为释迦牟尼佛是离开家出家之人，孔子是在家而出家之人，这并不荒唐。

　　今我自视聪明力量既远不逮二老矣①，而欲以悠悠之念证佛祖大事②，多见其不自量也，上人又何为而远来乎？所幸双亲归土，妻宜人黄氏又亡③。虽有一女嫁与庄纯夫④，纯夫亦是肯向前努力者。今黄安二上人来此，欲以求出世大事，余何以告之？第为书释迦事，又因其从幼业儒⑤，复书孔子生平事以为譬。欲其知往古，勉将来，以不负此初志而已也⑥。

【注释】

①逮：及。二老：指释迦牟尼与孔子。

②悠悠之念：不切实际的世俗人的想法。佛祖大事：指出家学道成佛。

③黄氏又亡：据耿定力《诰封宜人黄氏墓表》，李贽妻黄宜人死于万历十六年(1588)。

④庄纯夫(1554—1606)：名凤文，字纯夫(又作纯甫)，泉州人。

⑤业儒：学习儒家学说。

⑥初志：指黄安二上人学道出世的志向。

【译文】

我很清楚自己的聪明力量远远不及释迦牟尼和孔子，如若想以不切实际的世俗人的意思去参悟佛祖出家学道成佛的大事，那真是不自量力了，二位上人为什么远远地找我来？我所得以安心的是双亲已归土安葬，妻子宜人黄氏也已逝世。有一个女儿嫁给了庄纯夫，纯夫也是一位努力向上的人。而今黄安二上人来这里，想求得超脱人世的大事，我怎么告诉他们呢？姑且写一写释迦牟尼佛祖的事，又因为我从小学习儒家学说，再写一写孔子生平的事作为超脱人世的譬喻。想以此使他们知道从前，努力于将来，不辜负学道出世的志向。

读律肤说

【题解】

本文写作时间可能与《杂说》《童心说》相同，即万历二十年(1592)。律，律诗，近体诗的一种，分五言、七言，简称五律、七律。此处"律"泛指诗律。肤说，浅说。这是李贽又一篇重要的文论文章，与《杂说》可以对照看。如若说在《杂说》一文中，李贽为了强调发自自然的"化工"的重要，更多地从内容上着眼，而没有涉及形式在创作中的意义，那么，在此文中，则借对诗律这一问题的分析，对内容与形式的关系作了辩证的论述。李贽认为"拘于律则为律所制，是诗奴"，而"不受律则不成律，是诗魔"，也就是说太拘束于诗律与太自由都是不对的。那么文学创作的正确途径应该如何？那就是要不拘于律而又要遵守律的法规，不受形式的束缚而又要注重形式的作用。这是非常正确的。在此文中,李贽还提出了文学创作都是"发于情性,由乎自然","自然发于情性,则自然止乎礼义"的观点,这则是李贽反传统文艺思想的又一表现。传统的儒家文艺思想要求"发乎情,止乎礼义"(《毛诗序》),所抒之情必须合于封建的伦理道德。李贽则认为"礼义"就在自然情性之中。不必外求,不容作伪,实际上是把自然情性置于首位。这是对文学创作的深刻剖析,也是对传统儒家文艺思想的大胆背离。此文的另一贡献在于论证了文学风格与情性的关系。李贽认为文学既然发于自然情性,那么有什么情性,就有什么风格,情性的不同,决定了文学风格的不同,而且是不能矫强而致的,"有是格便有是调,皆情性自然之谓也"。而且李贽还看到了情性的多样,从而影响到文学风格的多样,这对认识文学创作中的不同风格的形成也是极有参考价值的。

淡则无味,直则无情①。宛转有态②,则容冶而不雅③;沉着可思④,则神伤而易弱⑤。欲浅不得,欲深不得。拘于律则为律所制⑥,是诗奴也,其失也卑⑦,而五音不克谐⑧;不受律则不成律⑨,是诗魔也⑩,其失也亢⑪,而五音相夺伦⑫。不克谐则无色⑬,相夺伦则无声⑭。盖声色之来,发于情性,由乎自然,是可以牵合矫强而致乎⑮?故自然发于情性,则自然止乎礼义,非情性之外复有礼义可止也。惟矫强乃失之,故以自然之为美耳,又非于情性之外复有所谓自然而然也。故性格清彻者音调自然宣畅⑯,性格舒徐者音调自然疏缓,旷达者自然浩荡⑰,雄迈者自然壮烈,沉郁者自然悲酸,古怪者自然奇绝⑱。有是格便有是调⑲,皆情性自然之谓也,莫不有情,莫不有性,而可以一律求之哉!然则所谓自然者,非有意为自然而遂以为自然也。若有意为自然,则与矫强何异。故自然之道，未易言也⑳。

【注释】

①直则无情：太显露就不能以情动人。直，不含蓄。

②宛转：委婉曲折。

③容冶：容貌艳丽。指文辞过分雕琢。雅：美好。

④沉着可思：深沉过分而费思考。

⑤神伤而易弱：神气不足而容易显得微弱。

⑥律：指诗的格律。制：制约，束缚。

⑦其失也卑：他的失误（缺点）在于卑下。

⑧五音：指宫、商、角、徵（zhǐ）、羽五个音级。这里泛指声调。不克谐：不能和谐。

⑨不受律：不服从一定的格律。不成律：指不像律诗。

⑩诗魔：指诗的怪癖的格调。魔，梵文"魔罗"的略称，意思是扰乱、破坏、障碍等。

⑪亢（kàng）：过分。

⑫夺伦：失去条理次序。伦，次序。

⑬色：文采、辞采。

⑭声：声调、韵律。

⑮牵合矫强：即牵强附会之意。矫强（qiǎng），勉强。

⑯宣畅：通畅。

⑰旷达：开朗达观。

⑱古怪：这里是性格不同于流俗之意。

⑲格：性格，气质。

⑳未易言也：不是容易说明白的。

【译文】

内容平淡、浅薄，就不会有意趣。表述过于直白而不含蓄，就不能令人动情。委婉曲折，形式上过于雕琢、华而不实也并不好；深沉过分而费思索就会伤脑筋，神气不足则流于微弱，而乏阳刚之气。过于浅显不好，过于深沉也不好。拘泥于格律就被格律所束缚，这是诗奴，其缺点就在于卑下，声调不易和谐；完全不受格律的束缚，那就不是律诗，而成了格调怪癖的诗魔，其缺点在于高亢过分，声调也就失去了条理。声调不和谐就无文辞，声调失去条理就没有诗的韵律之美。其实，诗的韵律都是源于人的真实情性，是自然的流露，这难道是牵强附会能够达到的吗？所以自然之美产生于人的情性，则自然可以达到礼义，并不是情性之外还有什么礼义。因此，牵强附会只能丢失真情实感，自然地表达真情实感才是最美的，除性情之外再也没有其他可遵循的律条存在了。所以，性格清亮透明者诗的音调自然通畅，性格从容不迫者诗的音调自然宽和，性格开朗达观者诗的音调自然浩荡，性格雄壮豪迈者诗的音调自然壮烈，性格低沉忧郁者诗的音调自然悲苦酸楚，性格怪异者诗的音调自然奇险绝伦。人有什么样的气质、性格，诗就有什么样的音调，这都是人的自然情性所至，没有脱离开情性而只依靠格律硬写出情性来的作品！然而，我所说的自然美，并不是指那种刻意地为自然而自然的倾向。如果刻意追求自然，就与牵强附会没有什么区别了。所以追求情性自然流露，是难以用言语说清楚的。